# 中华人民共和国
# 职业分类大典

ZHONGHUA RENMIN GONGHEGUO ZHIYE FENLEI DADIAN

（2022年版）

## 应用指南

中国就业培训技术指导中心　组织编写

中国劳动社会保障出版社

**图书在版编目(CIP)数据**

中华人民共和国职业分类大典（2022年版）应用指南/中国就业培训技术指导中心组织编写. -- 北京：中国劳动社会保障出版社，2022
 ISBN 978-7-5167-5741-3

Ⅰ.①中… Ⅱ.①中… Ⅲ.①职业-分类-中国-指南 Ⅳ.①F249.2-62

中国版本图书馆CIP数据核字(2022)第233851号

**中国劳动社会保障出版社出版发行**

（北京市惠新东街1号 邮政编码：100029）

＊

北京市艺辉印刷有限公司印刷装订　新华书店经销
787毫米×1092毫米　16开本　34印张　628千字
2022年12月第1版　2025年8月第4次印刷
定价：88.00元

营销中心电话：400-606-6496
出版社网址：http://www.class.com.cn

版权专有　　侵权必究
如有印装差错，请与本社联系调换：(010) 81211666
我社将与版权执法机关配合，大力打击盗印、销售和使用盗版
图书活动，敬请广大读者协助举报，经查实将给予举报者奖励。
举报电话：(010) 64954652

中华人民共和国职业分类大典（2022年版）应用指南

## 审定委员会

主　　任：刘　康　吴礼舵
副 主 任：刘新昌　刘文彬　葛恒双
委　　员（按姓氏笔画排序）：
　　　　　王小兵　刘永澎　李志敏　李乐苗　张灵芝
　　　　　张　星　陆照亮　贾成千

## 编写委员会

主　　编：陈李翔　张　元
编写人员（按姓氏笔画排序）：
　　　　　刘建军　陈　敏　周　明　范　巍　姚树楦
　　　　　彭　瑜　滕　伟
参编人员（按姓氏笔画排序）：
　　　　　尹林敏　王应海　王亮亮　王　楠　牛　静
　　　　　田大洲　刘　洋　陈孟锋　陈晓明　杨　苗
　　　　　吴金玉　何兵存　李　想　李娜娜　杜明鸣
　　　　　沈　娟　张　瑜　赵　宁　赵　烈　赵智磊
　　　　　梅晓东　黄英杰

# 序 言

本应用指南以习近平新时代中国特色社会主义思想为指导，全面贯彻落实"五位一体"总体布局和"四个全面"战略布局，深刻认识和把握"三高一新"要求，以服务国民经济行业管理、人力资源开发、教育培训与人才培养为宗旨。国家职业分类是反映我国经济社会发展状况的"晴雨表"，引领产业转型升级发展的"风向标"，规范人力资源开发管理的"标准尺"，构建新型技术技能人才培养体系的"定盘星"。《中华人民共和国劳动法》第六十九条明确规定"国家确定职业分类"。1999 年，我国颁布了首部《中华人民共和国职业分类大典》（以下简称《大典》），此后分别于 2015 年和 2022 年进行了两次修订。国家职业分类工作得到社会的广泛关注，《大典》在国民经济信息统计和人口普查、劳动力市场建设、教育与培训和就业创业服务等领域中，发挥了重要的基础性作用。

2022 年版《大典》的修订并颁布是各行业和职业分类工作者不懈努力的结果，是落实职业分类动态调整机制的阶段性成果。本次修典工作主要有三个特点：一是"实"。在此次修订《大典》工作过程中召开了近 70 次研究论证会，秉承了求真务实、理性实证的科学精神。从我国经济社会发展现状出发，基于基层岗位实际业态，运用科学的职业分类理论和方法，写实性描述了各职业（工种）的具体内容，充分反映了当前我国经济社会和科技发展带来的实际业态新变化及其未来发展趋势。二是"广"。此次修订采取了"开放+集中"工作模式，注重集思广益，扩大公众参与度，提高工作透明度，增强社会影响力。在修订工作过程中，119 家部委和行业组织、981 家企业院校，近万名专家学者、一线从业者和有关工作人员参与其中。三是

"快"。此次修订工作用时一年半，仅相当于前两次编制修订工作时间的三分之一。充分运用互联网、大数据等新一代信息技术，优化《大典》修订工作平台功能，使数据信息资源使用更充分，研讨论证审定流程更高效，实现了工作方法创新。

本次修典坚持统一性和灵活性相结合，在保持职业分类原则、原大类结构基本不变的基础上，对中类、小类、职业等进行适当调整，优化更新描述信息。与2015年版《大典》相比，2022年版《大典》职业分类为8个大类、79个中类、450个小类，共计1 639个职业和2 967个工种。本次修典紧跟时代步伐，聚焦新经济、新技术、新产业和新业态，关注数字经济与绿色经济催生的数字职业与绿色职业发展，特别是"双碳"战略背景下的能源类职业变迁、信息技术快速发展下的智能制造类职业更新、现代服务领域的职业细化与重组，全景式展示了我国经济社会职业发展动态和趋势。

为便于大家更好地使用《大典》，我们组织专家编写了本应用指南。应用指南基于《大典》所反映的国家职业分类体系和职业结构的历史与现状，阐述了职业分类的基本理论和方法，回顾了我国及国际职业分类发展历史；分类描述了现代农业、生产制造及社会服务业等产业领域的职业发展现状；阐释了数字经济与绿色经济发展背景下，数字职业和绿色职业的特征及发展趋势；描述了《大典》在教育培训、信息统计、人力资源服务及职业生涯发展等领域的应用指导作用。《大典》历经近三十年的反复论证和修订，已形成结构规范、条理清晰、文字精练的标准化典籍，但囿于体例，其中的信息描述侧重于宏观指导性规则，而鲜有解释性的说明。本应用指南基于服务需求的原则，对《大典》的相关文本内容进行了系统解读，尤其是对我国职业分类体系构建依据等作了必要的补充和说明，更有利于应用者对《大典》的理解和使用。

编写本应用指南是系统梳理我国职业分类工作理论与实践的一次尝试，

一方面为社会各行各业应用《大典》开展人力资源管理和服务提供信息导航，另一方面也为广大在校学生、社会求职者的生涯规划、就业与创业提供指导，同时还为我国职业分类史的编纂和职业科学的研究奠定基础。

刘康

2022 年 11 月

# 目 录

## 第一章 职业分类概述 （1）

### 第一节 职业分类理论与方法 （1）
一、职业概述 （1）
二、职业分类概述 （4）

### 第二节 职业分类基本原理与原则 （6）
一、职业分类基本原理 （7）
二、职业分类基本原则 （9）

### 第三节 职业分类方法 （14）
一、职业分类方法论原理 （14）
二、职业分类一般方法 （16）

### 第四节 职业分类名词术语界定一般原则及方法 （20）
一、职业分类名词术语定义 （20）
二、职业分类名词术语定义原则 （22）
三、职业分类名词术语定义方法及相关规则 （24）

## 第二章 我国职业分类 （27）

### 第一节 我国职业分类概述 （27）
一、我国古代职业分类 （27）
二、我国现代职业分类 （27）

### 第二节 国家职业分类大典编制 （28）
一、《大典》编制前期工作 （28）
二、《大典》编制工作目标、指导思想和原则 （28）
三、《大典》结构与职业类别划分基本原则 （29）
四、《大典》内容编写与审定 （29）

### 第三节 我国职业分类体系基本结构构建 （30）
一、我国职业分类体系构建要素及基本结构 （30）

I

二、分类基本原则与方法 ………………………………………（31）
　　三、《大典》修订 …………………………………………………（35）
　　四、我国新职业发展 ……………………………………………（41）
第四节　我国职业分类与人口普查 …………………………………（59）
　　一、基于职业信息的全国人口普查内容与特征 ………………（59）
　　二、职业分类在人口普查中的应用 ……………………………（61）

## 第三章　职业分类应用 …………………………………………（65）

### 第一节　国家职业技能标准编制 …………………………………（66）
　　一、国家职业技能标准 …………………………………………（66）
　　二、国家职业技能标准编制要求 ………………………………（66）
　　三、国家职业技能标准编制方法的职业分类分析 ……………（68）

### 第二节　企业内人力资源管理 ……………………………………（70）
　　一、企业内人力资源管理基本功能 ……………………………（70）
　　二、企业内人力资源管理具体内容 ……………………………（72）
　　三、企业内人力资源管理活动关系 ……………………………（74）

### 第三节　社会人力资源服务 ………………………………………（74）
　　一、劳动力市场职业分类与代码 ………………………………（75）
　　二、劳动力市场工资指导价位 …………………………………（75）
　　三、人力资源供求与人才招聘 …………………………………（77）
　　四、就业人员统计与人才规划 …………………………………（78）
　　五、人才开发与管理 ……………………………………………（79）
　　六、人才选拔与评价 ……………………………………………（80）
　　七、就业与创业服务 ……………………………………………（81）

### 第四节　职业教育专业设置 ………………………………………（82）
　　一、综述 …………………………………………………………（82）
　　二、本科专业设置 ………………………………………………（84）
　　三、中高职教育专业设置 ………………………………………（91）
　　四、技工教育专业设置 …………………………………………（95）
　　五、专业数据分析 ………………………………………………（101）
　　六、职业数据分析 ………………………………………………（105）
　　七、职业与专业对应关系分析 …………………………………（108）

### 第五节　职业技能大赛 ……………………………………………（115）

一、职业技能大赛原则 …………………………………………… (115)
　　二、职业技能大赛特点 …………………………………………… (115)
　　三、职业技能大赛类型与等级划分 ……………………………… (116)

## 第四章　职业分类与职业发展服务 ……………………………………… (118)

### 第一节　新时代职业发展服务的重要性 ……………………………… (118)
　　一、引导人的全面发展 …………………………………………… (118)
　　二、促进社会和谐发展 …………………………………………… (119)

### 第二节　我国职业发展服务现状 ……………………………………… (120)
　　一、职业发展服务主体作用 ……………………………………… (120)
　　二、职业发展服务主要短板 ……………………………………… (123)

### 第三节　职业发展服务体系、做法与趋势 …………………………… (126)
　　一、职业发展服务工作体系 ……………………………………… (126)
　　二、职业发展服务主要做法 ……………………………………… (132)
　　三、职业发展服务发展趋势 ……………………………………… (139)

## 第五章　现代农业产业化职业发展 ……………………………………… (146)

### 第一节　现代农业促进职业发展 ……………………………………… (146)
　　一、农业农村劳动群体的发展 …………………………………… (146)
　　二、农业职业体系演变特征 ……………………………………… (150)
　　三、农业现代化与职业发展 ……………………………………… (156)

### 第二节　绿色农业优化职业发展 ……………………………………… (175)
　　一、绿色农业风生水起 …………………………………………… (175)
　　二、绿色农业促进职业绿化 ……………………………………… (177)
　　三、职业绿化的发展趋势 ………………………………………… (182)

### 第三节　数智农业赋能职业发展 ……………………………………… (185)
　　一、数字化技术奠定发展基础 …………………………………… (185)
　　二、职业群体的能力发展 ………………………………………… (188)
　　三、数智农业推动职业变革 ……………………………………… (189)

## 第六章　生产制造类职业发展 …………………………………………… (196)

### 第一节　生产制造类职业发展 ………………………………………… (196)
　　一、生产制造作业类职业的发展 ………………………………… (196)

二、生产制造工程技术类职业发展 …………………………………（215）

第二节 智能制造职业发展 ………………………………………………（234）

一、信息技术与智能制造 …………………………………………（235）

二、智能制造与职业发展 …………………………………………（238）

三、智能制造职业新特征与发展趋势 ……………………………（249）

第三节 生产制造辅助类职业发展 ………………………………………（255）

一、设备修理类职业及其分类 ……………………………………（255）

二、检验类职业 ……………………………………………………（275）

## 第七章 服务业职业发展 ……………………………………………………（279）

第一节 生产性服务业职业发展 …………………………………………（279）

一、提高产业创新力与职业发展的特征与趋势 …………………（280）

二、提高要素配置效率与职业发展的特征与趋势 ………………（290）

三、增强全产业链优势与职业发展的特征趋势 …………………（300）

第二节 生活服务与新消费方式类职业发展 ……………………………（305）

一、公共服务发展与职业发展的特征与趋势 ……………………（305）

二、居民生活服务发展与职业发展的特征与趋势 ………………（310）

三、消费方式变革与职业发展的特征和趋势 ……………………（316）

第三节 大健康产业职业发展 ……………………………………………（319）

一、医疗卫生行业职业发展 ………………………………………（319）

二、婴幼儿与养老产业职业发展 …………………………………（323）

三、休闲健康行业职业发展 ………………………………………（325）

第四节 文化教育服务产业职业发展 ……………………………………（328）

一、文化创意行业职业发展 ………………………………………（328）

二、旅游行业职业发展 ……………………………………………（331）

三、教育行业职业发展 ……………………………………………（335）

## 第八章 信息技术与数字职业发展 …………………………………………（339）

第一节 信息技术与职业发展 ……………………………………………（339）

一、信息通信产业发展与职业更新 ………………………………（339）

二、信息技术与电子通信职业发展 ………………………………（344）

三、网络信息管理与网络安全职业发展 …………………………（347）

第二节 数字经济与数字职业发展 ………………………………………（349）

一、数字经济概述 …………………………………………（349）
　　二、数字经济产业催生数字职业 …………………………（355）
　　三、数字职业服务数字经济产业 …………………………（360）
　第三节　数字职业标识、发展与应用 ………………………（363）
　　一、数字职业标识 …………………………………………（363）
　　二、数字技能与数字职业 …………………………………（368）
　　三、数字职业发展及应用案例 ……………………………（370）

## 第九章　绿色经济与绿色职业发展 ………………………（375）

　第一节　绿色经济产业与绿色职业发展 ……………………（375）
　　一、绿色经济产业与职业绿化 ……………………………（375）
　　二、绿色经济产业催生绿色职业 …………………………（380）
　　三、绿色职业服务绿色经济产业 …………………………（386）
　第二节　绿色职业标识、应用与发展 ………………………（389）
　　一、绿色职业标识 …………………………………………（389）
　　二、绿色职业特征与应用发展 ……………………………（397）
　　三、绿色职业分类国际比较 ………………………………（402）
　第三节　碳中和与绿色职业发展 ……………………………（406）
　　一、认识碳达峰碳中和 ……………………………………（406）
　　二、我国碳达峰碳中和行动历程 …………………………（409）
　　三、碳达峰碳中和促进绿色职业发展 ……………………（411）

## 第十章　国际职业分类 ……………………………………（418）

　第一节　国际劳工组织职业分类 ……………………………（418）
　　一、《国际标准职业分类》概述 …………………………（418）
　　二、国际劳工组织职业分类用途与原则 …………………（419）
　　三、《国际标准职业分类》框架体系构建 ………………（421）
　　四、《国际标准职业分类》更新组织与管理 ……………（425）
　第二节　欧美部分国家职业分类 ……………………………（427）
　　一、英国职业分类 …………………………………………（427）
　　二、德国职业分类 …………………………………………（436）
　　三、俄罗斯职业分类 ………………………………………（438）
　　四、美国职业分类 …………………………………………（439）

五、加拿大职业分类 ………………………………………………………（451）

第三节　亚太地区部分国家职业分类 …………………………………………（455）
　　一、日本职业分类 …………………………………………………………（455）
　　二、韩国职业分类 …………………………………………………………（458）
　　三、新加坡职业分类 ………………………………………………………（465）
　　四、澳大利亚和新西兰职业分类 …………………………………………（467）

**参考文献** ……………………………………………………………………………（472）

**附录1：新职业信息建议书** ………………………………………………………（477）

**附录2：智能制造工程技术人员能力要求一览表** ………………………………（484）

**附录3：工业互联网工程技术人员能力要求一览表** ……………………………（487）

**附录4：工业机器人系统操作员和工业机器人系统运维员能力要求一览表**
　………………………………………………………………………………………（494）

**附录5：增材制造设备操作员能力要求一览表** …………………………………（497）

**附录6：工业视觉系统运维员能力要求一览表** …………………………………（504）

**附录7：数字职业与数字经济及其核心产业类别对应关系表** …………………（506）

**附录8：绿色职业与绿色产业类别对应关系表** …………………………………（516）

**后记** …………………………………………………………………………………（529）

# 第一章 职业分类概述

## 第一节 职业分类理论与方法

### 一、职业概述

#### （一）职业的概念

职业是人类社会分工的产物，泛指人们在长期的劳动实践过程中，源于社会发展需求所形成的专门性分工的类别。在人类历史上共经历了三次社会大分工，分别产生了畜牧业、手工业和商业。畜牧业和手工业的产生属于生产劳动范围内的分工，商业的出现使生产劳动和非生产劳动相分离，标志着服务业的兴起。三次社会大分工为经济领域社会分工体系的构建奠定了基础。同时，农业、工业、商业等产业相互影响和作用，加剧了社会分工的分化，形成了错综复杂的专门性分工体系，促进了新职业的产生与发展。

随着社会发展进步，人们对社会分工活动本质的认知不断加深，基于不同的视角、不同历史时期对职业的定义描述并非完全一致。《中华人民共和国职业分类大典》（以下简称《大典》）所定义职业的概念是，从业人员为获取主要生活来源所从事的社会工作类别。从人类发展历史看，职业的概念形成经历了从个体劳动的自然分工到社会劳动的规范化分工过程，体现出单一劳动者向群体劳动者发展转变的特征。职业演变是一种社会化过程，通过社会分工，社会成员被划分为不同的职业群体，进而构成了多重视角下的社会阶层、社会制度和人际关系。不同历史阶段的社会分工，受生产力水平因素制约，分工程度与专业化程度具有差异性。

与职业相关的概念还包括工作、工种和岗位等。工作是指生产劳动，主要是指劳动，即劳动者通过体力劳动和脑力劳动将生产资料转换为生活资料以满足人们生存和支持社会事业持续发展的过程。职业分类以工作任务作为核心的职业信息描述项，通过工作任务描述体现社会分工活动的内容、方式、程序等。工种是指根据劳动管理的需要，按照生产劳动的性质、工艺技术的特征或者服务活动的特点而划分的工作种类，它是以企业的专业分工和劳动组织的状况为依据，从企业生产技术和劳动管理的普遍水平出发，为适应合理组织劳动分工的需要，根据工作岗位的稳定程度和工作量的饱和程度，结合技术发展和劳动组织改善等因素划分的。岗位是指在特定的组织中，要求个体完成的一项或多项责任以及为此赋予个体的权利和资源的总和，通常是与从业个体数量一一对应的。

## （二）职业的属性

职业活动的主体是人类个体本身，基于人类自诞生以来长期形成的自我认知与自我判断。人类的职业活动具有自然和社会双重属性：一方面，人类属于自然界中有生命的物质，是大自然的组成部分，包括职业活动在内的人类所有行为，均受制于自然发展规律；另一方面，劳动创造了人类本身，劳动产生了自然分工，并不断进化为社会分工，体现出劳动者之间的关系、劳动力与劳动资料之间的关系，以及不同职业之间的劳动交换关系。劳动成果体现出职业的社会属性，成为人类区别于其他社会现象的基本标志。

职业作为人类独特的社会活动种类，具有鲜明的社会性、目的性、技术性、稳定性、群体性和规范性等特征。

### 1. 社会性

职业的社会性表现在三个方面：其一，职业活动是人与人之间合作完成的社会分工劳动，是人类社会发展到一定阶段，通过劳动者与劳动对象、劳动工具以及劳动力的组合而形成的社会分工形态，并非劳动者个体劳动；其二，职业的层次结构反映着基本的生产关系、社会的组织结构和社会的权益分配，不同职业在经济社会中拥有不同的责权利，职业与从业人员的社会地位、经济收入相关，反映了社会权益的分配状况；其三，职业活动体现出社会分工的运转机制，经济社会历史发展阶段不同，职业活动的内容、职业间的相互关系、分工管理体系等呈现出的职业管理的时代性特征也不同。

### 2. 目的性

职业活动是具有目标导向的社会分工活动。一方面，职业活动具有服务社会的功能，职业活动过程始终体现从业人员服务社会、奉献他人的结果；另一方面，职业活动还具有自我谋生的功能，人们以获得劳动报酬为目的，通过从事职业活动满足自身的生活需要，《大典》中职业的概念即以此特征界定。

### 3. 技术性

职业自产生之初就具有特定的行为模式，既包括思维方式和行为方式，也包括应用的技术和工具等手段。职业的技术性表征是职业活动的专门化和专业化,不同种类的职业专业化程度不同,但其均为职业存在模式的基本表现形式。从某种意义上来说,所有职业都有其特定的技术要求,而技术同时归属某一职业领域。职业的技术性决定了从业人员的素质结构与标准,从而形成具有独特性的职业行为模式。《大典》中对职业主要工作内容的表述,着重以职业独特的技术性体现。

#### 4. 稳定性

任何一种职业都是特定历史条件下的产物,职业从产生到消亡的演变过程均有一定周期。一般意义上,职业活动内容和行为模式只有在相对稳定的情况下,才被认同为职业活动。随着社会经济、科技、文化等因素的变化,职业的构成也会不断发生改变,从而导致原有职业产生一定程度的变异,但在未改变原有职业性质的前提下,其仍属于稳定性周期范围。只有当职业活动由量变引起质变后,原有职业才会消亡,或被其他新生职业所取代,重新形成新的稳定周期。

#### 5. 群体性

所有职业均以一定数量的从业人员为标志,特别是现代社会的大多数职业活动,都具有较大规模的从业人员数量。职业的群体性特征,一方面体现在职业活动具有地域或行业分布的广泛性,不同社会组织均有相关职业岗位的数量需求;另一方面还体现在职业群体内部成员具有相互关系,即从业人员所从事的不同工序、工艺流程表现出的协作关系,基于职业活动过程所形成的语言、习惯、利益、目的等方面的趋同性,以及由此产生的具有群体认同感的人际关系等。

#### 6. 规范性

职业是人们劳动分工的社会认同,职业活动均具有社会规范和技术技能规范特征。一方面,所有职业都必须符合国家法律规定和社会道德准则,不符合国家法律规定和社会道德准则的社会活动不属于正当职业活动范畴;另一方面,职业活动必须符合职业的特定技术和技能规范标准,同一职业的从业人员在不同社会组织的职业活动均需体现一致的职业行为。

### (三) 职业形态

职业形态即职业的存在方式,一般是通过职业构成要素来表现。首先,职业是人类自我定义的社会分工方式,人作为职业主体,是职业活动的承担者,人的性别、着装、语言、动作等是构成职业形态的重要表现方式,并成为判别个体职业的外在特征。

其次，职业活动的对象是职业客体，既包括人自身，又包括原材料、工具和设备、特定产品等，是物化职业形态的具体表现。最后，职业活动主客体是通过从业人员所掌握的技能实现的，不同职业活动有不同的对象，完成职业活动则需要具有特定技能的人，故而人、物和技能的有机结合构成了特定职业的存在模式，即职业形态。

不同职业活动有不同的劳动过程和技术要求，并形成各自不同的劳动方式，不同职业形态之间的差异为职业分类提供了最直观的依据。现代职业依据职业形态的差异性进行分类，一般可分为专业性职业、技术性职业、技能性职业等，不同类型的职业对从业人员的知识与能力等方面的素质要求具有不同的标准。

## 二、职业分类概述

### （一）职业分类的概念

职业分类是依据经济社会发展不同时期特定的分类原则，对社会职业进行的系统划分与归类。职业分类概念界定是人类社会分工活动中分离出来的一种规定性属性。通常，人们将依据特定的原则、标准和方法，对不同的社会职业进行类别划分的活动称为职业分类。在《大典》中，职业分类的基本原则注重工作性质与技能等级的相似度。

职业分类旨在根据职业活动的共同点和相似特征，区分职业活动的对象、内容、方式等，同类相聚、异类相分，将相似的职业归为一个细类，将相似的细类归为一个小类，将相似的小类归为一个中类，将相似的中类归为一个大类，以构建种属关系清晰的社会职业结构。职业分类活动在人类产生社会分工后的各个历史时期，形成了不同的类型，包括以从业人员身份划分的政治分类，以生产、分配、流通、消费环节划分的经济分类，以对象自然属性划分的生产分类等。

### （二）职业分类的产生与发展

纵观世界各国职业分类的发展历史，经济发展、科技进步、社会变迁与发展是职业分类缘起与发展的核心要素。同时，近现代社会职业族群的大规模分化与重组，也为职业分类发展提出了基于人力资源管理的主观要求。

#### 1. 经济发展与职业分化

人类发展史表明，社会分工的发展是建立在各个社会历史时期的经济发展基础之上的，所有分工都是当时经济社会发展的必然结果，特别是到了近代与现代，随着社会工业化、现代化水平的不断提高，经济社会以空前规模和速度发展，使社会生产的各部门、各行业相继形成独具特色的经济体系。

相关研究表明,人类社会发展经历了三次革命,第一次革命是3 000年前的农业革命,人类征服了牛、马、羊、猪、鸡、鸭以及小麦、大米、土豆等农作物,形成了农业职业群,摆脱了原始蒙昧的流浪状态,进入相对稳定居住的农耕社会;第二次革命是300年前的工业革命,人类征服了煤、石油、天然气、风能、水能、太阳能以及多数金属、非金属材料等无生命的物质,摆脱了高度封闭集权而又不平等的农业社会,形成了工业职业群,进入了相对开放、流动和平等的工商社会;第三次革命是现阶段的绿色产业革命,以电力电网、石油管线和公路铁路为基础的传统产业平台已经让位于云计算、大数据和互联网等新产业平台,新型多元的廉价能源,特别是可再生性能源将逐步替代传统的不可再生性能源。

在人类250多万年的发展历程中,迄今为止世界范围内仍存在的全部社会职业均是在近300年时间内产生的,而其中2/3以上诞生在后工业化时代。形成该结果的原因,一方面是经济发展对社会分工的进一步细化提出了要求;另一方面是经济发展具备了为新生职业运作提供大量物质基础的能力。经济发展的规模化经营使新生职业更加专业化和系统化,新的生产技术和工艺层出不穷,原有生产岗位日趋细化,客观要求必须有新的职业来承担。同时,发达的经济又有能力支付诸多新生职业存在和发展所必需的物质消费,从而加剧了新职业的萌生与繁衍。

### 2. 科技进步与职业新生

社会经济的发展总是与科学技术的进步相伴而行。要探究社会职业产生与发展的原因,不可忽视科学技术的进步对职业变动所起的作用。这不仅是因为任何一个产业或行业经济部门的生产岗位运作本身就是一种科技过程的展现,而且,许许多多科技革新乃至科技革命的完成都或多或少、或大或小地创造着新的生产经营方式,从而形成了一个又一个新的社会分工或社会职业,吸纳了一批又一批新的从业人员去从事推动社会经济新一轮增长的社会实践。当前,以微电子技术为核心的科学技术的发展,迅速浸入了几乎大部分社会职业,强有力地改变了原有的社会职业结构。

传统行业的科学技术发展对职业生成的作用更是至关重要,以交通运输业为例。在先进科学技术发展作用下,出现了动车等改变了原有职业的性质或技艺的新型交通工具,同时也创造出新的生产方式和岗位。科学技术作为生产力,正是通过职业活动转化而发挥出对社会发展的巨大推动作用。职业的发展,特别是新生职业的形成和原有职业的完善都离不开科学技术。从古到今,科学技术作为人类挑战自然的先导领域,凝聚着人类的最高智慧,汇集着人类发展进步的各种技术结晶。因此,依据科学技术进步来设置和完善职业已经成为人类历史发展的规律。

社会经济和科学技术的发展不仅创造着新的社会分工,形成着新的职业群体,同时也推动着职业分类的发展。社会经济的繁荣与发展是通过生产者在各自职业岗位上的劳动得以实现与完成的,这就要求社会在对经济运作方式实施科学管理的同时,也对社会职业实施同样的科学管理。

### 3. 社会变迁与职业发展

职业划分与归类作为一种特殊的具有自然与社会双重属性的活动,彼此间也具有特定的联系。这种联系不仅反映在职业家族内部,也反映在其家族外部或家族之间。随着经济和科技的发展,职业分类层级结构调整、职业功能增减等问题不仅涉及职业数量的增减,更重要的是涉及对该类职业自身特点、性状等方面的社会认同,以及该类职业结构功能调整后产生的结果,特别是对其他职业可能带来的影响。

不难看出,经济和科技的日益发展不仅造就了层级结构系统日益精密、复杂的巨大社会职业联动系统,而且也更加依赖其性能的正常发挥。因此,必须依靠科学的职业分类,使社会职业在管理、使用、开发和预测等方面符合经济社会发展需求。

现代职业分类需要对职业内涵与外延、职业设置、职业功能、职业规范以及职业层级与类别的归属等作出明确的界定。这样的界定既是对职业现状的分析研究与职业活动的实践总结,又是对职业未来发展前景的规范化要求和指导,也是对职业形成历史必然性的理论探讨,不仅可以使人们了解社会生产方式的一般特点,而且还能把握不同生产方式的大致演化进程和发展趋势。

因此,通过实践探索和理论研究,人们须遵循的基于职业自身内在规律实现职业设置与管理的重要依据逐步形成。以职业分类促进职业的标准化管理和人力资源的科学化管理,是现代社会大生产和科技发展的迫切要求。从某种意义上讲,人类生产现代化发展进程同时也是职业规范化发展过程。生产现代化的重要标志体现为现代化生产过程蕴含的科学性和高技术性,它要求人们在职业活动中的生产操作、技术运用、行为管理等方面,必须遵循严格的程序与规则,而职业分类责无旁贷地成为建立该程序与规则的基础。

## 第二节 职业分类基本原理与原则

分类是人类认识客观事物最基本的方法,分类学是依据事物特征判定同种事物类别层级的学科,其系统原理、异同原理、分合原理等科学理论为职业分类提供了理论基础。职业分类遵循分类学的一般原理。

## 一、职业分类基本原理

### （一）系统原理

分类学中的系统原理认为，系统是一些相互关联和相互作用的变量或成分的一个"集"，它们在概念上形成一个功能整体，这个整体的作用一般总是要达到某种目的。系统的概念包含三个内涵：一是系统是由若干个部分或要素构成的集合体，该集合体中的要素具有相互联系和相互依赖的特征；二是系统是一个功能集合体，该集合体客观存在整体性功能，并具有相互依存关系；三是系统是一个具有目的性的集合体，整体的作用旨在实现某种目标。因此，从要素的相互关联到功能整体，再到目的的实现，构成了系统的实质或核心。

在某种意义上，职业分类是一个典型的系统，它是由统一的职业描述项所形成的具有相互关系、标识特定时期经济社会职业结构体系的信息集合体，具有整体性、相对独立性、环境适应性、结构性、目的性等特征。职业分类体系通过特征描述、层级划分、类别界定，以结构化的方式构建系统性社会分工类别。

按照系统分类原理，职业分类通过职业类别的层级联系形成一个有机整体，从而为职业分类体系构建提供依据。从职业细类归合小类、小类归合中类、中类归合大类，逐级归合的小、中、大类职业形成了层级分明的系统结构。每一层级均概括了所含下一层级的特征，大类所属各层级的分系统均为其自身的派生系统，具有相同或相近的职业性质，共同呈现大类的职能，依此类推形成反映社会职业整体分布的体系结构。

### （二）异同原理

分类学中的异同原理是根据事物属性特征的相异和相同区分事物的理论。古人云：推而共之，共则有共，至于无共然后止……推而别之，别则有别，至于无别然后止。归合事物的根据叫作同，区分事物的根据叫作异。在分类层级中，上一级的异是下一级的同，而下一级的同又是上一级的异，层层有异有同。职业分类层级结构中，大类包含了各中类职业的共性特征；中类区分了大类职业的个性特征，又包含了小类职业的共性特征；小类区分了中类职业的个性特征，又包含了细类职业的共性特征，由此形成了异同相容的职业簇。

异同原理为制定职业分类原则提供了参照，即客观辨别职业活动所体现的工作性质和技能等级的相同性与相异性。

## (三) 分合原理

分类学中的分合原理阐述了事物分类的实质是划分与归合的相对统一规律,在任何一组同类事物中,依据其特征上的异,可以划分为不同的类别,又可以依据其特征上的同,归合为相应的类别。事物划分与归合具有相互依存的辩证关系,将分类对象划分过细,则会失去归合的意义,而归合过粗,也会失去划分的价值。分合原理阐明了事物类别划分与归合的辩证关系。

职业分类一般以工作性质的异同及其相似度为主划分与归合职业,对于工作性质同一性程度高的社会分工活动,因其职业簇脉系相对单一,划分与归合相对较易;而相对工作性质相似度范围较宽的社会分工活动,因其职业簇经过多代衍生而脉系众多,加之人们对其认知程度的差异,划分与归合难度相对较大。依据分合原理,科学的职业分类需遵循分合适度原则,职业划分过细或过粗而超越了类别等级界限,会导致上一层级的类别等级与下一层级的类别等级产生混淆,从而影响职业分类的科学性与实用性。

## (四) 变异原理

分类学中的变异原理认为,事物中的个体与群体总是处于变化与静止的对立之中,即处于相对稳定和绝对变化的过程之中,其稳定是相对而暂时的,而变化是绝对而长远的。在群体基础上得出的特征对群体内个体来讲是不变性特征,而在不同群体之间则又反映着变异。从变化角度看,个体不能代表群体,群体中的每一个体变化是绝对的,而且变化的形式多种多样;从静止角度看,个体又能体现群体,因为群体由个体所组成,无个体则无群体。变异原理阐释了事物个体与群体均是动态变化的,群体相对于个体具有不变特性,而群体相对于其本身则具有可变特性。

分类学提出,种内居群之间的变异是种下分类的根据,物种群体之间的变异是种间分类的根据。不论是亚种或物种特征,都是在群体的对比中得出的,都反映着群间变异。所以一个物种的特征,对种内成员来说表现为不变的一面,从种间关系来讲又代表着变化的一面。

遵循变异原理,职业分类需从辩证的角度辨识职业的个体与群体特征,若单一职业活动内容的更新并未改变原有职业簇的共同特性,则将其依旧归属原有职业类别;若职业簇的技术变更改变了其所属个性职业的特性,从而导致职业归属的变更或改变,新旧职业的演化则始终在相关稳定的状态中发展。变异原理为辨识在经济社会发展过程中产生的新职业提供了方法指导。

## (五)特征原理

分类学中的特征原理认为,事物分类应区分祖系传衍特征(祖征)与子系新生特征(新征),并以此厘清隶属关系。分类特征以新生种类出现为标志,各级分类层次中的特征按照产生的先后顺序形成特征时序,排定时序是分类的基础。特征时序的排列反映物类发展的纵向系统状态,其特征是隶属关系。职业分类中职业活动的新征是新职业产生的标志,是建立新类别的根据,反映了职业发展的时代特征;职业活动的祖征则体现了职业发展的连续性。

因此,新征是特性,祖征是共性,上一层级的新征是下一层级的祖征,下一层级的祖征是上一层级的新征。职业的衍生、分化与新生,按照祖征与新征的特征时序,不断繁衍形成持续更新的职业分类体系。

## 二、职业分类基本原则

职业分类是将不同的职业、工种依据工作性质划分为具有逻辑顺序的类别层级,构建具有时代特征的职业体系,并有效地运用于生产生活、人力资源服务等社会实践之中。由于职业分类活动涉及面广泛,分类具有科学性与技术性等客观要求,因此职业分类需遵循科学规范、先进合理、体系完整、层级分明等基本原则。

## (一)科学规范原则

职业分类是以经济社会发展需求为出发点,依据统一的标准所进行的社会分工划分与归合活动,必须遵循职业发展的客观规律,运用科学的技术与方法,构建反映职业业态客观事实的分类体系。因此,科学规范是职业分类的基本要求。

职业分类作为一项社会科学活动,既体现出应用性研究的工作属性,也反映出其自身形成的特定知识体系。人们对职业类别划分与归合的过程,既是对工作对象的研究或特定知识体系的认知过程,也是运用已有知识实施职业分类活动的过程。因此,无论是职业分类过程还是分类结果都必须具有科学规范性。

客观判定职业性质是科学规范职业分类的前提。首先,职业性质在总体上反映社会分工的工序、工艺流程、操作规范等职业活动本质特征;其次,职业性质能够在一定程度上客观描述职业活动对象的工作环境或条件、操作流程及活动规律等。同类职业性质的认同既可判定具体职业的类属,也可鉴别其职业簇的属性范围,有利于科学把握归类标准尺度,提高职业类别辨识的准确性。

准确界定职业及职业类别定义是科学规范职业分类的基础。职业及职业类别定义反映被归类的社会分工活动的本质属性，并界定其概念的内涵与外延，确定被定义的职业活动与其他职业活动间的边界。职业分类涉及的概念或专用术语较多，每一个概念或专用术语均有不同的定义方式与内容，正确使用概念或专用术语方可保证职业分类科学规范。

正确把握分类标准是科学规范职业分类的核心。标准是科学技术和实践经验的总结，反映着概念的运用及操作化过程。科学的分类标准，一方面是将概念定义分解成若干层级的具体指标，其中每一层级均有特定内在联系的种属含义，按大、中、小、细类顺序分层级进行指标认定。作为属概念，它包含下一层级的所属职业类别；作为种概念，它隶属于上一层级的职业类别，各层级指标均需再定义和再分解，直到不可再分为止。此时，每一层级的概念既是它的定义，也是类别归属的标准。《大典》中的大类概述，既是职业类别定义，也是确定该大类下一层级即中类的划分标准，凡符合此标准的中类职业均归合于该大类；中类简述是该中类所含小类的划分标准，凡符合此标准的小类职业均归合于该中类，依此类推，直到细类职业（工种）划分为止。另一方面，是建立各类别层级的指标体系，即反映职业类别层级本质属性构成的要素集合，符合该指标体系所列各描述项指标者，即可确认为某一职业或某一层级的职业。一般情况下，类别层级指标体系具有唯一性、包容性和排他性等特点：一是必须能够完整划分职业领域，而划分所得各类别之和必须与被划分的整体职业领域相等；二是必须能够涵盖本类别所有层级的职业，具有概括下属各层级类别性质的特征；三是必须具有与下属类别职业所不同的整体功能；四是必须具有与邻近类别及其他类别所形成的鲜明界限。值得注意的是，由于各职业领域的复杂性，某些类别指标体系的建立与确认不能一蹴而就，需要进行反复斟酌和比较。此外，对于一些特殊职业或难以采用同一分类标准划分的职业，需建立例外原则。

总之，科学规范的职业分类，从职业性质判定到职业及职业类别定义认定，从分类标准制定到层级种属确认，每一环节都要按照严格的逻辑顺序进行。

### （二）先进合理原则

职业分类的先进性，一方面是指职业分类方法与职业分类体系结构集最新科学技术与知识之大成，具有规范和导向作用等时代引领性；另一方面指所形成的分类体系具有较长生命周期及应用价值；职业分类的合理性，即指职业分类体系具有结构科学、功能齐全等特点，结构科学是指职业分类体系类别齐全、层级清晰、归合恰当，大、中、小、细类各层级之间形成衔接有序的有机联系，功能齐全是指职业分类体系的指导、统计、预测、管理等作用形式全面完整。

职业分类先进性首先体现在更新后的职业分类体系优于以往历次的分类结构。新的职业分类体系吸取旧体系的优点，修正不足，博取众家之长，彰显新时代特征，构建形成与时俱进的新体系。其次，职业分类先进性还体现在相对于同时期国际职业分类模式，新体系在内容完善、结构调整、技术更新等方面有所借鉴、有所突破、有所超越，更科学、更实用、更具继承与发展的指导意义。

职业分类合理性以先进性为前提，体现在职业分类结构合理、内容合理、功能合理等方面。借鉴并赶超国际水平，并非原盘照搬，而是遵循实事求是的基本原则，充分考虑国情与职业业态发展实际，注重在分类层级设置、框架模式、技能指标确立等方面的学习与借鉴，对于不同社会文化背景下所形成的职业划分与归合，需摒弃有悖于社会主义核心价值观的所谓职业。此外，合理的职业分类体系，还应注重实现职业分类在世界范围内人口与就业信息统计等方面的目的和作用。

要实现职业分类先进性与合理性的目标，核心是以技术要求为准绳把握分类活动的实质。技术要求包括广义与狭义两种含义，广义的技术要求泛指各种职业必备的专业知识、操作技能标准等；狭义的技术要求则是指运用特定的专业技能，操作专门的生产工具和设备所进行的程序化作业规范。技术要求通常表现为某种职业活动的指标数据、程序或模式等，由于其外显特征显著，最容易作为职业行为差异性的判别依据。

职业活动是有目的的分工劳动，一方面，技术要求的本质就是确保实现职业活动目标，离开职业活动目标的技术要求会失去其存在的价值；另一方面，技术要求是规范职业活动的合理依据。任何职业活动都是一定范围内的劳动分工，技术要求就是界定"一定范围"的标准尺。不同职业所具有的工作程序不同、所使用的技术设备不同、所生产的产品不同等，其差异均以技术要求为表征，这说明技术要求是合理职业结构划分与先进功能判定的标志。依据技术要求，坚持标准的一致性划分职业类别是确保职业分类先进合理的关键。应对职业活动环境因素的复杂性，使用同类、同等和同种定义的技术指标，对于不能实行量化技术指标检验的职业或工种划分尤为重要。

综上所述，技术要求是实现准确划分职业类别的重要尺度，特别是在工种归合细类职业、细类归合小类层级上显得更加突出。只有依据技术要求及指标体系对工种和职业作出科学鉴别，才能为建立先进合理的职业体系提供可靠的支撑。

## （三）体系完整原则

职业分类体系是建立在职业活动的最小工作单元基础上所形成的分类集合体，完整性是该集合体的基本要求。由于职业分类体系庞大、构成复杂，职业行为规范与标准具有多样性，致使职业分类体系构建具有较高难度。因此，社会分工活动划分与归类的体系完整性成为职业分类权威性与科学性的具体体现。

职业分类体系构建依据系统原理，即整体系统可分解为若干部分的子系统，子系统内部可包含若干层级的子系统。完整的职业分类体系类别层级排列有着客观严谨的逻辑顺序，在此顺序中，自上而下纵向逻辑结构清晰，每一层级间的类别分布范围明确。现阶段我国职业分类体系划分为大、中、小、细类四个层级，细类对应职业划分，依据分类标准归合为小类职业群，逐层归合形成职业中类并最终归合形成职业大类。每一大类包含若干中类，每一中类包含若干小类，每一小类包含若干细类，从大到小各层级均为数量递增的包含关系，由此形成了一个有序化逐级包容的完整结构模式，成为职业分类体系的外显形式。

职业类别或层级功能与管理范围的确认，是构建完整职业分类体系的必要环节。职业及职业类别功能的边际界限，是其功能范围的标识。不同职业具有不同的功能，决定了其所具有的管理范围，因不同职业或职业类别具有能够满足社会经济发展不同需求的功能，进而具有不同的运行机制。基于运行机制的作用，同一层级的职业类别具有水平相当的功能作用，是所属下一层级功能作用的集合；同一类职业遵循共同的运行模式，相同的运行模式决定着其各自的功能范围和数量比例，汇集构成上一层级的网络。职业类别及层级管理范围决定于管理对象的范围，管理对象越单一，则管理范围的边界判定越容易，因此低层级的职业管理范围容易确定，而高层级的职业管理范围因其涵盖面较大，管理范围的确认具有弹性，容易发生遗漏或重复现象。从某种意义上讲，高层级职业类别对所属层级职业的管理范围涵盖吻合度体现着职业分类结果的严谨性。

职业分类体系是经济社会全领域分工活动的结果描述，覆盖绝大多数的职业主体社会劳动者。社会本身是一个由人与客观世界组成的整体，劳动分工蕴藏于该整体中，形成一个职业的大千世界，职业分类则是通过特定的描述方式客观地反映该大千世界的全貌。完整的职业分类体系内容描述是通过职业结构性信息描述项表示的，每一个描述项均以固定的形式呈现分类结果信息。受不同历史时期人力资源管理制度与社会环境因素影响，职业信息描述项的内容不尽相同，其设定原则是基于尽可能全面完整地体现每一种职业的稳定发展状态。

## （四）层级分明原则

职业分类遵循自然界分类的基本原则，一种职业活动与另一种职业活动边界的界定是职业分类的核心。职业分类体系是由社会分工活动的整体形成的，职业分类描述社会分工活动的形式主要体现在职业类别的层级构成、职业之间的关系构成等方面。从职业类别的层级结构看，职业分类一般以多层级描述社会分工活动，层级的划分方式不唯一，既可按大类、中类、小类、细类划分，也可按总类、子类、细类等归合。但无论哪种方式，层级的划分必须做到标准清晰、界限分明，每一个层级中的类别必须完整，相同层级中的类别必须对等。职业活动划分与归合同经济活动有着密切关系，需体现与同一层级相关联的行业、部门职能或职责之间的对应关系。一般意义上，细类与小类的归合难度大于中类与大类的归合难度，特别在确定类别边界时，往往因行业之间、部门之间分布状况及地区差异性等因素，造成归合不当等现象。

职业分类实践表明，在任何类别体系的建立中，层级界定的准确性均为核心因素。职业分类体系中的大类划分，需充分考虑政治、经济、科技、文化等因素的影响，突出产业门类特征；中类划分，需注重参照国民经济行业分类，体现行业属性特征；小类及细类划分，则必须以工作性质与技能等级属性为依据，从而保持职业类别结构的稳定与平衡。

职业分类的难点在于细类职业的界定。现代社会的职业分类，判定一种职业区别于另外一种职业的标准是职业活动的工作性质与技能类别及等级。工作性质相同或具有一定相似度且技能类别及等级要求相似的社会分工活动可归合为一种职业，相异则划分为另一种职业。因此，判断工作性质的相似度与技能类别及等级的相似度便成为界定职业层级的关键。职业分类过程中，技能要求是一项重要指标。技能是完成和履行给定工作所涉及的任务和职责的能力体现，每一职业信息描述都应标示明确的任务指标及相应的职责范围，它构成职业标准的核心内容，同时也是社会职业管理的需要。职业所包含的任务和职责在一定范围内的标准化程度，标志着一个国家或地区社会经济和科技发展的水平。一般情况下，职业可包含不同工种，工种可分解为岗位、任务和职责，而完成任务和职责离不开技能，技能包括技能水平和技能规范。前者表示与任务、职责的复杂程度和范围有关的执行能力，后者是根据职业涉及的知识领域、使用的工具设备、加工和使用的材料以及提供的产品和服务的种类而规定的标准化要求，具有统一性、规范性与可操作性等特征。

准确衡量工作性质的相似度与技能类别及等级的相似度，需通过职业信息分析，确定职业活动的形式。职业活动方式是职业存在的客观状态或表现形式之一，通常情况下，运用概念、判断和推理是知识型职业活动的特征，而使用仪器设备、操作工具、生产产品则是技术技能型职业活动的典型方式，不同职业有着不同的活动形式。分析职业活动形式时，一方面要把握职业活动目标，不同的目标需要采取不同的活动方式去实现，其活动方式的规定性是客观存在的；另一方面要注重职业活动的主客观条件，职业活动反映职业主客体相结合的过程，主客体的条件状况直接影响着职业活动结果，职业活动的主客观条件反映在职业主体的知识素质、技能水平，职业客体的工具和设备、原材料性能、生产质量、产品规格以及工作环境等方面，不同职业的主客观条件常常表现为职业活动方式的技术含量或知识密集程度的差异性，据此可有效判定工作性质的相似度与技能类别及等级的相似度。

综上所述，科学的职业分类需从职业主体劳动者与客体劳动对象两方面，深入分析从业人员的职业行为与职业活动的自然规律，准确把握社会分工活动的异同点，厘清职业的划分与归合边界。

## 第三节　职业分类方法

广义的职业分类方法是应用分工理论与分类学的基本原理，为编制具有科学性和实用性的职业分类系统所采取的符合职业内在规律的程序与方式的总和。狭义的职业分类方法是划分与归合过程中所采用的标准、原则与方式等。职业分类方法的选择既要体现客观性，依照社会活动现象内涵属性而非感官知觉进行分类，同时又要考虑可行性，即符合经济社会发展的实际需求。

### 一、职业分类方法论原理

#### （一）劳动分工原理

职业分类的本质是对不同社会分工活动要素的划分与归合，其方法是基于分工理论与分类学原理而形成的。分工是指人们在经济活动过程中技术层面的联合方式，即劳动方式，马克思称之为生产方式或生产技术方式，属于生产力范畴。劳动方式的存在与其所处的特定社会生产关系无直接关联，是技术进步和生产社会化的产物，由生产资料和劳动者的技术发展水平特别是生产工具的性质和状态所决定。

劳动分工按其本身的形成过程和内在属性，可分为自然分工和社会分工。自然分工是指在人类社会初期以人自身的生理条件差异为基础而自然形成的分工。在自然分工体系中，不同的生产者个体分别担负不同的劳动或生产职能。社会分工是指随着生产力的发展，以社会经济活动不同生产功能和劳动方式为基础的分工。劳动分工方法的选择取决于社会分工的劳动方式。劳动组织中最基本的分工一般按所执行的职能分工，分为学徒、工人、工程技术人员、管理人员、服务人员及其他人员；专业分工是根据工作性质的特点所进行的分工；技术分工则是按照岗位或工种内部业务能力和技术水平层次形成的分工。一般意义上，劳动分工程度受生产技术性质制约，划分方法主要体现在区分直接生产工作与管理工作、服务工作，不同的工艺阶段和工种，准备性工作和执行性工作，基本工作和辅助工作，高技术工作与低技术工作等。现代社会的劳动分工多体现为专业化分工，可提高劳动熟练程度，节约劳动转换时间，节约培训成本，减少劳动管理成本。

## （二）共性与特性统一原理

人们对客观世界的观察常常会得到两个相反的印象：在两个不同的事物之间，不管其差别多大，总有相同的一面；在相似的事物之间，无论相似度多高，总有差别的一面。万物之间普遍存在异与同的对立现象，这既是客观事实，更是一种自然规律。

共同性与特殊性的对立统一是事物分类的根据，也是分类的方法原则。在职业分类过程中，当根据分工特征鉴别一种职业时，一般不自觉地会运用共同性与特殊性的对比概念进行特征分析。在中国古代哲学中，共同性和特殊性的概念称作"同异范畴"，对异和同赋予了不同表现形式的界定。《墨经·经上》认为"同"有四种形式，即"重、体、合、类"，其定义为："二名一实，重同也；不外于兼，体同也；俱处于室，合同也；有以同，类同也。""重同"是指两个名字表征同一个事物；"体同"是指包含在整体内部；"合同"是指处在同一个空间范围内；"类同"是指类别相同。对于"异"而言，形式也有四种，即"二、不体、不合、不类"，其中"二"是指名、实各异，分别为两物；"不体"是指两物不是同一事物的构成部分；"不合"是指各个事物不处在同一空间内；"不类"是指各个事物之间不存在类的相似性。

遵循共同性与特殊性的对立统一原理，分析差异和归纳共同的综合分类法是分类的一个基本方法。

## （三）连续性和间断性统一原理

连续性和间断性是反映事物及其发展过程的差异性和统一性既相分立又相联系的哲学概念。连续性是指事物整体的联系性，表明事物的组成成分、存在状态和各个发展阶段之间的联系和统一。间断性表示事物的组成成分、存在状态是相对独立的、有差异的和不连续的，也表示事物各个发展阶段之间的飞跃，以及一事物转化为他事物的突变运动状态。连续性和间断性是客观事物及其发展过程的普遍属性，任何事物及其发展过程都是间断性和连续性的对立统一。间断性以连续性为前提，是对连续性整体的分割和分化；连续性则以间断性为基础，连续性整体是由间断的各组成成分、各发展阶段相互联结而成的有机体。二者相互对立又相互联系，在一定条件下相互转化。认识事物运动的间断性和连续性，是把握事物及其发展阶段的区别和联系的基本方法。

连续性与间断性的统一是事物发展的客观规律，也是分类学的核心概念。职业发展同样也符合此规律。因此，系统分类也是职业分类的方法之一。

综上所述，世间万物之所以可分类，可排列成系统，一方面是由于万物之间都存在着共同性和特殊性的辩证统一，存在分类的可能性，能够研究其类型与类属关系；另一方面则因为事物的发展过程均显示为连续性与间断性的对立统一，可以探索发展过程，研究其发展的阶段与相互关系。纵向和横向相统一是职业分类的哲学基础，若共同性与特殊性统一是面与点的结合，则连续性与间断性是线与结的结合，两者的统一即纵与横的结合。将阶段研究作为纵向，类型研究作为横向，分类工作即在此基础上进行。

## 二、职业分类一般方法

### （一）抽象分类法

#### 1. 定性与定量法

职业分类方法可分为定性与定量两种不同的方法。对于一个事物而言，质和量是它本身所固有的两个规定性，质和量二者密切联系，均统一于具体事物之中。任何事物都是质和量的统一体，但质和量却存在差异。质反映的是事物"是什么"，是事物的内在规定性；而量则反映事物多少、大小等数量关系。两者的差别使人们得以根据分类目的的不同，从质或量上对事物加以区分。

定性职业分类方法是依据职业某方面质的差异所进行的一种方法；是国际通用的职业分类的主要方法，主要依赖于分类者主导思想与主观经验，是一种典型的自上而下的分类方式，广泛应用于标准职业分类系统构建活动中。定量分类方法是基于实证主义思想，运用实证性和抽象经验性概念，依据职业某方面量的差异所进行的一种分类方法。定量分类方法广泛应用于自然科学领域，按照数值分类学原理，定量分类主要包括五个步骤：一是选择运算分类单位，即所用最低级的实体；二是选择运算分类单位的性状，确定分类范围，范围越大，所用的性状越多，其分类结果越客观；三是全面运算分类单位之间的相似性，并将每个运算分类单位的相似性系数列为一个相似性表或矩阵；四是进行簇分析，重排相似性矩阵序列形成簇，将形成的簇按树状图分阶层排列，再根据实际情况选择不同的相似性水平以代表不同的等级；五是反馈判断，运用分类结果重新核查分类时所用的性状，选择其最稳定的性状作为分类的特征。

必须强调的是，固然某些职业在量上有差别，但仅仅依赖量的差别很难将其完全区别开，必须采用定性和定量结合的职业分类方法。

#### 2. 特征对比法

特征对比法以事物的客观属性作为分类标准，是所有分类的基本方法。特征是分类的依据，职业分类的实质在于从对比中发现对立的特征，决定于对立单元之间的对比，职业分类单元主要采用职业新征，对立单元之间的特征对比可显示职业活动的新征独特性。职业特征是某职业群体的特的属性，人们认识一种职业也是从职业特征开始的。由于事物本质特征往往是隐性的，需要人们对分类对象运用高度抽象思维进行分析和比较加以确定，因而对职业特征的选取取决于人们对职业的认识水平，对职业认识越深入，越能充分把握职业的本质特征。对职业特征的解读不同，职业分类的依据描述则存在差异，如依据每个职业的任务、主要职责和从事的工作分类，依照工作性质同一性或相似性分类，依照从事工作类型分类等。运用特征对比法，首要前提是准确定义职业，避免有些内容相似但性质又不完全相同的职业分类出现重复交叉等现象。

### 3. 异同分析法

异同分析法遵循共同性和特殊性统一的哲学原理，即通过区分职业活动的差异性特征与归纳职业活动中的共同性特征进行职业分类。运用异同分析法的关键是职业类属的鉴定，依据类属关系，进行类上分类和类下归类。类上分类是对具有共同性特征的职业进行层级归命的过程，类下分类是对具有差异性特征的职业进行类属细分的过程。对于类下分类而言，分类的层级程度取决于分类的目的。

### 4. 社会因素分类法

依据职业属性的本质，一方面职业分类遵循人类所认知的自然科学规律，其客体划分注重其自然属性；另一方面职业分类又是人类对自身社会活动实施的一种分类，受分类者所处国家或地区的历史文化、政治体制、管理体制、法律法规等因素制约，其主体划分更侧重社会属性。职业分类的结果旨在服务于人类自身的管理目的，涉及职业社会地位、职业声望、资源配置等社会因素，故而带有一定的人为性。通常情况下，职业分类作为一种手段，它的目的在于满足不同社会制度下的社会政治、经济发展的需要，更多体现为一个国家的行为，职业分类方法的选用及结果反映国家的管理意志。职业分类具有时代性，不同时代构成了职业分类发展的不同历史阶段，不同的职业分类方式也反映着不同时代的社会特征。社会因素决定了职业分类过程中职业主客体相结合的复杂关系，不同历史阶段，同一属性的职业会受社会因素的影响产生变异或消亡。因此，职业分类不仅要依靠人类对自然世界的认知，更要注重社会科学的发展规律。充分考虑社会因素开展职业分类，是保证职业分类结果被社会认同并得以广泛应用的前提。

## (二) 具象分类法

### 1. 岗位分析法

岗位分析法是职业分类细类划分的基本方法，是对各类工作岗位的性质任务、职责权限、岗位关系、劳动条件和环境，以及员工承担本岗位任务应具备的资格条件进行界定的方法。岗位分析的结果是以岗位名称、工作条件、工作地点、工作范围、工作对象以及所使用的工作材料等表述体现的，并成为职业描述信息的重要组成部分。其中，岗位名称是对某一工作岗位特定的指称，是以简洁的专业名词对某一岗位的性质和特征所作出的总结和概括。

岗位分析法首先是岗位信息采集，确定岗位所属工作单位或部门、工作地点、上级主管、岗位编码、岗位等级或薪资等级、劳动定员定额标准、岗位工作轮班制度等基本信息；其次是岗位任务分析，界定岗位的基本任务和具体工作内容，完成任务的具体程序及基本步骤，使用的工具和设备、工作量及工作时间，劳动分工与协作方式，完成任务所需执行的工作规范等；最后是岗位责任和权限分析，岗位责任是完成岗位任务应达到的数量要求和质量标准规范，岗位权限是完成岗位职责范围内的工作任务时可在一定限度内自主行使的权力，通过对岗位责任和岗位权限的分析，确定从业人员完成岗位工作任务所必需的方法、手段和途径，法律法规赋予岗位的决策权、命令权、计划权、组织权、指挥权、监督权、协调权、控制权、审核权、执行权、信息采集与检索权、存储权、传递权、反馈权、沟通权等。

岗位分析还包括岗位资格分析，是指岗位对员工素质要求的分析，即对岗位员工应具备的各种资格条件所进行的分析。一是职业道德品质，即胜任岗位工作必需的道德水准；二是受教育程度，即胜任岗位工作应具有的知识水平；三是专业知识，即胜任岗位工作应具有的专业基础知识和专业技术知识水平；四是政策法规知识，即胜任岗位工作应具备的相关法律、法规、规章、政策或条例方面的知识水平；五是管理知识，即胜任岗位工作应具有的经济、管理科学知识及业务管理知识；六是外语水平，即胜任岗位工作应具有的对外语掌握的程度；七是心理品质要求，即依岗位性质和特点决定的员工心理素质综合分析，通常包括智力、一般学习能力、推理与判断能力、语言及运用能力、词义理解能力、工作指令和原理理解能力、数字能力、算术运算能力、空间理解力、形状视觉能力、书面材料知觉能力、运动协调能力、手指灵巧与手腕灵活能力、眼手足协调能力、颜色分辨能力、五官感知觉能力等。此外，岗位分析内容还包括胜任岗位所需的主体专业知识以外的其他相关知识。

运用岗位分析法进行职业分类可采取定性与定量相结合的方式。定性分析包括观察法、文献分析法、访谈法、专家座谈法、非定量问卷法、工作日志法、关键事件法等；定量分析包括岗位分析调查表法、管理岗位问卷法、功能性岗位分析法、岗位任务清单法、工作元素分析法等。

#### 2. 职业功能分析法

职业功能是指某一个职业所实现的工作目标，以及所蕴含的相关活动。职业分类所使用的职业功能分析法是根据不同职业性质和特点，按照工作领域、工作项目、工作程序、工作对象和工作成果，分析判定职业活动归属的一种方法。职业功能的文字描述方式一般使用"动词+宾语"的动宾结构，以职业主体劳动者对职业活动对象的操作行为作为表征。

职业功能主要通过工作内容具体描述。工作内容指完成职业功能所应做的工作项目总和，可以按种类划分，也可以按程序划分，每项职业功能一般包含两个或两个以上的工作内容。工作内容是通过从业人员的职业技能要求和操作知识要求等体现的。

职业技能体现为一种经过学习而获得的完成职业活动必备的行为方式，它包括从业人员所从事的职业活动过程中的操作技能与认知技能等。操作技能是从业人员通过大脑指挥肌肉和运动器官完成的活动，当操作行为达到协调、正确、熟练以及自动化程度时，便成为具有运动特征的某种动作技能；认知技能是从业人员在头脑中通过学习与实践形成的认知活动，当感知、记忆、想象、思维等心理活动在认知事物和解决问题达到自动化的程度时，即形成了以抽象思维为特征的认知技能。职业技能要求是指完成每一项职业工作内容、实现每一个工作任务目标应达到的结果或应具备的能力。职业技能要求突出可操作性，因而技能要求的表达要体现出从业人员在何种条件下完成工作任务、做到何种程度、达到何种标准。同时，对于不同等级中同一项工作内容的技能要描述出不同的具体要求，一般不能仅用程度副词区分不同要求。职业技能要求中涉及工具和设备时，需要标明使用目的及操作标准。操作知识要求是指达到每项职业技能要求必备的知识，主要指与职业技能要求相对应的理论知识、技术标准、操作规程、安全知识以及有具体指向的相关知识等。

#### 3. 技术分析法

任何职业活动都离不开技术，这是由职业属性特征决定的。技术特征是指一种专门的手段和方法的体系，是为达到一定目的而采取符合该目的所要求的行动、方式、方法和手段的集合。技术是将自然科学知识应用于生产过程，以达到利用和改造自然的手段、方法的体系。手段是指一定的生产工具和其他物资设备，方法是指一定的知识、经验和技能以及组织形式等。客观物质手段和主观思维、操作能力相互结合则形成一个技术系统。

技术不仅包括自然科学技术和生产技术，也包括非物质生产领域的语言技术、表演技术、医疗技术、教育技术等。职业分类重要的分析对象之一就是职业技术，即技术在职业活动中的具体应用。技术具有目的性，需通过广泛的社会协作完成，首先表现在体现硬件特征的生产工具和设备等方面，其次表现在劳动规则、生产工艺和方法以及制度等方面。现代社会各种技术手段已经普遍应用于职业领域，不同的技术特点在不同的职业领域中得以体现。

技术分析法是指通过专业技术分析和产业特征分析，确定职业能力结构的一种方法。专业技术分析是依据科学技术知识，以专业性技术单元分析生产工具、工艺、方法、流程等，描述获得该技术所需要的知识、技能、态度的能力体系。专业技术分析可分为关键技术、通用技术与辅助技术三个技术门类，每个技术门类构成不同的技术单元。

## 第四节　职业分类名词术语界定一般原则及方法

### 一、职业分类名词术语定义

#### （一）职业分类名词术语释义

职业分类名词是职业分类工作领域所界定的职业概念、职业称谓、职业描述信息等语言文字指称，即职业分类概念在语言文字中的表征。

职业是表征超越一个经济单位的社会范围生产分工的术语，使用特定的名词描述农业、工业等部门的一般分工及其重工业、轻工业、种植业、畜牧业等产业或行业的特殊分工属性。职业分类则以不同职业名称、职业定义等名词术语描述社会分工活动形态。

#### （二）职业分类名词术语定义

定义是指在不改变目标事物本身的前提下，对概念的内涵和外延或词项的意义所做的简要而准确的描述，是对于一种事物的本质特征或一个概念的内涵的确切而简要的表述，是以简短的形式揭示词项、概念、命题的内涵和外延的逻辑方法，也是一种人为的广泛通用的解释。定义的构成包括三个部分，即被定义项、定义项和定义联项。被定义项是在定义中被解释和说明的词项、概念或命题；定义项就是用来解释、说明被定义项的词项、概念或命题；定义联项是连接被定义项和定义项的词项。

概念是人类思维的基本形式之一。人类发展的历史是人们认识客观世界和改造客观世界的过程。人们在认识事物的过程中，通过观察、分析、推理等思维方式，把客观事物的本质属性加以抽象概括形成概念。

术语是通过语音或文字来表达或限定专业概念的一种约定性符号，是在一些专业（行业）领域内表达概念的一种通行的词语方式。术语依附概念产生或消亡，概念是术语生成的基础，术语是概念的载体。术语应当准确而严格地反映概念特征，即从概念的科学含义出发，为概念规定"名符其义"的指称。

定义的任务是表述概念，用最简练的文字科学说明概念的内涵。换言之，定义是概念和术语之间的桥梁，即解释概念、限定术语，使人们明确它们的意义及其使用范围。职业分类中词术语定义是指清楚地规定职业分类中某一名词术语的概念。

根据不同标准，定义的种类分为不同类型，如内涵定义、外延定义、真实定义、语词定义、关系定义、操作定义、语境定义、穷举定义、列举定义、实指定义、混合定义、递归定义、词语定义、词源定义、描述性定义、约定性定义以及修正性定义等。

职业分类名词术语定义是对职业分类名词所代表的社会分工概念所作出的确切而简要的表述，以反映不同社会分工概念的本质特征，其作用是界定被定义的职业分类名词术语的概念范畴，界定与其他职业分类名词术语所指称的概念区别，并确立被定义的职业分类名词术语在其相关职业分类名称概念体系中的位置。职业分类名词术语主要采用内涵定义的方式，特殊情况时也采用外延定义等方式。

内涵定义是通过描述语词指称物所具有的属性集来解释语词含义，揭示并表述出被释义词的概念特征，即对概念内涵的描述。内涵分为主观内涵、客观内涵和约定内涵三种类型。内涵定义即说明某一概念的上位概念，确定该概念在其概念体系中的所属位置，描述该概念的本质特征以区别于其他相关概念。外延定义则是用一系列具有社会通识性、可穷尽列举的下位概念以说明某一上位概念。

### （三）职业分类名词术语定义基本要求

#### 1. 界定准确

定义准确性取决于概念准确性，拟定术语定义前，必须首先厘清术语所表达的基本概念。定义描述结构一般以单句或短语构成，为便于理解和交流，专业技术与职业技术用语的表述要求简明准确，文字表述不宜过长，以达到揭示概念内涵目的为准则。职业分类名词定名与术语定义应符合语言文字的特点和构词规律，执行国家语言文字法律法规和规范标准。

### 2. 契合时代

职业内涵及职业分类概念源于其自身根植于经济社会发展而形成的规律，呈现出鲜明的时代性特征。职业分类名词术语定义应反映社会发展现状，当职业活动所依据的专业理论、采用的技术方法、使用的工具体系、呈现的职业行为等发生更新时，应采用反映现实的语言文字重新定义职业分类名词。

### 3. 突显本质

定义是一个用术语概述事物本质属性的表述，应使用最简练的文字，准确清晰地说明该概念与其他概念的本质属性的区别。本质属性是指某类事物所特有的，能区分一种事物同其他类事物的，具有决定性意义的特有属性。

### 4. 严密论证

职业分类名词术语定义的拟定过程须按照产业现场信息采集、分析、比较、汇总、研判等程序，在充分占有可靠性信息资料的基础上，依据所属产业、行业类别属性特征，论证形成相关定义。

## 二、职业分类名词术语定义原则

### （一）科学性原则

职业分类名词术语定义应当准确表达单一职业分类概念的科学内涵和本质属性，以职业所属领域的学术、学科术语单一性概念为参照，避免以生活用语、口头语言及易引起概念混乱的名词表述定义。

单一性即指一个概念仅确定一个与之相对应的规范的名称。当某一概念有多个名称时，应确定一个名称为"正名"，即正式公布的规范名，其他则称为"异名"。异名主要包括全称、简称、又称、俗称、曾称，其中，全称、简称是与正名等效使用的名词；又称为非推荐名，特殊情况下允许确定一个又称，但只限在一定范围内使用；俗称即非正式用语；曾称是指已淘汰的旧名称。多个概念使用同一个名称时，应当根据不同的概念分别确定不同名称，以客观准确地表达概念。如基于离散—堆积原理，由零件三维数据驱动直接制造零件的增材制造技术，因其分类原则和理解方式的差异性，该技术还有快速原型、快速成型、快速制造、三维打印等多种称谓，其内涵仍在不断深化，外延也不断扩展，而今社会普遍使用的则是"增材制造"（Additive Manufacturing，AM）的名称，俗称为"三维打印"（3D Printing）。同时，在职业分类名词术语定名时，一般不使用由外文字母构成或包含外文字母的"字母词"，故定义与"三维打印"有关的职业名称时宜采用"增材制造工程技术人员""增材制造设备操作员"等表述。对于缘起于外国的新技术所形成的新职业称谓，在确实无法定名的情况下，可试用包含字母的字母词，但不得采用完全由字母构成的字母词。

### （二）约定俗成原则

人类社会分工具有历史性特征，从分工雏形呈现到逐步成熟发展，从一定范围概念传播到广泛社会认知形成，早期命名的职业分类名词概念一直被延续流传，逐步成为具有较高认知度的称谓。因此，现代职业分类应尽可能采用历史称谓定义职业分类名词概念。

术语在人们的社会交往中发挥交流工具的作用，需要在社会中进行广泛的人为约定。一般来讲，约定需要经历一个比较漫长的过程。一个术语约定俗成之后，不宜轻易变动，变动则需要另一个漫长的约定过程，其间会造成人际交流中的混乱甚至障碍。术语这种约定俗成的特性，又称为习惯性。鉴于术语的此种特点，虽有些术语在约定之初不够科学，或原定义的概念有新的发展，但因其使用年代较久远，人们已习惯如此使用，所以不宜轻易修改。在源于科技创新所形成的专业技术及其应用过程中，往往存在名称的非科学界定现象，如英文"robot"定名为"机器人"，因其本质非"人"，而为"机器"，故应称其为"拟人机"或"智能机"更科学，但考虑社会上已普遍习惯于称其为"机器人"，因此不宜轻易改变此称谓，否则易引起新的词意混淆。进而与机器人相关的职业如机器人工程技术人员、服务机器人应用技术员、工业机器人系统运维员、工业机器人系统操作员等职业名称均采用"机器人"这一习惯概念命名。又如，随着新能源产业的发展进步，汽车已非1769年由法国陆军工程师古诺制造出第一辆蒸汽机驱动的交通工具而建立的原始概念，但人们对相似交通工具的称谓仍习惯以"汽车"延续，该类机动车制造等相关职业均保持汽车制造人员的称谓。

### （三）系统简明原则

系统性是指同一概念体系的名称，应体现逻辑相关性。职业分类基本概念名称确定后，其派生概念、复合概念的名称应与之相对应。简明性即确定概念名称须易懂、易记、易读、简洁。

职业分类名词术语整体上是一个庞大的系统，确定其术语规范需考虑任何社会分工领域内的职业分类均有复杂的系统工程特性，因其普遍存在着由劳动特性所形成的社会分工活动的逻辑关系，职业分类体系和框架是建立在特定名词术语基础上的，该名词术语在某一职业以及相关职业领域中是非孤立的，是一个具有层级体系、符合分类学系统原理的有机组成部分，职业分类名词术语定义需充分考虑被定义项的逻辑相关性，包括层级关系、类别关系、种属关系及其他因果联系等逻辑关联。

因此，应简单明了地运用职业分类名词术语指代职业概念，表示分类意义，表征职业活动特点，以简明的文字表达复杂的思想、概念与内涵。如"检验"包含"检验与维修""检查与修理"的意思，在定名相关职业或工种时，往往以"检验员"或"检验工"命名其职业名称核心词，而非以"检验与维修员"或"检查与修理工"定名。

**（四）国际通用原则**

对于人类社会同一历史发展阶段具有共性特征的职业分类，其概念定名时应与国际上通行的名词术语一致，目的是便于国际职业信息交流。当今时代，科学技术发展迅速，成为全人类的共同事业，先进科学技术的无国界运用，是导致职业变迁的最核心因素，人类命运共同体的内涵阐释了"建设持久和平、普遍安全、共同繁荣、开放包容、清洁美丽的世界"的先进思想，揭示了人类未来需要在交流中共同发展的规律。随着现代信息技术的发展，国际职业信息交流越来越广泛，因此在确定职业分类名词术语时须更多考虑其国际性。

**（五）协调一致原则**

当同一个概念在不同行业领域中的名称表述不一致时，应遵循协调一致原则，根据缘起概念优先统一定名。当难以归合同一个概念在不同职业领域中存在的多个名称时，可视为特殊情况分别定名，互为又称。职业分类名词术语定义原则上应同国内已公布的有关术语标准协调一致，不一致时需协商谨慎定名。针对应用面较广、沿用已久、已在社会上广为流传的名词，即使科学性稍弱，也可沿用，不宜轻易变更，以避免产生新的混乱。当职业分类名词术语定义原则无法同时兼顾时，须综合考虑，合理定名。

## 三、职业分类名词术语定义方法及相关规则

**（一）种加属差定义法**

种加属差定义法是常用的内涵定义方法，先找出被定义概念的属概念，然后找出相应的种差，并以"被定义项=种差+属"的形式给出定义，即"种概念=种差+属"。"属""种""种差"是指：如果一个概念 B 的外延集合是另一个概念 A 的外延集合的真子集，则称作概念 A 是概念 B 的属概念，概念 B 是概念 A 的种属性，具有这种关系

的概念之间称作具有属种关系的概念。在同一属概念里，种概念 A 具有而其他种概念不具有的本质属性的差别，称作种概念 A 的种差。

采用此方法拟定职业分类名词术语定义时，应当正确选择"种差"和"属"。"种差"应反映出该名词代表的概念与相关概念间的本质区别特征，"属"应选择相邻的上位概念。如界定工种与职业归类时，需判定工种与职业的本质区别，进而确定工种应归入的上位所属职业。

### （二）外延定义法

外延定义法是揭示某一事物外延意义的逻辑方法，进而明确概念或语词，具体可分为实指定义、列举定义和划分定义三种。实指定义、列举定义和划分定义的被定义项都是一个概念或语词，区别在于三者定义项有所不同，实指定义的定义项是实物，列举定义的定义项是一组专名，划分定义的定义项则是被定义项的小类或种。

当某些集合性或总括性的名词难以采用内涵定义，且其下位概念是众所周知和可穷尽列举时，可采用外延定义方式。如：将"煤的工业分析"定义为"水分、灰分、挥发分和固定碳四个项目煤质分析的总称"。当能够采用内涵定义的情况下，一般不采用外延定义。

### （三）职业分类名词术语定义相关规则

#### 1. 避免循环定义

在一个概念系统中，两个或多个概念在定义时不能互为界定条件，即不能以甲概念定义乙概念，同时又以乙概念定义甲概念。如将"机械工业"定义为"生产机械产品的工业"，同时又将"机械产品"定义为"机械工业生产的产品"等。

在同一个概念体系中界定概念与名称时，应避免上述"机械工业"与"机械产品"循环定义的现象。

#### 2. 力戒同语反复

在界定职业分类名词术语时，不能用被定义的名词作为定义使用，即不能以概念解释概念本身。同语反复的定义方式由于定义概念和被定义概念同属于一个概念，因此不能揭示被定义概念的内涵。如将"化工工程技术人员"定义为"从事化工工程技术的人员"等。

#### 3. 慎用否定定义

职业分类名词术语一般不采用否定式定义，如将"有机化学"定义为"不属于无机化学的化学"等。对于某些概念的特有属性恰是以不具备某种属性表述的，可用否定式定义。如将"从事水泥、玻璃、陶瓷、石墨及碳素等非金属矿物制品生产加工的人员"命名为"非金属矿物制品制造人员"等。

### 4. 侧重宽窄相适

职业分类名词术语定义项与被定义项之间的概念须保持等同关系，不可过宽或过窄。如果定义项外延大于被定义项，则为定义过宽，反之则为定义过窄。如若将"城市轨道交通服务员"定义为"从事轨道交通车站安全、行车、机电设备运行等工作的人员"，则属定义过宽，因为轨道交通除城市轨道外还包括铁路轨道交通等其他轨道交通方式；反之，若将"质检员"定义为"使用设备、工具或运用感官，检验、检查、确定原料、燃料、材料和半成品、成品等机械产品质量的人员"，便属于定义过窄，原因是质检员的工作不仅是针对机械产品质量的检验和检查，还包括塑料、水泥等非机械产品的检验和检查。

# 第二章 我国职业分类

## 第一节 我国职业分类概述

### 一、我国古代职业分类

我国职业分类历史悠久,早在春秋战国时期便有社会分工的记载。出自《周礼》的《考工记》,是我国春秋战国时期记述官营手工业各工种设计规范和制造工艺的文献,书中保留有先秦大量的手工业生产技术、工艺美术资料,是我国所见年代最早的关于手工业技术的文献。

《考工记》全书共 7 100 余字,将当时的社会活动划分出木工、金工、皮革工、染色工、刮磨工、陶瓷工六大类 30 个职业工种,既反映出当时我国所达到的社会发展及工艺水平,又体现出最早的职业分类思想。

### 二、我国现代职业分类

20 世纪 90 年代以来,随着我国科学技术突飞猛进的发展,劳动力市场逐步发育和完善。全面提高劳动者素质,充分开发和有效利用我国丰富的劳动力资源,越来越得到党和政府以及社会各界的高度重视。党的十一届三中全会决议明确提出,要把人才培养和合理使用结合起来,要制定各种职业的资格标准和录用标准,实行学历文凭和职业资格两种证书制度。国务院有关部委高度重视此项工作,组织制定并于 1986 年颁布了《职业分类与代码》(GB/T 6565—1986),1992 年编制颁布了《中华人民共和国工种分类目录》。1995 年实施的《中华人民共和国劳动法》规定,国家确定职业分类,对规定的职业制定职业技能标准,实行职业资格证书制度。依据法律的规定,为适应我国社会发展需要,国家有关部门决定编制一部国家职业分类大典,以此作为劳动力管理的社会化、科学化和规范化的重要基础。1999 年我国颁布了首部《中华人民共和国职业分类大典》(以下简称《大典》),之后又连续颁布了 2005 版、2006 版、2007 版《中华人民共和国职业分类大典（增补本）》,并于 2015 年和 2022 年分别对《大典》进行了修订。

## 第二节 国家职业分类大典编制

### 一、《大典》编制前期工作

1994 年 11 月,由劳动部牵头组织国务院有关部门在福州召开论证研讨会,提出了编制《大典》的计划,并组织有关专家学者收集、整理和翻译国内外有关职业和职业分类的史料、研究成果,对职业的概念和特征,职业分类的目的、原则和方法等问题进行深入而系统的分析研究,为《大典》的编制工作奠定了基础。

1995 年 2 月,劳动部、国家统计局、国家技术监督局联合成立了"国家职业分类大典和职业资格工作委员会"（以下简称大典工作委员会）,统一指导、组织和协调国家职业分类大典和职业资格标准的制定工作。大典工作委员会下设专家委员会和办公室（以下统称大典专家委员会和大典办公室）。大典专家委员会由 20 多个专业委员会组成,根据职业类别或职业群体的不同,分别由各行业、部门分工负责某一职业类别和职业群体的分类工作；大典办公室设在劳动部,具体负责组织专家编制《大典》的日常工作。1996 年 2 月,"国家职业分类大典和职业资格专家委员会"正式成立并制定了章程,规范了大典专家委员会的性质、宗旨、任务、委员资格、组织机构等。

### 二、《大典》编制工作目标、指导思想和原则

《大典》编制工作目标是基于我国职业构成现状,逐步建立起科学规范、先进合理、内容完整、层次分明,并与国际职业分类相衔接的国家职业分类与职业资格标准体系。

《大典》编制工作指导思想是从我国实际出发,以社会分工为基础,体现我国职业现状与发展趋势；以国家相关标准为依据,在《中华人民共和国工种分类目录》的基础上进行职业划分与归合,明确职业定义及其适用范围和主要职能；借鉴国际职业分类标准以及有关国家和地区职业分类的经验,使我国的职业分类与国际职业分类逐步接轨。

《大典》编制工作原则包括以下三点：

一是科学性、先进性原则。遵循职业活动的内在规律，正确反映不同管理层次、不同技术水平、不同业务范畴职业的特性。同时，体现经济社会发展、科技进步和产业结构的变化，并具有时代感和超前性。

二是客观性、适用性原则。从我国行业划分、产业技术结构和管理体制的现状出发，充分考虑社会各行业、各部门的工作性质、技术特点、劳动组织、工作条件的不同情况，按照工作性质同一性进行职业划分。同时，适应我国信息统计、人口普查、劳动力管理、职业教育和职业培训、职业指导和就业服务等工作的实际需要。

三是开放性、国际性原则。学习借鉴国际上职业分类的做法，在结构框架等方面和国际接轨。

## 三、《大典》结构与职业类别划分基本原则

根据《大典》编制工作的目标、指导思想和原则，大典办公室组织专家反复分析、研究和论证，确定了《大典》的总体结构及其职业类别划分的基本原则，明确将我国职业划分为大类、中类、小类和细类（职业）四个层次的框架思路和划分原则，指导各行业、部门进行职业分类体系框架构建分析与论证。同时，大典办公室提出了打破行业部门界限、加强协商合作的要求，在统一思想、树立大局观的基础上，组织召开了二十多次专业委员会专家会议，对《职业分类体系基本框架（初稿）》存在的职业划分粗细不均、重复交叉、内容遗漏及归类不当等问题进行协调和论证，最终形成了一致意见。

经研究确立的我国职业类别划分的基本原则是，将我国职业分类体系划分为八个大类："国家机关、党群组织、企事业单位负责人"为第一大类，"专业技术人员"为第二大类，"办事人员及有关人员"为第三大类，"商业及服务业人员"为第四大类，"农林牧渔水利业生产人员"为第五大类，"生产、运输人员及有关人员"为第六大类，"军队"为第七大类，"不便分类的其他人员"为第八大类。其中，第一至第六大类划分为四个层次，即大类、中类、小类、细类（职业），第七和第八大类只确定大类，不再进行更细层次的划分。

## 四、《大典》内容编写与审定

1997年4月，大典工作委员会在青岛召开了职业分类和职业资格专家委员会全体会议，审定并原则通过了《中华人民共和国职业分类大典基本框架（第四、五、六大类）》。

至此，大典办公室开始启动职业定义与职业描述的组织编写工作，分别组织了有关行业、部门专家根据本行业特点，先期选择部分职业进行试写，再组织召开不同范围的研讨会，总结编写经验，分析编写过程中遇到的矛盾和问题，在统一认识基础上，明确了编写原则、依据、工作程序以及分工、格式和文字表述规范等统一要求，并印发了编写范例供专家编写时参考。同时，大典办公室会同有关部门组织专家进行《大典》职业定义和职业描述的编写，形成初稿后，印发各有关部门广泛征求意见，并进行修改、补充和完善。

根据编写进度计划，大典工作委员会于1997年8月按照规定的编写原则和工作程序，分别召开了20多个专业委员会的审定会，对各行业部门负责编写的职业定义和职业描述内容进行了逐一的审定。1998年5月至7月，专家委员会全体会议召开，按类别对已完成的《大典》编写内容进行审核，并解决遗留的疑难问题，形成了《大典》的初稿。1998年10月，大典办公室组织核心专家组对大典内容做了进一步审核，并在征求劳动力市场职业介绍等有关人士意见的基础上形成《大典》送审稿。1998年12月，完成《大典》定稿，经报请国家职业分类大典工作委员会会议审定，1999年5月，我国首部《大典》正式颁布。

## 第三节　我国职业分类体系基本结构构建

20世纪末期，我国首部《大典》的颁布，标志着国家已初步探索建立了适应经济社会发展现实需要的职业分类体系结构，并确立了相应的分类基本原则与方法，形成了规范化的职业分类信息描述体例。

### 一、我国职业分类体系构建要素及基本结构

现代社会分工活动产生的职业数量众多、规模庞大，构建层级清晰、结构合理的职业体系模型是实现科学职业分类的前提，职业体系模型包括宝塔式模型和树状模型两种。

宝塔式模型是指以数量庞大的细类为基础，中部为类别较多的中类和小类，顶端为数量最少、抽象程度最高的大类。宝塔式模型体现了一种自下而上的思维方式，细类是中类、小类、大类的根基，分类过程也是自下而上的，通过工作分析再进行细类归合，依次进行小类、中类的抽象概括，最后是最高层次的大类归类。采用自上而下的分类方式，可使职业分类有更宽广的社会基础，也奠定了职业分类系统的科学性和合法性，使其更有效地服务于社会人力资源管理。

树状模型的分类结构是指以大类为根基，中类为基干系，小类视为主干系，细类为枝干系，形成树状结构。大类是根基部分，是构成整个体系的基础部分，体现了自上而下的思维方式，先确定大类，再划分中类、小类和细类。这种分类首先需要分类者正确把握派生于产业结构的整体职业结构，故此需要在分类中深入了解国家的产业结构，并在此基础上进行大类划分。这种自上而下的分类体系是定性分类方法的具体应用。

各个国家可以根据自己的分类目的选择不同的模型，无论是何种模型，目的皆为使职业分类体系合理清晰且系统完整。借鉴国际标准职业分类经验，结合国情，我国现行职业分类基本结构包括四个层次，即大类、中类、小类和细类，依次体现由粗到细的职业类别。细类是我国职业分类结构中最基本类别，也称职业。首部《大典》共分 8 个大类，66 个中类，413 个小类，1 838 个细类（职业）。

## 二、分类基本原则与方法

我国职业分类根据确定的职业体系模型及职业分类程序，构建了结构合理、科学系统的职业分类体系。现行职业分类主要采用定性职业分类方法，采取自上而下的分类路径。

### （一）大类划分

大类是职业分类第一个层级，大类划分的依据是我国职业结构、产业结构、政治结构和管理结构等。各个国家职业结构、产业结构不同，其分类也会出现很大差异。例如英国职业分类系统制定过程中参考了《国际标准职业分类》，其中将农业划分为一个大类，但是就职业结构而言，英国的农业人口很少，仅占全国人口的 2%，所以英国根据本国的实际，并没有将农业单独作为一个大类，而是归入其他类别之中。同时各国的政治结构不同也会对大类划分和大类的顺序形成影响，政治作为上层建筑影响着职业政策、职业声望、职业地位等，从而影响着职业分类的原则、方向以及方法的选择。

### （二）中类划分

中类介于大类和小类之间，是职业分类的第二个层级，各大类中的中类划分标准有一定的差异，中类更接近具体职业工种，所以其划分过程要比大类划分更加复杂。划分中类的标准包括生产过程的工艺、设备材料的相似性，职业职责，产品服务的类型相似性等。例如，2022 年版《大典》的第三大类中，行政办事及辅助人员、安全和消防及辅助人员都是中类，但是职业活动内容却存在差异，行政办事及辅助人员职业活动内容包括行政业务、行政事务、行政执法等，而安全和消防及辅助人员职业活动内容则包括维护国家安全和社会治安秩序、保护公共和个人财产及生命安全、防火和灭火等。

### （三）小类划分

小类是职业分类的第三个层次，一般是各行业按照部门进行划分的职业群体，在划分过程中要参照职业主体的工作环境、工作条件、工作任务的工作技术的相似性。职业工作内容基本相同的可以归入同一个职业单元，作为职业小类。例如，2022年版《大典》将行政办事及辅助人员这个中类划分为行政业务办理人员、行政事务处理人员、行政执法人员、社区和村镇工作人员、其他行政办事及辅助人员5个小类，职业的工作内容更加具体化。同时，在实际的分类中，有些职业工作类型都是相似的，不适合按照职业活动内容这种横向的标准进行划分，需要采用纵向的方式进行划分。例如，2022年版《大典》将教学人员这个中类划分为高等学校教育教师、中小学教师、幼儿园教师等小类，这种划分便是按照纵向的活动内容进行的。

### （四）细类划分

细类是职业分类的第四个层次，即具体的职业，是职业分类体系中最基础的系列。我国职业分类系统在划分细类时将工种的同一性作为依据，同时在划分时注意避免了简单地将工种改为职业，而是将一些具体的工种进行合并。

细类划分一般都会采用工作分析法，在小类中，将工艺技术相同、工作对象相同、操作流程和方法相似的工种合并为职业细类，因此工作分析在细类划分中起基础性作用。工作分析指的是分析者采用科学手段与技术，对每个同类岗位工作结构因素及其相互关系进行分解、比较和综合，确定该岗位工作的要素特点、性质与要求的过程。工作分析作为一种活动，其主体是工作分析者，客体是工作岗位，分析对象是工作内容、工作责任、工作技能、工作环境、工作强度、工作心理及其运作关系，分析的结果是工作描述或职位说明书。

职位说明书界定的是"职位存在的价值""职位做什么事（有什么职责）"和"职位要求什么样的人来做"，这实际上解决了以下四个问题：一是工作如何科学地组合成为一个整体；二是每一个环节（职位）的任职者应该如何规范地行动；三是如何选择适合于工作要求的人；四是如何评价开发工作的人的能力和绩效。职位说明书的具体内容可以根据企业的需要来具体规定，一般包括职位名称、所在部门、工作关系、职位基薪等级、职位编号、编制日期、职位价值、职责要求、关键绩效指标和任职资格等。工作分析首要的步骤就是进行信息收集,收集现有各部门的资料,包括现有部门职责、职位设置、人员编制、各职位职责及任职资格等。

职业信息采集方法有访谈法、观察法、问卷法,其中的问卷法是一种快速、高效的信息收集方法。在历次的《大典》修订过程中,我国借鉴了美国的利用职业信息网络问卷系统进行职业信息采集的方法,根据实际情况,进行职业分类实证资料的收集工作。

### (五) 分类具体原则

大典所确定的大类、中类、小类和细类(职业),分别按以下原则划分:

#### 1. 大类划分原则

大类是职业分类结构中的最高层次。大类的划分是以工作性质的同一性为主要依据,并考虑我国政治制度、管理体制、科技水平和产业结构的现状与发展等因素,将全部社会职业大致分为管理型、技术型、事务型、技能型等职业类别。

#### 2. 中类划分原则

中类是大类的子类。中类的划分是对大类职业系统的分解,是根据职业涉及的知识领域、使用的工具和设备、加工和运用的技术以及提供的产品和服务种类的同一性进行的。

#### 3. 小类划分原则

小类是中类的子类,一般指工作范围。小类的划分是按劳动者的工作环境、工作条件、技术性质的同一性进行划分和归类的。一般情况下,第一大类的小类,是以职责范围的层次和业务同一性进行划分的;第二大类的小类,是以工作或研究领域、专业的同一性进行划分的;第三和第四大类的小类,是以所办理的事务同一性和所从事服务的项目同一性进行划分的;第五和第六大类的小类,是以所从事工作的操作程序规范的同一性、工艺技术的同一性、操作对象的同一性以及生产产品的同一性等进行划分的。

#### 4. 细类(职业)划分原则

细类是《大典》职业分类最基本的类别,即职业,一个职业包含一组性质相同、具有通用的职业知识和职业技能的工作。细类的划分一般采用工作分析法,将工艺技术、工作对象相同,操作流程和方法相似的若干工作种类或岗位,归并为一个细类

(职业)。细类(职业)的划分,在遵从工作性质同一性这一基本原则的基础上,根据不同职业类别的特性采用特定的原则。第一大类的细类(职业)主要是按照工作的复杂程度和所承担职责的大小划分的;第二大类的细类(职业)主要是按照所从事工作的专业性与专门性划分的;第三、四大类的细类(职业)主要是按照工作任务、内容的同一性或提供服务的类别、服务对象的同一性划分的;第五、六大类的细类(职业)主要是按照工艺技术的同一性,使用工具和设备的同一性,使用主要原材料的同一性,产品用途和服务的同一性,并按此先后顺序划分的。在按上述原则进行各职业类别划分的同时,《大典》还参照了国家组织机构分类、产业分类、行业分类、学科分类、职位职称分类、工种分类等分类体系。

### (六)《大典》表述基本内容

《大典》表述按类别划分的基本内容如下:每一大类的内容包括大类编码、大类名称、大类概述、所含中类的编码和名称,每一中类的内容包括中类编码、中类名称、中类简述、所含小类的编码和名称,每一小类的内容包括小类编码、小类名称和小类描述,每一细类(职业)的内容包括职业编码、职业名称、职业定义、职业描述及归入本职业的工种名称等。

#### 1. 编码

《大典》的编码采用"A-B-C-D"模式。A 为大类编码,以一位数码表示;B 为中类编码,C 为小类编码,D 为细类(职业)编码,皆以两位数码表示,并按数字顺序排列。如 2022 年版《大典》中,编码"6-10-03-05"表示第 6 大类、第 10 中类、第 3 小类、第 5 个职业——"工业型煤工"。对于不再细分的类别,其子类编码为该类编码加"00"。如"2-01-01 哲学研究人员"小类不再细分,其细类(职业)编码即为"2-01-01-00"。各类中的"其他"编码的尾数码一般以"99"表示。如"4-99"表示第 4 大类的其他中类;"5-01-99"表示第 5 大类第 1 中类的其他小类。

#### 2. 类别名称及叙述

大类、中类、小类和细类(职业)的名称均采用最能说明该职业类别特性的组合名词表示。大类的概述、中类的简述、小类的描述和职业的定义均以最简练的语句表示出各自的本质属性或所含职业类别的内容,主要以"从事……人员","操作……进行……人员""采用……进行……人员""对……进行……人员"等语句表述。

职业描述是对职业所包括的主要工作内容、范围、过程等进行的一般性表述,第

一、第二、第三大类的职业多以职责范围、工作内容为主进行描述,第四、第五、第六大类的职业多以行为内容或操作工艺和过程为主进行描述。

### 3. 工种表述

《大典》中有些职业包含若干工种,归入职业的工种主要以《中华人民共和国工种分类目录》(以下简称《工种目录》)为准,体现工种分类与《大典》所列职业的衔接。

## 三、《大典》修订

### (一)《大典》首次修订

我国首部《大典》历经4年完成,第一次对我国的社会职业进行了科学规范的划分和归类,全面反映了我国社会职业结构,填补了我国职业分类领域的空白。此后,《大典》共进行了两次修订。

进入21世纪以来,随着我国经济社会发展、科学技术进步和产业结构调整,社会职业构成和内涵发生了较大变化,传统职业开始衰落甚至消失,新职业不断涌现并迅速发展,一些职业的工作内容有所调整和转化。2010年8月12日,人力资源社会保障部、国家质量监督检验检疫总局和国家统计局联合发布了《关于做好国家职业分类大典修订工作的通知》。通知中指出,《中华人民共和国职业分类大典》自1999年颁布以来,对于开展劳动力需求预测和规划,引导职业教育培训,进行职业介绍和就业指导,加强人力资源管理,促进经济社会发展等都发挥了重要作用。随着经济社会发展、科学技术进步和产业结构的调整,我国的社会职业构成发生了较大变化,现行《大典》已不能适应人力资源开发、信息统计、人口普查、职业教育培训、职业指导和就业服务等工作的实际需要,需进行修订完善。

2010年12月,为满足社会各界更新《大典》的要求,国家启动了《大典》的首次修订工作,由人力资源社会保障部会同国家质量监督检验检疫总局、国家统计局对1999年版《大典》进行修订。《大典》修订工作按组织部署、信息采集、汇总研究、调整定稿、审核颁布五个阶段,在74个国务院部门和行业组织,近万名专家学者、一线从业者和有关工作人员共同努力下,历时5年,七易其稿,完成了《大典》的首次修订,颁布了2015年版《大典》。

修订后的2015年版《大典》按照深入贯彻科教兴国和人才强国战略,以适应国家经济社会发展需要为导向,根据我国实际,借鉴国际职业分类先进经验,构建与国民经济发展相适应、符合我国国情的现代职业分类体系,促进我国人力资源管理工作的科学发展的指导思想，遵循客观性、继承性、科学性和开放性的工作原则，从我国社会转型期社会分工特点出发，参照《国际标准职业分类》的原则，将职业分类的基本原则由"工作性质同一性"调整为"工作性质相似性为主、技能水平相似性为辅"，并相应调整了类别划分的具体原则。修订后的职业分类体系为 8 个大类、75 个中类、434 个小类、1 481 个细类（职业），列出了 2 670 个工种，增加了绿色职业标识；修订后的职业描述信息维持了 142 个类别描述内容基本不变，修订、取消、新增的类别描述内容分别为 220 个、125 个、155 个；维持了 612 个职业描述内容基本不变，修订、取消、新增的职业描述内容分别为 522 个、552 个、347 个；修订后的工种表述方式由 1999 年版《大典》"下列工种归入本职业"的表述调整为"本职业包含但不限于下列工种"；修订后的职业信息描述项增加了绿色职业标识，首次对具有"环保、低碳、循环"特征的职业活动进行探索研究和分析，将社会认知度较高、具有显著绿色特征的 127 个职业标示为绿色职业。

### （二）国家职业分类大典第二次修订

#### 1. 修订工作背景

"十三五"期间，我国经济社会发展以提高发展质量和效益为中心，以供给侧结构性改革为主线，国家经济实力、科技实力、综合国力跃上新的台阶，经济社会发展取得了全方位、开创性历史成就。经济结构持续优化，新的产业结构与区域经济结构初步形成，深入推进供给侧结构性改革，全面深化改革和扩大开放，着力推动高质量发展，经济社会发展动力活力进一步增强。

随着经济社会高质量发展，我国新产业、新业态、新商业模式的"三新经济"快速发展。各行各业的业态逐步发生变化，钢铁、煤炭、煤电、水泥、平板玻璃、电解铝等行业去产能成效显著，节能减排意识已深入植根于经济发展理念中，"双碳"目标已成为经济转型的助推器，碳管理已形成一支新兴的经济管理模式；制造业稳步迈向价值链中高端，战略性新兴产业积聚壮大，成为制造业发展的新引擎，劳动力和资金向高技术产业和装备制造业等先进制造业的转移步伐加快，制造业转型升级导致传统职业变迁；新兴产业发展势头良好，新动能持续逆势增长，高技术服务业、科技服务业和战略性新兴服务业职业快速兴起；数字经济、网络经济加快演进升级，信息网络向高速、移动、安全、泛在方向发展，综合智能基础设施加快形成，支撑更加丰富、更加复杂的应用场景，催生了网络安全、信息通信、生产生活等众多领域的数字职业发展。

为适时反映我国职业变迁现状，国家职业分类大典修订工作委员会运用职业分类动态调整机制,于2021年4月启动了《大典》第二次修订工作。人力资源社会保障部会同国家市场监督管理总局和国家统计局,共组织97个国务院部门和行业组织,3 000余家企业、院校,8 000余名专家学者、一线从业者和有关工作人员,历时一年半修订完成了2022年版《大典》。

**2. 修订工作指导思想和原则**

《大典》第二次修订工作,以习近平新时代中国特色社会主义思想为指导,深入贯彻落实习近平总书记对就业、人才、教育等工作的重要指示批示精神,主动适应新形势,积极开拓新思路,遵循客观性、科学性、创新性原则,坚持统一性和灵活性相结合,在保持职业分类原则、大类结构不变的基础上,对中类、小类、细类(职业)等进行适时调整,更新描述信息,与时俱进,全面、准确、科学、客观、充分反映基于现阶段我国经济社会和科技发展所形成的社会职业实际业态变化,使《大典》成为反映经济社会发展状况的"晴雨表"、引领产业转型升级发展的"风向标"、规范人力资源开发管理的"标准尺"。

**3. 修订工作过程**

《大典》第二次修订工作共分组织发动、信息收集、论证研究、公示定稿、审核颁布五个阶段。

(1)组织发动阶段

2021年4月27日,人力资源社会保障部会同国家市场监督管理总局和国家统计局,召开了国家职业分类大典修订工作启动会,共有74个国务院有关部门、行业组织的领导和工作人员出席了会议,会议明确了此次修订工作的指导思想、原则和目标,以及修订工作时间计划等。会后下发了2015年版《大典》修订建议记录表和新职业信息建议书,并对具体承担修订工作的专家和工作人员进行了统一培训。

(2)信息收集阶段

国家职业分类大典修订专家委员会(以下简称专家委员会)根据修订工作计划,组织各行业、部门征集与本行业、部门相关职业修订意见和新职业建议,并通过各行业部门联系人统一上报至专家委员会办公室。经广泛征求意见,共收集到102个行业、部门上报的493家机构或个人,针对大类、中类、小类、细类(职业)和工种所提出的680份修订建议,以及642份新职业建议。

(3)论证研究阶段

专家委员会办公室分别组织召开了35次行业专家研讨会,先后共有1 043名分类专家、行业专家及相关专家,针对建议修订和新增的1 864个大类、中类、小类及职业描述信息进行了逐条审核；针对受到广泛关注的职业尤其是检验、维修等职业召开了15次专家协调论证会。在此基础上，汇总形成2022年版《大典》的职业分类体系表（征求意见稿）。

（4）公示定稿阶段

专家委员会办公室组织召开2次综合评审会，审议通过2022年版《大典》职业分类体系表（征求意见稿）。2022年4月11日，经分析研究，采纳了中共中央和国家机关有关部门、行业意见，包括中共中央组织部、中共中央统战部、中央编办、中共中央党校（国家行政学院）、全国人大常委会办公厅、国务院参事室等124家部门（单位）书面反馈的179条意见，形成2022年版《大典》（社会公示稿）。2022年7月12日，人力资源和社会保障部官网向社会公众公开征求意见，共收到社会公众反馈意见2 850条，经专家委员会审核后，汇总完成2022年版《大典》（送审稿），并上报工作委员会。

（5）审核颁布阶段

2022年9月27日，国家职业分类大典修订工作委员会全体会议组织召开，会议审议并表决通过了2022年版《大典》（送审稿），终审形成了2022年版《大典》，由人力资源社会保障部、国家市场监督管理总局、国家统计局三部门以人社部发〔2022〕68号文颁布。

### 4. 修订内容

（1）职业分类体系修订

见表2-1，本次职业分类体系修订主要调整了相关中类、小类、职业和工种。2022年版《大典》与2015年版《大典》相比，新增5个中类、21个小类、168个职业、377个工种；取消1个中类、5个小类、10个职业、80个工种。修订后的职业分类体系为8个大类、79个中类、449个小类、1 639个职业，并列出了2 967个工种，标注了134个绿色职业、97个数字职业。

表2-1 2015年版《大典》与2022年版《大典》职业分类体系对比表

| 2015年版《大典》 | | | | | 2022年版《大典》 | | | | |
|---|---|---|---|---|---|---|---|---|---|
| 大类 | 中类 | 小类 | 细类（职业） | 工种 | 大类 | 中类 | 小类 | 细类（职业） | 工种 |
| 第一大类　党的机关、国家机关、群众团体和社会组织、企事业单位负责人 | 6 | 15 | 23 | | 第一大类　党的机关、国家机关、群众团体和社会组织、企事业单位负责人 | 6 | 16 | 25 | |

续表

| 2015 年版《大典》 | | | | | 2022 年版《大典》 | | | | |
|---|---|---|---|---|---|---|---|---|---|
| 大类 | 中类 | 小类 | 细类（职业） | 工种 | 大类 | 中类 | 小类 | 细类（职业） | 工种 |
| 第二大类 专业技术人员 | 11 | 120 | 451 | | 第二大类 专业技术人员 | 11 | 124 | 492 | |
| 第三大类 办事人员和有关人员 | 3 | 9 | 25 | 15 | 第三大类 办事人员和有关人员 | 4 | 12 | 36 | 24 |
| 第四大类 社会生产服务和生活服务人员 | 15 | 93 | 278 | 338 | 第四大类 社会生产服务和生活服务人员 | 15 | 96 | 356 | 460 |
| 第五大类 农、林、牧、渔业生产及辅助人员 | 6 | 24 | 52 | 138 | 第五大类 农、林、牧、渔业生产及辅助人员 | 6 | 24 | 54 | 150 |
| 第六大类 生产制造及有关人员 | 32 | 171 | 650 | 2 179 | 第六大类 生产制造及有关人员 | 32 | 172 | 671 | 2 333 |
| 第七大类 军人 | 1 | 1 | 1 | | 第七大类 军队人员 | 4 | 4 | 4 | |
| 第八大类 不便分类的其他从业人员 | 1 | 1 | 1 | | 第八大类 不便分类的其他从业人员 | 1 | 1 | 1 | |
| 合计 | 75 | 434 | 1 481 | 2 670 | | 79 | 449 | 1 639 | 2 967 |

（2）职业信息描述内容修订

更新了 2015 年版《大典》大类、中类、小类的描述信息，对细类（职业）描述信息作了修改完善，共修改 1 个大类名称、1 个大类定义，7 个中类名称、24 个中类定义，25 个小类名称、65 个小类定义、17 个小类编码，52 个职业名称、234 个职业定义、104 个职业编码、295 个职业主要工作任务，88 个工种名称、104 个工种编码。

（3）信息描述项修订

增加了 97 个数字职业信息描述项，从数字产业化和产业数字化两个视角，围绕数字语言表达、数字信息传输、数字内容生产三个维度及相关指标对全部职业进行综合论证，将部分社会认知度较高，与数字经济、数字技术等密切相关，以数字技术及其应用为特征，体现数字经济业态的职业标示为数字职业，并统一以"数字职业"的汉语拼音首字母"S"标识，23 个兼有绿色和数字特征的职业标识为"L/S"。

（4）编码修订

更新了《职业分类与代码》（GB/T 6565—2015）。

### 5. 相关说明

（1）第一大类的修订

2018年3月颁布了《中华人民共和国监察法》，根据实际情况新增了"监察机关负责人"小类和细类（职业）；新增了"中国共产党基层组织负责人"职业；将"民办非企业单位负责人"修改为"社会服务机构负责人"。根据国家现代管理理念，将大类定义中的"管理权"修改为"管理职权"，体现"职"与"权"相统一，更符合依法治国的要求。

（2）第二大类的修订

随着我国数字经济、社会保险、监察制度的发展，新增了"数字技术工程技术人员""金融科技专业人员""社会保险专业人员""监察人员""检察辅助人员"等小类。将数字技能类职业、人工智能类职业和智能制造类职业进行重新归类。按照新修订的《中华人民共和国职业教育法》调整了教育类职业设置，在"高等学校教师"小类下设置"普通高等学校教师"和"高等职业学校教师"两个细类（职业）；取消了"中等职业教育教师"小类，将"中等职业学校教师"与"高级中学教师"等一并列入"中小学教师"小类。

（3）第三大类的修订

为更好厘清行政事务和法律事务的关系，将中类"办事人员"更名为"行政办事及辅助人员"，新增了"仲裁、调解及相关法律事务辅助人员"中类。为进一步区分行政办事和政务服务、行政执法和司法事务的关系，将"行政执法和仲裁人员"小类，拆分为"行政执法人员"和"仲裁、调解及辅助人员"两个小类。为加强基层建设，新增了"社区和村镇工作人员"小类，下设"村和社区工作者""退役军人事务员""医疗保障专理员"等细类（职业）。

（4）第四大类的修订

为适应电子商务、养老服务、教育服务等产业发展的新要求，满足人们对美好生活的需求，新增了"电子商务服务人员""生产现场技术工艺人员""社区生活服务人员""教育服务人员""康养、休闲服务人员"五个小类。将健康、体育、教育、智能、数字类的相关职业进行了重新归类。

（5）第五大类的修订

为适应乡村振兴新形势，新增了"农业数字化技术员""农业经理人"两个新职业，新增了村镇供暖员、植物组织培养工等12个工种。

（6）第六大类的修订

为推动智能制造行业发展，新增了"工业机器人操作运维人员"小类；将"增材制造设备操作员""工业机器人系统运维员""工业机器人系统操作员""管廊运维员""装配式建筑施工员""工业视觉系统运维员"6个职业进行了重新归类。

(7) 第七大类的修订

顺应国防和军队改革要求,将大类名称"军人"修改为"军队人员",并增设"军官(警官)""军士(警士)""义务兵""文职人员"4个中类,以及相应4个小类和4个细类(职业)。

(8) 第八大类

维持2015年版《大典》的内容表述不变。

## 四、我国新职业发展

### (一) 新职业界定及其新信息发布制度建立

随着经济社会发展和科学技术进步,社会职业构成和职业活动也随之产生相应变化。一些旧职业逐渐消亡,新职业不断涌现。面对变化的社会分工,劳动者就业、企业招聘、教育培训工作等均需要有客观、准确和及时的职业信息进行指导,依据经济社会发展需要以及人力资源市场的发展变化,分析、研究和预测职业分类的最新变化。

新职业是指经济社会发展中已经存在一定规模的从业人员,具有相对独立成熟的职业技能,且《大典》中尚未收录的职业。新职业包括全新职业与更新职业两大类,全新职业指随经济社会发展和技术进步而形成的新的社会群体性分工活动,更新职业指原有职业内涵因技术更新产生较大变化,从业方式与原有职业相比已发生质的变化的社会分工活动。

为健全和完善我国动态国家职业分类和标准体系,更好地为劳动者就业培训服务等工作提供指导,国家于2004年建立了新职业信息发布制度,旨在客观反映社会职业的变化情况,及时把握我国职业的发展趋势,以加强对就业和培训工作的管理和引导。

### (二) 新职业信息发布制度的作用

新职业信息发布制度,是建立在系统总结我国长期以来培训就业工作实践的基础上形成的,主要作用体现在以下五个方面。

#### 1. 进一步完善并发展了我国职业分类和职业标准体系

职业分类是提高国家人力资源管理水平的重要基础性工作,新职业信息发布制度的建立,是职业分类和职业标准开发工作的新发展。研究和公布新职业,就是按照经济和社会发展需要,对社会新职业进行系统划分与科学归类,进一步更新和充实我国职业分类和职业标准体系建设。

### 2. 引领了职业教育和职业培训改革方向

职业教育和职业培训的根本任务是培养适应经济社会发展需要的人才。不同类别的职业活动与经济和社会发展相互关联，不同的职业岗位对劳动者的知识和能力结构的要求也是不同的。开发新职业可以为职业教育培训设置专业、确定教学内容和开发新教材新课程提供依据和参照，从而实现培养和社会需求同步。

### 3. 促进了就业和再就业工作

在我国经济社会不断发展、科技水平不断提高的大环境下，生产制造、能源、信息技术和服务等行业产生了许多新兴职业，蕴含着巨大的就业潜力，成为就业新的增长点。面对急剧的职业变化和职业转换的频繁发生，研究开发新职业有利于开发就业岗位，加强职业指导，满足劳动力市场上的双向选择需要，从而促进劳动者就业与再就业。

### 4. 促进了人力资源市场建设

由国家统一发布新职业信息，对新职业名称进行统一规范，不仅为我国开展劳动力需求预测和规划进行就业人口结构及其发展趋势调查统计和分析研究奠定基础，还为开展职业介绍、职业指导提供了重要依据。同时，这些都有利于完善我国人力资源市场建设，实现劳动力管理的科学化、规范化和现代化。

### 5. 规范了企业用工和从业人员从业行为

新职业的颁布基于科学的调研、论证、审定程序，通过逐一对某一特定职业进行分析与研究，描述出每一个职业类别的内涵与外延，使从业者了解某个职业的活动领域和工作环境、工作范围、工作程序、工作对象和设备工具等与职业相关的各种要素，从而为企业和从业者提供明确的职业导向，有利于规范企业用工标准，指导从业人员的从业行为。

## （三）新职业确立工作流程

新职业确立的程序包括建议人发现并采集新职业信息，提出新职业建议，专家调查研究论证新职业信息，主管部门审核并公示、发布新职业信息等。每一个新职业的确立，均须由职业分类专家组严格按照新职业评审程序和标准评审通过，对有异议的建议职业需要组织召开专题分析论证会或进行现场调查后方可确认。为规范管理，简化流程,提高新职业申报评审工作效率,人力资源社会保障部专门开通新职业网上申报平台,实现了新职业申报、受理、网上初审、专家评审等全过程的信息化处理。

### (四) 新职业信息采集要目及说明

自国家新职业信息发布制度建立以来,新职业申报者所完成的新职业信息采集与申报工作,是通过"新职业信息建议书"(具体格式和内容见本书附录1)形式呈现的。"新职业信息建议书"的内容包括新职业信息要目及说明,以及申报者的基本信息等,具体主要采集的信息包括如下几个方面。

#### 1. 职业名称

申报新职业,首先需要界定新职业的规范称谓,即职业名称。按照《大典》规定的职业称谓命名方法,职业名称通常为社会各行各业在社会分工活动过程中约定俗成的称谓,由最能说明该职业类别特性的组合名词构成,一般情况下以职业主体劳动者的称谓表示,如某某工、某某员、某某师等。由于地域文化、技术应用等差异,人们对从事相同或相似的新职业从业者的称谓并未形成统一的社会认同,因此在新职业信息采集过程中,需遴选备选职业名称,通常情况下,备选职业名称以行业内认同度较高的别名或相关称谓命名。

#### 2. 新职业类别

根据我国国情,新职业类别被分为两种:一种是在我国经济发展和就业实际中已事实存在,但尚未被已颁布《大典》及已发布的新职业信息收录的职业;另一种是已被已颁布《大典》及已发布的新职业信息收录,但职业内涵发生明显变化的职业。

#### 3. 职业定义

定义是认识主体使用判断或命题的语言逻辑形式,确定一个认识对象或事物在有关事物的综合分类系统中的位置和界限,是对事物作出的明确价值描述。

职业定义是对于社会分工本质特征的内涵和外延所做的简要说明,其功能是便于职业信息交流与管理工作中的识别及认同。职业定义与职业名称相伴而生,两者均体现为一种具有人为性的广泛且通用的解释意义。职业定义界定是人们从纷繁的社会分工活动系统中,辨析具有显著个性化特征的活动所彰显出来的认识行为。

#### 4. 相关职业

相关职业是指与新职业相关联的已颁布《大典》中的职业,通过列出《大典》中与新职业相关或相近的职业名称和职业编码，以及两者的区别加以体现，旨在厘清新职业与已存在职业的相似关系，再根据职业技术或职业技能的独特性等要素分析，进而为新职业的确立提供论证。

### 5. 职业概况

新职业申报信息中的概况描述包括新职业工作场所、工作对象、使用的工具和设备、完成的产品或提供的服务项目，及其工作成果、劳动组织方式以及典型工作任务。上述信息描述，旨在清晰反映新职业主客体活动的全貌，并为新职业归类提供依据。

### 6. 从业要求

新职业申报信息中心从业要求情况包括从业者基本文化程度、特殊能力、体能、人际协作能力，以及岗位可能造成的危害及职业安全等方面信息。描述从业要求旨在从职业主体人的角度，界定从业者职业类型，为新职业归类及职业标准制定等提供参照。

### 7. 从业人员情况

新职业申报信息中心从业人员信息包括该职业全国从业人数、从业人员地区分布情况、最近一年劳动力市场供需情况、吸纳从业人员较多的组织机构名称和地址及联系电话等。从业人员情况分析是新职业确立不可或缺的量化依据，为保证其真实可靠，新职业建议人须提交相关组织机构人力资源部门提供的从业情况说明等证明。

### 8. 职业分析

新职业申报信息中心职业分析信息包括新职业产生背景、新职业在经济和社会发展中的作用、与新职业直接相关的技术和从业方式的发展变化情况以及新职业的发展前景等。完成职业分析工作，需要新职业建议人采用工作现场写实、行业从业状况调研、专家访谈等多种形式采集新职业工作过程描述信息，进而分析从业者职业特征及其技术技能更新的行为表征，为新职业确立及职业技能等级界定提供依据。

### 9. 教育培训情况

新职业申报信息中心的从业人员教育培训情况包括相关院校专业与课程开设情况、有代表性的院校信息、开设的专业名称及主干课程情况等。为确保信息采集的准确性，新职业建议人须提供已开展的与新职业相关的培训机构名称、地址及联系电话等信息。

### 10. 有关法律法规情况

新职业信息描述中，还应包括与该职业相关的科学技术、人力资源管理等方面的法律法规情况,并需要列出对新职业有特殊约束的相关具体法律法规及条款。

### 11. 国外情况

新职业申报信息所描述的国外情况包括与该职业同属一类的职业名称及该职业对从业人员要求。国外情况采集旨在站在国际视野观察分析相关领域的社会分工状态,关注新职业在世界各国的发展情况,以此判定新职业的先进性以及可持续发展性等。

### 12. 建议人信息

此外,为保证新职业信息采集的真实性和可靠性,新职业信息建议书还要求建议人提供申报者单位名称、申报人姓名、通讯地址、联系人及联系电话、电子邮箱以及其他需要说明的情况等信息。

## (五) 2019—2022年我国新职业概况

### 1. 2019—2022年我国发布新职业的整体情况

新职业是随着现代经济社会发展而产生的社会分工,是新兴业态中的新就业形态。2019—2022年,我国共发布74个新职业,见表2-2。

表2-2　　　　　　　　我国2019—2022年新职业发布情况

| 年份 | 批次 | 序号 | 职业编码 | 新职业名称 | 总计 |
|---|---|---|---|---|---|
| 2019 | 第一批 | 1 | 2-02-10-09 | 人工智能工程技术人员 | 13 |
| | | 2 | 2-02-10-10 | 物联网工程技术人员 | |
| | | 3 | 2-02-10-11 | 大数据工程技术人员 | |
| | | 4 | 2-02-10-12 | 云计算工程技术人员 | |
| | | 5 | 2-02-30-11 | 数字化管理师 | |
| | | 6 | 4-04-05-04 | 建筑信息模型技术员 | |
| | | 7 | 4-13-05-03 | 电子竞技运营师 | |
| | | 8 | 4-13-99-00 | 电子竞技员 | |
| | | 9 | 4-99-00-00 | 无人机驾驶员 | |
| | | 10 | 5-05-01-02 | 农业经理人 | |
| | | 11 | 6-25-04-09 | 物联网安装调试员 | |
| | | 12 | 6-30-99-00 | 工业机器人系统操作员 | |
| | | 13 | 6-31-01-10 | 工业机器人系统运维员 | |

续表

| 年份 | 批次 | 序号 | 职业编码 | 新职业名称 | 总计 |
|---|---|---|---|---|---|
| 2020 | 第二批 | 1 | 2-02-07-13 | 智能制造工程技术人员 | 16 |
| | | 2 | 2-02-10-13 | 工业互联网工程技术人员 | |
| | | 3 | 2-02-10-14 | 虚拟现实工程技术人员 | |
| | | 4 | 4-01-02-06 | 连锁经营管理师 | |
| | | 5 | 4-02-06-05 | 供应链管理师 | |
| | | 6 | 4-02-07-10 | 网约配送员 | |
| | | 7 | 4-04-05-05 | 人工智能训练师 | |
| | | 8 | 4-08-05-07 | 电气电子产品环保检测员 | |
| | | 9 | 4-13-05-04 | 全媒体运营师 | |
| | | 10 | 4-14-01-02 | 健康照护师 | |
| | | 11 | 4-14-01-03 | 呼吸治疗师 | |
| | | 12 | 4-14-02-04 | 出生缺陷防控咨询师 | |
| | | 13 | 4-14-03-06 | 康复辅助技术咨询师 | |
| | | 14 | 6-23-03-15 | 无人机装调检修工 | |
| | | 15 | 6-29-02-16 | 铁路综合维修工 | |
| | | 16 | 6-29-99-00 | 装配式建筑施工员 | |
| | 第三批 | 17 | 2-02-10-15 | 区块链工程技术人员 | 9 |
| | | 18 | 3-01-01-06 | 城市管理网格员 | |
| | | 19 | 4-01-02-07 | 互联网营销师 | |
| | | 20 | 4-04-04-04 | 信息安全测试员 | |
| | | 21 | 4-04-05-06 | 区块链应用操作员 | |
| | | 22 | 4-13-99-02 | 在线学习服务师 | |
| | | 23 | 4-14-01-04 | 社群健康助理员 | |
| | | 24 | 4-14-02-05 | 老年人能力评估师 | |
| | | 25 | 6-20-99-00 | 增材制造设备操作员 | |
| 2021 | 第四批 | 1 | 2-02-10-16 | 集成电路工程技术人员 | 18 |
| | | 2 | 2-06-06-06 | 企业合规师 | |
| | | 3 | 2-06-09-07 | 公司金融顾问 | |
| | | 4 | 4-01-03-03 | 易货师 | |
| | | 5 | 4-01-03-04 | 二手车经纪人 | |
| | | 6 | 4-02-02-09 | 汽车救援员 | |
| | | 7 | 4-03-02-10 | 调饮师 | |
| | | 8 | 4-03-02-11 | 食品安全管理师 | |
| | | 9 | 4-04-05-07 | 服务机器人应用技术员 | |

续表

| 年份 | 批次 | 序号 | 职业编码 | 新职业名称 | 总计 |
|---|---|---|---|---|---|
| 2021 | 第四批 | 10 | 4-04-05-08 | 电子数据取证分析师 | 18 |
| | | 11 | 4-07-03-05 | 职业培训师 | |
| | | 12 | 4-07-05-06 | 密码技术应用员 | |
| | | 13 | 4-08-08-21 | 建筑幕墙设计师 | |
| | | 14 | 4-09-07-04 | 碳排放管理员 | |
| | | 15 | 4-09-11-00 | 管廊运维员 | |
| | | 16 | 6-02-06-12 | 酒体设计师 | |
| | | 17 | 6-25-04-10 | 智能硬件装调员 | |
| | | 18 | 6-31-01-11 | 工业视觉系统运维员 | |
| 2022 | 第五批 | 1 | 2-02-38-10 | 机器人工程技术人员 | 18 |
| | | 2 | 2-02-38-11 | 增材制造工程技术人员 | |
| | | 3 | 2-02-38-12 | 数据安全工程技术人员 | |
| | | 4 | 3-01-04-04 | 退役军人事务员 | |
| | | 5 | 4-04-04-05 | 数字化解决方案设计师 | |
| | | 6 | 4-04-05-04 | 数据库运行管理员 | |
| | | 7 | 4-04-05-10 | 信息系统适配验证师 | |
| | | 8 | 4-04-05-11 | 数字孪生应用技术员 | |
| | | 9 | 4-07-02-06 | 商务数据分析师 | |
| | | 10 | 4-09-07-05 | 碳汇计量评估师 | |
| | | 11 | 4-09-07-06 | 建筑节能减排咨询师 | |
| | | 12 | 4-11-01-03 | 综合能源服务员 | |
| | | 13 | 4-13-04-03 | 家庭教育指导师 | |
| | | 14 | 4-13-04-04 | 研学旅行指导师 | |
| | | 15 | 4-14-06-03 | 民宿管家 | |
| | | 16 | 5-05-01-03 | 农业数字化技术员 | |
| | | 17 | 6-10-03-06 | 煤提质工 | |
| | | 18 | 6-29-02-17 | 城市轨道交通检修工 | |
| 合计 | | | | | 74 |

从产业分布来看，新职业所属各产业分布相对均衡。具体内容见表2-3。

表2-3　　　　　　　　　新职业产业分布情况

| 产业 | 序号 | 职业编码 | 新职业名称 |
|---|---|---|---|
| 第一产业 | 1 | 5-05-01-02 | 农业经理人 |
| | 2 | 5-05-01-03 | 农业数字化技术员 |

续表

| 产业 | 序号 | 职业编码 | 新职业名称 |
|---|---|---|---|
| 第二产业 | 1 | 2-02-10-09 | 人工智能工程技术人员 |
| | 2 | 2-02-10-10 | 物联网工程技术人员 |
| | 3 | 2-02-10-11 | 大数据工程技术人员 |
| | 4 | 2-02-10-12 | 云计算工程技术人员 |
| | 5 | 4-04-05-04 | 建筑信息模型技术员 |
| | 6 | 6-25-04-09 | 物联网安装调试员 |
| | 7 | 6-30-99-00 | 工业机器人系统操作员 |
| | 8 | 6-31-01-10 | 工业机器人系统运维员 |
| | 9 | 2-02-07-13 | 智能制造工程技术人员 |
| | 10 | 2-02-10-13 | 工业互联网工程技术人员 |
| | 11 | 2-02-10-14 | 虚拟现实工程技术人员 |
| | 12 | 6-29-99-00 | 装配式建筑施工员 |
| | 13 | 2-02-10-15 | 区块链工程技术人员 |
| | 14 | 4-04-05-06 | 区块链应用操作员 |
| | 15 | 6-20-99-00 | 增材制造设备操作员 |
| | 16 | 2-02-10-16 | 集成电路工程技术人员 |
| | 17 | 4-08-08-21 | 建筑幕墙设计师 |
| | 18 | 4-09-07-04 | 碳排放管理员 |
| | 19 | 4-09-11-00 | 管廊运维员 |
| | 20 | 6-25-04-10 | 智能硬件装调员 |
| | 21 | 6-31-01-11 | 工业视觉系统运维员 |
| | 22 | 2-02-38-10 | 机器人工程技术人员 |
| | 23 | 2-02-38-11 | 增材制造工程技术人员 |
| | 24 | 2-02-38-12 | 数据安全工程技术人员 |
| | 25 | 4-04-05-11 | 数字孪生应用技术员 |
| | 26 | 6-10-03-06 | 煤提质工 |
| 第三产业 | 1 | 2-02-30-11 | 数字化管理师 |
| | 2 | 4-13-05-03 | 电子竞技运营师 |
| | 3 | 4-13-99-00 | 电子竞技员 |
| | 4 | 4-99-00-00 | 无人机驾驶员 |
| | 5 | 4-01-02-06 | 连锁经营管理师 |
| | 6 | 4-02-06-05 | 供应链管理师 |
| | 7 | 4-02-07-10 | 网约配送员 |
| | 8 | 4-04-05-05 | 人工智能训练师 |

续表

| 产业 | 序号 | 职业编码 | 新职业名称 |
|---|---|---|---|
| 第三产业 | 9 | 4-08-05-07 | 电气电子产品环保检测员 |
| | 10 | 4-13-05-04 | 全媒体运营师 |
| | 11 | 4-14-01-02 | 健康照护师 |
| | 12 | 4-14-01-03 | 呼吸治疗师 |
| | 13 | 4-14-02-04 | 出生缺陷防控咨询师 |
| | 14 | 4-14-03-06 | 康复辅助技术咨询师 |
| | 15 | 6-23-03-15 | 无人机装调检修工 |
| | 16 | 6-29-02-16 | 铁路综合维修工 |
| | 17 | 3-01-01-06 | 城市管理网格员 |
| | 18 | 4-01-02-07 | 互联网营销师 |
| | 19 | 4-04-04-04 | 信息安全测试员 |
| | 20 | 4-13-99-02 | 在线学习服务师 |
| | 21 | 4-14-01-04 | 社群健康助理员 |
| | 22 | 4-14-02-05 | 老年人能力评估师 |
| | 23 | 2-06-06-06 | 企业合规师 |
| | 24 | 2-06-09-07 | 公司金融顾问 |
| | 25 | 4-01-03-03 | 易货师 |
| | 26 | 4-01-03-04 | 二手车经纪人 |
| | 27 | 4-02-02-09 | 汽车救援员 |
| | 28 | 4-03-02-10 | 调饮师 |
| | 29 | 4-03-02-11 | 食品安全管理师 |
| | 30 | 4-04-05-07 | 服务机器人应用技术员 |
| | 31 | 4-04-05-08 | 电子数据取证分析师 |
| | 32 | 4-07-03-05 | 职业培训师 |
| | 33 | 4-07-05-06 | 密码技术应用员 |
| | 34 | 6-02-06-12 | 酒体设计师 |
| | 35 | 3-01-04-04 | 退役军人事务员 |
| | 36 | 4-04-04-05 | 数字化解决方案设计师 |
| | 37 | 4-04-05-04 | 数据库运行管理员 |
| | 38 | 4-04-05-10 | 信息系统适配验证师 |
| | 39 | 4-07-02-06 | 商务数据分析师 |
| | 40 | 4-09-07-05 | 碳汇计量评估师 |
| | 41 | 4-09-07-06 | 建筑节能减排咨询师 |
| | 42 | 4-11-01-03 | 综合能源服务员 |

续表

| 产业 | 序号 | 职业编码 | 新职业名称 |
|---|---|---|---|
| 第三产业 | 43 | 4-13-04-03 | 家庭教育指导师 |
| | 44 | 4-13-04-04 | 研学旅行指导师 |
| | 45 | 4-14-06-03 | 民宿管家 |
| | 46 | 6-29-02-17 | 城市轨道交通检修工 |

从行业分布来看，74个新职业所属行业分布范围广，主要集中在信息传输、软件和信息技术服务业，制造业，租赁和商务服务业等14个行业。具体行业分布情况如图2-1所示。

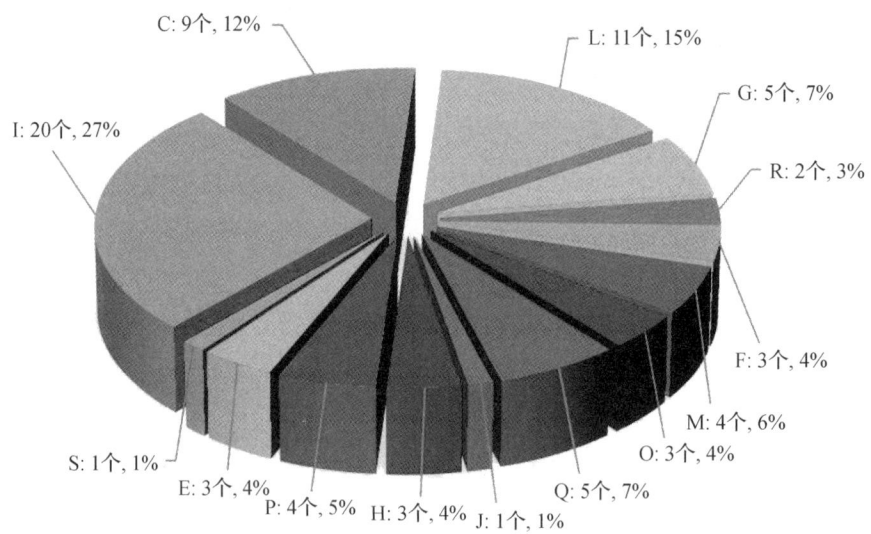

图2-1　新职业行业分布

从职业类别来看，74个新职业主要分布在第二大类至第六大类中。其中，第四大类占比最多，占比58%；第二大类次之，占比20%；第六大类位居第三，占比16%，具体如图2-2所示。

从技术技能领域划分来看，51%的新职业属于技术类职业，49%的新职业属于技能类职业，具体分布情况如图2-3所示。

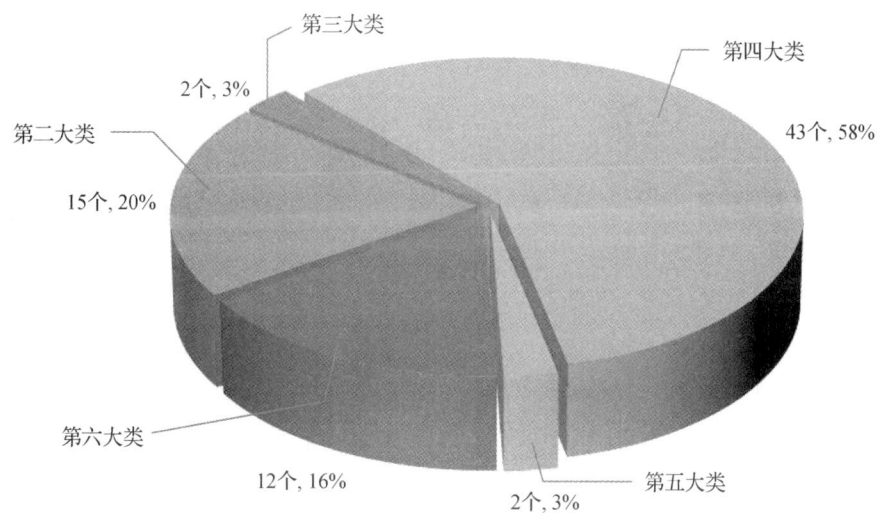

图 2-2 新职业职业类别分布

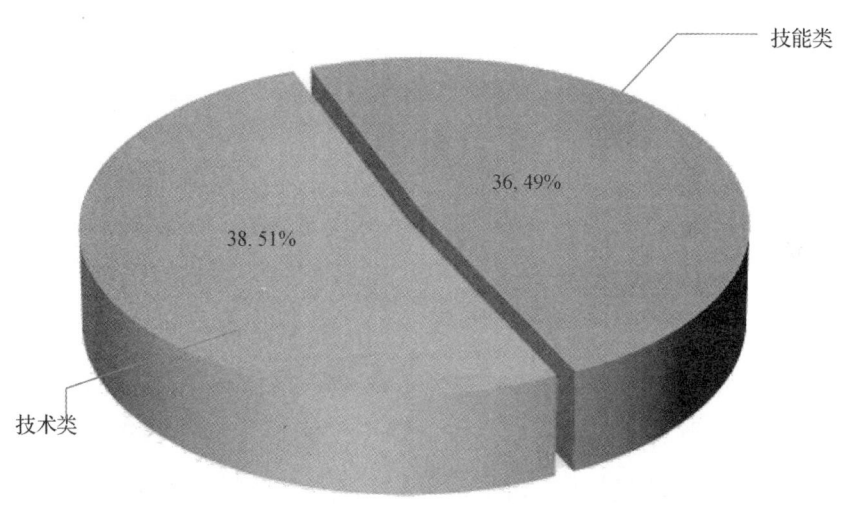

图 2-3 技术类、技能类新职业分布情况

## 2. 2019—2022 年我国发布新职业的特征

（1）2019—2022 年我国发布的新职业的时代特征

源于经济社会发展中劳动力要素具有典型的时代特征，自 2015 年版《大典》颁布以来，国家先后发布的五批新职业均呈现出鲜明的时代特征。

1) 2019 年我国新职业的特征。首批新职业主要集中在高新技术领域，具有以下三个特征：

一是产业结构的升级催生高端专业技术类新职业。我国经济已由高速增长阶段转向高质量发展阶段，对劳动者的科学文化素质和能力水平提出新的要求。近几年，随着我国人工智能、物联网、大数据和云计算的广泛运用，与此相关的高新技术产业成为我国经济新的增长点，因此对从业人员的需求大幅增长，已经形成相对稳定的从业人群。人工智能工程技术人员、物联网工程技术人员、大数据工程技术人员和云计算工程技术人员等专业技术类新职业应运而生。此类新职业属高新技术产业，以较高的专业技术知识和能力为支撑，从业人员普遍具有较高学历。

二是科技进步引发传统职业变迁。随着新兴技术的采用，传统的第一、第二产业越来越智能化。工业机器人替代生产流水线上简单劳动力的做法在部分地区得到推广，与机器人相关的生产、服务和培训企业蓬勃发展。工业机器人的大量使用，对工业机器人系统操作员和系统运维员的需求剧增，使其成为现代工业生产一线的新兴职业。随着无人机技术的成熟，利用无人机完成一些人类难以完成的高难险或有毒有害工作成为可能，通过无人机可以进行植保、测绘、摄影、高压线缆和农林巡视，无人机在物流等领域也拥有广阔的应用空间。大量无人机的使用，使无人机驾驶员成为名副其实的新兴职业。

三是信息化的广泛应用衍生新职业。信息化如同催化剂，使传统职业的职业活动内容发生变革，从而衍生出基于信息技术发展的新职业，如数字化管理师、建筑信息模型技术员等。随着物联网在办公、住宅等领域得到广泛应用，信息化与现代制造业深度结合，物联网安装调试从业人员需求量激增。近几年，在国际赛事的推动下，基于计算机的竞技项目发展迅猛，电子竞技已成为巨大的新兴产业，电子竞技运营师和电子竞技员职业化势在必行。在农业领域，农民专业合作社等农业经济合作组织发展迅猛，从事农业生产组织、设备作业、技术支持、产品加工与销售等管理服务的人员需求旺盛，农业经理人应运而生。

2）2020年我国新职业特征。2020年我国先后发布了第二批和第三批新职业。

第二批新职业主要集中在新兴产业和现代服务业两个领域，具有以下三个特征：

一是生产制造和建筑领域的技术革新催生出新职业。在制造业领域，由于技术革新，智能制造、工业互联网取得了长足发展，智能制造工程技术人员、工业互联网工程技术人员等新职业随之出现，相关从业人员增长较快。在建筑领域，出台《绿色建筑行动方案》，装配式建筑技术广泛使用，装配式建筑施工员数量大幅增加。伴随高铁、无人机行业的快速发展和人们环保意识的增强，铁路综合维修工、无人机装调检修工和电气电子产品环保检测员等新职业应运而生。

二是现代服务业的快速发展孕育出新职业。以现代科学技术，特别是信息网络技术为主要支撑的现代服务业快速发展，新的商业模式、服务方式和管理方式不断涌现。在物流行业，以提高管理质量和效率为目标，对整合产品设计、采购、生产、销售等全过程高效协同的供应链管理从业人员的需求逐步增加。随着大量连锁经营模式的出现，有别于传统店长的连锁经营管理从业人员也逐步增多。近年各类电商的迅猛发展，专职外卖、生鲜、药品、代购等网约配送员大量涌现。人工智能和信息技术的发展，孕育了人工智能训练师、虚拟现实工程技术人员和全媒体运营师等新兴职业。

三是健康照护服务的大量需求派生出新职业。随着居民收入水平的提高、人口老龄化进程的加快，健康检测、康复照护等需求更加专业化、精细化，且量大面广，健康照护师的出现将为众多消费群体提供更加优质的服务。为老年人、残疾人、伤病人等功能障碍者提供康复辅助器具及无障碍改造的咨询、适配、使用指导等专业服务人员远远不足，康复辅助技术服务行业的发展势在必行。随着我国生育政策的逐步放开，对新生儿的健康问题越来越重视，出生缺陷防控咨询师将对优生优育发挥积极作用。很多呼吸系统疾病患者在医治过程中出现呼吸困难甚至危及生命，通过外在的设施设备帮助病患者渡过困难期尤为重要，专职的呼吸治疗师已经成长为一个被迫切需要的职业。

第三批新职业主要涉及预防和处置突发公共卫生事件领域、适应高校毕业生就业创业需要的新业态领域以及适应贫困劳动力和农村转移就业劳动者等需要的促进脱贫攻坚领域，具有以下三个特征：

一是助力新冠肺炎疫情防控，凸显了相关职业的重要性。新冠肺炎疫情给各国医疗体系、经济发展及人民的日常生活带来了巨大挑战，我国的抗疫工作取得了显著成效。在抗疫过程中，许多相关岗位的从业人员发挥了积极作用。其中，为有需求的老年人提供生活活动能力、认知能力等健康状况测量和评估的老年人能力评估师，运用卫生健康及互联网知识技能为社区群众提供就诊和保健咨询、代理、陪护等服务的社群健康助理员，运用数字化学习平台（工具）为学习者提供个性、精准、及时、有效的学习规划、学习指导、支持服务和评价反馈的在线学习服务师等新职业应运而生。

二是互联网技术发展，催生了多样化的创业就业模式。互联网技术发展已深入到现代生活的方方面面。在现代城市治理方面，中央提出"以网格化管理、社会化服务为方向，健全基层综合服务管理平台，及时反映和协调人民群众各方面各层次利益诉求"。各级地方政府都组建了相应的城市管理网格员队伍，直接服务于城市经济社会发展。在商品市场领域，随着短视频、直播带货等网络营销行业的兴起，覆盖用户规模达到 8 亿以上，互联网营销从业人员数量以每月 8.8% 的速度快速增长，大量中小微企业也因网络直销方式激发出了活力，直接带来的成交额达千亿元。同时，这种销售形式也给客户带来了直观、愉悦的购买体验。这些在数字化信息平台上，运用网络的交互性与传播公信力,对企业产品进行多平台营销推广的直播销售员,已受到广大企业和消费者青睐、认可。

三是信息技术发展,对网络信用及安全提出了新要求。习近平总书记强调,"把区块链作为核心技术自主创新的重要突破口""加快推动区块链技术和产业创新发展"。区块链是一个共享数据库,存储于其中的数据或信息,具有不可伪造、全程留痕、可以追溯、公开透明、集体维护等特征。基于这些特征,区块链技术奠定了坚实的"信用"基础,具有广阔的运用前景,对区块链工程技术人员及应用操作人员的需求将越来越多。网络安全事关国家安全,涉及社会民生各个领域,随着《中华人民共和国网络安全法》《网络安全审查办法》落地实施,信息安全攻防渗透测试和信息审核评估成为网络安全维护的关键环节,信息安全测试员、互联网信息审核员的工作将越来越重要。

3) 2021年我国新职业特征。2021年第四批新职业与数字化技术发展、企业高质量发展、绿色发展理念、食品安全要求及人民日益增长的美好生活需要息息相关。具有以下四个特征:

一是数字化技术发展催生出新职业。随着互联网技术发展,2012年,"电子数据"作为新的证据形式被纳入《中华人民共和国刑事诉讼法》,电子数据取证作为一种全新的取证技术,被广泛应用于刑事诉讼活动中。电子数据调查分析服务也由司法机关逐渐延伸至其他行政执法部门和大型企事业单位。电子数据取证分析师纳入职业分类目录,将有效推进该职业规范化、专业化建设,为公共环境健康安全提供了有力的科技保障。密码技术被公认为保障网络与信息安全最有效、最可靠、最经济的技术,随着数字经济快速发展,密码服务也扩展到物联网、智慧城市等多方面,呈现出智联智融的特征,催生出隐私保护、零信任、多方安全计算等新型密码技术。为规范密码应用和管理,2019年,十三届全国人大常委会第十四次会议审议通过《中华人民共和国密码法》,提出"国家加强密码人才培养和队伍建设"。密码技术应用员作为密码技术应用供给侧、用户侧、监管侧的主力军,将为数字经济的安全、融通、监管等方面保驾护航。近年来,随着我国人口老龄化程度持续加深,劳动年龄人口减少以及人力成本上升,各行业、产业对服务机器人的需求快速增加,服务机器人已被广泛应用在教育、娱乐、物流、安防巡检等领域。特别是新冠肺炎疫情暴发后,服务机器人在医疗、餐饮等方面的应用迎来爆发式增长。服务机器人应用技术员直接负责服务机器人的需求反馈、应用与推广,是推动服务机器人产业发展的重要人才支撑。此外,集成电路工程技术人员、智能硬件装调员、工业视觉系统运维员等都是数字化技术发展和变革催生出的新职业,这些新职业对于促进数字经济的健康发展具有重要意义。

二是企业高质量发展孕育出新职业。扎实推动经济高质量发展和提升企业国际竞争力，对企业合规建设提出了更高要求。企业合规管理是对企业法律、财务、审计、进出口、劳动环境、社会责任等多方面进行合规管控，具有较强的综合性、独立性和技术性。近年来，政府出台了一系列企业合规管理政策及指引，如《企业境外经营合规管理指引》《中央企业合规管理指引（试行）》等。企业合规师将在规范企业投资经营行为、注重环境保护、履行社会责任、提高企业竞争软实力等方面发挥积极作用。融资是企业生存发展的重要业务，企业通过公司金融顾问对接金融机构和金融市场，可有效避免投融资信息不对称等问题，还可在实现金融结构调整的同时，培育出新的业务和商机。银行等金融机构也可通过公司金融顾问拓展多元化业务，平抑经济周期波动带来的风险，提升服务实体经济效能。借助现代信息技术手段，通过高效实用的以物易物平台，对剩余资产进行有效整合，实现资源快速互通和对接，已成为企业突破地域限制、实现自由对接，解决资金短缺、产品积压的重要手段。专业易货师能系统运用资源整合理论，促进产、供、销和谐分配和优化资源，有效解决产品迟销、滞销、停销问题，是易货企业所急需的新兴复合型人才。

三是绿色发展理念和食品安全要求涌现出新职业。党的十九大报告提出"建立健全绿色低碳循环发展的经济体系"。2020年年底，生态环境部出台《碳排放权交易管理办法（试行）》，推动经济发展方式绿色低碳转型。碳排放管理是一个技术性、综合性较强的工作，需要掌握相关碳排放技术，熟悉政策和标准，做好碳排放规划、核算、核查和评估等，碳排放管理员新职业应运而生。这一职业从业人员将在碳排放管理、交易等活动中发挥积极作用，有效推动温室气体减排。食品安全关系人民群众身体健康和生命安全，关系社会和谐稳定，是重大的民生问题。随着生活水平的不断提高，食以安为先的要求更为迫切。国家在加强食品安全监管的同时，也需要引导食品生产经营单位自主开展食品生产、流通、销售、服务等全流程的安全控制，全面提高食品安全质量。食品安全管理师作为食品生产、餐饮服务和食品流通等活动中从事食品安全风险控制和管理的人员，未来会有巨大的市场需求。

四是人民日益增长的美好生活需要派生出新职业。汽车更新换代带来大量二手车交易需求，且交易方式呈现出复杂化、多样化和专业化的趋势。二手车交易涉及品牌认证、拍卖交易、委托交易及各种金融服务、质保等业务，从而催生出专业的二手车经纪人，通过提供专业化的交易咨询和交易服务，维持公平、公开、透明的交易秩序，提高交易效率，满足公众对汽车的个性化需求。随着生活模式改变及生活节奏加快，原先单一的茶叶、牛奶或酸奶等饮品，在消费者多样化需求的拉动下，近年来出现了将茶叶、奶、果蔬等融合开发出的新式可口的健康饮品，广受群众特别是年轻人的喜爱。调饮师作为新兴职业，不仅有利于促进灵活就业，还可带动茶叶、奶类及果蔬等产业的发展。

4）2022年我国新职业特征。2022年第五批新职业主要集中在数字和高新技术、现代服务业以及能源与环保三个领域，具有以下三个特征：

一是在数字经济发展中催生的数字职业。数字经济是以数字技术为基础的新的经济形态，具有发展速度快、辐射范围广、影响程度深等特点。数字经济正在推动生产方式、生活方式和治理方式产生深刻变革。《中华人民共和国国民经济和社会发展第十四个五年规划和2035年远景目标纲要》明确指出，要加快数字化发展，建设数字中国，对数字经济、数字社会、数字政府建设作出了系统部署。第二次修订《大典》过程中，对产业数字化和数字产业化背景下的职业分类进行了专题研究，拟对其中数字特征明显的职业予以标注。此次公示的机器人工程技术人员、增材制造工程技术人员、数据安全工程技术人员、数字化解决方案设计师、数据库运行管理员、信息系统适配验证师、数字孪生应用技术员、商务数据分析师、农业数字化技术员等职业，均是参照《数字经济及其核心产业统计分类（2021）》，以数字产业化和产业数字化两个基本视角，围绕数字语言表达、数字信息传输、数字内容生产三个维度，以及工具、环境、目标、内容、过程、产出六项指标进行界定的。对数字职业进行标注，是我国职业分类工作的重要创新，对推动数字经济、数字技术的发展以及提升全民数字素养具有重要意义。

二是在碳达峰、碳中和的发展目标要求下涌现的绿色职业。碳达峰、碳中和是实现经济社会更高质量可持续发展的必要路径，正在悄然改变能源与经济结构，推动产业转型升级，碳汇计量评估师、综合能源服务员等新职业应运而生。占据主体能源地位的煤炭资源，其清洁化、大型化、规模化、集约化利用和由单一燃料属性向燃料、原料方向转变的产业发展新趋势，使煤提质工这一新职业从传统产业中诞生。转变农业发展方式、优化农业产业结构，通过数字技术的引入，不断提升农业数字经济渗透率、实现农业农村高质量发展，催生出农业数字化技术员这一绿色农业领域的新职业。

三是在新阶段、新理念、新格局和人民美好生活的需要中孕育的新职业。随着基层一线从事退役军人政策咨询、信访接待、权益保障、安置服务、就业创业扶持等事务人员增多，传递党和政府关心关爱、打通政策落实"最后一公里"的重要力量——退役军人事务员新职业得以提出。随着《中华人民共和国家庭教育促进法》的出台实施和"双减"等政策的推行，确立从事家庭教育和研学旅行指导人员的职业属性、界定职业工作任务等显得很有必要，基于此，专家和有关部门提出了家庭教育指导师和研学旅行指导师两个新职业。为满足广大旅游消费者个性需求的民宿行业蓬勃发展，短短几年便实现由"零"到"百万"级规模跨越的民宿管家得以设立为新职业。城市轨道交通建设如火如荼地开展和城市轨道交通设施的不断投入运营，对城市轨道交通行业从业人才的需求量已达数十万人，事关广大城市居民出行安全的城市轨道交通检修工新职业的确立，将为服务人民美好生活、促进共同富裕提供坚实保障。

（2）2019—2022年我国新职业的总体特征

基于2019—2022年我国新职业的时代特征及新职业信息综合分析，74个新职业主要呈现出"数字经济""绿色低碳""美好生活""多元需求"的总体特征，如图2-4所示。

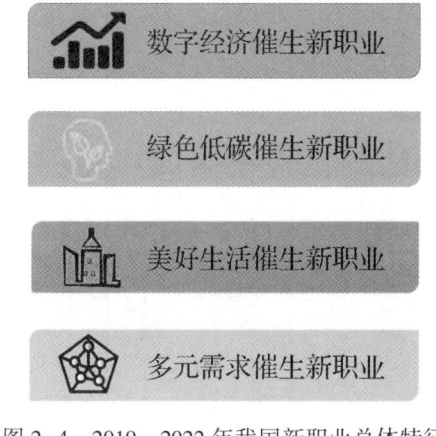

图2-4 2019—2022年我国新职业总体特征

如图2-5所示，2019—2022年我国新职业图谱中，"建筑信息模型技术员""增材制造工程技术人员""碳汇计量评估师"和"农业数字化技术员"兼具数字和绿色属性。

如图2-6所示，74个新职业（其中有4个兼具数字经济和绿色低碳）中，数字经济催生的新职业有41个，绿色低碳催生的新职业有15个，美好生活催生的新职业有14个，多元需求催生的新职业有8个。

新职业兴起的背后是新业态的支撑，是我国经济高质量发展迈出的坚实步伐，同时也意味着发展的新机遇和新挑战。一方面，新职业信息发布对于增强从业人员的社会认同度、促进就业创业、引领职业教育培训改革、推动经济高质量发展等方面均具有重要意义；另一方面，由于新职业处于成长期，新型社会分工活动所形成的劳动关系尚不稳定，职业标准制定、职业技能培训、从业者素质提升等方面均需要在新职业发展进程中不断完善。

| 数字经济 | | 绿色低碳 | | 美好生活 | | 多元需求 | |
|---|---|---|---|---|---|---|---|
| 2-02-10-09 | 人工智能工程技术人员 | 4-04-05-04 | 建筑信息模型技术员 | 4-14-01-02 | 健康照护师 | 3-01-06 | 城市管理网格员 |
| 2-02-10-15 | 区块链工程技术人员 | 4-08-05-07 | 电气电子产品环保检测员 | 4-14-01-03 | 呼吸治疗师 | 4-13-99-02 | 在线学习服务师 |
| 2-02-10-10 | 物联网工程技术人员 | 6-23-03-15 | 无人机装调检修工 | 4-14-02-04 | 出生缺陷防控咨询师 | 4-14-01-04 | 社群健康助理员 |
| 4-01-02-07 | 互联网营销师 | 6-29-02-16 | 铁路综合维修工 | 4-14-03-06 | 康复辅助技术咨询师 | 4-14-02-05 | 老年人能力评估师 |
| 2-02-10-11 | 大数据工程技术人员 | 6-29-99-00 | 装配式建筑施工员 | 4-01-03-04 | 二手车经纪人 | 2-06-06-06 | 企业合规师 |
| 4-04-04-04 | 信息安全测试员 | 6-20-99-00 | 增材制造设备操作员 | 4-02-02-09 | 汽车救援员 | 2-06-09-07 | 公司金融顾问 |
| 2-02-10-12 | 云计算工程技术人员 | 4-03-02-11 | 食品安全管理师 | 4-03-02-10 | 调饮师 | 4-01-03-03 | 易货师 |
| 4-04-05-06 | 区块链应用操作员 | 4-09-07-04 | 碳排放管理员 | 4-08-08-21 | 建筑幕墙设计师 | 4-07-03-05 | 职业培训师 |
| 2-02-10-16 | 集成电路工程技术人员 | 4-09-11-00 | 管廊运维员 | 6-02-06-12 | 酒体设计师 | | |
| 2-02-30-11 | 数字化管理师 | 2-02-38-11 | 增材制造工程技术人员 | 3-01-04-04 | 退役军人事务员 | | |
| 4-04-05-07 | 服务机器人应用技术员 | 4-09-07-05 | 碳汇计量评估师 | 4-13-04-03 | 家庭教育指导师 | | |
| 4-04-05-05 | 建筑信息模型技术员 | 4-09-07-06 | 建筑节能减排咨询师 | 4-13-04-04 | 研学旅行指导师 | | |
| 4-07-05-06 | 电子数据取证分析师 | 4-11-01-03 | 综合能源服务员 | 4-14-06-03 | 民宿管家 | | |
| 4-13-05-03 | 电子竞技运营师 | 5-05-01-03 | 农业数字化技术员 | 6-29-02-17 | 城市轨道交通检修工 | | |
| 4-13-99-00 | 电子竞技员 | 6-10-03-06 | 煤提质工 | | | | |
| 4-99-00-00 | 无人机驾驶员 | | | | | | |
| 5-05-01-02 | 农业经理人 | | | | | | |
| 6-25-04-10 | 智能硬件装调员 | | | | | | |
| 6-25-04-10 | 物联网安装调试员 | | | | | | |
| 2-02-38-10 | 工业视觉系统运维员 | | | | | | |
| 6-30-99-00 | 工业机器人系统操作员 | | | | | | |
| 2-02-38-11 | 机器人工程技术人员 | | | | | | |
| 6-31-01-10 | 工业机器人系统运维员 | | | | | | |
| 2-02-38-12 | 增材制造工程技术人员 | | | | | | |
| 2-02-07-13 | 智能制造工程技术人员 | | | | | | |
| 4-04-04-05 | 数据安全工程技术人员 | | | | | | |
| 2-02-10-13 | 工业互联网工程技术人员 | | | | | | |
| 4-04-05-10 | 虚拟现实工程技术人员 | | | | | | |
| 4-01-02-06 | 连锁经营管理师 | | | | | | |
| 4-04-05-11 | 数字化解决方案设计师 | | | | | | |
| 4-02-06-05 | 供应链管理师 | | | | | | |
| 4-07-02-06 | 商务数据分析师 | | | | | | |
| 4-02-07-10 | 网约配送员 | | | | | | |
| 4-09-07-05 | 碳汇计量评估师 | | | | | | |
| 4-04-05-05 | 人工智能训练师 | | | | | | |
| 5-05-01-03 | 农业数字化技术员 | | | | | | |
| 4-13-05-04 | 全媒体运营师 | | | | | | |

图2-5 2019—2022年我国新职业图谱

# 第二章 我国职业分类

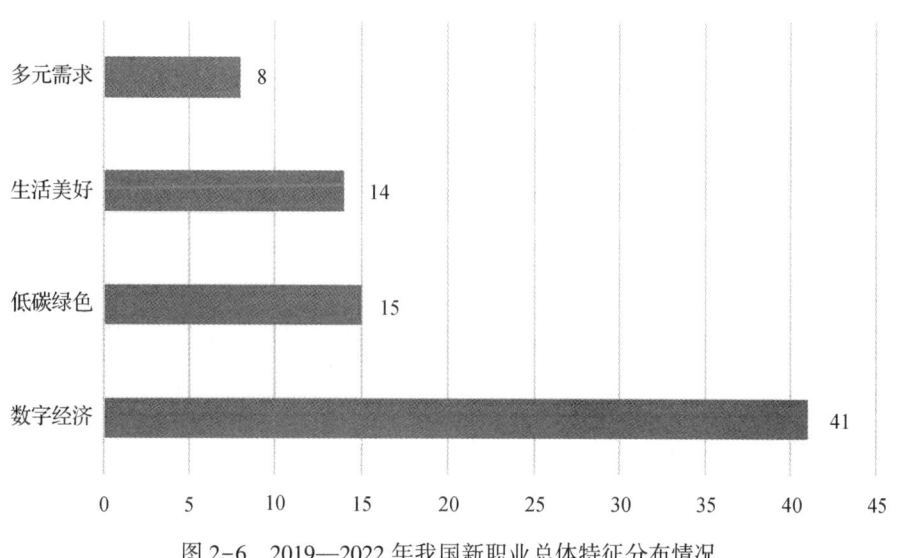

图 2-6　2019—2022 年我国新职业总体特征分布情况

## 第四节　我国职业分类与人口普查

### 一、基于职业信息的全国人口普查内容与特征

职业分类是全国人口普查的基础之一，在业人员以职业信息项体现人口的特性表征。全国人口普查是指在国家统一规定的时间内，按照统一的方法、统一的项目、统一的普查表和统一的标准时点，对全国人口普遍地、逐户逐人地进行的一次性调查登记。1994 年，我国正式确立了国家周期性普查制度，其中人口普查每 10 年进行一次，尾数逢 "0" 的年份为普查年份。

全国人口普查工作按照全国统一领导、部门分工协作、地方分级负责、各方共同参与的原则组织实施。在人口普查工作期间，各级人民政府设立由统计机构和有关部门组成的人口普查机构，负责人口普查的组织实施工作。

#### （一）全国人口普查内容

全国人口普查主要调查人口和住户的基本情况，内容包括姓名、性别、年龄、民族、国籍、受教育程度、行业、职业、迁移流动、社会保障、婚姻、生育、死亡、住房情况等。

## （二）全国人口普查主要特征与意义

### 1. 主要特征

（1）普遍性

人口普查是按地域性原则进行登记的，某个地域范围内的全部人口都要参加普查登记。

（2）个别性

人口普查登记以人为单位，要按照每个人的实际情况逐人逐项地填写普查表。

（3）标准性

人口普查登记的资料属于时点现象，必须规定一个标准时点，无论调查员入户登记在哪一天进行，登记的人口及其各种特征都是反映那个时间点上的情况，如同照相机拍照，把某一瞬间的人口状况记录下来。

（4）统一性

人口普查工作要全国严格统一，包括统一的普查表、统一的填写方法、统一的分类标准、统一的工作步骤和进度等。

（5）定期性

人口普查总体上是一种静态调查，不能反映人口的变动情况，因此应该定期进行，世界大部分国家规定每隔10年举行一次人口普查。

### 2. 普查意义

人口普查是一项重要的国情调查，对国家管理、制定各项方针政策具有十分重要的意义。

（1）进行人口普查是国家制定宏观管理政策的需要

通过人口普查，可以全面了解我国人口的性别、年龄、民族、国籍、受教育程度、行业、职业、迁移流动、社会保障、婚姻生育、死亡、住房等基本情况。这些信息将在各级政府制定政策中发挥重要的作用，并且最终会使每个参与普查的人受益。例如，通过人口普查，了解我国各种文化程度人口的比重，可以制定教育政策；了解各行业人口的分布，可以制定人口的就业政策；摸清就业人口的行业分布，可以为产业政策的制定和调整提供科学基础。此外，社会保障和福利政策、民族政策、老年人口政策等，都需要根据人口普查获得的资料进行研究。

（2）人口普查是国家科学决策的重要基础工作

人口普查是取得人口数据的重要途径。开展人口普查的目的就是查清我国人口在数量、结构、分布和居住环境等方面的情况变化，为科学制定国民经济和社会发展规划，统筹安排人民的物质和文化生活，实现可持续发展战略，构建社会主义和谐社会提供科学准确的人口信息支持。我国各级财政每年都会划拨大量资金，用于修建学校、图书馆和其他公共设施，建立公共交通系统，确定公安和消防部门的地点等，这些工作都要以人口分布的数据资料作为重要参考依据。

（3）人口普查资料是制定人口政策的依据和前提

社会要稳定和谐，人是第一因素，无论是人口的再生产和人的全面发展，都离不开人口普查的准确信息，这是抓好计划生育、改善人口质量、提高人口素质的基础性工作。例如，新中国成立以来，我国在不同时期制定的如计划生育政策、"单独二孩"政策、"全面二孩"政策等人口政策，就是基于历次人口普查提供的准确人口信息。

## 二、职业分类在人口普查中的应用

人口普查时在某一特定时间，对一个国家或地区全部人口，包括其社会经济状况在内的基本特征，进行收集、整理、评估、分析和发布的全过程。我国人口普查由国家制定统一普查时间和统一方法、项目、调查表，各地相关部门严格按照统一标准依法对全国现有人口进行逐户逐人全面调查登记，普查对象是指中华人民共和国境内的自然人以及在中华人民共和国境外但未定居的中国公民，不包括在中华人民共和国境内短期停留的境外人员；普查目的是全面查清人口数量信息，包括姓名、居民身份证号码、性别、年龄、民族、受教育程度、行业、职业、迁移流动、婚姻生育、死亡、住房情况等，为完善人口发展战略和政策体系提供科学准确的统计信息支持。

全国人口普查采用国家统计分类标准，其中关于职业的分类标准是《职业分类与代码》，即根据职业分类标准记录被登记人在普查时点的一周内所从事的职业类型，如会计、医生、教师等。如果同时从事两种或两种以上工作的，则按从业时间最长的工作为从事的主要职业；如果每种工作的从业时间大体相同，则按收入最多的工作为从事的主要职业。

### （一）人口普查职业分类

我国分别在1953年和1964年组织开展了第一次和第二次全国人口普查，由于彼时我国还没有制定相关职业分类标准，这两次普查均未涉及在业人口的职业信息。直到1982年第三次人口普查时，国家统计局、国家标准总局、国务院人口普查办公室公布了《职业分类标准》，供普查时登记职业信息。此次职业分类依据在业人口所从事的工作性质的同一性进行分类，将全国范围内的职业划分为 8 大类、64 中类、301 小类，在此基础上，1986 年制定了《职业分类与代码》（GB/T 6565—1986），作为 1987 年全国 1% 人口抽样调查和 1990 年全国第四次人口普查登记职业信息的依据。同时这个标准在我国各级、各部门人事管理信息系统中得到了广泛的应用，填补了我国在业人员管理方面职业无分类、无数据的空白，为研究我国劳动力的各种职业构成提供了重要的依据。自此以后，我国人口普查形成了"逢 0 年份开展全面普查，逢 5 年份开展 1% 抽样调查（即小普查）"的工作机制，分别于 2000 年、2010 年和 2020 年组织开展了第五次、第六次和第七次全国人口普查，并分别在 1995 年、2005 年和 2015 年开展了 1% 人口抽样调查。为更好配合全国人口普查，在历次普查前都会对《职业分类与代码》进行适当修订，以便更准确、全面地记录在业人员职业信息及其变化，如 2020 年第七次人口普查即是按照《职业分类与代码》（GB/T 6565—2015）登记从业人员的职业状况。具体内容见表 2-4。

### （二）基于人口普查的社会职业结构分析

根据我国职业分类标准的变化，将历次人口普查和人口抽样调查的职业结构数据进行汇总，可以反映我国从业人员职业结构的变化情况。具体内容见表 2-5。

从上表可以看出，过去 40 年我国第五大类所占比重一直呈现下降态势，从 1982 年的 72% 下降到 2015 年的 36.6%，尤其是近 10 年，第五大类所占比重下降的速度愈加迅速，年均下降 2 个百分点。

非农职业中，第三大类和第四大类所占比重显著上升，尤其是第四大类，1982 年所占比重为 4.01%，2015 年所占比重已经上升到了 26.35%，是原来比重的 6.6 倍；第三大类所占比重的变动轨迹也类似，从 1982 年的 1.3% 增加到 2015 年的 4.68%。

第一大类和第二大类比重变化幅度不大，但大体呈现波动性递增趋势，第二大类 1982 年所占比重为 5.07%，2015 年增加到 8.47%，而第一大类 1982 年所占比重为 1.56%，2015 年增加到 1.81%。

而第六大类的所占比重在过去 40 年中出现了较大的、先降后升的波动状态，1982 年所占比重近 16%，1990 年和 1995 年分别下降到 15.16% 和 14.42%，之后 2005 年又上升到 17.79%，2010 年比重增加到 22.49%，2015 年微降至 21.94%。

人口普查职业分布与第五大类的行业属性有关，更由我国产业结构的传统农业性质以及我国就业结构过多地集中于农村地区所决定的。根据第六次人口普查数据，2010 年我国农、林、牧、渔业共有就业人口 3.46 亿人，其中农业就业人口就达到了 3.26 亿人，所占比例为 94.2%。

表 2-4 我国历次人口普查采用的职业分类标准变化

| 分类依据\职业大类 | 第三次人口普查（1983年）1982年《职业分类标准》 | 第四次人口普查（1990年）1986年《职业分类与代码》（GB/T 6565—1986） | 第五次人口普查（2000年）1999年《职业分类与代码》（GB/T 6565—1999） | 第六次人口普查（2010年）2009年《职业分类与代码》（GB/T 6565—2009） | 第七次人口普查（2020年）2015年《职业分类与代码》（GB/T 6565—2015） |
|---|---|---|---|---|---|
| 一 | 各类专业、技术人员 | | 国家机关、党群组织、企业、事业单位负责人 | 国家机关、党群组织、企业、事业单位负责人 | 党的机关、国家机关、群众团体和社会组织、企业事业单位负责人 |
| 二 | 国家机关、党群组织、企事业单位的负责人 | | 专业技术人员 | | 专业技术人员 |
| 三 | 办事人员和有关人员 | | 办事人员和有关人员 | | 办事人员和有关人员 |
| 四 | 商业工作人员 | | 商业、服务业人员 | | 社会生产服务和生活服务人员 |
| 五 | 服务性工作人员 | | 农、林、牧、渔、水利业生产人员 | | 农、林、牧、渔业生产及辅助人员 |
| 六 | 农、林、牧、渔业劳动者 | | 生产、运输设备操作人员及有关人员 | | 生产制造及有关人员 |
| 七 | 生产工作、运输工作和部分体力劳动者 | | 军人 | | 军人 |
| 八 | 不便分类的其他劳动者 | | 不便分类的其他劳动者 | | 不便分类的其他从业人员 |

表2-5　　　　　　1982—2020年我国从业人员的职业结构变化　　　　　　%

| | 1982 | 1987 | 1990 | 1995 | 2000 | 2005 | 2010 | 2015 |
|---|---|---|---|---|---|---|---|---|
| 一、党的机关、国家机关、群众团体和社会组织、企事业单位负责人 | 1.56 | 1.76 | 1.75 | 2.01 | 1.67 | 1.53 | 1.77 | 1.81 |
| 二、专业技术人员 | 5.07 | 4.49 | 5.31 | 5.43 | 5.7 | 7.53 | 6.84 | 8.47 |
| 三、办事人员和有关人员 | 1.3 | 1.37 | 1.74 | 2.04 | 3.1 | 3.67 | 4.32 | 4.68 |
| 四、社会生产服务和生活服务人员 | 4.01 | 5.06 | 5.41 | 6.73 | 9.18 | 12.08 | 16.17 | 26.35 |
| 五、农、林、牧、渔业生产及辅助人员 | 71.98 | 70.85 | 70.58 | 69.37 | 64.45 | 57.13 | 48.31 | 36.60 |
| 六、生产制造及有关人员 | 15.99 | 16.43 | 15.16 | 14.42 | 15.83 | 17.79 | 22.49 | 21.94 |
| 八、不便分类的其他从业人员 | 0.09 | 0.04 | 0.05 | 0.00 | 0.07 | 0.27 | 0.01 | 0.15 |
| 总计 | 100 | 100 | 100 | 100 | 100 | 100 | 100 | 100 |

注：2015年和2020年职业大类以《职业分类与代码》（GB/T 6565—2015）为准，2010年及以前职业大类以历次人口普查和人口抽样调查所采用的职业分类标准为准。

过去40年我国第五大类所占比重一直呈现下降趋势，非农职业中，第四大类在各阶段明显上升，变动速度居于前列。第一大类和第二大类比重变化幅度不大，但大体呈现波动性递增趋势。

# 第三章 职业分类应用

职业分类是根据职业活动的性质和特点，划分社会职业并归类到《中华人民共和国职业分类大典》（以下简称《大典》）中，在人力资源服务和教育培训服务方面发挥了重要的指导作用。

职业分类对劳动者及其劳动进行分类管理、分级管理及系统管理，是人力资源服务最基础的工作。《大典》是人力资源服务工作的起点，直接影响了企业人力资源战略制定、员工招募与选拔、员工培训与开发、绩效管理、薪酬管理、员工流动管理、员工关系管理、员工安全与健康管理等，以及选人、育人、留人和用人环节所进行的计划、组织、指挥、控制和协调等一系列活动。

《大典》也对教育培训服务工作产生了重要的影响。教育培训是一种将知识与技能传授给其他人员的职业活动，其中教育重在传授与育成，一般通过学制式的方式方法，侧重传授基本的专业知识和基础的应用技能，包含从幼教到博士后等各个层级，并扩展到家庭教育和社会教育；培训重在培养与训练，一般通过非学制式的方式方法，侧重传承职业技能和生产经验，包括企业为了提高劳动生产率和员工对工作的满意程度所实施的定级、晋级和优化创新培训，并扩展到社会化就业、再就业和创业培训。历次国家职业分类中的具体类别划分情况见表3-1。

表3-1　　　　　　　　历次国家职业分类各类别划分情况

| 项目 | 1986年《职业分类与代码》 | 1992年《工种分类目录》 | 1999年版《大典》 | 2015年版《大典》 | 2022年版《大典》 |
|---|---|---|---|---|---|
| 行业 | — | 45 | — | — | — |
| 大类 | 8 | — | 8 | 8 | 8 |
| 中类 | 63 | — | 66 | 75 | 79 |
| 小类 | 303 | — | 413 | 434 | 450 |
| 职业 | — | — | 1 838 | 1 481 | 1 639 |
| 工种 | — | 4 586 | 5 298 | 2 670 | 2 967 |

# 第一节　国家职业技能标准编制

## 一、国家职业技能标准

国家职业技能标准是在职业分类的基础上，根据职业活动内容、特性、技术工艺、设备材料以及生产方式等要求，对从业人员的理论知识和技能要求提出的综合性水平规定，是对从业者从业行为的规范性要求，是开展职业教育培训和人才技能评价，以及用人单位录用、使用人员的基本依据。

职业技能标准是整个职业技能培养与评价的龙头，具有提纲挈领的关键作用，若职业技能标准工作滞后，将直接影响职业技能培训、职业技能教育、职业技能评价等相关工作的开展。

## 二、国家职业技能标准编制要求

国家职业技能标准应满足人力资源开发和管理的需要，满足职业教育培训和职业技能评价的需要，促进人力资源市场发展和从业人员素质提高，为技能人才队伍建设提供基础技术支撑。

人力资源社会保障部印发的《国家职业技能标准编制技术规程》对规范国家职业技能标准编制工作，开展职业技能培训、职业技能鉴定评价，加强技能人才队伍建设，发挥了重要促进作用。

### （一）国家职业技能标准编制原则

国家职业技能标准在编制时应遵循四个方面的基本原则。

**1. 整体性原则**

标准应能够反映该职业活动在我国的整体状况和水平。

**2. 规范性原则**

标准中的文体和术语、内容结构、表述方法、文字描述、技术术语与文字符号应符合规范要求。

### 3. 实用性原则

标准应全面、客观地反映工作现场对从业人员的理论知识和操作技能的要求，而且应符合职业教育培训、职业技能鉴定和企业人力资源管理工作的需要。

### 4. 可操作性原则

标准的内容应力求具体化，可度量和可检验，便于实施，易于理解。

## （二）国家职业技能标准的结构和内容

国家职业技能标准由职业概况、基本要求、工作要求和权重表四部分组成。其中工作要求是国家职业技能标准的核心部分。

### 1. 职业概况

职业概况包括职业编码、职业名称、职业定义、职业技能等级、职业环境条件、职业能力倾向、普通受教育程度、职业培训要求、职业技能鉴定要求九项内容。其中职业编码、职业名称、职业定义通常由《大典》直接规定。

### 2. 基本要求

基本要求包括职业道德和基础知识两部分。职业道德是从业人员在职业活动中应遵循的基本观念、意识、品质和行为的要求，主要分为职业道德基本知识和职业守则两部分；基础知识是各等级从业人员都必须掌握的通用基本理论知识、安全知识、环境保护知识和有关法律法规知识等。

### 3. 工作要求

工作要求是根据《大典》中职业主要工作任务描述信息，在对职业活动内容进行分解和细化的基础上，从知识和技能两个方面对从业人员完成各项具体工作所需职业能力的精确描述，是技能标准的核心部分。工作要求应根据职业活动范围的宽窄、工作责任的大小、工作难度的高低或技术复杂程度分等级进行编写，各等级应依次递进，高级别涵盖低级别的要求。工作要求包括职业功能、工作内容、技能要求、相关知识要求四项内容。

（1）职业功能是从业人员所要实现的工作目标，或是本职业活动的主要方面（活动项目），一般依据《大典》中的主要工作任务项和职业特点，按照工作领域、工作项目、工作程序、工作对象或工作成果等进行划分。

（2）工作内容是完成职业功能所应做的工作，是职业功能的细分，可按工作种类划分，也可以按照工作程序划分。

（3）技能要求是完成每一项工作内容应达到的结果或应具备的能力，是工作内容的细分。

（4）相关知识要求是达到每项技能要求必备的知识，包括完成职业活动必须掌握的技术理论、技术要求、操作规程和安全知识等。

### 4. 权重表

权重表包括理论知识权重表和操作技能权重表两部分。其中，理论知识权重表应反映基础知识和各技能等级职业功能对应的相关知识要求在培训、考核中所占的比例；操作技能权重表应反映与各技能等级职业功能对应的技能要求在培训、考核中所占的比例。

## （三）国家职业技能标准的编制流程

国家职业技能标准的编制均须经过立项、开发、审定、颁布4个阶段13个环节的工作流程，以确保标准编制质量。

# 三、国家职业技能标准编制方法的职业分类分析

## （一）国家职业技能标准的基本内容分析

### 1. 职业活动特性

国家职业技能标准的基本内容是对职业活动所具有的固有特性满足要求程度的规定，以及描述职业活动过程中所用的工艺方法和操作程序。在规范某项职业活动时，通常重点针对职业活动特性提出具体要求，把这些职业活动特性指标应用于需要规范的职业活动，便于对影响工作业绩的职业活动特性进行评价，形成每一项职业活动特性的验收准则。

职业活动特性主要用于区分各种职业活动的具体特征。职业活动特性可能是内在固有或外部赋予的，可以是定性的（可进行比较）或定量的（可进行测量），包括各种类别的特性，具体如下：

（1）本质特性，如机械的、电的、化学的或生物学的特性。

（2）感官特性，如触觉、嗅觉、味觉、视觉、听觉等方面的特性。

（3）行为特性，如礼貌、诚实、正直等方面的特性。

（4）时间特性，如准时性、可靠性、可用性等方面的特性。

（5）人体工效特性，如稳定性、重复性、习惯性、应激性等生理的或有关人身安全方面的特性。

（6）功能特性，如机床转速、工件硬度、复杂程度等方面的特性。

国家职业技能标准的基本内容是职业活动特性在组织机构中的某一类从业人员的职责要求、工作权限和相互关系的具体体现。组织机构主要是指政府机关、企事业单位和社会组织等，在这些组织机构中，从业人员分类是一种有序的、相对固定的结构化安排，并与工作对象、场所环境、工具和设备等紧密相关，是从业人员职业资质的基本要求。

**2. 基本内容分类**

国家职业技能标准的基本内容应符合国家有关行业法规对行业从业资质的规定，国家职业技能标准的基本内容可分为以下五类：

（1）从业人员的职业素质要求，如数学、阅读、写作和计算机操作等核心能力水平，以及基础受教育程度、工种岗位从业资质等方面的基本要求。

（2）从业人员的职业道德要求，如文明、礼貌、诚实、守信以及职业价值观、工作态度等方面的行为要求。

（3）从业人员的职业技能要求，如智力技能、技术技能和功能技能等与特定职业活动相关的操作，使用设备、设施、工具和信息系统的数量、等级，以及安全方面的技术、技艺要求。

（4）从业人员的理论知识要求，如概念结构、基本原理、定律定理、专业知识、社会经济法律知识、职业背景、职业培训程度等对实践活动总结、升华的规律性、本质性知识要求。

（5）从业人员的拓展能力要求，如人际沟通能力、逻辑推理能力、分析研究能力、合理应对能力、有效运用能力、组织管理能力等人际关系和解决问题方面的通用能力要求。

## （二）国家职业技能标准性质分析

**1. 国家职业技能标准的层次特征**

标准是为了在一定范围内获得最佳秩序，经协商一致制定并由公认机构批准，共同使用和重复使用的一种规范性文件。国家职业技能标准根据行业所从事经济活动的性质分为大类、中类、小类和细类（职业），根据职业的实际情况，为满足工种、岗位、工位需求还可再细分工种标准、专项职业能力标准和职业功能模块，所有这些标准的集合，构成国家职业技能标准体系。

### 2. 国家职业技能标准的结构特征

在国家职业技能标准体系中，有些是直接表达生产、服务与管理过程中一种职业活动对象特征的个性标准，如护林员国家职业技能标准；有些是同时表达存在于生产、服务与管理过程中若干种职业活动对象所共有的特征的共性标准，如园艺工国家职业技能标准；有些是具有广泛的适用范围或包含了生产、服务与管理过程中一个特定领域的通用条款的基础标准，如农业技术员国家职业技能标准；还有些是与本体系关系密切，直接表达了生产、服务与管理过程中一种职业活动对象特征，但同时又需要直接采用其他体系内部分职业标准内容的相关标准，如渔业船员国家职业技能标准，其既与农、林、牧、渔类国家职业技能标准体系关系密切，充分体现了渔业生产职业活动的个性特征，又需要直接采用第六大类、第四大类及第二大类国家职业技能标准体系内与驾驶、轮机、甲板等职业相关的部分职业标准内容。

### 3. 国家职业技能标准的方法特征

在国家职业技能标准体系中，无论是个性标准、共性标准、基础标准或相关标准，都是以取样、试验、作业、检查、测定、统计、计算、分析等多种方法来为职业活动对象制定标准。这些标准既有职业定义、职业等级等定性化职业概况内容，也有基本要求、工作要求等定量化具体内容。这些内容既保证了国家职业技能标准在具体生产、服务与管理领域内的适用性功效，也为生产、服务与管理工艺过程提供了具体的职业活动操作规范、应用规程以及互联兼容等的惯例性或程序性要求。

## 第二节 企业内人力资源管理

在企业内部，同一性质的工作，往往具有共同的特点和规律。《大典》把性质相同的职业归为一类，给各个职业分别确定了工作责任和履行职责及完成工作所需要的职业素质，有助于企业根据不同的职业特点和工作要求，对员工队伍进行分类管理，为岗位责任制提供了依据，有助于建立合理的职业结构和员工配制体系，采取相应的录用、调配、考核、培训、奖惩等管理方法，使企业内人力资源管理更具针对性。

### 一、企业内人力资源管理基本功能

企业内人力资源管理是通过对企业单位的人和事的管理，处理人与人之间的关系、人与事的配合，充分发挥人的潜能，并对人的各种活动予以计划、组织、指挥和控制，以实现组织的目标。企业内人力资源管理的各项职能是组织中人力资源职能管理人员所从事的具体工作环节，主要活动包括如下五个方面：

### （一）获取

企业内人力资源管理根据企业目标确定的所需员工条件，通过工作分析、人力资源规划、招聘、考试、测评、选拔与使用等活动，获取企业所需人员。

### （二）整合

通过企业文化、信息沟通、人际关系和谐、矛盾冲突的化解等有效整合，使企业内部的个体或群众的目标、行为、态度趋向企业的要求和理念，使之形成高度的合作与协调，发挥集体优势，提高企业的生产力和效益。

### （三）保持

保持职能包括两个方面的活动：一是保持员工的工作积极性，通过薪酬、考核、晋升等一系列管理活动，如公平的报酬、有效的沟通与参与、融洽的劳资关系等，保持员工的积极性、主动性、创造性，维护劳动者的合法权益；二是保持健康安全的工作环境，保障员工工作场所的安全、健康、舒适，以增进员工满意感，使其安心满意地工作。

### （四）评价

对员工工作成果、劳动态度、技能等级、绩效水平以及其他方面作出全面考核、鉴定和评价，并进行满意度调查。其中绩效考核是核心，是作出相应的奖惩、升降、去留等人力资源管理及其决策的依据。

### （五）发展

企业内人力资源管理既要考虑企业目标的实现，又要考虑员工个人的发展，要在实现企业目标的同时实现个人的全面发展。企业应通过员工培训、工作丰富化、职业生涯规划与开发，促进员工知识、技巧和其他方面素质提高，使其劳动能力得到增强和发挥，最大限度地实现其个人价值和对企业的贡献率，达到员工个人和企业共同发展的目的。

## 二、企业内人力资源管理具体内容

### （一）人力资源规划

人力资源规划活动概括出企业的人力需求，将企业对员工数量和质量的需求与人力资源的有效供给相协调，为人员选拔、培训与奖励提供所需信息。人力需求源于企业业务工作的现状与对未来的预测，供给则涉及内部与外部的有效人力资源数量。通过把企业人力资源战略转化为中长期目标、计划和政策措施，包括对人力资源现状分析、未来人员供需预测与平衡，确保企业能获得所需要的人力资源。

### （二）岗位职务分析与设计

调查分析企业各个职位的性质、任务、结构、职责、流程、环境以及胜任该岗位职务所需的素质、知识、技能等任职资格，描述相关信息，编写出岗位职务说明书和岗位规范等人事管理文件。

### （三）员工招聘、选拔与配置

根据人力资源规划和工作分析的要求，仔细分析招聘岗位的员工职责，做出岗位描述，确定该岗位的应聘人员应具备的能力；根据对应聘人员的吸引程度，选择最合适的招聘方式，如利用报纸广告、网上招聘、职业介绍所、人才交流会等；利用求职申请表、面试、测试和评价中心等多种方法，从应聘人员中选择、录用最佳候选人；对录用人员经过上岗培训后，安排到对应岗位上。

### （四）绩效考评与管理

根据员工在一定时间内对企业的贡献和工作中取得的绩效，用事先设定的指标量化后进行考核和评价，及时做出反馈，提高和改善员工的工作绩效。通常由人力资源部门负责制订考核程序，用人部门负责考核。考核的结果可以为员工培训、晋升、计酬、表彰、奖励等人事决策提供依据。

### （五）薪酬与福利管理

测算工资（如岗位工资、计件工资或绩效工资等）与各种补贴，制定公平合理的工资制度，设计与管理基本薪酬、绩效薪酬、奖金、津贴以及福利等薪酬结构，确定工资级别和水平，制定与实施福利、奖励、惩罚与其他待遇的标准，以激励员工更加努力地为企业工作。

### (六) 员工激励

采用激励理论和方法，对员工的各种需要予以不同程度的满足或限制，引起员工心理状况的变化，以激发员工向企业所期望的目标而努力。

### (七) 培训与开发

根据个人、工作、企业的需要制订培训计划，选择培训的方式和方法，通过培训提高员工个人、群体和整个企业的知识、能力、工作态度和工作绩效，对培训效果进行评估，进一步开发员工的智力潜能，以提高人力资源的贡献率。

### (八) 职业生涯规划

鼓励和关心员工的个人发展，帮助员工制定个人发展规划，使个人的发展与企业的发展相协调，满足个人成长的需要，以进一步激发员工的积极性、创造性。

### (九) 人力资源会计

与财务部门合作，建立人力资源会计体系，开展人力资源投资成本与产出效益的核算工作，为人力资源管理与决策提供依据。

### (十) 员工沟通与参与

通过一定的形式将有关信息及时传达给员工，公平对待员工，积极疏通关系，努力沟通感情；采取一定的方式使员工有机会参与到与其工作相关的管理与决策活动中，如提出建议方案以对企业决策有所贡献等。

### (十一) 劳动关系管理

明确员工的权利和义务，按照相关劳动法律法规处理劳动关系方面的纠纷和事务，制定员工投诉制度，协调和改善企业与员工之间的劳动关系，进行企业文化建设，营造和谐的劳动关系和良好的工作氛围，保障企业经营活动的正常开展。

### (十二) 人事档案记录

员工的人事档案记录通常由人力资源部门集中管理，这些记录中包括最初的应聘材料，以及后续工作中添加的反映员工资历、成绩和潜力的资料。员工人事档案是人事决策的一项重要依据，需要妥善管理好人事档案各类资料。

### 三、企业内人力资源管理活动关系

企业内人力资源管理的各项活动之间不是彼此割裂、孤立存在的，而是相互联系、相互影响，共同形成了一个有机的系统。

#### （一）工作分析与工作评价

工作分析和工作评价是一个平台，其他各项职能的实施基本上都要以此为基础。人力资源规划中，预测企业所需的人力资源数量和质量时，基本的依据就是岗位的工作职责、工作量和任职资格；预测企业内部的人力资源供给时，要用到各职位可调动或晋升的信息；进行计划招聘时，发布的招聘信息就是一个简单的职位说明书；录用甄选的标准主要来自任职资格要求；绩效管理中，员工的绩效考核指标是根据职位的工作职责来确定的；薪酬管理中，员工工资等级的确定，依据的信息主要就是职位说明书的内容；在培训开发过程中，培训需求的确定也要以职位说明书对业务知识、工作能力和工作态度的要求为依据。

#### （二）考核与职业分类

考核就是要考查职工能否胜任所承担的职业工作，以及是否完成了应完成的工作任务。这就需要制定出考查标准，对各个职业岗位工作任务的质量、数量提出要求，而这些都是在职业分类的基础上才能进行的。职业分类中规定的各个职业岗位的责任和工作人员的从业条件，不仅是考核的基础，同时也是进行培训的重要依据。

## 第三节 社会人力资源服务

社会人力资源服务是对社会整体人力资源的计划、组织、控制，从而调整和改善全社会人力资源状况，使之适应社会再生产的要求，保证社会经济的运行和发展。《大典》广泛借鉴国际先进经验和经济发达国家做法，深入分析我国社会职业构成，突破了过去以行业管理机构为主体，以归口部门、单位甚至用工形式来划分职业的传统模式，采用了以从业人员工作性质的相似性作为职业划分标准的原则，并对各个职业的定义、工作活动的内容和形式，以及工作活动的范围等做出具体描述，体现了职业活动本身固有的社会性、目的性、规范性、稳定性和群体性的特征，科学、客观、全面地反映了当前我国社会的职业构成，成为社会人力资源服务的主要基础和依据。

《大典》规定的职业分类与代码，是劳动力市场人员分类、工资价位、招收聘用、供求关系分析等的核心基础。

## 一、劳动力市场职业分类与代码

为保证各地劳动力市场使用的职业分类与代码的科学和规范，便于劳动力市场信息联网，有关部门根据职业分类国家标准《职业分类与代码》和《中华人民共和国职业分类大典》，制定了《劳动力市场职业分类与代码》。《劳动力市场职业分类与代码》根据《大典》的划分方法和主要内容，规定了劳动力市场职业名称、编码方法及代码，是劳动力市场信息系统主要技术标准之一，适用于各地职业介绍、就业培训以及与此相关的统计、信息分析工作。

《劳动力市场职业分类与代码》的主要内容直接采用了《大典》的内容，在应用方法上更加注重实用性，使职业分类的名称易于被用户理解。《劳动力市场职业分类与代码》根据实际需要在《大典》的基础上新增了部分职业分类和代码。

《劳动力市场职业分类与代码》编码结构与《大典》的结构相同，将职业划分为大、中、小、细四类，代码长度为7位数字码，大类1位，中类2位，小类2位，细类2位，形成"1+2+2+2"的4层7位结构，在使用计算机进行检索时，为方便用户，使代码更加适应计算机检索的要求，可将小类和细类一并检索，使其成为"1+2+4"的3层7位结构，模糊匹配可与小类同步进行。为方便各地对职业分类的特殊需要，允许各地在代码的最后2位自"90"以后自行添加本地的职业分类，具有更好的可扩充性。

## 二、劳动力市场工资指导价位

### （一）劳动市场工资指导价位制度及其作用

劳动力市场工资指导价位制度是市场经济条件下，国家对企业工资分配进行指导和间接调控的一种方式。人力资源社会保障行政部门定期对各类企业中不同职业（工种）的工资水平进行广泛调查，经过汇总、分析和修正加工，向社会发布有代表性的职业（工种）的工资水平，形成各类职业（工种）的工资指导价位，以规范劳动力市场供需双方的行为，从微观上指导企业合理确定劳动者个人工资水平和各类人员的工资关系。

建立劳动力市场工资指导价位制度是市场经济国家的通行做法，其作用主要体现在：有利于充分发挥市场机制对工资分配的基础性调节作用，促进市场均衡工资率的形成；有利于指导企业根据劳动力供求状况和市场价格，形成企业内部科学合理的工资分配关系；有利于企业工资宏观调控体系建设。

## （二）劳动市场工资指导价位制度实施方法

劳动力市场工资指导价位根据《大典》发布的职业以及细分出的职位（岗位），调查规划区域内（全国、省份、地市等）各个行业的各种经济类型企业的情况。一般以企业为调查单位，企业职工为调查个体，将企业按产业、行业、经济类型分类，取得职工的实际工资收入数据，按照国家规定的调查统计方法，对工资数据进行细致的汇总、分析、整理和修正，最后形成劳动力市场工资指导价位。

劳动力市场工资指导价位通常按管理人员职位，专业技术人员职位，办事人员和有关人员职位，商业服务业人员职位，农、林、牧、渔、水利生产人员职位，生产运输设备操作人员职位等职业大类划分发布，还可按需要根据卫生人员职位、文教人员职位等职业中类发布，通常还会根据企业类型和职工专业技术等级、学历、年龄、工龄等情况对工资收入进行分类发布。

劳动力市场工资指导价位可以从不同职业（工种）工资指导价高位数看出工资最高的10个职位，也可以从技术工人职业（工种）最高技能等级工资指导价高位数看出最高的10个技术工人职业（工种）。

在发布劳动力市场工资指导价位时，通常会同步发布企业工资指导线。企业工资指导线由企业职工平均工资增长的一般水平（即基准线）、最高水平（即上线或预警线）、最低水平（即下线）构成，三条线分别对应企业工资增长的一般、最高、最低幅度指导意见。生产经营正常、经济效益增长的企业，可结合自身实际参照基准线安排本企业的工资增长水平；经济效益增长较快的企业，原则上应低于上线安排本企业工资增长水平；效益情况与往年持平或略有下降的企业，可结合自身实际参照下线安排本企业的工资增长水平。

企业工资指导线是指政府根据当年经济发展调控目标，向社会发布的年度工资增长水平的建议。企业工资指导线并不具有强制约束力，其主要作用是为企业与职工开展工资集体协商以及企业自身合理确定工资增长水平提供参考依据，同时也是对国有企业实现工资总额管理的重要手段。

各类企业可以参照发布的工资指导线等政策，积极开展工资集体协商，着重体现劳动生产要素在分配中的价值，努力实现职工工资增长与企业经济效益增长同步，劳动报酬增长和劳动生产率提高同步。同时，各类企业也应合理确定内部薪酬体系，综合运用劳动力市场职业（工种）工资指导价位信息和行业人工成本信息，合理确定和调整企业各岗位人员的工资水平，不断完善企业内部分配制度。

劳动力市场工资指导价位还可以细分技术工人职业（工种）等级工资指导价位，为企业招用技术工人、留住技能人才及开展技术工人工资协商提供参考依据。

## 三、人力资源供求与人才招聘

人力资源供求包括人力资源的供给和人力资源的需求两个方面，招聘是指招募和聘用职工从事业务工作。人力资源供求与人才招聘的基础也是《大典》对职业的分类与确定。

### （一）人力资源供求

人力资源供给取决于工资，工资是劳动要素的报酬，人力资源供给数量与社会工资水平之间存在着一定的相关关系，工资水平越高，人力资源供给也越多；人力资源需求是一定范围的用人主体（企业）对于人力资源所提出的需求，是由劳动力消费所引起和派生出来的。企业对于人力资源的需求，与社会经济运行中经济需求总量、生产单位经济需求转化率和社会工资水平有较大的关系，社会经济运行越旺盛、转化率越低、工资水平越低，人力资源需求越多。

### （二）人才招聘

#### 1. 招聘及其目的

招聘是"招募"与"聘用"的总称，是用人单位为了发展的需要，根据市场规则、人力资源规划和工作分析的要求，按照一定的制度和办理一定的手续，向目标公众发布人力资源需求信息，在劳动力市场上寻找、吸引有能力又有兴趣到本单位任职的人员，并按照一定的标准，从中选出适合空缺职位的人员予以录用的过程。"招聘"通常用于一般人才的录用，"引进"通常用于高级人才或特殊人才的选用。选择员工，确定意向后，招聘者与被招聘者须订立劳动合同，将工资、待遇、工时、试用期以及其他事宜加以规定。有些企业还会规定应聘人员须经业务考核、面试，根据需要择优录取。

招聘最直接的目的就是弥补企业人力资源的不足，如企业人力资源总供给量不能满足企业或各个岗位的总任务目标需要，企业或各个岗位正常替补流动人员引起的职位空缺，企业或各个岗位的生产技术水平或管理方式的变化对人力资源的需求，新规划事业或新开辟业务的人员需求等。

#### 2. 招聘的方式方法

招聘需准确地描述岗位职责和任职资格，形成用人标准，并贯穿招聘全流程。招聘通常首先确定用人标准和用工数量，并通过载体准确地进行信息发布、交流沟通、考核考评、比较选择、试用录用。载体是指招聘信息的传播体，包括传统的广播、电视、报纸、杂志等和新兴的互联网，特别是移动通信网络。

招聘的执行机构，可以是用人单位的人力资源管理部门，也可以是代理人或代理机构，如猎头公司或人才交易所。招聘可以通过校园招聘会、现场招聘会、上门求职、内部推荐、媒体广告、网上招聘、职业中介机构招聘等渠道进行。每个单位都有其独特的一面，对员工的要求也不相同，应根据单位岗位特点选择招聘来源、渠道和方法，充分了解人力资源素质和走向，掌握同行业其他企业的人力资源政策和人力资源需求情况，使企业和应聘者均具有较大的选择余地，以符合组织自身的要求。

网上招聘是新兴的招聘方式，主要有两种类型，一是由人才交流中心或中介机构完成网上招聘，二是企业直接在网上招聘。网上招聘的优势包括：渠道成本较低廉；能保证应聘者在计算机、网络的使用上都具备一定的水平；招聘广告不受时空限制，受众时效强、地域广。常见网站类型有综合性网站、行业性网站、地方性网站、政府性网站、服务性网站等。

随着经济的发展和社会的进步，人才流动现象越来越普遍，越来越活跃，出现了人才交流中心或职业介绍所这样既为用人单位选人，同时也为求职者选工作单位的专业职业中介机构。专业机构推荐的人员一般都经过了筛选，因此招聘成功率比较高，上岗效果也比较好，还能提供后续服务。特别是猎头公司，不仅针对性强、费用低廉、招聘工作经验丰富，有管理或专业技能上的特长，在行业和相应职位上寻找比较难得的人才时效果更好。

### 3. 招聘的注意事项

为正确规避招聘风险，提高招聘的有效性，必须提高招聘双方信息对称的程度，具体注意事项如下：

（1）规范招聘流程，建立科学有效的招聘体系。招聘的质量取决于制定明确的职位要求、准确地发布招聘信息、采用合适的选聘方式、清晰地告知聘用结果等。

（2）主动收集关于求职者的信息，以获取求职者的从业内隐信息，核实求职者材料真实性和职业能力评价结果。

## 四、就业人员统计与人才规划

就业人员是指在某一较短参照时期内，为获取工资或利润而从事生产产品或提供服务活动的工作年龄段的人员。统计部门主要通过两种统计制度获得就业人员信息：一是劳动力调查制度。该项调查制度于2005年正式实施，之后每年进行两次全国劳动力抽样调查，调查范围为中国大陆地区的城镇和乡村，调查对象为16周岁及以上人口。城镇调查失业率、全国分城乡就业人数、三次产业就业人数等就业失业数据均由劳动力调查数据推算得出。二是劳动统计报表制度。该项调查制度是以企业、事业单位、党政机关，民间非营利组织等单位为调查对象的统计调查。

人才是指具有一定的专业知识或专门技能，进行创造性劳动并对社会作出贡献的人，是人力资源中能力和素质较高的劳动者。《国家中长期人才发展规划纲要（2010—2020年）》提出，要造就宏大的高素质人才队伍，突出培养创新型科技人才，重视培养领军人才和复合型人才，大力开发经济社会发展重点领域急需紧缺专门人才，统筹抓好党政人才、企业经营管理人才、专业技术人才、高技能人才、农村实用人才以及社会工作人才等人才队伍建设，培养造就数以亿计的各类人才，数以千万计的专门人才和一大批拔尖创新人才。

## 五、人才开发与管理

### （一）人才开发

人才开发是指将人的智慧、知识、才干作为一种资源加以发掘、培养，以促进人才本身素质的提高和更加合理的使用。人才开发包括发掘人才和培养人才，即从现有人才资源中发现有能力的人，对他们进行培养、训练，提高他们的业务技术和经营水平。

### （二）人才管理

人才管理是指通过系统识别对组织可持续竞争优势有不同贡献的关键职位，开发一个差异化的人力资源框架，促进有能力的人才填补这些职位，并确保他们实现对组织的持续承诺。

### （三）人才开发与管理内容

(1) 人才的选拔，即识别、发现和挑选人才。

(2) 人才的培养，即对潜在人才和现有人才进行教育和培训，以提高他们的水平。

(3) 人才的使用，即把选拔和培养的人才安排到适当的工作岗位上，使其充分发挥作用。

(4) 人才的调剂，即把各种人才从不适合的工作岗位调动到更加适合的工作岗位，使人尽其才。

(5) 人才的管理，是人才开发的必要条件，即建立健全规章制度、管理档案等，以保证人才开发的需要。

（6）人才测评，即通过一系列科学的手段和方法对人的基本素质及其绩效进行测量和评定的活动。

## 六、人才选拔与评价

### （一）人才选拔与评价的定义

人才选拔与评价是指企业为了自身发展的需要，根据人力资源规划和职务分析的要求，通过各种人力资源选拔与评价工具，从外部选聘或者内部选拔合适人才，以确保企业的各项活动正常进行的过程。人才选拔是人才管理其他各项活动得以开展的前提和基础。

### （二）人才选拔与评价的内容

#### 1. 个人素质方面

（1）政治修养

我国的人才是中国特色社会主义事业的建设者，必然要在政治上坚决拥护中国共产党的领导，由衷地热爱祖国和人民，坚定为实现中华民族伟大复兴的中国梦而奋斗的理想信念，树立正确的社会主义核心价值观和奋斗观。

（2）职业道德

必须具有良好的职业道德素质，坚守行业规范和职业操守，在工作实践中对自己的行为高度负责。

（3）纪律意识

必须具有良好的纪律观念和组织观念，遵守国家法律法规，遵守单位的规章制度，具备较高规则意识。

（4）协作观念

必须具有良好的团队合作精神，能团结同事、服从大局，向着共同的团队目标迈进。

（5）责任观念

要具备主体责任意识，敢于承担责任，遇到问题不逃避、不推诿，具有责任担当的精神。

#### 2. 知识与专业方面

（1）学习经历

学习经历主要包含在学校接受教育的经历和在社会工作岗位上参加的继续教育经历两个方面。通常来说，受教育者的学习经历越丰富，参加的社会继续教育越多，代表其实践工作经验越丰富。

（2）专业知识的学习情况

具备专业知识主要体现在理论性的知识学习情况，既包含专业技术知识体系的架构以及各种专业知识的掌握和应用情况，还包括所学专业知识范围内发表的学术论文、出版的专著以及获得的专利等。

### 3. 职业技能方面

（1）解决问题的能力

面对复杂问题，应形成解决问题的思维惯性，从理解问题表征、探索问题症结、提出解决对策、检验解决实效等方面，历练自身面对问题时的态度、解决问题的方式和能力。

（2）创新能力

创新能力主要是指在已有生产设备基础上结合最新的生产技术，实现渐进性的技术融合创新与应用，不断提升生产效率。

（3）获取技术成果的能力

获取技术成果的能力主要是指将理论应用于实践的能力，即将最新的发现以及理论研究转化为具体成果的形式来指导实践活动。

### 4. 精神与潜力方面

（1）精神意志

具备吃苦耐劳意志和精神品质，对工作具有较高的认同感和荣誉感。

（2）较强的环境适应能力

要不断适应周围环境的变化和自身心理的变化，要学会自我调节以提高适应能力。

（3）基本的组织和管理技巧

必须具备团队管理、交流沟通、设计策划、应用指导及综合管理能力。

（4）学习发展潜力

具备终身学习的能力，在保持平和、向上的心态中不断挖掘自身的创造潜能和社会潜能，努力向更高的目标和要求迈进。

## 七、就业与创业服务

国家鼓励劳动者自主创业、自谋职业。各级人力资源社会保障行政部门会同有关部门，简化程序，提高效率，为劳动者自主创业、自谋职业提供便利和相应服务。县级以上人力资源社会保障行政部门统筹管理本行政区域内的公共就业服务工作，根据政府制定的发展计划，建立健全覆盖城乡的公共就业服务体系。

就业与创业服务的要求与做法主要包括以下四个方面：

（1）建立就业与创业服务体系的保障制度。建立健全就业工作组织机构，完善就业工作管理制度。

（2）构建稳定的就业与创业指导师资队伍。

（3）构建职业生涯发展教育体系，增加职业规划指导。

（4）建立就业与创业直达服务体系的运行机制。树立以服务为宗旨的就业工作理念，构建"以人民为中心"的就业与创业指导体系；积极开拓就业市场，拓宽就业渠道；搭建迅捷、畅通的就业信息平台。

## 第四节　职业教育专业设置

### 一、综述

#### （一）专业

专业是高等学校或中等职业学校或技工院校（以下统称学校）根据社会专业分工的需要设立的学业类别，国家教育行政机关统一编制并发布专业目录，供学校根据国家建设需要和学校性质设置各种专业时参考。每所学校设置的专业都有独立的教学计划，以实现专业的培养目标和要求。

专业是学校人才培养的基础平台和基本单元，其质量和结构，直接关系学校教育支撑和服务经济社会发展的能力，直接影响学校立德树人的成效。在专业设置和调整工作中，需要重点关注三个方面内容：一是服务需求，学校要主动服务国家战略、区域经济社会和产业发展需要，设置符合办学定位和办学特色的专业；二是重视质量，学校增设专业应满足专业类教学质量国家标准基本要求，要具有合理的人才培养方案，具备师资条件、教学资源、实验实习条件等；三是优化结构，支持和鼓励学校打破学科专业壁垒，不断深化新工科、新医科、新农科、新文科建设，增设交叉融合的新专业。推动学校积极开展专业优化、调整、升级、换代和新建工作，在不同类型学校中培育特色优势专业集群，升级改造传统专业，淘汰不适应社会需求、不符合学校办学定位的专业，加快培养紧缺人才。

## （二）专业目录

专业目录全面地体现了学校专业设置现状，反映了学校专业建设成果，是国家对教育进行宏观管理的基础性指导文件，是学院校设置与调整专业、实施人才培养、组织招生、指导就业以及规范开展日常教学活动的基本依据，是教育行政管理部门规划学校专业布局、安排招生计划、进行教育统计和人才预测等工作的主要依据，也是学生选择就读学校和专业、用人单位选用毕业生的重要参考。

专业目录通常按专业大类、专业类和专业三级划分，部分专业可能设置专业方向。

## （三）《大典》与专业

《大典》全面客观地反映了现阶段我国社会的职业构成、内涵、特点和发展规律，是我国对职业进行科学分类的权威性文献，在适应和反映经济结构特别是产业结构变化，适应和反映社会结构特别是人口、就业结构变化，适应和反映人力资源开发与管理特别是人力资源配置需求等方面具有重大的意义和作用。

《大典》确定的职业分类与编码以及职业定义和职业描述的内容，是进行国民经济信息统计和人口普查、劳动力需求预测和规划、就业人口结构变化和劳动力供求状况研究分析、劳动力市场信息统计、职业介绍和职业指导等工作的基本依据。

《大典》中确定的职业分类，也是学校合理设置专业，及时制定培养标准和课程规范，建立专业教学标准和职业标准联动开发机制，推进专业设置、课程内容与职业标准相衔接，规范开展职业技能鉴定工作的主要依据。

## （四）职业技能标准

职业技能标准是在职业分类的基础上，通过科学精准地分析职业（工种）的知识和技能水平要求，形成的概括性职业（工种）从业技能准则，根据技能水平的高低一般分为初级、中级、高级、技师、高级技师五个等级。职业技能标准是衡量从业人员技能水平和工作能力的尺度，是进行职业技能培训、评价，以及企业用工的主要依据。

## （五）职业与专业对接的意义

职业与专业对接工作可拓展延伸《大典》的使用功能，充分发挥其在职业教育培训中的引导作用，意义非常重大。职业与专业对接工作以《大典》为基础，结合现代职业教育发展状况，总结职业活动的特点和规律，建立职业与学校专业目录之间的对应关系，促进新时期技能人才培养。

## 二、本科专业设置

本科即大学本科，是学历的一种，是高等教育的基本组成部分，普通本科一般由普通高等学校设置，职业教育（以下简称职教）本科由少部分高等职业院校设置。普通本科教育侧重于理论上的专业化通识教育，职教本科侧重于应用上的专业教育和实际技能教育。本科学生正常毕业后一般可获得本科毕业证书和学士学位证书。

为规范本科专业的设置与管理，普通高等学校根据《普通高等学校本科专业目录》设置本科专业，按照《普通高等学校本科专业设置管理规定》进行管理；高等职业院校根据《职业教育专业目录》设置本科专业，按照《本科层次职业教育专业设置管理办法（试行）》进行管理。

### （一）普通本科专业与职教本科专业的区别

#### 1. 学校类型差异

普通本科专业是指普通高等学校设置的本科专业，职教本科专业是指高等职业院校设置的本科专业，主要体现职业教育类型特点，坚持高层次技术技能人才培养定位进行系统设计，促进中等职业教育、专科层次职业教育、本科层次职业教育纵向贯通、有机衔接，促进普职融通。

#### 2. 教育类别差异

普通本科专业侧重于理论上的通识教育，分设哲学、经济学、法学、教育学、文学、历史学、理学、工学、农学、医学、管理学、艺术学 12 个学科门类；职教本科专业侧重于应用上的专业教育和实际技能教育，分为农林牧渔、资源环境与安全、能源动力与材料、土木建筑、水利、装备制造、生物与化工、轻工纺织、食品药品与粮食、交通运输、电子与信息、医药卫生、财经商贸、旅游、文化艺术、新闻传播、教育与体育、公安与司法、公共管理与服务 19 个大类。

#### 3. 专业分类差异

普通本科分为基本专业、特设专业和国家控制布点专业，特设专业和国家控制布点专业分别在专业代码后加"T"和"K"表示，以示区分。职教本科暂未设置国家控制布点专业。

### 4. 证书种类差异

普通本科的证书为本科毕业证、学士学位证，职教本科的证书为本科毕业证、专业学士学位证。

## （二）本科专业目录总体框架

本科专业目录是本科教学的基础性指导文件，是设置和调整专业、实施人才培养、安排招生、授予学位、指导就业、进行教育统计和人才需求预测等工作的重要依据，也是高等教育支撑服务经济社会发展的重要观测点。

### 1. 本科专业目录内容结构

本科专业目录内容结构如图 3-1 所示。

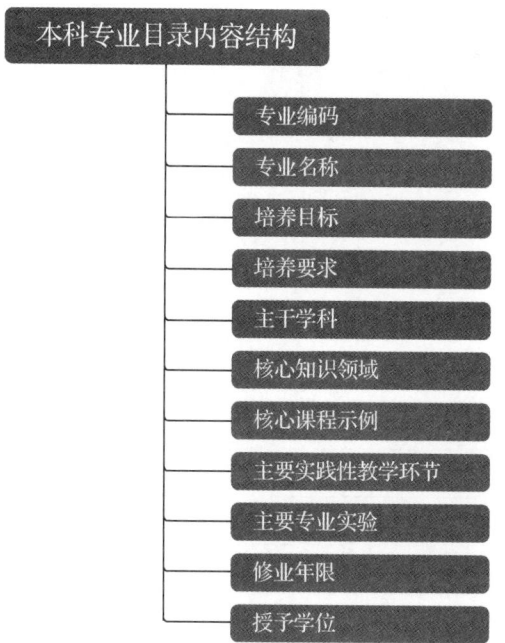

图 3-1  本科专业目录内容结构

### 2. 普通本科专业目录内容

1998 年教育部印发实施的《普通高等学校本科专业目录（1998 年颁布）》，改变了过去过分强调"专业对口"的本科教育观念，确立了知识、能力、素质全面发展的人才观，对引导高等学校拓宽专业口径、增强适应性、加强专业建设和管理、提高办学水平和人才培养质量等方面发挥了重要作用。2009年2月，国务院学位委员会、教育部印发《学位授予和人才培养学科目录设置与管理办法》后，教育部着手对本科专业目录进行了修订工作，逐步明确专业目录的学科门类与学科目录的学科门类一致，专业类与学科目录的一级学科原则上一致的基本思路，修订完成《普通高等学校本科专业目录（2012年）》。2020年2月21日，教育部发布《普通高等学校本科专业目录（2020年版）》，该专业目录是在《普通高等学校本科专业目录（2012年）》基础上增补形成。

如表3-2所示，《普通高等学校本科专业目录（2020年版）》分为学科门类、专业类和专业三级，每级代码均用两位数字表示。该专业目录中包含基本专业、特设专业：基本专业一般是指学科基础比较成熟、社会需求相对稳定、布点数量相对较多、继承性较好的专业和国家控制布点专业；特设专业是满足经济社会发展特殊需求所设置的专业，在专业代码后加"T"表示；涉及国家安全、特殊行业等专业由国家控制布点，称为国家控制布点专业，在专业代码后加"K"表示。普通高等学校本科专业目录实行分类管理，每十年修订一次。其中，基本专业每五年调整一次，特设专业每年动态调整。

**表3-2　　《普通高等学校本科专业目录（2020年版）》（节选）**

说明：

1. 本目录是在《普通高等学校本科专业目录（2012年）》基础上，增补近几年批准增设的目录外新专业而形成。

2. 特设专业在专业代码后加T表示；国家控制布点专业在专业代码后加K表示。

| 序号 | 门类 | 专业类 | 专业代码 | 专业名称 | 学位授予门类 | 修业年限 | 增设年份 |
| --- | --- | --- | --- | --- | --- | --- | --- |
| 1 | 哲学 | 哲学类 | 010101 | 哲学 | 哲学 | 四年 | |
| 2 | 哲学 | 哲学类 | 010102 | 逻辑学 | 哲学 | 四年 | |
| 3 | 哲学 | 哲学类 | 010103K | 宗教学 | 哲学 | 四年 | |
| 4 | 哲学 | 哲学类 | 010104T | 伦理学 | 哲学 | 四年 | |
| 5 | 经济学 | 经济学类 | 020101 | 经济学 | 经济学 | 四年 | |
| 6 | 经济学 | 经济学类 | 020102 | 经济统计学 | 经济学 | 四年 | |
| 7 | 经济学 | 经济学类 | 020103T | 国民经济管理 | 经济学 | 四年 | |
| 8 | 经济学 | 经济学类 | 020104T | 资源与环境经济学 | 经济学 | 四年 | |
| 9 | 经济学 | 经济学类 | 020105T | 商务经济学 | 经济学 | 四年 | |
| 10 | 经济学 | 经济学类 | 020106T | 能源经济 | 经济学 | 四年 | |
| 11 | 经济学 | 经济学类 | 020107T | 劳动经济学 | 经济学 | 四年 | 2016 |

续表

| 序号 | 门类 | 专业类 | 专业代码 | 专业名称 | 学位授予门类 | 修业年限 | 增设年份 |
|---|---|---|---|---|---|---|---|
| 12 | 经济学 | 经济学类 | 020108T | 经济工程 | 经济学 | 四年 | 2017 |
| 13 | 经济学 | 经济学类 | 020109T | 数字经济 | 经济学 | 四年 | 2018 |
| 14 | 经济学 | 财政学类 | 020201K | 财政学 | 经济学 | 四年 | |
| 15 | 经济学 | 财政学类 | 020202 | 税收学 | 经济学 | 四年 | |
| 16 | 经济学 | 金融学类 | 020301K | 金融学 | 经济学 | 四年 | |
| 17 | 经济学 | 金融学类 | 020302 | 金融工程 | 经济学 | 四年 | |
| 18 | 经济学 | 金融学类 | 020303 | 保险学 | 经济学 | 四年 | |
| 19 | 经济学 | 金融学类 | 020304 | 投资学 | 经济学 | 四年 | |
| 20 | 经济学 | 金融学类 | 020305T | 金融数学 | 经济学 | 四年 | |
| 21 | 经济学 | 金融学类 | 020306T | 信用管理 | 管理学，经济学 | 四年 | |
| 22 | 经济学 | 金融学类 | 020307T | 经济与金融 | 经济学 | 四年 | |
| 23 | 经济学 | 金融学类 | 020308T | 精算学 | 理学，经济学 | 四年 | 2015 |

## 3. 职业教育本科专业目录内容

2021年3月，教育部印发《职业教育专业目录（2021年）》（以下简称《职教目录》），此前的职业教育专业目录是分别编制的，其中中等职业教育专业目录是2010年修订的，高等职业教育专科专业目录是2015年修订的，高等职业教育本科试点专业是根据试点需要于2019年、2020年分别设置。

《职教目录》全面落实《国民经济和社会发展第十四个五年规划和2035年远景目标纲要》对职业教育的要求，在科学分析产业、职业、岗位、专业关系基础上，对接现代产业体系，统一采用专业大类、专业类、专业三级分类，一体化设计中等职业教育、高等职业教育专科、高等职业教育本科不同层次专业，共设置19个专业大类、97个专业类、1 349个专业，其中中职专业358个、高职专科专业744个、高职本科专业247个。高等职业教育本科专业见表3-3。

表3-3　　　　　　　　高等职业教育本科专业（节选）

| 序号 | 专业代码 | 专业名称 |
|---|---|---|
| 21 农林牧渔大类 | | |
| 2101 农业类 | | |
| 1 | 210101 | 现代种业技术 |
| 2 | 210102 | 作物生产与品质改良 |

续表

| 序号 | 专业代码 | 专业名称 |
|---|---|---|
| 3 | 210103 | 智慧农业技术 |
| 4 | 210104 | 设施园艺 |
| 5 | 210105 | 现代农业经营与管理 |
| 2102 林业类 | | |
| 6 | 210201 | 智慧林业技术 |
| 7 | 210202 | 园林工程 |
| 8 | 210203 | 木业产品智能制造 |
| 2103 畜牧业类 | | |
| 9 | 210301 | 动物医学 |
| 10 | 210302 | 动物药学 |
| 11 | 210303 | 宠物医疗 |
| 12 | 210304 | 现代畜牧 |
| 2104 渔业类 | | |
| 13 | 210401 | 现代水产养殖技术 |
| 22 资源环境与安全大类 | | |
| 2201 资源勘查类 | | |
| 14 | 220101 | 资源勘查工程技术 |
| 2202 地质类 | | |
| 15 | 220201 | 环境地质工程 |
| 2203 测绘地理信息类 | | |
| 16 | 220301 | 导航工程技术 |
| 17 | 220302 | 测绘工程技术 |
| 18 | 220303 | 地理信息技术 |
| 2204 石油与天然气类 | | |
| 19 | 220401 | 油气储运工程 |
| 20 | 220402 | 石油工程技术 |
| 2205 煤炭类 | | |
| 21 | 220501 | 智能采矿技术 |
| 22 | 220502 | 煤炭清洁利用工程 |

依据国民经济行业分类、职业分类，兼顾学科分类，确定《职教目录》专业大类、专业类划分。以原高职专科专业目录框架为基础，将原中职专业目录由2级调整为3级，统筹高职本科专业，形成《职教目录》框架。19个专业大类数量不变，专业大类划分和排序保持基本稳定，名称略有调整。原99个专业类调整为97个，进行了小幅更名、新增、合并、撤销和归属调整。保留的专业主要是符合产业人才需求实际、职业成熟稳定、专业布点较广、就业方向明确、名称科学合理以及特种行业领域专业。专业调整的主要原则包括适应经济社会发展新变化新增专业，根据产业转型升级更名专业，根据业态或岗位需求变化合并专业，对不符合市场需求的专业予以撤销。

专业代码是根据一体化设计理念，兼顾专业设置管理的稳定便捷，设计专业代码编排规则，即专业代码统一按6位数编排，第1~2位数为专业大类顺序码；第3~4位数的专业类顺序码，按照专业大类中专业类的先后顺序编排；第5~6位数为专业顺序码，统筹考虑专业布点、内在关系等因素设置代码。

### （三）新专业与新职业

"十四五"时期，要按照高质量发展要求优化人才结构、专业结构，实现教育体系与经济体系、科技体系、产业体系、社会体系有机衔接。专业建设是服务科技自强自立、现代产业建设、构建新发展格局、建设数字中国、振兴乡村经济、助力绿色转型的重要路径，更是基础性措施。职业教育改革只有落在专业上，才能落在课堂上，才能落在学生的综合素质和综合能力上。当前，以数字经济等为代表的新经济成为重要增长引擎，新一代信息技术集成创新对人才的素质结构、能力结构、技能结构提出全新要求，高等教育专业升级和数字化改造势在必行。本科专业对接新技术岗位、新职业岗位、新业态岗位和市场化需求，在专业名称、专业内涵、课程体系等方面全面升级，有利于推动本科教育高质量发展。

经统计，2012年以来，教育部聚焦全面提高人才培养能力这个核心点，主动适应经济社会发展需求变化，支持全国高校增设1.7万个本科专业点，占专业布点总数的28%，撤销和停招了近1万个专业点。为主动应对新一轮科技革命和产业变革的挑战，2017年，教育部启动了新工科建设，更加注重产业需求导向，更加注重跨界交叉融合，更加注重支撑引领，改造升级传统工科专业，发展新兴工科专业，主动布局未来战略必争领域人才培养。2018年起，教育部组织开展了两批新工科研究与实践项目，针对工业互联网相关领域，组建人工智能、大数据等项目群，加快项目交流沟通，集聚产业资源，推进校际协同，探索建立工程教育的新理念、新标准、新模式、新方法、新技术、新文化。2019年以来，支持有条件的高校增设了一批新兴产业发展所需的本科专业，如人工智能、数据科学与大数据技术、物联网工程、区块链工程等。2021年，教育部支持高校服务国家战略和民生急需，在普通高等学校本科设置了储能科学与工程、集成电路设计与集成系统、密码科学与技术、种子科学与工程、非物质文化遗产保护、养老服务管理、预防医学、护理学、健康服务与管理、应急技术与管理等一批专业布点。将碳储科学与工程、空天智能电推进技术、生物育种科学、资源环境大数据工程、湿地保护与恢复、智慧林业、劳动教育、科学史等31种新专业正式纳入普通本科专业目录，具体见表3-4。

表3-4　列入普通高等学校本科专业目录的新专业名单（2021年）

| 序号 | 门类 | 专业类 | 专业代码 | 专业名称 | 学位授予门类 | 修业年限 | 增设年份 |
|---|---|---|---|---|---|---|---|
| 1 | 经济学 | 财政学类 | 020203TK | 国际税收 | 经济学 | 四年 | 2021 |
| 2 | 经济学 | 经济与贸易类 | 020403T | 国际经济发展合作 | 经济学 | 四年 | 2021 |
| 3 | 法学 | 法学类 | 030108TK | 纪检监察 | 法学 | 四年 | 2021 |
| 4 | 法学 | 公安学类 | 030623TK | 铁路警务 | 法学 | 四年 | 2021 |
| 5 | 教育学 | 教育学类 | 040114TK | 劳动教育 | 教育学 | 四年 | 2021 |
| 6 | 历史学 | 历史学类 | 060109T | 科学史 | 历史学 | 四年 | 2021 |
| 7 | 理学 | 地球物理学类 | 070804TK | 行星科学 | 理学 | 四年 | 2021 |
| 8 | 工学 | 材料类 | 080418T | 光电信息材料与器件 | 工学 | 四年 | 2021 |
| 9 | 工学 | 能源动力类 | 080506TK | 氢能科学与工程 | 工学 | 四年 | 2021 |
| 10 | 工学 | 能源动力类 | 080507TK | 可持续能源 | 工学 | 四年 | 2021 |
| 11 | 工学 | 电气类 | 080608TK | 智慧能源工程 | 工学 | 四年 | 2021 |
| 12 | 工学 | 土木类 | 081012T | 智能建造与智慧交通 | 工学 | 四年 | 2021 |
| 13 | 工学 | 水利类 | 081106T | 智慧水利 | 工学 | 四年 | 2021 |
| 14 | 工学 | 地质类 | 081406T | 智能地球探测 | 工学 | 四年 | 2021 |
| 15 | 工学 | 地质类 | 081407T | 资源环境大数据工程 | 工学 | 四年 | 2021 |
| 16 | 工学 | 矿业类 | 081508TK | 碳储科学与工程 | 工学 | 四年 | 2021 |
| 17 | 工学 | 轻工类 | 081706TK | 生物质能源与材料 | 工学 | 四年 | 2021 |
| 18 | 工学 | 交通运输类 | 081812T | 智能运输工程 | 工学 | 四年 | 2021 |
| 19 | 工学 | 海洋工程类 | 081905T | 智慧海洋技术 | 工学 | 四年 | 2021 |
| 20 | 工学 | 航空航天类 | 082011T | 空天智能电推进技术 | 工学 | 四年 | 2021 |
| 21 | 工学 | 林业工程类 | 082405T | 木结构建筑与材料 | 工学 | 四年 | 2021 |
| 22 | 农学 | 植物生产类 | 090116TK | 生物育种科学 | 理学 | 四年 | 2021 |

续表

| 序号 | 门类 | 专业类 | 专业代码 | 专业名称 | 学位授予门类 | 修业年限 | 增设年份 |
|---|---|---|---|---|---|---|---|
| 23 | 农学 | 自然保护与环境生态类 | 090206T | 湿地保护与恢复 | 农学 | 四年 | 2021 |
| 24 | 农学 | 林学类 | 090505T | 智慧林业 | 农学 | 四年 | 2021 |
| 25 | 管理学 | 工商管理类 | 120217TK | 海关稽查 | 管理学 | 四年 | 2021 |
| 26 | 管理学 | 公共管理类 | 120418T | 慈善管理 | 管理学 | 四年 | 2021 |
| 27 | 艺术学 | 戏剧与影视学类 | 130314TK | 曲艺 | 艺术学 | 四年 | 2021 |
| 28 | 艺术学 | 戏剧与影视学类 | 130315TK | 音乐剧 | 艺术学 | 四年 | 2021 |
| 29 | 艺术学 | 美术学类 | 130412TK | 科技艺术 | 艺术学 | 四年 | 2021 |
| 30 | 艺术学 | 美术学类 | 130413TK | 美术教育 | 艺术学 | 四年 | 2021 |
| 31 | 艺术学 | 设计学类 | 130513TK | 珠宝首饰设计与工艺 | 艺术学 | 四年 | 2021 |

另一方面，职教本科专业目录也与产业、科技的发展紧密联系，与职业分类有机结合，设置绿色生物制造、合成生物技术、智能网联汽车工程技术、区块链技术、智慧健康养老管理等新专业，更加突出专业与产业结构、职业岗位、新技术应用的关系，凸显了职业教育的类型特征。

## 三、中高职教育专业设置

中高职教育专业按照职业分类和职业岗位对专门人才的要求而设置，强调职业性，强调综合职业能力的培养，同时也注意基础性和就业的适应性。专业是中等职业院校和高等职业院校制订培养目标、教学计划，进行招生教学、毕业生就业等工作，为社会培养、输送各类人才的依据，也是学生选择学习方向、学习内容，形成自己在某一专门领域的特长，为将来职业活动做准备的依据。

### （一）中高职教育专业特点

#### 1. 定位准确，对接现代产业体系

中高职教育专业对接产业分类与职业分类，响应岗位群需求，兼顾学科分类，在厘清产业、职业、岗位、专业间关系的基础上，科学确定不同层次的专业定位。对接现代产业体系，重点服务制造业强国建设、破解"卡脖子"关键技术等，面向战略性新兴产业重点领域，面向生产性服务业向专业化和价值链高端延伸，面向生活性服务业向高品质和多样化升级等，满足新职业场景、新职业岗位对技术技能人才的新需求。

### 2. 实现贯通融通，服务终身学习需求

中高职教育专业在设计时体现一体化理念，实现专业之间纵向贯通、横向融通。面向职业岗位群逐层提升，培养目标和规格逐层递进，人才定位有机衔接。遵循职业教育规律，兼顾不同职业院校、不同工作岗位对专业口径宽窄的不同需求，兼顾系统培养学生和学生终身学习、全面发展需要。充分考虑中高职贯通培养、高职扩招、面向社会承接培训、军民融合发展等需求。

### （二）中高职专业目录内容结构

中高职专业目录内容结构如图 3-2、图 3-3 所示。

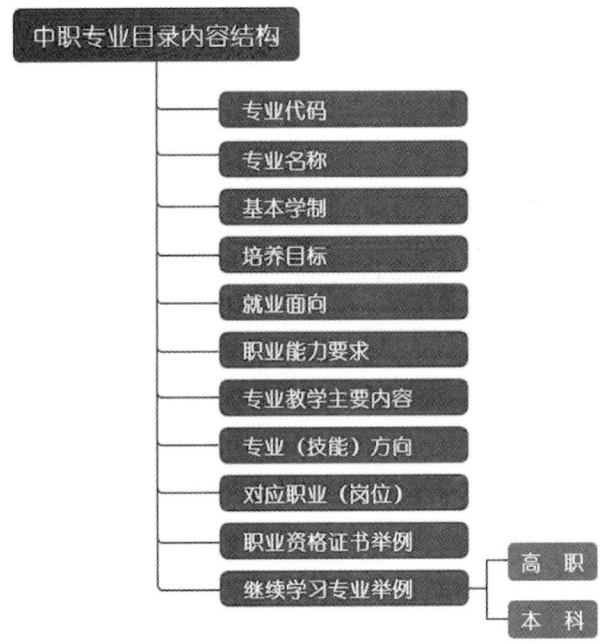

图 3-2 中职专业目录内容结构

### （三）中高职专业目录内容

职业教育专业目录是职业教育教学的基础性指导文件，是职业院校专业设置、招生、统计，以及用人单位选用毕业生的基本依据，是职业教育类型特征的重要体现，也是职业教育支撑服务经济社会发展的重要观测点。

表 3-5 为节选的《职业教育专业目录（2021 年）》。依据国民经济行业分类、职业分类，《职业教育专业目录（2021 年）》兼顾学科分类，采用专业大类、专业类、专业

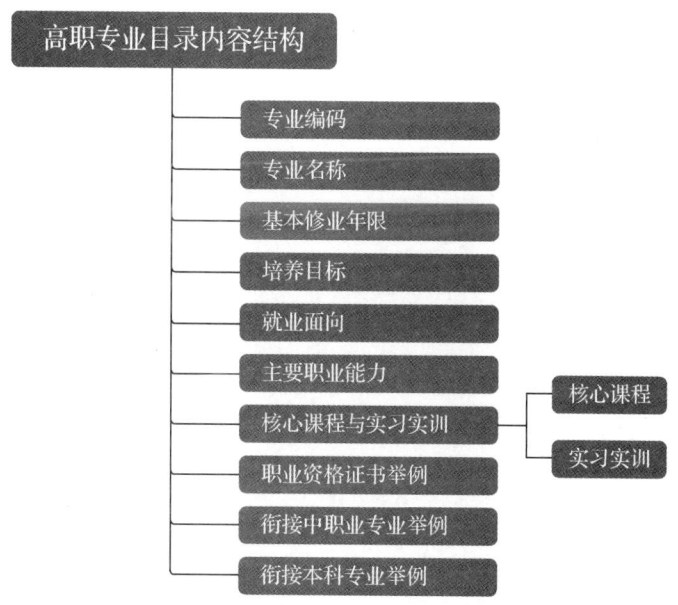

图 3-3 高职专业目录内容结构

三级分类，一体化设计中等职业教育、高等职业教育专科、高等职业教育本科不同层次专业。以原高职专科专业目录框架为基础，将原中职专业目录由二级调整为三级，统筹高职本科专业，形成目录框架，共设置 19 个专业大类、97 个专业类、1 349 个专业，其中中职专业 358 个、高职专科专业 744 个、高职本科专业 247 个。

表 3-5　　　　　　　　　《职业教育专业目录（2021 年）》（节选）

中等职业教育专业

| 序号 | 专业代码 | 专业名称 |
| --- | --- | --- |
| 61 农林牧渔大类 | | |
| 6101 农业类 | | |
| 1 | 610101 | 种子生产技术 |
| 2 | 610102 | 作物生产技术 |
| 3 | 610103 | 循环农业与再生资源利用 |
| 4 | 610104 | 家庭农场生产经营 |
| 5 | 610105 | 园艺技术 |
| 6 | 610106 | 植物保护 |
| 7 | 610107 | 茶叶生产与加工 |

续表

| 序号 | 专业代码 | 专业名称 |
|---|---|---|
| 8 | 610108 | 中草药栽培 |
| 9 | 610109 | 烟草栽培与加工 |

**高等职业教育专科专业**

| 序号 | 专业代码 | 专业名称 |
|---|---|---|

**41 农林牧渔大类**

**4101 农业类**

| 序号 | 专业代码 | 专业名称 |
|---|---|---|
| 1 | 410101 | 种子生产与经营 |
| 2 | 410102 | 作物生产与经营管理 |
| 3 | 410103 | 现代农业技术 |
| 4 | 410104 | 生态农业技术 |
| 5 | 410105 | 园艺技术 |
| 6 | 410106 | 植物保护与检疫技术 |
| 7 | 410107 | 茶叶生产与加工技术 |
| 8 | 410108 | 中草药栽培与加工技术 |
| 9 | 410109 | 烟草栽培与加工技术 |
| 10 | 410110 | 饲草生产技术 |
| 11 | 410111 | 食用菌生产与加工技术 |
| 12 | 410112 | 设施农业与装备 |
| 13 | 410113 | 现代农业装备应用技术 |

## （四）新专业与新职业

《职业教育专业目录（2021年）》全面落实"十四五"规划和2035年远景目标的战略部署，尤其在服务新业态、新职业方面，补齐人才短板。如服务文化旅游新业态，设置定制旅行管理与服务、民宿经营与运营专业；针对装配式建筑新业态和"装配式建筑施工员"新职业，设置装配式建筑构件智能制造技术专业；针对"区块链工程技术人员""区块链应用操作员"新职业，设置区块链技术应用等专业；针对"全媒体运营师"新职业，设置全媒体电商运营、全媒体广告策划与营销、网络直播与营销等专业。

## 四、技工教育专业设置

### （一）技工教育综述

技工教育是国民教育事业的重要组成部分，是社会发展的动力。建设知识型、技能型、创新型劳动者大军，弘扬劳模精神和工匠精神，营造劳动光荣的社会风尚和精益求精的敬业风气，是党的十九大对我国新时代技工教育作出的战略部署，开启了技工教育特色发展的新征程。

从政策界定来看，技工教育归属于职业教育的大范畴。但技工教育既被职业教育的宽泛概念所涵盖，又不受职业教育的约束，是一种具有自身独特定位的教育类型。与职业教育的宽泛概念所不同的是，技工教育是对技术工人的培养教育，承担的是技术工人和产业工人的培养、训练职责，其主要培养成果体现为全日制技工院校毕业生和以国家职业资格体系为衡定标准的社会各类技能人才。

技工教育专业以技能成才为培养目标，按照经济社会发展需要和技能人才培养规律，根据国家职业标准，通过典型工作任务分析，构建课程体系，并以具体工作任务为学习载体，按照工作过程和学习者自主学习要求设计和安排教学活动，实现了理论教学和实践教学融通合一，专业学习和工作实践学做合一，能力培养和工作岗位对接合一。

### （二）技工教育专业的特点

#### 1. 技工教育专业设置与产业发展需求相对接

技工教育以市场为导向，根据企业、产业和社会需求设置专业，培养合格技能人才，促进企业和产业发展，为经济和社会发展服务。

#### 2. 技工教育专业标准与职业标准相对接

技工教育专业设置对标国家职业资格标准和企业岗位实际需求，其人才培养计划和顶岗实习规范、校企合作标准全面对接企业岗位实际需求。

### （三）技工教育专业目录内容结构

技工教育专业目录内容结构如图 3-4 所示。

技工院校专业目录内容结构中的培养目标明确了学生毕业后的职业方向及工作岗位，以及该工作岗位需要的具体技能，与职业分类中的职业定义相对应。目录内

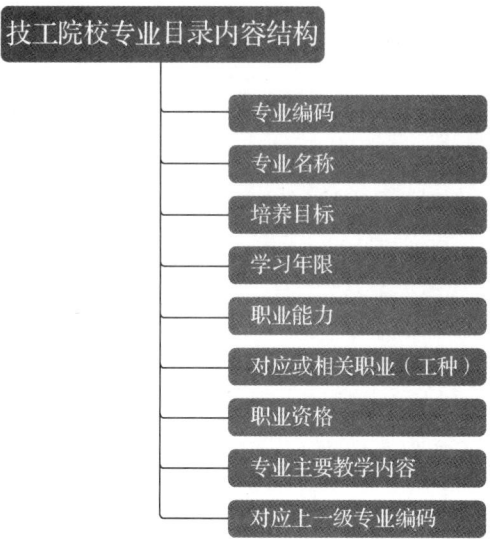

图 3-4 技工院校专业目录内容结构

容结构中的职业能力将职业的所有工作进一步划分为若干职责和任务，并确定对应各项职责的综合能力和对应各项任务的专项能力，然后对每一项专项能力所需的知识、技能和态度以及工具与设备等进行详细分析，与职业分类中的主要工作任务相对应。

### （四）技工院校专业目录内容

《全国技工院校专业目录》是规范技工院校专业设置、教学活动和教学管理的指导性文件。2018 年，为适应产业结构升级、国家职业分类及职业资格更新调整，满足技工院校深化教学改革和规范教学管理的需要，人力资源社会保障部对 2013 年颁布的《全国技工院校专业目录（2013 年修订）》进行了修订，颁布了《全国技工院校专业目录（2018 年修订）》。

《全国技工院校专业目录（2018 年修订）》包括机械类、电工电子类、信息类、交通类、服务类、财经商贸类、农业类、能源类、化工类、冶金类、建筑类、轻工类、医药类、文化艺术类和其他 15 个专业大类，共设置了 280 个专业，列举 54 个专业方向，更加全面地体现了我国经济社会发展的新形势和新需求，客观反映了近年来技工院校专业建设的新进展和新成果。按照职业资格或职业能力水平的分级，规定了不同层次的培养目标、学习年限、职业能力、对应或相关职业（工种）、职业资格、专业主要教学内容、对应上一级专业编码。

## 1. 技工院校中级工班目录内容

如图 3-5 所示为节选的《全国技工院校专业目录（2018 年修订）》中的技工院校中级班专业目录部分。

**01　机械类**

**0101　机床切削加工（车工）**
**0101-4　中级**

**专业编码**：0101-4
**专业名称**：机床切削加工（车工）
**培养目标**：培养从事操作车床，进行工件旋转表面切削加工的中级技能人才。
**学习年限**：3 年（初中毕业生），2 年（高中毕业生）
**职业能力**：

具有积极的人生态度、健康的心理素质、良好的职业道德和较扎实的文化基础知识；具有获取新知识、新技能的意识和能力，能适应不断变化的职业社会；了解企业生产流程，严格执行机械设备操作规定，遵守各项工艺规程，具有安全生产意识，重视环境保护，并能解决一般性专业问题。同时具有下列专业能力：

1. 能识读机械零件图与简单装配图，绘制零件图，使用计算机绘图软件。
2. 能安装夹具，调整车床，装夹形状规则零件。
3. 能正确选用刀具和修磨常用刀具。
4. 能正确使用各种常用量具检验车削加工质量。
5. 能对典型零件进行车削工艺分析，并制定其加工顺序。
6. 能操作车床对典型零件进行加工。
7. 能操作铣床对简单零件进行加工。
8. 能维护保养车床设备及工艺装备，排除使用过程中的一般故障。

**对应或相关职业（工种）**[①]：车工（6-04-01-01）、铣工（6-04-01-02）
**职业资格**：车工（中级）
**专业主要教学内容**：

机械识图与 CAD、机械测量技术、典型机械结构、金属材料选用与热处理、常用机械加工技术、铣工技能、车工综合技能等。

**对应上一级专业编码**：0101-3

① 职业（工种）及编码选自《中华人民共和国职业分类大典》，下同。

图 3-5　技工院校中级班专业目录内容（节选）

## 2. 技工院校高级工班目录内容

如图 3-6 所示为节选的《全国技工院校专业目录（2018 年修订）》中的技工院校高级班专业目录部分。

## 01 机械类

### 0101 机床切削加工（车工）

#### 0101-3 高级

**专业编码**：0101-3
**专业名称**：机床切削加工（车工）
**培养目标**：培养从事操作车床，进行工件旋转表面切削加工的高级技能人才（高级工）。
**学习年限**：2年（取得中级职业资格人员），3年（高中毕业生）
**职业能力**：

具有积极的人生态度、健康的心理素质、良好的职业道德和较扎实的文化基础知识；具有获取新知识、新技能的意识和能力，能适应不断变化的职业社会；熟悉企业生产流程，严格执行机械设备操作规定，遵守各项工艺规程，重视环境保护，并具有独立解决非常规问题的基本能力；能指导他人进行工作或协助培训一般操作人员。同时具有下列专业能力：

1. 能识读机械零件图与装配图，绘制复杂、畸形零件图，熟练使用各种绘图软件。
2. 能对具有组合要求的零件进行车削工艺分析，并制定其加工工艺规程。
3. 能对多件组合零件进行加工。
4. 能正确使用各种车削加工常用量具，对多件组合零件形状、位置精度进行检验和控制。
5. 能掌握组合夹具的使用方法，设计、制作简单结构的车床夹具，并进行定位分析。
6. 能正确选用各类专用及特殊刀具，刃磨车削加工刀具。
7. 能进行车床一般故障排除，并配合进行新车床的检验、装配与调整。
8. 能操作数控车床加工简单型面零件。

**对应或相关职业（工种）**：车工（6-04-01-01）、数控车工*（6-04-01-01）
**职业资格**：车工（高级）
**专业主要教学内容**：

切削原理与刀具选用、典型夹具结构、典型结构受力分析、金属切削机床典型结构、典型零件加工工艺规程、机械设计基础、常用电力拖动控制线路安装、数控车床操作与编程、车工综合技能等。

**对应上下级专业编码**：0101-2、0101-4

图 3-6 技校高级班目录内容（节选）

### 3. 技工院校预备技师（技师）班目录内容

如图 3-7 所示为节选的《全国技工院校专业目录（2018年修订）》中的技工院校预备技师（技师）班专业目录部分。

### （五）新专业与新职业

技工教育专业设置要有与现代产业发展相匹配的动态调整机制，加快淘汰与产业发展不适应、就业有局限的落后专业，开设符合现代产业发展方向、就业质量高、面向先进制造业、现代服务业，战略性新兴产业的新专业。

## 01 机械类

### 0101 机床切削加工（车工）

#### 0101-2 预备技师

**专业编码**：0101-2

**专业名称**：机床切削加工（车工）

**培养目标**：培养从事车床切削加工、设备维护、生产管理等工作的高级技能人才（预备技师）。

**学习年限**：2年（取得高级职业资格人员），3年（取得中级职业资格人员），4年（高中毕业生）

**职业能力**：

具有积极的人生态度、健康的心理素质、良好的职业道德和较扎实的文化基础知识；具有获取新知识、新技能的意识和能力，能适应不断变化的职业社会；严格执行机械设备操作规定，遵守各项工艺规程，重视环境保护，并能根据生产流程变化，独立解决工作过程中非常规性的综合问题，具有一定的革新能力；能指导他人进行工作或培训一般操作人员，能协助部门领导进行生产现场的相关管理工作。同时具有下列专业能力：

1. 能测绘机构部件，绘制装配图，熟练应用CAD/CAM/CAPP/CAE软件。
2. 能正确使用各类车床附件和工、夹、刃具，并进行设计、制作与维修。
3. 能对复杂零件进行工艺分析，编制零件车削加工工艺规程。
4. 能操作卧式、立式车床对复杂、精密、大型零件进行加工。
5. 能对复杂、精密、大型零件的车削加工质量进行检验，诊断车削加工质量问题并提出解决方案。
6. 能进行车床精度检测和车床故障排除，对车床进行改造，并能应用组合夹具。
7. 能应用数控车床进行零件加工。

**对应或相关职业（工种）**：车工（6-04-01-01）、数控车工\*（6-04-01-01）

**职业能力水平**：车工（预备技师）

**专业主要教学内容**：

材料力学性能与选用、机械设计、CAD/CAM/CAPP/CAE、自动化控制技术、金属切削机床结构调整、液压传动与气动控制基础、数控车床操作与编程、车工综合技能等。

**对应下一级专业编码**：0101-3

图 3-7  技工院校预备技师（技师）班目录内容（节选）

2020年，为贯彻落实《国家职业教育改革实施方案》和《技工教育"十三五"规划》，加强技工院校专业建设，人力资源社会保障部组织开展了《全国技工院校专业目录（2018年修订）》增补工作，研究确定新增31个专业，新增列举11个专业方向，具体内容详见表3-6和表3-7。

表3-6  《全国技工院校专业目录（2018年修订）》2020年度增补专业汇总

| 序号 | 专业编码 | 专业名称 | 培养层次 | 专业大类 |
| --- | --- | --- | --- | --- |
| 1 | 0135 | 工业机械自动化装调 | 高级预备技师 | 01 机械类 |
| 2 | 0136 | 数字化设计与制造 | 高级预备技师 | 01 机械类 |
| 3 | 0137 | 智能制造技术应用 | 高级预备技师 | 01 机械类 |

续表

| 序号 | 专业编码 | 专业名称 | 培养层次 | 专业大类 |
|---|---|---|---|---|
| 4 | 0219 | 服务机器人应用与维护 | 高级预备技师 | 02 电工电子类 |
| 5 | 0315 | 云计算技术应用 | 高级预备技师 | 03 信息类 |
| 6 | 0316 | 工业互联网技术应用 | 高级预备技师 | 03 信息类 |
| 7 | 0317 | 虚拟现实技术应用 | 高级预备技师 | 03 信息类 |
| 8 | 0318 | 人工智能技术应用 | 高级预备技师 | 03 信息类 |
| 9 | 0319 | 数字媒体技术应用 | 高级预备技师 | 03 信息类 |
| 10 | 0440 | 工程安全评价与管理 | 中级高级 | 04 交通类 |
| 11 | 0441 | 航空物流 | 中级高级 | 04 交通类 |
| 12 | 0442 | 交通运输安全检查 | 中级高级 | 04 交通类 |
| 13 | 0443 | 道路智能交通技术应用 | 中级高级 | 04 交通类 |
| 14 | 0444 | 智能网联汽车技术应用 | 中级高级 | 04 交通类 |
| 15 | 0529 | 健康与补会照护 | 中级 | 05 服务类 |
| 16 | 0530 | 电子竞技运动服务与管理 | 中级高级 | 05 服务类 |
| 17 | 0531 | 快递安全管理 | 中级高级 | 05 服务类 |
| 18 | 0532 | 婚庆服务 | 中级高级 | 05 服务类 |
| 19 | 0533 | 健身指导与管理 | 中级高级 | 05 服务类 |
| 20 | 0534 | 烹调工艺与营养 | 中级高级 | 05 服务类 |
| 21 | 0613 | 财务管理 | 中级高级 | 06 财经商贸类 |
| 22 | 0728 | 农业经营与管理 | 中级高级 | 07 农业类 |
| 23 | 0824 | 储能材料制备 | 中级高级 | 08 能源类 |
| 24 | 0825 | 核电设备安装与检修 | 中级高级 | 08 能源类 |
| 25 | 0826 | 氢能制备与应用 | 中级高级 | 08 能源类 |
| 26 | 0911 | 化工安全管理 | 中级高级 | 09 化工类 |
| 27 | 1119 | 古建筑修与仿建 | 中级高级 | 11 建筑类 |
| 28 | 1309 | 医疗器械制造与维修 | 中级高级 | 13 医药类 |
| 29 | 1310 | 药品服务与管理 | 中级高级 | 13 医药类 |
| 30 | 1421 | 运动训练 | 中级高级 | 14 文化艺术类 |
| 31 | 1422 | 乐器制造与维修 | 中级 | 14 文化艺术 |

表3-7 《全国技工院校专业目录（2018年修订）》2020年度增补专业方向汇总

| 序号 | 专业方向 | 对应专业 | 专业编码 | 专业大类 |
|---|---|---|---|---|
| 1 | 盾构机使用与维护 | 铁路施工与养护 | 0427 | 04 交通类 |
| 2 | 生态旅游服务与管理 | 旅游服务与管理 | 0520 | 05 服务类 |
| 3 | 中医康复保健 | 康复保健 | 0528 | 05 服务类 |
| 4 | 跨境电子商务 | 电子商务 | 0603 | 06 财经商贸类 |

续表

| 序号 | 专业方向 | 对应专业 | 专业编码 | 专业大类 |
|---|---|---|---|---|
| 5 | 国际关务 | 国际贸易 | 0607 | 06 财经商贸类 |
| 6 | 国际货运代理 | 国际贸易 | 0607 | 06 财经商贸类 |
| 7 | 商务数据分析与应用 | 网络营销 | 0610 | 06 财经商贸类 |
| 8 | 煤矿智能化开采 | 煤矿技术（综合机械化采煤） | 0803 | 08 能源类 |
| 9 | 煤矿智能化掘进 | 煤矿技术（综合机械化掘进） | 0804 | 08 能源类 |
| 10 | 装配式建筑施工 | 建筑施工 | 1102 | 11 建筑类 |
| 11 | 环保设施运营与管理 | 环境保护与检测 | 1502 | 15 其他 |

## 五、专业数据分析

### （一）专业目录数据结构

各类学校的专业目录数据结构对比详见表3-8。

表3-8　　　　　　　　各类学校专业目录数据结构表

| 项目 | 技工院校 | 中职院校 | 高职院校 | 本科 |
|---|---|---|---|---|
| 代码 | 代码 | 代码 | 代码 | 代码 |
| 名称 | 名称 | 名称 | 名称 | 名称 |
| 级别 | 级别 | | | |
| 培养目标 | 培养目标 | 培养目标 | 培养目标 | 培养目标 |
| 培养要求 | | | | 培养要求 |
| 学习年限 | 学习年限 | 基本学制 | 修业年限 | 修业年限 |
| 职业能力 | 职业能力 | 职业能力 | 职业能力 | 知识能力 |
| 专业能力 | 专业能力 | | | |
| 专业方向 | 专业方向 | 专业方向 | | |
| 就业面向 | | 就业面向 | 就业面向 | |
| 授予学位 | | | | 授予学位 |
| 教学内容 | 教学内容 | 教学内容 | 核心课程 | 核心课程 |
| 主干学科 | | | | 主干学科 |
| 校内实习 | | 校内实习 | 校内实训 | 实践环节 |
| 顶岗实习 | | 顶岗实习 | 项目实习 | 专业实验 |
| 对应职业编码 | 对应职业编码 | 对应职业编码 | | |
| 对应职业名称 | 对应职业名称 | 对应职业名称 | | |
| 职业资格名称 | 职业资格名称 | 职业资格名称 | 职业资格名称 | |

续表

| 项目 | 技工院校 | 中职院校 | 高职院校 | 本科 |
|---|---|---|---|---|
| 职业资格级别 | 职业资格级别 | | | |
| 职业资格类型 | 职业资格类型 | | | |
| 上一级专业编码 | 上一级专业编码 | 高职专业 | 本科专业 | |
| 上二级专业编码 | | 本科专业 | | |
| 下一级专业编码 | 下一级专业编码 | | 中职专业 | |
| 特殊说明 | 特殊说明 | 特殊说明 | 特殊说明 | 特殊说明 |

专业目录数据类型说明：

### 1. 代码

代码是指全国技工院校专业目录中技工学校的专业编码、中职专业目录中的专业代码、高职专业目录中的专业代码和本科专业目录中的专业代码。

### 2. 名称

名称是指全国技工院校专业目录中技工学校的专业名称、中职专业目录中的专业名称、高职专业目录中的专业名称、本科专业目录中的专业名称。

### 3. 级别

级别是技工院校特有的，分为中级、高级和预备技师三级；中职、高职和本科院校不分级别。

### 4. 培养目标

培养目标是技工院校、中职院校、高职院校和本科院校共有的。

### 5. 培养要求

培养要求是本科院校特有的，技工院校、中职院校和高职院校没有。

### 6. 学习年限

技工院校为学习年限、中职院校为基本学制、高职院校和本科院校为修业年限。

### 7. 职业能力

职业能力是技工院校、中职院校和高职院校共有的，本科院校为知识能力。

### 8. 专业能力

专业能力是技工院校特有的，中职、高职和本科院校没有。

### 9. 专业方向

专业方向技工院校和中职院校有，高职院校和本科院校没有。

### 10. 就业面向

就业面向中职院校和高职院校有，技工院校和本科院校没有。

### 11. 授予学位

授予学位是本科院校特有的，技工院校、中职院校和高职院校没有。

### 12. 教学内容

技工院校和中职院校为教学内容，高职院校和本科院校为核心课程。

### 13. 主干学科

主干学科是本科院校特有的，技工院校、中职院校和高职院校没有。

### 14. 校内实习

中职院校为校内实习，高职院校为校内实训，本科院校为实践环节。

### 15. 顶岗实习

顶岗实习中职院校为顶岗实习，高职院校为项目实习，本科院校为专业实验。

### 16. 对应职业编码

技工院校和中职院校有对应职业编码，高职和本科院校没有。

### 17. 对应职业名称

技工院校和中职院校有对应职业名称，高职和本科院校没有。

### 18. 职业资格名称

技工院校、中职院校和高职院校有职业资格名称，本科院校没有。

### 19. 职业资格级别

职业资格级别是技工院校特有的,中职院校、高职院校和本科院校没有。

### 20. 职业资格类型

职业资格类型是技工院校特有的,中职院校、高职院校和本科院校没有。

### 21. 上一级专业编码

技工院校为上一级专业编码,中职院校是继续学习专业高职举例,高职院校是接续本科专业举例。

### 22. 上二级专业编码

上二级专业编码是中职院校特有的,为继续学习专业本科举例。

### 23. 下一级专业编码

下一级专业编码是技工院校特有的,中职院校、高职院校和本科院校没有。

### 24. 特殊说明

特殊说明是技工院校、中职院校、高职院校和本科院校共有的。

## (二) 专业教学标准内容结构

以下为各类学校的专业教育标准参考内容结构,具体在实际中会有所调整。

A. 专业名称

B. 专业代(编)码

C. 招生对象

D. 学制与学历

E. 就业面向

F. 培养目标与规格

a) 培养目标

b) 培养规格

G. 培养理念与培养模式

a) 培养理念

b) 培养模式

H. 课程体系与核心课程（教学内容）

a）课程体系

b）基础课程模块

c）专业核心课程模块

d）专业拓展课程模块

e）本专业教学进程安排建议

I. 专业办学基本条件和教学建议

a）专业教学团队

b）教学设施

c）教材及图书、数字化（网络）资料等学习资源

d）教学方法、手段与教学组织形式建议

e）学生学业评价与考核建议

f）教学质量保证

J. 职业证书

## 六、职业数据分析

### （一）职业分类数据

《大典》中，国家职业分类内容结构包括职业编码、职业名称、职业定义、主要工作任务、包含工种五项内容，总体结构如图 3-8 所示。

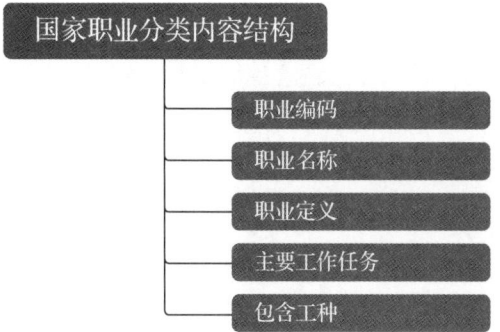

图 3-8　国家职业分类内容结构

此外，还包括附属的普通受教育程度、绿色职业、数字职业、职业培训最短期限、职业资格要求等。

### (二)国家职业标准内容结构

如图 3-9 所示,我国的职业标准由职业概况、基本要求、工作要求和比重表四部分组成。

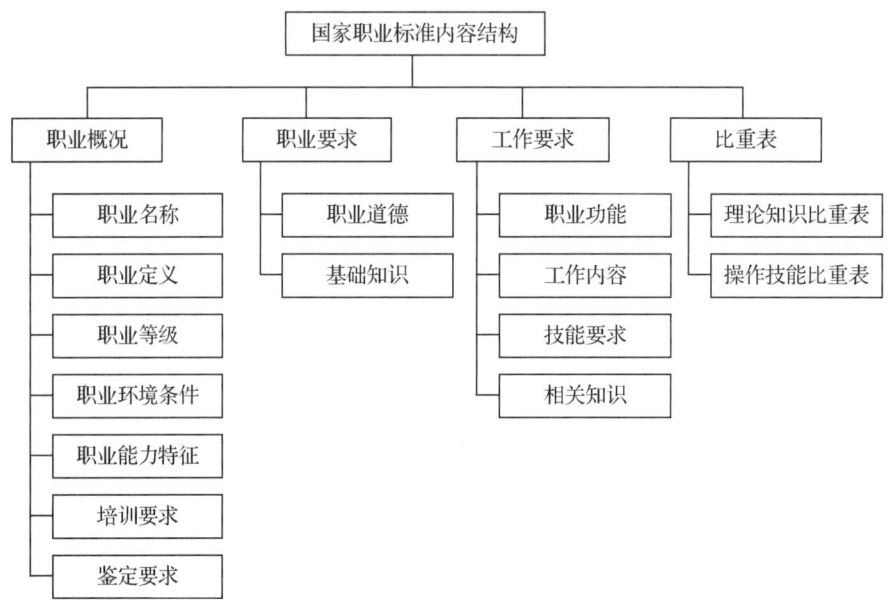

图 3-9　国家职业标准内容结构

其中,职业概况包括职业名称、职业定义、职业等级、职业环境条件、职业能力特征、培训要求、鉴定要求七项内容。

基本要求包括职业道德和基础知识两部分。

工作要求包括职业功能、工作内容、技能要求、相关知识四项内容。

比重表包括理论知识比重表和操作技能比重表两部分。

工作要求是在对职业活动内容进行分解和细化的基础上,从知识和技能两个方面对从业人员完成各项具体工作所需职业能力的描述,是技能标准的核心部分,具体内容结构如图 3-10 所示,结构内容详见表 3-9。

在表 3-9 中,职业功能是指从业人员所要实现的工作目标,或是本职业活动的主要方面(活动项目)。根据职业的特点,职业功能可按照工作领域、工作项目、工作程序、工作对象或工作成果等进行划分,每个职业功能都应是可就业的最小技能单元。

工作内容是指完成职业功能所应做的工作,是职业功能的细分,可按工作种类划分,也可以按照工作程序划分。

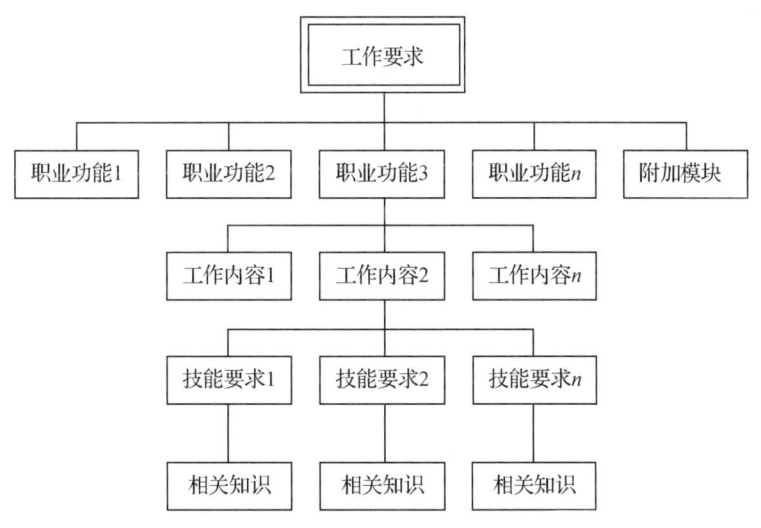

图 3-10　工作要求内容结构

表 3-9　　　　　　　　　　　工作要求结构内容

| 职业功能 | 工作内容 | 技能要求 | 相关知识要求 |
|---|---|---|---|
| 1 ×××× | 1.1 ×××× | 1.1.1 ××××<br>1.1.2 ×××× | 1.1.1 ××××<br>1.1.2 ×××× |
| | 1.2 ×××× | 1.2.1 ××××<br>1.2.2 ×××× | 1.2.1 ××××<br>1.2.2 ×××× |
| 2 ×××× | 2.1 ×××× | 2.1.1 ××××<br>2.1.2 ×××× | 2.1.1 ××××<br>2.1.2 ×××× |
| | 2.2 ×××× | 2.2.1 ××××<br>2.2.2 ×××× | 2.2.1 ××××<br>2.2.2 ×××× |
| | …… | …… | …… |
| …… | …… | …… | …… |

技能要求是指完成每一项工作内容应达到的结果或应具备的能力，是工作内容的细分。

相关知识要求是指达到每项技能要求必备的知识，即完成职业活动需要掌握的技术理论、技术要求、操作规程和安全知识等，并与技能要求对应，指向具体的知识点，而不是宽泛的知识领域。

## 七、职业与专业对应关系分析

### （一）对应结构分析

在进行职业与专业对应结构分析时，以《大典》的结构信息为基础，将其大类、中类、小类、细类（职业）对应技工（技师）、中职、高职、本科的专业目录结构信息，以细类（职位）为基本项，为每个细类（职业）标出对应的专业目录编码与名称。基本对应结构分析格式及其说明见表 3-10。

表 3-10　　　　　　　　职业与专业基本对应结构分析格式及其说明

| 对应分析格式项 | 说明 |
| --- | --- |
| 序号 | 排列顺序 |
| 编码 | 《大典》中的编码 |
| 名称 | 《大典》中的名称 |
| 定义 | 《大典》中的定义 |
| 类型 | 《大典》中的大类、中类、小类和细类（职业），依次体现由粗到细的职业类别 |
| 技工专业目录 4 | 指全国技工院校专业目录中中级工班的专业编码和专业名称 |
| 技工专业目录 3 | 指全国技工院校专业目录中高级工班的专业编码和专业名称 |
| 技师专业目录 2 | 指全国技工院校专业目录中预备技师（技师）班的专业编码和专业名称 |
| 中职专业目录 | 指中职专业目录中的专业代码和专业名称 |
| 高职专业目录 | 指高职专业目录中的专业代码和专业名称 |
| 职教本科专业目录 | 指职教本科专业目录中的专业代码和专业名称 |
| 普通本科专业目录 | 指普通本科专业目录中的专业代码和专业名称 |

### （二）对应结构信息分析

对应结构信息分析是对结构的简要说明，包括职业的编码、名称、定义、主要工作任务、对应职业资格证书，以及对接的技工（技师）、中职、高职、本科专业目录的专业编码、专业方向、培养目标、学习年限、专业主要教学内容。基本格式如下：

职业分类内容包括职业编码、职业名称、职业定义、主要工作任务、证书举例。

对应技工（技师）专业目录 4、3、2 项的内容包括专业编码、专业方向、培养目标、学习年限、专业主要教学内容。

对应中职专业目录内容包括专业编码、专业方向、培养目标、学习年限、专业主要教学内容。

对应高职专业目录内容包括专业编码、专业方向、培养目标、学习年限、专业主要教学内容。

对应本科专业目录内容包括专业编码、专业方向、培养目标、学习年限、专业主要教学内容。

### (三) 对应关系模型分析

对应关系是指职业与专业之间具有较强关联关系，职业与专业之间的对应度强弱能够体现二者之间是否存在对应关系。

#### 1. 职业内容模型（KST 模型）

《大典》关于职业的信息内容结构包括职业编码、职业名称、职业定义、主要工作任务、包含工种共五项。国家职业分类的划分原则以工作性质的相似性为主，技能水平的相似性为辅。职业划分则主要以工作分析为基础，以职业活动领域和所承担的职责，工作任务的专门性、专业性与技术性，服务类别与对象的相似性，工艺技术、使用工具和设备或主要原材料、产品用途等的相似性，以及技能水平相似性为依据。工作性质是一种职业区别于另一种职业的根本属性，一般通过职业活动的对象、从业方式等的不同予以体现。

国家职业标准内容结构包括职业概况、基本要求、工作要求和比重表四部分。其中，工作要求包括职业功能、工作内容、技能要求、相关知识要求四项内容，是在对职业活动内容进行分解和细化的基础上，从知识和技能两个方面对从业人员完成各项具体工作所需职业能力的描述，是国家职业标准的核心内容。

《大典》里的"主要工作任务"与国家职业标准里的"职业功能、工作内容"相对应，为了胜任工作内容，从业者应掌握相应的技能和知识。根据上述《大典》与国家职业标准的核心信息内容，可以提炼出职业与学校专业对应目录所需要的职业内容模型（简称 KST 模型）。

如图 3-11 所示，KST 模型内容结构包括职业定义（DF）、工作任务（T）、知识（K）、技能（S）四项内容。

#### 2. 专业内容模型（KSA 模型）

通过分析技工（技师）、中职、高职、本科专业目录的专业描述信息内容，可以看出，这四类学校专业内容结构里都包含了两个共同的核心内容，即培养目标和职业能力。毕业生职业能力的获得是通过系列课程内容教学与实操训练实验等方式让学生掌握相应的知识和技能（教学内容、课程内容、实习实训、实践教学、专业实验等）。根据学校专业目录核心信息内容，提炼出职业与学校专业对应目录所需要的专业内容模

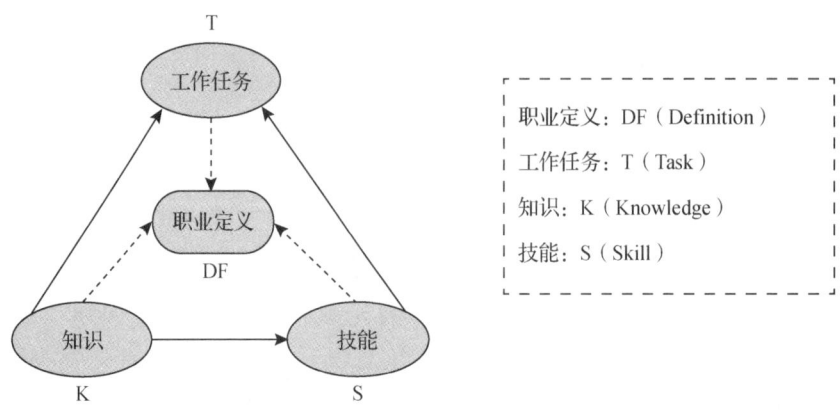

图 3-11　KST 模型内容结构

型（简称 KSA 模型）。

如图 3-12 所示，KSA 模型内容结构包括培养目标（OB）、能力（A）、知识（K）、技能（S）四项内容。

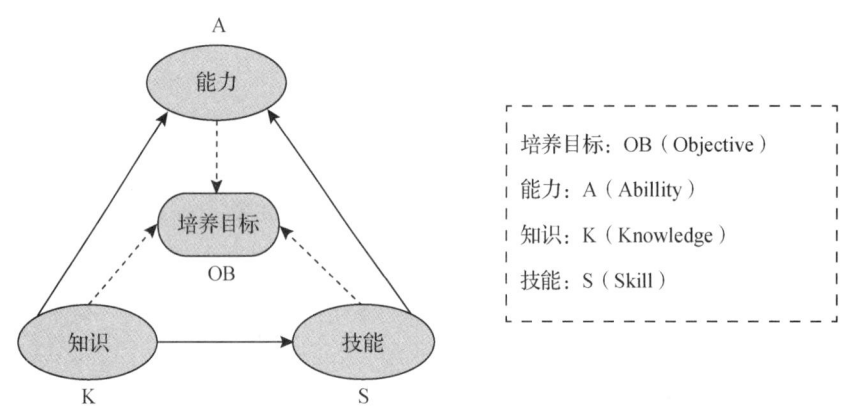

图 3-12　KSA 模型内容结构

### 3. 职业与专业对应关系分析模型（O2P 模型）

为了分析学校专业与职业是否存在对应关系的情况，还需要分析对应关系的强弱程度。根据目前职业分类、学校专业信息内容结构，可以采用以下三种方法进行来分析。

方法 1：分析职业定义与学校专业的培养目标是否存在关联以及关联程度。

方法 2：分析职业分类的主要工作任务与学校专业培养学生的职业能力的胜任情况。

方法 3：分析职业工作任务所需的知识和技能结构与学校专业培养学生的知识和技

能结构的相似程度。

由此，在 KST 模型与 KSA 模型之间建立比对关系，构建了职业与专业对应关系分析模型（简称 O2P 模型），如图 3-13 所示。

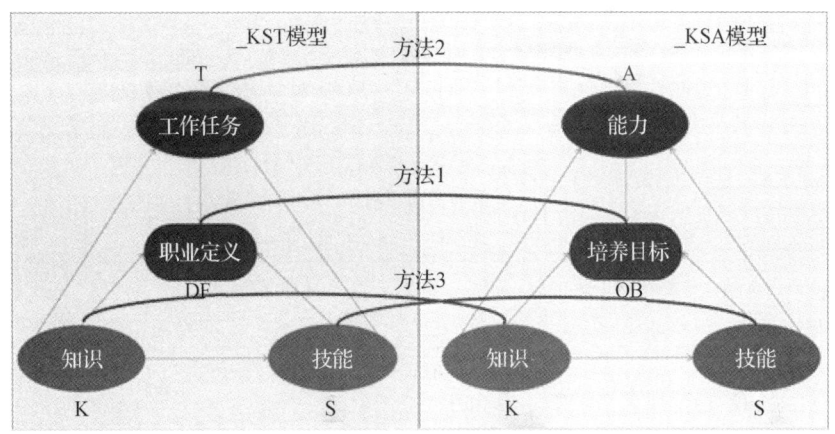

图 3-13　O2P 模型

使用 O2P 模型分析职业与学校专业的对应关系时应遵循以下原则：
（1）以职业工作任务与专业职业能力的胜任分析作为主要依据；
（2）以职业定义与专业培养目标的相关性分析作为参考依据；
（3）以知识与技能的相似性分析作为进一步分析的备选手段。

根据 O2P 模型，三种分析方式的计算公式如图 3-14 所示。

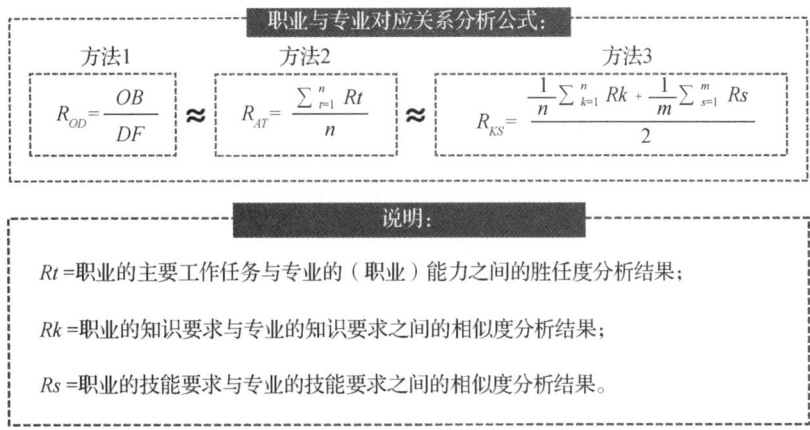

图 3-14　三种分析方法的计算公式

根据公式，逐个完成职业所有工作任务的胜任度分析，汇总各任务的胜任度，并取平均值，最终代入方法 2 的分析公式得到专业职业能力与职业工作任务的胜任度结

果 $R_{AT}$。以《大典》中的"车工"职业与技工院校的专业目录中的"机床切削加工（车工）"专业为例，对比结果见表3-11。

表3-11　　　　　　　　职业与技工院校专业目录对比表

| 《大典》 | | | | 技工院校专业目录 | | | 对比分析结果 | |
|---|---|---|---|---|---|---|---|---|
| 职业名称 | 车工 | 职业编码 | 6-18-01-01 | 专业名称 | 机床切削加工（车工） | 专业编码 0101-4 | 分析结果 | 对比说明 |
| 职业定义 | 操作车床，进行工件旋转表面切削加工的人员 | | | 培养目标 | 培养从事操作车床，进行工件旋转表面切削加工的中级技能人才 | | 100% | |
| 主要工作任务 | 1. 安装夹具，调整车床，定位与装夹工件 | | | 专业职业能力 | 2. 能安装夹具，调整车床，装夹形状规则零件 | | 100% | 能完全覆盖主要工作任务内容 |
| | 2. 选择、刃磨、安装刀具 | | | | 3. 能正确选用刀具和修磨常用刀具 | | 100% | |
| | 3. 操作车床数控系统，进行人机之间指令和提示等信息交流 | | | | 1. 能识读机械零件图与简单装配图，绘制零件图，使用计算机绘图软件 | | 90% | 分析过程：车床数控系统与人机交流在识图绘图及零件加工过程中有直接交叉与覆盖关系 |
| | | | | | 6. 能操作车床对典型零件进行加工 | | 97% | |
| | 4. 操作车床，进行工件内外圆柱面、端面、锥面、圆孔和螺纹等型面的切削加工 | | | | 5. 能对典型零件进行车削工艺分析，并制定其加工顺序 | | | |
| | | | | | 6. 能操作车床对典型零件进行加工 | | 90% | |
| | | | | | 7. 能操作铣床对简单零件进行加工 | | | |
| | 5. 使用量具，进行制件精度检验及误差分析 | | | | 4. 能正确使用各种常用量具检验车削加工质量 | | 100% | |
| | 6. 维护保养机床和工装 | | | | 8. 能维护保养车床设备及工艺装备，排除使用过程中的一般故障 | | 100% | |

"车工"职业与技工院校的专业目录"机床切削加工（车工）"专业比对的最终结果表明，其职业定义与专业培养目标的相关性达100%；职业工作任务与专业职业能力的胜任度达97%。

由于职业工作任务与专业职业能力的胜任度具有较高的可信度，所以可以得出结论："车工"职业与技工院校专业目录中的"机床切削加工（车工）"专业具有极高的关联度,可以建立对应关系。

### (四)《职业与院校专业目录对应指引》的编制

《职业与学校专业目录对应指引》(以下简称《指引》)基于《大典》和职业院校专业目录中的正式数据编制,以计算机人工智能与专家手工操作相结合的方式,按照职业与专业目录对应关系分析模型(O2P 模型),描述职业与专业目录之间的对应度,并根据预设阈值确定《指引》的选择内容。

#### 1. 关系值

根据 O2P 模型的数量关系,对应度由三组关系值构成:

(1) $A_1 = OB/DF$(职业定义与专业培养目标对应度),结果可信度低于 50%;

(2) $A_2 = A/T$(工作任务与专业能力对应度),结果可信度大于 70%;

(3) $A_3 = (Rk+Rs)/2$(职业知识技能与专业知识技能对应度),结果可信度大于 90%。

为提高结果可信度,采用推论结果 $B$:

$B = (nA_1+nA_2)/2$(综合胜任力对应度),结果可信度约为 90%。

$B$ 结果的可信度基本能够满足要求。

#### 2. 内容选项阈值设置

(1) 如果职业与专业目录原来有对接关系,且 $A_1 \geq 85$ 或 $A_2 \geq 80$ 或 $B \geq 75$,则职业与专业目录对应关系为"强"。

(2) 如果职业与专业目录原来有对接关系,且 $30 \leq A_1 < 85$ 或 $25 \leq A_2 < 80$ 或 $20 \leq B < 75$,则需由专家进一步确认是否具有对应关系。

(3) 如果职业与专业目录原来有对接关系,且 $A_1 < 30$ 或 $A_2 < 25$ 或 $B < 20$,则对应关系标注为"弱"。

(4) 如果专业目录与职业原来没有对接关系,且 $A_1 \geq 85$ 或 $A_2 \geq 80$ 或 $B \geq 75$,则职业与专业目录可能具有对应关系,需由专家进一步确定。

根据目前经验值判断,各大类间对应阈值有较大差距,无法统一。因此,阈值以第 6 大类为基准按 100% 取值,以下各类逐级递减 5%,即第 5 大类为 95%,第 4 大类为 90%,第 3 大类为 85%,第 2 大类为 80%,第 1 大类为 75%。

根据职业与专业目录关联关系,确定结构表内容。

根据结构表内容,确定对应专业,编写参考内容,见表 3-12。

表 3-12　　　　　　　　　　　编写参考内容结构表

| 职业代码 | 职业名称 | 专业代码 | 专业名称 | 专业类型 | 定义目标值 | 任务能力值 | 综合胜任值 | 是否对应 |
|---|---|---|---|---|---|---|---|---|
| 6-18-02-04 | 焊工 | 052100 | 金属热加工（焊接） | 中职 | 85% | 90% | 95% | 是 |

注：定义目标值是指职业定义与专业培养目标的相关性分析的比值；
任务能力值是指职业工作任务与专业职业能力的胜任度分析的比值；
综合胜任值是指各任务的胜任度汇总后的平均值；
是否对应是指职业与专业目录是否存在对应关系。

## （五）《职业与院校专业目录对应指引》相关数据

《指引》从 2017 年开始根据《大典》与专业目录编撰，2021 年又加入了新发布的 56 个职业，并根据 2020 年版普通本科专业目录、2021 年版职业教育专业目录和 2018 年版技工院校专业目录进行调整，共选择举例了 7 090 个对应关系，详见表 3-13。

表 3-13　　　　　　　　　　　指引相关数据表

| 职业类型 | 本科层次 | | | 专科层次 | | 中职层次 | | 合计 |
|---|---|---|---|---|---|---|---|---|
| | 普通本科 | 高职本科 | 技工院校技师班 | 高职专科 | 技工院校高级工班 | 中职学校 | 技工院校中级工班 | |
| 职业 | 776 | 154 | 107 | 2 661 | 843 | 1 469 | 795 | 6 805 |
| 新职业 | 8 | 8 | 6 | 147 | 31 | 61 | 24 | 285 |
| 总计 | 784 | 162 | 113 | 2 808 | 874 | 1 530 | 819 | 7 090 |

2022 年版《大典》共 1 639 个职业，专业选用了 1 860 个，其中 2020 普通本科专业 703 个，选用了 362 个；2021 高职本科专业 247 个，选用了 45 个；高职专科专业 744 个，选用了 616 个；中职专业 358 个，选用了 258 个；2018 技工院校专业目录共设置了 280 个专业，分技工院校技师班、技工院校高级工班、技工院校中级工班三个层级，分别选用了 45 个、269 个和 265 个。详细情况见表 3-14。

表 3-14　　　　　　　2022 年版《大典》职业和专业目录数据对应情况

| 项目类型 | 本科层次 | | | 专科层次 | | 中职层次 | | 合计 |
|---|---|---|---|---|---|---|---|---|
| | 普通本科 | 高职本科 | 技工院校技师班 | 高职专科 | 技工院校高级工班 | 中职学校 | 技工院校中级工班 | |
| 重复职业 | 308 | 24 | 37 | 1 782 | 250 | 946 | 215 | 3 562 |
| 有效职业 | 476 | 138 | 76 | 1 026 | 624 | 584 | 604 | 3 528 |
| 重复专业与专业方向 | 442 | 117 | 68 | 1 596 | 605 | 604 | 554 | 3 986 |
| 有效专业（含方向） | 362 | 45 | 45 | 1 212 | 269 | 926 | 265 | 3 124 |

续表

| 项目类型 | 本科层次 | | | 专科层次 | | 中职层次 | | 合计 |
|---|---|---|---|---|---|---|---|---|
| | 普通本科 | 高职本科 | 技工院校技师班 | 高职专科 | 技工院校高级工班 | 中职学校 | 技工院校中级工班 | |
| 去掉专业方向 | 0 | 0 | 0 | 596 | 0 | 668 | 0 | 1 264 |
| 实际专业 | 362 | 45 | 45 | 616 | 269 | 258 | 265 | 1 860 |
| 实际职业 | | | | | | | | 1 290 |

## 第五节 职业技能大赛

### 一、职业技能大赛原则

职业技能大赛是依据国家职业技能标准，结合生产和经营工作实际开展的，以突出操作技能和解决实际问题能力为重点的、有组织的群众性竞赛活动。

职业技能大赛应坚持社会效益为主和公开、公平、公正的原则，并与职业技能培训、职业技能鉴定、业绩考核、技术革新和生产工作紧密结合。充分发挥职业技能大赛在促进技能人才培养、推动职业技能培训和弘扬工匠精神的重要作用，营造劳动光荣、技能宝贵、创造伟大的社会风气，更好地服务就业创业和经济高质量发展。

### 二、职业技能大赛特点

#### （一）职业技能大赛突出"以就业为导向，以能力为本位"的理念

职业技能大赛是切磋技能、相互交流、展示风采的舞台，选拔既有精湛操作技能，又有现代理论知识的高素质技术人员和创新拔尖人才，在全社会形成"三百六十行，行行出状元"的良好风尚。

#### （二）职业技能大赛突出了职业教育与职业资格证书的有效衔接和良性互动

职业技能大赛把比赛项目与职业资格证书相结合，努力加强学历教育与职业资格证书的沟通，使职业教育更接近社会需求、贴近企业需求、贴紧岗位需求，推动了学校专业标准建设和教学方法、评价内容的改革，同时也充实和完善了职业资格

标准。

### （三）职业技能大赛成为学校教学改革、专业建设和学生就业的"助推器"

职业技能大赛能更好地激励学生刻苦钻研技术技能，增强其就业能力和竞争力，帮助其在成才道路上越跑越快，同时也能有效地推动教师提升专业水平和实践能力，不断壮大"双师型"教师队伍。

## 三、职业技能大赛类型与等级划分

### （一）国际性的职业技能大赛

国际性的职业技能大赛一般是由某个世界性的组织牵头举办，各个国家参与的职业技能竞赛。目前，很有代表性的国际性的职业技能大赛是世界技能大赛。世界技能大赛由世界技能组织举办，其举办机制类似于奥运会，由世界技能组织成员申请并获得批准之后，在世界技能组织的指导下与主办方合作举办，世界各国都可以参与到这项国际性的技能竞赛中。

### （二）全国性的职业技能大赛

我国职业技能大赛分为国家级、省级和地市级三级赛制。国家级和省级又分为跨行业（系统）的竞赛和单一行业（系统）的竞赛。如中华人民共和国职业技能大赛是经国务院批准，由人力资源社会保障部主办的职业技能赛事，从 2020 年起，我国每两年将举办一届中华人民共和国职业技能大赛。全国职业院校技能大赛是教育部发起并牵头，联合国务院有关部门以及有关行业、人民团体、学术团体和地方共同举办的一项公益性、全国性职业院校学生综合技能竞赛活动，每年举办一届。

### （三）地方性的职业技能大赛

地方性的职业技能大赛分为两类，第一类是指由教育主管部门牵头，联合其他行业协会、企业在某一地区举办的职业技能大赛。这类大赛是在全国职业院校技能大赛开展以后，由各省、自治区、直辖市开展的职业院校技能大赛。在省级层面开展的职业院校技能大赛同时兼具了全国职业院校技能大赛选拔赛的功能。在全国职业院校技能大赛开展的 10 年间，省级职业院校技能大赛也发展得较为成熟。第二类是由相关地方性行业、学会牵头组织的职业技能大赛。

### (四) 学校性的职业技能大赛

学校性的职业教育技能大赛一般是由某个职业院校在校内开展，面向学校的所有在校学生，与专业技能教学相联系的技能竞赛。由于这类大赛是职业院校独立开展的，具有学生参与度高、普及性高等优势。

# 第四章 职业分类与职业发展服务

职业发展服务是一种由政府主导、社会参与的新型社会服务体系。我国社会主义市场经济体制的建立与完善，落实了企业用人自主权、增强了劳动者自主择业意识，促进了人力资源服务行业的形成与发展。我国的职业发展服务，基于科学合理、反应及时的国家职业分类，在职业指导与生涯规划、人才培养与评价、人力资源市场配置与就业援助等工作领域坚持开拓创新，通过观察职业变迁节奏，把握职业发展方向，提高劳动者素质和就业适应能力，改善劳动力配置效率等举措，发挥着越来越重要的作用。

## 第一节 新时代职业发展服务的重要性

劳动力的合理配置是社会需求与个人意愿协调发展的结果。职业发展服务以促进人与社会全面和谐发展为宗旨，兼顾人与社会的发展需求，涵盖社会生产生活各行业，贯穿劳动者职业准备、择业、就业和持续发展全过程。通过反映社会劳动分工的相关需求，引导和帮助劳动者融入社会分工与协作，使社会组织和成员各得其所，在创造社会财富的同时，实现组织和个体的价值，促进社会成员的个体发展与完善，促进社会的安定与和谐。

### 一、引导人的全面发展

职业发展服务与个人的关系十分密切。从升学到职业准备，从择业就业到职业转换，职业发展服务伴随人的一生，影响着个人的学习、工作、生活等方面。对个人来说，职业发展服务至少具有以下两个方面的作用。

#### （一）引导科学的职业选择

对绝大多数人而言，职业是生存的基础、交往的圈子、成就的阶梯。有职业选择，就需要职业发展服务。职业发展服务可以帮助人们调整择业情绪，端正求职态度，掌握科学的择业方法和技巧。

在态度上，职业发展服务可以帮助个人认识、分析人力资源市场的用人需求和发展趋势,引导个人从实际情况出发,厘清个人求职意愿形成的阶段性、意愿满足的可能性,正确处理个人发展与社会需要的关系,端正择业态度。

在方法上,职业发展服务既可以帮助人们了解职业、学业的联系与区别,分析职业发展的不同空间,又可以帮助人们认识自身特点,认识个人才能、兴趣和个性特征以及适宜的职业类别。特别是某些特殊职业,还需要借助心理测验等手段,帮助人们了解自身个性特征和职业心理倾向,并将其作为择业决策的参考之一,以克服择业的主观性和盲目性,减少或避免"一厢情愿"地择业。

在技巧上,职业发展服务帮助人们掌握择业与求职的技巧,如择业时趋利避害、消除职业信息的盲区、展示自我推荐的艺术,了解参加面试的禁忌,以及择业求职的能力培养与方法训练等,使人们顺利地选择职业和获得职业。

### (二) 引导身心和谐发展

现代社会的发展,为劳动者充分发展提供了多样性的可能,同时也使人面临艰难抉择的困惑。在职业发展服务的帮助下,个人合理选择职业、顺利获得职业、逐步适应职业,在做出职业贡献的过程中能获得相应的劳动报酬,并引起他人的关注和赞许。个人价值的实现使人体验到职业劳动的成就,感到愉悦和幸福,可以促进其身心健康和个性的全面发展。

职业劳动是劳动者最耗时、耗力的身心体验。职业发展服务在帮助人们化解工作中的矛盾冲突、增强受挫力等方面,同样有着重要作用。在劳动过程中,价值观念、人际关系、处事方法等方面的差异,经常引起职业生活中的矛盾和心理冲突,需要及时地处理、排解。特别是面临职业发展的"瓶颈"时,抉择艰难引起的心理冲突,时常使人陷入困惑、焦虑,极大地消耗人的心理能量,影响到心理功能的正常发挥,甚至诱发多种心理障碍,严重影响人的身心健康。

职业发展服务可以帮助人们分析、处理好工作关系,梳理困惑、化解矛盾,以正确的价值观、职业观综合考量职业的现实基础条件和发展空间,调整职业发展路径和方向,助力劳动者的全面发展。

## 二、促进社会和谐发展

社会、组织和个人的价值取向可能有所差别,但并非不可协调和趋同。职业发展服务从社会、组织和个人的共同需求出发,引导用人单位与求职者厘清各自需求和应承担的相应责任。在用人或择业时,应处理好个人、组织与社会发展的相互关系,维持和促进社会和谐发展。

### （一）促进化解就业矛盾

产业结构、人口结构等对劳动者的充分就业有着至关重要的影响。我国经济社会发展进程中，结构化的就业矛盾始终是值得高度关注的问题。

经济社会的发展，必须调整产业结构，淘汰低产出、高能耗的产业，也就不可避免地要求部分劳动者调整工作岗位、实现再就业。我国农村的富余劳动力，要向适宜的非农产业转移，同时，新兴行业也需要相应的劳动力予以支撑。

职业发展服务一方面引导社会拓宽就业渠道，引导用人单位增加就业岗位；另一方面引导现实劳动力面向需求，接受适宜的培训，适应社会需要。因此，只有社会和劳动力本身共同努力才能实现劳动力资源的重新配置和调整，促进就业矛盾的化解。

### （二）促进三者需求趋同

社会要和谐发展、企业要盈利发展、个人要谋生发展，尽管不同时期各方需求的成因和内容有所不同，但发展始终是一致性的目标，这也为职业发展服务提供了广阔空间。

经济社会的发展首先取决于人力资源配置效率，而充分就业是优化人力资源配置效率的最佳体现。有劳动能力和意愿的社会成员各就其业，生产服务组织正常运转，发展中潜在的冲突和摩擦得到及时化解，社会才能和谐稳定地发展。

职业发展服务在促进社会、企业和个人三者需求趋同方面主要体现在：以促进社会和谐发展为视野，反映社会生产服务劳动组织结构的现状和发展趋势，引导劳动力的有序流动和转移；从改善、提高人力资源配置效率的目标出发，引导企业合理设置工作岗位，既要提高劳动组织的运转效率，也要保障各岗位职业发展的空间；引导劳动者识别职业发展的路径和要求，努力提升自身能力和职业素养，正确处理现实需求与发展需求，在适应社会、组织需求的过程中最大限度地实现个人价值。

## 第二节　我国职业发展服务现状

### 一、职业发展服务主体作用

我国职业发展服务经历了一个曲折过程。改革开放之前，国家实行计划经济体制，实行政府包干、统招统分的就业政策，职业发展服务社会机制缺失，难以有所作为。之后，我国人力资源市场的建立改变了由政府包揽就业的做法，转为由市场调节劳动力资源配置。经过几十年的改革实践，职业发展服务在发展过程中，形成了政府主导、市场服务、组织和个人参与的多元化主体格局。

### （一）政府护航职业发展

社会发展的实践证明，市场机制并不能自发、有效地解决职业发展的所有问题。因此，无论发达国家还是发展中国家，都十分注重政府干预职业发展、为职业发展护航的作用。

我国政府职业发展服务主要通过以下五个方面实现：

#### 1. 法律保障

通过职业法律法规、就业和职业安全政策的制定与实施，引导和保障职业健康发展。

#### 2. 资金支持

政府提供财政资金的支持和激励，调动社会各界的积极性，共同参与和解决类似劳动力转移、转岗以及紧缺、急需职业的人才培养等重大问题。

#### 3. 公共产品

组织编制、修订国家职业分类以及国家、行业、企业职业标准；编制、发布劳动力市场供求报告、新职业就业趋势报告等。

#### 4. 公共服务

为社会成员，尤其是失业者、残疾人、妇女等就业弱势群体以及困难家庭，提供针对性的职业指导与就业援助。

#### 5. 树立典型示范

以树立样板、宣传典型、开展职业竞赛等多种方式，营造积极向上的职业发展路径和舆论氛围。

### （二）市场服务职业发展

全社会的职业发展以实现、优化劳动力资源的合理配置为前提。在社会主义市场经济体制下，人力资源市场的职业发展服务在以下两个方面发挥着难以替代的作用：

### 1. 反映职业发展的方向和变化趋势

从现阶段来看，无论是实体的还是虚拟的、专业化的还是综合性的人力资源市场，都是汇集劳动力供求数据信息的重要场所和主要渠道。来自不同产业、行业、企业的职位招聘信息，经过专业化的整理、分析与发布，反映出劳动力需求的种类、数量和规格要求，以及变化的轨迹和趋势；而不同年龄、专业、学历、求职意愿的信息，也反映着可用劳动力的种类、数量和职业意愿。这些劳动力供求的市场信号，为社会、组织和个人观察职业发展趋势，权衡现实利益和长远利益，选择职业发展的步骤和措施等，提供了重要的决策依据。

### 2. 提供职业发展具体事务的服务

人力资源市场是人力资源服务行业的主要经营场所之一。劳动者融入生产服务岗位的实现与维持，有许多具体事务需要妥善处理，既包括发布职位和求职信息、评价劳动者与岗位的匹配程度、甄选人员或岗位，也包括建立劳动关系、确定薪酬待遇等。人力资源市场的专业化服务，有效地节约了人力资源配置成本，也为职业发展服务提供了更多的切入点，改善了职业发展服务的效果。

## （三）双向牵引职业发展

劳动者融入生产服务岗位是实现职业发展的先决条件。我国经济社会的发展，不仅提高了社会生产服务能力和水平，解决了劳动者温饱问题，也刺激、提升了职业发展的需求。在当前社会环境中，职业发展服务已成为用人单位与个人的共同责任和义务，其作用主要包括以下两个方面：

### 1. 调整工作重心，引导职业发展

人力资源市场发育初期，面对招之不尽的求职者，人力资源部门忙于企业形象、薪酬待遇的宣传，以及筛选简历、组织面试等招聘业务。而现在，更多的人力资源部门，尤其是技术技能素质要求高的企业，把主要精力调整到构建职业成长阶梯和激励制度，千方百计留住人才，引导员工与组织共同成长。

### 2. 追求价值实现，引导职业发展

目前，出生于 21 世纪之初的年轻人已成为劳动大军的主力。对于新生代劳动者而言，学历水平和职业期望都在提高，生存已不再是择业、就业的第一需要，而是更注重对工作、生活方式的选择，追求以个人喜爱的方式实现个人劳动的价值。

## 二、职业发展服务主要短板

我国现代职业发展服务体系成型于改革开放初期。几十年来，随着人力资源市场的健康发育和迅速发展，劳动预备制度和职业资格制度的推行和完善，劳动者就业由国家安置发展到由组织安排的依赖心理正逐步减弱，通过市场竞争谋取职业、通过个人努力发展职业的意识正日益增强。但是，计划经济体制下"政府包办"的思维模式，传统服务理念和习惯下形成的工作惯性，缺乏开拓创新的工作路径依赖等，使得市场仍然未能够完全改变主要依靠行政干预的服务方式。

### （一）市场力量参与不足

从劳动力供给端来看，目前我国职业教育培训主要由国家主办，这种方式能够充分体现出国家控制力，能根据社会经济发展和人才需求，宏观调控专业设置、招生人数以及人才培养规格的要求。但是，也存在难以及时调节人才培养方式单一、资金压力大、投入不足等方面的问题。动员市场力量参与人才培养，需要大力发展民办公助职业学校、股份制职业学校、民办职业学校、中外合资职业学校等，这在一定程度上会促进我国优质劳动力的有效供给和人才流动。

从劳动力需求端来看，由于人、财、物等工作资源不足，行政干预下的职业发展服务方式仍然依靠用人规模较大的中央、省属国有企业，其他市场主体参与不足、作用较小，具体体现在两个方面：

一是中小微企业难以参与。根据第四次全国经济普查报告，2018年年末，中小微企业共吸纳就业人员2.33亿人，占全部企业就业人员比重的79.4%，吸纳就业的作用显著。但是，由于福利待遇、工作稳定性、公司规模整体相对较差等原因，对技术人才吸引力较低，普遍存在用工荒、招工难现象。加上大多数中小微企业简化管理架构，以人力资源外包的方式利用劳动力，难以实质性开展职业发展服务工作。

二是行业组织参与有限。目前，我国类似行业协会的行业组织，多由政府机构精简时转型而来，尚处于成长期，自身的生存和发展还需要行政授权或委托业务项目予以支持。在职业发展服务方面，主要体现为以行业"职业教育教学指导委员会""职业技能鉴定指导中心"等形式参与或开展职业教育、人才评价等活动，从全行业人力资源战略和从业者切身利益的立场出发，发挥市场主体的作用仍有待探索。

### （二）服务能力亟须提升

人类社会的发展以人与自然之间和谐、充分地发展为最终目标。目前，受到个人或群体受教育水平、劳动收入以及价值追求等因素的影响，我国职业发展目标分层化态势已十分明显，职业发展服务既需要"普惠"的、市场化的公共服务，也需要"定制"的市场服务。而职业发展服务在机构和职业化队伍建设等方面尚难满足现实社会的需求，具体体现在以下两个方面：

#### 1. 市场服务机构有待培育

目前，我国从事职业发展服务的机构，主要由人力资源社会保障部、教育部系统分工分级管理，分别为社会重点群体和在校学生提供服务。虽然两个系统，各自工作体系健全，但服务对象的特定性决定了其服务于市场需求的能力较弱。近年来，快速发展的人力资源服务行业将主要精力集中在了利润率较高的人才寻访、人力资源服务外包、派遣或灵活用工等细分业务领域（如图4-1所示），其主要作用仍然是促进劳动力按市场需求配置。由此可见，引导职业发展的市场服务机构仍需培育，业务项目有待开发和细分。

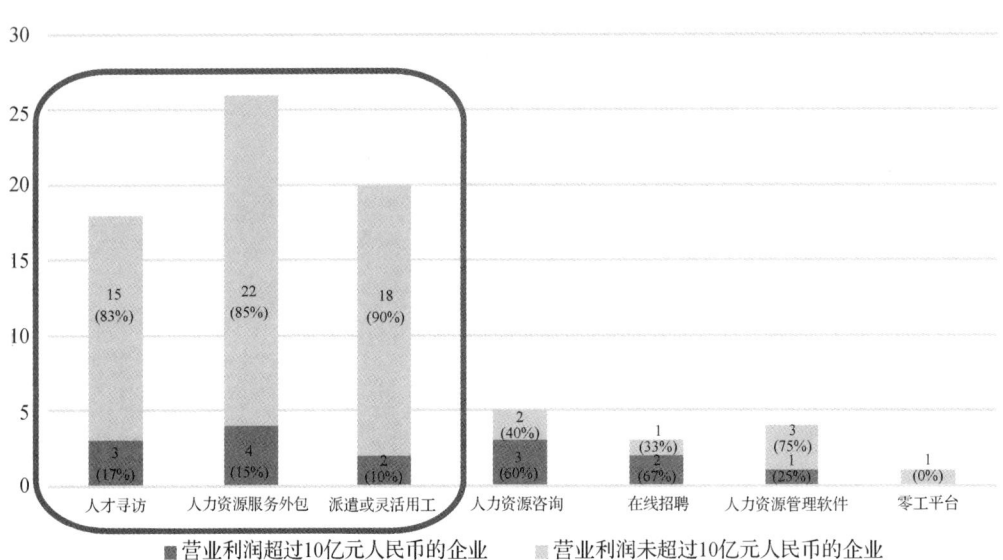

图4-1　人力资源服务行业细分领域

#### 2. 从业人员队伍建设亟待加强

职业发展服务人员的职业功能和工作职责，决定了从业人员必须具备相应的职业素养和工作技能，具体包括：具备良好的政治思想素质和职业道德，有职业教育学、职业心理学、人力资源管理等知识背景，具备观察分析社会、组织和个人职业发展需求及其变化的能力，掌握引导职业发展活动某个细分领域的工作方法和技能等。显然，对于"转业"而来且多为兼职的从业人员来说，迫切需要在职业标准的引领下，接受职业化的训练，不断提高从业人员的职业素养和服务水平。

### （三）服务绩效有待改善

相对而言，我国职业发展服务主体仍然以政府、公立机构或国有企业为主要力量，过于依赖行政动员能力和财政资金支持。这种发展机制在起步探索的初级阶段，无疑有利于迅速开展工作和解决重大问题，但难免出现服务能力不足、绩效不高的问题，难以满足日益扩大的市场需求。

全社会的职业发展是相关主体相互作用的复杂过程。社会的职业发展要服务经济社会发展的主要目标，抓大放小、抓多放少；组织的职业发展要服务组织发展战略，权衡利弊；个体的职业选择、职业转换、职业满意度等，受自身性别、年龄、兴趣、学历、能力以及工作环境、家庭成员和社会关系等因素的影响。不同层面、不同来源的因素相互交织，以网络化的作用方式影响着社会的职业发展。面对职业发展服务的多样性、复杂性，无论是公共服务还是市场服务的健康发展，都需要弥补服务标准缺失、评价机构缺位的短板。

我国职业发展服务的服务标准仍有待完善。当今时代，世界各国服务业迅猛发展，实现规范化管理、提高服务质量，已成为推动服务业向更高水平发展的关键所在。职业发展服务，无论是规范市场化服务还是实现公共服务的市场化，服务标准体系的建立与完善都是规范化管理的基本前提和重要标志，对形成服务发展的制度环境，保护消费者的合法权益，推动机构服务标准化、规范化、科学化的内涵式发展，提升服务质量、服务水平和服务效率，促进行业自律与和谐有序发展，增强国际竞争力，更好推动人才强国战略和就业优先战略的实施等方面都具有重大意义。

在公共服务标准化方面，2018年12月，中共中央办公厅国务院印发的《关于建立健全基本公共服务标准体系的指导意见》提出：一是完善各级各类基本公共服务标准，构建涵盖国家、行业、地方和基层服务机构4个层面的基本公共服务标准体系；二是明确国家基本公共服务的质量要求，覆盖学有所教、劳有所得、弱有所扶等9个方面的具体保障范围；三是合理划分基本公共服务支出责任，明确政府在基本公共服务中的兜底职能，明确中央与地方政府支出责任的划分，制定中央与地方基本公共服务保障国家基础标准；四是创新基本公共服务标准实施机制，促进标准信息公开共享，开展标准实施监测预警，推动标准水平动态有序调整，加强实施结果反馈利用，推进政府购买公共服务，鼓励开展创新试点示范。为引导职业发展公共服务标准体系建设创造了条件。

在市场服务标准化方面，2011年1月，我国人力资源服务行业首个行业标准《高级人才寻访服务规范》正式实施。作为归口管理行业标准的全国人力资源服务标准化技术委员会，陆续编制、审议了《人力资源服务术语》《公共就业服务 总则》等一系列服务标准，在标准体系修订、标准研制、标准宣传贯彻等方面取得了明显成效。2017年12月，推荐性国家标准《人力资源服务机构能力指数》正式实施，进一步提升了职业发展服务相关行业标准化建设水平，但依旧存在行业规范多、国家标准少、体系有待完善等方面的缺憾。我国服务业标准体系结构如图4-2所示。

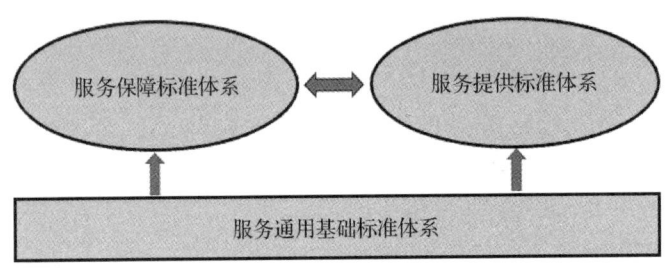

图4-2 我国服务业标准体系结构示意图

同时，职业发展服务评价机构也有待补位。相对标准化建设而言，绩效评价更为滞后。职业发展的公共服务，即使有纪检、监察和审计部门参与，但合规性监督难以替代市场性绩效评价。而由第三方服务机构提供的市场服务绩效评价，无论是机构培育还是业务开展基本处于空白状态，有待培育、补位。

## 第三节 职业发展服务体系、做法与趋势

### 一、职业发展服务工作体系

改革开放以来，我国职业发展服务经过从无到有几十年的发展，积累了丰富的工作经验，从社会与人充分发展的实际需要出发，以制度约束、开发利用、公共服务体系建设为重点，形成了较为完整的引导与服务体系（如图4-3所示），卓有成效地服务经济社会平稳、持续地发展。

### （一）制度约束体系

职业制度是国家职业发展服务的重要基础和法治前提。建设与完善职业制度是一系列复杂的社会系统工程，主要包括职业发展相关法律和行政规章，以及相关服务技

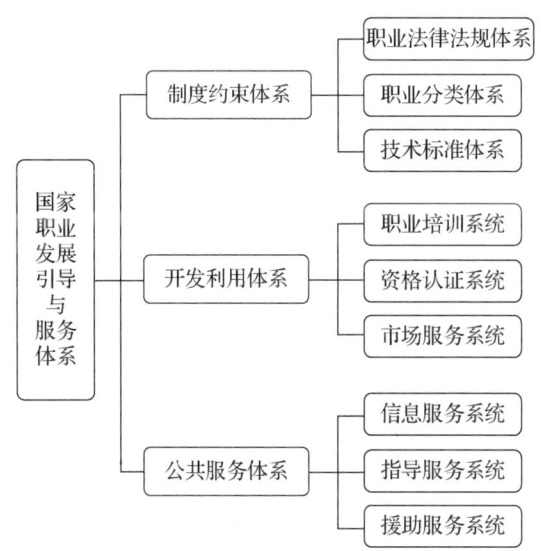

图4-3 国家职业发展引导与服务体系

术标准的制定与执行,为引导全社会职业和谐、充分发展提供保障。

**1. 职业法律法规体系**

我国职业发展服务的适用法律,以《宪法》为根本法,以《立法法》《标准化法》为立法规范,通过以下四种形式建立与完善保障职业发展的法规体系:

(1) 设立普适性职业法律

从涉及职业发展的教育培训、职业选择、平等就业、劳动报酬、职业保障等方面,依据《宪法》制定了《劳动法》《教育法》《社会保险法》《就业促进法》《劳动合同法》《职业教育法》等法律,对劳动组织、劳动者等相关主体的权利和义务作出法律规定。

(2) 设立特定性职业法律

对特定职业活动领域,就从业人员开展职业活动的权利义务、保障条件等内容作出的法律规定,如《律师法》《人民警察法》《医师法》《教师法》等一系列职业专门的法律。

(3) 设立相关性职业法律

在制定重点经济社会活动领域的相关法律时,对涉及从业者的问题作出相应规定,如《建筑法》就"从事建筑活动的专业技术人员,应当依法取得相应的执业资格证书,并在执业资格证书许可的范围内从事建筑活动"作出的法律规定。

(4) 制发相关法规和行政规章

国务院、各部委以及各级地方政府，在各自行政管理领域，就职业发展服务的具体问题，对劳动者或社会组织的权利义务作出的相关具体规定等。

### 2. 职业分类体系

按照国际惯例，我国的国家职业分类系统主要有标准职业分类和职业分类词典两大类。

标准职业分类以职业名称、定义和编码为内容，在涉及职业的社会经济统计活动中，作为职业统计的分类标志，例如用于历次全国人口普查的国家标准《职业分类与代码》。由国家职业分类大典修订工作委员会主持、国务院相关部委及行业组织参与编修的《中华人民共和国职业分类大典》（以下简称《大典》）是我国最具权威性的职业分类词典。我国首部《大典》于1999年颁布，历经2015年、2022年两次修订。《大典》以职业编码、职业名称和定义、主要工作任务、职业所属工种为内容，反映当时经济社会发展对社会分工和职业发展的影响，以及各职业（工种）的类别归属与关系。

《大典》与《职业分类与代码》的分类结果具有高度一致性，在国民经济信息统计、人力资源开发与管理、职业教育培训及职业资格制度改革等方面发挥着不可替代的作用。

### 3. 技术标准体系

我国适用于职业发展服务的技术标准是庞大的标准体系，从用途上可大致分为职业技能标准和服务技术标准两种。

职业技能标准通常是指由人力资源社会保障部单独或联合有关部门颁布的国家职业技能标准和国家职业技术技能标准。前者适用于生产服务人员，后者适用于专业技术人员。职业技能标准以职业分类为基础，根据实现职业功能和完成工作任务的需要，规定了从业人员应具备的职业道德、理论知识和技能要求的综合性水平，是开展职业教育培训、职业资格考试和技能水平评价的基本依据。

此外，行业、企业等参照《国家职业技能等级标准编制技术规程》编制的职业技能等级评价规范，也可用于本行业、企业的职业培训和技能水平的等级评价。地方政府主管部门为满足本地新兴产业发展、特色产业需要和就业创业需求，也可选择就业需求量大、有利于就业创业的最小技能单元，组织编制专项职业能力考核规范，用于专项职业能力的培训与考核。

服务技术标准主要是指就人力资源市场涉及职业发展服务的市场活动制定的服务标准，包括国家标准、行业标准、地方标准、团体标准和企业标准。根据标准效力的不同，国家标准又分为强制性标准、推荐性标准，分别以"GB"或"GB/T"予以标识,如《职业指导服务规范》(GB/T 33554—2017)是职业发展服务活动的推荐性国家标准。

### (二)开发利用体系

我国职业发展服务范围覆盖适龄劳动人口,通过终身职业培训提升劳动者的职业素养,以职业资格考试或技能水平评价认证劳动者职业能力水平,最终在人力资源市场中实现劳动力合理配置,贯穿人力资源开发与利用的全过程。

**1. 职业培训系统**

职业培训是奠定职业发展基础和提升职业发展能力的主要手段,也是职业发展服务的重要方式,大致分为固定学制的职业教育、员工培训和社会培训等多种形式。

我国预备劳动力的培养主要以固定学制的职业教育形式实现。人力资源社会保障部门主管的技工院校和教育部门主管的职业院校是固定学制职业教育的两大主力。技工院校主要培养中级、高级和预备技师层次的技能人才;职业院校设有中等、高等两个层次,培养相应层次的技术技能人才。

伴随劳动者终身的职业技能培训,主要通过用人单位的员工培训和市场化的社会培训方式实现。员工培训服务于用人单位人力资源发展的需要,社会培训根据市场需求提供服务。

对实施国家人才战略或服务重点人群的培训项目,如全国实施的职业技能提升行动方案等,通常由中央和地方政府以购买培训成果的形式,委托院校、用人单位和培训机构组织实施。

**2. 资格认证系统**

依法科学、客观地评价劳动者的职业能力,是引导职业发展的"指挥棒"、提高配置效率的"耦合器"。《劳动法》第六十九条规定:"国家确定职业分类,对规定的职业制定职业技能标准,实行职业资格证书制度,由经备案的考核鉴定机构负责对劳动者实施职业技能考核鉴定。"

2013年,按照《国务院机构改革和职能转变方案》要求,人力资源社会保障部以清理职业资格许可和认定为基础,以《国家职业资格目录》的形式,对职业资格认证实行统一的分类管理。在现行职业资格证书制度框架内,《国家职业资格目录》内的资格认证,由国家相关部委独立或联合组织实施,颁发国家职业资格证书;《国家职业资格目录》之外的资格认证,推行职业技能等级制度,制定发布国家职业标准或评价规范,由相关社会组织或用人单位按标准依规范开展职业技能等级评价并颁发证书。

### 3. 市场服务系统

在改革开放过程中不断发展和完善的人力资源市场，是"人才市场"和"劳动力市场"的总称，是联系劳动者与生产岗位的主要渠道，也是提供职业发展服务的重要阵地。

人力资源市场从运营类型上可以分为非营利性和营利性人力资源服务机构，从形态上可以分为实体市场和虚拟市场。严格意义上，人力资源市场还包括公共就业服务体系中的各种机构。除此之外，每逢"毕业季"到来，各大专院校还会单独或联合举办专场招聘会，邀请用人单位进校园，宣传企业形象和招聘政策，面试并签订就业协议书。

包括职业介绍所在内的人力资源服务机构，主要通过收集和发布职业供求信息，组织、举办职业招聘洽谈会，提供劳动者、用人单位和居民家庭之间的中介服务，以及职业指导、人力资源管理咨询服务等业务。在人力资源服务行业发展壮大过程中，已扩展到人才寻访、人才测评、招聘或劳务派遣与外包、培训与管理、信息调查和数据处理等服务项目。伴随互联网经济的发展，衍生并迅猛发展出借助网络平台开展单项或综合性服务的虚拟化人力资源市场，如图4-4所示。

图 4-4　虚拟化人力资源服务市场图谱

资料来源：艾瑞咨询、国信证券研究所。

据相关统计显示，截至2020年年底，我国人力资源服务机构共4.58万家，人力资源服务业从业人员共84.33万人。2022年度，为4 983万家（次）用人单位提供人力资源服务，帮助2.9亿劳动者实现就业、择业和流动。

### (三) 公共服务体系

以职业发展为核心的公共服务，由政府主管部门统筹，根据经济社会发展的需要，独立或组织有关单位、社会成员参与，为全社会提供公共服务产品或公益性服务。

#### 1. 信息服务系统

客观准确、来源广、数量大的信息是职业发展服务工作的必备条件。职业发展相关信息的收集与提供主要有以下几种渠道。

人力资源社会保障部门公共就业服务机构的信息发布是主渠道。一是发布劳动力市场供求分析报告。充分利用六级服务体系，依托市场劳动力供求观测站，收集、分析市场内外劳动力供求变化情况，分季度、年度定期发布"全国百城市公共就业服务机构市场供求状况分析报告"，提供劳动力市场招聘与求职的人数及变化，分析不同时期、区域、行业劳动力供求变化趋势，以及紧缺急需的职业（工种）和对不同技能等级的需求等信息。二是发布新职业发展趋势观察报告。主要配合新职业信息发布机制，分期、分批介绍新职业产生的产业背景，描述新职业的主要工作任务和能力要求，以及就业发展趋势等。

政府信息来源还有主管部门以统计年鉴方式发布的年度统计数据和报告。劳动统计数据包括各行业、地区就业与失业，城镇单位、国有单位、城镇集体单位就业人员和工资总额，职业培训与技能鉴定，劳动关系和社会保障等情况。教育统计数据包括各种类型、层次教育的学校和学生等方面的情况。

除政府公开的信息渠道之外，研究机构编制的职业发展报告也是职业发展信息服务的稳定渠道，包括政府主管部门委托研究机构发布的产业、行业发展研究报告（如"人工智能产业发展深度报告"等），以及人力资源管理咨询服务机构或头部企业研究机构发布的职业发展报告（如"在线新经济背景下的新职业与新就业发展白皮书"等），对职业发展服务都具有较大影响。

#### 2. 指导服务系统

职业指导（职业生涯规划）是职业发展服务的主要工作方式。我国以职业指导的方式，主动介入、面向劳动者的职业发展服务，集中于教育培训和公共就业服务领域。

教育培训领域开展的职业指导，常称为"职业生涯规划"。义务制教育以后阶段的各类学校都会开展职业指导服务，在宣传普及职业、就业常识的同时，提供选择学业、职业的服务。公共就业服务机构开展的职业指导，面向适龄劳动人口，区别一般群体或特殊群体，提供具有针对性的职业指导服务。其他工作领域的职业指导，一般会根据服务对象的需求确定内容和方式，提供市场化服务。

### 3. 援助服务系统

为就业困难的劳动者提供就业援助，是我国公共就业服务机构的重要任务和职业发展服务的托底方式。

以就业援助的形式服务职业发展是"一揽子"工程，以公共就业服务机构的基层服务人员为主要力量，收集、动员辖区内用人单位提供符合困难群众需求特点的岗位，开发便民服务等社区岗位、基层协管等公益性岗位；结合困难群众特点和不同需求，帮助提振职业信心，规划求职方向，提供合适岗位，以及提供技能培训项目和落实就业援助各项补贴政策，全力帮助就业困难的劳动者重返劳动岗位。

## 二、职业发展服务主要做法

我国现阶段，在职业分类的基础上，解读、描述不同职业（工种、岗位）的劳动组织方式和从业者能力要求，以预备劳动力和现实劳动力为主要对象，以职业选择、能力提升、人职匹配为重点内容，通过全社会参与营造积极向上的职业发展氛围，为劳动者和用人组织提供全生涯、全方位的职业发展服务。

### （一）全覆盖提供职业指导

我国职业指导的开展，在人力资源社会保障部门统筹主管下，依托各类学校、人力资源服务机构等社会组织和企业等用人单位，根据社会发展需要和对劳动者素质的要求，结合不同群体和个性的特点，针对性地提供面向各类人员的职业指导服务。

### 1. 在校学生的职业指导

各类学校在校内开展的职业指导，多以普及职业常识、树立正确的职业意识和价值观、了解自身特点和社会需求、学会规划自己的职业生涯、了解国家就业创业政策、掌握实现就业创业的方法技巧、为主要内容等，也包括对学校设置、调整专业提供意见和建议。

### 2. 社会人员的职业指导

经各级政府主管部门许可，由社会力量备案设立的职业中介、社会培训等机构，以及实体或虚拟人力资源市场，都在不同方面和程度上，面向适龄劳动人口针对性地提供职业指导服务。

### 3. 特殊群体的职业指导

人力资源社会保障部门公共就业服务机构承担着特殊群体,如农业剩余劳动力、失地农民等人员职业指导的重任,主要包括就业安置政策宣传,就业岗位、待遇等方面的介绍,以及上岗前短期培训、办理就业事务的注意事项等,帮助他们尽快融入工作环境。对于大龄失业人员、残疾人、"两劳"获释人员等,除常规内容之外,还有甄别就业岗位和环境、职业心理辅导等针对性内容,帮助他们重塑职业信心、重新走上就业岗位。

### 4. 在职员工的职业指导

员工职业指导是企业人力资源的工作内容之一,多以新员工入职培训的方式进行,主要包括宣导企业文化与核心价值观,介绍入职岗位及其工作规则,解读薪酬福利等组织制度,指导新员工尽快适应工作岗位并帮助其规划职业生涯等。

## (二) 多形式提升职业能力

职业培训是提升职业劳动能力、实现劳动力再生产的主要手段。改革开放以来,通过劳动人事、教育、科技等制度改革,优化教育结构、提高教育质量,多种形式的职业培训服务对职业能力提升发展起到了重要作用。

### 1. 增加职业教育供给,提升服务质量

20 世纪 80 年代初,国家教委批准设立了金陵职业大学、无锡职业大学等 13 所职业大学,开启了职业教育升级模式。目前,已建成主要有中、高两个层次和固定学制的职业教育体系,其专业设置基本覆盖各产业领域,随国家发展战略和产业结构实现动态调整。在教学改革不断深入中,职业教育的办学形式由"关门办学"转向"校企合作、产教融合",培养模式由"学科导向"转向"能力导向",培养目标、学习内容和方式为贴近社会和学生职业发展需求,更注重增强就业创业和工作转换能力,努力提供高质量的职业教育资源。

### 2. 服务产业与就业,提升职业能力

进入 21 世纪以来,国务院有关主管部门出台了《加强职业培训提高就业能力计划》《关于开展全国"创建学习型组织,争做知识型职工"活动的实施意见》等文件,广泛动员社会力量,以市场需求为导向,大力开展职业培训工作,提高下岗失业人员就业能力、工作能力和职业转换能力。根据产业发展需求和技能人才队伍结构,就培

养高技能人才提出并实施指导意见、中长期规划等，建立健全高技能人才培养体系，强化高级技能人才与复合型技能人才的培养，带动了技能人才队伍整体素质的提高。坚持将职业培训、提升职业能力作为促进就业稳定、缓解结构性就业矛盾的关键举措，保障经济转型升级和高质量发展。利用 1 000 亿规模的失业保险结余基金，面向职工、就业重点群体、贫困劳动力等城乡劳动者，大规模开展职业培训，加快知识型、技能型、创新型劳动者大军的建设步伐。

### 3. 持续推进，打造终身职业技能培训机制

2018 年，国务院出台了《关于推行终身职业技能培训制度的意见》，将提升职业技能纳入终身教育范畴，以促进劳动者就业创业能力的全面提升，缓解技能人才短缺的结构性矛盾，提高就业质量。意见中明确提出，建立并推行覆盖城乡全体劳动者、贯穿劳动者学习工作终身、适应就业创业和人才成长需要以及经济社会发展需求的终身职业技能培训制度，实现培训对象普惠化、培训资源市场化、培训载体多元化、培训方式多样化、培训管理规范化，动员全社会以高技能人才为重点，开展持续性、大规模、高质量的职业培训，努力培养、造就规模宏大的高素质劳动者群体。

## （三）多渠道畅通发展路径

任何职业及其发展都不可能一蹴而就，只能伴随经济社会发展和劳动者职业生涯，沿着现实或可能路径渐进、持续地发展。职业发展服务同样是根据经济社会发展需求逐步建立完善相关职业制度，引导劳动者适应制度机制，优化职业发展路径，实现个人价值的最大化。

长期以来，中国"身份"社会中，出生地、户籍、学历、劳动人事关系等"标签"，对劳动者职业发展起着决定性影响。随着企业人事、劳动、分配三项制度改革的持续推进，破除了"干部""工人"的身份界限，身份管理转为岗位管理。《劳动法》关于"国家确定职业分类，对规定的职业制定职业技能标准，实行职业资格证书制度"的规定，为劳动者描绘出清晰的职业成长路径，规划了全社会的职业发展。

我国推行的职业资格证书制度，是实施人才强国战略的重要举措和人力资源开发的重要手段。几十年来，以职业资格证书制度为框架，专业技术人员、技术技能人员的职业发展路径得到了不断优化。

### 1. 从工人考核制度到职业资格证书制度

职业技能鉴定是面向技能人才的职业资格制度，以五个技能等级合并了原八个工人技术等级，缩短了技能人才的成长路径，促进了高技能人才队伍的形成；以源于实

际工作需要的职业资格标准规定了各等级知识、技能水平要求，引导着技能人才的教育与培训活动；以"条块结合"的工作体系满足着各行各业技能人才评价的需求；以评价队伍、技术及其质量保障体系，在人力资源市场中建立起并维持着职业资格证书"一证在手、走遍全球"的权威性和公信力。职业技能鉴定打破了工人考核人数受工资升级名额的限制，企事业单位员工和中、高等职业教育院校毕业生每年参加考核、获得证书的人次数，从初期的几百万人次到后期的几千万人次，至今仍维持着千万人次的服务规模。截至2019年年底，全国已累计有2.23亿人次获得职业资格证书，引导着技能人才队伍结构的优化和劳动者技能水平的提升。

### 2. 从职称评定制度到职业资格证书制度

1986年，暂停了3年的职称评定制度改为专业技术职务聘任制度，恢复了专业技术职务的评聘工作。经过近10年的探索，1995年，人事部出台了《关于印发〈职业资格证书制度暂行办法〉的通知》，建设了专业技术人员职业资格制度。专业技术人员的职业资格分为从业资格、执业资格两类，是对其从事某一职业所必备的学识、技术和能力的基本要求。从业资格是专业技术人员从事某种专业技术性工作的学识、技术和能力的起点标准；执业资格是专业技术人员依法独立开业或独立从事某种专业技术工作学识、技术和能力的必备标准，有利于政府主管部门对责任较大、社会通用性强、关系公共利益的专业技术工作实行准入控制。

### 3. 从两线并行到双向互通

遵循《关于深化职称制度改革的意见》关于"克服唯学历、唯资历、唯论文的倾向，科学客观公正评价专业技术人才"的要求，人力资源社会保障部2018年提出，在工程技术领域推行高技能人才与专业技术人员之间按规定条件实现资格系列的双向转换，拆除了又一个身份界限。随着工作的深入，两类人才职业发展通道的互通，将极大地促进两类人才的融合发展，适应经济社会发展对技术技能型人才的需求，也为亿万劳动者、后继者勾画出畅通的职业发展路径，以起点可选、路径通畅、终点无限的制度设计，引导劳动者立志岗位成才、优化成长路径，攀登职业生涯的高峰。

### （四）多举措营造发展环境

社会政治、经济、教育、科技等管理体制机制，直接影响到劳动者的职业发展。我国职业发展服务，以法律约束、行政干预和舆论导向为方式，不断优化职业发展环境，维护全社会职业发展的公平公正。

### 1. 法律约束

我国服务职业发展的适用法律以《宪法》为根本大法，以《立法法》《标准化法》为规范，从专门事项、相关事项及其技术标准等方面，建立和完善法律法规体系。一是依据《宪法》制定了《劳动法》《教育法》《就业促进法》《劳动合同法》《职业教育法》等下位法，以及《律师法》《人民警察法》《医师法》《教师法》等一系列职业法；二是制定重点经济社会活动领域的相关法律时，对涉及从业者的问题作出相应规定；三是制定了多项相关国家职业标准。

通过制定法律法规、行政规章和国家标准，从宏观上确立职业发展服务的指导思想和方针大略，调整政府、用人单位和个人在职业发展方面的法律关系，以及各自的责任、权利与利益。

### 2. 行政干预

在党中央、国务院领导下，中央和各级地方政府分别设置了负责行政管理的职业发展服务职能部门以及所属的服务机构。例如：人力资源社会保障部负责就业、职业能力建设的四级行政体系，提供评价职业能力的四级服务体系，提供就业服务的六级服务体系；教育部负责职业教育的四级管理体系和服务机构。依托行政体系和服务机构对职业发展进行直接或间接干预的同时，各级政府以教育督导、劳动监察等形式，监督、检查、评估、指导职业发展，保障从中央到地方政令畅通，维护职业发展所涉及各方的合法权益。

### 3. 舆论引导

我国职业发展的舆论引导以社会主义核心价值观为引领，通过树立正面职业形象，谴责负面职业行为等方式，引导社会舆论弘扬主流价值观，宣传尊重劳动、尊重人才的观念，为职业发展营造积极的发展氛围。一是参照国际惯例、结合中国国情，设立法定职业节日。除国际劳动节（5月1日）、国际护士节（5月12日）外，我国先后设立了教师节（9月10日）、记者节（11月8日）、中国医师节（8月19日）、中国农民丰收节（农历秋分）、人民警察节（1月10日）。职业节日期间，通过宣传从业者的社会贡献和个人成就，提高职业声望和社会地位，促进职业队伍的发展壮大。二是对有突出贡献的劳动者予以精神和物质奖励。如设立"五一劳动奖章""科技进步奖""中华技能大奖"等奖项，各级政府授予"技能大师""技术能手"等荣誉称号，对"国际青年奥林匹克技能竞赛"获奖选手给予重奖，通过国家和各级官方媒体平台报道"大国工匠"系列内容等，激励劳动者努力钻研技术业务，不断提高职业能力和素养，提高劳动者整体素质。

### （五）多层次壮大职业队伍

事业发展，人才优先。职业发展服务是跨学科、专业化的职业活动，优先解决从业人员队伍的职业化，才能为社会提供范围更大、层次更多、质量更优的服务。

进入 21 世纪以来，职业发展服务的从业人员队伍从基层开始形成。2007 年，劳动和社会保障部出台了《就业服务与就业管理规定》，要求公共就业服务机构应当加强职业指导工作，配备专（兼）职职业指导工作人员，向劳动者和用人单位提供职业指导服务。

从纳入国家职业分类体系的情况来看，职业指导服务从业人员队伍建设可大致分为三个阶段。

#### 1. 改革开放至 1999 年

1999 年，我国首部《大典》颁布。其中涉及职业发展引导的职业包括："社会工作者"，主要是以帮助机构和他人发挥自身潜能，协调社会关系，解决和预防社会问题，促进社会公正为职业的专业工作者；"人力资源开发与管理工程技术人员"，主要从事人力资源的研究、开发和管理工作；"劳动保障协理员"，主要是在社区协助办理劳动就业、社会保障具体事务的人员；"劳动关系协调员"，主要是从事劳动标准的宣传和实施管理以及劳动合同管理、集体协商协调、促进劳资沟通、预防与处理劳动争议等工作的人员；"职业信息分析师"，主要是从事劳动保障及相关信息采集、传递、整理、分析以及发布等工作；"职业指导员"，主要为社会求职者择业及就业和用人单位择优招用人才，提供咨询、指导及帮助服务。

#### 2. 2004—2015 年

2004 年，政府主管部门启动新职业信息发布工作，以及时反映经济社会发展引起的职业发展变化，并陆续增补了相关职业。2015 年，随着《大典》首次修订工作的完成，涉及职业发展引导服务的人员分为专业技术人员和社会服务人员两个职业群体，并增加了若干职业和工种，详见表 4-1，从业人员队伍不断壮大、渐成体系。

表 4-1　　　　　　　　　职业发展服务相关职业种类的变化

| 1999 年版《大典》 | 2015 年版《大典》 |
| --- | --- |
| 专业技术人员职业群体 ||
| 社会工作者 | 社会工作者 |

续表

| 1999 年版《大典》 | 2015 年版《大典》 |
|---|---|
|  | 心理咨询师 |
| 人力资源开发与管理工程技术人员 | 人力资源管理专业人员 |
|  | 人力资源服务专业人员 |
|  | 职业信息分析专业人员 |
| 社会服务人员职业群体 ||
|  | 社区工作者 |
|  | 劳动保障专理员 |
|  | 城市管理网格员 |
| 职业指导员 | 职业指导员 |
|  | 残疾人就业辅导员＊ |
|  | 残疾人职业能力评估师＊ |
| 职业信息分析师 | 劳动关系协调员 |
|  | 劳动人事争议调解员＊ |
| 劳动保障协理员 | 创业指导师 |
|  | 企业人力资源管理师 |
|  | 薪税师＊ |
|  | 劳务派遣管理员＊ |
|  | 职业培训师 |
|  | 企业培训师＊ |

注：表中＊号为职业所属工种的标识。

### 3. 2015—2022 年

2021 年，我国再次开始着手修订《大典》，力求充分反映新时期以来的职业发展变化，并梳理了基层社区服务人员的职业，增补、调整了人力资源服务行业的职业（工种），进一步充实、优化了职业发展引导服务相关的职业分工，如图 4-5 所示。

与此同时，职业发展服务专业人才的培养也在加速。2021 年，教育部在调整职业教育专业目录时，增设了"职业指导与服务"专业，以加速培养服务区域经济发展需要和满足行业发展需求，从事职业指导、人事代理、人力资源培训、人才测评、劳务派遣、高级人才寻访、人力资源外包、管理咨询等工作的高素质技术技能型专门人才。

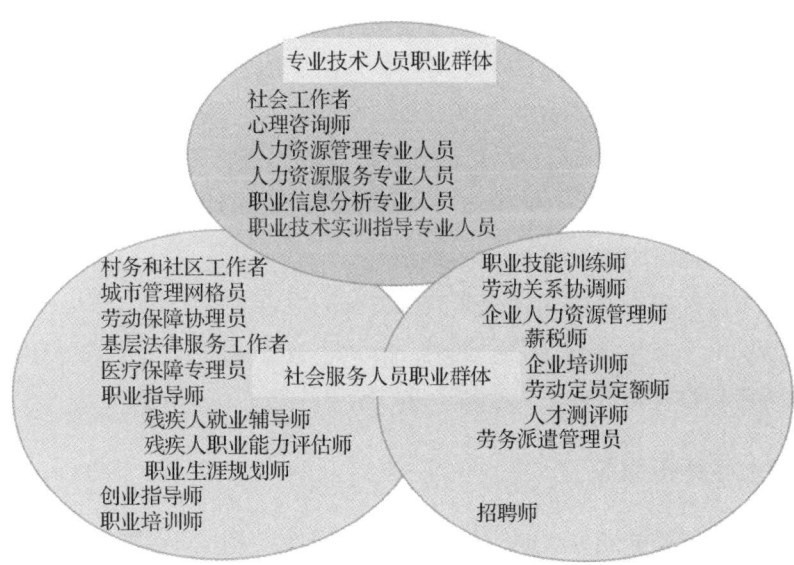

图 4-5  2022 年版《大典》职业发展服务相关职业种类

## 三、职业发展服务发展趋势

相对于教育、医疗和社会保险来说，我国职业发展服务依旧是服务领域的弱项和短板。面向未来社会，适逢"百年未有之大变局"。步入新时代，站在新的历史起点上，职业发展服务将按"十四五"规划中加快补齐公共服务短板，着力增强非基本公共服务弱项的要求，继续巩固服务体系，优化服务机制和策略，提升服务质量与发展水平，促进事业发展。

### （一）巩固职业发展服务体系

"十四五"时期，是我国开启全面建设社会主义现代化国家新征程，向第二个百年奋斗目标进军的又一个五年。面临数字技术、人工智能等新一轮科技革命，以工业互联网、智能制造为先导的产业变革，将对全社会职业发展产生深刻影响。面对机遇和挑战，进一步巩固制度约束、开发利用、技术服务三大体系，将是我国职业发展服务的必然趋势，具体将从以下三个方面着手。

#### 1. 加大制度约束力度

职业制度是职业发展服务的根本和法治前提。建设与完善职业制度是一系列复杂的社会系统工程，既要持续完善职业制度体系，更要注重制度的实施与执行，才能充分发挥职业制度的效用，为引导全社会职业和谐、充分的发展提供保障。

从制度建设层面来看，要以国家整体利益为出发点，注重职业制度各组成部分之间的统一、协调，避免法律术语、条款、司法解释上的逻辑冲突。对于可能涉及或影响国家安全、人民群众重大利益、生命和财产安全的职业，要以相关法律规定为准绳，厘清核心语词的内涵与外延，分析职业活动内容与方式可能造成的影响，进而界定出清晰的法律边界，促进职业制度的建设与完善。

从制度执行层面来看，要加大法律执行情况的检查力度，大力宣传、推广国家职业分类、职业标准等技术标准规范的应用，接受职业发展服务社会实践的检验，及时发现、反映制度缺陷，促进职业制度的建设与完善。

### 2. 监管水平评价服务

职业发展服务以职业能力水平的评价为中间环节，引导职业能力的提升，促进劳动力的合理配置。

为进一步激发市场活力，国家职业资格证书制度按照政府职能"放、管、服"改革要求进行了调整。在此背景下，国家职业资格目录之外职业技能等级的水平评价工作体系发生了重大变化。一是实施方式由政府部门所属机构直接组织实施，改为由用人单位和社会培训评价组织实施；二是证书发放由政府部门所属机构颁发国家职业资格证书，改为由具体组织实施的评价机构颁发职业技能等级证书；三是评价标准由统一执行国家职业标准，改为根据实际需要以国家职业技能等级标准为首选、行业（企业）技能等级评价标准（规范）为补充。

改革并实行市场化的职业技能等级的认定，调整了政府与市场的关系。政府部门的公共服务职能侧重于开发新职业、修订完善职业分类、发布国家职业标准或评价规范，并监管技能水平评价机构与活动。评价机构则按市场化服务方式，发挥用人主体或社会组织的作用，履行其承诺并接受市场的检验，体现"谁评价、谁发证、谁负责"的市场规则。

从职业发展服务的长期战略来看，用人单位自主开展技能等级水平评价，社会评价机构为小微企业提供评价服务，是进一步推进、落实企业用工自主权，深入和发展企业"三项制度改革（劳动、人事、分配）"的重大举措。对调动用人单位参与职业发展服务，培养培训、选拔使用、表彰激励技能人才，为技能人才成长提供更加广阔的天地，以致对加强技能人才队伍建设起到积极作用。与此同时，难以避免的市场化服务"趋利导向"，也成为政府主管部门监管服务工作的新课题。

巩固职业发展服务体系就要兼顾长期战略与短期策略，引导包括企业在内的各类评价机构，从国家人力资源战略出发，兼顾长期与短期利益，遵循人才评价的规律和方法，完善质量保障体系，保障评价结果的信度和效度。同时，要创新主管部门监管服务的方式方法，引入证书机构证书质量和信用评级的模式，由主管部门或委托的第三方进行评价，培育有市场影响力的评价机构和评价品牌，维护企业和劳动者的切身利益，保障人才评价制度改革的顺利过渡。

**3. 丰富援助服务内容**

援助服务是职业发展服务的底线，是社会成员以及不同职业群体矛盾冲突的"减震器"。随着我国经济社会的发展，在提高社会大众生活水平的同时，也面临着现代社会高效率、快节奏生产与生活方式带来的问题，工作压力大、职业倦怠的现象此起彼伏，影响到职业发展服务最终目标的实现。

按照全面建设社会主义现代化国家的战略安排，未来中国经济社会的发展，将进一步激发全体人民的积极性、主动性、创造性，促进社会公平，增进民生福祉，不断实现人民对美好生活的向往。就业困难等特殊群体，往往也是"心理障碍"的高发群体。援助服务的工作内容和范围，不仅要守住就业安置援助的底线，还要贯彻落实《国务院关于实施健康中国行动的意见》要求，在实施就业援助的同时施以心理疏导，帮助调整职业心理状态，及时化解人际关系、工作关系等矛盾冲突，不断营造、改善有利于职业发展的社会和群体心理环境。

## （二）完善职业发展服务机制

未来社会，国力竞争在很大程度上体现为并决定于人才竞争。国家职业分类是职业发展服务工作的重要基础，更是人才培养、交流、使用等管理工作的基础。我国职业发展服务在政府各相关主管部门的工作实践中，基本形成了较为完备的服务体系。基于这个庞杂的服务体系，进一步梳理服务流程、环节和要求，统筹相关机构职责分工与协作方式，促进各环节关联衔接、各要素协调耦合，打造控制精准、运转高效的系统，有效地开展职业发展服务。

**1. 职业观察分析工作机制**

观察与研判职业发展状况与趋势是职业发展服务工作的起点环节，观察到的现象与研究结论，必将不断丰富劳动力供求、劳动组织结构、岗位能力要求等职业现象研究成果的积累，促进职业发展服务的社会实践由经验判断逐渐走向科学分析。

职业发展活动是人类活动中最为复杂的社会现象，与政治、经济、教育、科技以及社会生产服务各领域联系密切。人类生产生活分工与协作的必要性，在根本上决定了职业发展活动各因素相互作用关系（如图 4-6 所示）错综复杂的必然性。其中，社会—组织—个人三者之间的相互作用,从宏观、中观和微观的层面直接决定着职业发展现状与趋势,其他作用则通过对职业发展的环境影响,间接地作用于职业发展。在全社会职业发展过程中,各种因素通过直接或间接作用方式,引起职业总量与分布、种类与结构,以及职业活动内容与方式、职业能力要求等方面的发展变化,促进着全社会的职业发展。

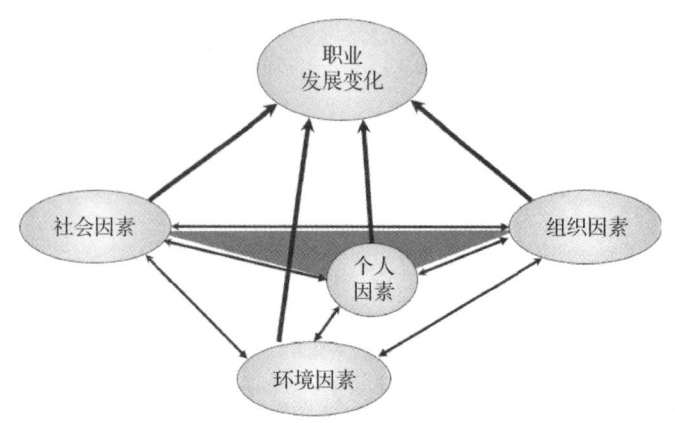

图 4-6　职业发展活动各因素相互作用关系

职业观察与分析包括宏观、中观和微观三个层面的内容,现行劳动力市场监测机制主要侧重于宏观层面的内容。完善职业观察与分析工作机制,应从三个方面着手:一是要充实中观、微观层面职业观察力量,政府主管部门可以选择具有代表性的行业、企业以及研究机构,设立职业观察站并聘请兼职职业观察员;二是要完善观察指标,在劳动力监测指标基础上,研究、补充涉及国家职业分类、职业标准等方面的内容和指标;三是要加强研究分析力量,发挥职业理论研究队伍的作用,以职业科学的全视域,在深入研究各行各业的职业工作内容、工作过程的同时,开展职业社会结构与功能、职业类型与特征、职业选择与流动、社会和组织与个人职业发展机制等问题,为我国社会职业发展服务提供理论支撑。

**2. 职业分类动态调整机制**

国家职业分类的合理性是社会劳动力管理水平的重要标志。国家职业分类将社会工作类型划分为逻辑清晰、类系有别、规范统一的职业体系,进而描述类系关系和各职业的主要工作任务,是职业发展服务的基础技术标准和规范。同时,调整国家职业分类也是一项浩繁的系统工程,实现动态调整需要权衡投入产出,作出适当的安排。

完善国家职业分类调整机制,应关注两个方面的内容:一是要兼顾稳定性与灵活性。要区别国家职业分类不同的应用场景,分别确定调整周期。用作统计分类标志的标准职业分类，可根据统计活动周期的不同，设定调整的对应周期与规则。而编制与修订《大典》，可借鉴美国职业信息在线的模式，以数字化技术应用为支撑，分年度调整体系、更新内容，及时为职业发展服务提供支持。二是要维护权威性和合理性。要继续改进和完善新职业信息发布制度，推行《新职业观察报告》，发挥职业观察与分析机制的作用，收集职业发展变迁的实证数据和素材，论证其必要性、可行性和对经济社会发展的作用，并通过维护和增补来保护新职业的科学性、权威性。同时，适当增补平均薪酬水平、岗位供求状况等指标参数，丰富职业描述内容。扩展《大典》的实用性，使其成为反映经济社会发展状况的"晴雨表"，规范人力资源管理的"标准尺"，构建终身技能培训体系的"定盘星"，引导职业发展的"风向标"。

### 3. 职业标准统筹协调机制

职业标准以国家职业分类为基础，是对从业人员必备的职业道德、专业知识和技能水平作出的具体规定，是职业发展服务工作的核心技术标准。

完善职业标准统筹协调机制，应重点关注两个方面的内容：一是要强化标准应用。职业标准以工作分析为技术方法，描述了胜任职业所需的职业能力素养，反映着职业岗位的用人要求。要协调职业教育培训，参照职业标准内容要求设置专业、编制人才培养方案、开发课程。要监管人才评价活动，严格按照职业标准的要求，开发评价量具、设置评价场景、保证评价质量，促进职业教育和人才评价内容与生产岗位的需要相结合，增强劳动者的岗位适应性。二是要加大标准开发力度。要统筹不同层级职业标准的关系，积极鼓励行业组织、用人单位结合生产实际需要，开发或修订行业（企业）职业标准，经过更大范围的适用性、通用性验证后，组织专家论证审核使其成为国家职业标准。以自上而下、自下而上两条路径并行的方式，加快职业标准建设步伐，适应职业发展服务的工作需要。

### 4. 职业发展信息共享机制

数字产业化和产业数字化的发展趋势，不仅对职业发展服务提出了实现数字化工作要求，也为其实现数字化的引导与服务创造了环境与条件。

完善职业发展信息共享机制，应从三个方面开展工作：一是要畅通信息统合渠道。随着政府各主管部门、各行各业管理信息化的基本实现，涉及职业发展的信息资源越来越丰富，但相关领域和部门的统计数据、各行各业的研究报告、人力资源市场的各类文本和数据等，形成离散的"信息孤岛"，难以实现增值利用。要研究制定职业发展服务全流程的信息分类规则，建立跨领域、部门的信息收集交换合作机制，统合信息资源。二是要注重人工智能技术应用。《大典》经过两次修订，积累了大量数据、文本等素材，以及应用人工智能处理数据、文本的经验。要借此基础将应用范围扩展到职业发展服务的全过程，助力于理论研究与实际应用。三是要力求实现《大典》的数字化应用与服务。《大典》集成了职业发展服务的主要信息，将数字化技术应用于《大典》维护的工作实践，不仅有利于动态调整体系、扩充描述内容、及时更新描述，还可以进一步探索与职业兴趣、职业能力倾向测评数据对接的渠道与方式，真正成为求职者的帮手、用人单位的参谋、职业教育的顾问、人才评价的天平，成为改进职业发展服务效率的利器。

### （三）优化职业发展服务策略

职业发展服务既为国家发展战略服务，又造福于社会大众。进一步发展我国职业发展服务事业，就要针对发展过程中暴露出来的"短板"，从壮大社会参与力量和加强职业能力建设两个方面着手，优化引导与服务策略。

#### 1. 壮大社会参与力量

发展社会主义市场经济的经验证明，政府与市场都有"信号失灵"的可能性。因此，工作的核心在于根据具体情况合理运用政府与市场两种手段，实现预期目的。现阶段的职业发展服务，要充分体现政府主导、社会参与职业发展服务的特点，尽量减少不必要的行政干预。用政府部门放权的"减法"，换取市场主体参与的"乘法"，激发市场活力、壮大服务力量。

进入21世纪以来，行业协会等非政府组织与基金会、志愿者等非营利组织以一种新兴组织形式，积极参与社会公共服务并起到日益重要的作用。改变长期以来职业发展服务的开展过度依赖行政部门、国有机构的现状，就要解放思想、积极引入社会力量，发挥各种市场主体的作用。我国民办教育力量在促进职业教育发展上起到的作用就是典型例证。

壮大社会参与力量，首先要支持市场主体在提供职业发展服务产品和项目中获得合理回报，以培育市场主体发展壮大、扩大服务规模、改进服务质量和竞争力。同时要鼓励非营利性组织参与服务，政府以购买服务项目和成果的形式，予以摊销服务成本。最终的目标是实现在政府主导下，国有公立机构服务保底、市场主体发展创新、非营利性机构助力的发展局面。

#### 2. 加强职业能力建设

我国职业发展服务正朝着新兴服务业的方向发展壮大，这种趋势既是市场需求的反映，也是公共服务市场化的要求。为满足经济社会发展的需求，加强从业人员队伍建设、提升从业人员职业能力水平是必然选择。

加强从业人员队伍建设，继续完善从业人员队伍的职业体系，适应经济社会发展要求，是长期性工作策略。2022年版《大典》中对从业人员队伍职业构成的描述，反映着我国职业发展服务领域当前的分工状况。从发展的眼光来看，仍难以满足需求。未来10年内，按照贯彻落实《国务院关于实施健康中国行动的意见》要求，各级地方政府已经制订并开启了"实施心理健康促进行动"的工作方案，加强心理健康服务人才的培养，努力打造从专业机构向社区延伸的社会心理服务网络，加大对重点人群心理健康问题早期发现和及时干预力度，提高突发事件心理危机干预能力和水平。重点观察基层提供心理疏导服务活动的人员结构和工作要求，分析心理咨询服务与心理疏导服务的联系与区别，分层分类加快培养、评价心理健康服务人才，将成为职业发展服务弥补短板、加强弱项的必然要求。

提升从业人员职业能力水平，加大职业培训与人才评价推进力度，是提升职业能力、改善服务绩效的应急策略。职业发展服务以人力资源服务为核心、社会服务工作为辅助，从业人员队伍分布于人力资源服务等多个行业，包括专业技术、技术技能两类人才，要以技术技能人才为工作重心，职业标准建设为突破口，提升职业能力水平。

随着2022年版《大典》的颁布和使用，首先要抓紧职业标准的研发或修订，以较为完善的标准体系为职业培训与人才评价提供依据。职业标准的研发或修订可按轻重缓急妥善安排，尤其要注重根据职业发展服务的实际需要，选择需求量大、能就业创业的技能单元，先行编制"专项职业能力考核规范"，用于岗位所需专项职业能力的培训与考核。同时，依托行业协会、头部企业和教育培训机构，培育培训评价组织、研发培训课程、开展技能等级认定活动，促进职业结构、技能等级结构合理的从业人员队伍建设。

# 第五章  现代农业产业化职业发展

农业是人类生产活动的起源,农民是最古老的职业。我国几千年农业社会,从原始农业到传统农业的业态与劳动分工基本一成不变。新中国成立以来,农业在进入现代化建设轨道的过程中,农业劳动者职业化分工开始形成,职业劳动的专业化水平和收入水平大幅度提高,农村贫穷落后的面貌得到极大改变。进入 21 世纪,农业现代化建设提速,绿色农业落地生根,农业数字化与智能化助力前行,乡村振兴战略统筹生产生活协调发展,亿万农业劳动者迎来了职业发展的春天。

## 第一节  现代农业促进职业发展

农业是国民经济基础产业,其重要性毋庸赘言,一句"民以食为天"足以概括。在国民经济行业分类中,农业是第一产业,包括"农""林""牧""渔"等主导行业和专业及辅助性生产服务活动,其中的"农"主要指种植业,即狭义的农业。

职业是劳动分工的产物。受社会环境以及政治、经济、科技、文化等多种因素的影响,社会分工不断分化和整合,淘汰老职业、催生新职业。在诸多交互影响的因素中,科学技术应用及其发展水平起着决定性作用。我国由传统农业向现代农业转变的过程中,科技进步推动着农业的产业化、现代化进程,为农业农村的职业群体参与社会分工,提供了成长环境和发展动力。

### 一、农业农村劳动群体的发展

改革开放之前,我国农业农村基本上处于由自然经济向商品经济、由传统产业向现代产业过渡的阶段,铁犁牛耕、自给自足的农村生产与生活方式,离"现代""产业"还有相当遥远的距离。"农民"的称谓只是这个劳动群体的职业总称,在更多场合却成为某种身份的标志。然而,正是这些敢想敢干的农民,创造了"改革创新、敢为人先"的"小岗精神",上演了中国社会改革开放宏伟史诗的第一篇,走出了我国农民职业化道路的第一步。

## （一）21 世纪农业农村的巨变

中国的农业经济历史久远、根深蒂固。新中国成立之初，农业经济仍然是国民经济收入的主要来源。"一五计划"期间，农业的 GDP 相当于第二、第三产业的总和。计划经济体制下的人民公社管理体制，在集中调配商品粮和工业原料，推进农业机械化和农田水利基本建设，改变农村贫穷落后的面貌等方面，发挥了极其重要的作用。同时，也暴露出"一大二公、一平二调"等管理机制僵化、效率低下等问题。

20 世纪 70 年代末期，安徽小岗村一纸分田到户的"秘密契约"，首开"土地家庭联产承包责任制"的先河，奠定了我国农村"以家庭承包经营为基础、统分结合的双层经营体制"的基础。农业经营体制改革，虽然打破了人民公社的"大锅饭"，激活了农村劳动生产力，为解决农村温饱问题创造了条件，却依旧未改变"农民真苦，农村真穷，农业真危险"的状况。

2004 年，21 世纪第一个关于"三农"问题的"中央一号文件"公布，中共中央、国务院在《关于促进农民增加收入若干政策的意见》中，从支持粮食主产区发展粮食产业，促进种粮农民增加收入；推进农业结构调整，挖掘农业内部增收潜力；发展农村第二、第三产业，拓宽农民增收渠道；改善农民进城就业环境，增加外出务工收入等七个方面，开启了促进农业农村发展的快车道。此后近 20 年间，我国农村农民为城市发展输送了 1.8 亿左右的劳动力，第一产业 GDP 从 2.1 万亿元增加到 7.7 万亿元，增长了 2.6 倍（如图 5-1 所示），不仅摘掉了贫困落后的帽子，还创造了以全世界 7% 的土地养活 22% 人口的奇迹。

农业农村劳动群体在"用更少的人、种有限的地、养活更多人"的同时，意气风发地走上了职业化道路。一是劳动组织化程度显著提高。有关统计数据显示，截至 2019 年 7 月底，全国依法登记的农民合作社达 220.7 万家，吸纳并带动了全国近一半的农户。二是产业结构带动职业结构。由"以粮为主"转向农、林、牧、渔和经济作物协调发展。三是农业生产技术含量提升。商品化、良种化、机械化、设施化、标准化等生产技术要求加入，对从业者素质提出了更高要求。四是产业融合发展拓宽了职业发展范围和空间。农业劳动者的职业类别从第一产业向加工业、旅游业、休闲服务业等更大范围拓展。

## （二）规模宏大的农民工队伍

改革开放以来，为追求劳动收益的最大化，农村劳动力纷纷进城务工，形成了中国史无前例的人口流动规模。在此之后的 30 年间，农民工成了农业劳动人口的又一个身份标志，成为一个特殊的劳动群体。进城务工的农民，不仅极大地改变了农业人口

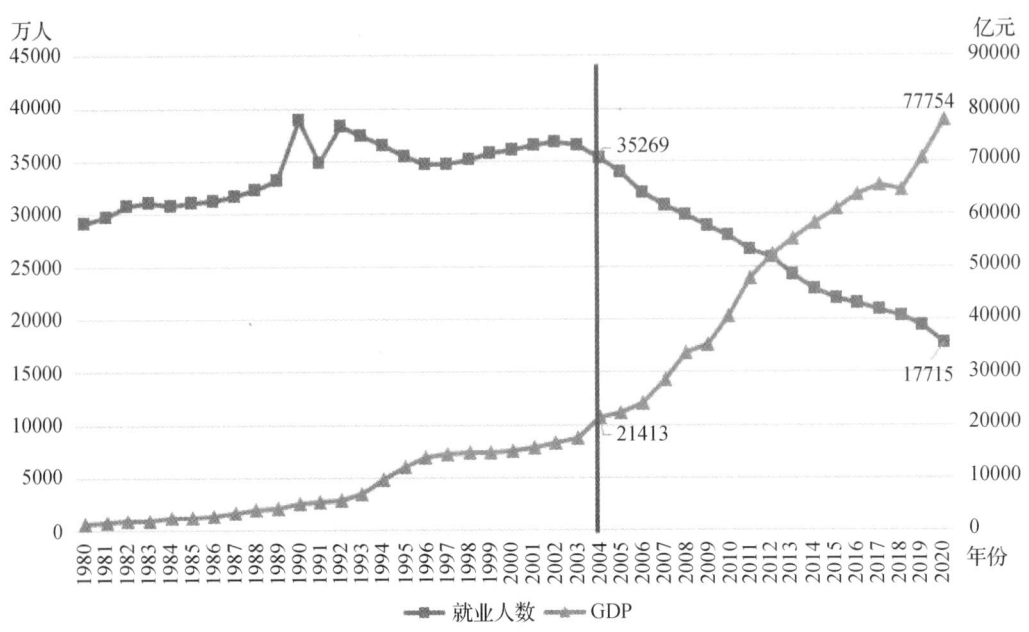

图 5-1　近 40 年农业 GDP 与就业人数变化趋势

数据来源：前瞻数据库。

的职业结构，也走出了农业农村发展的第一步。

在劳动力市场引导下，中部和西部地区省份的农村剩余劳动力短期或长期大量迁移到东部经济发达地区，形成颇为壮观、一度被称为"民工潮"的劳动力迁徙大军。从流动规模来看，据国家统计局 2008 年以来的农民工监测数据，流动规模从 2008 年的 2.25 亿人增加到 2019 年的 2.9 亿人。

农民工的流动形式大致分为跨省流动、省内流动和本地务工三类。从涉及的行业来看，外出的农民工中，从事制造业的所占比重最大，占 39.1%，其次是建筑业占 17.3%，服务业占 11.8%，住宿餐饮业和批发零售业各占 7.8%，交通运输仓储邮政业占 5.9%。从收入水平来看，其绝对水平和增长幅度显然高于农村居民可支配收入，成为农村家庭收入的重要来源和水平提高的主要力量。

农民工队伍为我国经济社会发展做出了巨大贡献，也对农业农村发展产生了积极的促进作用。农民工相对于留守农民见识广博，是现代农民的"精英"层，他们具有较高的文化程度、敢想敢干的精神；率先接触、试水市场经济，熟悉劳动力市场规则，以至成为劳动力有序转移的组织者；在融入现代化大生产的过程中，培养了劳动组织意识、提高了生产技能与管理能力；部分有一定资本和经验积累的农民工，成为返乡创业的带头人，为新型职业农民队伍的形成打下了基础。

## (三) 农业活动领域的职业分类

分工与协作是提高劳动生产率的重要途径，不同时期职业分类所反映的内容正是当时社会分工与协作的状况。我国现代农业生产劳动中较为清晰的职业分工，形成于政府主管部门设立并运营的农业经济组织，并成为农业合作社、人民公社等农业经济组织在组织农业劳动生产时的"样板"。

改革开放前，国营农业经济组织主要包括国营属性的农场、林场和渔场，以及后期设立的良种场、园艺场、种畜场、农业技术推广站等机构。国营农业经济组织以复员转业军人为骨干、吸收城镇知识青年参加，组成不同行业的农业劳动力队伍。他们在东北、西北、华南边疆以及沿海地区，开垦利用国有荒地、荒山、滩涂，因地制宜地进行农业生产。国营农业经济组织作为国家农业生产的重要基地，向国家提供了大量农、林、牧、渔商品和副产品以及工业原料。同时，在积累经验，培养技术人才，推广先进生产技术和优良种苗，支持和帮助农民发展商品生产，成为农产品加工、运输、销售服务中心，促进农业专业化、商品化、现代化等方面，都起到了不可或缺的示范作用。

20 世纪 80 年代末期，为了提高社会劳动力管理水平，充分开发、科学管理和有效利用人力资源，全面提高劳动者素质，由劳动部牵头并会同国务院 45 个行业主管部门组织编制并于 1992 年颁布了《中华人民共和国工种分类目录》，其中完成了我国农业活动领域职业（工种）分类体系（如图 5-2 所示）的构建。

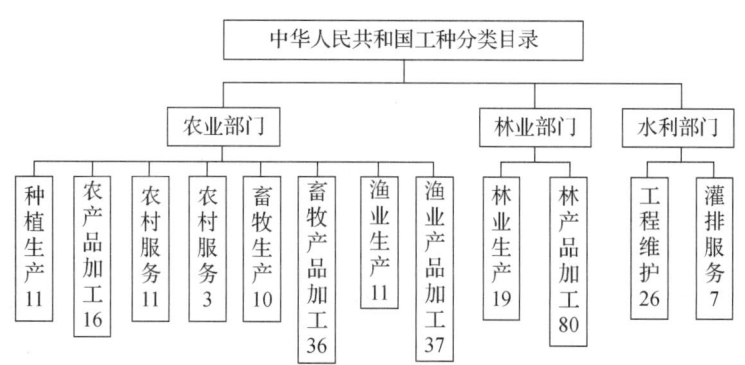

图 5-2　农业活动领域的职业（工种）分类体系

注：根据《中华人民共和国工种分类目录》整理，图中数字为职业（工种）数量。

《中华人民共和国工种分类目录》从我国实际情况出发，借鉴了《国际标准职业分类》的做法，将我国当时所有工人从事的工作分为 46 个门类、4 700 多个种类（工种），是我国在职业分类研究与实践领域初次探索的成果。从农业生产领域的分类结果来看，大致可归为两种情况：一是农业生产领域主导产业的职业，共分为 267 个工作种类，涉及《国民经济行业分类和代码》（GB 4754—1984）第一门类（农、林、牧、渔、水利业）中的 6 个行业，第二门类（工业）中采掘行业的木材、竹材采运业和制造行业的木材加工业，分别由农牧渔业部、林业部、水利电力部主管；二是工业生产活动领域的产业链延伸到农业活动领域的职业，如涉及中医药材、烟叶种植，商业活动领域的畜禽屠宰，以及与林业活动相近的园林绿化类等。

## 二、农业职业体系演变特征

改革开放以来，中国经济社会的发展从相对封闭的计划经济走向了日渐成熟开放的社会主义市场经济，直至融入全球经济体系。在这样的宏观环境中，我国农业生产实现了由自然经济向商品经济的转变。广大农业劳动者在参与市场经济的过程中，逐步形成专业化分工并走上职业化发展道路，形成了具有产业行业特征的职业分类体系。

1999 年，我国以《中华人民共和国工种分类目录》为基础，颁布了首部《中华人民共和国职业分类大典》（以下简称《大典》），又于 2015 年、2022 年分别对其内容进行了修订，不同版本国家职业分类中涉农职业体系的内容及其变化对照详见表 5-1。可以看出，涉农职业体系情况及其变化，不仅反映了当时社会农业生产领域的劳动分工与劳动组织状况，也勾画出 30 年间涉农职业体系的演变轨迹。

### （一）对标国民经济行业分类

产业行业分类是关于经济活动的分类。20 世纪 90 年代初期，我国加入世界贸易组织（WTO）开始进入实质性谈判阶段，类似行业分类等有关经济活动统计的分类标准纷纷与国际惯例接轨。

我国第一版《国民经济行业分类》于 1984 年发布，先后经过四次修订。1994 年首次修订《国民经济行业分类》时，确立了按经济活动性质同一性进行分类的原则，并参照联合国国际标准产业分类（ISIC）的做法，依序以经济活动"产生货物和劳务的特点""物和服务的用途"以及"生产所使用的原料、程序和技术"为标志，分析、判定经济活动是否具有相同的性质。

1999 年版《大典》的编制是我国劳动力管理领域中国特色与国际惯例接轨的尝试之一。《大典》编制遵循科学性、先进性、客观性与适用性的原则，同时借鉴《国际标准职业分类》的做法，强调按照工作性质同一性进行职业划分，并依序以职业活动所涉及的工艺技术、工具和设备、主要原材料、产品用途和服务，作为第五、第六大类判定工作性质同一性的标志。正因为如此，职业分类与行业分类在技术方法上的相通性，

第五章 现代农业产业化职业发展

表 5-1 各版次《大典》涉农职业体系对照表

| 1999年版《大典》 | | | | | | 2015年版《大典》 | | | | | | 2022年版《大典》 | | | | |
|---|---|---|---|---|---|---|---|---|---|---|---|---|---|---|---|---|
| 中类编码 | 中类名称 | 小类 | 职业 | 工种 | | 中类编码 | 中类名称 | 小类 | 职业 | 工种 | | 中类编码 | 中类名称 | 小类 | 职业 | 工种 |
| 2-03 | 农业技术人员 | 7 | 13 | | | 2-03 | 农业技术人员 | 10 | 13 | | | 2-03 | 农业技术人员 | 10 | 12 | |
| 5-01 | 种植业生产人员 | 7 | 29 | 64 | | 5-01 | 农业生产人员 | 3 | 7 | 25 | | 5-01 | 农业生产人员 | 3 | 7 | 28 |
| 5-02 | 林业生产及野生动植物保护人员 | 5 | 21 | 53 | | 5-02 | 林业生产人员 | 5 | 7 | 11 | | 5-02 | 林业生产人员 | 5 | 7 | 13 |
| 5-03 | 畜牧业生产人员 | 7 | 25 | 41 | | 5-03 | 畜牧业生产人员 | 4 | 7 | 18 | | 5-03 | 畜牧业生产人员 | 4 | 7 | 18 |
| 5-04 | 渔业生产人员 | 4 | 28 | 59 | | 5-04 | 渔业生产人员 | 4 | 8 | 33 | | 5-04 | 渔业生产人员 | 4 | 8 | 35 |
| 5-05 | 水利设施管理养护人员 | 5 | 20 | 14 | | 5-05 | 农、林、牧、渔业生产辅助人员 | 7 | 24 | 53 | | 5-05 | 农、林、牧、渔业生产辅助人员 | 7 | 25 | 56 |
| 5-99 | 其他农、林、牧、渔、水利业生产人员 | 2 | 12 | 5 | | 5-99 | 其他农、林、牧、渔业生产及辅助人员 | 1 | | | | 5-99 | 其他农、林、牧、渔业生产及辅助人员 | | | |
| 总计 | | 37 | 148 | 236 | | | | 34 | 66 | 140 | | | | 33 | 66 | 150 |

151

使行业分类成为职业分类的重要参照系。1999年版《大典》将农业领域的职业分别安排在第二、第五大类。第二大类主要是农业领域的专业技术人员；第五大类则包括从事农、林、牧、渔业及水利业生产和产品加工的人员，分为6个中类、37个小类，共计148个职业。

2015年首次修订《大典》时，职业分类体系与行业分类进行对标，主要体现于参照行业分类对第五大类进行的调整，所形成的职业中类体系结构延续至今。一是根据社会服务经济活动的同一性，将水利设施管理养护人员和野生动植物保护人员，连同所属职业（工种）一并划为社会生产服务和生活服务人员。二是根据工作性质的同一性，区别生产性活动或辅助生产性活动，将有关农业生产技术服务、农机服务、农产品初加工等辅助性生产活动的职业并入同一个中类。

### （二）适应产业化发展需求

20世纪90年代中期，我国农业产业化进入培育成长阶段。农业生产的各行业，呈现出以市场为导向，以经济效益为中心，以主导产业、产品为重点，优化组合各种生产要素，逐步实现布局区域化、生产专业化、建设规模化、加工系列化、服务社会化和管理企业化的发展态势。农业经营模式与生产方式的改变，推动着传统农民向现代农民的转变，成为加速农民职业化的有效途径。

产业化能够促进职业化。种子（苗）行业处于农业产业链的上游，是农业的核心生产资料。20世纪80年代初，我国农作物种子（苗）生产开始探索专业化生产。经过近20年"四化一供"的发展模式，以及《种子法》《植物新品种保护条例》的实施，标志着我国农作物种子生产进入以新品种培育为核心的市场化竞争时期，民营企业逐步增多并成为市场主体。截至2018年，全国种子（苗）生产企业数量超过5 000家，从业人员数量超过15万人，主要种子（苗）品种的商品化率大幅度提高（如图5-3所示）。

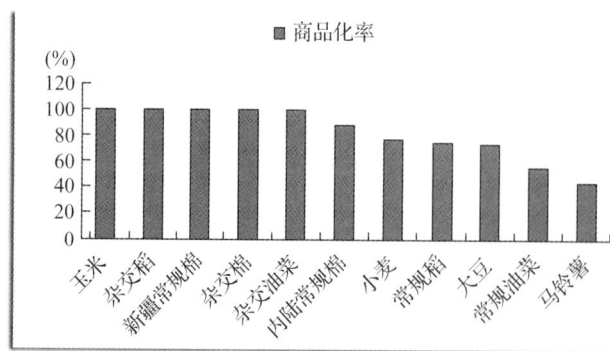

资料来源：全国农技中心、前瞻产业研究院。

图5-3　我国重要农作物种子（苗）生产态势

作物种子（苗）生产方式的转变，扩大了生产规模，提高了专业化和商品化程度，对从业人员的职业能力与劳动分工提出了新的要求，主要表现为种业生产队伍发展壮大的同时，工作性质也由作物商品的生产转化为生产资料的生产。这种根本性转变，成为与大田作物生产人员之间的职业边界，并从中分离出来形成职业化队伍。在2015年版《大典》中，反映为"作物种子（苗）繁育生产人员"小类的确立。该小类包括农作物种子生产和种苗生产两支生产技术不同的职业化队伍，前者覆盖从种子繁育到生产加工全过程的各工种，后者侧重于种苗的培育。

在林业、畜牧业和渔业产业化发展过程中，同样有产业化促进职业化的类似情况。如林木种苗繁育人员、畜禽种苗繁育人员、水产苗种繁育人员职业化队伍的形成及其在国家职业分类中的反映。

### （三）反映生态化发展理念

产业化的农业具有"高投入、高产出"的特征，但在收获了较高农业产量产出的同时，不可避免地暴露出土壤侵蚀、土地质量下降，大量使用农药和化肥造成环境污染，以及食品安全危机等方面的问题。长期累积的"逆生态化"效应持续不断地警示我们，单纯追求产业化和产量的增长，既难以保障农业的可持续比发展，还将造成自然环境的破坏，甚至危及人类生存环境和自身安全。

生态化农业的发展理念包括绿色农业、循环农业、有机农业、可持续农业等多种表述方式，但其核心理念都大致相同，主要指在注重农业发展效率的同时也要同样注重保护和恢复生态，如农业生产中的节约资源、减肥减药、生态保育等。20世纪90年代中期，我国的生态农业规模逐步从生态户、生态村扩大至生态乡、生态县，并在此过程中积累了多种生产方式。进入21世纪，随着可持续发展战略得到普遍认同，生态农业的发展理念被推广到了更大范围。

我国生态农业的发展具有综合性、高效性和持续性的特点。生态农业在转变发展理念、改变生产资料及其利用方式的同时，也改变着从业人员的工作内容和要求。如家畜饲养由散养转变为集中饲养，要求从业人员既要注重产出，也要注重环境的保护等，详见表5-2。

在生态化渔业生产领域，一方面发展集约化、工厂化养殖，大幅度提高养殖单产和经济效益，同时控制养殖自身污染，减轻对环境与资源的破坏；另一方面，积极推行稻鱼（虾、蟹）共生等生态循环养殖模式，实现"稳粮丰鱼增收"目的。在生态化林业发展领域，尽管职业的种类和数量并无太大变化，但整个行业由"砍树"转为"种树"，由以木材生产为主业转向木材生产与"碳汇"生产并重。而无论哪种生产方式的变化，都终将影响到职业分类体系和工作内容。

表 5-2　　　　　　　　　家畜饲养有关职业工作内容变化

| 职业名称 | 定义 | 主要工作任务 | 工种 |
| --- | --- | --- | --- |
| 家畜饲养工<br>（1999 年版） | 从事家畜和特种畜类的喂养、护理、放牧、调教和饲料调制的人员 | 1. 进行家畜和特种畜类的饲喂、放牧、调教、挤奶、剪毛；<br>2. 调制饲料；<br>3. 进行孕畜和仔畜的接产、护理；<br>4. 对成畜、幼畜一般常见病进行观察、护理；<br>5. 填写记录和统计报表 | 包括但不限于下列工种：<br>放牧工、驯马工、剪毛工、特种经济动物饲养工、挤奶工 |
| 家畜饲养员<br>（2015 年版） | 操作供料设备和圈养设施，饲喂家畜和收集乳、毛绒等产出品的人员 | 1. 操作配制和供料设备，饲喂圈养家畜；<br>2. 放牧、调教马牛羊等草食家畜；<br>3. 操作挤奶器具，收集生鲜乳；<br>4. 使用推毛机和梳毛器具，收集毛绒；<br>5. 观察母畜妊娠状况，助产与护理仔畜；<br>6. 清扫、排除粪污和杂物，控制圈舍环境；<br>7. 填写饲养记录和统计报表，协助生产性能测定工作；<br>8. 辅助兽医免疫防疫和消毒，无害化处理病、死畜 | 包括但不限于下列工种：<br>驯马工、养猪工、草食家畜饲养工 |

## （四）助力社会化生产服务

农业生产社会化服务体系是根据农业生产的发展需要，由各种社会力量与相关经济组织，为农业生产经营主体提供生产手段、供应销售、产品加工、信息技术等各种服务而构成的产业体系。农业生产服务的社会化程度成为衡量农业商品化和现代化程度的重要指标。

20 世纪 80 年代，我国农业生产服务的社会化开始起步。1984 年，"中央一号文件"确立了以家庭联产承包为基础、统分结合的双层经营体制，激发了农业生产的活力。承包户既有提高生产效益的积极性，又有寻求生产服务支持的决策权，加上现代农业生产对技术与设备的高度依赖，造成了对农业生产服务社会化的大量需求。近 30 年来农业农村的持续改革，又赋予农业生产服务社会化以新的内涵与要求，促使农业生产服务沿着公益性服务转向经营性产业化服务的路径，并不断加强和发展壮大。

农业生产服务社会化为从业人员的职业化提供了发展环境和空间，而职业化的服务队伍又极大地促进了生产服务的社会化。在这种良性的互动中，逐渐形成了农业生产服务、动植物疫病防治、农村能源利用、农村环境保护、农机化服务、农副林特产品初加工的职业化队伍。

比较不同版本的国家职业分类体系中的职业（工种）及其工作内容，可以大致看到30年来农业职业化演变的轨迹。一是农业技术服务队伍的扩容。由农业技术指导员、农业技术员构成的农业技术服务队伍，在人员结构上包括了专业技术人员和高技能人才，后者更是覆盖主导产业、直接服务于生产现场。二是农机化服务的细化。如农机驾驶操作人员，分别按技术或技能上的区别，从3个种类发展细分为11个具体的工作种类。三是服务领域的拓展。以农业经理人（包括农业技术指导员和农业技术员两个职业）的纳入为标志，农业生产服务的社会化完整地包括经营管理、技术与装备提供、动植物疫病防治、环境保护等服务领域（见表5-3）。

表5-3　　2022年版《大典》中典型农业技术服务队伍的职业活动

| 职业名称 | 定义 | 主要工作任务 |
| --- | --- | --- |
| 农业技术指导人员 | 从事农业技术指导、咨询、培训技术开发和信息服务的人员 | 1. 采集、分类、加工、处理农业技术信息，向农户发送农业科技、农产品供求和生产资料等信息；<br>2. 向农民推荐农作物和畜禽、水产的优良品种并传授与之配套的种养技术；<br>3. 向农民传授动植物营养知识、病虫害诊断防治技术以及农产品标准化等先进、实用的生产技术；<br>4. 进行农业生产的田间或现场技术指导；<br>5. 开发推广农业科技产品，解答农业生产和农产品加工等技术问题，提供农业生产相关的法律法规和技术咨询；<br>6. 编写有关生产的技术资料，组织技术培训 |
| 农业技术员 | 从事农、林、牧、渔业生产技术推广和服务工作的人员 | 1. 采集、加工、处理农林牧渔生产技术、产品供求信息、生产资料供应等信息，提供生产安排的信息服务；<br>2. 指导农户选择种植、养殖品种，示范、讲解配套的生产技术；<br>3. 传授动植物营养状况以及病生害的诊断、防治技术；<br>4. 指导农户选用肥料、农药，示范、讲解测土测叶配方肥药、农药配制和施用技术；<br>5. 推广营造林生产技术，指导、监理营造林工程施工；<br>6. 推荐新型生产机具和设施，示范、讲解使用与维护保养方法；<br>7. 进行生产现场的技术指导，帮助解决生产安排、技术措施等方面的问题；<br>8. 推广标准化等生产技术，提供农业生产法律法规咨询服务；<br>9. 编写农业生产的技术资料，组织开展技术培训 |

## 三、农业现代化与职业发展

农业现代化是用现代科学技术、工业装备支撑农业，用现代发展理念管理农业，着力于创造高产、优质、低耗的农业生产体系和节约资源、保护环境的农业生态系统的历史进程。农业现代化的发展，不仅改变着传统农业生产方式与业态，也对改变农业生产劳动组织方式、农业劳动者的职业生态，引导职业发展起到了不可替代的积极作用。

### （一）技术进步提升职业技能

1988年，邓小平同志提出"科学技术是第一生产力"的重要论断。农业生产技术进步的发展实践，不断地验证着这一科学论断的正确性。科学技术在农业生产领域的广泛应用，彻底改变了"人扛牛拉""靠天吃饭"的传统生产方式，实现了以机械作业为主的历史性跨越。

目前，我国已先后完成研制并投入使用的耕整地、种植、田间管理、收获、产后处理和加工等机械装备达4 000种以上，小麦种植已基本实现生产全程机械化，水稻、玉米的耕、种、收机械化率超过80%，油菜、花生、大豆、棉花机械化作业水平大幅提高，全国农作物耕、种、收环节的综合机械化率超过67%，部分生产领域或环节开始实现"机器换人"。2020年，我国农业科技进步贡献率达到60.7%，成为驱动农业生产发展的重要动力。科技进步在转变农业生产方式，推动规模化、生态化、设施化以至智能化发展的同时，又以强大的外在动力作用于系统内农、林、牧、渔等应用领域，并赋予相关职业劳动以新的内容和方式，使操作与使用以机械化为代表的生产工具成为从业人员必须具备的职业技能。通过表5-4可以看出农艺工作内容的不断发展变化。

面向未来，农业生产领域广泛、持续地应用科学技术，仍将是实现农业创新驱动发展以及实施"藏粮于地、藏粮于技"战略的核心。以此为发展背景，依靠科技进步改变生产方式，进而改变工作内容以及对劳动者的职业素质要求，将是农业生产领域职业发展的主旋律。

修订《大典》，则是力求将这些职业劳动形式与内容的变化适时反映出来，为制定职业技能标准提供依据，引导人才培养与评价，促进劳动者提升职业技能。

表 5-4　　　　　　　　　《大典》中农艺工工作内容的变化

| 职业名称 | 定义 | 主要工作任务 |
|---|---|---|
| 农艺工<br>（1999 年版） | 从事农田耕整、土壤改良、作物栽培、田间管理、收获储藏等农业生产活动的人员 | 1. 进行农田的土地耕整、土壤改良；<br>2. 选种、制种、育苗、播种、栽插等；<br>3. 进行施肥、灌溉与排水、中耕除草等田间管理；<br>4. 对农作物的长势长相、营养、群体、生理保障等进行诊断以及产量预测；<br>5. 对旱、涝、干热风、低温冷害等开展抗灾活动和生产自救；<br>6. 提纯复壮、杂交制种，储藏、保管种子；<br>7. 收获农作物；<br>8. 对收获的农作物及其产品进行脱粒、晾、晒等初加工和储藏；<br>9. 维护和保养农具 |
| 农艺工<br>（2022 年版） | 使用耕种、灌溉等农机具，耕整田地、改良土壤、栽培和收获农作物的人员 | 1. 使用耕作机具，耕整、改良农田土壤；<br>2. 使用育苗设施和器具，选择、消毒、浸泡、翻拌种子，培育大田种苗；<br>3. 使用播种、栽插机具或人工方式，播种或移植种苗；<br>4. 使用耕作机具，进行中耕、除草等作业；<br>5. 使用灌溉、喷洒机具，浇水、施肥、施药；<br>6. 使用收获机具或人工，收割、采摘大田收获物；<br>7. 清理、运送秸秆等剩余废弃物，或处理后还田；<br>8. 维护保养农机具 |

## （二）业态转型促进职业分化

人类进入农业文明以来，可耕地需求不断增加，毫无节制的开荒造地，毁掉了全球 30% 左右的森林，持续恶化的生态环境，不但造成生命财产的重大损失，甚至危及人类自身的生存，拷问着人类职业劳动的根本目的。进入新世纪后，我国农业生产领域以林业生产转型为突破口，加大了既要环境、又要生产的"二元化"业态转型力度，推动着农业生产领域的职业分化。

长期以来，我国经济社会发展遭受特大洪水、水土流失、土地沙化、扬尘雾霾等环境问题的困扰，天然林及其自然生态在维系生态平衡、涵养水源、保护生物多样性、保存自然遗产等方面的生态价值凸显，保护和恢复生态环境成为可持续发展的战略抉择。近 20 年来，我国实施的退耕还林还草工程，涉及 25 个省级行政区（和新疆生产建设兵团）的 2 435 个县，成林面积达 5.15 亿亩，占全球同期增绿面积的 4% 以上。为此，中央财政累计投入 5 174 亿元，全国完成造林面积占同期生态工程造林总面积的 40.5%，工程区内森林覆盖率平均提高 4% 以上，生态环境得到显著改善。同时，全国约 4 100 万农户参与退耕还林还草工程，通过机制创新和模式推广，有效利用国家补助资金，培育优势资源、发展特色产业，有力推动了农民增收和精准脱贫。与此同时，促进产业转型的措施还有"退田还湖",重要海域阶段性休渔,长江流域以及洞庭湖、青海湖等淡水湖阶段性以至永久性禁渔等。

实施保护和恢复生态所采取的战略措施,客观上要求在农业生产领域内,所有以简单粗暴的形式索取自然资源的传统产业形态,其产量要维持零增长或负增长,甚至淘汰整个业态。取而代之的,是以环境友好、资源节约的新兴产业形态及其产出品去满足社会发展和生产生活的需求。站在职业发展的角度来看,这种业态转型结果,是将职业体系分化为与传统产业形态或新兴产业形态对应的职业类别,一方面传统产业形态的从业人员数量增长受到限制,被淘汰业态的职业(工种)将会退出社会分工;另一方面,新兴产业形态将以新的生产技术和劳动组织方式,对从业人员的职业能力提出新的要求,引导从业人员通过学习训练掌握新的劳动技能,由传统产业形态流向新兴产业形态,实现重新就业。

### (三)产业发展重构职业体系

农业产业化是为适应市场经济发展,在农业经营组织制度和机制上的重大创新,是实现农业现代化的必由之路。农业产业化发展道路,以家庭承包经营为基础,依靠龙头企业或中介组织带动与连接,以市场为导向连接生产、加工、销售等环节,形成完整的产业系统。在系统内,形成有机结合、相互促进的利益机制,在更大范围内实现资源配置的优化以及种养加、产供销、贸工农一体化的经营。

对农业生产领域各行业从业人员的职业生涯而言,在生产方式上由自然经济转变到产业经济,无异于一次脱胎换骨的变革。产业化的生产组织形式,客观上要求以先进生产技术为先导,按照产业化生产规律,调整产前、产中、产后各环节的劳动分工,通过利益纽带联结、重组与产业链相应的人才链。

从国家职业分类历次修订的结果(详见表5-5至表5-9所示)来看,农业产业化职业发展的实际影响,主要体现为整个职业体系的重组。一方面反映为按照产业发展水平和经济活动分类,进行跨职业大类的类别调整,如:原附属于农、林、牧、渔业产业链的大部分加工类职业(工种),以及类似社会服务的基础设施建设与管护、环境保护类职业(工种),分别对应调整到制造业和服务业;另一方面反映为农业生产领域各行业内部,在中类、小类级别上的重组和调整,如:所有服务和辅助性生产的职业(工种)归入同一个中类后再细分小类,以及各行业种苗繁育生产与产出品生产职业以小类为标志相对独立,形成与产业链上下游相应的职业队伍等。在职业(工种)的层面,又主要反映为:部分职业(工种)因生产技术落后、技能单一的原因,退出劳动分工;大量的工种因工作性质相似整合到同一个职业内,丰富了职业活动内容,降低了技能迁移的成本;为满足因新需求而出现的新职业,如农产品经纪人、农业经理人等。

表5-5  农业职业体系对照表

| 1999年版《大典》 | | | 2015年版《大典》 | | | 2022年版《大典》 | | |
|---|---|---|---|---|---|---|---|---|
| 5-01-01 | 大田作物生产人员 | | | | | | | |
| 5-01-01-01 | 农艺工 | 粮食作物栽培工,棉花栽培工,油料作物栽培工,糖料作物栽培工,麻、烟类作物栽培工,农艺工 | 5-01-01 | 作物种(苗)繁育生产人员 | | 5-01-01 | 作物种(苗)繁育生产人员 | |
| 5-01-01-02 | 啤酒花生产工 | 啤酒花栽培工,啤酒花加工工 | 5-01-01-01 | 种子繁育员 | 作物制种工,饲草种子繁育工,种子加工工 | 5-01-01-01 | 种子繁育员 | 作物制种工,饲草种子繁育工,种子加工工 |
| 5-01-01-03 | 作物种子繁育工 | | 5-01-01-02 | 种苗繁育员 | 蔬菜种苗工,桑树育苗工,茶树育苗工,花卉种苗工,果树育苗工,橡胶育苗工 | 5-01-01-02 | 种苗繁育员 | 蔬菜种苗工,桑树育苗工,茶树育苗工,花卉种苗工,果树育苗工,橡胶育苗工 |
| 5-01-01-04 | 农作物植保工 | 病虫草害防治工,生物防治工,植物检疫工,庄稼医生 | | | | | | |
| 5-01-01-05 | 农作物种子加工员 | | | | | | | |
| 5-01-02 | 农业实验人员 | | 5-01-02 | 农作物生产人员 | | | 农作物生产人员 | |

续表

| 1999年版《大典》 | | 2015年版《大典》 | | 2022年版《大典》 | |
|---|---|---|---|---|---|
| 5-01-02-01 | 农业实验工 | 5-01-02-01 | 农艺工 | 5-01-02-01 | 农艺工 |
| | 土肥测试员、农业实验工 | | 粮食作物栽培工、糖料作物栽培工、油料作物栽培工、棉花栽培工、麻类作物栽培工、烟花栽培工、啤酒花栽培工、牧草栽培工 | | 粮食作物栽培工、糖料作物栽培工、油料作物栽培工、棉花栽培工、麻类作物栽培工、烟花栽培工、啤酒花栽培工、牧草栽培工 |
| 5-01-02-02 | 农情测报员 | 5-01-02-02 | 园艺工 | 5-01-02-02 | 园艺工 |
| | | | 蔬菜栽培工、果树栽培工、花卉栽培工、桑树栽培工、茶树栽培工 | | 蔬菜栽培工、果树栽培工、花卉栽培工、桑树栽培工、茶树栽培工 |
| 5-01-03 | 园艺作物生产人员 | 5-01-02-03 | 食用菌生产工 | 5-01-02-03 | 食用菌生产工 |
| 5-01-03-01 | 蔬菜园艺工 | 5-01-02-04 | 热带作物栽培工 | 5-01-02-04 | 热带作物栽培工 |
| | 育苗工、绿化工、花卉工 | | 剑麻栽培工、橡胶割胶工 | | 剑麻栽培工、橡胶割胶工 |
| 5-01-03-02 | 花卉园艺工 | 5-01-02-05 | 中药材种植员 | 5-01-02-05 | 中药材种植员 |
| 5-01-03-03 | 果、茶、桑园艺工 | 蚕茧烘烤工、果树工、桑园工、茶业工、蚕业工、茶园工 | | | |
| 5-01-03-04 | 菌类园艺工 | 食用菌菌种工、食用菌生产技术指导员、生产工 | | | |

续表

| | 1999年版《大典》 | | 2015年版《大典》 | 2022年版《大典》 |
|---|---|---|---|---|
| 5-01-04 | 热带作物生产人员 | | | |
| 5-01-04-01 | 天然橡胶生产工 | 橡胶育苗工、橡胶栽培工、橡胶割胶工、橡胶制胶工 | | |
| 5-01-04-02 | 剑麻生产工 | 剑麻栽培工、剑麻制品工 | | |
| 5-01-05 | 中药材生产人员 | | | |
| 5-01-05-01 | 中药材种植员 | 参业工、人参加工工、中药材种植工 | | |
| 5-01-05-02 | 中药材养殖员 | 鹿茸加工工、中药材养殖工 | | |
| 5-01-05-03 | 中药材生产管理员 | 中药材生产管理员、中药材资源护管员 | | |
| 5-01-06 | 农副林特产品加工人员 | | | |
| 5-01-06-01 | 棉花加工工 | 锯齿轧花工、气力输送工、皮辊轧花工、锯齿剥绒工、絮锦加工工、棉花加工辅助工 | | |
| 5-01-06-02 | 果类产品加工工 | 果汁酱加工工、果脯蜜饯加工工、炒货加工工 | | |

续表

| 　 | 1999年版《大典》 | 2015年版《大典》 | 2022年版《大典》 |
|---|---|---|---|
| 5-01-06-03 | 茶叶加工工 | 茶叶精制工、茶叶初制工 | |
| 5-01-06-04 | 蔬菜加工工 | 魔芋切片工、菜类干制加工工、蔬菜加工工 | |
| 5-01-06-05 | 竹、藤、麻、棕、草制品加工工 | 竹制品加工工、穿、织、绷工 | |
| 5-01-06-06 | 特种植物原料加工工 | 野生植物原料加工工、生漆加工工、芳香油类加工工 | |

表5-6 林业职业体系对照表

| 1999年版《大典》 | | 2015年版《大典》 | | 2022年版《大典》 | |
|---|---|---|---|---|---|
| 5-02-01 | 营造林人员 | 5-02-01 | 林木种苗繁育人员 | 5-02-01 | 林木种苗繁育人员 |
| 5-02-01-01 | 林木种苗质量检验工、林木种苗工 | 5-02-01-00 | 林木种苗工 | 5-02-01-00 | 林木种苗工，林草种子工、苗木培育工、植物组织培养工 |
| 5-02-01-02 | 造林工 | 5-02-02 | 营造林人员 | 5-02-02 | 营造林人员 |
| 5-02-01-03 | 抚育间伐工 | 5-02-02-00 | 造林更新工、沙地治理工 | 5-02-02-00 | 造林更新工，沙地治理工、营林试验员 |

第五章 现代农业产业化职业发展

续表

| 1999年版《大典》 | | 2015年版《大典》 | | 2022年版《大典》 |
|---|---|---|---|---|
| 5-02-01-04 | 营林试验工 | | | |
| 5-02-01-05 | 营造林工程监理员 | | | |
| 5-02-02 | 森林资源管护人员 | 5-02-03 | 森林经营和管护人员 | 森林经营和管护人员 |
| 5-02-02-01 | 护林员 | 5-02-03-01 | 护林员 | 护林员 |
| 5-02-02-02 | 森林病虫害防治员 | 5-02-03-02 | 森林抚育工 | 森林抚育工 |
| 5-02-02-03 | 森林防火员 | | | |
| 5-02-03 | 野生动植物保护及自然保护区保护人员 | | | |
| 5-02-03-01 | 野生动物保护员 | | | |

（野生动物监测工、野生动物实验辅助工、野生动物驯化工、野生动物繁殖工、野生动物疫病防治工、野生动物管护工、野生动物采收工、野生动物标本工、狩猎导猎员、野生动物猎捕工、野生动物加工工、野生动物饲养工）

续表

| 1999年版《大典》 | | | 2015年版《大典》 | | 2022年版《大典》 | |
|---|---|---|---|---|---|---|
| 5-02-03-02 | 野生植物保护员 | 野生植物实验辅助工、野生植物监测工、野生植物候期观测工、野生植物救护工、野生植物加工工、野生植物培植工、野生植物采集工、野生植物管护巡护工 | | | | |
| 5-02-03-03 | 自然保护区巡护监测员 | 自然保护区环境巡护监测工、自然保护区检查工、自然保护区社区共管联络工 | | | | |
| 5-02-03-04 | 标本员 | 标本管理员、苔藓标本制作工、菌类标本采集工、非生物标本制作工、非生物标本采集工、植物标本采集工、植物标本制作工、昆虫标本采集工、昆虫标本制作工、动物标本采集工、动物标本制作工、生物标本工、生物玻片标本工、生物模型工 | | | | |
| 5-02-04 | 木材采运人员 | | 5-02-04 | 木材采运人员 | 5-02-04 | 木材采运人员 |
| 5-02-04-01 | 木材采伐工 | 油锯工、人力采伐工 | 5-02-04-01 | 林木采伐工 | 油锯工、人力采伐工 | 5-02-04-01 | 林木采伐工 | 油锯工、人力采伐工 |

续表

| 编码 | 1999年版《大典》 | | 2015年版《大典》 | | 2022年版《大典》 | |
|---|---|---|---|---|---|---|
| 5-02-04-02 | 集材作业工 | 集材拖拉机司机、集材工 | 集材作业工 | 集材拖拉机司机、绞盘机司机 | 集材作业工 | 集材拖拉机司机、绞盘机司机 |
| 5-02-04-03 | 木材水运工 | 单漂流送工、木材收储工、编放排工、出河机司机 | 木材水运工 | 单漂流送工、木材收储工、编放排工、出河机司机 | 木材水运工 | 单漂流送工、木材收储工、编放排工、出河机司机 |
| 5-02-04-04 | 装卸归楞工 | | | | | |

表5-7　畜牧业职业体系对照表

| 编码 | 1999年版《大典》 | | 2015年版《大典》 | | 2022年版《大典》 | |
|---|---|---|---|---|---|---|
| 5-03-01 | 家畜饲养人员 | | 畜禽种苗繁育人员 | | 畜禽种苗繁育人员 | |
| 5-03-01-01 | 家畜饲养工 | 放牧工、驯马工、剪毛工、家畜饲养工、特种经济动物饲养工、挤奶工 | 家畜繁殖员 | 种畜冻精制作工、家畜人工授精工、种畜胚胎移植工 | 家畜繁殖员 | 种畜冻精制作工、家畜人工授精工、种畜胚胎移植工 |
| 5-03-01-02 | 家畜繁殖工 | 胚胎移植工、冷冻精液制作工 | 家禽繁殖员 | 孵化工、家禽人工授精工 | 家禽繁殖员 | 孵化工、家禽人工授精工 |
| 5-03-01-03 | 牛肉分级员 | | 畜禽饲养人员 | | 畜禽饲养人员 | |
| 5-03-02 | 家禽饲养人员 | | 家畜饲养员 | 驯马工、养猪工、草食家畜饲养工 | 家畜饲养员 | 驯马工、养猪工、草食家畜饲养工 |
| 5-03-02 | | | 家禽饲养员 | 养鸡工、水禽饲养工 | 家禽饲养员 | 养鸡工、水禽饲养工 |

续表

| 1999年版《大典》 | | | 2015年版《大典》 | | | 2022年版《大典》 | |
|---|---|---|---|---|---|---|---|
| 5-03-02-01 | 家禽饲养工 | 家禽饲养工、特种禽类饲养工 | | | | | |
| 5-03-02-02 | 家禽繁殖工 | 畜禽繁殖工、畜禽育种工、孵化工、雏禽性别鉴别工 | | | | | |
| 5-03-03 | 蜜蜂饲养人员 | | 5-03-03 | 特种经济动物饲养人员 | | | |
| 5-03-03-01 | 蜜蜂饲养工 | 益虫饲养工、养蜂工、蜂具制造工 | 5-03-03-01 | 经济昆虫养殖员 | 养蜂员、蚕饲养员、益虫饲养工 | 5-03-03-01 | 经济昆虫养殖员 | 养蜂员、蚕饲养员、益虫饲养工 |
| 5-03-03-02 | 蜂产品加工工 | | 5-03-03-02 | 实验动物养殖员 | 实验动物饲养员、实验动物繁殖员 | 5-03-03-02 | 实验动物养殖员 | 实验动物饲养员、实验动物繁殖员 |
| | | | 5-03-03-03 | 特种动物养殖员 | 特种禽类饲养员、药用动物繁育员、特种经济动物养殖员 | 5-03-03-03 | 特种动物养殖员 | 特种禽类饲养员、药用动物繁育员、特种经济动物养殖员 |
| 5-03-04 | 实验动物饲养人员 | | | | | | |
| 5-03-04-01 | 实验动物饲养工 | 实验动物繁殖工、实验动物饲养工、药理实验动物饲养工 | | | | | |
| 5-03-05 | 动物疫病防治人员 | | | | | | |

续表

| | 1999年版《大典》 | | 2015年版《大典》 | 2022年版《大典》 |
|---|---|---|---|---|
| 5-03-05-01 | 动物疫病防治员 | 动物疫情信息员、兽医消毒工、畜禽阉割工、兽医防治员 | | |
| 5-03-05-02 | 兽医化验员 | 兽医化验员 | | |
| 5-03-05-03 | 动物检疫检验员 | 动物检疫检验员 | | |
| 5-03-05-04 | 中兽医员 | 中兽医员、兽医药剂员 | | |
| 5-03-05-05 | 水生生物病害防治员 | 水生生物病害防治员 | | |
| 5-03-05-06 | 水生生物检疫检验员 | 水生生物检疫检验员 | | |
| 5-03-05-07 | 宠物医师 | 宠物医师 | | |
| 5-03-06 | 草业生产人员 | | | |
| 5-03-06-01 | 草地监护员 | 草地资源监测员、草地自然保护区管护工、草地珍稀濒危植物保护工 | | |
| 5-03-06-02 | 牧草工 | 牧草种子繁育工、牧草种子检验工、牧草栽培工、草地培育工、牧草产品加工工 | | |
| 5-03-06-03 | 草坪建植工 | 草坪检测工、草坪建植工、草坪管护工 | | |

表5-8 渔业职业体系对照表

| 1999年版《大典》 | | 2015年版《大典》 | | 2022年版《大典》 | |
|---|---|---|---|---|---|
| 5-04-01 | 水产养殖人员 | 5-04-01 | 水产苗种繁育人员 | 5-04-01 | 水产苗种繁育人员 |
| 5-04-01-01 | 水生动物苗种繁育工（海水鱼苗种繁育工，淡水鱼苗种繁育工，海水虾、蟹、贝类苗种繁育工，珍稀水生动物苗种繁育工，淡水鱼苗种繁育工） | 5-04-01-01 | 水生动物苗种繁育工（海水鱼类繁育工，淡水鱼类繁育工，生物饵料培育员，爬行类繁育工，两栖类繁育工，贝类繁育工，甲壳类繁育工，棘皮类繁育工） | 5-04-01-01 | 水生动物苗种繁育工（海水鱼类繁育工，淡水鱼类繁育工，生物饵料培育员，爬行类繁育工，两栖类繁育工，贝类繁育工，甲壳类繁育工，棘皮类繁育工） |
| 5-04-01-02 | 水生植物苗种培育工（淡水水生植物苗种繁育工，海水水生植物苗种繁育工，海藻育苗工） | 5-04-01-02 | 水生植物苗种培育工（海藻繁育工，淡水生植物繁育工） | 5-04-01-02 | 水生植物苗种培育工（海藻繁育工，淡水生植物繁育工） |
| 5-04-01-03 | 水生动物饲养工（淡水虾、蟹、贝类饲养工，海水虾、蟹、贝类饲养工，海水成鱼饲养工，珍稀水生动物饲养工，淡水成鱼饲养工） | 5-04-02 | 水产养殖人员 | 5-04-02 | 水产养殖人员 |
| 5-04-01-04 | 水生植物栽培工（海水藻、贝类养殖，水生植物栽培工） | 5-04-02-01 | 水生动物饲养工（海水鱼类养殖工，淡水鱼类养殖工，棘皮类养殖工，爬行类养殖工，贝类养殖工，两栖类养殖工，甲壳类养殖工，淡水珍珠养殖工，海水珍珠养殖工） | 5-04-02-01 | 水生动物饲养工（海水鱼类养殖工，淡水鱼类养殖工，棘皮类养殖工，两栖类养殖工，爬行类养殖工，贝壳类养殖工，甲壳类养殖工，淡水珍珠养殖工，海水珍珠养殖工，水族造景工） |
| 5-04-01-05 | 珍珠养殖工（海水育珠工，淡水育珠工） | 5-04-02-02 | 水生植物栽培工（大型藻类栽培工，水生高等植物栽培工） | 5-04-02-02 | 水生植物栽培工（大型藻类栽培工，水生高等植物栽培工） |

续表

| 1999年版《大典》 | | 2015年版《大典》 | | 2022年版《大典》 |
|---|---|---|---|---|
| 5-04-01-06 | 生物饵料培养工 | | | |
| 5-04-01-07 | 水产养殖潜水工 | 5-04-02-03 | 水产养殖潜水工 | 水产养殖潜水工 |
| 5-04-01-08 | 海水水生动物养殖工 | | | |
| 5-04-01-09 | 淡水水生动物养殖工 | | | |
| 5-04-01-10 | 水产养殖质量管理员 | | | |
| 5-04-02 | 水产捕捞及有关人员 | 5-04-03 | 水产捕捞及有关人员 | 水产捕捞及有关人员 |
| 5-04-02-01 | 海水捕捞工、淡水捕捞工 | 5-04-03-01 | 水生动植物采集工、淡水捕捞工、海水捕捞工 | 水产捕捞工 | 水生动植物采集工、淡水捕捞工、海水捕捞工 |
| 5-04-02-02 | 渔业生产船员 | 5-04-03-02 | 渔场驾驶员、渔船无线电操作员、渔船电机员、渔船轮机长、渔船普通船员、渔船轮机机员 | 渔业船员 | 渔船驾驶员、渔船无线电操作员、渔船电机员、渔船轮机长、渔船普通船员、渔业观察员 |
| 5-04-02-03 | 水生动植物采集工 | 5-04-03-03 | 渔网具装配工、机织有结网片工、机织无结网片工 | 渔网具工 | 渔网具装配工、机织有结网片工、机织无结网片工 |
| 5-04-02-04 | 渔具装配工 | | | |

续表

| 1999年版《大典》 | | 2015年版《大典》 | | | 2022年版《大典》 | | |
|---|---|---|---|---|---|---|---|
| 5-04-03 | 水产品加工人员 | | | | | | |
| 5-04-03-01 | 水产品原料处理工 | | | | | | |
| 5-04-03-02 | 水产品腌熏烤制工 | | | | | | |
| 5-04-03-03 | 鱼糜及鱼糜制品加工工 | | | | | | |
| 5-04-03-04 | 鱼粉加工工 | | | | | | |
| 5-04-03-05 | 鱼肝油及制品加工工 | | | | | | |
| 5-04-03-06 | 海藻制碘工 | | | | | | |
| 5-04-03-07 | 海藻制醇工 | | | | | | |
| 5-04-03-08 | 海藻制胶工 | | | | | | |
| 5-04-03-09 | 海藻食品加工工 | | | | | | |
| 5-04-03-10 | 贝类净化工 | | | | | | |

第五章　现代农业产业化职业发展

表5-9　农业服务业职业体系对照表

| 1999年版《大典》 | 2015年版《大典》 | | 2022年版《大典》 | |
|---|---|---|---|---|
| | 5-05-01 | 农业生产服务人员 | 5-05-01 | 农业生产服务人员 |
| | 5-05-01-01 | 农业技术员 | 5-05-01-01 | 农业技术员 |
| | | 农作物种植技术员、园艺生产技术员、畜牧技术员、水产技术员、营造林技术员、烟草栽培技术员、中药材生产技术员、农化技术员、农机技术员、肥料配方师、饲料配方师 | | 农作物种植技术员、园艺生产技术员、畜牧技术员、水产技术员、营造林技术员、烟草栽培技术员、中药材生产技术员、农机技术员、肥料配方师、农化技术员、茶园管理员、饲料配方师、蜂媒授粉员、农药使用培训员 |
| | 5-05-01-02 | 农业经理人 | 5-05-01-02 | 农业经理人 |
| | | | 5-05-01-03 | 农业数字化技术员 |
| | 5-05-02 | 动植物疫病防治人员 | 5-05-02 | 动植物疫病防治人员 |
| | 5-05-02-01 | 农作物植保员 | 5-05-02-01 | 农作物植保员 | 病虫害防治工、植物检疫工 |
| | 5-05-02-02 | 林业有害生物防治员 | 5-05-02-02 | 林业有害生物防治员 |
| | 5-05-02-03 | 动物疫病防治员 | 5-05-02-03 | 动物疫病防治员 | 中兽医员、兽医化验员 |

171

续表

| 1999年版《大典》 | | 2015年版《大典》 | | 2022年版《大典》 | |
|---|---|---|---|---|---|
| | | 5-05-02-04 | 动物检疫检验员 | 5-05-02-04 | 动物检疫检验员 |
| | | 5-05-02-05 | 水生物病害防治员 | 5-05-02-05 | 水生物病害防治员，水生植物病害防治员 |
| | | 5-05-02-06 | 水生物检疫检验员 | 5-05-02-06 | 水生物检疫检验员，水生植物疫病检疫防疫员 |
| 5-99-02 | 农村能源开发利用人员 | 5-05-03 | 农村能源利用人员 | 5-05-03 | 农村能源利用人员 |
| 5-99-02-01 | 沼气生产工 | 5-05-03-01 | 沼气工 | 5-05-03-01 | 沼气工 | 沼气生产工，沼气管员 |
| 5-99-02-02 | 节能改造工 | 5-05-03-02 | 农村节能员 | 5-05-03-02 | 农村节能员 | 村镇供暖员 |
| 5-99-02-03 | 农用太阳能设施工 | 5-05-03-03 | 太阳能利用工 | 5-05-03-03 | 太阳能利用工 |
| 5-99-02-04 | 生物质能设备工 | 5-05-03-04 | 微水电利用工 | 5-05-03-04 | 微水电利用工 |
| 5-99-02-05 | 太阳能利用工 | 5-05-03-05 | 小风电利用工 | 5-05-03-05 | 小风电利用工 |
| 5-99-02-06 | 微水电利用工 | 5-05-04 | 农村环境保护人员 | 5-05-04 | 农村环境保护人员 |
| 5-99-02-07 | 小风电利用工 | 5-05-04-00 | 农村环境保护工 | 5-05-04-00 | 农村环境保护工 |

续表

| | 1999年版《大典》 | | 2015年版《大典》 | | | 2022年版《大典》 | |
|---|---|---|---|---|---|---|---|
| 5-99-01 | 农林专用机械操作人员 | | 5-05-05 | 农机化服务人员 | | 5-05-05 | 农机化服务人员 |
| 5-99-01-01 | 拖拉机驾驶员 | | 5-05-05-01 | 农机驾驶操作员 | 拖拉机驾驶员，耕整地机械操作工，插秧机操作工，移栽机操作工，棉花收割机驾驶员，玉米收获机操作工，施肥机械操作工，灌溉机械操作工 | 5-05-05-01 | 农机驾驶操作员 | 拖拉机驾驶员，耕整地机械操作工，插秧机操作工，植保机械操作工，移栽机操作工，茶叶采摘机操作工，棉花收割机操作工，联合收获机操作工，玉米收获机操作工，施肥机械操作工，灌溉机械操作工 |
| 5-99-01-02 | 联合收割机驾驶员 | 拖拉机（联合收获机）驾驶员 | 5-05-05-02 | 农机修理工 | | 5-05-05-02 | 农机修理工 |
| 5-99-01-03 | 农用运输车驾驶员 | 农业机械操作工 | 5-05-05-03 | 农机服务经纪人 | | 5-05-05-03 | 农机服务经纪人 |
| | | | 5-05-06 | 农副林特产品初加工人员 | | 5-05-06 | 农副林特产品初加工人员 |
| 5-05-01 | 河道、水库管养人员 | | 5-05-06-01 | 园艺产品加工工 | 果蔬分级整理工，花卉加工工，啤酒花加工工 | 5-05-06-01 | 园艺产品加工工 | 果蔬分级整理工，花卉加工工，啤酒花加工工 |
| 5-05-02 | 农田灌排工程建设管理维护人员 | | 5-05-06-02 | 棉花加工工 | 轧花工，锯齿剥绒工，絮锦加工工，棉花加工辅助工 | 5-05-06-02 | 棉花加工工 | 轧花工，锯齿剥绒工，絮锦加工辅助工 |

续表

| 1999年版《大典》 | | 2015年版《大典》 | | 2022年版《大典》 | |
| --- | --- | --- | --- | --- | --- |
| 5-05-03 | 水土保持作业人员 | 5-05-06-03 | 热带作物初制工 | 5-05-06-03 | 热带作物初制工 |
| 5-05-04 | 水文勘测作业人员 | 5-05-06-04 | 植物原料制取工 | 5-05-06-04 | 植物原料制取工 |
| | | 5-05-06-05 | 竹藤制品加工工 | 5-05-06-05 | 竹藤师 |
| | | 5-05-06-06 | 经济昆虫产品加工工 | 5-05-06-06 | 经济昆虫产品加工工 |
| | | 5-05-06-07 | 水产品原料处理工 | 5-05-06-07 | 水产品原料处理工 |

2015年版《大典》职业举例：剑麻制品工、剑麻纤维生产工、橡胶制胶工；树脂采收工、生漆加工、芳香油原料加工工；竹藤制品加工工、棕草编织工；蚕茧烘烤工、蜂产品加工工、蜂产品品评员；水产品分级整理工、水产品冻结工。

2022年版《大典》职业举例：剑麻制品工、剑麻纤维生产工、橡胶制胶工；树脂采收工、生漆加工工、芳香油原料加工工；竹藤编艺师、棕草编织工；蚕茧烘烤工、蜂产品加工工、蜂产品品评员；水产品分级整理工、水产品冻结工。

## 第二节 绿色农业优化职业发展

农业发展理念决定产业发展的走向，而产业发展的走向又影响到职业发展的结构和内容。经历过单纯追求产量的痛苦体验后，人们对农业发展行为方式的反思，为绿色农业的兴起创造了环境与条件，对农业生产领域的职业发展发挥了积极的影响作用。

### 一、绿色农业风生水起

绿色农业，以及生态农业、循环农业、有机农业等类似说法，以自然环境的良性循环为基本理念，注重节约利用资源，保持人、环境、自然与经济的和谐统一，生产无污染、无公害的各类农林产品等。绿色农业的发展，广泛涉及经营机制、产业结构、生产方式、技术装备、质量管控、控源治污等一系列问题，又主要通过产业政策引导、经营模式转变以及生产技术创新的途径实现。

#### （一）产业政策激励绿色农业

一定时期内，政府部门为实现经济社会发展目标，通常以产业政策的制定，干预、引导产业的形成与发展。从 2005 年《京都议定书》正式生效到 2015 年联合国峰会提出 2030 年可持续发展目标，大多数农业国家和地区都相继结合本国国情，制定了农业可持续发展的行动措施与目标。

总体来看，发展中国家的目标和行动方案的焦点，在于粮食安全和去除饥饿议题。发达国家和国际组织，如美国、加拿大、澳大利亚、欧盟等，更注重农业生产对环境和生态造成的影响，聚焦于知识、技术的发展和传播。非洲国家着重于小农农业和农商经济，发展解决家庭增产增收和改善生活条件的方案。拉美地区将强化管理法规和强化信息的传播效率作为首要目标。在大洋洲区域，澳大利亚倡导"自然人均"，希望能有效地把人类活动和自然变化紧密联结起来。亚洲地区，日本、韩国可持续发展农业把目标放在社区农场和都会型农业上。美国的农业法案，则以绿色补贴、杀虫剂规制、资源保护、环境立法等方面的内容作为农业政策主要工具，使中短期农业计划在制定和实施农业法案中得以体现。

我国绿色农业发展始于 20 世纪 80 年代，在试验生态农业和关注绿色食品的基础上形成了绿色农业的理念。进入 21 世纪后，党的十八大确立了加快转变农业发展方式，走产出高效、产品安全、资源节约、环境友好的农业现代化道路的发展主线，绿色农业的发展驶入快车道。一是将绿色农业纳入经济社会发展的内容。在"十三五"规划中,强调了加快农业现代化、推动农业可持续发展的要求,通过农业环境治理、农地整理、农田生态修复等,力求在规划期解决土壤退化、生态环境污染等问题。在"十四五"规划中,进一步提出了推进农业绿色转型,加强产地环境保护治理,发展节水农业和旱作农业,深入实施农药化肥减量行动,治理农膜污染,提升农膜回收利用率,推进秸秆综合利用和畜禽粪污资源化利用等发展目标。二是不断完善绿色农业的相关政策。从2016年起,《建立以绿色生态为导向的农业补贴制度改革方案》《关于创新体制机制推进农业绿色发展的意见》《关于推进金融支持农业绿色发展工作的通知》《农业绿色发展技术导则(2018—2030年)》《林业产业政策要点》等一系列文件出台,从农业补贴、金融政策、体制创新和技术支持等方面,极力促进、保障绿色农业的发展。

### (二)模式转变适应绿色农业

绿色农业的发展是一项系统工程,进入21世纪以来,农林业经营机制得到进一步巩固和发展,土地等重要生产资料流转加速,循环或混合型生产模式得到广泛推广,为加速发展绿色农业创造了条件。

改革开放以来,建立在家庭承包经营的基础上,实行统分结合的双层经营体制,在"统"与"分"两个层次得到不断丰富和发展。在"分"的层次上,家庭经营的自主权得到进一步巩固,并向采用先进科技和生产手段方向转变。鼓励增加技术、资本等生产要素投入,着力提高集约化、专业化水平;在"统"的层次上,以市场为导向的统一经营,向发展农户联合与合作,形成多元化、多层次、多形式经营服务体系方向转变。同时,加大土地流转力度,大力培育新型农民合作组织,增强集体和社会化服务组织功能,鼓励龙头企业与农民建立紧密型利益联结机制,不断提高生产组织化、社会化程度。

为指导、促进绿色农业发展,农业农村部先后向全国征集了370种绿色农业模式,在研讨和实践验证的基础上,重点推广了10大类、34小类的绿色农业生产模式与配套技术。总体来看,涉及生产模式转变的主要包括绿色种植,绿色养殖,农、林、牧复合,草地生态恢复与持续利用,"四位一体"能流、物流良性循环,以及丘陵山区小流域综合治理利用型生态农业模式等。同时,通过创建"国家农业绿色发展先行区",积极推进农业绿色发展先行先试的支撑体系建设。围绕着生态保护与修复以及林业生产,重点建设"三北"和长江中下游等地区防护林体系,持续实施天然林保护、退耕还林还草、防沙治沙等一系列工程项目,建设野生动植物保护及自然保护区,以速生丰产用材林为主,加快林业产业建设。

### (三)科技进步推动绿色农业

绿色农业的发展理念带来了生产、生活、思维方式的变革,经营模式的改革创新改善提高了生产资料的集约化程度,而科技进步为实现提高效率、节约资源的愿景提供了可能性,成为强力促进绿色农业发展的内生动力。

自2017年起,农业农村部围绕粮食高效生产、农业防灾减灾、绿色生态种养、耕地质量提升等方面,组织开展重大引领性技术集成示范工作。从促进绿色发展的功效来看,大致包括:以"无人化"作业为核心,推动粮食生产向"无人化"跨越,着力于提高生产效率;苜蓿和青储玉米套种,提高土地利用率、节约生产资源;秸秆"收储、炭化、产品化、还田",封存农田土壤碳、减少温室气体排放,全量化利用秸秆和提升耕地质量,提高废弃物循环利用效率;全生物降解地膜替代,减少或降低排放等,不遗余力地推动绿色农业的发展。林业生产领域从2016年起,围绕木材资源和生态安全、绿色发展和山区经济发展,重点突破并推广种苗繁育、高效栽培以及可持续经营,人工林非木质林产资源高质化利用等关键技术,持续推动林业沿着生态保护与恢复和产业化建设两条主线持续发展。

## 二、绿色农业促进职业绿化

人类社会对自身发展行为的反思与抉择,决定了发展绿色农业的必要性,社会发展的实践又不断证明着这种行为调整的可行性和正确性。发展绿色农业,激活了这个最为古老行业的勃勃生机,改变了农业劳动者的生产生活方式,促进了产业发展与职业发展良性互动的形成。

2015年,我国在首次修订《大典》时,将直接或间接从事绿色经济活动的职业,分为需求增长型、技能增强型绿色新兴型三种类型,以汉语拼音字母"L"为标识符,建立了国家绿色职业分类体系并在2022版《大典》修订时同步修订了分类结果。见表5-10,根据新的国家绿色职业分类体系,目前农业生产领域共有14种绿色职业以及各职业所属的工种,其中,需求增长型6种、技能增强型4种、绿色新兴型4种,远高于其他大类绿色职业的占比。若将分散在其他绿色经济活动领域中涉农的绿色职业合并统计,直接或间接从事绿色农业的职业总量更多、占比更高,更能反映出绿色农业职业劳动的绿色本质和绿化关联职业的影响作用。

表5-10  农业生产领域绿色职业分类

| | |
|---|---|
| 需求增长型 | 林草种苗工、造林更新工、护林员、农作物植保员、林业有害生物防治员、农村节能员 |
| 技能增强型 | 沼气工、太阳能利用工、微水电利用工、小风电利用工 |
| 绿色新兴型 | 森林抚育工、农业经理人、农业数字化技术员、农村环境保护工 |

## （一）产业转型增加就业机会

从一般意义上说，绿色经济活动规模扩大与相关领域就业人数增长呈正相关关系，仅有增长幅度大小的区别。需求增长型绿色职业，是指在绿色农业发展过程中，主要工作任务虽无本质改变，但因需求增长导致从业人数呈明显增加趋势的职业。

在农业现代化进程中，从业人数大幅度持续减少是必然结果，而林业从业人员的需求量却有所增加。这是由于为保护和恢复生态环境、增加碳汇储量，林产业转型发展在生产领域实施的天然林保护、退耕还林、速生丰产林建设等林业重点工程，围绕多种树、种好树，提供了大量的就业机会，为林业劳动者的职业转型创造了条件。

## 专栏

### "伐木工"转岗"育林人"

青海地处青藏高原腹地，三江源的天然林是三大江河极为重要的水源涵养林，是国家生态安全和可持续发展的根本命脉。为守护三江源地区的天然林资源，青海省发布了《关于停止天然林采伐的通告》，从2000年开始启动实施天然林资源保护工程（简称天保工程）。

天保工程实施以来，曾经是木材主要供应地的玛可河林区全面停止采伐天然林，由木材生产转向生态建设。目前，工程区林地面积由5.39万公顷增加到8.17万公顷。其中：有林地由1.6万公顷增加到3.01万公顷，增加1.41万公顷；灌木林地由3.07万公顷增加到4.05万公顷，增加0.98万公顷；森林覆盖率增加到69.58%，提高了16.98个百分点。昔日荒山野岭已披绿拥翠，森林资源呈现恢复性增长，生态退化得到初步遏制，工程实施取得了显著的生态效益。

停伐是天保工程区转型发展的重要举措，是林业生产的革命，更是林业人职业生涯的大转型。实施天保工程后，职工完成了由"伐木工"向"护林人""育林人"等岗位的转型。林业人的工作内容、职业素养、劳动保障等发生了积极变化。青海省制定了《天然林保护工程护林员管理办法》，把好护林员"入门关"；完善了《天然林保护工程森林管护协议书》，管护责任落实到山头、地块、人头，全省每一个林场，每一棵树都有了保护者。工程区还聘用农牧民护林员163人，支持周边农牧民，开展藏茶种植、绿色废弃物的开发与利用、特色种植与养殖、农（牧）家乐等林下经济项目，保障了林区农牧户增收致富，提高了管护天然林的积极性，在取得显著社会效益的同时，促进了林业人的职业发展。

注：素材来源于网络。

同时，除公益性全民义务植树外，国土绿化所形成的造林需求数量极大促成了专业化营造林队伍的发展壮大。营造林的用工需求有劳动密集、季节性和关联性的特点。依据2009年国家林业局出台的《防护林造林工程投资估算指标（试行）》关于造林用工定额标准的规定，造林（仅林地清理、整地、苗木栽植、抚育）的用工量约为71~136工日/公顷，平均103.5工日/公顷。据有关专项研究的测算，全国仅2011—2020年的造林活动就提供了约15.58亿个（工日）短期就业机会，折合约519.2万个短期标准就业岗位，平均每年解决52万人的就业问题，主要容纳林木种苗工、造林更新工、营林试验工、森林抚育工等职业群体。同时，增加的森林面积约可创造出10.38万~12.23万个护林员的工作机会，即每年将新增1万~1.2万名护林员。"十四五"期间，我国将继续落实国土绿化的任务，其中近700万公顷的人工造林将会持续提供更多的就业机会。

### （二）循环利用提升技能要求

在绿色农业发展过程中，一些职业因先进生产方式和技术的应用，导致劳动组织或主要工作任务发生改变，对从业者知识与技能提出了新的要求，这类职业称为技能增强型绿色职业。

沼气池是一种制造沼气的设施。农村户用沼气池约8~10立方米，每年可产生沼气380~450立方米，解决3~5口人10~12个月的生活燃料，年户均可节省柴草2 000千克以上、节电约200千瓦时。沼气是可再生能源，以畜禽粪便、作物秸秆为原料，连接起养殖、种植业，成为循环农业的核心要素。沼气池建设与运营，减少了农业废弃物的排放，对转变农业发展方式也发挥了重要作用。21世纪以来，我国农村沼气进入快速发展阶段，截至2019年年底，全国农村户用沼气池数量为3 380.27万个，沼气工程数量为10.27万个，形成了较为完整的绿色产业链，为农村提供了约占总量1%的生活能源，也造就了一支人数近百万，从事沼气设施设计施工、安装运营和"三沼"综合利用的职业队伍。

## ≋ 专栏

### 袁亮的沼气工生涯

鄂西北恩施州约有53万口沼气池，平均每两户人家一口，是农户人家烧水做饭、照明取暖的主要能源。由3 629名沼气工负责建设、运营全州沼气池，龙凤镇农业服务中心沼气工袁亮是其中之一。

袁亮毕业于恩施州农校农学专业，有5年的农机服务经验，2004年接触了沼气技术，开始从事沼气池设计、安装和技术指导工作。

最近几年，随着沼气池建成数量增多、使用年限增加，清池除渣的维护工作逐渐成为袁亮和同事们主要的工作内容。通常情况下，操作吸污抽排车可以完成大部分作业，而下池作业也是常有的事。某天，袁亮和同事到村里开始清理沼气池。袁亮换上齐胸的橡胶裤，用鼓风机向池内送风，排出甲烷等有毒气体，确认安全后系上安全绳开始下池作业。沼气池的发酵物已干硬，抽排车也难以将其抽出来。袁亮只能让同事在池外用水管注水，自己在池内用木棍不停搅拌发酵物。富含氮、碳的发酵物搅拌开来，恶臭扑鼻，辛苦程度难以想象。半小时后，终于装好第一车沼液。袁亮顾不上清洗身上污物，还要将肥力充足的沼液送进农田。这口沼气池的清池除渣耗费了袁亮和同事们3个多小时。

从2008年以来，袁亮和他的3名同事要负责管理全镇18个村近万口沼气池。据初步估算，每年下池作业上百次，多半工作时间他们都奋战在清池除渣的第一线。

来源：王功尚. 甘用脏累燃蓝焰［N］. 楚天都市报，2014-07-07.

2015年起，农村户用沼气逐步由单个项目建设向全产业链一体化转型，生物质天然气产业链（如图5-4所示）的形成与发展，促使从业人员演变为专业化或综合性两支服务队伍，为绿色农业生产与生活提供差异化服务。专业化服务队伍，围绕规模化沼气和生物天然气工程设计、建设与运营进一步实现专业化分工，部分沼气工也不再涉及工程设计、建设等专业化工作，主要从事工程设施的运营服务工作；综合性服务

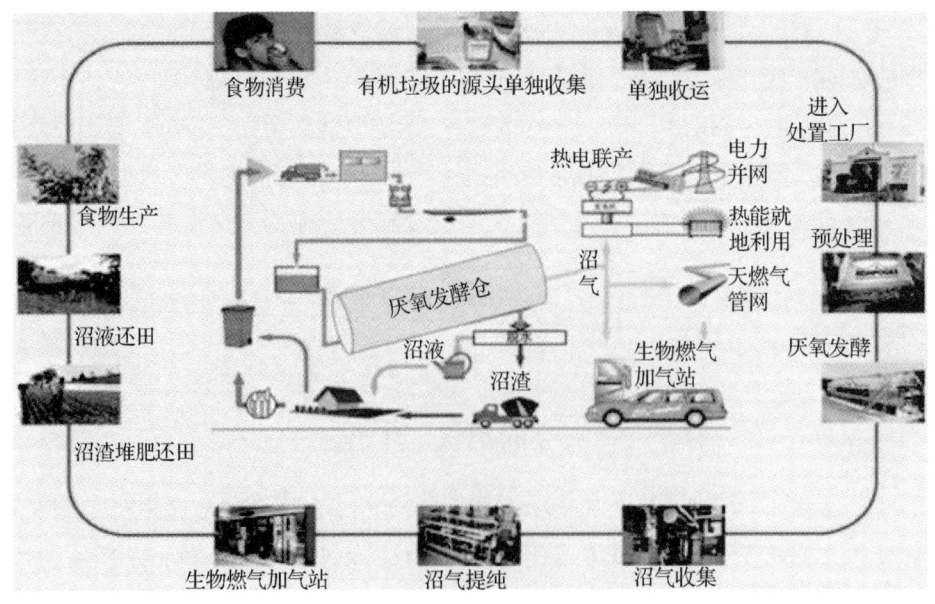

图5-4 生物质天然气产业链

队伍仍活跃在小型村镇山乡，以户用沼气池的设计、安装、运行与维护及技术指导为主要工作任务，并逐步转向以已建成户用沼气池的运行与维护为主。

### （三）生态保护催生新的职业

绿色农业发展过程中，工作领域、工作任务的变化使某些职业所承担的主要工作任务已明显区别于其他职业，满足了成为独立职业的必备条件，这类职业均为绿色新兴型职业。

长期以来，农村环境保护问题令人担忧。一是农村依自然村分布，生产生活用地相连，公用设施投入不足，没有生活垃圾和污水处理设施，难以统一收集、转运和处置。二是农药、化肥、地膜等农用资料的大量使用，土壤污染、土质变差，化肥和农药残留流失进入水体，加剧水体富营养化，破坏生态平衡、威胁生物多样性；养殖场缺乏污染防治措施和治理设施，禽畜粪便随意堆放严重破坏了农村环境卫生。三是农村环保意识淡漠，对科学、安全、文明的生产生活方式不够重视，污染防治和废物综合利用难以在生产生活中落实。所幸的是，我国经济社会已进入科学、和谐发展的新时期，发展绿色农业、改善农村人居环境、减少或平衡人类生产活动对生态环境的破坏，成为经济社会发展不可或缺的约束性目标追求。在目标导向下，过去所忽略的工作领域受到重视和恢复，新的工作领域由探索实践变为现实需求，促使农村环境保护工、碳汇计量评估师等职业应运而生。

农村环境保护工是农产品产地污染监测、污染区农产品安全生产、农业资源监测、农村废弃物资源收集处理，并进行设施设备管护工作的人员。该职业活动领域覆盖农村生产生活垃圾和废弃物的处理与资源化利用、农业面源与农产品产地污染的监测与防治、野生植物原生境的管护等，形成了专事于农村环境保护的职业队伍。碳汇计量评估师则是从事森林、草原等生态系统碳汇计量、审核、评估的人员。当前，人类社会为应对气候变化造成的危机，一方面鼓励世界各国通过植树造林、节能减排等形式，抵消人类活动产生的二氧化碳或温室气体的排放量，实现相对"零排放"，即碳中和；另一方面，探索全球碳排放权交易项目，由排放方向造林方支付一定费用，以补偿后者的经济损失，激励植树造林，促进经济可持续发展。我国是发展中国家和《京都议定书》签约国，全国森林覆盖率22.96%，森林面积2.2亿公顷。其中，人工林面积7 954万公顷，稳居世界首位；森林蓄积175.6亿立方米，森林植被总生物量188.02亿吨，总碳储量91.86亿吨；年涵养水源量6 289.50亿立方米、固土量87.48亿吨、滞尘量61.58亿吨、吸收大气污染物量0.40亿吨、固碳量4.34亿吨，释氧量10.29亿吨。

这些翔实的数据，彰显了我国肩负保护生态环境责任的大国担当。而依据国际惯例采集与测算数据、制订碳汇计量方案、提供碳汇交易依据等发展需求，迫切需要碳汇计量评估师发展壮大为促进碳中和的先遣队、碳汇交易的估价师职业群体。碳汇计量评估师的具体工作如图5-5所示。

图 5-5　碳汇计量评估师工作内容及工作现场

## 三、职业绿化的发展趋势

绿色农业的兴起，以和谐的发展理念、清晰的生态红线、现代的经营模式和发达的科学技术为支撑，极大地改变了农业农村的生产生活方式，提高了农业发展水平和农村社会文明程度。面向未来农村农业，《"十四五"全国农业绿色发展规划》提出，到2035年农业绿色发展取得显著成效，农村生态环境根本好转，绿色生产生活方式广泛形成，农业生产与资源环境承载力基本匹配，生产生活生态相协调的农业发展格局基本建立，美丽宜人、业兴人和的社会主义新乡村基本建成的目标，农业从业人员中的绿色职业队伍也将在促进与保障目标实现的过程中不断发展壮大。

### （一）绿色共识加快职业绿化

据相关研究报告显示，2019年，全国农业绿色发展指数从2012年的73.46提升至77.14，提高了5.01%。绿色食品产地环境监测面积达到2.08亿亩，比上年增加32.4%；耕地质量平均等级为4.76等，较2014年提升了0.35等；农田灌溉水有效利用系数达到0.559，比2012年提升了0.043。2020年，全国三大粮食作物化肥利用率和农药利用率分别达到 40.2%和 40.6%，较 2015 年分别提高了 5 个百分点和 4 个百分点；秸秆综合利用率达到 86.72%，畜禽粪污综合利用率达到 75%，"白色污染"得到有效防控。全国农村卫生厕所普及率超过 65%，生活垃圾处置体系覆盖 90%以上行政村，生活污水治理率已达 25.5%，农村人居环境明显改善。

发展绿色农业取得的社会经济效益，不仅强化了绿色共识，还以较好的"吸睛效应"引起社会、资本与技术的关注，加快了农业产业链以细化、延伸和分支方式的绿化进程。受产业链绿化的积极影响，产业链上相关行业的从业人员将在不同程度上加入绿色职业的队伍，为产出绿色产品和服务提供全部或部分产品与服务（如图 5-6 所示）。

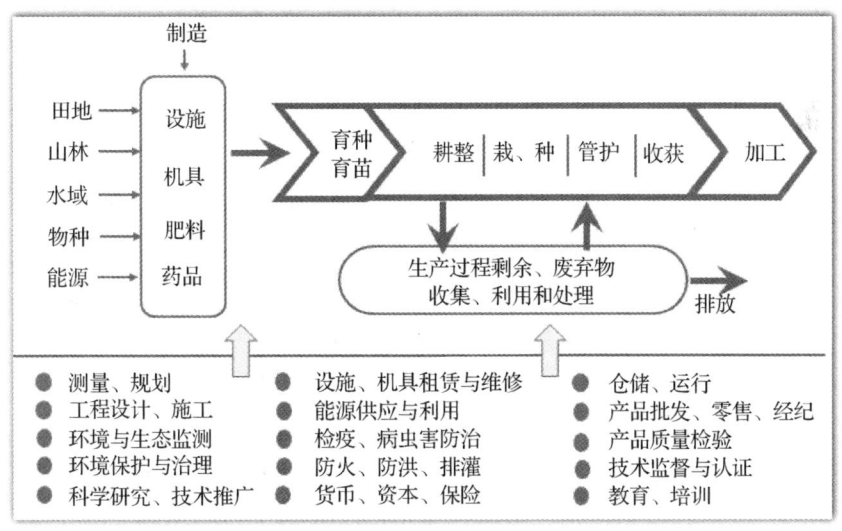

图 5-6  绿色农业产业链与职业绿化路径

观察绿色职业的发展趋势可以看出：一是主导行业的绿色职业范围扩大。在绿色发展理念的影响下，各职业主要工作任务中的绿色元素将会不断增加，绿色职业也将从林业生产拓展到种植、养殖等主导行业。二是对主导产业链上下游产生绿色影响。随着农业产业化经营的不断发展，其涵盖的内容逐渐超出了生产、加工、销售三个环节，并将研发、金融、咨询等服务活动逐渐融入绿色农业生产领域。在嵌入农业生产过程的服务活动中，一些职业直接或间接地为绿色农业提供着服务，包括农、林业生产服务人员（如农业技术员、农机驾驶操作员、农作物植保员、林业有害生物防治员），农村能源利用人员（如沼气工、农村节能员、太阳能利用工、微水电利用工、小风电利用工）和农村环境保护的人员（如农村环境保护工等）。

## （二）循环农业弥合职业边界

2021年以来，国家先后出台了《关于加快建立健全绿色低碳循环发展经济体系的指导意见》《"十四五"推进农业农村现代化规划》等，对未来农村加快农业绿色发展步伐、落实乡村振兴战略作出了战略性部署。

从产业发展趋势来看，将鼓励发展生态种植、养殖，加强绿色食品、有机农产品认证和管理；发展循环农业，提高畜禽粪污资源化利用水平，提高农作物秸秆综合利用水平，加强对农膜污染环境的治理；保护与提升耕地质量，综合治理退化耕地；推广高效节水技术、推进农业节水；实施农用或兽用药品减量、净化产地环境行动；推行水产健康养殖，统一规划养殖水域滩涂，完善相关水域禁渔管理制度等；发展林业循环经济，实施森林生态标志产品建设工程。

从健全产业体系来看，依托农业农村资源，以农民为主体，培育壮大现代种养业、乡村特色产业、农产品加工流通业、乡村休闲旅游业、乡村新型服务业、乡村信息业等产业，以拓展第二、第三产业为重点，纵向延伸产业链条，横向拓展产业功能。推动形成县、中心乡（镇）、中心村功能依序衔接的产业结构布局，引导农产品加工流通企业在镇（乡）建设加工园区和物流节点等。

循环农业发展模式的推广与应用，从技术层面打通了林业、种植业、养殖业之间人为的业态边界；三次产业融合发展的激励政策，进一步引导产业链从第一产业延伸向第二、第三产业，为具有季节性特征的农村劳动力提供了更为广阔的利用渠道，也为农业劳动者提供了更大的职业发展空间。作为劳动者个体，既要根据业态实现的需要，掌握多种职业的技术与技能，也要根据实现收入最大化的需要，灵活安排农忙务农，农闲务工、经商等多种职业活动，继承并发展了农业劳动者"一人多业"的特征。

## （三）绿色发展提升职业地位

各种各样的职业劳动都是社会劳动的重要组成部分之一。理论上，不同劳动之间没有贵贱区别、只有分工不同。而现实生活中，不同职业在经济收入、社会地位和声望等方面的状况，又直接影响或决定着所谓"职业地位"。人们对职业地位的主观认识和态度，反映着个人与社会的职业价值观，极大地左右着个人的职业选择和劳动力的流向。

在绿色发展理念的引领下，农业领域各行业的经营模式和生产技术越来越重视环境与生态要素的作用，并与农业产业化共同推进着生产组织方式变革和劳动分工调整，赋予传统职业以绿色的工作内容和要求。而对农业劳动者个体而言，由传统职业转向绿色职业，不仅提高了职业劳动的收入水平，更重要的是，绿色的职业劳动不单以其劳动成果满足了社会需要，也因践行着保护生态环境、保障持续发展的社会责任，极大地增强了职业的成就感和荣誉感，并由此受到社会赞许与尊重，提升了职业的社会地位。

## 第三节　数智农业赋能职业发展

我国农业生产的发展道路借鉴了工业化发展路径，不同行业的生产手段在不同程度上经历着机械化、自动化、智能化的发展阶段，在数字经济大潮的推动下走向"数智农业"。数智农业基于生产设备智能化的基础、农业物联网的纽带、农业生产数字化的动力，以新理念、新业态改变着农业生产劳动的内容和方式，赋能于农业农村的职业发展。

### 一、数字化技术奠定发展基础

近几年来，电商平台、物流网络在农村乡镇落户生根，农业农村各行业的产品、服务通过"直播带货"，不断刷新着人们对农业农村的认知。实际上，销售端的直观效应，仅是数智农业的冰山一角，农业农村正经历着以数字化转型为动力的技术革命，并对农业生产队伍以及农村职业结构产生深刻影响，彻底改变了农业农村的生产生活面貌。

#### （一）数智农业方兴未艾

农业生产领域的技术革命从来都是解决吃饭问题的主要手段。如果说矮秆品种、动植物转基因技术，从产业链的上游为农业生产提供了优良"基因"，那么智能化、数字化技术的广泛应用，将从全产业链引起农业生产的"全面革命"。

近10年间，以数智农业为主旨的峰会、研究报告和实践成果，描绘了数智农业方兴未艾的发展趋势。一是农业数字技术革命正在到来。数智农业以信息技术与先进农机装备应用为特征，将成为未来农业的发展方向。二是数字技术应用加速。有研究报告指出，在未来5至10年内，土壤与作物传感器、家畜生物识别技术、农业机器人、机械化网络农场、封闭式生态系统、垂直（工厂化）农业等技术，将应用于农业生产领域并彻底改变传统农业。三是以智能化为发展方向。例如，英国精准农业研究中心以除草机器人作业替代除草剂，并在100亩地上实现了播种、收获全过程的机器人作业；美国平均每个农场将拥有50台连接物联网的设备，加速走向数智农业。

国际咨询机构极为看好数智农业的未来前景，如著名产业情报机构研究与市场

（Research and Market）的报告预测：到2025年，全球数智农业市值将达到300亿美元。以中国、印度为代表的亚太地区发展最快，2017—2025年的复合增长率将达到11.5%，遥感与传感器、大数据与云计算服务、智能化农业装备等核心技术，将广泛应用于大田精准农业、智能温室、智慧畜牧业、智慧渔业等行业和领域。

### （二）农业农村数字化进程

2021年9月，中央网信办、农业农村部等部门以《数字乡村建设指南1.0》绘制了建设数字乡村的"施工总图"，形成了各部委通力协作、统筹推进的工作格局，全面铺开数字乡村建设并取得预期成果。

#### 1. 农村通信网络基础不断增强

截至2021年年末，全国行政村已全部开通宽带电信服务，平均下载速率超过100 Mb/s，基本实现与城市同网同速。2020年年底，农村广播、电视节目的综合人口覆盖率，分别达到99.17%和99.45%。

#### 2. 农民数字技能持续提升

截至2021年6月，我国农村地区互联网普及率达到59.2%，拥有2.97亿规模的农村网民。越来越多的农民意识到，互联网将全面融入生产生活、优化升级农业生产模式。数字农业技术应用能力的提高，使"手机成为新农具、数字成为新资源"，奠定了农业农村数字化转型的坚实基础。

#### 3. 农业农村大数据开始实操

2021年，农业农村部成立大数据中心，标志着农业农村大数据体系建设的顶层设计从议事日程进入办事日程。种业、国土、林草、耕地等领域的大数据采集、传输、存储、共享、安全等标准相继建立；生猪、棉花、大豆、油料、糖料等重要农产品全产业链大数据平台建设完成；标准农田、农药兽药、新型经营主体等农业大数据管理系统上线；北斗卫星导航系统、高分辨率对地观测系统进一步在农业生产普及应用，全国海洋渔船动态船位信息"一张图"建成，夯实了发展数智农业的技术基础。

#### 4. 数字技术助力农业转型升级

物联网、大数据、人工智能、云计算等新一代数字技术，与种业、种植、畜牧、渔业以及农机装备深度融合。2021年，已装备北斗导航的农业设备超过8 300台套，作业面积超过6 000万亩；全国72万个"畜牧业生产经营单位信息代码"登记备案赋码,全覆盖、精准监测着18万多个规模养猪场、4 300多个生鲜乳收购站的生产情况;智慧兽药管理平台采集各类信息35.5万余条,3 000多家兽药监管单位注册和使用国家兽药产品追溯系统,4.7万余家经营企业已入网追溯系统、上报经营信息;山东、广东、江苏、黑龙江等地集中打造了一批无人农场、植物工厂、无人牧场和无人渔场,累计改装、升级水旱田无人驾驶及辅助驾驶机具6 288台,全过程、智能化、无人化的示范作业面积达608.45万亩。

**5. 农村电子商务快速发展**

据有关政府部门和研究机构发布的数据:2020年,全国2 083个县域网络零售额达35 303.2亿元,比上年增长14.0%,占全国网络零售额的三成比重。其中,县域农产品网络零售额为3 507.6亿元,同比增长29.0%。到2021年的前9个月,全国农村网商(店)已达1 640万家,农村网络零售额实现21 321.3亿元,同比增长30.9%。

### (三)逐步迈向数智农业

现代农业以品种为核心,设施装备为支撑,信息化为关键技术手段。数智农业有效融合了这三大科技要素,对农业发展具有里程碑意义。

数智农业通过物联网、大数据、云计算、人工智能等技术与生产过程的深度融合,助力于农业生产过程的信息感知、定量决策、智能控制、精准投入,以至实现定制化的生产与服务,最终构成面向农业生产、加工、物流、营销全产业链的智能化完整体系。数智农业从发展过程来看,大致要经历数据管理、人机协同和智慧生产的发展阶段,如图5-7所示。

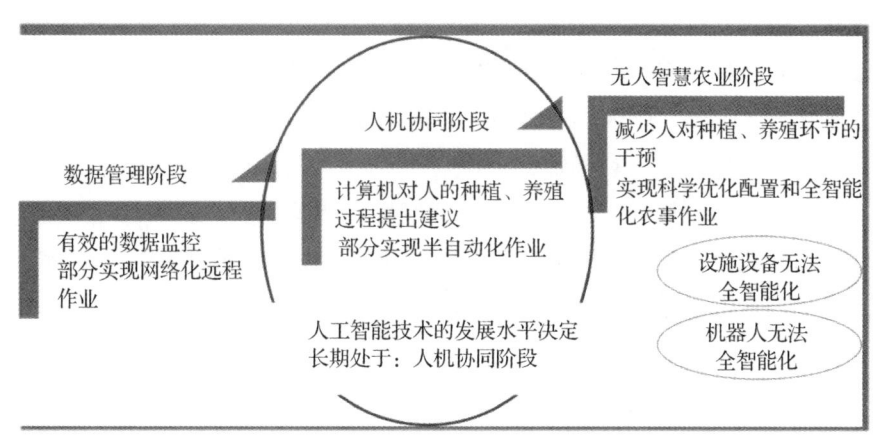

图5-7 数智农业的发展阶段

显然,我国数智农业还处于起步阶段,面临经营体制、设备研发生产、资金投入、人才培养等诸多现实问题和困难。数智农业的发展，要求农业生产的规模化和集约化，必须在坚持家庭承包经营基础上，积极推进土地经营权流转，因地制宜发展多种形式的规模经营；要加大科技投入，加快实现智能化生产所需的传感器等智能设备的研发与生产，提高性价比；要加大产业资金的投入和财政支持，加快产业数字化进程，缩短智能化生产由试点转入实际应用的周期等。

当前我国处于数智农业的发展阶段，培养熟悉农业、精通信息技术的人才，提高从业人员的应用水平成为关键。目前，农业生产人员信息化素养有所提高，但多限于上网参与流通领域服务，离操作、保养数智农业的生产设备尚有差距，更难以满足数智农业对高水平技术人员的综合素质要求。培养符合数智农业发展要求的"新农人"，要大力发展在线职业教育，组织各领域的技术专家研发短期技术培训课程，方便农业从业人员利用碎片化时间学习新知识、新技术，不断提高自身数字化技能水平。

## 二、职业群体的能力发展

我国数智农业的发展注定是分阶段交替发展的长期过程，提高从业人员标准化生产和大数据应用的职业素养，在数字化起步、智能化辅助、智能化主导的阶段性发展中不断提升数字化技能，将是直接影响数字化转型以及发展数智农业的关键因素。

### （一）数字化起步阶段

在生产作业上，这个阶段的农业生产过程初步实现了数字化监控，提供给专业人员用以辅助生产作业决策的部分数据可以通过物联网传感器收集，部分数据仍需要通过人工采集汇总，只有部分设施设备、农机等能通过遥控器、手机等远程操作。在生产管理上，能够将数据供给生产或服务型经营主体和政府部门开展管理活动所用。

在数字化起步阶段，对从业人员的能力需求表现为：能够熟练应用物联网采集数据，并协助收集部分数据；会通过遥控器、手机等遥控设施设备、农机等进行作业；会分析数据，并把分析结果用于生产、营销过程；能够通过数据掌握生产经营主体、服务主体的管理流程和日常状况，支撑有效管理；能够通过数据掌握行业运转基本情况，对政府部门管理、决策发挥积极作用。

### （二）智能化辅助阶段

在生产作业上，这个阶段的农业生产全过程的数据基本实现自动化采集。汇集后的大数据，部分通过人工智能给出辅助性的建议，为生产作业提供更多、更好的帮助；部分设施设备、农机等实现人工智能辅助作业，减轻了操作人员的工作；部分重复性的简单劳动，由机器替代人完成。在生产管理上，人工智能协助生产型经营主体优化生产管理流程、节本增效；协助服务型经营主体优化服务订单，调度安排服务，提高服务质量；协助政府管理部门对农业产业进行深度分析，为管理、决策提供有效支撑。

在智能化辅助阶段，对从业人员的能力需求表现为：了解大数据、人工智能等相关技术，会根据数据及人工智能给出的辅助性建议，形成生产经营等方案，综合应用到实际生产经营过程中；会操作具有人工智能辅助的设施设备、农机等进行作业；能够深入理解大数据、人工智能对生产经营企业的作用，应用相关技术成果提高企业管理效能；深入应用相关技术对农业产业进行深度分析，有效地将分析结果转化为对管理、决策措施的支撑。

### （三）智能化主导阶段

在生产作业上，这个阶段除特殊复杂应用场景外，人工智能已融入生产全过程，自动给出作业方案，调度安排设施设备、农机等进行作业。在生产管理上，在生产经营主体方面，人工智能将监控生产全过程，合理调配生产过程中的人、农机、设施、作物、动物、环境、物料投入品等因素，形成科学的管理方案，优化管理流程，达到管理综合最优；在服务主体方面，人工智能将动态匹配服务需求和服务供给，形成科学优化的服务调度方案，让服务效益最优；对于政府管理部门，人工智能将挖掘产业发展综合状态，自动形成各类报表，并对一些关键节点进行调节和引导。

在智能化主导阶段，对从业人员的能力需求表现为：深入理解大数据、人工智能相关技术，在生产过程中发挥监督、纠错等作用；判断智能系统建议的合理性，及时发现方案缺陷并作出优化调整；能够管理计算机的综合流程优化及数据分析过程，综合归纳各类数据报表，并将其应用到各类主体和政府部门日常管理中。

## 三、数智农业推动职业变革

粮安天下，农稳社稷。从现代农业到数智农业是农业生产技术的革命性变化，必将以标准化、数字化、智能化为动力，推动生产方式及劳动组织结构的演变，赋予相关职业群体新的形式和内涵。

### （一）新兴职业由"数"而生

数智农业是标准化、数字化、智能化与农业各行业、全产业链深度融合所形成的业态。在发展初期，以数字化、智能化行业为主的从业人员与农业生产从业人员的密切交往合作，通过工作任务的相互交融，促成了"农业数字化技术员""无人机驾驶员"等,与数字化技术应用或智能设备操控与保养有关的职业群体逐步形成。

在以发展数智农业为职业使命的人群中,最受欢迎的是活跃在各个应用领域的"农业数字化技术员"。农业数字化技术员主要从事农业生产、农村生活数字化技术应用、推广和服务活动。具体包括:收集农业生产案例,分析数字化需求,提供农业数字化解决方案的素材和数据;组织实施农业数字化解决方案,为用户提供现场指导和技术培训;编写农业数字化生产或服务的技术资料,推广农业数字化生产和服务;讲解、示范数字化农业生产机具、设施及软件的操作、维护、保养方法;指导农业生产经营的数字化,为生产安排、产品销售、质量控制等问题解决方案的数字化提供咨询;指导农业生产规范的数字化,为农产品品质安全、农业生态环境安全、农业职业安全等问题解决方案的数字化提供咨询;指导数字乡村建设,为有关部门采集数据提供组织指导服务。这些主要工作任务,使职业人群能够极力推动数字化、智能化技术在农业生产领域的应用。

以下是有关数智农业推动新兴职业发展的实践案例。

广西的鸣鸣果园集团是万亩沃柑标准化果园的经营企业,作为国家和省级农业科技示范园区的核心建设单位,鸣鸣果园的农业信息科技公司聚集了一批数字化农业技术人才,在全国率先完成了基于果树编码的种植数字化地图管理系统的研发与应用。从实时动态(RTK)定位、无人机航拍、农作物图像识别技术的应用,到地块分布、滴灌布局、巡检记录、作物档案、农事记录等信息集成,都显示出数字化技术员的职业能力与智慧。

从系统建成并投入使用起,鸣鸣果园的每株果树都有与GPS坐标定位对应的独立编号,记录了其种植时间与日常管理全过程。以空中视角呈现的地图被直观地展示在果园大屏上,显示着经过采集、分析和可视化加工的大数据,管理人员可以在线掌握种植基地精准到每个地块、每个岗位以至每棵果树的各项数据,远程研判、指挥林间日常管理及水果采摘,实行全产业链质量安全的监控与追溯,实现了经营管理的标准化与数字化(如图5-8所示)。同时,形成了果树数字资产,每个沃柑都能通过物联网和数字地图查到出产的果树和生产记录,"用数据定义的好水果"已出口到加拿大等国际市场。

格林斯利(北京)农业技术服务有限公司员工陈鑫从事过农业技术推广员、葡萄基地负责人、农资店运营者等工作,2020年开始,陈鑫将土壤、水、植物及环境数字化检测技术与农业生产实践深度融合,为云南葡萄种植户提供数字化的技术服务,帮助葡萄种植户实现从经验种植决策到依靠数据种植决策的转变,切实帮助种植户实现了增产增收,深得农户爱戴。

除此之外,还有一个被称为"无人机飞手"的职业群体。2022版《大典》已将其

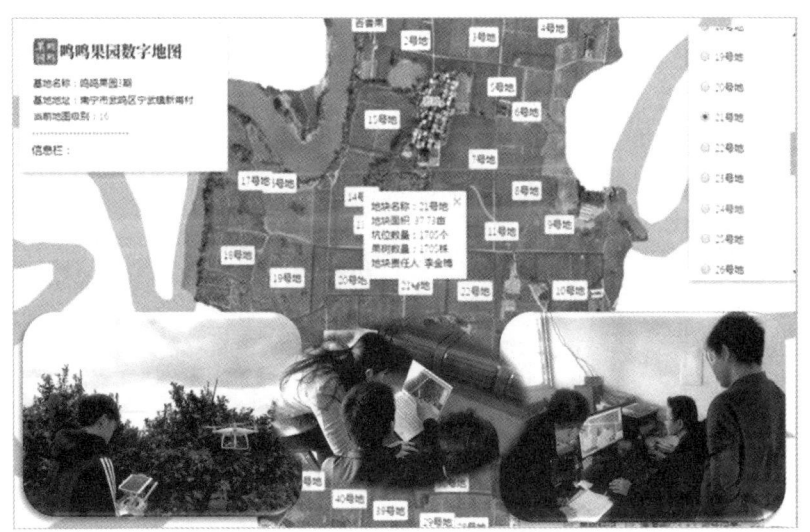

图 5-8　数字化果园的标准化与数字化经营管理

纳入并命名为"植保无人机驾驶员"。"植保无人机驾驶员"是通过远程控制设备,操控无人机完成既定飞行任务的人员该职业的主要工作任务是安装、调试无人机电机、动力设备、桨叶及相应任务设备,依任务要求规划航线,依飞行环境和气象条件校对飞行参数,操控无人机执行飞行任务,整理并分析采集的数据,评价飞行结果和工作效果,检查、维护、整理无人机及任务设备等,主要为种植业提供专业化植保服务。

青岛市杨家营村1996年出生的小伙子杨秀世原本在外打工,购置了植保飞防设备后加入了职业飞手的行列。杨秀世家有30亩玉米地,当时正处于拔节期,当地该时期降雨多,容易引发病虫害,要及时打药。杨秀世通过手机端测绘需要作业的地块,设定好高度、速度、亩用量等飞行参数,将按剂量稀释好的农药灌入飞机药箱,随后退至安全距离,在手机屏上操控无人机,从起飞到执行完打药作业指令,整个过程只用了约30分钟。杨秀世同时为周边农户提供植保飞防服务,服务面积近3万亩,年收入15万元左右。飞手不分老幼,在农资店打工的肖戈庄村民李先臣,56岁开始接触智能手机和小程序,经过植保无人机操作培训,很快成为自主执行飞防作业任务的职业飞手,每天作业量约200亩,年收入也比之前翻了一番。

在焦格庄村,80%的农户采用植保无人机进行农田杀虫、除草等飞防作业。村党支部书记史浩言介绍道:"以小麦为例,我们使用无人机喷药,病虫草害防治效果很好,以往亩产800斤左右,今年达到1 300斤。"随着流转土地服务面积不断增加,在规模化农业发展趋势下,整个行业仍然处于上升期,飞手缺口很大。植保服务具有周期性,一般每年作业时间约100天,其他时间飞手还可以参与农产品流通、种植等农业生产环节,获得更多收入。目前,青岛全市90多家植保专业化服务组织利用植保无人机等高效植保机械开展统防统治、联防联控、群防群治，日作业能力近50万亩。杨秀世、李先臣的职业转型只是青岛植保专业化服务的一个缩影。

根据中国农业机械流通协会发布的数据，尽管我国植保无人机保有量快速增加，还是难以满足服务需求。根据前瞻产业研究院发布的预测数据，若2022年无人机喷洒农药的比重达10%，农业植保无人机将超过13万架。实际上，执行喷洒作业的植保无人机只是农用无人机广泛应用领域之一。在发展数智农业的过程中，已有更多成熟的技术开始应用于农业生产过程（如图5-9所示）。根据农用无人机搭载的任务系统和操控方式的不同，至少可以分为三个大类：一是搭载相应的感知作业系统，实现通过远程操控完成作物长势、病虫害、水肥、温度监测等作业任务，极大地提高农业生产效率；二是搭载测绘航拍系统，能估算各种作物面积和产量，为流通市场提供所需要的大数据；三是通过编程控制无人机编队，实现大规模作业或混合作业，如操控感知无人机和喷洒无人机实现精准化的喷洒作业，提高抗旱、减灾等作业服务的效率等。

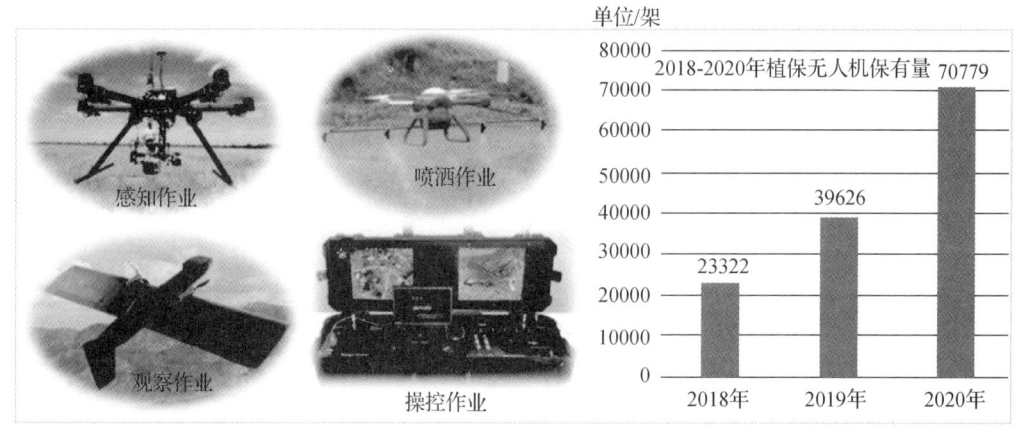

图5-9　无人机在农业领域的应用

数智农业一定是绿色农业。国内植保无人机行业头部企业发布的《2020年企业社会责任报告》指出，通过推动农业数字化转型，该企业无人化、智能化产品和技术的投入使用，累计为农户减少粮食损失约821万吨，大概相当于1 642万人一年的口粮；减少农药使用超过4.5万吨，节水1 500余万吨；降低了农业碳排放76万吨，相当于种下1 032万棵树。两大农业发展战略的叠加效应，势必促进无人机智能化技术不断进步，促进了分工细化并对从业人员提出了更高层级的能力需求，使植保无人机驾驶员成为令人羡慕的新兴职业。

## （二）职业能力能"数"则强

数智农业的发展过程也是从业人员职业能力提升的过程。从研发、推广到形成产能,农业各行业产业链上的职业群体,以职业能力推动数智农业的发展,也因数智农业的发展提升着自身职业能力。

"作物遗传育种栽培技术人员"是从事农作物新品种选育及栽培措施研究和推广的技术人员,负责选育优质、高产、高抗、适宜机械化收获的农作物新品种,挖掘育种新资源,研发育种新方法;研究主要农作物生长发育规律及其影响因素,提出并推广与品种、耕作制度和生态环境相适应的作物栽培技术;研究农作物杂交种制种和常规种提纯复壮的轻简高效繁育技术;试验、示范、推广和评价农作物新品种及新技术;收集、整理、评价和保存农作物品种资源等,为粮食农业生产提供"芯片",确保国家粮食安全。

农业育种是个小众领域。发达国家的育种行业已进入利用生物技术、人工智能、大数据信息技术育种的4.0时代,我国仍在杂交育种的2.0时代到分子育种的3.0时代过渡期。田间观察、记录、性状测定分析是育种的基础,培育一个优良品种,需要筛选大量育种材料,这个过程需要花上6~10年的时间。育种周期长、效率低、风险高和依赖育种技术人员的经验判断等,都成为制约我国育种行业以至数智农业发展的痛点。

2014年,海归博士王冰冰创办的百奥云数据科技有限公司,对标4.0版的育种技术,开发了具有完全自主知识产权的百奥云智能育种系统,为我国育种人员提供了植物育种的数据深度分析的专业工具和平台。通过整合育种材料田间的表型数据、试验室的基因型数据以及生长的环境数据,建立分子标记与植物生长的关联模型,用人工智能算法对育种材料的田间表现进行预测和选择,从而有效降低田间工作成本,大幅提高育种效率,实现农作物品种培育的数字化、精准化和智能化。

百奥云智能育种平台是基于B/S架构的全新SaaS数据平台,以整合育种材料表型数据、基因型数据和对表型数据为核心功能,实现育种数据采集、管理、运算,助力种业实现育种数据化、网络化、智能化,为农作物新品种研发提供决策支持。同时,以信息化和智能化为核心,整合硬件数据采集、分子与基因型检测、环境遥感数据采集公司以及种业企业,共同推进智能育种平台建设。育种技术人员和种业企业通过智能育种系统,不仅可以节省2~3年的育种周期,而且可突破传统育种方式存在的效率低、风险高、决策依赖经验等困扰,对基因组选择和预测可提高10倍以上的成功率。

与智能育种技术类似的技术还有在分子设计育种的基础上融合生物信息学、群体遗传学、大数据、人工智能等多个交叉学科的育种智能化解决方案。如玉米杂交种是两个纯和自交系杂交以后形成的,至少需要4~5年才能生产一个纯和自交系,而采用单倍体诱导育种技术,1年左右就可以生产出一个纯和自交系。中国农业大学农学院、国家玉米改良中心教授王向峰举例说:"假如有10万个自交系,再与一个测验种进行杂交,就有10万个杂交种,把它们都种在田里根本不可能。而用模型先在计算机上模拟，筛选出来产量最高、最优的10%的杂交种，在田间就可以只种这10%的部分，相当于种1万株，成本仅是原来的1/10。"由此可见，数字化、智能化技术应用极大地增强和提高了农业技术人员的职业能力和水平。

数字化、智能化技术对林业领域职业群体同样有着提升职业能力的效果。在陕西子午岭国家级自然保护区，从事森林巡护、火情报告、森林资源保护工作的"护林员"们，担负着巡护森林，制止并报告违法砍伐、占地、捕猎、采挖等破坏野生动植物资源的行为；检查、维修护林设施和标志；观察、报告森林火情隐患，制止违章违纪野外用火行为；瞭望、报告森林火情，参与森林灭火；观察、报告林业有害生物发生情况；观察、报告野生动植物异常情况；填写护林工作记录等工作任务，守护着454万亩的青山绿水和野生动植物资源。延安市桥北林业局在推进智慧林业建设中，以无人机巡查、远程视频监控、红外线相机抓拍为技术手段，建立了2个监控中心，安装并联网摄像头50余个、红外相机164部，打造出一片有智慧的森林（如图5-10所示）。在监控中心的大屏幕上，可以查看林区全貌和稽查、巡逻队的活动范围，调看红外成像系统记录的野生动物活动情况，13个无人机巡逻队队员沿着林区公路，操控无人机观察记录各种情况和数据，传给监控中心，在实现了林区森林资源精细化、立体化管护的同时，极大地降低了护林员巡查管护的劳动强度，提高了工作效率，也彻底改变了护林员的职业生态。

图 5-10　数字技术打造出"智慧森林"

## （三）职业队伍因"数"而变

我国国土面积共 144 亿亩而耕地仅有 19 亿亩左右。随着人口老龄化和"三孩时代"的到来，有限的土地需要养活更多的人口，发展数智农业就成为必然趋势。数智农业兼有精准农业、高效农业、绿色农业等多种属性，节地、节水、节肥、节省人力的技术效益目标追求，将促使农业生产职业队伍完成由"会种田"向"慧种田"的历史性转变。

种植水稻、棉花等大田作物是劳动力成本较高的生产领域，从土地耕整、播种到收获需要 3~5 次机械化作业，才能降低劳动力成本。然而，大田土地的集约化程度高、便于智能化机械作业，又是我国深耕数智农业并取得成功的农业生产领域之一。

在新疆棉产区，一亩棉田的年收入约 1 800 元，1 600 元左右的成本大部分是人工成本。使用卫星导航智能播种机，作业时间长、精准度高，整个作业季单台机具较手动驾驶平均多播种 1 000 亩，人工驾驶可播种 10 行的地块由自动驾驶可播种 11 行，土地利用率可提高 0.5%~2.5%；棉花精准施肥能够节肥 15%，单产可增加 5% 左右。从播种、施肥、打药、打落叶剂，直到收割，全程以智能化机器完成作业，不仅省事省力省时，年利润也比人工作业高 6.5 倍。目前，智能深翻犁耕地、植保无人机脱叶、智能采棉机、残膜回收机等全生产流程智能农机，正将农业劳动力从田间地头一步步地释放到农机驾驶室。

在湖南，以高标准农田、智能农机、人工智能、5G 物联网为核心技术的 4 万亩无人农场（望城）项目投运现场，无人驾驶的旋耕机、抛秧机等有序运作，自动避障、精准抛秧等动作一气呵成；稻田上空盘旋的各式无人机，可通过对稻田"察颜观色"，获知水稻生长的营养丰缺情况，根据施肥处方图精准施肥。望城项目数智农业技术，减少田间用工 70% 以上，提高工作效率 30% 以上，节约灌溉用水 20% 以上，节约肥料投入 50% 以上，减少农药投入 30% 以上。昔日"时雨及芒种，四野皆插秧""插秧如插针，琐细亦良苦"的辛苦劳作景象，亦将成为展示农耕文化遗产的保留节目。在北大荒红卫农场，数智农业先行示范区无人驾驶收获作业现场，智能化数据地图给无人收割机装上"眼睛"，实现大面积无人收获作业，每台收割机每天可收获 70 亩左右，相当于人工收割方式的 15 倍，作业质量标准更高，收获损耗更小，减轻了劳动强度，节约了人工费。

"十四五"规划期间，我国数智农业的发展还将按照建立和推广应用农业农村大数据体系，推动物联网、大数据、人工智能、区块链等新一代信息技术与农业生产经营深度融合。随着建设数字田园、数字灌区和智慧农（牧、渔）场的部署推进，更多如智慧大田、智慧果园、智慧温室、智慧牧场、智慧渔场等新业态纷纷出现，将使农业生产职业群体发生"裂变"。一方面，能够催生出"智慧农场运营员"等技术技能型的新职业，并对从业人群提出较高的能力要求；另一方面，节省的农业劳动力将再次实现"乾坤大挪移"，经过职业训练后有序流向乡村振兴战略扶持的新行业、新业态。

# 第六章　生产制造类职业发展

## 第一节　生产制造类职业发展

制造业是国民经济的主体，是立国之本、兴国之器、强国之基。2021年发布的《中华人民共和国国民经济和社会发展第十四个五年规划和2035年远景目标纲要》提出，坚持把发展经济着力点放在实体经济上，加快推进制造强国、质量强国建设，促进先进制造业和现代服务业深度融合，强化基础设施支撑引领作用，构建实体经济、科技创新、现代金融、人力资源协同发展的现代产业体系。

进入21世纪以来，我国生产制造业职业体系经过创建和调整，目前已步入稳定发展阶段。"十四五"及以后一段时期内，制造业主要是以智能制造等新技术的运用为发展主线，新设备、新方法、新业态将不断推动制造业职业升级变迁。工程技术类职业逐步趋于专业细分，一线生产作业类职业在专业化发展基础上逐步走向集约化，建筑、修理类职业呈现产线化、复合化发展趋势，这将极大地促进劳动生产率及工作效率的提升，为生产制造业人力资源管理提出更新与更高的要求。

仅从《中华人民共和国职业分类大典》（以下简称《大典》）颁布实施以来的职业分类信息统计分析结果看，生产制造类职业发展变迁经历了快速兴起、变化调整、转型发展三大阶段，呈现出科学催生、技术高移、数字引领、物联复合、绿色发展等显著特征，随着信息化社会的发展，其职业分化与重组速度将不断加快，新业态正处于不断形成的过程中。

生产制造类职业在《大典》的职业体系中主要分为两部分：一是一线生产作业类职业，分布在《大典》第六大类，本章将其称为"生产制造作业类职业"；二是工程技术类职业，分布于第二大类的工程技术人员中类中，本章将其称为"生产制造工程技术类职业"。由于两部分职业有相当的差异，下面将分别阐述。

### 一、生产制造作业类职业的发展

#### （一）生产制造作业类职业分类

生产制造作业类职业在《大典》职业体系中主要分布在第六大类。1999年版《大典》中，该大类职业数量分别占全部职业和工种的 40% 和 80%，体现出当时我国制造业社会分工的广泛性与重要性。依据国民经济行业分类，第六大类职业主要分布在采矿业，制造业，电力、热力、燃气及水生产和供应业，建筑业 4 个门类中，本章统称为生产制造作业类职业。

### 1. 1999 年版《大典》第六大类职业分类

1999 年版《大典》确立第六大类"生产、运输设备操作人员及有关人员"职业体系时，以 1992 年颁布的《中华人民共和国工种目录》（下简称《工种目录》）为基础，最终，将 1992 年版《工种目录》中 4 189 个工种归并为 3 567 个工种并列入相关职业，表 6-1。

表 6-1　　　　纳入 1999 年版《大典》第六大类工种统计表　　　　单位：个

| 序号 | 行业 | 工种数量 | 纳入第六大类的数量 |
|---|---|---|---|
| 1 | 民政 | 8 | 2 |
| 2 | 印钞造币 | 44 | 44 |
| 3 | 商业 | 133 | 68 |
| 4 | 旅游 | 11 | |
| 5 | 对外经济贸易 | 10 | 10 |
| 6 | 物资 | 14 | 10 |
| 7 | 农业 | 135 | 135 |
| 8 | 林业 | 99 | 79 |
| 9 | 机械工业 | 211 | 211 |
| 10 | 航空航天工业 | 259 | 259 |
| 11 | 电力 | 88 | 82 |
| 12 | 水利 | 33 | 33 |
| 13 | 建设 | 100 | 63 |
| 14 | 地质矿产 | 24 | 4 |
| 15 | 冶金工业 | 134 | 134 |
| 16 | 化学工业 | 191 | 191 |
| 17 | 纺织工业 | 549 | 549 |
| 18 | 轻工业 | 510 | 510 |
| 19 | 铁道 | 105 | 70 |
| 20 | 交通 | 137 | 125 |
| 21 | 邮电 | 49 | |
| 22 | 文化 | 16 | 5 |
| 23 | 广播电影电视 | 50 | 7 |

续表

| 序号 | 行业 | 工种数量 | 纳入第六大类的数量 |
|---|---|---|---|
| 24 | 体育 | 1 | |
| 25 | 建筑材料工业 | 130 | 130 |
| 26 | 民用航空 | 72 | 49 |
| 27 | 海洋 | 18 | 8 |
| 28 | 测绘 | 21 | 21 |
| 29 | 新闻出版 | 88 | 80 |
| 30 | 技术监督 | 31 | 31 |
| 31 | 黄金工业 | 3 | 3 |
| 32 | 烟草工业 | 65 | 63 |
| 33 | 医药 | 198 | 192 |
| 34 | 中医药 | 46 | 35 |
| 35 | 环境保护 | 8 | 8 |
| 36 | 电子工业 | 321 | 321 |
| 37 | 船舶工业 | 50 | 46 |
| 38 | 石油化工 | 27 | 27 |
| 39 | 有色金属工业 | 263 | 263 |
| 40 | 石油天然气 | 44 | 44 |
| 41 | 矿山采选业 | 118 | 118 |
| 42 | 兵器工业 | 124 | 124 |
| 43 | 核工业（略） | | |
| 44 | 汽车工业 | 29 | 29 |
| 45 | 海洋石油 | 6 | 6 |
| 46 | 其他 | 13 | |
| | 合计 | 4 189 | 3 567 |

### 2. 2015 年版《大典》第六大类职业分类

2015 年版《大典》将第六大类名称修订为"生产制造及有关人员"，并对所属职业领域范围作了较大调整。

（1）范围调整

一是将第六大类的地质勘查、测绘、道路和铁路车辆操作、文化、环保等 1 个中类、10 个小类、88 个职业调整到第四大类，见表 6-2；二是将第六大的航天、兵器制造等 14 个小类和 65 个职业另册分类；三是将与水产品加工等有关的 1 个小类和 19 个职业划入第六大类，见表 6-3。

表 6-2　　　　　　　　从第六大类划入第四大类职业统计表　　　　　　单位：个

| 编码 | 名称 | 中类 | 小类 | 职业 | 工种 |
|---|---|---|---|---|---|
| 6-01-01 | 地质勘查人员 | | 1 | 11 | 27 |
| 6-01-02 | 测绘人员 | | 1 | 6 | 29 |
| 6-03-02-05 | 加油站操作员 | | | 1 | |
| 6-06-01-02 | 汽车修理工 | | | 1 | 17 |
| 6-07-05 | 供用电人员 | | 1 | 7 | 6 |
| 6-08-05-01 | 电子计算机（微机）维修工 | | | 1 | 3 |
| 6-19-01 | 影视制品制作人员 | | 1 | 6 | 26 |
| 6-19-03 | 广播影视舞台设备安装调试及运行操作人员 | | 1 | 6 | 14 |
| 6-19-04 | 电影放映人员 | | 1 | 3 | 5 |
| 6-19-05 | 文物保护作业人员 | | 1 | 4 | 12 |
| 6-24-01 | 公（道）路运输机械设备操作及有关人员 | | 1 | 2 | 8 |
| 6-24-02 | 铁路乘务员等 | | | 3 | 11 |
| 6-24-03 | 航空相关职业 | | | 3 | 15 |
| 6-24-04 | 航运相关职业 | | | 2 | 10 |
| 6-25 | 环境监测与废物处理人员 | 1 | 1 | 7 | 12 |
| 6-25-02 | 海洋环境调查与监测人员 | | 1 | 3 | 11 |
| 6-25-03 | 废物处理人员 | | | 2 | 10 |
| 6-26-01 | 检验人员 | | | 9 | 40 |
| 6-26-04 | 计量人员 | | | 11 | 38 |
| 合计 | | 1 | 10 | 88 | 294 |

表 6-3　　　　　　　　从其他大类划入第六大类职业统计表　　　　　　单位：个

| 编码 | 名称 | 小类 | 职业 | 工种 |
|---|---|---|---|---|
| 5-01-06-02 | 果类产品加工工 | | 1 | 3 |
| 5-01-06-03 | 茶叶加工工 | | 1 | 2 |
| 5-01-06-04 | 蔬菜加工工 | | 1 | 3 |
| 5-04-03 | 水产品加工人员 | 1 | 11 | 31 |
| X2-02-28-02 | 酿酒师 | | 1 | |
| X2-02-28-04 | 乳品评价师 | | 1 | |
| X2-02-28-05 | 品酒师 | | 1 | |
| X2-02-06-04 | 调香师 | | 1 | |
| X2-02-06-05 | 化妆品配方师 | | 1 | |
| 合计 | | 1 | 19 | 39 |

（2）中类和小类调整

2015 年版《大典》第六大类的中类调整幅度较大：一是参考国民经济行业分类的

相应门类和类别进行了调整；二是中类的顺序全部进行了重新编排。

相对1999年版《大典》，2015年版《大典》第六大类净增了5个中类，其中"环境监测与废物处理人员"中类划归第四大类，因此减少一个中类，实际增加了6个中类。小类从1999年版《大典》的195个减少为171个，考虑相关因素，实际增加了10个小类。

修订1999年版《大典》时，第六大类的27个中类中，有13个未做较大调整，其余的14个均有分合调整，变化较大的主要有以下内容：一是对于机电设备制造类职业专业化分类，2015年版《大典》考虑机电设备制造业的专业化趋势，并参考国民经济行业分类情况，将1999年版《大典》"机电产品装配人员"中类划分为7个中类；二是设置"电力、热力、气体、水生产和输配人员"中类，将1999年版《大典》分布在6个中类及一些无法归合但同时通用性比较强的职业纳入该中类；三是设置"生产辅助人员"中类，将1999年版《大典》"机械设备修理人员""电力设备安装、运行、检修及供电人员"和"检验、计量人员"等类别中的机电设备修理、生产检验试验、称重计量、包装等生产辅助性职业归入该中类。

（3）职业调整

1999年版《大典》第六大类职业为1 043个，2015年版《大典》相应为650个，减少了393个，减幅为37.7%，其中，取消"其他余类"166个，增加职业91个，压缩合并减少职业318个。去除"其他余类"因素，共减少了21.76%，考虑新增职业因素，修订后的职业比重压缩了30.5%，见表6-4。

表6-4　2015年版《大典》与1999年版《大典》职业变化分析表

| 项目 | 1999年版按2015年版口径调整 | | | | 2015年版职业数量/个 | 2015年版与1999年版调整后比较 | | 去除"其他余类"因素比较 | | |
|---|---|---|---|---|---|---|---|---|---|---|
| | 原合计数量/个 | 再体现数量/个 | 划入数量/个 | 调整后数量/个 | | 数量/个 | 增幅/% | 2015年版减少"其他余类"数量/个 | 1999年版扣除"其他余类"数量/个 | 2015年版比1999年版扣除"其他余类"数量/个 | 增幅/% |
| 六大类 | 1 177 | -65 | -69 | 1 043 | 650 | -393 | -37.68 | 166 | 877 | -227 | -21.76 |
| 其他大类 | 851 | | 69 | 920 | 831 | -89 | -9.67 | 176 | 744 | 87 | 9.46 |
| 合计 | 2 028 | -65 | | 1 963 | 1 481 | -482 | -24.55 | 342 | 1 621 | -140 | -7.13 |

2015年版《大典》相对于1999年版《大典》的1 621个职业，减少了140个职业，减幅为7.1%，去除第六大类因素，其他大类增加了87个职业。2015年版《大典》减少的职业中，生产制造类职业占比最高，体现出制造业强劲的更新换代趋势。

从《工种目录》到2015年版《大典》，第六大类职业和工种逐步减少，是管理思想的体现，也是解决职业划分粗细不均，不利于社会化管理问题的体现。从20世纪80至90年代行业管理工种的模式上升到国家层面的社会化职业管理，遵循大典职业工作性质相同的原则，归合工种、扩大职业覆盖范围，是国家职业分类的必然过程。经分析，职业和工种减少主要是采取归合职业的方式。

2015年版《大典》第六大类修订主要包括以下三点：一是将27个小类的148个职业归合为26个职业，见表6-5；二是将工作性质相同或同一个工艺阶段的一组职业归合为"职业"，如将矿山的重选、磁选、浮选、磨矿等工作性质相同的4个职业归合为"选矿工"，将调温、焦炉机车、干法熄焦工等围绕焦炉工作的一系列职业归合为"炼焦工"；三是根据淘汰落后工艺的原则取消或归合了部分职业，如平炉炼钢工、感光材料制造工等4个职业和唱片工等3个职业。

表6-5　　　　　2015年版《大典》小类合并为职业统计表　　　　单位：个

| 序号 | 编码 | 小类名称 | 职业数 |
|---|---|---|---|
| 1 | 6-12-09 | 饲料生产加工人员 | 6 |
| 2 | 5-04-03 | 水产品加工人员 | 10 |
| 3 | 6-03-01 | 化工产品生产通用工艺人员 | 11 |
| 4 | 6-03-07 | 合成树脂生产人员 | 8 |
| 5 | 6-03-08 | 合成橡胶生产人员 | 6 |
| 6 | 6-03-012 | 信息记录材料生产人员 | 9 |
| 7 | 6-05-06 | 仪器仪表装配人员 | 8 |
| 8 | 6-06-02 | 仪器仪表修理人员 | 3 |
| 9 | 6-08-04 | 电子设备装配调试人员 | 17 |
| 10 | 6-09-01 | 橡胶制品生产人员 | 6 |
| 11 | 6-09-02 | 塑料制品加工人员 | 2 |
| 12 | 6-12-02 | 制糖和糖制品加工人员 | 3 |
| 13 | 6-12-07 | 屠宰加工人员 | 4 |
| 14 | 6-12-09 | 饲料生产加工人员 | 6 |
| 15 | 6-13-01 | 原烟复烤人员 | 6 |
| 16 | 6-13-02 | 卷烟生产人员 | 5 |
| 17 | 6-16-03 | 纸制品制作人员 | 2 |
| 18 | 6-17-03 | 建筑防水密封材料生产人员 | 3 |

续表

| 序号 | 编码 | 小类名称 | 职业数 |
|---|---|---|---|
| 19 | 6-18-05 | 搪瓷制品生产人员 | 4 |
| 20 | 6-19-02 | 音像制品制作复制人员 | 4 |
| 21 | 6-20-01 | 印前处理人员 | 5 |
| 22 | 6-20-02 | 印刷操作人员 | 7 |
| 23 | 6-20-03 | 印后制作人员 | 2 |
| 24 | 6-21-03 | 玩具制作人员 | 3 |
| 25 | 6-21-04 | 漆器工艺品制作人员 | 3 |
| 26 | 6-21-05 | 抽纱刺绣工艺品制作人员 | 3 |
| 27 | 6-23-08 | 古建筑修建人员 | 2 |
| 合计 | | | 148 |

### 3. 2022年版《大典》第六大类职业分类

2022年版《大典》第六大类共计671个职业，与2015年版《大典》相比，增加了"工业机器人操作运维人员"小类，以及20个职业；此外，"管廊运维员"职业从第四大类划入，激光设备装调两个职业归合减少一个；新增工种154个，见表6-6。

表6-6  2022年版《大典》与2015年版《大典》第六大类职业比较表  单位：个

| 名称 | 中类 | 小类数量 | 职业数量 | 工种数量 |
|---|---|---|---|---|
| 2015年版《大典》原版 | 32 | 171 | 650 | 2 179 |
| 2015年版《大典》调整版（含新职业） | 32 | 171 | 660 | 2 182 |
| 2022年版《大典》 | 32 | 172 | 671 | 2 323 |
| 2022年版《大典》与2015版《大典》原版比较 | | 1 | 21 | 144 |
| 2022年版《大典》与2015年版《大典》调整版比较 | | 1 | 11 | 141 |

## （二）生产制造类职业变迁

1999年版《大典》颁布后，我国逐步建立了世界上门类最全、体量最大的制造业体系，其职业变迁经历了适应调整和定型发展两个阶段。

### 1. 两阶段发展历程

纵览《大典》第六大类职业发展，前期职业调整幅度较大，后期趋于平稳，职业变化大致可以归纳为五个过程两个阶段，如图6-1所示。

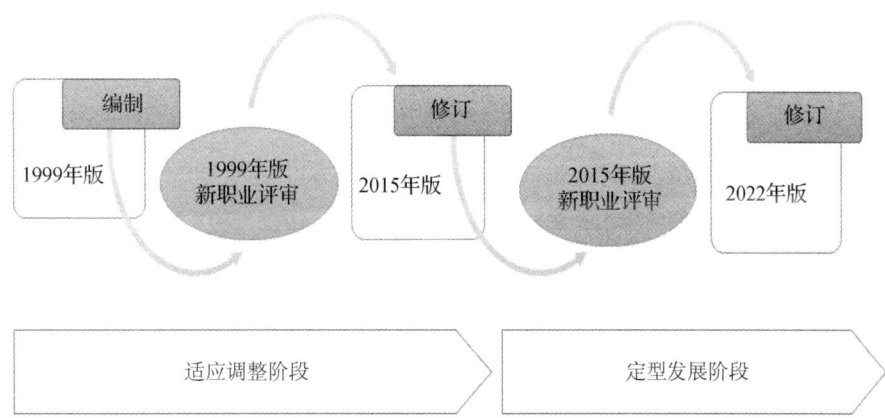

图 6-1　《大典》第六大类职业发展过程示意图

一是适应调整阶段，自 1999 年版《大典》编制到 2015 年版《大典》修订，职业变迁主要是对体系中现行职业完善的适应调整；二是定型发展阶段，自 2015 年版《大典》后的新职业评审至 2022 年版《大典》修订，是对现有职业结构调整完善和体系定型，此阶段受外部环境因素变化影响，新增职业逐步成为修订的主要对象。

（1）职业总体变化

对比 1999 年版《大典》与 2022 年版《大典》，第六大类职业数量从 1 119 个调整至 671 个，减幅为 40.1%。其中 1999 年版《大典》至 2015 年版《大典》修订阶段减少了 37.7%，2015 年版《大典》至 2022 年版《大典》修订阶段增加 2.6%，趋于平稳，见表 6-7。

表 6-7　《大典》第六大类职业比较总表

| 大典版次 | 项目 | 中类 | 小类 | 职业 | 工种 |
| --- | --- | --- | --- | --- | --- |
| 1999 年版 | 原版数量/个 | 27 | 195 | 1 119 | 4 021 |
|  | 加入含动态调整数量/个 | 27 | 195 | 1 177 | 4 025 |
|  | 调整口径（减划出划入及另立分册）数量/个 | 25 | 170 | 1 043 | 3 669 |
| 2015 年版 | 原版数量/个 | 32 | 171 | 650 | 2 179 |
|  | 加入动态调整数量/个 | 32 | 171 | 660 | 2 182 |
| 2022 年版 | 原版数量/个 | 32 | 172 | 670 | 2 323 |
| 2022 年版与 1999 年版相比 | 增加数量/个 | 5 | −23 | −449 | −1 698 |
|  | 增加百分比/% | 18.52 | −11.79 | −40.13 | −42.23 |
| 2015 年版与 1999 年版相比 | 增加数量/个 | 5 | −24 | −469 | −1 842 |
|  | 增加百分比/% | 18.52 | 12.31 | −41.91 | −45.81 |
| 2022 年版与 2015 年版相比 | 增加数量/个 | 0 | 1 | 20 | 144 |
|  | 增加百分比/% | 0 | 0.58 | 3.08 | 6.61 |

（2）新职业变化

从 1999 年版《大典》至 2022 年版《大典》，第六大类陆续新增 167 个新职业，其中 1999 年版《大典》至 2015 年版《大典》的职业增幅为 13.2%，而 2015 年版《大典》至 2022 年版《大典》增幅下降为 2.9%，详表 6-8。

表 6-8 第六大类新职业增加情况分析表

| 项目 | | 六大类职业合计/个 | 新职业合计 | | 其中调整完善增加 | | 其中其他新增 | |
|---|---|---|---|---|---|---|---|---|
| | | | 小计/个 | 增幅/% | 小计/个 | 增幅/% | 小计/个 | 增幅/% |
| 1999 年版《大典》至 2015 年版《大典》 | 小计 | 1 119 | 148 | 13.2 | 102 | 68.9 | 46 | 31.1 |
| | 1999 年版新职业 | | 58 | | 32 | 55.2 | 26 | 44.8 |
| | 2015 年版新增 | | 90 | | 70 | 77.8 | 20 | 22.2 |
| 2015 年版《大典》至 2022 年版《大典》 | 小计 | 650 | 19 | 2.9 | 4 | 21.1 | 15 | 78.9 |
| | 2015 年版新职业 | | 11 | | | | 11 | 100 |
| | 2022 年版新增 | | 8 | | 4 | 50 | 4 | 50 |
| 合计 | | | 167 | | 106 | 63.5 | 61 | 36.5 |

新职业中 63.5% 是对现行职业调整完善。其中 1999 年版《大典》至 2015 年版《大典》修订时期，对现行职业调整完善产生的新职业占全部新职业的 68.9%，而在 2015 年版《大典》新职业至 2022 年版《大典》修订时期只占 21.1%。

从新职业存续情况来看，1999 年版《大典》到 2022 年版《大典》修订前，第六大类新增的 159 个职业在 2022 年版《大典》依旧存续的有 119 个，其他 40 个职业被调整归合或变为工种，变化幅度为 25%。其中 1999 年版《大典》颁布后经新职业评审增加的 58 个职业中，只有 19 个在 2022 年版《大典》中存续，比例为 32.8%；而 2015 年版《大典》颁布后的 11 个新职业中，保留在 2022 年版《大典》中的为 10 个，达到 90%，见表 6-9。

表 6-9 《大典》新增职业（不含 2022 年版）分析表

| 项目 | 2022 年版《大典》中存续的职业 | | 合计/个 | 变化 | | | | |
|---|---|---|---|---|---|---|---|---|
| | 小计/个 | 增幅/% | | 增幅/% | 改为工种/个 | 合并/个 | 取消/个 | 小计/个 |
| 1999 年版颁布后的新职业 | 19 | 32.8 | 58 | 67.2 | 21 | 16 | 2 | 39 |
| 2015 年版修订 | 90 | 100.0 | 90 | | | | | |
| 2015 年版颁布后的新职业 | 10 | 90.9 | 11 | 9.1 | 1 | | 1 | |
| 合计 | 119 | 74.8 | 159 | 25.2 | 22 | 16 | 2 | 40 |

## 2. 职业调整分析

《大典》第六大类职业体系调整受内外两部分因素影响，一是外部新技术、新产业等新发展因素，二是对《大典》内部已有职业的调整完善，见表6-10。

表6-10 《大典》第六大类全部新增职业分析表

| 项目 | 合计/个 | 调整完善/个 | 新发展 | | 新技术 | | | 新产业/个 | 新业态/个 | 新方法/个 |
|---|---|---|---|---|---|---|---|---|---|---|
| | | | 小计/个 | 占比/% | 小计/个 | 智能制造/个 | 新工艺/个 | | | |
| 1999年版《大典》新职业 | 58 | 32 | 26 | 44.8 | 15 | | 15 | 3 | 7 | 1 |
| 2015年版《大典》修订新增 | 90 | 70 | 20 | 22.2 | 7 | | 7 | 9 | 4 | |
| 2015年版《大典》新职业 | 11 | | 11 | 100.0 | 7 | 6 | | 1 | 1 | 2 |
| 2022年版《大典》修订新增 | 8 | 4 | 4 | 50.0 | | | | 3 | | 1 |
| 合计 | 167 | 106 | 61 | 36.5 | 29 | 6 | 23 | 16 | 12 | 4 |

因外部因素产生的61个新职业，占新职业总数的36.5%，大体可归为新发展，即新技术、新产业、新业态、新方法四种因素。一是新技术，包括智能制造、新工艺等；二是新产业；三是市场和政策催生的新业态；四是改变劳动组织产生的新方法。因此，职业发展的原因，可能是多种因素影响的结果，如图6-2所示。

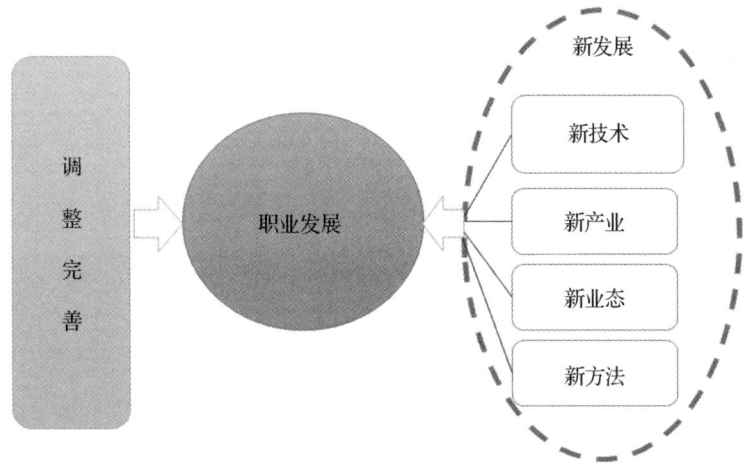

图6-2 职业发展变化示意图

## 3. 智能制造助推制造业职业发展

正值2015年版《大典》修订完成之时，国务院发布了《中国制造2025》。《中国制造》提出，第一步，到2025年迈入制造强国行列；第二步，到2035年中国制造业整体达到世界制造强国阵营中等水平；第三步，到新中国成立一百年时，综合实力进入世界制造强国前列。作为制造业龙头行业之一，机械行业适时提出了"工业机器人装调工"的职业建议，该职业成为第一个申报的智能制造类职业。随后，涉及智能制造类的相关新职业申报大量涌现。

依据国家"十四五"规划，到2025年，制造业要转型升级成效显著，70%的规模以上制造业企业基本实现数字化和网络化，建成500个以上引领行业发展的智能制造示范工厂。制造业企业生产效率、产品良品率、能源资源利用率等显著提升，智能制造能力成熟度水平明显提升。

### （三）新发展推动生产制造作业类职业发展

智能制造虽然是今后一段时间内职业发展的主线，但传统产线运用新技术、新产业、新业态和新方法等新发展依旧在影响着此类职业的发展。

#### 1. 新技术新工艺发展推进职业和工种变迁

传统产业运用新技术和新工艺改变了作业方式，同时影响了职业和工种的变化。从1999年版《大典》颁布后产生了20多个新职业，同时也减少了部分职业，如仪器仪表维修工的变化。矛盾的是新老产线职业、工种并存是一个长期渐进的过程，甚至一段时间还增加职业、工种。"十四五"期间，随着智能制造的大力推进和淘汰落后产能力度加快，将加速职业发展进程。

（1）水泥生产职业和工种变化

我国水泥行业在1992年《工种目录》中列入了传统产线的15个工种，1999年版《大典》编制时将这些工种归合为"水泥生产制造工"职业，当时许多人认为该职业范畴过大。

随着水泥生产线工艺从立窑—半干法—普通干法—新型干法的升级改造，新产线控制水平高、大型化、节能减排效果好、用人少，效率大幅提高。但新产线只有中控和巡检两类工作，传统的职业和工种无法适用，于是建材行业在2004年按新产线作业方式申报了"水泥生产巡检工"和"水泥中央控制室操作员"两个新职业，形成了新老产线3个职业15个工种并存的状况。2015年版《大典》修订时，随着淘汰老旧产线的进程加快，新产线占主体，所以将3个职业归合设置为"水泥生产工"1个职业，下设水泥生料制备工、水泥熟料煅烧工、水泥制成工、水泥生产中控员、水泥生产巡检工等5个工种，如图6-3所示。

水泥生产工艺的变化是生产制造产线的共性，如发电运行、铁矿粉烧结和井下采煤等，其中一些生产线职业、工种也进行了调整，但也有一些还维持着传统职业模式。

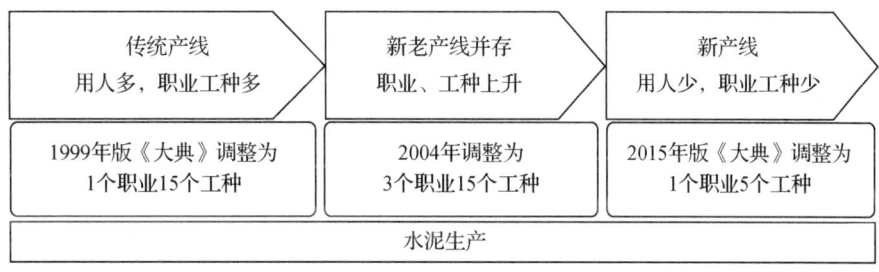

图 6-3 水泥产线的职业变化

（2）啤酒生产工艺控制水平提高推进工种集约化

2022 年版《大典》修订中，轻工行业提出随着规模化啤酒产线智能化、集约化制造的发展，越来越多的现场操作由智能程序和工艺替代，工种的功能呈综合性、包容性，酿造工分工界限在收缩。行业从业人员由 2011 年 36 万人下降至现在的 8 万人，劳动生产率大幅度提高。根据该变化，提出将"啤酒酿造工"职业下设的啤酒原料粉碎工、麦汁制备工、啤酒发酵工、啤酒过滤工、啤酒灭菌工、啤酒灌装工 6 个工种归合为啤酒糖化工、啤酒发酵过滤工和啤酒包装工 3 个工种。

（3）推广装配式建筑工业化、产线化技术产生新职业

装配式建筑是指用预制部品部件在工地装配而成的建筑。2016 年国务院出台的《关于大力发展装配式建筑的指导意见》指出，计划用 10 年左右的时间，使装配式建筑占新建建筑面积的比例达到 30%，并提出强化队伍建设，大力培养装配式建筑设计、生产、施工、管理等专业人才……加强岗位技能提升培训。

装配式建筑相较于传统的施工，整体环保性、节能性和安全性均有着显著提升，并且建造周期缩短，可以使施工准确度和效率大幅度提高。由于构件的标准化，施工人员主要使用机械设备对建筑进行拼接安装，使现场钢筋工减少 50%，混凝土工减少 70%，模板工、粉刷工减少 100%。建筑行业逐渐向产品制造的工业化、专业化方向转变。

国家政策导向、技术更新已经改变了传统职业的作业方式和操作技术。2019 年建材行业申报并获批了"装配式建筑施工员"新职业，但装配式建筑不仅是混凝土建筑，还有钢结构建筑和现代木结构建筑，对于这两种建筑是否能产生作业方式和技术的变化，尚有待观察。

## 2. 新产业发展催生新职业

新产业发展形态取决于国家政策和市场导向两个方面的促进，产业发展到一定规模，也将推进新职业和新工种的发展，体现在《大典》中有再制造、煤化工、光伏发

电、风力发电、城市轨道交通等新职业,见表6-11。

表6-11 《大典》第六大类新产业新职业表

| 职业编码 | 职业名称 |
| --- | --- |
| 6-10-03-01 | 煤制烯烃生产工 |
| 6-10-03-02 | 煤制油生产工 |
| 6-10-03-06 | 煤提质工 |
| 6-15-02-04 | 人造石生产加工工 |
| 6-20-02-04 | 风电机组制造工 |
| 6-20-07-07 | 办公设备与耗材再制造工 |
| 6-22-01-03 | 汽车零部件再制造工 |
| 6-22-02-02 | 汽车回收拆解工 |
| 6-24-02-04 | 光伏组件制造工 |
| 6-28-01-10 | 光伏发电运维值班员 |
| 6-28-01-12 | 风力发电运维值班员 |
| 6-29-02-17 | 城市轨道交通检修工 |
| 6-29-04-02 | 建筑门窗幕墙安装工 |
| 6-31-01-07-003 | 风力发电机检修工 |
| X6-07-06-06 | 城轨接触网检修工(2006年新职业,2015年版《大典》并入6-29-02-13牵引电力线路安装维护工) |

(1)再制造产业催生新职业

再制造产业是近年国内外基于节约资源、应对废弃产品等社会垃圾产生的公害、减少能源消耗和减少碳排放而发展起来的新兴产业。

《国务院关于印发2030年前碳达峰行动方案的通知》提出,推动循环经济助力降碳行动,高水平建设现代化"城市矿产"基地,再生资源规范化、规模化、清洁化利用;推进退役动力电池、光伏组件、风电机组叶片等新兴产业废物循环利用;促进汽车零部件、工程机械、文办设备等再制造产业高质量发展;加强资源再生产品和再制造产品推广应用。

在生产制造业范围,再制造职业发展已经有20多年。20世纪80年代由于矿山道路大都不是硬化路面,大型矿用汽车轮胎磨损严重,为降低成本,应运而生了轮胎翻新工作,后逐步推广到了全汽车行业。2004年版《大典》动态调整时纳入了"轮胎翻新工"职业;2015年版《大典》又新增了"汽车零部件再制造工"职业;2022年版《大典》修订纳入了"办公设备与耗材再制造工"和"电池及电池系统维修保养师"

两个职业。

我国办公设备和办公耗材业与配件再制造业于2015年前后形成规模。办公设备和办公耗材业与配件再制造业均属于劳动密集型产业，可以创造大量的就业机会，同时也有助于降低产品成本，社会效益十分显著。

随着电池产品大量应用于新能源及工业电源领域，造成大量废旧及退役电池需回收处置，如2020年我国有25.6 GW·h动力电池退役。因电池产品兼具化学和高低压电特性，需要利用专业的技术和设备开展其回收、处置和再利用工作，2021年我国动力电池回收相关企业注册量达24 816家。

今后在"碳达峰十大行动"中提到的光伏组件、风电机组叶片、工程机械等是否可能产生新职业，也有待观察。

（2）煤化工产业扩大产生新职业

从1999年版《大典》颁布以来，随着煤深加工技术发展，陆续增加了"煤制烯烃生产工""煤制油生产工"和"煤提质工"等新职业。其中"煤提质工"是煤炭工业协会在2022年版《大典》修订过程中申报并通过的新职业。该协会提出，我国具有"富煤少油"资源禀赋，其中低阶煤产量每年大约有20亿吨。低阶煤仅用作燃料，既造成污染，又浪费了其中油、气等轻质组分和化学品资源。所以，煤炭分质清洁高效转化利用是我国能源战略的重点发展领域，中低温热解技术是实现高效转化的重要方式。目前我国这项技术已达到国际领先水平，2018年陕西煤业化工集团神木天元化工有限公司每年60万吨的装置建成投产，用工300多人，并即将上马每年660万吨粉煤资源洁净化分质利用示范项目。

目前，世界上许多国家都开展煤热解技术的研发，先后有近30种煤热解技术诞生，但其中只有5~6项技术实现了工业化应用。同时，现代煤化工项目涵盖煤制天然气、煤制烯烃、煤制油、煤制乙二醇、煤制芳烃、煤制乙醇、煤炭分质利用等七大领域，下一步随着现代煤化工技术的应用前景，很可能再产生新职业。

（3）风力、光伏发电等新能源产业产生"系列职业"

新能源产业中，风力、光伏发电从2000年以来产生了"光伏组件制造工""光伏发电运维值班员""风力发电运维值班员""风力发电机检修工"4个职业、1个工种，按电力行业设置职业和工种的特点，形成了制造—使用—修理新职业系列。

### 3. 新业态产生新职业

分析《大典》中的职业变化，新业态产生的职业主要分布在第四大类。由于第六大类职业业态相对稳定，属于该类的新业态职业并不多，比较典型的见表6-12。

表 6-12 　　　　2022 年版《大典》第六大类新业态职业一览表

| 职业编码 | 职业名称 |
| --- | --- |
| 6-02-04-02 | 乳品评鉴师 |
| 6-02-05-07 | 调味品品评师 |
| 6-02-06-01 | 酿酒师 |
| 6-02-06-07 | 品酒师 |
| 6-02-06-11 | 评茶师 |
| 6-02-06-12 | 酒体设计师 |
| 6-03-03-02 | 烟草评吸师 |
| 6-09-03-03 | 陶瓷工艺品制作师 |
| 6-11-01-05 | 工业清洗工 |
| 6-11-10-07 | 调香师 |
| 6-11-10-10 | 日用化学用品配方师 |
| 6-15-01-06 | 预拌混凝土生产工 |

（1）工业清洗和预拌混凝土生产专业化产生新职业

"工业清洗工"和"预拌混凝土生产工"两个职业的产生和特点类似，都是在原有其他职业相应工作的基础上发展起来，逐步形成专业化队伍，进而规范成职业。

工业清洗工是使用化学和物理方式清洗工业用锅炉、储罐、容器以及工业空调的人员。这类职业以前都散落在其他职业相应工作里。随着生产制造规模越来越大，需清洗的对象大幅增加，为提高效率，产生了许多专业高效的清洗方法。所以，应市场需求形成了专业化的清洗业态，进而产生专业化的新职业。

预拌混凝土生产工是在固定的生产线和工厂生产混凝土的人员。2021 年我国规模以上企业混凝土销售量已经近 33 亿立方米。以前混凝土都是在施工现场设立搅拌设施和设备现拌现用，容易污染环境、产生建筑垃圾且效率低。随着国家政策的制约和土建施工市场化的进程，混凝土的搅拌逐步形成了工厂化的预拌混凝土业态，缓解了环境问题，且效率和质量控制水平高。同时，预拌混凝土需运输到施工现场，又产生了混凝土运输罐车司机的新业态；运输罐车到现场需用混凝土泵输送到施工位置，还曾经出现过混凝土泵送工工种。

（2）烟酒茶等品评职业

表 6-12 中的"烟草评吸师""品酒师""评茶师"和"乳品评鉴师"等 9 个品评职业和《大典》第四大类的"专业化设计服务人员"职业性质类似。此类职业大都产生在 2005 年至 2008 年新职业评审时，发布时划分在第二大类。2015 年年版《大典》修订时，依行业部门意见移入第六大类。

消费者对产品需求的市场效应产生了新业态，进而产生了新职业。在工厂化的生产中，产品质量的控制有相应的管理方式，但食品等如何迎合不同消费者口味，无法应用常规手段进行检测，只能通过人的品尝来调整产品，因此催生了这类新职业。

### 4. 新的劳动组织、作业模式和技能复合化推动职业发展

新的劳动组织、作业模式和技能复合化主要体现在以群体作业为主的修理职业，如机电设备维修工、铁路综合维修工和管廊运维员3个职业。

2020年发布的新职业"管廊运维员"，最初归入2015年版《大典》的第四大类，2022年版《大典》将其调整至第六大类。2013年以来，国家多次提出了建设城市地下综合管廊，解决反复开挖地面敷设管线问题，消除街道架空线，提高管线安全水平和防灾抗灾能力，建设集水、燃气、蒸汽管道及电力、通信线缆等为一体的监控、巡检、调整、运行作业环境。以前涉及多行业的7~8个职业和工种要同时在管廊内作业，效率低、环境差，于是新的管理和作业方式应运而生，出现了统一的管廊运维人员，形成了集管线巡查、运行、应急处置及管廊消防、通风、供电、照明、监控和报警、排水、标识等相关设施运维多种技能为一体的复合职业特征。

### 5. 现行职业体系调整与完善

1999年版《大典》至2022年版《大典》，国家对现行职业分类体系不断进行调整与完善，统计表明，20多年来《大典》共新增了106个职业。

（1）专业化细分50个职业

对于每一类产品，其规模扩大都会推动产线专业化，同时也推动了通用职业分化成专用职业。专业化产线的自动化、智能化又带来专用职业的集约化。例如，机电设备制造的机械部件和整机的装配职业最初都是"装配钳工"，在1999年版《大典》编制时为"机电产品装配人员"中类和89个职业。2015年版《大典》修订时，由于设备制造规模越来越大，该类产品大多形成了专业化产线，考虑专业化趋势，并参考国民经济行业分类，按专业划分出了7个中类、14个小类和110个职业，见表6-13。

1999年版《大典》中汽车制造的主要职业是与拖拉机制造合并在一起的"汽车（拖拉机）装配工"。2000年以后，我国汽车制造业进入快速发展期，2006年产量已达728万辆，是2000年207万辆的3.5倍。汽车制造工艺有很大变革，汽车零部件生产成为涂装、焊装、冲压、机加、热处理、锻造、铸造等专业化的连续生产线，产量大、控制水平高、效率高，但无法适用于当时职业发展需求。2006年机械行业申报并通过了"汽车生产线操作调整工""汽车饰件制造工"2个新职业。2015年版《大典》修订时又增加了"汽车回收拆解工""汽车零部件再制造工"；同时，整车装配单独划分为"汽车装调工"。由于此类职业无法纳入当时的机械制造职业体系，经论证，划分了

表 6-13　2015 年版《大典》和 1999 年版《大典》机电设备制造职业变化表　　单位：个

| 版次 | 代码 | 名称 | 中类 | 小类 | 职业 |
|---|---|---|---|---|---|
| 1999 年版《大典》 | 6-05 | 机电产品装配人员 | 1 | 14 | 89 |
| | 合计 | | 1 | 14 | 89 |
| 2015 年版《大典》 | 6-19 | 金属制品制造人员 | 1 | 2 | 6 |
| | 6-20 | 通用设备制造人员 | 1 | 8 | 36 |
| | 6-21 | 专用设备制造人员 | 1 | 7 | 14 |
| | 6-22 | 汽车制造人员 | 1 | 3 | 5 |
| | 6-23 | 铁路、船舶、航空设备制造人员 | 1 | 5 | 28 |
| | 6-24 | 电气机械和器材制造人员 | 1 | 9 | 19 |
| | 6-26 | 仪器仪表制造人员 | 1 | 2 | 2 |
| | 合计 | | 7 | 36 | 110 |

"汽车制造人员"中类，下设 3 个小类及 5 个职业。汽车制造职业变化如图 6-4 所示。

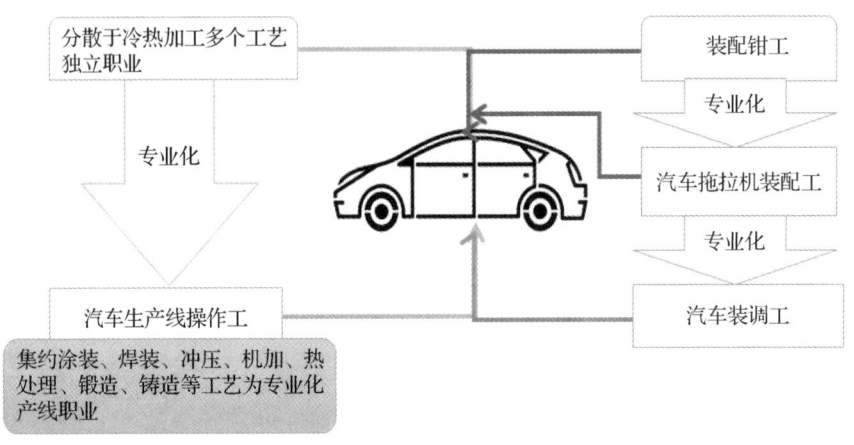

图 6-4　汽车制造职业专业化集约化示意图

（2）规范纳入职业体系 20 个职业

此类职业对社会上已经存在的一些社会分工活动进行了规范，并将其纳入了《大典》职业分类体系，如眼镜架制作工、金箔制作工、乡村建设工匠、服装制版师、木地板制造工、家具制作工、民间工艺品艺人等。

（3）调整完善 36 个职业

此类职业一是铆工、模具工、加油站操作员、管道工、生化检验员等 1999 年版《大典》修订时遗留的职业；二是对《大典》已经存在的职业和工种整合形成的新职业，如工业气体生产工、印前制作员、航空发动机修理工等。

## 6. 工种分类

（1）工种变化分析

2015年版《大典》颁布后，第六大类中增加了192个工种，占同期全部新增工种的53.8%。其中，2022年版《大典》修订增加135个，2018年至2021年动态调整增加5个，近几年修订职业标准增加51个，详见表6-14。

表6-14  2022年版《大典》第六大类新增工种分析表

| 编码 | 中类 | 2015年版《大典》工种 | 增幅/% | 增量/个 | 修订类型 | | | 变化因素分类 | | | |
|---|---|---|---|---|---|---|---|---|---|---|---|
| | | | | | 大典修订 | 动态调整 | 修订标准 | 调整完善 | 专业细分 | 新作业方式 | 新技术新业态 |
| 6-04 | 纺织、针织、印染人员 | 66 | 16.7 | 11 | 9 | | 2 | 9 | 2 | | |
| 6-06 | 木材加工、家具与木制品制作人员 | 32 | 31.3 | 10 | 6 | | 4 | 3 | 4 | | 3 |
| 6-11 | 化学原料和化学制品制造人员 | 303 | 4.3 | 13 | 12 | | 1 | 13 | | | |
| 6-13 | 化学纤维制造人员 | 13 | 53.8 | 7 | 1 | | 6 | 6 | | | 1 |
| 6-17 | 金属冶炼和压延加工人员 | 236 | 7.6 | 18 | 10 | 1 | 7 | 13 | | 3 | 2 |
| 6-23 | 铁路、船舶、航空设备制造人员 | 98 | 10.2 | 10 | 10 | | | 4 | | 4 | 2 |
| 6-26 | 仪器仪表制造人员 | 10 | 30.0 | 3 | | | 3 | 3 | | | |
| 6-29 | 建筑施工人员 | 89 | 20.2 | 18 | 10 | | 8 | 8 | 8 | 2 | |
| 6-30 | 运输设备和通用工程机械操作人员及有关人员 | 84 | 7.1 | 6 | 5 | | 1 | 6 | | | |
| 6-31 | 生产辅助人员 | 17 | 323.5 | 17 | 11 | | 6 | 17 | | | |
| | 其他中类 | 1 229 | 3.3 | 79 | 62 | 4 | 13 | 37 | 23 | 2 | 17 |
| | 合计/个 | 2 177 | 8.8 | 192 | 136 | 5 | 51 | 116 | 40 | 11 | 25 |
| | 占增加总数/% | | | | 71.2 | 2.6 | 26.7 | 60.7 | 20.9 | 5.8 | 13.1 |

从影响变化的因素分析，主要有调整完善、专业化细分、新作业方式、新技术新产业发展四方面。

按中类增加情况，增幅较大的是生产辅助人员，达323%，此外，化学纤维制造人员增幅为53.8%，木材加工、家具与木制品制作人员31.3%。

"生产辅助人员"中类增加了55个工种，与2015年版《大典》相比，修理类工种增加了31个，检验试验类工种增加了22个，工程机械维修工增加9个工种。其中锅炉、变电设备检修工和工程机械维修工3个职业增加的16个工种是制定职业标准时细分确定的。

化学纤维制造人员增加了7个工种，纺织、针织、印染人员增加了11个工种，都是对现行工种的调整,其中非织造布制造工增加了9个工种,是新冠肺炎疫情以来口罩、防护服等非织造布需求量大增、产线规模增大、专业分工细化、所造成的工种细分。木材加工、家具与木制品制作人员近几年制定职业标准时细分出了10个工种。

(2) 工种划分设置的思路

工种划分设置首先要考虑实际作业状况、劳动组织合理性、技能技术的差异化和管理需要等。下面提出一些思路,如图6-5所示。

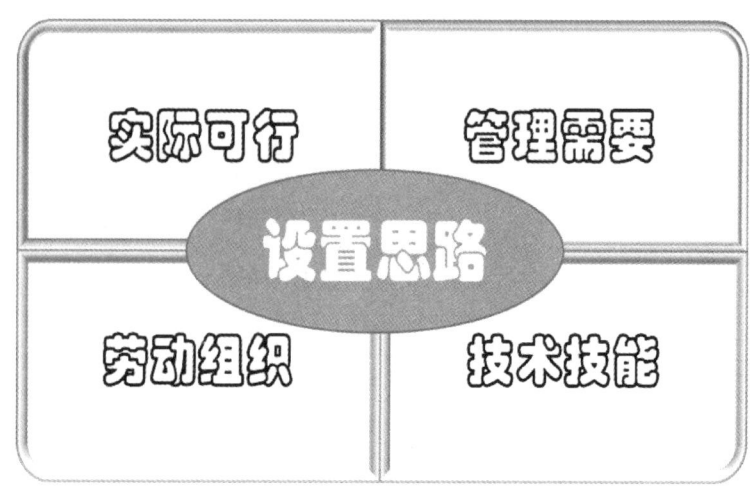

图 6-5 工种划分的四个方面

1)要考虑实际应用的可能性。工种设置大都是根据企业实际应用的情况划分而来,是实际作业组织的体现。同时,要考虑实际可能的人员配备情况。

2022年版《大典》修订中增加工种最多的职业是工程机械维修工,增加了9个工种。

工程机械维修工新增的9个工种中,8个工种是职业技能标准修订时按工程机械用途的八大分类设置的,如土方机械、起重机械等维修工。这种划分方法适用于设备生产厂家的维修队伍,但工程机械的分类并不适用于实际应用的场景,还要考虑实施作业的可行性。

现在规模较大的生产厂家,往往生产多种类型的工程机械,其在某一地区的维修队伍不可能针对每种类型设备都单独设置一批人。除了关键部位和复杂技术,往往复合设置维修人员。

企业实际配备设备时只有一种类型工程机械的概率很小。如2022年版《大典》修订时交通行业提出增加的"堆场机械维修工",是按使用单位堆场实际使用设备范围设置的工种,堆场至少包括了两种工程机械类型,其范围不是前文8个工种中的某一个可以适用的,所以要单独设置适用于堆场自有修理范围的工种。

同时，还要考虑人员配备的可能性。如供水、供电、燃气等营业服务职业，要同时兼顾大城市和县域、乡镇营业所，若工种设置太细，一个乡镇或小县城的营业所难以负担太多的职工。

2）要坚持劳动组织的合理性。2022 年版《大典》修订，一些行业对实际劳动组织、作业组织的可能性、合理性考量不足。修理职业是以群体手工工具作业的职业，合理的劳动组织、作业组织对于修理工作的效率影响很大。修理职业和工种，不能只考虑"越专，越精"，一味细化到某种具体设备。如在设备检修中，一个中型式大型项目上能同时使用 500~1 000 人的检修队伍，除去焊工、起重工等配合性工种后，若将机电修理分 30 多个职业或工种，平均每个职业或工种只有 10~20 人。在不同的设备检修工作中，每个职业或工种所承担的工作量往往是不均衡的，如何通盘调配人员、提高效率、降低成本，是人力资源管理人员必须考虑的问题。

3）解决技能技术重点关键工作的需要。工种设置要"抓重点"，设备比较"金贵"、修理技术水平要求高的工作，多耗费点人工成本是合理的、值得的，可以将关键、重点、技术要求高、价值高的设备修理工作规范为独立的职业或工种，但对于辅助、常规通用设备的修理工作应该使用通用职业或工种。

对于产线制造职业，如前文所述的水泥生产工，中控室是重点，技能水平和人员素质水平要求高，所以单列工种，其他重要性相对较低的可以大范围设置工种。这样既解决了技能水平的差异，又便于人员调剂和提高效率。

4）管理的需要。现在许多企业都需要参加各种资质的认证认可，这些往往对人员有作业资质的要求。若工种范围太窄，人员略有调整，就要变换资质，不然就可能产生"不合格项"，不便于管理。

## 二、生产制造工程技术类职业发展

从 18 世纪 60 年代第一次工业革命开始，三次工业革命都是由于工程技术上取得重大突破推动了生产力的巨大发展，促进了劳动生产率大幅度提高，带来了经济发展的繁荣。工程技术的集中创新与推广运用是导致工业革命的直接原因，工业革命实质上就是工程技术革命。

工程技术的发展必然也影响着工程技术类职业的变化。尤其是当前世界面临数字技术和智能制造等第四次工业革命的浪潮，关注和合理设置工程技术类职业，适应工程技术发展的需要，将助推我国在第四次工业革命中的进程。

工程技术类职业是技术密集型和知识密集型职业，从 1999 年版《大典》颁布至今，我国制造业的规模激增，技术快速更新换代，促使工程技术类职业不断专业化细分和完善，近几年来，数字技术和智能制造的发展，成为推动中国制造业工程技术类职业发展的主要动力。

由于《大典》中制造业的职业范围涉及面广，本节主要列入与制造业直接关联，且主要用于制造业的职业，对于各行业、各企业都在使用的一些通用职业，如办公室业务、人力资源管理等范围的职业，本节不作阐述。按此范围，制造业专业技术人员职业主要在《大典》第二大类"工程技术人员"中类中，职业数量约占《大典》第二大类的20%左右，占"工程技术人员"的60%左右，本节统一使用"工程技术类职业"来阐述。

## （一）三版《大典》生产制造工程技术类职业概述

### 1. 1999年版《大典》

1999年版《大典》工程技术类职业分布于"2-02 工程技术人员"中类的24个小类，设置85个职业（扣除了小类的余类），其中，1999年版《大典》颁布后到2008年间新职业评审增加职业16个，具体见表6-15。

表6-15　　　　1999年版《大典》生产制造工程技术类职业　　　　单位：个

| 小类代码 | 小类名称 | 小类 | 职业数量 | 新增数量 |
|---|---|---|---|---|
| 2-02-02 | 测绘工程技术人员 | 1 | 1 | |
| 2-02-03 | 矿山工程技术人员 | 1 | 2 | |
| 2-02-04 | 石油工程技术人员 | 1 | 2 | |
| 2-02-05 | 冶金工程技术人员 | 1 | 7 | |
| 2-02-06 | 化工工程技术人员 | 1 | 5 | 2 |
| 2-02-07 | 机械工程技术人员 | 1 | 4 | |
| 2-02-09 | 航空工程技术人员 | 1 | 4 | |
| 2-02-11 | 电子工程技术人员 | 1 | 5 | |
| 2-02-12 | 通信工程技术人员 | 1 | 1 | |
| 2-02-13 | 计算机与应用工程技术人员 | 1 | 5 | 3 |
| 2-02-14 | 电气工程技术人员 | 1 | 5 | 2 |
| 2-02-15 | 电力工程技术人员 | 1 | 3 | |
| 2-02-18 | 交通工程技术人员 | 1 | 2 | |
| 2-02-19 | 民用航空工程技术人员 | 1 | 1 | |
| 2-02-20 | 铁路工程技术人员 | 1 | 4 | |
| 2-02-21 | 建筑工程技术人员 | 1 | 9 | 1 |
| 2-02-22 | 建材工程技术人员 | 1 | 3 | |

续表

| 小类代码 | 小类名称 | 小类 | 职业数量 | 新增数量 |
|---|---|---|---|---|
| 2-02-25 | 海洋工程技术人员 | 1 | 1 | |
| 2-02-27 | 纺织工程技术人员 | 1 | 4 | 1 |
| 2-02-28 | 食品工程技术人员 | 1 | 7 | 6 |
| 2-02-31 | 环境保护工程技术人员 | 1 | 1 | |
| 2-02-32 | 安全工程技术人员 | 1 | 1 | |
| 2-02-33 | 标准化、计量、质量工程技术人员 | 1 | 1 | |
| 2-02-34 | 管理（工业）工程技术人员 | 1 | 6 | 1 |
| | 合计 | 24 | 84 | 16 |

## 2. 2015年版《大典》

2015年版《大典》中工程技术类职业的位置与1999年版《大典》相同，也分布于"工程技术人员"中类，共有29个小类，比1999年版《大典》净增了5个，其中增加了"检验检疫工程技术人员""制药工程技术人员""印刷复制工程技术人员""工业（产品）设计工程技术人员""康复辅具工程技术人员"和"轻工工程技术人员"等6个小类，增幅达25%；同时，"计算机与应用工程技术人员"并入"电子工程技术人员"，减少了1个小类。

2015年版《大典》共115个职业，比1999年版《大典》净增了30个职业，其中，修订时增加了45个职业，增幅为53.1%，归合、划分和取消了18个职业，2018—2020年新职业评审增加了3个，见表6-16。

表6-16　　　　2015年版《大典》生产制造工程技术类职业　　　　单位：个

| 编码 | 小类名称 | 小类 | 职业 | | | |
|---|---|---|---|---|---|---|
| | | | 修订时增加 | 新职业 | 减少 | 合计 |
| 2-02-02 | 测绘和地理信息工程技术人员 | 1 | | | | 1 |
| 2-02-03 | 矿山工程技术人员 | 1 | 3 | | | 5 |
| 2-02-04 | 石油天然气工程技术人员 | 1 | | | | 2 |
| 2-02-05 | 冶金工程技术人员 | 1 | 1 | | | 8 |
| 2-02-06 | 化工工程技术人员 | 1 | | | 2 | 3 |
| 2-02-07 | 机械工程技术人员 | 1 | 6 | 1 | | 11 |
| 2-02-08 | 航空工程技术人员 | 1 | 4 | | | 8 |
| 2-02-09 | 电子工程技术人员 | 1 | | 1 | | 6 |
| 2-02-10 | 信息和通信工程技术人员 | 1 | 1 | 1 | 3 | 5 |
| 2-02-11 | 电气工程技术人员 | 1 | | | 2 | 3 |

续表

| 编码 | 小类名称 | 小类 | 职业 | | | |
|---|---|---|---|---|---|---|
| | | | 修订时增加 | 新职业 | 减少 | 合计 |
| 2-02-12 | 电力工程技术人员 | 1 | 2 | | | 5 |
| 2-02-15 | 道路和水上运输工程技术人员 | 1 | | | | 2 |
| 2-02-16 | 民用航空工程技术人员 | 1 | | | | 1 |
| 2-02-17 | 铁道工程技术人员 | 1 | 2 | | | 6 |
| 2-02-18 | 建筑工程技术人员 | 1 | 4 | | 1 | 12 |
| 2-02-19 | 建材工程技术人员 | 1 | | | | 3 |
| 2-02-22 | 海洋工程技术人员 | 1 | 1 | | | 2 |
| 2-02-23 | 纺织服装工程技术人员 | 1 | 3 | | 2 | 5 |
| 2-02-24 | 食品工程技术人员 | 1 | | | 6 | 1 |
| 2-02-27 | 环境保护工程技术人员 | 1 | 1 | | | 2 |
| 2-02-28 | 安全工程技术人员 | 1 | 1 | | | 2 |
| 2-02-29 | 标准化、计量、质量和认证认可工程技术人员 | 1 | | | | 2 |
| 2-02-30 | 管理（工业）工程技术人员 | 1 | 4 | | 2 | 7 |
| 2-02-31 | 检验检疫工程技术人员 | 1 | 1 | | | 1 |
| 2-02-32 | 制药工程技术人员 | 1 | 1 | | | 1 |
| 2-02-33 | 印刷复制工程技术人员 | 1 | 1 | | | 1 |
| 2-02-34 | 工业（产品）设计工程技术人员 | 1 | 2 | | | 2 |
| 2-02-35 | 康复辅具工程技术人员 | 1 | 2 | | | 2 |
| 2-02-36 | 轻工工程技术人员 | 1 | 5 | | | 5 |
| 合计 | | 29 | 45 | 3 | 18 | 114 |

2015年版《大典》的工程技术职业变化比较大，主要有以下三个原因：

一是当时制造业发展快，许多行业规模化、专业化进程推动了职业的专业细分，如机械行业在1999年版《大典》的4个职业的基础上细分出11个职业，航空行业的职业数量也多了一倍；

二是制造业管理深化的需求，如"管理（工业）工程技术人员"小类增加了4个职业；

三是技术层面的因素，1999年版《大典》专业技术人员职业编制的比较简单，所以2015年版《大典》进行了相应完善，如新增轻工小类及其5个职业。

### 3. 2022年版《大典》

2022年版《大典》设置了30个中类，相比2015年版《大典》增加了"数字技术工程技术人员"1个小类。设置职业121个,增加了7个,增幅为6%,见表6-17。

表6-17　　　　　2022年版《大典》生产制造工程技术类职业　　　　单位:个

| 序号 | 编码及名称 | 小类 | 职业总数量 | 新增 | 编码及名称 |
|---|---|---|---|---|---|
| 1 | 2-02-02 测绘和地理信息工程技术人员 | 1 | 1 | | 2-02-02-02 工程测量工程技术人员 |
| 2 | 2-02-03 矿山工程技术人员 | 1 | 5 | | 2-02-03-01 矿井建设工程技术人员、2-02-03-02 采矿工程技术人员、2-02-03-03 矿山通风工程技术人员、2-02-03-04 选矿与矿物加工工程技术人员、2-02-03-05 矿山环保复垦工程技术人员 |
| 3 | 2-02-04 石油天然气工程技术人员 | 1 | 2 | | 2-02-04-01 石油天然气开采工程技术人员、2-02-04-02 石油天然气储运工程技术人员 |
| 4 | 2-02-05 冶金工程技术人员 | 1 | 9 | 1 | 2-02-05-01 冶炼工程技术人员、2-02-05-02 轧制工程技术人员、2-02-05-03 焦化工程技术人员、2-02-05-04 金属材料工程技术人员、2-02-05-05 耐火材料工程技术人员、2-02-05-06 炭素材料工程技术人员、2-02-05-07 冶金热能工程技术人员、2-02-05-08 铸管工程技术人员、2-02-05-09 稀土工程技术人员（新） |
| 5 | 2-02-06 化工工程技术人员 | 1 | 3 | | 2-02-06-01 化工实验工程技术人员、2-02-06-02 化工设计工程技术人员、2-02-06-03 化工生产工程技术人员 |
| 6 | 2-02-07 机械工程技术人员 | 1 | 11 | 1 | 2-02-07-01 机械设计工程技术人员、2-02-07-02 机械制造工程技术人员、2-02-07-03 仪器仪表工程技术人员、2-02-07-04 设备工程技术人员、2-02-07-06 模具设计工程技术人员、2-02-07-07 自动控制工程技术人员、2-02-07-08 材料成形与改性工程技术人员、2-02-07-09 焊接工程技术人员、2-02-07-11 汽车工程技术人员、2-02-07-12 船舶工程技术人员、2-02-07-13 铸造工程技术人员（新） |
| 7 | 2-02-08 航空工程技术人员 | 1 | 8 | | 2-02-08-01 飞行器设计工程技术人员、2-02-08-02 飞行器制造工程技术人员、2-02-08-03 航空动力装置设计工程技术人员、2-02-08-04 航空动力装置制造工程技术人员、2-02-08-05 航空产品试验与飞行试验工程技术人员、2-02-08-06 航空产品适航工程技术人员、2-02-08-07 航空产品支援工程技术人员、2-02-08-08 机载设备设计制造工程技术人员 |
| 8 | 2-02-09 电子工程技术人员 | 1 | 5 | | 2-02-09-01 电子材料工程技术人员、2-02-09-02 电子元器件工程技术人员、2-02-09-03 雷达导航工程技术人员、2-02-09-04 电子仪器与电子测量工程技术人员、2-02-09-05 广播视听设备工程技术人员 |

续表

| 序号 | 编码及名称 | 小类 | 职业 总数量 | 新增 | 编码及名称 |
|---|---|---|---|---|---|
| 9 | 2-02-10 信息和通信工程技术人员 | 1 | 4 | | 2-02-10-01 通信工程技术人员、2-02-10-02 计算机硬件工程技术人员、2-02-10-03 计算机软件工程技术人员、2-02-10-06 嵌入式系统设计工程技术人员 |
| 10 | 2-02-11 电气工程技术人员 | 1 | 3 | | 2-02-11-01 电工电器工程技术人员、2-02-11-02 电缆光缆工程技术人员、2-02-11-03 光源与照明工程技术人员 |
| 11 | 2-02-12 电力工程技术人员 | 1 | 5 | | 2-02-12-01 发电工程技术人员、2-02-12-02 供用电工程技术人员、2-02-12-03 变电工程技术人员、2-02-12-04 输电工程技术人员、2-02-12-05 电力工程安装工程技术人员 |
| 12 | 2-02-15 道路和水上运输工程技术人员 | 1 | 3 | 1 | 2-02-15-01 汽车运用工程技术人员、2-02-15-02 船舶运用工程技术人员、2-02-15-09 公路养护工程技术人员（新） |
| 13 | 2-02-16 民用航空工程技术人员 | 1 | 1 | | 2-02-16-01 民用航空器维修与适航工程技术人员 |
| 14 | 2-02-17 铁道工程技术人员 | 1 | 6 | | 2-02-17-01 铁道运输工程技术人员、2-02-17-02 铁道机务工程技术人员、2-02-17-03 铁道车辆工程技术人员、2-02-17-04 铁道电务工程技术人员、2-02-17-05 铁道供电工程技术人员、2-02-17-06 铁道工务工程技术人员 |
| 15 | 2-02-18 建筑工程技术人员 | 1 | 12 | | 2-02-18-01 建筑和市政设计工程技术人员、2-02-18-02 土木建筑工程技术人员、2-02-18-03 风景园林工程技术人员、2-02-18-04 供水排水工程技术人员、2-02-18-05 工程勘察与岩土工程技术人员、2-02-18-06 城镇燃气与供热工程技术人员、2-02-18-08 道路与桥隧工程技术人员、2-02-18-09 港口与航道工程技术人员、2-02-18-10 民航机场工程技术人员、2-02-18-11 铁路建筑工程技术人员、2-02-18-12 水利水电建筑工程技术人员、2-02-18-13 爆破工程技术人员 |
| 16 | 2-02-19 建材工程技术人员 | 1 | 4 | 1 | 2-02-19-01 硅酸盐工程技术人员、2-02-19-02 非金属矿及制品工程技术人员、2-02-19-03 无机非金属材料工程技术人员、2-02-19-04 混凝土工程技术人员（新） |
| 17 | 2-02-22 海洋工程技术人员 | 1 | 2 | | 2-02-22-04 海洋工程勘察设计工程技术人员、2-02-22-05 海水淡化工程技术人员 |
| 18 | 2-02-23 纺织服装工程技术人员 | 1 | 5 | | 2-02-23-01 纺织工程技术人员、2-02-23-02 染整工程技术人员、2-02-23-03 化学纤维工程技术人员、2-02-23-04 非织造工程技术人员、2-02-23-05 服装工程技术人员 |

续表

| 序号 | 编码及名称 | 小类 | 职业 总数量 | 新增 | 编码及名称 |
|---|---|---|---|---|---|
| 19 | 2-02-24 食品工程技术人员 | 1 | 1 | | 2-02-24-00 食品工程技术人员 |
| 20 | 2-02-27 环境保护工程技术人员 | 1 | 2 | | 2-02-27-02 环境污染防治工程技术人员、2-02-27-06 健康安全环境工程技术人员 |
| 21 | 2-02-28 安全工程技术人员 | 1 | 2 | | 2-02-28-03 安全生产管理工程技术人员、2-02-28-06 防伪工程技术人员 |
| 22 | 2-02-29 标准化、计量、质量和认证认可工程技术人员 | 1 | 2 | | 2-02-29-03 质量管理工程技术人员、2-02-29-05 可靠性工程技术人员 |
| 23 | 2-02-30 管理（工业）工程技术人员 | 1 | 8 | 1 | 2-02-30-01 工业工程技术人员、2-02-30-03 战略规划与管理工程技术人员、2-02-30-05 再生资源工程技术人员、2-02-30-06 能源管理工程技术人员、2-02-30-07 监理工程技术人员、2-02-30-08 信息管理工程技术人员、2-02-30-10 工程造价工程技术人员、2-02-30-11 供应链管理工程技术人员（新） |
| 24 | 2-02-31 检验检疫工程技术人员 | 1 | 1 | | 2-02-31-01 产品质量检验工程技术人员 |
| 25 | 2-02-32 制药工程技术人员 | 1 | 1 | | 2-02-32-00 制药工程技术人员 |
| 26 | 2-02-33 印刷复制工程技术人员 | 1 | 1 | | 2-02-33-00 印刷复制工程技术人员 |
| 27 | 2-02-34 工业（产品）设计工程技术人员 | 1 | 2 | | 2-02-34-01 产品设计工程技术人员、2-02-34-02 工业设计工程技术人员 |
| 28 | 2-02-35 康复辅具工程技术人员 | 1 | 2 | | 2-02-35-01 矫形器师、2-02-35-02 假肢师 |
| 29 | 2-02-36 轻工工程技术人员 | 1 | 5 | | 2-02-36-01 制浆造纸工程技术人员、2-02-36-02 皮革化学工程技术人员、2-02-36-03 生物发酵工程技术人员、2-02-36-04 日用化工工程技术人员、2-02-36-05 塑料加工工程技术人员 |
| 30 | 2-02-38 数字技术工程技术人员 | 1 | 5 | 2 | 2-02-38-05 智能制造工程技术人员、2-02-38-06 工业互联网工程技术人员、2-02-38-09 集成电路工程技术人员、2-02-38-10 机器人工程技术人员（新）、2-02-38-11 增材制造工程技术人员（新） |
| | 合计 | 30 | 121 | 7 | |

注："新"指新增职业。

## （二）生产制造工程技术类职业分析

### 1. 工程技术类职业的构成

工程技术类职业是生产制造的重要核心技术职业，每一个产业、每一个企业、每一条产线、每一种产品都有相应专业工程技术人员，按其运用范围由通用类和专用类两部分构成。

（1）通用类职业

通用类职业是每个企业、产线、产品都要设置的职业，主要分布在"环境保护工程技术人员""安全工程技术人员""标准化、计量、质量工程技术人员""管理（工业）工程技术人员""检验检疫工程技术人员"小类中。还有个别的，如"设备工程技术人员"等，虽然划分在机械制造小类中，但是制造业所有企业都要设置该通用类职业。2022年版《大典》中通用类职业共有18个，见表6-18。

表6-18　　2022年版《大典》生产制造通用工程技术类职业

| 序号 | 性质 | 编码 | 名称 |
| --- | --- | --- | --- |
| 1 | 技术 | 2-02-26-02 | 环境污染防治工程技术人员 |
| 2 | 技术 | 2-02-27-06 | 健康安全环境工程技术人员 |
| 3 | 技术 | 2-02-28-06 | 防伪工程技术人员 |
| 4 | 技术 | 2-02-29-05 | 可靠性工程技术人员 |
| 5 | 技术 | 2-02-31-01 | 产品质量检验工程技术人员 |
| 6 | 技术 | 2-02-34-01 | 产品设计工程技术人员 |
| 7 | 技术 | 2-02-34-02 | 工业设计工程技术人员 |
| 8 | 技术 | 2-02-38-05 | 智能制造工程技术人员 |
| 9 | 技术 | 2-02-38-06 | 工业互联网工程技术人员 |
| 10 | 管理 | 2-02-07-04 | 设备工程技术人员 |
| 11 | 管理 | 2-02-28-03 | 安全生产管理工程技术人员 |
| 12 | 管理 | 2-02-29-03 | 质量管理工程技术人员 |
| 13 | 管理 | 2-02-30-01 | 工业工程技术人员 |
| 14 | 管理 | 2-02-30-03 | 战略规划与管理工程技术人员 |
| 15 | 管理 | 2-02-30-06 | 能源管理工程技术人员 |
| 16 | 管理 | 2-02-30-07 | 监理工程技术人员 |
| 17 | 管理 | 2-02-30-08 | 信息管理工程技术人员 |
| 18 | 管理 | 2-02-30-11 | 供应链管理工程技术人员 |

按表中情况分析，前9个属于技术性职业，后9个属于管理性职业。这只是粗略的划分，在生产制造企业都存在这些工作，视企业规模、产品结构及生产需要，设置专职或兼职岗位或人员。

（2）专用类职业

2022年版《大典》共有103个工程技术专用类职业，该类中的每一个职业均可对应某一生产制造行业或产品，即都可以在《大典》中找到其对应的第六大类小类或职业，如"化工工程技术人员"中类中的三个职业主要对应第六大类的"化学原料和化学制品制造人员"。在工程技术比较独特的情况下，也有一个工程技术类职业对应一个第六大类的作业类职业的情况，如"焊接工程技术人员"对应于第六大类的"焊工"。但从《大典》第六大类生产制造行业职业角度对应分析，绝大部分职业都可以对应相关的工程技术类职业，但也有个别产业没有比较明确对应关系的工程技术类职业，或多个产业对应一个范围很大的工程技术类职业。经分析，这种情况不是行业、企业没有这些岗位和人员，而是没有规范为职业。一个产业或产品没有工程技术的支撑和引导，很难有很大的创新发展。

专用类职业的工作直接运用于生产制造过程中，了解其主要工作任务对分析职业发展和变化很有必要，一般情况下主要工作任务有研发、设计、指导三项，如图6-6所示。

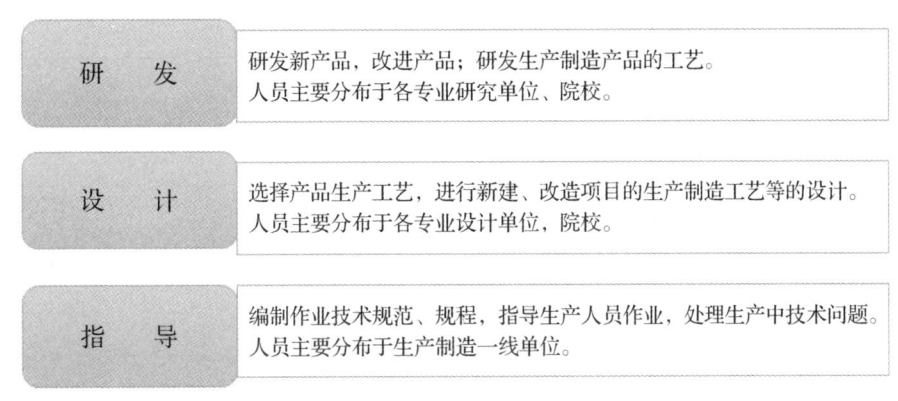

图6-6  工程技术类职业工作任务示意图

图6-6所示的三项工作是一般性划分，但在实际工作中也互相交叉，如设计人员和一线工程技术人员也从事一些研发工作。研发人员也要去一线了解情况，具体指导。

通用或专用不是绝对的，从某种角度说，一些职业实际兼有通用、专用两种形态，如"仪器仪表工程技术人员"，在仪器仪表制造环节，其呈现专用类职业特征；又因为所有生产制造产品的设备必配备仪器仪表，所以其在应用层面其又呈现通用类职业特征。诸如此类的职业还有机械制造工程技术人员、电气工程技术人员等。

## 2. 工程技术类职业的新职业分析

从 1999 年版《大典》颁布至今的 20 多年，生产制造工程技术类共新增 71 个职业。

（1）划分、归合或取消的 15 个新职业

1999 年版《大典》颁布后到 2008 年产生的工程技术类新职业有 15 个，在 2015 年版《大典》修订时划分、归合或取消，见表 6-19。

表 6-19　　2015 年版《大典》生产制造工程技术类新职业变化　　单位：个

| 编码 | 名称 | 合计 | 划分、归合 | 取消 | 说明 |
|---|---|---|---|---|---|
| X2-02-06-04 | 调香师 | 1 | 1 | | 转为 6-11-10-07 调香师 |
| X2-02-06-05 | 化妆品配方师 | 1 | 1 | | 转为 6-11-10-03 化妆品配方师 |
| X2-02-13-06 | 计算机程序设计员 | 1 | 1 | | 转为 4-04-05-01 计算机程序设计员 |
| X2-02-13-10 | 可编程序控制系统设计师 | 1 | 1 | | 并入 2-02-07-07 自动控制工程技术人员 |
| X2-02-13-11 | 数控程序员 | 1 | 1 | | 并入 4-04-05-01 计算机程序设计员 |
| X2-02-14-04 | 照明设计师 | 1 | 1 | | 转为 4-08-08-19 照明设计师 |
| X2-02-14-05 | 霓虹灯制作员 | 1 | 1 | | 并入 4-08-08-19 照明设计师 |
| X2-02-21-10 | 景观设计师 | 1 | | 1 | 取消 |
| X2-02-27-04 | 纺织面料设计师 | 1 | 1 | | 转为 4-08-08-02 纺织面料设计师 |
| X2-02-28-01 | 糖果工艺师 | 1 | | 1 | 取消 |
| X2-02-28-02 | 酿酒师 | 1 | 1 | | 转为 6-02-06-01 酿酒师 |
| X2-02-28-03 | 豆制品工艺师 | 1 | | 1 | 取消 |
| X2-02-28-04 | 乳品评价师 | 1 | 1 | | 转为 6-02-04-02 乳品评鉴师 |
| X2-02-28-05 | 品酒师 | 1 | 1 | | 转为 6-02-06-07 品酒师 |
| X2-02-28-06 | 坚果炒货工艺师 | 1 | | 1 | 取消 |
| | 合计 | 15 | 11 | 4 | |

从这些职业的工作任务分析，其与生产制造业有着十分紧密的联系，也可以说就是生产制造类职业的一部分，但这些职业的工作只限于一类具体的技术，相对于工程技术类职业范围较小，程序性工作的成分比较大。同时，与作业类职业也有区别，介于工程技术类和作业类职业之间。为解决这种矛盾，2015 年版《大典》修订时在第四大类设立了"技术辅助服务人员"中类，将此类大部分职业纳入。同时对一些重叠或相近的职业进行了归合或取消，具体调整可以分为以下三种形式。

一是 6 个职业归合或转移到第四大类。其中专业化设计类的照明设计师、纺织面料设计师 2 个职业随"工艺美术专业人员"中皮具设计师等 16 个相似的职业转入第四

大类，形成了"专业化设计人员服务人员"小类，见表6-20。另外，霓虹灯制作员并入照明设计师。

表6-20　　　　　专业化设计服务人员中生产制造类职业

| 编码 | 名称 |
| --- | --- |
| 4-08-08-02 | 纺织面料设计师 |
| 4-08-08-03 | 家用纺织品设计师 |
| 4-08-08-05 | 工艺美术品设计师 |
| 4-08-08-06 | 装潢美术设计师 |
| 4-08-08-07 | 室内装饰设计师 |
| 4-08-08-09 | 包装设计师 |
| 4-08-08-10 | 玩具设计师 |
| 4-08-08-11 | 首饰设计师 |
| 4-08-08-12 | 家具设计师 |
| 4-08-08-13 | 陶瓷产品设计师 |
| 4-08-08-14 | 陶瓷工艺师 |
| 4-08-08-15 | 地毯设计师 |
| 4-08-08-16 | 皮具设计师 |
| 4-08-08-17 | 鞋类设计师 |
| 4-08-08-18 | 灯具设计师 |
| 4-08-08-19 | 照明设计师 |
| 4-08-08-21 | 建筑幕墙设计师 |

计算机程序设计员、数控程序员、数控程序员3个职业归合转入"软件和信息技术服务人员"小类。

二是调香师、化妆品配方师、酿酒师、品酒师和乳品评价师5个职业应行业要求转入六大类相关类别。

三是糖果工艺师、豆制品工艺师、坚果炒货工艺师3个2005年食品工业协会提出的新职业，由于只是"食品工程技术人员"的工作分支，予以取消；景观设计师是"风景园林工程技术人员"的一部分，也予以取消。

上述这些职业的发展在本书其他章节进行了阐述，所以本节不再纳入分析。

（2）在2022年版《大典》中存续的56个职业

按上述调整后，保留在2022年版《大典》工程技术类的还有56个新职业，经分析，影响产生新职业的因素大致可以分为新技术新产业发展、新管理方式和专业化细分、调整完善四种,见表6-21。

表6-21　　　　　　生产制造工程技术类新增职业分析　　　　　　单位:个

| 《大典》 | 专业化细分 | 调整完善 | 新技术新产业 | 新管理 | 合计 |
|---|---|---|---|---|---|
| 2022年版《大典》修订新增 | 4 |  | 2 | 1 | 7 |
| 2015年版《大典》修订新增 | 20 | 13 | 10 | 2 | 45 |
| 2015年版《大典》新职业 | 1 |  | 2 |  | 3 |
| 1999年版《大典》新职业 |  |  |  | 1 | 1 |
| 合计 | 25 | 13 | 14 | 4 | 56 |

### (三) 生产制造工程技术类职业发展

按上述分析,20多年来生产制造工程技术类新增职业主要受新技术新产业发展、新管理方式、专业化细分、调整完善四种因素影响。变化最大的是2015年版《大典》,修订时增加了45个职业,这种变化很大程度是对1999年版《大典》的完善。之后到2022年版《大典》修订这一阶段,职业变化相对平稳。总体来看,产业规模的扩大推进职业的专业化细分一直在延续,但新技术、新产业,尤其是智能制造的发展是近年来职业发展的主要推动力。

**1. 新技术、新产业发展是近年来推动职业发展的主要动力**

新技术、新产业的发展是推动生产制造工程技术类职业发展的主要动力,20多年来产生了14个新职业,见表6-22。

表6-22　　　　《大典》中新发展的工程技术类新职业　　　　　单位:个

| 编码 | 职业名称 | 合计 | 来源 |
|---|---|---|---|
| 2-02-38-10 | 机器人工程技术人员 | 1 | 2022年版《大典》修订 |
| 2-02-38-11 | 增材制造工程技术人员 | 1 | 2022年版《大典》修订 |
| 2-02-38-05 | 智能制造工程技术人员 | 1 | 2015年版《大典》颁布后新增 |
| 2-02-38-06 | 工业互联网工程技术人员 | 1 | 2015年版《大典》颁布后新增 |
| 2-02-03-05 | 矿山环保复垦工程技术人员 | 1 | 2015年版《大典》修订 |
| 2-02-22-05 | 海水淡化工程技术人员 | 1 | 2015年版《大典》修订 |
| 2-02-23-04 | 非织造工程技术人员 | 1 | 2015年版《大典》修订 |
| 2-02-27-06 | 健康安全环境工程技术人员 | 1 | 2015年版《大典》修订 |
| 2-02-28-06 | 防伪工程技术人员 | 1 | 2015年版《大典》修订 |
| 2-02-30-05 | 再生资源工程技术人员 | 1 | 2015年版《大典》修订 |

续表

| 编码 | 职业名称 | 合计 | 来源 |
|---|---|---|---|
| 2-02-34-01 | 产品设计工程技术人员 | 1 | 2015 年版《大典》修订 |
| 2-02-34-02 | 工业设计工程技术人员 | 1 | 2015 年版《大典》修订 |
| 2-02-35-01 | 矫形器师 | 1 | 2015 年版《大典》修订 |
| 2-02-35-02 | 假肢师 | 1 | 2015 年版《大典》修订 |
| | 合计 | 14 | |

从表 6-22 中可看出，智能制造、增材制造、机器人和工业互联网工程技术人员 4 个职业都是 2015 年版《大典》修订以后的新增职业，是技术发展——智能制造的经典职业，该类职业将在本章第二节详述，这里不再论述。另外 10 个职业分析如下。

（1）市场需求推动新技术发展，进而产生新产业及新职业

水资源的匮乏推动海水淡化新技术发展，形成新产业，进而产生新职业。1999 年版《大典》修订时，国家海洋局的专家介绍了海水淡化的新技术——功能膜的生产和应用，他们当时建立了国内第一条能生产海水淡化"膜"的生产线。新技术催生了新产业，百余人的产线年产值达 1 亿元，完全颠覆了原来常见的电渗析制净化水的方式。虽然从业人数较少，但看到这个新技术和新产业的发展前景，修典专家被说服，设立了"功能膜工"。

图 6-7 为首钢京唐公司每日 5 万吨热法海水淡化装置模型。首钢北京地区于 2010

图 6-7　首钢京唐公司海水热法淡化模型

年停产，钢铁生产搬迁到河北唐山市曹妃甸，那里也是淡水资源匮乏的地方。钢铁行业是耗水大户，该企业通过海水淡化，不仅解决了企业工业用水，还解决了职工饮用水等生活用水，其水循环利用率达到98.8%。该公司近期又建立了热膜耦合式海水淡化装置，拟逐步发展到外购淡水为零的目标。这种工程对于我国这种淡水资源匮乏的国家意义很大。

我国人均水资源量只是世界平均水平的1/4，是全球13个人均水资源最贫乏的国家之一。从1920年前后中国第一座海水淡化装置在山东省威海市建立到现在百余年以来，海水淡化推广的瓶颈问题是成本太高。20世纪70年代以来，通过工程技术人员的不断努力，方法和工艺技术不断进步，使造水成本从每吨10美元逐步下降到目前每吨不足1美元，降幅很大。当前世界上有160多个国家的约3亿人长期饮用海水淡化水。随着海水淡化产业的发展，2015年版《大典》修订时增设了"海水淡化工程技术人员"职业，同时在"水生产处理工"下设立了"海水淡化工"工种。

国家"十四五"规划纲要提出了推进海水淡化规模化利用，2021年5月，国家发展改革委联合自然资源部印发的《海水淡化利用发展行动计划（2021—2025年）》提出，要在2025年将海水淡化能力提高到每日290万吨的水平，新增海水淡化规模每日125万吨以上，解决沿海50多个缺水城市以及众多岛屿的水资源匮乏问题。目前全球海水淡化技术超过20余种，世界上有10多个国家的100多个科研机构在进行着海水淡化研究，数百种海水淡化设施在工作。海水淡化产业的职业还有进一步的发展的前景。

（2）社会进步，对残疾人的关爱帮扶，扩大了康复辅助器具产业，增加了相关工程技术类职业

按第六次全国人口普查结果，2010年我国有8 500多万名残疾人，其中肢体残疾2 472万人，多重残疾1 386万人。如此大规模的残疾人群体，其康复辅助器具的适配和制作服务需求很大。2015年版《大典》修订时新增了"矫形器师""假肢师"等残疾人康复辅助器具工程技术类职业，从业人员除了需要具备制作假肢矫形器的基本技术外，还要根据患者需求选配其他种类的辅助器具，并且要懂得康复医学、生物力学、人体工学、机械设计等专业知识。

国务院2017年颁布的《残疾预防和残疾人康复条例》和2021年颁布的《"十四五"残疾人保障和发展规划》等文件，对从事残疾人康复服务人员的资质、资格、培训都提出了要求。在法规文件的推动下，29项医疗康复项目纳入基本医疗保障支付范围，工伤康复和辅助器具配置待遇水平稳步提高，这些将进一步扩大辅助器具的应用。不过就11大类康复辅助器具而言，矫形器和假肢只是其中一类。个人医疗辅助器具和轮椅、拐杖等个人移动辅助器具，以及居家环境改造等常见的辅助技术服务职业如何发展还有待探讨。

### 2. 新的管理方式催生新的职业

1999 年版《大典》修订以来,因新的管理方式产生了 4 个新职业,见表 6-23。每一种管理方式的变革,都将对社会生产生活产生相当的影响,有时候是颠覆性的,不亚于一项重大的技术创新。因此,要关注各种管理变革,以及变革带来的从业方式的改变、新业态的产生,以及对职业的影响。

表 6-23　　　　　　　　　生产制造业管理工程技术类新职业

| 代码 | 职业名称 | 来源 | 说明 |
| --- | --- | --- | --- |
| 2-02-30-11 | 供应链管理工程技术人员 | 2022 年版《大典》修订 | |
| 2-02-30-06 | 能源管理工程技术人员 | 2015 年版《大典》修订 | |
| 2-02-30-07 | 监理工程技术人员 | 2015 年版《大典》修订 | |
| X2-02-34-10 | 企业信息管理师 | 1999 年版《大典》颁布后新增 | 2015 年和 2022 年版《大典》中为信息管理工程技术人员 |

建筑工程项目管理的变革——工程监理制催生了"监理工程师"职业。1980 年末,在报纸媒体上时常可见"鲁布革"这三个字。鲁布革是在云南和贵州交界处黄泥河上建设的鲁布革水电站。鲁布革声名在外的原因不是鲁布革水电站 60 万千瓦时的发电量,而在于它对中国建设管理体制改革探索的"鲁布革冲击波"。1983 年,水电部决定利用世界银行贷款建设鲁布革水电站,以解决工程缓慢、资金不足的问题。鲁布革水电站项目向世界银行贷款总额度为 1.454 亿美元,按世界银行规定,该项目引水系统工程的施工自新中国成立以来第一次按照菲迪克(FIDIC——国际顾问工程师联合会)组织推荐的程序进行了国际公开招标。从项目的实施方式上,日本大成公司采取了与当时我国项目建设完全不同的组织建设模式,实际上就是如今被人们熟知的"项目管理"。鲁布革水电站项目成为我国第一个国际性承包工程的"窗口",其施工效率高、投资低、管理先进,成功实行了"工程监理制",形成了强大的"鲁布革冲击",对我国传统的投资体制、施工管理模式乃至国企组织结构等都提出了挑战。而对于中国项目管理发展而言,这是一个划时代的事件,开启了真正意义上的中国建设工程项目管理时代的元年,从此我国的一些大型项目开始尝试建设管理体制改革的探索。从 1988 年开始在工程建设领域实行工程监理制试点后,于 1992 年在全国范围内全面推行工程监理制。1997 年,建筑工程监理制纳入了《中华人民共和国建筑法》,明确了国家推行建筑工程监理制。

工程建设体制的变革对职业的影响十分重大,2005 年评审的新职业"项目管理师",2015 年版《大典》修订时纳入的"监理工程师",2022 年版《大典》修订时纳入的"招标采购专业人员"等都有其影响的"余波"。

### 3. 专业化细分出新职业

2015年版《大典》修订时及颁布后，通过在已有职业的基础上细化分解得到了24个新职业（见表6-24），解决了制造业快速发展中一些职业边缘化问题，规范了有关职业的归属，适应了产业发展的规模扩大并形成了专业化趋势。

表6-24　　　　　生产制造工程技术类专业化细分新职业　　　　　单位：个

| 编码 | 名称 | 2015年版《大典》修订 | 2015年版《大典》颁布后新增 | 2022年版《大典》修订 |
|---|---|---|---|---|
| 2-02-05-09 | 稀土工程技术人员 | 1 | | 1 |
| 2-02-07-13 | 铸造工程技术人员 | 1 | | 1 |
| 2-02-15-09 | 公路养护工程技术人员 | 1 | | 1 |
| 2-02-38-09 | 集成电路工程技术人员 | 1 | 1 | |
| 2-02-03-01 | 矿井建设工程技术人员 | 1 | 1 | |
| 2-02-03-03 | 矿山通风工程技术人员 | 1 | 1 | |
| 2-02-05-08 | 铸管工程技术人员 | 1 | 1 | |
| 2-02-07-06 | 模具设计工程技术人员 | 1 | 1 | |
| 2-02-07-08 | 材料成形与改性工程技术人员 | 1 | 1 | |
| 2-02-07-09 | 焊接工程技术人员 | 1 | 1 | |
| 2-02-07-11 | 汽车工程技术人员 | 1 | 1 | |
| 2-02-07-12 | 船舶工程技术人员 | 1 | 1 | |
| 2-02-08-05 | 航空产品试验与飞行试验工程技术人员 | 1 | 1 | |
| 2-02-08-06 | 航空产品适航工程技术人员 | 1 | 1 | |
| 2-02-08-07 | 航空产品支援工程技术人员 | 1 | 1 | |
| 2-02-08-08 | 机载设备设计制造工程技术人员 | 1 | 1 | |
| 2-02-10-06 | 嵌入式系统设计工程技术人员 | 1 | 1 | |
| 2-02-12-04 | 输电工程技术人员 | 1 | 1 | |
| 2-02-12-05 | 电力工程安装工程技术人员 | 1 | 1 | |
| 2-02-18-06 | 工程勘察与岩土工程技术人员 | 1 | 1 | |
| 2-02-23-03 | 化学纤维工程技术人员 | 1 | 1 | |
| 2-02-32-00 | 制药工程技术人员 | 1 | 1 | |
| 2-02-36-04 | 日用化工工程技术人员 | 1 | 1 | |
| 2-02-36-05 | 塑料加工工程技术人员 | 1 | 1 | |
| 合计 | | 24 | 20 | 1 | 3 |

（1）稀土工程技术人员——解决重要产业的职业边缘化问题

2022年版《大典》修订时，钢铁工业协会提出增加"稀土工程技术人员"职业的建议。该协会提出，稀土作为不可再生的稀缺性战略资源，是17种金属元素的统称，素有"工业味精""新材料之母"等美誉，广泛应用于电子信息、石油化工、冶金、机械、能源等行业，在导弹、智能武器、导航仪、喷气发动机等军事高新技术上的应用被称为"稀土依赖性技术"。因此，稀土材料是当今世界各国发展高新技术和国防尖端技术、改造传统产业不可缺少的战略物资。根据相关数据，目前全球稀土资源总储量约为1.2亿吨，其中我国储量为4 400万吨，约占全球总储量的36.7%。全球稀土矿产量21万吨，我国稀土矿产量达到13.2万吨，约占全球总产量的近63%，是世界上最大的稀土矿生产国。

改革开放以来，虽然稀土产业和工程技术队伍取得了长足发展，但还存在诸多问题。2021年，工业和信息化部就《稀土管理条例》公开征求意见，工业和信息化部相关领导指出，发布《稀土管理条例》，主要是根据稀土长期发展的战略和市场需求，我国稀土没卖出"稀"的价格，（只）卖出了"土"的价格。稀土产品的工程技术水平不高是出现这种情况重要的因素之一。目前，国内在稀土选别和冶炼领域技术优势明显，但稀土产品发展水平低，高水平产品还比较少，缺乏自主知识产权技术。稀土新材料及终端应用较国外仍有差距，高端材料和器件与日本等发达国家仍存在较大差距。这些和我国专业人才队伍的建设有紧密的关系。

1999年版《大典》编制时，稀土矿物提取、冶炼和产品加工分布于"选矿与矿物加工工程技术人员""冶炼工程技术人员"及相关加工职业中。同时，自然界中共有250余种稀土矿，且都是和其他矿物一起的伴生矿，所以分离、冶炼、加工技术比其他矿物复杂的多。但与上述职业所包括的年产10亿吨的钢铁和年产几千万吨的铜、铝等有色金属产品职业相比，稀土工程技术很没有"存在感"，一直被边缘化。这些年来工程技术人员主要依靠企业内部培养，将稀土人员从上述两个职业中分离出来成为新职业，可以强有力地助推稀土人员的培养和产业发展。

（2）混凝土工程技术人员——规范重大产业工程技术人员职业归属，推动专业和职业发展

混凝土与水泥制品是我国建材行业第一大产业，支撑建筑业、水电、交通、铁路等工程产业，在国民经济发展中起到了重要作用，是"大建造"全产业链的重要环节。据中国混凝土与水泥制品行业协会提供的数据，2020年规模以上混凝土与水泥制品工业企业12 864家，主营业务收入累计17 906.51亿元，利润总额累计873.33亿元，其中以预拌混凝土为主业的企业大概有1.1万家。2020年，我国水泥混凝土用量约70亿立方米，相关工程技术类从业人员人数20万人以上，这些人员主要分布在混凝土搅拌站、预制构件厂及水泥制品企业。

经混凝土与水泥制品行业协会的初步调查，大学学科设置改革后，本科已不再有

混凝土工程技术专业。当前从事混凝土行业的工程技术人员教育背景很庞杂,包括工民建、土木工程、硅酸盐、无机非金属、建筑材料等众多专业,还有一部分无相关的专业背景,主要靠在实际生产中积累经验。专业技术职称的范围也不清晰,协会专业人员都无法明确定位现有的专业归属。据该协会调查,在岗的混凝土专业人员取得的职称包括硅酸盐、工民建、无机非金属、建筑材料、水泥制品等7~8个专业。这些专业和混凝土专业都有些关系,但又无法明晰专业和职业归属,面对这种情况,行业一直以来在用人、培养人等人才发展工作上很"困惑"。所以,行业协会提出设置"混凝土工程技术人员"的建议。

对于一个支撑中国建筑业的重要领域,无法规范其职业归属,很不利于行业发展和人才培养。随着我国新型工业化、信息化、城镇化和农业现代化及"一带一路"发展战略正在全面推进,国内外大规模工程建设将持续相当长的时期,对混凝土工程技术人员的需求更大、要求更高。"混凝土工程技术人员"职业的设立,将有力支撑国内大规模基础设施建设、促进城市化进程以及国家战略的实施,引导混凝土工程技术专业化发展。

(3)铸造工程技术人员——适应制造业的发展,合理细分工程技术类职业

近两年,四川三星堆遗址的进一步发掘引起了人们的关注。看到那些精美高大的青铜器,不禁为我国古代金属铸造的技术水平惊叹。由此可见,铸造技术在我国至少已经传承了5 000年了,铸铜、铸铁业的应用发展使人类社会从"石器"时代迈向"铜器""铁器"时代。

2022年版《大典》修订时,机械工业联合会提出了将"铸造工程技术人员"从"材料成形与改性工程技术人员"职业中分离出来,单独设立工程技术类职业。

1999年版《大典》中,机械工程技术类职业主要颁布"机械工程技术人员"小类的"机械设计工程技术人员"和"机械制造工程技术人员"两个职业中,铸造工程技术人员也包括在其中。2015年版《大典》在两个职业之外,细分出模具设计工程技术人员、材料成形与改性工程技术人员、焊接工程技术人员、汽车工程技术人员、船舶工程技术人员等5个职业,铸造工程技术人员包括在材料成形与改性工程技术人员中。2022年版《大典》进而从"材料成形与改性工程技术人员"职业中细分出"铸造工程技术人员"职业。这已经是此类职业的"第三次分配"了。

据机械工业联合会提供的资料,自2000年以来,我国铸件产量连续21年居于世界首位,2020年铸件产量继续上升,达到5 195万吨。我国现有铸造从业人员约200万人,铸造工程技术类人员超过20万人。

按机械工业联合会的分析,铸造工艺和同在材料成形与改性工程技术中的锻压、热处理等专业差异很大,尤其在近几年铸造企业集约化、规模化的发展过程中,这些

差异造成的影响愈加突出,亟须解决工程技术发展以下五方面的问题:一是生产流程长,生产工序繁多,多达 500 多项的质量影响因素,8 大类 100 多种铸造缺陷,技术复杂丰富;二是工艺能耗较高,污染物排放量较大,职业健康安全隐患较重;三是大部分工序体力劳动强度较大,生产效率较低;四是以黏土砂造型为主的传统铸造工艺已经演变成包含压铸、低压、实型、连续、精密、树脂砂、挤压、半固态、差压铸造等多种工艺,铸造合金也由钢、铁为主向包含铝、镁、钛等多种轻合金转变,工艺技术进一步复杂精密;五是虽然我国在产量上是世界第一,但尚有核燃料储运罐、高铁铸钢制动盘、航空发动机叶片等关键铸件不能自主制造以满足国内主机和重大技术装备的需求。这些问题都需要大量铸造工程技术人员的努力来解决。但我国高级铸造人才的大量匮乏,已经成为制约行业发展的最主要瓶颈。

铸造工程技术人员比较经典地反映了机械工程技术、装备制造业职业发展变化的需求。当然,许多专业仍需要深入论证并合理细分设置。

### 4. 调整完善的 13 个职业

2015 年版《大典》修订时补充完善了 13 个工程技术类职业,这类职业大都是一直存在,但 1999 年版《大典》没有纳入其中,见表 6-25。

表 6-25　　2015 年版《大典》调整完善的生产制造工程技术类职业　　单位:个

| 编码 | 名称 | 合计 |
| --- | --- | --- |
| 2-02-07-07 | 自动控制工程技术人员 | 1 |
| 2-02-17-05 | 铁道供电工程技术人员 | 1 |
| 2-02-17-06 | 铁道工务工程技术人员 | 1 |
| 2-02-18-05 | 供水排水工程技术人员 | 1 |
| 2-02-18-07 | 城镇燃气供热工程技术人员 | 1 |
| 2-02-18-14 | 爆破工程技术人员 | 1 |
| 2-02-23-05 | 服装工程技术人员 | 1 |
| 2-02-30-10 | 工程造价工程技术人员 | 1 |
| 2-02-31-01 | 产品质量检验工程技术人员 | 1 |
| 2-02-33-00 | 印刷复制工程技术人员 | 1 |
| 2-02-36-01 | 制浆造纸工程技术人员 | 1 |
| 2-02-36-02 | 皮革化学工程技术人员 | 1 |
| 2-02-36-03 | 生物发酵工程技术人员 | 1 |
| 合计 | | 13 |

## 第二节　智能制造职业发展

　　进入21世纪，移动互联网、新能源、新材料、大数据、云计算等技术的迅猛发展，使得全球制造业智能化技术不断发展，社会发生巨大的改变，人类生产工业发生变革。智能制造是基于新一代信息通信技术与先进制造技术深度融合，贯穿于设计、生产、管理、服务等制造活动各个环节，具有自感知、自决策、自执行、自适应、自学习等特征，旨在提高制造业质量、效益和核心竞争力的先进生产方式。

　　近年来，世界各国纷纷布局制造业，例如，美国制定了先进制造业国家战略计划，德国推出了"工业4.0"战略，日本发布了"社会5.0"计划，法国出台了"新工业法国"。与此同时，新兴国家也不甘落后，2015年9月，印度发布"印度制造"战略，以智能制造为主要抓手，力图抢占全球制造业新一轮竞争制高点。在全球制造业格局面临重大调整之际，我国根据发展的实际情况，提出国家战略规划，通过"三步走"实现制造强国的战略目标：第一步，到2025年迈入制造强国行列；第二步，到2035年中国制造业整体达到世界制造强国阵营中等水平；第三步，到新中国成立一百年时，综合实力进入世界制造强国前列。

　　作为制造强国建设的主攻方向，智能制造发展程度直接关乎我国制造业质量水平。习近平总书记强调，要以智能制造为主攻方向推动产业技术变革和优化升级，推动制造业产业模式和企业形态根本性转变，以"鼎新"带动"革故"，以增量带动存量，促进我国产业迈向全球价值链中高端。以智能制造赋能我国经济高质量发展，带动产业升级，提高人民生活水平成为必然趋势。

　　随着智能制造的产生和发展，相关职业在《大典》中也逐步体现。由于智能制造发展不成熟、使用范围有限，1999年版《大典》中虽然制造业职业占比最高，但几乎未涉及智能制造相关职业（工种）；2015年版《大典》中，在个别行业的职业（工种）中出现了关于智能制造的工作任务，如自动控制工程技术人员、嵌入式系统设计工程技术人员、物流工程技术人员等，但这仅在个别行业零星出现，并未形成独有的特征和规模；近年来，随着信息技术的不断发展，以及《"十四五"智能制造发展规划》等一系列政策出台，智能制造进入加速发展快车道，2022年版《大典》中智能制造相关职业如雨后春笋般涌现，在新增的158个职业中，智能制造相关职业占比高达19.6%，主要集中在第二大类、第四大类、第六大类中。

　　人才是第一资源，智能制造的发展离不开人才的支撑。据人力资源社会保障部统计，2020年我国智能制造领域的人才缺口达300万人，到2025年预计将达到450万人。面对我国制造业智能化所需的软硬件开发与服务人才缺口大的现状，优化制造业已有的职业（工种），加快智能制造各类人才培养步伐，建立健全智能制造人才发展机制，做好智能制造职业规划和职业标准的制定工作尤为重要。

## 一、信息技术与智能制造

20 世纪 50 年代，伴随着第一代电子计算机的出现，信息技术便与制造业有着千丝万缕的联系。智能制造的基础就是新一代信息技术与先进制造技术的融合，是伴随信息技术的发展而产生的。智能制造始于 20 世纪 80 年代人工智能在制造业领域中的应用，发展于 20 世纪 90 年代智能制造技术和智能制造系统的提出，成熟于 21 世纪基于信息技术的"Intelligent Manufacturing（智能制造）"的发展。智能制造将智能技术、网络技术和制造技术等应用于产品生产、管理和服务的全过程中，并能在产品的制造过程中分析、推理、感知等，以满足产品的动态需求。

### （一）信息技术发展概述

近年来，信息技术几乎被广泛应用到了国民经济和社会生活各个领域和行业中，这些领域和行业对信息技术的依赖程度越来越高，使得电子信息产业已经成为国民经济支柱产业。以智能制造为核心的技术产品创新在多个领域取得突破性进展，云计算、大数据、物联网、移动互联网、人工智能等新一代信息技术快速演进，硬件、软件、服务等核心技术体系加速重构，正在引发电子信息产业新一轮变革。单点技术和单一产品的创新正加速向多技术融合互动的系统化、集成化转变，创新周期大幅缩短。信息技术与制造、材料、能源、生物等技术的交叉渗透日益深化，智能控制、智能材料、生物芯片等交叉融合创新方兴未艾，工业互联网、能源互联网等新业态加速突破，大规模个性化定制、网络化协同制造、共享经济等信息经济新模式快速涌现。互联网不断激发技术与商业模式创新的活力，开启以迭代创新、大众创新、微创新为突出特征的创新时代。未来，信息技术将继续扩大应用范围和领域，更加充分地发挥出信息技术的功能和优势，更好地提高人们的生活水平。

### （二）信息技术引领智能制造

目前，人类社会发展已进入信息化时代，世界各国都在加大科技创新力度，推动增材制造、云计算、移动互联网、大数据、生物工程、新能源、新材料等领域取得新突破。在制造业领域，信息技术已成为竞争力的核心要素，并且推动传统制造业逐步向智能制造转变。

### 1. 信息技术是智能制造的基础

目前,"以机械为核心"的工业正在加快向"以信息技术为核心"的工业转变,多个行业领域中信息技术的应用不断深入,在新产品中占比不断提升。如汽车领域,传统汽车技术中硬件价值占比90%,软件等信息技术价值占比10%;但目前方兴未艾的新一代智能汽车更强调互联、内容和数据分析等功能,硬件价值占比下降到40%,软件、内容和服务价值占比升至60%,麦肯锡甚至预言未来汽车90%的创新由汽车电子支撑,其中80%取决于软件技术。又如工业装备领域,以工业机器人为例,传统机器人成本的75%来自机械部分,25%来自电气控制部分;而新一代智能机器人以具备环境感知能力、理解能力和决策能力为特征,人工智能、运动控制和应用开发是其三大技术支撑,信息技术占了2/3。再如高端装备领域,以航空制造为例,大型飞机的软件代码规模已达亿行,新一代无人机的关键核心技术是自主稳定驾驶和远程操控系统,均属于信息技术范畴。

### 2. 信息技术引领智能制造发展

纵观智能制造的产生和发展,无不与信息技术的创新相伴相生。信息技术引领下的新兴技术领域、新兴信息产业带动了制造业发展,为制造业的转型升级提供了技术基础,促使制造业向数字化、智能化、移动化、绿色化方向发展。

领先的信息技术和创新成果转化能力,使发达国家掌控着高科技产业的核心竞争力,在智能制造方面优势明显。美国依托新一代信息技术等创新技术加快发展技术密集型先进制造业,以保证先进制造作为美国经济实力引擎和国家安全支柱的地位。法国通过新一代信息技术带动经济增长模式变革,加强本土工业生态系统建设,打造了具有创新力的工业中心。

在新一代信息技术引领下,现阶段我国已经形成系列先进制造业产业集群,这些产业带动并促进了智能制造的发展。表6-26是截至2020年上半年,我国已经形成的主要先进制造业集群。根据赛迪研究院对我国先进制造业集群空间分布的研究成果,我国已形成以"一带三核两支撑"为特征的先进制造业集群空间分布总体格局,其中,"一带"是指沿海经济带,"三核"是指环渤海、长三角、珠三角大三核心地区,"两支撑"包括中部支撑地区和西部支撑地区。环渤海核心地区主要包括北京、天津、河北、辽宁和山东等省、直辖市,是国内重要的先进制造业研发、设计和制造基地。其中,北京以先进制造业高科技研发为主,天津以航天航空业为主,山东以智能制造装备和海洋工程装备为主,辽宁则以智能制造和轨道交通为主。长三角核心地区以上海为中心,江苏、浙江为两翼,主要在航空制造、海洋工程、智能制造装备领域较突出,形成较完整的研发、设计和制造产业链。珠三角核心地区的先进制造业主要集中在广州、深圳、珠海和江门等地，集群以特种船、轨道交通、航空制造、数控系统技术及机器人为主。中部支撑地区主要由湖南、山西、江西和湖北组成，其航空装备与轨道交通装备产业实力较为突出。西部支撑地区以川陕为中心，主要由陕西、四川和重庆组成，轨道交通和航空航天产业形成了一定规模的产业集群。由此可见，产业集群的产生分布与区域信息技术的发展、地理位置密切相关。

表6-26　　　　　　　　　　我国主要先进制造业集群

| 进制造业领域 | 集群地域 | 集群产业 |
| --- | --- | --- |
| 新一代信息技术 | 深圳电子信息产业群 | 全球重要的电子信息产业基地 |
|  | 武汉芯屏端网产业集群 | 中国光电子产业基地 |
|  | 合肥智能语音产业集群 | 中国智能语音产业基地 |
| 高端装备制造 | 西安航空航天产业集群 | 中国大中型飞机研制生产的重要基地 |
|  | 长沙工程机械产业集群 | 中国工程机械行业的"母体" |
|  | 株洲轨道交通产业集群 | 中国最大的轨道交通装备制造产业基地 |
| 先进材料制造 | 宁波石化产业集群 | 规模居全国七大石化产业基地前列 |
|  | 苏州纳米新材料产业集群 | 全球最大的纳米技术应用产业集聚区 |
| 生物医药制造 | 北京中关村生物医药产业集群 | 领跑全国生物医药产业 |
|  | 上海张江生物医药产业集群 | 全球瞩目的生物医药产业创新集群 |
|  | 江苏泰州生物医药产业集群 | 中国唯一的国家级医药高新区 |

资料来源：赛迪研究院《世界级先进制造业集群白皮书》。

### （三）智能制造推动信息技术发展

信息技术在支撑、引领智能制造发展的同时，智能制造也促进了信息技术的快速发展。为此，自党的十六大以来，我国实施"信息化带动工业化、以工业化促进信息化"的"两化"融合发展战略。

#### 1. 需求带动

新一代信息技术与智能制造的发展日新月异，与经济社会的融合程度持续加深，深刻改变着人类的生产和生活方式。随着智能手机、智能电视、智能摄像头、服务机器人等新的智能化产品逐渐成熟和普及，对工业机器人、增材制造、工业物联网、云计算、工业大数据、知识工作自动化、工业网络安全、虚拟现实和人工智能等智能制造提出了更高需求。这些技术产品则需要信息技术不断创新、不断突破。

## 2. 硬件支持

经过数年部署，数字化工厂、设备及用户价值深挖，工业物联网、重构生态及商业模式，以及人工智能等在新基建的引领下逐渐崭露头角，涌现出一批智能制造新模式、新业态，智能制造供给能力显著提升，对产业转型升级的带动作用日益显现。因智能制造而优势明显的集成电路、新型显示、传感器等关键核心电子零部件、元器件相关产业，为信息技术的发展提供硬件支持。

## 3. 融合驱动

智能制造与信息技术融合发展、快速演进。人工智能领域的机器学习、深度学习以及群体智能、人机混合智能等技术快速发展，人工智能程序已经在围棋、国际象棋等智力游戏中战胜人类顶级选手，智能产品已在城市管理、能源利用、生态改善以及医疗、交通、食品安全追溯等领域得到应用。智能制造与信息技术的融合，以及在汽车、机器人、家用电器等领域的应用，正在丰富信息技术产业的发展内涵，使信息技术焕发出新的生机和活力。

## 二、智能制造与职业发展

智能制造与传统制造有诸多不同（见表6-27），对比智能制造与传统制造，可以看出，智能制造是对传统制造业各个环节的全面转型升级。

表6-27　　　　　　　　智能制造与传统制造的异同

| 分类 | 传统制造 | 智能制造 | 智能制造的影响 |
|---|---|---|---|
| 设计 | 常规产品<br>面向功能需求涉及<br>新产品周期长 | 虚实结合的个性化设计、个性化产品<br>面向客户需求设计<br>数值化设计、周期短、可实时动态改变 | 设计理念与使用价值观变化<br>设计方式变化<br>设计手段变化<br>产品功能变化 |
| 加工 | 加工过程按计划进行<br>半智能化加工与人工检测<br>生产高度集中组织<br>人机分离<br>减材加工成型方式 | 加工过程柔性化，可实时调整<br>全过程智能化加工与在线实时监测<br>生产组织方式个性化<br>网络化人机交互智能控制<br>减材、增材多种加工成型方式 | 劳动对象变化<br>生产方式变化<br>生产组织方式变化<br>新材料、新工艺不断出现 |
| 管理 | 人工管理为主<br>企业内管理 | 计算机信息管理技术<br>机器与人交互指令管理<br>延伸到上下游企业 | 管理对象变化<br>管理方式变化<br>管理手段变化<br>管理范围扩大 |

续表

| 分类 | 传统制造 | 智能制造 | 智能制造的影响 |
|---|---|---|---|
| 服务 | 产品本身 | 产品生命周期 | 服务对象范围扩大<br>服务方式变化<br>服务责任增加 |

通过表6-27可以看出，智能制造与传统制造有明显区别。这些区别主要体现在四个方面：一是制造设计更突出客户需求导向，在技术手段上可以做到虚拟与现实相结合，实现需求与设计的实时动态交互，设计周期更短；二是加工过程柔性化、智能化，生产组织方式更加个性化，检测过程在线化、实时化，人机交互网络化，加工成型方式多样化；三是制造管理更加依赖信息系统，例如，更多借助计算机信息管理技术，更多人机交互的指令管理模式，涵盖上下游企业甚至整个产业链的数据交互和管理沟通等；四是智能制造的产品服务可以做到涵盖整个产品生产周期，真正实现产品从制造到终结的全闭环管理，能够极大提高产品适应市场的能力，更充分满足客户的个性化需求。

智能制造的发展，围绕万物互联、远程管控、智能决策和管理、数字孪生和智慧生产物流等新技术、新场景的落地，使原有职业内容发生变化，一些传统职业消亡，也催生了一批新生产场景和新职业。

### （一）智能制造发展概述

近年来，通过产学研用协同创新、行业企业示范应用、央地联合统筹推进，我国智能制造发展取得长足进步，智能制造产业已初具规模。一是供给能力不断提升，智能制造装备市场满足率超过50%，主营业务收入超10亿元的系统解决方案供应商达40余家；二是推广应用成效明显，试点示范项目生产效率平均提高45%，产品研制周期平均缩短35%，产品不良品率平均降低35%，涌现出离散型智能制造、流程型智能制造、网络协同制造、大规模个性化定制、远程运维服务等新模式新业态。

智能制造的专业园区建设如火如荼，同时，各级各地区政府正在研究设立智能制造产业投资基金，加大对智能制造的金融支持力度，包括向国家开发银行等政策性银行推荐符合条件的项目，申请专项建设资金等。智能制造以工业机器人、工业互联网、工业软件、增材制造为基础，这也是智能制造发展和部署的重点。2020年，我国智能制造行业市场规模达2.7万亿元，同比增长12.6%。在政策不断推动、智能制造应用场景持续拓宽下，市场规模实现快速增长，预计2025年我国智能制造行业市场规模将达5.3万亿元。

### 1. 工业机器人

1959 年，美国人乔治·德沃尔与约翰·英格伯格联手制造出第一台工业机器人，标志着机器人技术进入制造业。我国工业机器人起步于 20 世纪 70 年代初期，进入 21 世纪以来，研制出了一大批具有特殊功能的机器人，可以进行焊接、搬运、切割、喷漆、打捞等工作。

随着人口老龄化的进一步加剧，传统工业尤其是制造业对工业机器人这类劳动力替代产品的需求将始终保持增长态势。加之近两年，我国有效控制了新冠肺炎疫情，大量承接了来自世界各地的生产制造需求，促使国内制造业形成了一个小高峰，带动了工业机器人行业的增长。如图 6-8 所示是 2016—2021 年上半年我国工业机器人产量及增速情况，可以看出 2016 年至 2021 年上半年，我国工业机器人产量呈稳步上升趋势，2021 年上半年我国工业机器人产量为 173 630 套，同比增长 69.8%。

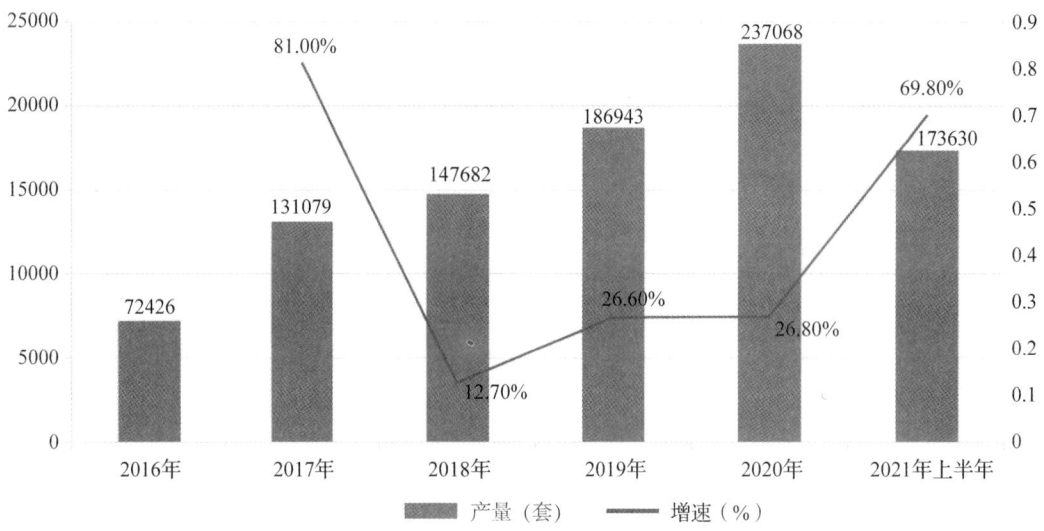

数据来源：国家统计局。

图 6-8　2016—2021 年上半年我国工业机器人产量及增速情况

2020 年工业机器人行业营业收入为 632.9 亿元，2021 年为 817.8 亿元，同比增长 29.2%。营业收入的快速增长，说明了我国机器人技术的快速发展。虽然我国机器人产业在不断进步，但是伺服电机、减速器等关键零部件的质量还有一定的提升空间，我国自行生产的工业机器人在精密工作方面仍存在不足，与国际先进水平相比还有明显差距。目前，我国市场对工业机器人的需求比较大，因此其发展空间巨大。

## 2. 工业互联网

工业互联网是新一代信息技术与制造业深度融合发展的核心。工业互联网应用广泛，已经涉及钢铁、工程机械、家电、电子信息、矿材、电力、建筑和交通等各行各业，形成了丰富的产业生态。据中国互联网络信息中心发布的统计报告，2020年我国工业互联网产业经济增加值规模为3.1万亿元，同比实际增长47.9%，对GDP贡献率超过11%，据测算直接带动全社会就业人数为604万人，新增就业人数约39万人。但是，我国工业互联网仍处于发展初期，标准架构还在探索之中，商业模式尚不成熟，技术、人才、安全等方面存在瓶颈和短板，推广应用的艰巨性和复杂性并存。

## 3. 工业软件

工业软件是工业制造的"大脑和神经"，是制造业数字化、智能化升级背后不可或缺的底层基础。大力发展工业软件，推动核心工业软件自主可控，是我国建设"制造强国"的必由之路和提升产业国际竞争力的重要抓手。2021年，我国工业软件产品实现收入2 414亿元，同比增长24.8%，高出全行业水平7.1个百分点。随着融合应用的日益深入，工业软件将进入快速发展期，有力支撑我国软件产业链升级和制造业转型升级。如图6-9所示，工业软件产品收入从2016年的1 078亿元上升到2021年的2 414亿元，保持平稳增长。虽然我国工业软件产业规模保持中高速增长，但占全球比

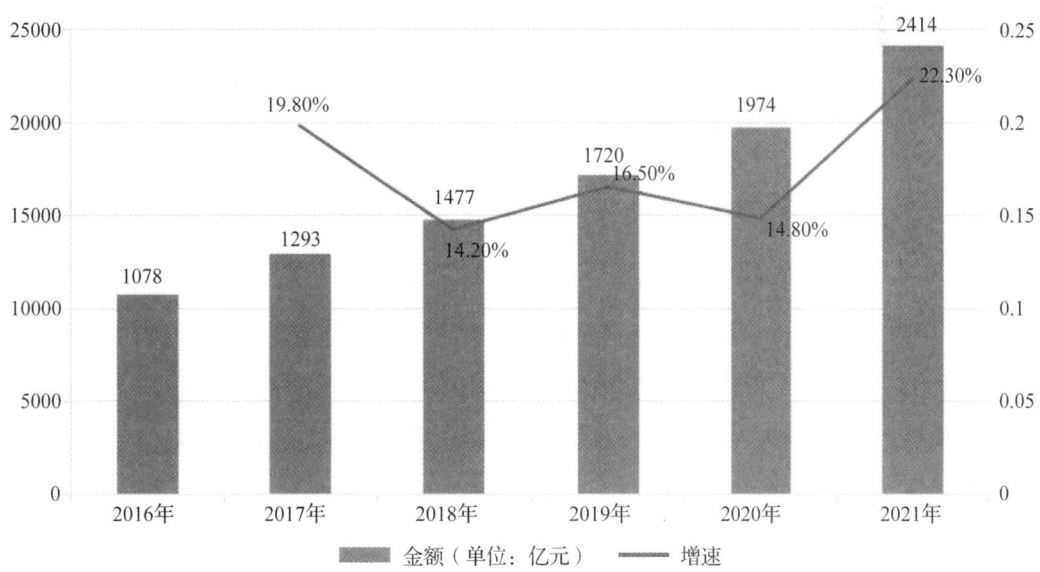

数据来源：工业和信息化部。

图6-9 2016—2021年中国工业软件市场规模

重仍然较低，与发达国家相比，我国工业软件产业整体呈"小、散、差"的发展局面。国外工业软件产业规模占全球工业软件市场比例达90%以上，国内工业软件产业规模占比仅7%左右。在全国150家自主研发的工业软件企业中，95%的企业营收规模不足5 000万元，工业软件小而散的现象比较突出。国内企业市场份额小，产业链不完整，技术水平相对落后，离自主可控距离还比较远。

### 4. 增材制造

增材制造技术，作为一种集数字化软件和加工设备为一体的新技术，可以实现物体构造的定制化、可打印以及批量生产。近年来，随着增材制造研发技术的不断突破，增材制造已经成功应用于航空航天、生物医疗、建筑、汽车等领域，并不断取得突破性进展。我国从20世纪90年代初开始涉足增材制造技术，并取得了巨大进展，增材制造技术龙头公司开始实现显著盈利，市场认可度快速上升，行业收入增长加速。2017—2020年，我国增材制造规模增长速度高于全球增长的平均速度，预计2022年达到360亿元的规模，这将极大地促进增材制造技术的发展。但我国的增材制造产业与国外同行相比仍存在一定差距，需要相关行业加强合作，形成合力，抱团发展。

## （二）智能制造变革传统职业

近年来，智能制造的迅猛发展冲击着传统制造业的生产方式，也对相关职业的主要工作内容提出了新的要求。

### 1. 改变传统职业工作内容

智能制造相应的岗位工作内容发生了深刻变化。在传统机器大工业时期，工人主要从事技术含量不高、简单重复的流水线劳动，但是随着智能制造的发展，设备逐渐取代人工，简单重复的生产过程越来越不需要从业者直接参与，从业者从生产者、劳动者逐渐变为了管理者、协调者和监督者，生产工作人员即使不在车间，也可远程通过计算机设备控制生产。由于新的智能制造场景的产生和生产组织方式的变革，使得智能制造相关职业工作内容发生变化，一些新的职业（工种）正在形成。

随着智能制造的发展，电子元器件制造人员职业内容、工种都发生了变化，在1999年版《大典》中，电子产品制版工被定义为使用设备，采用照相制版的方法，制作印制电路、集成电路和荫罩的原图、母版和工作版的人员。而在2022年版《大典》中，则被定义为操作计算机辅助设计系统和照相制版等设备，制作印制电路、集成电路和荫罩的原图、母版和工作版的人员。工作内容强调操作计算机辅助设计系统布线、制作原图，还新增电子电路逻辑布线工这一新工种。同样，电子设备装接工也在 2022 年版《大典》中增加了使用回流焊的功能，同时新增一个工种电子元器件表面贴装工。

**2. 消亡传统职业**

近年来，随着技术的进步、商业模式和人们的消费习惯的变化，部分产品逐渐被淘汰进而消失，生产过程也就不复存在，与之相对应的一系列职业（工种）也随之消亡。比如，2022 年版《大典》中取消了 1999 年版《大典》中的中程控交换机调试工这一工种。1970 年，法国开通了世界上第一部程控数字交换机，进入 20 世纪 80 年代，程控数字交换机开始在世界上普及。程控交换机装配调试员工种随之产生并拥有较大的人力资源市场需求。随着信息技术的发展，通话设备逐渐由智能信息系统控制，通信交换方式由程控交换变为软交换，程控交换设备被淘汰，因此与之相关的生产制造人员也不复存在。

### （三）智能制造催生新职业

新技术使不同产业间跨界组合、整合并相互信息嫁接，形成多种新型商业模式乃至新业态，由此催生了新职业。在 2022 年版《大典》的新增职业中，智能制造相关职业占 19.6%，如智能制造工程技术人员、物联网工程技术人员、机器人工程技术人员、工业互联网工程技术人员、增材制造工程技术人员、工业机器人系统操作员、工业机器人系统运维员、增材制造设备操作员、集成电路工程技术人员、工业视觉系统运维员、物联网安装调试员等，详见表 6-28。

表 6-28　　　　2022 年版《大典》新增与智能制造相关的职业

| 序号 | 名称 | 编码 | 定义 | 主要工作任务 |
| --- | --- | --- | --- | --- |
| 1 | 智能制造工程技术人员 | 2-02-38-05 | 从事智能制造相关技术的研究、开发，对智能制造装备、生产线进行设计、安装、调试、管控和应用的工程技术人员 | 1. 分析、研究、开发智能制造相关技术；<br>2. 研究、设计、开发智能制造装备、生产线；<br>3. 研究、开发、应用智能制造虚拟仿真技术；<br>4. 设计、操作、应用智能检测系统；<br>5. 设计、开发、应用智能生产管控系统；<br>6. 安装、调试、部署智能制造装备、生产线；<br>7. 操作、应用工业软件进行数字化设计与制造；<br>8. 指导应用智能制造装备和生产线进行智能加工；<br>9. 提供智能制造相关技术咨询和技术服务 |

续表

| 序号 | 名称 | 编码 | 定义 | 主要工作任务 |
|---|---|---|---|---|
| 2 | 机器人工程技术人员 | 2-02-38-10 | 从事机器人结构、控制、感知技术和集成机器人系统及产品研究、设计的工程技术人员 | 1. 研究、开发机器人结构、控制、感知等相关技术；<br>2. 研究、规划机器人系统及产品整体架构；<br>3. 设计、开发机器人系统，制订产品解决方案；<br>4. 研发、设计机器人功能与结构，以及机器人控制器、驱动器、传动系统等关键零部件；<br>5. 研究、设计机器人控制算法、应用软件、工艺软件或操作系统、信息处理系统；<br>6. 运用数字仿真技术分析机器人产品、系统制造及运行过程，设计生产工艺并指导生产；<br>7. 制订机器人产品或系统质量与性能的测试与检定方案，进行产品检测、质量评估；<br>8. 提供机器人相关技术咨询和技术服务，指导应用；<br>9. 制订机器人产品、系统、工艺、应用标准和规范 |
| 3 | 工业互联网工程技术人员 | 2-02-38-06 | 从事工业互联网规划设计、技术研发、测试验证、工程实施、运营管理和运维服务等工作的工程技术人员 | 1. 研究、设计网路互联与数据互通、共享等解决方案并指导工程实施；<br>2. 研究、开发、应用工业大数据的采集技术、工业机理模型和高级数据分析挖掘技术；<br>3. 研究、设计、开发、调测、推广工业互联网应用平台和应用型工业 App；<br>4. 规划、设计、部署工业互联网安全系统，监控、管理和保障工业互联网网络、平台及数据安全；<br>5. 规划、运营产业链和供应链资产数据，指导资源配置、协同生产和柔性生产、设备健康和能耗管理；<br>6. 构建、调测、维护工业互联网网络，监控相关信息，动态维护网络链路和网络资源；<br>7. 提供工业互联网术语解释、技术咨询与工程实施指导 |
| 4 | 物联网工程技术人员 | 2-02-38-02 | 从事物联网架构、平台、芯片、传感器、智能标签等技术的研究和开发，以及物联网工程的设计、测试、维护、管理和服务的工程技术人员 | 1. 研究、应用物联网技术、体系结构、协议和标准；<br>2. 研究、设计、开发物联网专用芯片及软硬件系统；<br>3. 规划、研究、设计物联网解决方案；<br>4. 规划、设计、集成、部署物联网系统并指导工程实施；<br>5. 安装、调测、维护并保障物联网系统的正常运行；<br>6. 监控、管理和保障物联网系统安全；<br>7. 提供物联网系统的技术咨询和技术支持 |

续表

| 序号 | 名称 | 编码 | 定义 | 主要工作任务 |
|---|---|---|---|---|
| 5 | 增材制造工程技术人员 | 2-02-38-11 | 从事增材制造技术、装备、产品研发、设计并指导应用的工程技术人员 | 1. 运用数字化逐层堆积原理，研究开发增材制造技术与方法；<br>2. 运用增材制造的复杂结构制造能力，设计产品结构；<br>3. 研发增材制造专用成型头、检测与监控核心功能部件等；<br>4. 设计、集成增材制造装备，进行可靠性测试；<br>5. 研发增材制造分层切片、路径优化、工艺仿真和过程控制等工艺软件；<br>6. 研发产品的增材制造工艺，指导产品生产制造；<br>7. 检测、评估增材制造产品质量；<br>8. 制订增材制造材料、装备、工艺、应用标准和规范 |
| 6 | 工业机器人系统操作员 | 6-31-07-03 | 使用示教器、操作面板等人机交互设备和工具，对工业机器人、工业机器人工作站或系统进行装配、编程、调试、工艺参数更改等作业的人员 | 1. 进行作业准备；<br>2. 识记装配图、电气图、工艺文件，使用工具、仪器等进行工业机器人工作站或系统装配；<br>3. 使用示教器、计算机、组态软件等工具，对工业机器人、可编程逻辑控制器、人机交互界面、电机等设备和视觉、位置等传感器，进行程序编制、单元功能调试和生产联调；<br>4. 使用示教器、操作面板等人机交互设备，进行生产过程的参数设定与修改、菜单功能的选择与配置、程序的选择与切换；<br>5. 进行工业机器人系统工装夹具等装置的检查、确认、更换与复位；<br>6. 监控工业机器人工作站或系统状态，进行相应操作，处理异常情况；<br>7. 填写设备装调、操作等记录 |
| 7 | 工业机器人系统运维员 | 6-31-07-01 | 使用工具、量具、检测仪器及设备，进行工业机器人、工业机器人工作站或系统的数据采集、状态监测及运维的人员 | 1. 检查、诊断工业机器人本体、末端执行器、周边装置等机械系统；<br>2. 检查、诊断工业机器人电控系统、驱动系统、电源及线路等电气系统；<br>3. 进行工业机器人、工业机器人工作站或系统零位校准、防尘、更换电池、更换润滑油等维护保养；<br>4. 使用测量设备采集工业机器人、工业机器人工作站或系统运行参数、工作状态等数据，进行监测；<br>5. 分析、诊断与维修工业机器人工作站或系统的故障；<br>6. 编制工业机器人系统运行维护、维修报告 |

续表

| 序号 | 名称 | 编码 | 定义 | 主要工作任务 |
|---|---|---|---|---|
| 8 | 增材制造设备操作员 | 6-18-01-13 | 从事增材制造设备安装、调试、维修和保养，进行生产操作的人员 | 1. 安装、调试增材制造设备；<br>2. 操作增材制造设备进行生产，进行增材制造设备的运行管理；<br>3. 进行增材制造设备的故障排查、设备维修及保养；<br>4. 为客户提供设备操作和日常保养培训；<br>5. 协助客户解决设备问题，并收集客户反馈意见建议；<br>6. 分析增材制造设备生产过程中的技术问题 |
| 9 | 集成电路工程技术人员 | 2-02-38-09 | 从事集成电路设计、工艺开发、封装、测试、电子设计自动化工具开发的工程技术人员 | 1. 进行集成电路的算法设计、架构搭建、电路设计、仿真验证、逻辑综合、版图绘制、时序分析、可测性设计、物理验证；<br>2. 开发集成电路制造的光刻、刻蚀、注入、清洗、薄膜、化学机械抛光等工艺环节；<br>3. 进行集成电路的封装设计，分析相关信号的完整性；<br>4. 设计集成电路测试方案，实施测试；<br>5. 开发集成电路设计、制造、测试所用电子设计自动化工具，建立仿真模型及特征化工艺参数，并进行数据格式标准化 |
| 10 | 工业视觉系统运维员 | 6-31-07-02 | 从事智能装备视觉系统选型、安装调试、程序编制、故障诊断与排除、日常维修与保养作业的人员 | 1. 进行相机、镜头、读码器等视觉硬件选型、调试、维护；<br>2. 进行物体采像打光；<br>3. 标定视觉系统精度；<br>4. 标定视觉系统和第三方系统坐标系统；<br>5. 集成视觉应用系统和主控工业软件，嵌入通信系统；<br>6. 确认和抓取采像过程中物体特征；<br>7. 识别和分类系统运行过程中图像优劣，判断和解决问题；<br>8. 设计小型样例程序，验证工艺精度；<br>9. 进行更换视觉硬件后的系统重置、调试和验证 |
| 11 | 物联网安装调试员 | 6-25-04-09 | 使用检测仪器和专用工具，安装、配置、调试物联网产品与设备的人员 | 1. 检测物联网设备、感知模块、控制模块的质量；<br>2. 组装物联网设备及相关附件；<br>3. 连接物联网设备电路；<br>4. 建立物联网设备与设备、设备与网络的连接；<br>5. 调整设备安装距离，优化物联网网络布局；<br>6. 配置物联网网关和短距传输模块参数；<br>7. 预防和解决物联网产品和网络系统中的网络瘫痪、中断等事件，确保物联网产品及网络的正常运行 |

上述新增职业几乎都以计算机、互联网为技术手段，优化升级传统制造业方式。从主要工作任务来看，覆盖前端的技术开发，中端的安装、调试、部署应用，后端的技术指导和咨询服务，以及行业标准规范制定等，囊括了涉及智能制造的生产技术、检测技术、管控系统与服务系统等的软件硬件，功能更加多元，更加注重设计规划、分析问题、解决问题的综合能力。比如，新增"智能制造工程技术人员"新职业，该职业定义为从事智能制造相关技术的研究、开发，对智能制造装备、生产线进行设计、安装、调试、管控和应用的工程技术人员。其主要工作任务包括9项：分析、研究、开发智能制造相关技术；研究、设计、开发智能制造装备、生产线；研究、开发、应用智能制造虚拟仿真技术；设计、操作、应用智能检测系统；设计、开发、应用智能生产管控系统；安装、调试、部署智能制造装备、生产线；操作、应用工业软件进行数字化设计与制造；指导应用智能制造装备和生产线进行智能加工；提供智能制造相关技术咨询和技术服务。智能制造新职业的颁布对于规范、引导智能制造从业人员就业，培养更多智能制造高技能人才和大国工匠，增强社会认同度具有重要意义。

### （四）智能制造典型职业简析

作为新一代信息技术在与工业制造的深度融合产物，智能制造有显著的智能性、数据性、自动化、超软性等特点，相应的典型职业也是围绕这几个特点展开的。

#### 1. 智能制造工程技术人员

智能制造工程技术人员根据就业岗位的职责分为技术应用类和技术开发类，是贯穿智能制造企业从产品开发、应用调试到售后维护整个过程的重要角色。它是我国制造业转型升级的"顶梁柱"式人才，承担着推动我国高端密集型制造业发展、创造全新制造模式的重要职能，助力我国占领全球制造业竞争的战略制高点。

根据2022年版《大典》中的职业主要工作任务，结合现实工作场景，智能制造工程技术人员又可细分为智能制造系统架构工程师、智能制造系统开发工程师、智能制造系统安装调试工程师、智能管控工程师、智能产线运维工程师、智能制造服务工程师对应岗位，这些对应岗位对于技能和相关知识要求存在着较大差异。本书总结归纳了智能制造工程技术人员的对应岗位、典型工作任务、能力要求、相关知识要求，详见本书附录2。

#### 2. 工业互联网工程技术人员

当前，工业互联网在全球制造业大国、强国已得到大力推广应用，这一产业发展趋势必将影响人才需求结构，工业互联网工程技术人员新职业也随之产生，促使我国的相关人才队伍建设培养日益规范，从业者将有更广阔的发展空间。

根据 2022 年版《大典》中的职业工作任务，结合现实工作场景，工业互联网工程技术人员又可细分为工业互联网系统架构工程师、工业互联网平台开发工程师、工业互联网应用开发工程师、工业互联网标识解析研发工程师、工业互联网网络及数据采集实施工程师、工业互联网平台及安全实施工程师、工业大数据管理师、工业互联网网络及数据运维工程师、工业互联网平台及安全运维工程师、工业互联网服务应用工程师对应岗位，这些对应岗位对于技能和相关知识要求存在着较大差异。本书总结归纳了工业互联网工程技术人员的对应岗位、典型工作任务、能力要求、相关知识要求，详见本书附录 3。

### 3. 工业机器人系统操作员和工业机器人系统运维员

机器人被誉为"制造业皇冠顶端的明珠"，随着智能制造的快速发展，作为占据智能制造半壁江山的工业机器人也步入一个高速发展的阶段，工业机器人系统操作员和工业机器人系统运维员将有力推动新兴产业的快速发展，在机器人企业有着不可替代的重要作用。

根据 2022 年版《大典》中的职业主要工作任务，结合现实工作场景，工业机器人系统操作员又可细分为工业机器人安装工、工业机器人调试工、工业机器人集成应用工程师对应岗位。同样，工业机器人系统运维员又可细分为工业机器人机械维修工、工业机器人电气维修工、工业机器人调试与售后服务工程师对应岗位。这些对应岗位对于技能和相关知识要求存在着较大差异。本书总结归纳了工业机器人系统操作员和工业机器人系统运维员的对应岗位、典型工作任务、能力要求、相关知识要求，详见本书附录 4。

### 4. 增材制造设备操作员

增材制造（又称 3D 打印）是以数字模型为基础，将材料逐层堆积制造出实体物品的新兴制造技术，将对传统的工艺流程、生产线、工厂模式、产业链组合产生深刻影响，是制造业有代表性的颠覆性技术。与发达国家相比，我国增材制造产业尚存在关键技术滞后、创新能力不足、高端装备及零部件质量可靠性有待提升、应用广度和深度有待提高等问题。增材制造设备操作员新职业的出现，将对传统的工艺流程、生产线、工厂模式、产业链组合产生深刻影响，是应对增材制造产业发展新形势、新机遇、新需求，推进我国增材制造产业快速健康持续发展的重要举措。

根据 2022 年版《大典》中的主要工作任务，结合现实工作场景，增材制造设备操作员又可细分为增材制造模型数据处理员、增材制造设备操控调试员、增材制造产品成型员、增材制造产品后期处理员、增材制造设备保养维护员、增材制造专业化成型方案制定员、互联网+增材制造定制服务员对应岗位，这些对应岗位对于技能和相关知识要求存在着较大差异。本节总结归纳了增材制造设备操作员的对应岗位、典型工作任务、能力要求、相关知识要求，详见本书附录5。

### 5. 工业视觉系统运维员

工业视觉亦称机器视觉，犹如机器"眼睛"，是连接智能制造与人工智能最先进的传感器。随着企业生产线智能化改造，机器视觉系统将全面取代人眼来对产品进行测量和视觉判断。工业视觉系统运维员将成为工厂实现自动化、智能化生产，企业连接工业互联网的核心工作人员，在未来，将会有越来越多的企业采用完整的机器视觉解决方案，工业视觉系统运维员的需求也将越来越多。

根据2022年版《大典》中的主要工作任务，结合现实工作场景，工业视觉系统运维员又可细分为工业视觉装配维保测试工、工业视觉调试与售后服务工程师、工业视觉集成应用工程师对应岗位。其中，工业视觉装配维保测试工主要工作任务是硬件软件的安装、系统测试维护与保养；工业视觉调试与售后服务工程师主要工作任务是故障诊断与排除、程序的备份与恢复、调试与运行、相关培训等；工业视觉集成应用工程师主要工作任务是工业视觉相机、镜头、光源的选型，系统编程与调试等。这些对应岗位对于技能和相关知识要求存在着较大差异。本书总结归纳了工业视觉系统运维员的对应岗位、典型工作任务、能力要求、相关知识要求，详见本书附录6。

## 三、智能制造职业新特征与发展趋势

智能制造系统转型发展变革是必然趋势，也是制造业未来发展的重要方向。人口结构的变化导致了人工费的持续上升，即使市场需求迅速更新，工厂也出现了灵活的需求。将来的生产线要具有效率、节能和机敏的响应，以应对不确定性的外部环境变化，智能制造职业也出现新的特征和发展趋势。

### （一）智能制造发展对职业的影响

从制造业企业应用智能制造技术的实践角度进行技术发展与新职业开发关系的调研分析，可以看出我国智能制造发展对职业的影响有以下3种形态。

#### 1. 基于智能制造理念的新技术体系构建与应用

这一基本形态具体表现为构建由智能制造装备（以数控机床和工业机器人为主要

代表)、智能控制系统(以PLC控制技术、总线和工业网络技术、机电一体化和电气自动化技术为主要代表)、智能生产与管控系统(以MES、ERP和在线检测系统为主要代表)、智能生产物料供配系统(以智能仓储与配送系统为主要代表)组成的"智能制造生产单元"模式,技术价值导向是以"传统"的生产装备技术(俗称"硬技术")为实现载体,与新一代信息技术融合应用并持续优化、创新,进一步提高企业生产的自动化水平和管理效能。对应此形态下的工作岗位及新职业,主要体现为已有职业(工种)的优化与变革。总体上分析,该形态下已有职业并未完全过时,其基本特征依然属于"硬技术+硬技能",但面临向多技能复合发展的新职业要求。同时,由于新的智能制造场景的产生和生产组织方式的变革,一些新的职业(工种)正在形成。

**2. 推进工业制造技术与新一代信息技术深度融合应用**

这一基本形态具体表现为基于"智能制造生产单元"技术,向构建"黑灯车间"和智能化工厂技术体系迈进。其技术价值导向是围绕万物互联、远程管控、智能决策和管理、数字孪生和智慧生产物流等新技术、新场景的落地,进一步推动"两化融合",提升企业生产制造的智能化程度和运营效能。其技术特征主要表现为由以装备平台为载体的"硬技术"向"硬技术+软技术"融合应用创新转型升级。在此形态下,优化制造业已有的职业(工种)与新技术、新业态、新需求的匹配度尤显重要。同时,面向智能制造的工业互联网应用、数字化设计与制造、网络协同制造、远程监测与运维、智能制造系统管控等技术领域的新职业(工种)也亟待开发和确立。

**3. 基于数字驱动的智能制造赋能增值发展**

这一基本形态具体表现为围绕实现更高程度的智能化生产制造,构建以客户为中心,以产品全生命周期和智能共享为核心理念的"数据流"定义生产制造过程的新业态。其技术特征是通过产品设计、研发、试验和生产、服务的全流程数字化,包括数字可视化、远程智慧协同、数字虚拟仿真、数字驱动等场景的系统化应用,推动行业企业实现由"设备线"定义制造过程向"数据流"定义生产模式的转型升级,进而提升智能制造的发展质量和水平。与此相适应,面向工业互联网与大数据、工业数字采集与分析、边缘设备与智能计算、数字平台搭建与管控、工业数字安全技术、工业设计创新对其定制化制造、柔性制造和敏捷制造等领域的新职业(工种)亟待开发。

**(二) 智能制造职业新特征**

智能制造发展亟须并强烈期待新职业的协同创新对其保驾护航。将有关智能制造产业发展政策与实施智能制造的企业案例对应分析可以看出,增强对产业发展战略的支撑力和企业转型升级的贡献力是智能制造领域新职业发展的核心要求和总体趋势。当前，智能制造职业新特征可具体概括为以下 4 种类型。

### 1. 工匠型职业

这类型职业主要分布在智能制造生产过程中的专项关键技术岗位、关键设备操作和运维岗位，以及成套和成组技术设备中的"非标"技术开发岗位等，主要内涵表现为精湛的专项和单一技能。

### 2. 优化型职业

这类型职业主要分布于智能制造生产过程中的各类"更新性"专项工作岗位中，主要内涵表现为基于单一"传统性"职业岗位的新要求，不断协同优化和更新职业技能。

### 3. 复合型职业

这类型职业主要分布于智能制造生产过程中新形成的各类专项工作岗位中，主要内涵表现为多种（一般为 2~3 种）技术技能的融合性应用。

### 4. 创新型职业

这类型职业其主要分布于智能制造生产过程中各类新技术、新工艺、新设备开发应用的工作岗位中，包括产品数字化设计、数字化仿真试验、智能生产场景搭建等具有一定工程实践性的职业，主要内涵表现为基于创新意识、学习能力和专项技能为一体的新职业要求。

## （三）传统职业和新职业将长期共存

推进传统制造业向智能制造发展，能够有效缩短产品研制周期，提高生产效率和产品质量，降低运营成本和资源能源消耗，提升制造业供给结构的适应性和灵活性。但传统制造业向智能制造的转型发展需要一个过程，智能制造的先进技术不断向传统的工业系统延伸，优化原有的工业自动化系统，在实际生产中，往往由于现实情况复杂多变，智能制造仍然无法立即取代人凭借自身的经验或直觉作出正确判断，需要人工经验进行决策参考和辅助优化，并在智能制造遇到问题不能正常工作时，保证继续生产的能力。

### 1. 成本与批量限制

目前，智能制造设备与人工成本普遍偏高，且需求中多品种、多批量的非定型产品居多，特别在很多传统制造业，人和机器设备各自具有优势，不应当一刀切地搞无人化、"黑灯车间"，应以人机协作的形式做好分工协调，让人做人擅长的事情、机器做机器擅长的事情，以达到单位成本的生产力最大化。2021年12月，工业和信息化部等八部门联合印发的《"十四五"智能制造发展规划》中，多处强调人机协作的重要性。

### 2. 智能制造企业成熟度仍然偏低

根据《智能制造能力成熟度评估方法》（GB/T 39117—2020），智能制造企业可以被划分为五级：一级为规划级，侧重与自动化与部分数字化；二级为规范级，侧重自动化与部分数字化；三级为集成级，侧重于数字化；四级为优化级，侧重于智能化；五级为引领级，侧重智能化。赛迪研究院发布的统计数据显示，截至2021年12月底，全国范围内已有超过2万家制造企业开展成熟度自诊断，覆盖全国31个省、自治区、直辖市的303个城市，涵盖31个制造业大类。整体看来，我国制造业企业智能制造能力成熟度仍然偏低，一级及以下企业数量占总量的73.26%，二级到五级企业数量分别占总量的13.03%、6.53%、3.52%和3.66%。这说明我国的智能制造企业成熟度偏低，导致部分产业仍需要传统制造业为主导。

所以，在很长时期内，传统制造业不会马上消失并将和智能制造并存发展，传统职业和新职业也将发挥各自优势，相互补充配合，更好地促进制造业转型升级。

### （四）制造业职业迭代加快

在互联网、大数据、云计算等高新技术持续有力的推动下，智能制造技术迭代不断加速，进驻各行业领域：工业机器人的应用使部分劳动群体从高风险、脏乱差的工作环境中解脱；增材制造可制作出传统加工无法实现的复杂结构；工业互联网实现设备制造商、供应商、工厂、客户的整个产业链的协同和连接等。智能制造将无处不在，在促进生产的同时，智能制造也对技术技能型人才培养提出了更高的要求，职业迭代加速发展成为必然。

如今，很多企业通过数字技术、人工智能进行了管理流程和业务流程的再造，使办公自动化和生产自动化水平不断提高。此外，很多行业的工作场所本身也已被数字化、智能化，这使得社会对于劳动力掌握数字技能的内涵和水平都提出了新的更高要求，人力资源社会保障部等部门印发的《"十四五"职业技能培训规划》明确提出，要加强全民数字技能培训。市场的需求和政策的支持加快了职业的迭代升级。

职业类型更替、不同行业就业比例的消长、产业间的人员流动等加速演进，低技能、机械化、规范性人力岗位逐渐消失，技术载体的制造、操纵、修护另创新职，这些都表明智能制造的职业结构在产业发展中不断迭代完善。

### (五) 职业之间不断渗透融合

智能制造时代，信息技术在工作生活中扮演角色越来越重要，对劳动者所需掌握的制造技能也提出了新要求、新标准。职业的复杂性程度不断提高，需要现有多个不同职业甚至是过去毫无关系的职业和工种之间的交叉融合。多职业交叉融合是指由两个及以上的职业通过相互渗透并融合而形成的一种新的职业需求，这既不是职业功能的简单的叠加与拼凑，也不是停留在简单的职业跨越上或者是个别理论、原理或方法的相互引用上，而是基于社会、经济、产业和技术发展的当前和未来需要，在职业之间出现前所未有的内在的逻辑关系，促使这些学科在知识、理论、方法、技术和手段等方面相互渗透、有机融合。

机电一体化是在机电一体化技术基础上，将机械、启动、传感检测、电动机驱动、"可编程序控制器"、网络通信以及人机界面等多种技术进行有机结合并综合运用到自动化生产线上，使得生产线上的传感检测、传输与处理、分析控制、驱动与执行等部件在微处理单元的控制下协调有序地工作，并通过一定的辅助设备构成一个完整的机电一体化系统，自动地完成预定的全部生产任务。要求从业者既需要懂机电传动控制方式，也需要懂程序设计语言，是"硬件+软件"的复合型人才。单一技能的从业者已不能满足新模式、新业态催生的新职业的要求，劳动者需具备更多的复合技能才能胜任新的工作岗位。

### (六) "知识技能型"人才取代"肌肉记忆型"人才

劳动密集型产业工人重复、单一劳动较多，从业者以实际操作为主要工作内容，每天重复进行"肌肉记忆"劳动。在智能化改造后，以"机器换人"为载体，智能机器代替简单重复性的工作岗位。机器换掉的"人"即为"肌肉记忆型"劳动者。"机器换人"大大降低了劳动力占生产总成本的比重，解放了传统劳动力对企业生产要素的束缚，逐渐缓解了长期困扰企业的用工荒问题。智能制造打通了上下游企业的协同效应，较好地使产品全生命周期实现有机融合，推动产业链资源和信息的重新优化整合，使其变得更加动态灵活，生产效率不断提高。

与此同时，智能制造转型发展创造出新职业，需要新型技术人才，此类新型技术人才是知识技能型人才，需要有较新的思维、专业的知识储备，以及一定的操作技能，能够在工作实践中充分运用自己的技术和能力分析问题和解决问题。传统制造业领域的从业者以实际操作为主，知识储备不足，仅是重复进行"肌肉记忆"劳动。

据有关机构预测，2030—2035 年，我国将有 30% 的劳动者需要变更职业，其中体力和人工操作技能以及基础认知技能的需求将不断下降，而社交和感情沟通技能以及技术能力的需求则会不断提升。可以预见，未来越来越多有规律、可预测的工作，将被人工智能所取代，而拥有数字技能、创新技能、社交化学习等能力的人才，将越来越被社会所需求。因而，在智能制造升级过程中会不断出现"知识技能型"人才取代"肌肉记忆型"人才的现象。相应地，人才培养应更加注重"知识技能"，培养人才综合分析解决问题的能力。

### （七）关于智能制造人才培养的趋势预测

2018年4月，习近平总书记在全国网络安全和信息化工作会议上强调，要推动互联网、大数据、人工智能与实体经济深度融合，加快制造业、农业、服务业数字化、网络化、智能化。这一指示进一步指明了我国以制造业为基础的实体经济数字化、网络化、智能化发展方向。制造业智能化的趋势要求智能制造人才培养要适应、服务、支撑这一变革方向，因此智能制造人才培养趋势可以总结为以下3个方面：

#### 1. 人才培养将紧跟智能制造技术的发展

为适应制造业职业迭代加快，"知识技能型"人才逐步取代"肌肉记忆型"人才的发展特征，人才培养将及时调整目标、重构专业布局、更新课程内容、培养新型师资，提高职业教育和培训质量。同时，大力精简传统的偏重于简单机械重复操作的内容，增加适应智能制造技术发展的复杂度高、有创造力的内容。加大智能制造技术相关职业技能培训教材开发力度，组织开发面向全体劳动者的通用素质培训教材和适应不同岗位的专业培训教材。遴选培育一批智能制造技术培训优质院校，打造一批功能突出、资源共享的区域性实训基地。着力培养具有较新的思维、扎实的专业知识，以及实际操作技能的新型技术人才。

#### 2. 人才的能力融合更加多元

职业和职业、专业技术人才和高技能人才之间的交叉融合是智能制造时代的一大特色，打破了过去研发、生产、运营条块分割的格局，因此对从业者的综合能力要求更高。这种交叉融合不是简单的叠加与拼凑，也不是停留在简单的职业跨越上或者是个别理论、原理或方法的相互引用，而是具有内在逻辑的在知识、理论、方法、技术和手段等方面有机融合。高级工程师不但要精于技术产品的研发，也需要具备一定的动手操作能力，能够参与到产品的中试、生产、维护运行等工作中。智能制造的新模式、新业态将推动专业技术人才和高技能人才的能力融合，促进从业者从单一技能向复合技能转型。

### 3. 强调职业技能人才专业基础知识和能力的培养

智能制造职业既是工匠型职业更是创新型职业，智能制造对从业者的需要有较为深厚的专业能力和知识，因此专业基础知识的培养尤为重要，职业院校、技工院校要加强电子电路、软件编程、机电一体化等专业课程的教学，使从业者具备基本的电路设计和软件编程能力，以适应智能制造产业发展的需要。从业者也应更加重视专业知识的学习，建立科学的教育观和人才观。同时，应增加教育资源供给，完善教育质量评价标准，提高课堂教学质量，增强学生综合素质。

在我国，智能制造仍处于初级阶段，中小企业"小而散"、各地发展不均衡等现象仍然存在，做好智能制造相关标准建设，积极开发相关新职业，制定相关职业技能标准和评价规范，能够完善人才培养机制，增加专业基础知识和专业技术知识的培训，为智能制造人才了解本职业新技术、新业态打下坚实基础。

## 第三节　生产制造辅助类职业发展

生产制造辅助类职业是指为保障生产制造过程正常进行而从事的相关辅助生产活动的职业。此类职业在《大典》中主要包括生产设备和日用机电产品修理，以及生产所需原材料和产品的检验等职业。

## 一、设备修理类职业及其分类

设备修理类职业主要分布在《大典》第四大类和第六大类中，其主要构成为制造业生产活动中的机电设备修理类职业和民用、办公设备等日用机电产品修理，本节统一采用"设备修理类职业"称谓。另外修鞋、服装修补、家具修理和房屋修缮、道路修理等在职业技能、工作方法等方面和设备修理类职业差异较大，所以不列入这里阐述。

设备修理类职业是指为保持、恢复以及提升设备技术状态而进行设备维护、检修等技术活动人员的职业。现在机电设备和产品已经遍布国民经济生产所有行业、企业，渗透到家庭及社会的各个角落，大到各行业年产几百万吨的生产线，小到空调、冰箱等百姓日常用品。设备修理成为保障工农业生产和百姓生活正常运行的重要工作。

近年，随着设备的自动化、数字化、智能化的高速发展，设备全生命周期管理、故障诊断与预测性维护等智能制造技术的应用，使得一些修理职业有较大发展变化，但大部分机电修理职业只是在设备检测、故障判断和维护管理等辅助手段上有所发展，对设备硬损伤的修复还需以手工工具为主。"十四五"规划中多次提出要发展"智能维修""智能运维""运维管控""设备健康管理"等新技术和的管理方式,以解决"设备运维成本高""设备维护低效化"等方面的问题。

劳动方式的专业化和技能复合化,以及劳动对象的创新发展,可以推动设备修理工作产生革命性改变。所以,研究设备修理类职业的发展,合理运用修理职业,以促进从业者技术技能水平和效率的提高很有必要。

## (一)设备修理类职业分类概述

### 1. 设备修理类职业构成

1999 年版《大典》颁布时,设备修理类职业分布在 3 个大类、8 个中类和 15 个小类中,共设职业 51 个,纳入了 238 个工种:一部分是 1992 年版《工种目录》中的 209 个工种;另一部分是在 1999 年版《大典》修订时增加的 29 个工种。

1999 年版《大典》颁布后,2003—2008 年国家开展新职业评审和个别行业调整,增加了 11 个职业和 11 个工种,到 2015 年版《大典》修订时,共有新增的相关 62 个职业和 249 个工种。

2015 年版《大典》颁布时,共设置了设备修理类职业 49 个、工种 108 个,比 1999 年版《大典》减少职业 13 个,幅度为 21%,减少工种 141 个,幅度 57.4%,变化较大。2015 年版《大典》颁布后,2017—2020 年新职业评审增加了 4 个设备修理类职业以及 3 个工种,到 2022 年版《大典》修订时共有新增的相关 53 个职业和 111 个工种。

2022 年版《大典》设置有设备修理类职业 58 个和工种 156 个。比 2015 年版《大典》增加了 1 个小类,包括 5 个职业、45 个工种,增加幅度分别为 9.4%和 40.5%。其中小类增加为"工业机器人操作运维人员",职业为"电池及电池系统维修保养师""城市轨道交通检修工""机电设备维修工""航空发动机修理工"和"航空器外场维护员"。

三版《大典》设备修理类职业发展变化详见表 6-29。

表 6-29　　　　　三版《大典》设备修理类职业发展变化　　　　　单位:个

| 项目 | | 合计 | | | |
|---|---|---|---|---|---|
| | | 中类 | 小类 | 职业 | 工种 |
| 1999 年版 | 原版 | 8 | 15 | 51 | 238 |
| | 含新增 | 8 | 16 | 62 | 249 |

续表

| 项目 | | 合计 | | | |
|---|---|---|---|---|---|
| | | 中类 | 小类 | 职业 | 工种 |
| 2015年版 | 原版 | 10 | 17 | 49 | 108 |
| | 含新增 | 10 | 17 | 53 | 111 |
| 2022年版 | | 10 | 18 | 58 | 156 |

### 2. 设备修理类职业分类

设备修理类职业分布在1999年版《大典》的8个中类和15个小类中，2022年版《大典》的10个中类和18个小类中，涉及面广，构成复杂。这是由于修理工作的范围和修理职业的形态等因素影响，大致形成了两个维度的分类。了解修理职业的分类，掌握其规律，对研究和使用这些职业很有帮助。

（1）按设备修理范围分类

按设备修理的范围，设备修理类职业大致可以分为设备通用修理类职业和设备专用修理类职业两类，如图6-10所示。

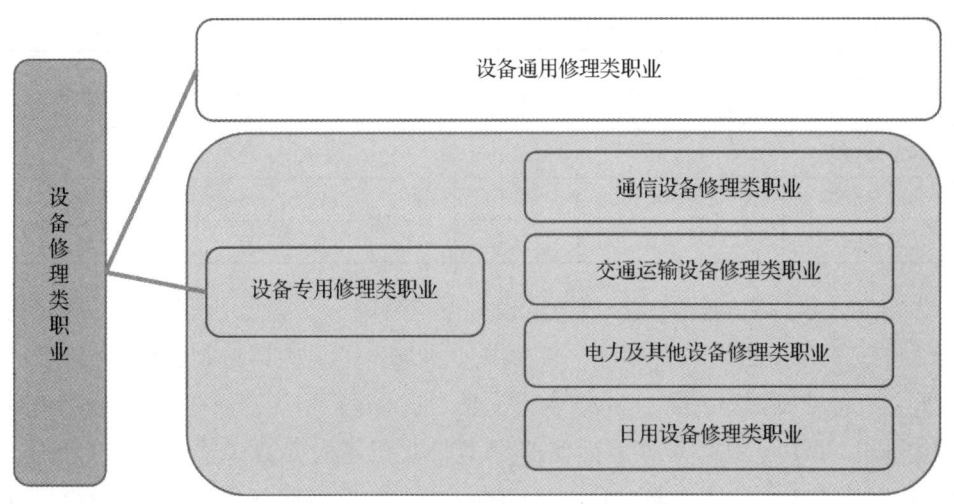

图6-10　设备修理类职业分类示意图

设备通用修理类职业（这里不是指"通用设备"修理，所以本节统称"设备通用修理类职业"）是指各行业设备修理工作都在使用，按技能划分的"机、电、仪"等职业。

设备专用修理类职业是指针对某一类或一种设备修理的职业（本节将其统称为"设备专用修理类职业"），可以分为通信、交通运输、电力及其他和日用四类设备专用修理类职业，详见表6-30。

表 6-30　　按设备修理范围划分的设备修理类职业统计　　单位：个

| 项目 | | 通用 | | 专用 | | 合计 | |
|---|---|---|---|---|---|---|---|
| | | 职业 | 工种 | 职业 | 工种 | 职业 | 工种 |
| 1999 年版 | 原版 | 5 | 84 | 46 | 154 | 51 | 238 |
| | 含新增 | 7 | 84 | 55 | 165 | 62 | 249 |
| 2015 年版 | 原版 | 4 | 4 | 45 | 104 | 49 | 108 |
| | 含新增 | 4 | 4 | 49 | 107 | 53 | 111 |
| 2022 年版 | | 5 | 13 | 53 | 143 | 58 | 156 |

设备通用修理类职业数量仅占全部设备修理类职业总量不到 10%，但几十个行业都在使用，就使用范围的人数应该是修理工的主体。

（2）按设备修理工作组合形态分类

设备修理类职业之所以分布很广，主要是因为职业的组合形态不一。由于设备的特性、运行和各产线修理的组织方式不同，以及各行业多年的作业习惯等因素，形成了运行监控和维修合一（运维合一）、设备制造和修理合一（造修合一）、设备装调和修理合一（装修合一）、独立修理职业等四类形态。组合形态分类情况详见表 6-31。

表 6-31　　设备修理类职业组合形态分类　　单位：个

| 大典 | 运维 | | 修造 | | 装修 | | 独立 | | 合计 | |
|---|---|---|---|---|---|---|---|---|---|---|
| | 职业 | 工种 | 职业 | 工种 | 职业 | 工种 | 职业 | 工种 | 职业 | 工种 |
| 1999 年版 | 9 | 50 | 5 | 19 | 6 | 9 | 42 | 171 | 62 | 249 |
| 2015 年版 | 10 | 44 | 4 | 10 | 11 | 14 | 28 | 43 | 53 | 111 |
| 2022 年版 | 11 | 45 | 4 | 10 | 11 | 13 | 32 | 88 | 58 | 156 |

因为《大典》中的分类是按设备制造—设备装调—设备使用运行—设备修理的工艺先后排序，所以形成了"修造合一"类的职业归入了《大典》制造类，"装修合一"类的归入制造或设备安装类，"运维合一"类的归入运行各类，只有独立修理类的归入修理类别里。所以，就不难理解设备修理类职业在《大典》中呈很分散的状态。从表 6-31 可以看出，在《大典》几次修订改版中，独立修理职业占全部的 2/3 或 1/2，是设备修理类职业的主体。

### 3. 设备通用修理类职业的变化

（1）1999 年版《大典》

1999 年版《大典》设备通用修理类职业分布在两部分：一是第六大类"机械设备维修人员"小类；二是"生活生产电力设备安装、操作、修理人员"小类。1999 年版《大典》颁布时共有相关的"机修钳工"等 5 个职业、84 个工种，2008 年新职业评审增加了 2 个职业，到 2015 年版《大典》修订时为 7 个职业，84 个工种，见表 6-32。

表 6-32　　　　　1999 年版《大典》设备通用修理类职业（工种）　　　　单位：个

| 编码及名称 | 职业数量 | 工种数量 | 说明 |
| --- | --- | --- | --- |
| 6-06-01-01 机修钳工 | 1 | 49 | |
| 6-06-02-01 工业自动化仪器仪表与装置修理工 | 1 | 5 | |
| 6-06-02-02 电工仪器仪表修理工 | 1 | | |
| 6-06-02-03 精密仪器仪表修理工 | 1 | 10 | |
| X6-06-99-01 设备点检员 | 1 | | 2008 年新增 |
| X6-06-99-02 带温带压堵漏工 | 1 | | 2008 年新增 |
| 6-07-06-05 维修电工 | 1 | 20 | |
| 合计 | 7 | 84 | |

（2）2015 年版《大典》

2015 年版《大典》修订时，将分散于两个中类的设备通用修理类职业并入"机械设备修理"小类，共计 4 个职业、4 个工种，见表 6-33。

表 6-33　　　　2015 年版《大典》设备通用修理类职业（工种）

| 编码及名称 | 工种名称 | 说明 |
| --- | --- | --- |
| 6-31-01-01 设备点检员 | 机械设备点检员<br>电气设备点检员<br>仪表设备点检员<br>过程控制系统点检员 | |
| 6-31-01-02 机修钳工 | | |
| 6-31-01-03 电工 | | |
| 6-31-01-04 仪器仪表维修工 | | |
| 6-31-01-10 工业机器人系统运维员 | | 2019 年新增 |
| 6-31-01-11 工业视觉系统运维员 | | 2021 年新增 |
| 6-23-03-15 无人机装调检修工 | | 2020 年新增 |
| 6-29-02-16 铁路综合维修工 | | 2020 年新增 |

1）职业变化：一是"仪器仪表修理人员"小类的 3 个职业、13 个工种归合为"仪器仪表维修工"1 个职业；二是 2008 年新职业"带温带压堵漏工"是一种在不停产的状态下封堵管道、容器的新技术，但面窄、人少，更名为"带压封堵工"调入"管道工"下为工种。

2）工种变化："机、电、仪"三个职业下均不设工种，减少了 88 个工种；"设备点检员"增加了 4 个工种。

2019—2020 年新职业评审增加了 4 个职业。

（3）2022 年版《大典》

2022 年版《大典》设备通用修理类职业设置了 5 个职业、13 个工种，详见表 6-34。

表 6-34  2022 年版《大典》设备通用修理职业（工种）

| 职业编码及名称 | 工种名称 |
| --- | --- |
| 6-31-01-01 设备点检员 | 机械设备点检员 |
|  | 电气设备点检员 |
|  | 仪表设备点检员 |
|  | 过程控制系统点检员 |
| 6-31-01-02 机修钳工 | 化工检修钳工 |
|  | 烟机钳工 |
| 6-31-01-03 电工 | 煤矿井下防爆电工 |
|  | 化工检修电工 |
|  | 烟机电工 |
|  | 港机电工 |
| 6-31-01-04 仪器仪表维修工 | 化工仪表维修工 |
| 6-31-01-10 机电设备维修工（新增） | 快递设备运维师 |
|  | 印刷设备维修工 |

增加了"机电设备维修工"1 个职业，下设 2 个工种。

### 4. 设备专用修理类职业变化

设备专用修理类职业大致可分为通信、交通运输、电力及其他、日用设备修理类职业四部分，1999 年版《大典》分布在第三大类、第四大类、第六大类 3 个大类的 10 个中类、16 个小类中，2015 年版和 2022 年版《大典》有所调整，分布在第四大类、第六大类 2 个大类的 8 个中类、16 个小类中。三版《大典》设备专用修理类职业及工种情况见表 6-35。

表 6-35  三版《大典》设备专用修理类职业（工种）

| 项目 | | 通信 | | 交通运输 | | | | | | | | 电力及其他 | | 日用 | | 合计 | |
| --- | --- | --- | --- | --- | --- | --- | --- | --- | --- | --- | --- | --- | --- | --- | --- | --- | --- | --- |
| | | | | 航空 | | 轨道 | | 船舶 | | 道路 | | 小计 | | | | | | |
| | | 职业 | 工种 | 职业 | 工种 | 职业 | 工种 | 职业 | 工种 | 职业 | 工种 | 职业 | 工种 | 职业 | 工种 | 职业 | 工种 | 职业 | 工种 |
| 1999 年版 | 原版 | 7 | 21 | 4 | 44 | 8 | 21 | 1 | 9 | 1 | 17 | 14 | 91 | 18 | 31 | 7 | 11 | 46 | 154 |
| | 含新增 | 6 | 28 | 4 | 44 | 9 | 24 | 1 | 9 | 2 | 17 | 16 | 94 | 23 | 32 | 10 | 11 | 55 | 165 |
| 2015 年版 | 原版 | 7 | 20 | 6 | 38 | 8 | 14 | 1 | 0 | 2 | 6 | 17 | 58 | 11 | 14 | 10 | 12 | 45 | 104 |
| | 含新增 | 7 | 20 | 7 | 38 | 9 | 16 | 1 | 0 | 2 | 7 | 19 | 61 | 13 | 14 | 10 | 12 | 49 | 107 |
| 2022 年版 | | 7 | 20 | 9 | 49 | 10 | 22 | 1 | 0 | 2 | 9 | 22 | 80 | 14 | 31 | 10 | 12 | 53 | 143 |

(1) 通信设备修理类职业

通信设备修理类职业有其独特性，主要体现为电信机务员和线务员，与其他修理类职业的区别表现在三点：一是在于电信设备与一般机电设备的差异；二是与设备安装合设职业；三是由于通信不能中断的，采用值机随时处理故障的作业形式。

1999年版《大典》通信设备修理类职业设置在第三大类"电信通信传输业务人员"小类中。1999年版《大典》颁布后不久，行业就进行了系统调整，减少了1个职业，增加了7个工种。2015年版和2022年版《大典》移到第四大类"信息通信网络维护人员"小类中。

(2) 交通运输设备修理类职业

交通运输设备在《大典》中主要包括航空运输、轨道运输、公路运输、水运船舶设备等（图6-11）。由于其包括"造修合一""装修合一"及独立修理职业等形态，构成复杂且分散。

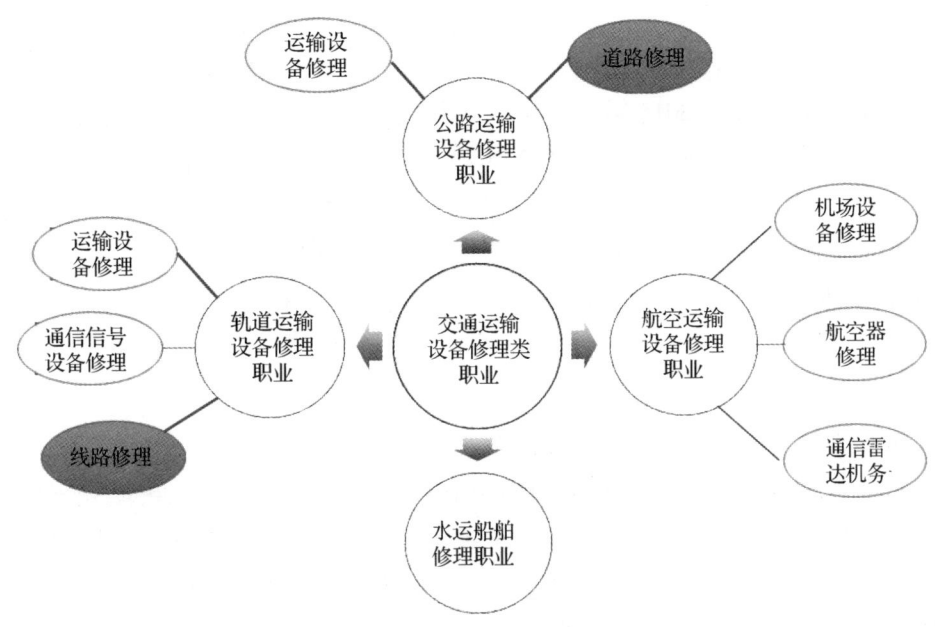

图6-11 交通运输设备修理类职业的构成

1999年版《大典》中的交通运输设备修理类职业分布在第六大类的6-05、6-06和6-24共3个中类里。2015年版和2022年版《大典》将汽车修理类职业划到第四大类"汽车摩托车修理技术服务人员"中，其他职业在"轨道交通运输设备制造人员"及"建筑施工人员""运输设备和通用工程机械操作人员及有关人员"中类里。具体分析如下。

一是轨道运输设备修理类职业主要有铁路和城轨机车、车辆、通信和信号修理等职业（另有轨道线路的修理职业这里没有列入论述）。其中铁路和城轨机车、车辆是"造修合一"，很大程度上因为其具备可以移动开回制造企业的条件，起码大修是可以的；铁路通信和信号修理职业是"装修合一"。20多年来，在原有铁路运输的基础上，加入了城市轨道和高铁动车的职业。1999年版《大典》颁布之后相继增加了"动车组制修师""城市轨道交通检修工"等4个职业，同时也整合了机车和车辆机电修造职业。

二是航空运输设备修理类职业分为三部分：一是飞机等航空器修理职业；二是类似于通信修理职业的航空通信、雷达、气象设备的机务员；三是机场设备修理职业。2015年版《大典》航空器修理的7个职业分布在两个中类中。2022年版《大典》进行了规范，将两部分归合到"船舶和航空器修理人员"小类，共设置了9个职业44个工种，其中增加了"航空发动机修理工"和"航空器外场维护员"两个职业。比较特殊的是2018年新增职业"无人机装调检修工"纳入了"航空产品装配、调试人员"小类中。

三是公路运输设备修理类职业包括汽车和摩托车修理两类职业，1999年版《大典》为"汽车修理工"，2015年版《大典》更名为"汽车维修工"，并将工种"摩托车修理工"改为职业。汽车修理从1999年版《大典》的17个工种整合为2015年版《大典》的7个工种，历年新增的工种包括"汽车玻璃维修工""汽车美容装潢工""二手车整备工""智能汽车维修工""新能源汽车维修工"。

另外，道路修理本节没有列入论述。水运即是船舶的修理，只有一个职业，不细述。

（3）电力及其他设备修理类职业

这类职业包括电力设备修理类职业和其他不好归类的修理职业两部分。

一是电力设备修理类职业。此类职业有较长历史，考虑涉电职业的专业性和安全性要求，1999年版《大典》设置在"电力设备安装、运行、检修及供电人员"中类。这是当时唯一一个将一个行业设备制造、安装、运行、修理等职业设在一个中类的体例，这种设置对于本行业使用比较方便，但对于其他各行业大量使用的运行、修理等通用类职业并不明晰。因此，在2015年版《大典》修订时，按统一的体例将电力设备制造、安装、运行和修理分别放入相应中类里，其中修理类职业分布在"土木工程建筑施工人员""机械设备修理人员"两个小类中，但在职业和工种设置上还有比较明显的传承。

二是其他设备修理类职业。这类职业都是1999年版《大典》颁布后新增的职业或工种，包括"工程机械修理工""制冷空调设备维修工""电池及电池系统维修保养师""工业机器人系统运维员"和"工业视觉系统运维员"5个职业以及"机床维修工""电梯维修工"两个工种,分布在"土木工程建筑施工人员"和"机械设备修理人员"两个小类中。

(4) 日用设备修理类职业

日用设备修理类职业包括日用机电产品和办公设备修理等,1999年版《大典》设在第四大类"日用机电产品维修人员"中。2015年版《大典》将这类职业提升为"修理及制作服务人员"中类,并将汽车修理类职业从第六大类划入,但本节还是把汽车修理类职业列入交通运输设备修理类中分析。

## (二) 2022年版《大典》设备修理类职业分类修订与应用

### 1. 2022年版《大典》设备修理类职业申报和论证

2022年版《大典》修订过程中,修订工作委员会收到各方面申报的设备修理类新职业和工种修订建议共50条,拟新增25个职业和55个工种。2021年10月,修订工作委员会分别召开电力、机械、交通三个与设备修理相关的职业论证会,会上主要就设备修理相关职业的工种如何设置进行了专题论证,形成了以下三点共识。

(1) 职业和工种要反映实际业态

由于涉及几十个行业的设备差异很大,不同设备的修理都有相当的独特技能。如冶金行业,从100多米高的炼铁高炉到能轧制千分之一毫米极薄钢板的冷轧机,设备差异很大,机电修理工作差异不言而喻。尤其是近年来随着自动化、数字化、智能化快速发展,设备水平提高很快,有的产线设备已经达到世界先进水平。一线生产作业人员逐步减少,劳动生产率大幅提高。职业和工种在收缩,这些生产靠什么?主要靠高技术水平设备的稳定运行。这就需要设备修理人员的技能水平和专业化程度高,所以对修理工的要求越来越高,这种情况在"十四五"时期以及今后一段时间内可能越来越明显。

虽然对修理工水平的要求越来越高,但由于目前修理工使用的"机修钳工""电工"和"仪器仪表维修工"三个通用类职业不分设工种,不利于根据工作的差异化培养、提高人员水平。所以,建议在通用类职业下根据不同行业设备情况分别设立工种,如在"机修钳工"下设立印刷设备维修和快递设备运维等工种。

(2) 要合理设立工种

设立工种考虑劳动组织的合理性,要有所控制,系统考虑。解决专业化和效率的矛盾,推荐突出重点设置工种,主要关键技术要求高的修理工作单分工种,如电力行业的"机钳"(汽机钳工),技术水平要求高,比较重要,2015年版《大典》就单独分出来列为工种,其他的设备修理工作使用通用类职业工种。

(3) 名称要相对规范

可以沿用各行业习惯的名称，考虑本行业的内部的统一和平衡，一般不称"×××师"。

### 2. 设备通用修理类职业应用

为如实反映各行业、企业实际业态，方便管理应用，经专家反复论证，遵循统一规范原则，划分了设备通用修理类职业的工种。

三版《大典》设备通用修理类职业对比详见表6-36。

表6-36　　　　　三版《大典》设备通用修理类职业变化　　　　单位：个

| 1999年版《大典》 | | | 2015年版《大典》 | | | 2022年版《大典》 | | |
| --- | --- | --- | --- | --- | --- | --- | --- | --- |
| 职业编码及名称 | 职业 | 工种 | 职业编码及名称 | 职业 | 工种 | 职业编码及名称 | 职业 | 工种 |
| 6-06-01-01 机修钳工 | 1 | 49 | 6-31-01-02 机修钳工 | 1 | | 6-31-01-02 机修钳工 | 1 | 2 |
| 6-07-06-05 维修电工 | 1 | 20 | 6-31-01-03 电工 | | | 6-31-01-03 电工 | 1 | 4 |
| 6-06-02-01 工业自动化仪器仪表与装置修理工 | 1 | 5 | 6-31-01-04 仪器仪表维修工 | 1 | | 6-31-01-04 仪器仪表维修工 | 1 | 1 |
| 6-06-02-02 电工仪器仪表修理工 | 1 | | | | | | | |
| 6-06-02-03 精密仪器仪表修理工 | 1 | 10 | | | | | | |
| X6-06-99-01 设备点检员 | 1 | | 6-31-01-01 设备点检员 | 1 | 4 | 6-31-01-01 设备点检员 | 1 | 4 |
| X6-06-99-02 带温带压堵漏工 | 1 | | | 1 | | | | |
| | | | | | | 6-31-01-10 机电设备维修工 | 1 | 2 |
| 合计 | 7 | 84 | | 4 | 4 | | 5 | 13 |

20多年来，机、电、点检三个职业只是工种的变化，"仪器仪表维修工"合并的幅度比较大。比较特殊的是2022年版《大典》增加了"机电设备维修工"，关于此职业在后面发展趋势中详述。

根据各行业上报的情况，经会议论证通过，各职业下均设置了工种。设置工种主要根据论证会形成的共识，可以作为今后在设备通用修理类职业下设置工种的参考条件，如图6-12所示。

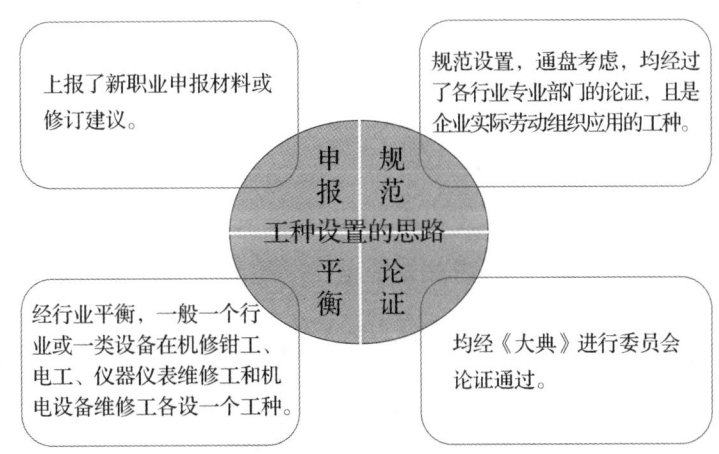

图 6-12　设备通用修理类职业下设置工种思路

## (三) 设备修理类职业发展趋势

设备修理类职业是生产制造职业中技能水平要求较高的职业，曾经是经典的技术工种，一般须经三年学徒方可独立上岗，其工作方式以手工为主，主要是多职业、多工种配合的群体作业，具体工作情况如图 6-13 所示。

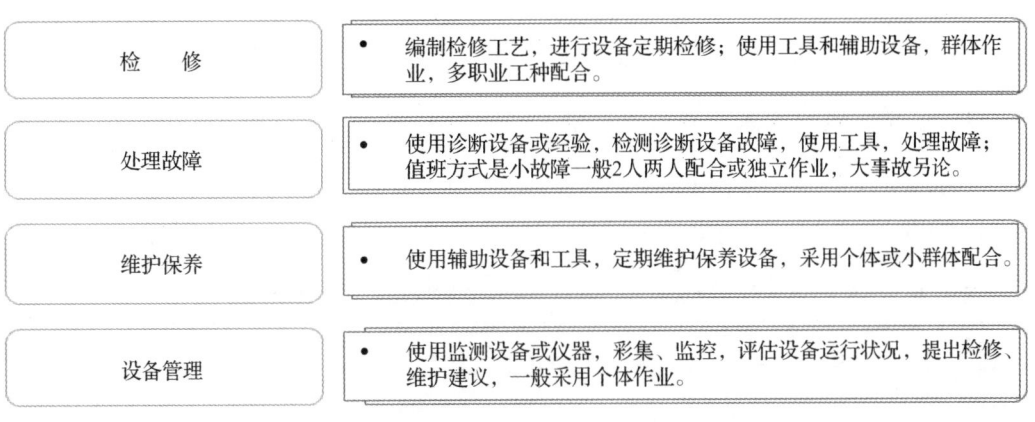

图 6-13　设修理类职业工作任务及作业方式

1999 年版《大典》颁布以来的 20 多年间，共增加了 25 个设备修理类职业，其中 5 个在 2015 年版《大典》修订时变为工种，3 个取消；2022 年版《大典》保留了 17 个职业，保留率近 70%，详见表 6-37。

职业变化的因素大致归纳为对现行职业调整完善、劳动方式变化、新技术和新产业发展 3 个方面，如图 6-14 所示。

表 6-37　1999 年版《大典》颁布以来新增设备修理类职业分析　　单位：个

| 项目 | 职业 | 工种 | 职业增加变化因素 | | |
|---|---|---|---|---|---|
| | | | 对现行职业调整完善 | 劳动方式变化 | 新技术和新产业发展 |
| 合计 | 26 | 38 | 13 | 3 | 10 |

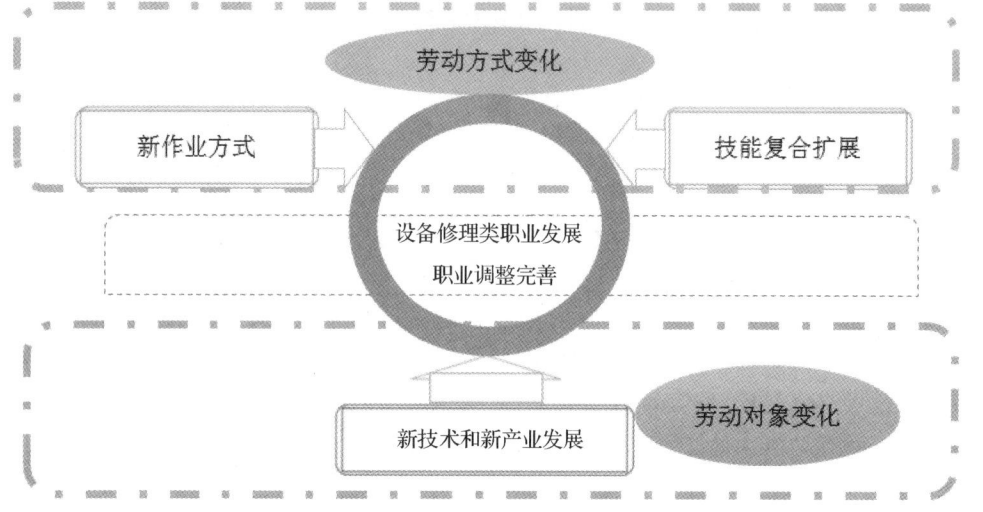

图 6-14　设备修理类职业发展

以下根据新增设备修理类职业特性和 3 种变化因素分别进行分析。

### 1. 对现行职业调整完善

1999 年版《大典》颁布以来，设备修理类新增职业中调整完善《大典》职业体系的 13 个职业，占所有新增职业的 50%，详见表 6-38。

表 6-38　1999 年版《大典》颁布以来调整完善增加设备修理类职业　　单位：个

| 序号 | 职业编码及名称 | 职业 | 工种 | 来源 | 后调为工种 | 说明 |
|---|---|---|---|---|---|---|
| 1 | 4-07-03-06 燃气具安装维修工 | 1 | | 1999 年版新 | | 2015 年版、2022 年版为 4-12-04-05 |
| 2 | 4-07-99-05 锁具修理工 | 1 | | 1999 年版新 | | 2015 年版、2022 年版为 4-12-04-04 |
| 3 | X6-06-01-05 汽车玻璃维修工 | 1 | | 1999 年版新 | 1 | 2015 年版、2022 年版为 4-12-01-01 汽车维修工下工种 |
| 4 | X6-06-01-06 工程机械修理工 | 1 | 9 | 1999 年版新 | | 2015 年版、2022 年版为 6-31-01-09 |

续表

| 序号 | 职业编码及名称 | 职业 | 工种 | 来源 | 后调为工种 | 说明 |
|---|---|---|---|---|---|---|
| 5 | X6-07-04-14 电网调度自动化厂站端调试检修员 | 1 | | 1999年版新 | 1 | 2015年版、2022年版并入其他职业 |
| 6 | X6-07-04-15 电厂化学设备检修工 | 1 | | 1999年版新 | 1 | 2015年版、2022年版并入6-31-01-06 汽轮机和水轮机检修工 |
| 7 | X6-07-04-17 脱硫设备检修工 | 1 | | 1999年版新 | 1 | 2015年版取消，2022年版为锅炉设备检修工下工种 |
| 8 | 4-04-03-01 广播电视天线工 | 1 | 2 | 2015年版增 | | |
| 9 | 6-20-03-01 机床装调维修工 | 1 | 4 | 2015年版增 | | |
| 10 | 6-30-02-06 铁路试验检测设备维修工 | 1 | | 2015年版增 | | |
| 11 | 6-30-03-02 民航机场专用设备机务员 | 1 | | 2015年版增 | | |
| 12 | 6-31-02-04 航空发动机修理工 | 1 | 1 | 2022年版增 | | |
| 13 | 6-31-02-05 航空器外场维护员 | 1 | 6 | 2022年版增 | | |
| | 合计 | 13 | 22 | | 4 | "1999版新""2015版新"为1999年版和2015年版《大典》发布后新增职业；"2015版增""2022版增"为修订时增加 |

表 6-38 中，7 个是 1999 年版《大典》颁布以后新职业评审时产生的职业，4 个是 2015 年版《大典》修订时新增职业，2 个是 2022 年版《大典》修订新增职业。"燃气具安装维修工""锁具修理工"等 4 个职业是对《大典》的拾遗补漏；"航空发动机修理工""工程机械修理工"等 5 个职业是根据发展进行完善；另外 4 个为工作细化设立的职业，后调整为工种。

另外，2015 年版《大典》修订时合并了许多修理职业，一是机车和车辆的机电修造的 4 个职业合并为 2 个；二是电力行业锅炉、汽轮机等 14 个检修职业合并为 5 个。

现行体系范围的业态不是一成不变的，今后业态的变化还会影响许多职业的调整完善。如 2022 年版《大典》修订中，电力和有色金属行业分别提出了增加"电厂筑炉保温工"和"铝电解筑炉工"两个工种的建议，都是"砌筑工"下"窑炉修筑工"工种的范围。但这类工种位置太"微末"，半个修理工种的分量都不到。同时，其对象不是上述的机电设备，而是窑炉的耐火材料砌体，由于耐火砖与一般建筑红砖的性能特点以及砌筑、修理要求的差异,因此对作业人员技术要求也有很大差异,历史上有"白砖瓦工"和"红砖瓦工"之分。

1992年版《工种目录》中有建筑、冶金、建材行业的"筑炉工""炉衬工"和"窑炉瓦工"3个工种,1999年版《大典》将其均归入建筑行业的"砌筑工"内,2015年版《大典》又归合为"窑炉修筑工"工种。现在冶金、建材、化工、机械制造、电力等行业不下几百种炉型,每年使用几千万吨耐火材料,作业人员工作的技能独特性以及队伍的规模不言而喻,有关职业及其分类有待探讨。

### 2. 劳动方式变化影响职业变化

劳动方式变化是职业变化的内因,可以促使设备修理类职业发生变化,促进修理工作提高效率。按目前修理工作的状况,劳动方式变化是促进修理工作产生变革性发展的重要途径。20多年来属于此类变化的职业有"设备点检员""铁路综合维修工""机电设备维修工"3个。

(1)设备点检员——先进管理方式产生新的作业方式

设备点检员是先进管理方式产生新的作业方式,进而产生新职业的经典案例,非常契合"十四五"规划中多次提到要进行"设备预测维护"的管理方式。

"设备点检"在我国起源于宝钢。20世纪80年代初,宝钢引进日本新日铁公司的设备建设我国第一个现代化大型钢铁企业,同时引进了点检定修制等先进管理方法。此制度是一套全员参加的,以预防性点检(检查)取得设备状态信息,把维修工作做到设备发生事故之前的设备管理方式。这项制度改变了传统上不论设备具体情况,到期就按大、中、小修的修程对设备进行检修的方式,可以减少"盲目"修理,提高效率,降低成本。应用点检定修制的核心职业就是设备点检员。我国引进这套管理方法已经30多年了,先在钢铁行业推广,逐步扩展到其他各行业。2008年钢铁行业提出了"设备点检员"新职业申报并经评审通过,2015年版《大典》中"设备点检员"下按"机、电、仪、自"设置了4个工种。

(2)设置技能扩展的复合性职业,以提高效率

"十四五"规划中多次提到"设备维护低效化""提升维护效率"等修理工作的问题。2019年新职业"铁路综合维修工"和2022年版新增的"机电设备维修工"两个技能复合型职业,是改变劳动方式提高修理人员作业效率的重要方法。

1)铁路综合维修工。随着我国高铁的发展,沿铁路线的基础设备设施日趋复杂,对其巡检、维修等工作涉及现有的铁路线桥工、轨道交通信号工等多个职业和工种,如各职业分别进行工作,效率低、用人多。国铁集团2020年申报并经评审通过了"高铁综合维修工"新职业,是改进高铁检、养、修生产组织方式和管理模式,实施铁路

基础设施综合维修一体化的多技能复合职业。2022年版《大典》修订过程中国铁集团提出将该职业名称改为"铁路综合维修工",表明该职业要向普铁推广。

2)机电设备维修工。机电一体化设备修理的职业很早就有提出,2007年曾在南京召开过专题论证会,但由于当时各方面条件不成熟,所以没有定论。2022年版《大典》修订过程中,机械行业根据已经实施机电一体化修理的印刷和快递设备情况,提出设立"机电设备维修工"职业的建议,认为机电一体化是趋势,特别是设备智能化之后,设备的机电紧密联系更强。很多设备复杂程度高、精密度高,除了涉及机和电以外,还有液压、液、光等方面,设备故障很多都是联动故障,很少是单独的机械或电气故障。修理工向复合多种技能的全才发展无疑是提高效率、提高作业人员水平的最有效手段。

据此,经过《大典》修订委员会会议论证,2022年版《大典》列入了"机电设备维修工"。下一步的任务是在该职业中考虑再复合一部分焊工和起重工的基本技能,真正形成"全才"的高技能职业,如图6-15所示。

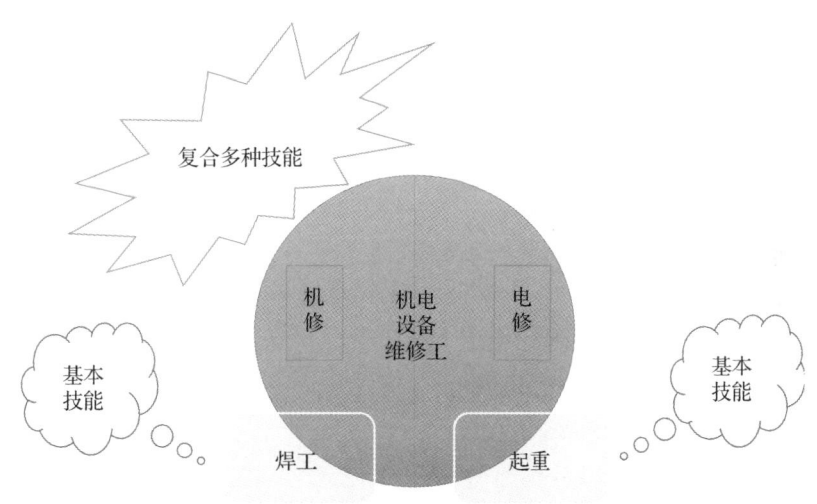

图6-15 机电设备维修工职业发展示意

我国传统的修理职业都是机械设备修理和电气设备修理分设,其主要原因有两点:一是技术方面,机电修理的基础理论和技能差异较大;二是电气设备修理人员需在国家管理部门领取电工特种作业操作证才能作业,这和设备修理的两个紧密配合的职业"焊工"和"起重工"类似。所以,机电一体化修理职业有管理制度上的制约,将这类职业列入《大典》,是考虑到这是提高效率的趋势所在,也是探索如何推动管理制度的创新。

### 3. 新技术和新产业发展推动职业发展

新技术和新产业是职业变化的外因。新技术和新工艺可以提高效率，减少职业和工种；新产业一般会推动职业和工种的增加，具体职业见表6-39。

表 6-39　　　　　新产业推动的新增设备修理类职业　　　　　单位：个

| 序号 | 职业代码及名称 | 职业 | 工种 | 来源 | 变为工种 | 说明 |
|---|---|---|---|---|---|---|
| 1 | 4-12-01-03 电池及电池系统维修保养师 | 1 | 1 | 2022年版增 | | |
| 2 | X6-06-99-02 带温带压堵漏工 | 1 | | 1999年版新 | 1 | 2015年版、2022年版为更名为"带压封堵工"，调入"管道工"下工种 |
| 3 | X6-07-04-16 风力发电运行检修员 | 1 | | 1999年版新 | 1 | 2015年版、2022年版为"发电机检修工"下工种 |
| 4 | 6-07-06-06 城轨接触网检修工 | 1 | | 1999年版新 | 1 | 2015年版、2022年版为"牵引电力线路安装维护工"下工种 |
| 5 | X6-08-05-02 安全防范系统安装维护员 | 1 | | 1999年版新 | | 2015年版、2022年版调入"安全保护服务人员"小类下职业 |
| 6 | 6-23-01-03 动车组制修师 | 1 | 1 | 2015年版增 | | |
| 7 | 6-23-03-15 无人机装调检修工 | 1 | | 2015年版新 | | |
| 8 | 6-29-02-17 城市轨道交通检修工 | 1 | 3 | 2022年版增 | | |
| 9 | 6-31-01-10 工业机器人系统运维员 | 1 | | 2015年版新 | | |
| 10 | 6-31-01-11 工业视觉系统运维员 | 1 | | 2015年版新 | | |
| | 合计 | 10 | 5 | | 3 | |

（1）新技术使"仪器仪表维修工"大幅简化

"仪器仪表维修工"包括仪器仪表和工业自动化装置的修理，是经典的设备修理类职业，历史上其对设备故障的判断和修理技术要求较高。1999年版《大典》曾设置了一个小类及"工业自动化仪器仪表与装置修理工""电工仪器仪表修理工""精密仪器仪表修理工"3个职业并下设13个工种。但随着劳动对象——仪器仪表的微机化、数字化和智能化技术的发展，故障检测技术提高，现场修理主要是更换模块，工作大幅简化。所以，在2015年版《大典》修订时归合为"仪器仪表维修工"1个职业。技术的进步推动劳动对象的改变使作业简化，大幅度地提高效率，进而改变职业，这无疑是最理想的模式。

（2）新产业产生新的劳动对象，增加职业和工种

1）轨道运输设备修理类职业在高铁和城轨两大交通设备发展的强力推动下，从1999年版到2022年版《大典》共增加了4个职业，其中2015年版《大典》新增"动车组制修师""铁路试验检测设备维修工"并纳入新职业"铁路综合维修工"，2022年版《大典》新增"城市轨道交通检修工"（另有2006年新职业"城轨接触网检修工"，后变为工种），比原有8个职业增加了50%。

2）2019年新职业"无人机装调检修工""电池及电池系统维修保养师"的纳入，表现出全新的产业推动产生新职业。

3）"工业机器人系统运维员"和"工业视觉系统运维员"无疑是比较经典的新技术运用产生新的劳动对象，进而产生新职业。需要说明的是，近几年原来主要应用于汽车制造产线的机器人发展迅猛，按机械工业联合会2021年的行业报告，机器人应用已覆盖国民经济130多个行业中类，所以在2022年版《大典》修订过程中，无法将其归于某一个行业，而是将其单独列为"工业机器人操作运维人员"小类。

### 4. 设备修理类职业的专而精（效率）——工匠和技能复合

"大国工匠"如何产生？肯定是既要专又要精，其中的"专"就是"专业化"，在专业化的基础上才能精深钻研。所以，要想"大国工匠"人才辈出，必须铺好专业化的职业发展通道。在《大典》修订过程中，曾将许多细分的职业和工种进行了归合，这表面上是与专业化相矛盾，其实是由专业化的尺度所决定的，因为需要有"专业"的基础才能确立专业化职业或工种。如将普通皮带机，破碎、筛分、球磨、制水、烟气处理等设备，以及水泵等大部分行业和产线都有的通用设备规范为本行业的专业化职业或工种就走入了误区。所以，专业化应该是将那些专业性、技术性很强的关键重点工作规范为独立的职业或工种，其他一般设备修理工作可以使用通用设备修理类职业或工种。

职业和工种的专业化带来的表象问题是职业范围变窄，影响人员社会化流动。但就设备修理这千万级从业岗位量的"饭碗"，有足够大的容量和需求，好像没必要再扩大到大几千万人从业岗位量。"泛"化职业或工种范围，如让修理工"费劲巴力"去学习那离修理工作"十万八千里"的设备是怎么制造的、怎么装配的，显然没有太多实

际意义（设备修理类职业工作范围，如图6-16所示）。修理工有长期稳定的需求和足够的容量，转行设备制造行业工作的可能很小。对于在一个企业或岗位工作的修理工来说，社会和企业需要他的最佳状态就是将其修理工作干好干精。

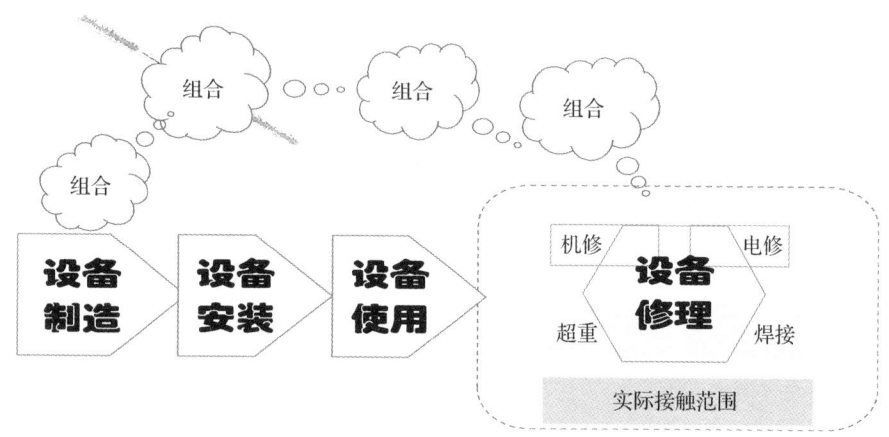

图6-16 设备修理类职业工作范围示意图

干好干精修理工作，就要提高效率，应该在能接触的修理工作范围去扩展其技术技能——技能复合，大部分修理工作必须综合机修、电修、焊接、起重等技能和职业才能完成，这些技能复合在一个修理工身上，效率必将大幅提高，也可以成为劳动者求职的"敲门金砖"。因此，要引导和创造条件让修理工都"复合"其在现实工作中马上就能使用的相应技能。

当然，同一设备的装配和修理有其相同的知识和技能，拓展学习无可厚非，但实际工作也有相当的差异。相对于"白丁"来说，职业或工种的转换容易一些，而培养一个修理或装配职业的人员，社会和个人都要耗费相当的时间和精力。因此，引导大家在本类职业方向从业可节约大量的社会成本。

### 5. 其他参与设备修理类职业发展

工业和信息化部印发的《"十四五"信息化和工业化深度融合发展规划》中提出，推动工业企业产品供应和服务链条的数字化升级，从原有制造业务向价值链两端高附加值环节延伸，发展设备健康管理和产品远程运维，实现从单纯出售产品向出售"产品+服务"转变。鼓励工业领域工程服务商深化数字仿真、制造信息建模等新技术应用，提升工厂建设和运维的数字化水平，实现从交钥匙工程向"工程建设+运维服务"转变。

这种延伸发展很大程度将进一步推动其他职业进入修理工作。一台设备"一生"的链条很长，不谈前面的材料生产，从进入制造过程，围绕设备工作的一般可分为四部分。可以说第六大类职业都与设备有关（图6-17）。

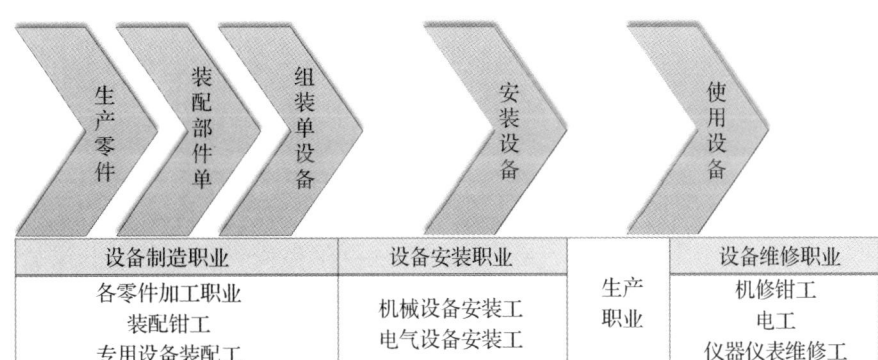

图 6-17　第六大类职业与设备相关示意

传统上修理设备的主体是设备修理类职业，但随着市场的推动，一是设备修理类职业的作业形式发生了改变；二是其他职业也都或多或少地介入了设备修理工作。这都在推动职业变化。

（1）设备生产厂家延伸服务——修理工作产生新职业

设备生产厂家应市场的需求实行"三包"，修理自己的产品，促使厂家必须建立修理队伍或委托、外协，催生了独立的家电维修工职业。如家电修理工作，家电是居民生活的必备用品，居民很少具备自己修理的能力，只能依靠生产厂家或专业的修理企业维修，可是厂家的修理工作往往只局限在自产的某种或某一类设备。

这种修理工往往又和设备装调工作相关，所以，一些设备装调和修理同为一个职业，但这种情况主要有管理和市场两方面因素影响，例如，由于铁路系统的体制和设备特性，其职业传统上就是修造一体；而1999年版《大典》后的新职业"电梯安装维修工"则与管理因素有关，因为电梯安装维修企业和人员都要有国家认可的资质。另外"机床装调维修工"和"制冷空调系统安装维修工"则应市场因素而生。这种延伸服务的模式有一定条件制约，也不失为一种重要的发展方向。

（2）设备安装队伍延伸服务——大量进入修理行业

设备安装队伍属于建筑行业，一条生产线厂房的土木建筑由砌筑工一类的土建职业完成后，要把设备安装到生产线上，这就是设备安装工的工作。从古至今，如交建、电建、冶建、铁建（铁道兵）等各行业的基建企业中都有设备安装队伍。

安装工作的主要是机械设备安装工和电气设备安装工两个职业。在设备安装完成后到调试、投产，安装工要一直保驾护航到生产顺行，这期间设备试运行中的故障处理、修理自然都由安装工负责。

由于安装企业是专业化队伍，人员较多且职业工种齐全。在生产企业自身修理能力不足的情况下，比较大的设备检修，也需要使用安装队伍来参与检修。

在生产设备投产初期，由于安装工对自己安装的设备熟悉，许多设备使用企业就会使用安装企业来进行设备修理，当设备规模比较大或应生产企业要求，许多安装企业就要以设置项目部等形式常驻在某一企业从事修理工作，久而久之，这些人员就成为实质上的"修理工"。

综上，介入设备修理工作最深的是设备安装工。但设备安装类职业和设备修理类职业不可以归合。原因有二：一是修理工介入某一类或本企业范围的设备修理工作最深，安装工作虽然是同样的生产线，到生产时都有特有的"毛病"，这个只有长期在这里从事工作的人才能发现，如有的修理工仅听声音就能判断设备问题，能及时处理和保障正常运行；二是修理工要成为安装工，需要一个相当的适应和培训过程。

（3）焊工和起重工

说到设备修理工作，不得不提"焊工"和"起重工"两个职业，他们都是修理工作必不可少的职业，几乎每一项修理工作都涉及设备焊接、气割和搬运、吊装。所以，一个能独立作业的修理单元，一定有"焊工"和"起重工"。

之所以两职业没有纳入修理职业进行通盘论述，是因为焊工和起重工不仅参与修理工作，在设备制造、运输搬运、建筑安装等行业里也是重要职业。所以它们是真正意义上的"通用职业"，也是传统的"技术工种"，都要经历2~3年学徒期才能独立作业。同时，这两个职业必须要有特种作业证才能工作。

1）焊工设置在2022年版《大典》中设备制造类别里，下设电焊工、气焊工、钎焊工、焊接设备操作工和锅炉（承压）设备焊工5个工种。一般参与设备修理工作是电焊工和气焊工，设备金属件不可拆连接的主要方式是焊接和铆接（涉及铆工）。同时，设备拆除中大量应用到气割。涉及承受压力较大的设备需要锅炉（承压）设备焊工，此工种也叫高压焊工，从其名称可以看出，主要在发电锅炉设备的建造和修理上，是最体现焊工技术水平的工作。实际作业中，钳工一般也会简单的焊接作业，许多钳工、电工也都有焊工特种作业证。

2）起重工在2022年版《大典》的通用工程机械操作人员类别中。通常的设备修理作业中，稍大一点的物件都不是人力所能移动的，必须有起重工配合才能进行。在指挥桥式吊车的作业中，也将其称为指吊工、钩工、天车起重等。起重工技术技能含量很高，例如，这两年经常在节目中看到几千吨预装立交桥就位的作业，指挥大型物件、多设备、多人配合的起吊作业的"总指挥"肯定是有多年实践经验的"老起重"；另外在没有吊车的复杂环境中，只使用滑轮组（倒链）、索具和桅杆等工具进行起重作业等。

修理作业中焊工和起重工是配合工种,效率不高。所以,前面提到的机电设备维修工这种复合职业是否可以将焊工和起重工的一般技能"复合"进去以提高效率,有待实践。

## 二、检验类职业

《大典》中检验类职业主要分为生产制造过程检验、社会化第三方检测和医学检测等领域,生产制造过程的检验在 2022 年版《大典》中,划分于检验试验人员小类中;社会化第三方检测职业分布在检验、检测和计量服务人员中;医学检验类职业在医疗卫生技术人员中。由于医学检验不是制造业的范围,单成体系,这里不做阐述。本节主要围绕前两类进行分析。

### (一)《大典》检验类职业概述

#### 1. 1999 年版《大典》检验类职业分类

1999 年版《大典》检验类职业主要归类在检验、计量人员中类中,共计 43 个职业、303 个工种。其中纳入了 1992 年版《工种目录》的 292 个工种,后期修订时增加 11 个工种,详见表 6-40。

表 6-40　　　　1999 年版《大典》检验类职业统计　　　　单位:个

| 小类编码和名称 | 职业 | 工种 |
| --- | --- | --- |
| 6-26-01 检验人员 | 36 | 279 |
| 6-26-02 航空产品检验人员 | 7 | 24 |
| 合计 | 43 | 303 |

1999 年版《大典》颁布后,2003—2008 年新职业评审增加了 9 个职业,2015 年版《大典》修订时共有 52 个职业和 303 个工种。

#### 2. 2015 年版《大典》检验类职业分类

2015 年版《大典》修订将检验人员职业划分为两部分,共设置了 10 个职业、10 个工种。一是把社会化第三方检验等服务性质的相关职业划入《大典》第四大类,在检验、检测和计量服务人员小类设置了 5 个职业、10 个工种。之后在 2019 年增加了电气电子产品环保检测员,详见表 6-41。

表 6-41　　　　　2015 年版《大典》检验、试验职业一览表　　　　单位：个

| 职业代码及名称 | 工种 | 职业代码及名称 | 工种 |
|---|---|---|---|
| 4-08-05 检验、检测和计量服务人员 | 10 | 6-31-03 检验试验人员 | 0 |
| 4-08-05-01 农产品食品检验员 | 3 | 6-31-03-01 化学检验员 | 0 |
| 4-08-05-02 纤维检验员 | 0 | 6-31-03-02 物理性能检验员 | 0 |
| 4-08-05-03 贵金属首饰与宝玉石检测员 | 3 | 6-31-03-03 生化检验员 | 0 |
| 4-08-05-04 药物检验员 | 4 | 6-31-03-04 无损检测员 | 0 |
| 4-08-05-05 机动车检测工 | 0 | 6-31-03-05 质检员 | 0 |
| 4-08-05-07 电气电子产品环保检测员（2019 年版《大典》新增） | 0 | | |

二是将生产制造范围的检验类职业保留在第六大类检验试验人员中，2015 年版《大典》修订，质检行业主管部门和国家职业分类大典修订专家经多次论证，在 5 个通用检验类职业下不列工种。

### 3. 2022 年版《大典》检验类职业分类

2022 年版《大典》修订，各行业提出拟新增检验类 18 个职业和 32 个工种的建议。针对各方建议，经 2021 年 10 月召开的知识产权、检验检测、市场监管相关职业论证会论证，形成以下一致意见：一是第三方检测相关职业，通过交通行业申报的公路水运工程试验检测员和住建行业申报的建设工程质量检测员两个职业，同时，调整 2019 年新增的电气电子产品环保检测员职业为电子电气产品检验员，下设 4 个工种；二是针对生产制造检验类职业和工种分类，因各类产品检测手段、方式、指标以及作业人员的技术要求差异较大，需依差异性设置工种。最终增加了第四大类第三方检测职业 2 个，第六大类生产制造检验 5 个职业下 17 个工种。

### （二）生产制造过程中检验类职业和工种分类应用

生产制造过程中，主要有原材料、中间产品和成品的检验，按其特点、技能和作业方式，一般使用化学检验员、物理性能检验员和质检员三个通用职业。主要工作任务和作业方式如图 6-18 所示。

按《大典》相关会议论证的结果和《大典》评审专家的建议，为反映企业实际情况和方便使用，各行业可以在生产制造检验职业下设置工种，旨在体现不同类别产品检验的差异化，设置工种的要点如图 6-19 所示。

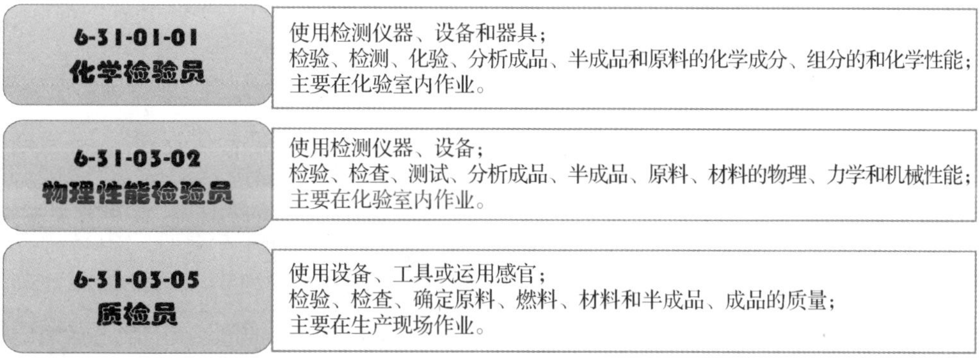

| 6-31-01-01 化学检验员 | 使用检测仪器、设备和器具；<br>检验、检测、化验、分析成品、半成品和原料的化学成分、组分的和化学性能；<br>主要在化验室内作业。 |
| --- | --- |
| 6-31-03-02 物理性能检验员 | 使用检测仪器、设备；<br>检验、检查、测试、分析成品、半成品、原料、材料的物理、力学和机械性能；<br>主要在化验室内作业。 |
| 6-31-03-05 质检员 | 使用设备、工具或运用感官；<br>检验、检查、确定原料、燃料、材料和半成品、成品的质量；<br>主要在生产现场作业。 |

图 6-18　通用检验职业主要工作和作业方式

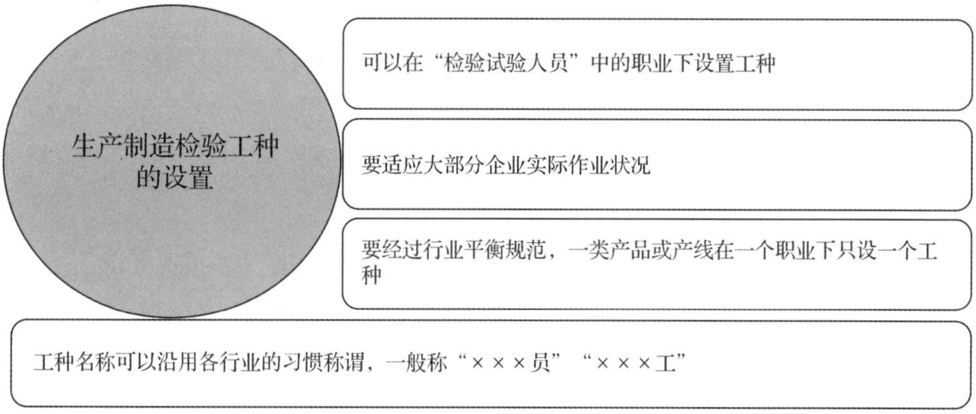

生产制造检验工种的设置：
- 可以在"检验试验人员"中的职业下设置工种
- 要适应大部分企业实际作业状况
- 要经过行业平衡规范，一类产品或产线在一个职业下只设一个工种
- 工种名称可以沿用各行业的习惯称谓，一般称"×××员""×××工"

图 6-19　生产制造企业检验工种设置要点

## （三）检验类职业发展趋势

### 1. 认证服务社会化

社会化第三方检验类职业经过近 20 年发展，现已具有相当规模。截至 2021 年年底，我国共有检验检测机构 51 949 家，其中企业制检验检测机构 38 046 家，占机构总量的 73.24%；全年实现营业收入 4 090.22 亿元；从业人员 151.03 万人；共拥有各类仪器设备 900.32 万台套；2021 年共出具检验检测报告 6.84 亿份，平均每天对社会出具各类报告 187.31 万份。

按国家市场监督管理总局 2021 年公布的 800 多个国家级检测机构情况统计，现分布在 2022 年版《大典》的检验、检测和计量服务人员中的 8 个职业只能覆盖约 1/3 的范围。按照"十四五"规划提出的"推进检验检测认证机构市场化改革，支持第三方检测认证服务发展，培育新型服务市场"的目标，今后第三方检测应具有较大发展。

### 2. 检验技术现代化

从未来发展看，根据国务院发布的《"十四五"市场监管现代化规划》，检验现代化要重点攻克快速检测、智能检测、在线检测、云检测等急需关键技术，研发常态防范、高场景适应性和先进智能化技术及装备，建立智能化检测平台，促进云计算、大数据、物联网、人工智能、区块链等前沿科技与检验检测的有机融合。检测技术和手段的数字化、智能化今后必将推进检验类职业和工种的发展。例如，机器视觉是近年发展迅速的新技术。人力资源社会保障部2021年3月发布了基于工业视觉系统的运维工作的工业视觉系统运维员新职业。2022年版《大典》修订中，已有提出3D视觉检测员新职业的建议。机器视觉技术是检测手段的一种发展方向，相比人工视觉检测效率高、速度快、准确、可靠、不易疲劳，比较明显的可替代质检员大量的人工检验工作，该技术应用于检验检测领域的趋势越来越明显。

# 第七章 服务业职业发展

## 第一节 生产性服务业职业发展

生产性服务业是指为保持工业生产过程的连续性，促进工业技术进步、产业升级和提高生产效率而提供保障服务的服务行业，是现代服务业的重要组成部分。它是伴随着西方"工厂制度"的确立而从企业内部生产服务部门分离和独立发展起来的，直接或间接为工业生产过程提供中间服务的产业部门，服务对象主要是生产经营主体而非直接面向产品消费者。

生产性服务业涉及农业、工业等产业的多个环节，具有专业性强、创新活跃、产业融合度高、带动作用显著等特点，是全球产业的战略制高点。生产性服务业通常依附于制造业企业而存在，贯穿于企业生产的上游、中游和下游诸环节中，以人力资本和知识资本作为主要投入品，把日益专业化的人力资本和知识资本引进制造业，是第二、第三产业加速融合的关键环节。按照国家统计局发布的《生产性服务业统计分类（2019）》，生产性服务包括为生产活动提供的研发设计与其他技术服务，货物运输、通用航空生产、仓储和邮政快递服务，信息服务，金融服务，节能与环保服务，生产性租赁服务，商务服务，人力资源管理与职业教育培训服务，批发与贸易经纪代理服务，生产性支持服务。

2014 年国务院印发《关于加快发展生产性服务业促进产业结构调整升级的指导意见》，提出生产性服务业的发展重点是研发设计、第三方物流、融资租赁、信息技术服务、节能环保服务、检验检测认证、电子商务、商务咨询、服务外包、售后服务、人力资源服务和品牌建设。

职业结构依赖于产业结构，职业分类随产业发展而演进。与生产性服务业相关的职业类别分布于专业技术人员和社会生产服务和生活服务人员两大类，其中前者是从事商品科学研究和专业技术工作的人员，主要包括从事与生产活动有关的自然科学、经济学、法学、教育学、管理学等领域研究的专业人员；后者是从事商品批发零售、交通运输、仓储、邮政和快递、住宿和餐饮、信息传输、软件和信息技术以及金融、房地产、租赁和商务、技术辅助生态保护、文化、体育和娱乐等社会生产服务与生活服务工作的人员。《中华人民共和国国民经济和社会发展第十四个五年规划和 2035 年远景目标纲要》（以下简称《远景目标纲要》）提出"推动生产性服务业融合化发展"的战略部署，即以服务制造业高质量发展为导向，推动生产性服务业向专业化和价值链高端延伸，并提出了今后一个时期生产性服务业发展的"三个聚焦"，即聚焦提高产业创新力，加快发展研发设计、工业设计、商务咨询、检验检测认证等服务；聚焦提高要素配置效率，推动供应链金融、信息数据、人力资源等服务创新发展；聚焦增强全产业链优势，提高现代物流、采购分销、生产控制、运营管理、售后服务等发展水平。本节内容主要从这个三方面入手，论述生产性服务业职业发展情况。

## 一、提高产业创新力与职业发展的特征与趋势

加快发展研发设计、工业设计、商务咨询、检验检测认证等生产性服务业，有助于提升产业创新力。2021年国家发展改革委等相关主管部门印发的《关于加快推动制造服务业高质量发展的意见》提出，要发展研究开发、技术转移、创业孵化、知识产权、科技咨询等科技服务业，提升商务咨询专业化、数字化水平，加快工业设计创新发展，提升制造业设计能力和水平，推动中国制造向中国创造转变，以此作为提升制造业创新能力的重要举措。这一重要战略部署和要求，势必对生产性服务业职业发展带来影响：一方面，科技创新的新要求对原有职业的工作内容和人员知识技能提出新要求，需要随着产业发展进行更新调整；另一方面，新技术、新工艺势必推动新职业产生。

### （一）研发设计类职业发展

研发设计是指为了增加知识（包括有关自然、工程、人类、文化和社会的知识），以及运用这些知识创造新的应用，所进行的系统性、创造性的活动；这类活动包括对新发现、新理论的研究，新技术、新产品、新工艺的研制与试验发展，以及基础研究、应用研究和试验发展。

研发设计服务业是随着技术水平的不断提高和专业化分工的不断加深而衍生、演进、分化、独立出来的新型服务业态，以知识的生产、应用和传播为主要特征，具有高技术、高人力资本和高附加值等特征。研发设计服务业多处于产业链前端，又位居价值链高端，其发展不仅能够凝聚科技创新资源，加快科技成果转化，提高产业创新能力，而且能够改变服务业内部结构，带动制造业的提升，对优化产业结构、提升国家或城市竞争力等具有积极意义。早在2011年12月发布的《国务院办公厅关于加快发展高技术服务业的指导意见》将研发设计服务列入高技术服务，2018年4月国家统计局发布的《高技术产业（服务业）分类（2018）》也将研发与设计服务列入其中。

按照《生产性服务业统计分类（2019）》，研发与设计服务包括生产性自然科学研究和试验发展、工程和技术研究和试验发展、农业科学研究和试验发展、生产性医学研究和试验发展、工业设计服务、专业设计服务共 6 个行业分类，从各行业对应的研发设计类职业看，横跨专业技术人员和社会生产服务人员，详见表 7-1。

表 7-1　　　　　　　　研发与设计服务业统计分类与对应职业

| 行业代码 | 研发与设计服务 | | 对应职业 |
| --- | --- | --- | --- |
| 0111 | 生产性自然科学研究和试验发展 | 指直接应用于生产活动的数学研究、信息科学与系统科学、化学、生物学等科学研究服务 | 2-01-06-01 数学研究人员<br>2-01-06-02 物理学研究人员<br>2-01-06-03 化学研究人员<br>2-01-06-05 生物学研究人员 |
| 0112 | 工程和技术研究和试验发展 | 指工程和技术基础科学研究、测绘科学技术研究、材料科学研究、冶金工程技术研究、机械工程研究等工程和技术研究，新材料研发、新产品开发、新工艺研发等包含在此类 | 2-02 工程技术人员 |
| 0113 | 农业科学研究和试验发展 | 指农学研究，林学研究，畜牧、兽医研究，水产学研究及其他农业科学研究与试验发展 | 2-01-07 农业科学研究人员 |
| 0114 | 生产性医学研究和试验发展 | 指直接用于生产活动的医学、药学、中医学与中药学、运动医学等研究与试验发展 | 2-01-08-00 医学研究人员 |
| 0115 | 工业设计服务 | 指独立于生产企业的工业产品和生产工艺设计；不包括工业产品生产环境设计、产品传播设计、产品设计管理等活动 | 2-02-34 工业（产品）设计工程技术人员<br>2-02-34-01 产品设计工程技术人员<br>2-02-34-02 工业设计工程技术人员 |
| 0116 | 专业设计服务 | 指除工程设计、软件设计、集成电路设计、工业设计以外的各种专业设计服务 | 4-08-08 专业化设计服务人员 |

资料来源：国家统计局《生产性服务业统计分类（2019）》《中华人民共和国职业分类大典（2022 年版）》。

从表 7-1 可以看出，研发类职业主要集中于专业技术人员，以科学研究人员和工程技术人员为主。在 2022 年版《中华人民共和国职业分类大典》（以下简称《大典》）中，生产性自然科学研究人员主要包括数学研究人员、物理学研究人员、化学研究人员、生物学研究人员。如其中的化学研究人员主要是从事有机化学、无机化学、物理化学、分析化学、生物化学、核化学、化学物理学、高分子化学、药物化学、化学工程学等理论研究与应用研究的专业人员。该职业的主要工作任务有两项：一是研究物质的构成、性质、相互作用及其对光、热、压力等因素变化的反应；二是应用已知的化学原理、方法和技术，开发新产品和新生产方法。

工程和技术研究和试验发展的主要从事职业是工程技术人员，2022年版《大典》共有39个职业小类、217个职业，分别比2015年版《大典》增加1个小类和22个职业，见表7-2。

表7-2　　　　2022年版《大典》工程技术人员职业数量

| 编码 | 职业小类 | 职业数量/个 | 与2015年版《大典》相比调整情况 |
|---|---|---|---|
| 2-02-01 | 地质勘探工程技术人员 | 5 | |
| 2-02-02 | 测绘和地理信息工程技术人员 | 9 | |
| 2-02-03 | 矿山工程技术人员 | 5 | |
| 2-02-04 | 石油天然气工程技术人员 | 2 | |
| 2-02-05 | 冶金工程技术人员 | 9 | 新增稀土工程技术人员（2-02-05-09） |
| 2-02-06 | 化工工程技术人员 | 3 | |
| 2-02-07 | 机械工程技术人员 | 13 | 新增铸造工程技术人员（2-02-07-13） |
| 2-02-08 | 航空工程技术人员 | 8 | |
| 2-02-09 | 电子工程技术人员 | 5 | 集成电路工程技术人员等新职业调整至数字技术工程技术人员小类 |
| 2-02-10 | 信息和通信工程技术人员 | 8 | |
| 2-02-11 | 电气工程技术人员 | 3 | |
| 2-02-12 | 电力工程技术人员 | 5 | |
| 2-02-13 | 邮政和快递工程技术人员 | 2 | |
| 2-02-14 | 广播电影电视及演艺设备工程技术人员 | 4 | |
| 2-02-15 | 道路和水上运输工程技术人员 | 9 | 新增公路养护工程技术人员（2-02-15-09） |
| 2-02-16 | 民用航空工程技术人员 | 4 | 新增民航飞行签派工程技术人员（2-02-16-04） |
| 2-02-17 | 铁道工程技术人员 | 6 | |
| 2-02-18 | 建筑工程技术人员 | 13 | 城乡规划工程技术人员调整至国土空间规划与生态修复工程技术人员小类；道航空航天与桥梁工程技术人员改名为道路与桥隧工程技术人员 |
| 2-02-19 | 建材工程技术人员 | 4 | 新增混凝土工程技术人员（2-02-19-04） |

续表

| 编码 | 职业小类 | 职业数量/个 | 与2015年版《大典》相比调整情况 |
|---|---|---|---|
| 2-02-20 | 林草工程技术人员 | 12 | 新增湿地保护修复工程技术人员（2-02-20-12） |
| 2-02-21 | 水利工程技术人员 | 5 | 水资源工程技术人员改名为水文水资源工程技术人员；新增节水工程技术人员（2-02-21-05） |
| 2-02-22 | 海洋工程技术人员 | 6 | |
| 2-02-23 | 纺织服装工程技术人员 | 5 | |
| 2-02-24 | 食品工程技术人员 | 1 | |
| 2-02-25 | 气象工程技术人员 | 6 | |
| 2-02-26 | 地震工程技术人员 | 3 | |
| 2-02-27 | 环境保护工程技术人员 | 7 | 新增碳管理工程技术人员（2-02-27-07） |
| 2-02-28 | 安全工程技术人员 | 6 | |
| 2-02-29 | 标准化、计量、质量和认证认可工程技术人员 | 5 | |
| 2-02-30 | 管理（工业）工程技术人员 | 11 | 新增供应链工程技术人员（2-02-30-11） |
| 2-02-31 | 检验检疫工程技术人员 | 6 | |
| 2-02-32 | 制药工程技术人员 | 1 | |
| 2-02-33 | 印刷复制工程技术人员 | 1 | |
| 2-02-34 | 工业（产品）设计工程技术人员 | 2 | |
| 2-02-35 | 康复辅具工程技术人员 | 3 | |
| 2-02-36 | 轻工工程技术人员 | 5 | |
| 2-02-37 | 国土空间规划与生态修复工程技术人员 | 2 | 将职业小类名称由土地整治工程技术人员改为国土空间规划与生态修复工程技术人员；细类调整为土地整治与生态修复工程技术人员（2-02-37-01）、城乡规划工程技术人员（2-02-37-02） |
| 2-02-38 | 数字技术工程技术人员 | 13 | 增加新小类，新增密码工程技术人员等职业，整合部分已有职业（含第五批新职业） |
| 2-02-99 | 其他工程技术人员 | | |

## (二) 工业设计与专业设计类职业发展

### 1. 工业设计职业发展

设计能力是一个国家创造力的重要组成部分，更是彰显技术创新水平与提升企业竞争力的战略工具。作为制造业体系中的一个环节，工业设计主要以产品设计为核心，解决企业及用户需求等实际问题，具有高知识性、高创新性、高附加值等特征，是展现一个企业创新能力和综合实力的重要标志。

与传统制造业相比，工业设计行业是典型的创新密集型产业，但是与技术领域的创新不同，工业设计具有低投入、高回报、风险小等特点，并且对于帮助企业提升产品价值有着重要作用。工业设计行业在消耗较少物质资源的情况下，能够具有较好的成长性与效益增长空间。随着我国人力成本和资源成本的上升，这种比较优势将逐渐消失，中国制造只有向中国创造转型才能走得更长远，而这种转型，提升工业设计水平是关键。

2021年12月，工业和信息化部会同十八部门联合发布了《"十四五"促进中小企业发展规划》，明确将"推动工业设计赋能中小企业"作为重点工程，提出要支持设立工业设计工作室，培育一批中小型工业设计机构，发挥国家级工业设计中心、国家工业设计研究院等工业设计机构作用，提升工业设计服务能力和水平，为中小企业提供覆盖全生命周期的系统性工业设计服务。另外还提出，要推动中小企业工业设计由外观造型设计向功能化设计发展，工业设计创新范围由产品设计向新材料新工艺设计、创新结构设计、品牌设计、服务设计拓展，引导中小企业将工业设计理念贯穿到研发、生产、管理、营销、售后的全过程，提升企业品牌美誉度以及产品和服务附加值。这些举措为工业设计服务业提供良好的发展机遇，为工业设计类职业人才培养提出新要求。

在2022年版《大典》中，工业设计类职业主要是专业技术人员的工业（产品）设计工程技术人员，包括产品设计工程技术人员和工业设计工程技术人员，并在专业化设计服务人员小类中新增工业设计工艺师职业，详见表7-3~表7-5。

表7-3　　　　　　　　　　产品设计工程技术人员

| 职业名称与编码 | 产品设计工程技术人员（2-02-34-01） |
| --- | --- |
| 职业定义 | 在制造业、旅游业、服务业、文化产业等领域，从事产品创意设计、造型艺术设计、服务设计及咨询服务的工程技术人员 |

续表

| 职业名称与编码 | 产品设计工程技术人员（2-02-34-01） |
|---|---|
| 主要工作任务 | 1. 构思设计概念，确定设计方向及设计方案，并指导实施；<br>2. 根据地域特点，制订产品整体规划与设计方案，并指导实施；<br>3. 应用美学基础，提供符合大众审美和生产需求的产品艺术造型；<br>4. 提供制造业企业产品定位、产品线布局、产品营销等咨询服务；<br>5. 以消费者为中心，提供人性化设计服务 |

表 7-4  工业设计工程技术人员

| 职业名称与编码 | 工业设计工程技术人员（2-02-34-02） |
|---|---|
| 职业定义 | 从事研究设计对象的功能、结构、形态及包装等工业设计技术、设计及产业化方案，设计技术实现路径的工程技术人员 |
| 主要工作任务 | 1. 研究科技和社会、经济、文化、美学等应用于对象的功能、结构、形态及包装设计的技术方法；<br>2. 运用人机工程学、设计心理学、美学等知识和技术，设计产品、环境设施、视觉传达、展示与陈设的技术路径和程序；<br>3. 进行产品工程技术的合理性转化，提供设计原型的工程设计解决方案，进行技术功能、性能、安全实验等；<br>4. 进行使用者的身、心良好亲和性与匹配的人机交互技术验证；<br>5. 指导设计人员应用工业设计技术，审查设计方案和项目 |

表 7-5  工业设计工艺师

| 职业名称与编码 | 工业设计工艺师（4-08-08-26） |
|---|---|
| 职业定义 | 运用工业设计技术，从事产品、系统、服务等方面设计的人员 |
| 主要工作任务 | 1. 调研、分析产品或服务等设计对象的功能、结构、形态及视觉感官的技术需要；<br>2. 运用工业设计技术和技术路径，提出产品或服务概念等对象的设计可行性及实施方式方法；<br>3. 构画并向客户呈现产品或服务设计方案，制作产品或服务设计原型，征询客户意见并进行改进优化；<br>4. 进行设计原型验证测试与评估；<br>5. 提供产品或服务全生命周期的设计管理、咨询和服务 |

## 2. 专业设计类职业发展

专业设计服务是指除工程设计、软件设计、集成电路设计、工业设计以外的各种专业设计服务，包括时装设计服务、包装装潢设计服务、多媒体设计服务、动漫及衍生产品设计服务、饰物装饰设计服务、舞台美术设计服务、美术图案设计服务、展台设计服务、模型设计服务、体育产品设计服务、体育相关的活动和服务设计以及其他专业设计服务，并将体现交互式创意设计、虚拟化文化创意设计、数字化文化创意设计、网络化文艺创作设计、网络化文化创意设计纳入其中。

专业设计服务与产业融合发展是培育产业竞争力的重大举措,加快实现由中国制造向中国创造转变的内在要求,促进产品和服务创新、催生新兴业态的重要途径。《国务院关于推进文化创意和设计服务与相关产业融合发展的若干意见》提出,要着力推进专业设计服务与装备制造业、消费品工业、建筑业、信息业、旅游业、农业和体育产业等重点领域融合发展。

2022年版《大典》的专业化设计服务人员职业主要包括花艺环境设计师等29个职业和1个工种,与2015年版《大典》相比,根据服务行业发展需要修订了会展设计师、建筑幕墙设计师和建筑信息模型技术员三个职业工作定义和工作内容,并新增了彩灯艺术设计师、乐器设计师、斫琴师、工业设计工艺师、钟表设计师、漆艺师、桌面游戏设计师7个职业,详见表7-6。

表7-6　　　　　　　　专业化设计服务人员职业分类发展

| 编码 | 职业 | 备注 | 工种/新增职业定义 |
| --- | --- | --- | --- |
| 4-08-08-01 | 花艺环境设计师 | | |
| 4-08-08-02 | 纺织面料设计师 | | |
| 4-08-08-03 | 家用纺织品设计师 | | |
| 4-08-08-04 | 色彩搭配师 | | |
| 4-08-08-05 | 工艺美术品设计师 | | |
| 4-08-08-06 | 装潢美术设计师 | | |
| 4-08-08-07 | 室内装饰设计师 | | 新增装修污染管控师1个工种 |
| 4-08-08-08 | 广告设计师 | | |
| 4-08-08-09 | 包装设计师 | | |
| 4-08-08-10 | 玩具设计师 | | |
| 4-08-08-11 | 首饰设计师 | | |
| 4-08-08-12 | 家具设计师 | | |
| 4-08-08-13 | 陶瓷产品设计师 | | |
| 4-08-08-14 | 彩灯艺术设计师 | 新增 | 运用灯饰文化理念和工艺技术,进行彩灯艺术创意设计的人员 |
| 4-08-08-15 | 地毯设计师 | | |
| 4-08-08-16 | 皮具设计师 | | |
| 4-08-08-17 | 鞋类设计师 | | |

续表

| 编码 | 职业 | 备注 | 工种/新增职业定义 |
|---|---|---|---|
| 4—08—08—18 | 灯具设计师 | | |
| 4—08—08—19 | 照明设计师 | | |
| 4—08—08—20 | 形象设计师 | | |
| 4—08—08—21 | 会展设计师 | 修改 | |
| 4—08—08—22 | 建筑幕墙设计师 | 修改 | |
| 4—08—08—23 | 建筑信息模型技术员 | 修改 | |
| 4—08—08—24 | 乐器设计师 | 新增 | 从事乐器外观、结构、功能设计的人员 |
| 4—08—08—25 | 斫琴师 | 新增 | 运用乐理、材料、工艺等知识，斫制传统范式古琴的人员 |
| 4—08—08—26 | 工业设计师 | 新增 | 运用工业设计技术，从事产品、系统、服务等方面设计的人员 |
| 4—08—08—27 | 钟表设计师 | 新增 | 从事钟表外观、功能、材质等创意设计的人员 |
| 4—08—08—28 | 漆艺师 | 新增 | 从事漆艺设计和创作，漆艺制品制作、评鉴和技法展示的人员 |
| 4—08—08—29 | 桌面游戏设计师 | 新增 | 从事桌面游戏项目创意设计、开发制作、陪伴服务的人员 |

### (三) 商务咨询类职业发展

商务服务业是指为企业提供服务的行业，包括企业管理服务、法律服务、咨询与调查、广告业、职业中介服务等多种行业，是人力资本密集型产业，同时也是高附加值产业。按照《生产性服务业统计分类（2019）》，商务服务分为组织管理和综合管理服务、咨询与调查服务和其他生产性服务 3 中类、19 个小类，其中，商务咨询服务是指为生产活动提供的社会经济咨询、健康咨询、环保咨询、体育咨询和其他专业咨询与调查，包括物流方案策划、物流咨询、发展战略规划、营销策划、管理咨询；不包括全民健身咨询，具体内容详见表 7-7。

表 7-7　　　　　　　　　　　　商务服务行业分类

| 代码 | | | 名称 |
|---|---|---|---|
| 大类 | 中类 | 小类 | |
| 07 | | | 商务服务 |
| | 071 | | 组织管理和综合管理服务 |

续表

| 代码 | | | 名称 |
|---|---|---|---|
| 大类 | 中类 | 小类 | |
| | | 0711 | 企业总部管理 |
| | | 0712 | 投资与资产管理 |
| | | 0713 | 资源与产权交易服务 |
| | | 0714 | 单位后勤管理服务 |
| | | 0715 | 农村集体经济组织管理 |
| | | 0716 | 其他组织管理服务 |
| | | 0717 | 园区和商业综合体管理服务 |
| | | 0718 | 供应链管理服务 |
| | | 0719 | 其他综合性管理服务 |
| | 072 | | 咨询与调查服务 |
| | | 0721 | 会计、审计及税务服务 |
| | | 0722 | 市场调查 |
| | | 0723 | 商务咨询服务 |
| | 073 | | 其他生产性商务服务 |
| | | 0731 | 广告业 |
| | | 0732 | 生产性安全保护服务 |
| | | 0733 | 生产性市场管理服务 |
| | | 0734 | 会议、展览及相关服务 |
| | | 0735 | 办公和翻译服务 |
| | | 0736 | 信用服务 |
| | | 0737 | 其他未列明生产性商务服务 |

从职业分类看，商务咨询服务人员属于租赁和商务服务人员，下设风险管理师等 5 个职业、9 个工种（图 7-8）。与 2015 年版《大典》相比，2022 年版《大典》在风险管理师下面新增企业风险管理师、金融风险管理师、公共风险管理师 3 个工种，新增信用管理师、商务数据分析师 2 个职业，并在商务数据分析师下设贸易数据申报师 1 个工种。

表 7-8　　　　　　　　商务咨询服务人员职业分类发展

| 编码 | 名称 | 备注 | 工种/新增职业定义 |
|---|---|---|---|
| 4-07-02-01 | 风险管理师 | | 新增企业风险管理师、金融风险管理师、公共风险管理师 3 个工种 |
| 4-07-02-02 | 科技咨询师 | | |

续表

| 编码 | 名称 | 备注 | 工种/新增职业定义 |
| --- | --- | --- | --- |
| 4-07-02-03 | 客户服务管理员 | | |
| 4-07-02-04 | 信用管理师 | 新增 | 在企业中，从事信用交易、信用风险控制和信用评价等征信技术工作的人员。下设数据治理员、尽职调查员、模型开发师、信用分析师、信用评价师5个工种 |
| 4-07-02-05 | 商务数据分析师 | 新增 | 从事商务行为相关数据采集、清洗、挖掘、分析，发现问题、研判规律，形成数据分析报告并指导他人应用的人员。下设贸易数据申报师1工种 |

## （四）检验检测认证类职业发展

检验检测认证标准计量服务对应国民经济行业中的质检技术服务业，是指通过专业技术手段对动植物、工业产品、商品、专项技术、成果及其他需要鉴定的物品、服务、管理体系、人员能力等所进行的检测、检验、检疫、测试、鉴定等活动，还包括产品质量、标准、计量、认证认可等活动，第三方检验、检测、测试、分析、认证、计量和标准活动包括在此类。在具体行业划分上，包括检验检疫服务、检测服务、计量服务、标准化服务、认证认可服务和其他质检技术服务。

"十四五"时期是加快构建以国内大循环为主体、国内国际双循环相互促进的新发展格局的关键时期。发展检验检测认证标准计量服务业，有利于使国内市场和国际市场更好联通，更好利用国内国际两个市场、两种资源，实现更加强劲、可持续的发展。新发展格局中的"双循环"是一个整体，就是要求完善内外贸一体化调控体系，促进内外贸法律法规、监管体制、经营资质、质量标准、检验检疫、认证认可等相衔接，推进同线同标同质，加速补齐要素、资源、营商环境等方面的短板和不足，在更宽广的视野下引导国内产业提质增效和消费升级，让国内大循环更加畅通。基于此，《远景目标纲要》将建设生产应用示范平台和标准计量、认证认可、检验检测、试验验证等产业技术基础公共服务平台，作为健全产业基础支撑体系的重要举措；《"十四五"服务贸易发展规划》提出支持通信、研发、设计、认证认可、检验检测等知识密集型服务贸易发展，促进制造业转型升级；《"十四五"商务发展规划》提出加快服务外包转型升级，积极发展研发、设计、维修、咨询、检验检测等领域服务外包；《计量发展规划（2021—2035年）》提出，到2025年初步建立国家现代先进测量体系，使计量在经济社会各领域的地位和作用日益凸显，协同推进计量工作的体制机制进一步完善，并将建设计量人才队伍作为加强计量能力建设的重要举措，提出加强计量领域相关职业技能等级认定，改革注册计量师职业资格管理模式，推进注册计量师职业资格与工程教育专业认证、职称、职业技能等级、职业教育学分银行等制度有效衔接，并鼓励计量技术机构创新岗位设置，建立首席计量师、首席工程师、首席研究员等聘任制度。这些重要战略部署，为检验检测和计量服务人员提供了良好职业发展机遇。

检验、检测和计量服务人员属于技术辅助服务人员，在 2022 年版《大典》中，下设农产品食品检验员等 9 个职业和 26 个工种。与 2015 年版《大典》相比，2022 年版《大典》在电子电气产品检验员下新增了电气电子产品环保检测员、电子电气产品安全检验员、电子电气产品环境试验检验员、电子电气产品能效检验员 4 个工种，并新增了公路水运工程试验检测员和建设工程质量检测员两个新职业，具体详见表 7-9。

表 7-9　　　　　　　检验、检测和计量服务人员职业分类发展

| 编码 | 名称 | 备注 | 工种/新增职业定义 |
|---|---|---|---|
| 4-08-05-01 | 农产品食品检验员 | | 农产品质量安全检测员、粮油质量检验员、食品检验员 3 个工种 |
| 4-08-05-02 | 纤维检验员 | | |
| 4-08-05-03 | 贵金属首饰与宝玉石检测员 | | 贵金属首饰检验员、钻石检验员、玉石检验员（新增）、宝石检验员、有机宝石检验员（新增）5 个工种 |
| 4-08-05-04 | 药物检验员 | | 兽药检验员、药物分析员、药物微生物检定员、药理毒理试验员 4 个工种 |
| 4-08-05-05 | 机动车检测工 | | |
| 4-08-05-06 | 计量员 | | 长度计量员、热工计量员、电学计量员、化学计量员、声学计量员、光学计量员、电离辐射计量员、力学计量员、无线电计量员、时间频率计量员 10 个工种 |
| 4-08-05-07 | 电子电气产品检验员 | 修改 | 包含电气电子产品环保检测员、电子电气产品安全检验员、电子电气产品环境试验检验员、电子电气产品能效检验员 4 个工种 |
| 4-08-05-08 | 公路水运工程试验检测员 | 新增 | 从事公路水运工程材料、构件、产品及工程实体的质量、技术指标试验检测，并提供检测报告的人员 |
| 4-08-05-09 | 建设工程质量检测员 | 新增 | 从事新建、扩建、改建房屋建筑和市政基础设施工程质量检测，对建筑材料、构配件、工程实体的质量及使用功能等进行测试的人员 |

## 二、提高要素配置效率与职业发展的特征与趋势

党的十九大报告指出，经济体制改革必须以完善产权制度和要素市场化配置为重点。2020 年 4 月，中共中央、国务院印发《关于构建更加完善的要素市场化配置体制

机制的意见》，对推进要素市场化配置改革的目标、方向和举措进行了系统设计，构建了深化要素市场化配置改革的四梁八柱。2021年12月，国务院办公厅印发的《要素市场化配置综合改革试点总体方案》提出，要充分发挥市场在资源配置中的决定性作用，更好发挥政府作用，着力破除阻碍要素自主有序流动的体制机制障碍，全面提高要素协同配置效率。在推动资本要素服务实体经济发展方面，要增加有效金融服务供给等；在推动劳动力要素合理畅通有序流动方面，要加快发展人力资源服务业，把服务就业的规模和质量等作为衡量行业发展成效的首要标准；在探索建立数据要素流通规则方面，要完善公共数据开放共享机制，拓展规范化数据开发利用场景等。

### （一）供应链金融类职业发展

供应链是以客户需求为导向，以提高质量和效率为目标，以整合资源为手段，实现产品设计、采购、生产、销售、服务等全过程高效协同的组织形态。随着信息技术的发展，供应链已发展到与互联网、物联网深度融合的智慧供应链新阶段。近年来，随着社会分工细化和信息技术进步，我国供应链发展已进入与互联网、物联网深度融合的新阶段，成为产业及经济的新型组织形态。

供应链金融（Supply Chain Finance，SCF）是指从供应链整体出发，运用金融科技手段，整合物流、商流、资金流、信息流等信息，在真实交易背景下，构建供应链中占主导地位的核心企业与上下游企业一体化的金融供给体系和风险评估体系，提供系统性的金融解决方案，以快速响应供应链上企业的结算、融资、财务管理等综合需求，降低企业成本，提升供应链各方价值。供应链金融基于供应链管理，在供应链中寻找一个核心企业（平台），由核心企业主导（平台），以核心企业（平台）的上下游为服务对象，以核心企业（平台）的资质作为信用担保，对供应链上所有企业的信用进行捆绑，为供应链中制造、采购、运输、库存、销售等各个环节提供融资服务，实现物流、商流、资金流、信息流四流合一，以解决供应链中各个节点资金短缺、周转不灵等问题，激活整个供应链的高效运转，降低融资成本。与传统的融资业务相比，供应链金融很好地满足了部分中小企业的资金需求，有利于整条供应链的协调发展。

2016年2月，中国人民银行等八部委印发《关于金融支持工业稳增长调结构增效益的若干意见》，提出发展供应链金融的主要方向，一是要大力发展应收账款融资，推动更多供应链加入应收账款质押融资服务平台，支持商业银行进一步扩大应收账款质押融资规模；二是探索推进产融对接融合，探索开展企业集团财务公司延伸产业链金融服务试点，支持大企业设立产业创投基金，为产业链上下游创业者提供资金支持。2017年10月，国务院办公厅发布《关于积极推进供应链创新与应用的指导意见》，提出要积极稳妥发展供应链金融，一方面，要推动供应链金融服务实体经济，推动全国和地方信用信息共享平台、商业银行、供应链核心企业等开放共享信息，鼓励商业银行、供应链核心企业等建立供应链金融服务平台，为供应链上下游中小微企业提供高效便捷的融资渠道；另一方面，要有效防范供应链金融风险，推动金融机构、供应链核心企业建立债项评级和主体评级相结合的风险控制体系，加强供应链大数据分析和应用，确保借贷资金基于真实交易，加强对供应链金融的风险监控，提高金融机构事中事后风险管理水平，确保资金流向实体经济，健全供应链金融担保、抵押、质押机制，推动供应链金融健康稳定发展。2020 年 9 月，中国人民银行等八部委发布《关于规范发展供应链金融、支持供应链产业链稳定循环和优化升级的意见》，第一次明确了供应链金融的内涵和发展方向，明确供应链金融应以服务供应链产业链完整稳定为出发点和宗旨，顺应产业组织形态的变化，加快创新和规范发展，推动产业链修复重构和优化升级，加大对国家战略布局及关键领域的支持力度，充分发挥市场在资源配置中的决定性作用，促进经济结构调整。

供应链金融很好地实现了物流、商流、资金流、信息流四流合一。在国家支持政策的放开和"互联网+"浪潮的推动下，包括商业银行、核心企业、物流企业、供应链协作企业、电商平台和 P2P 平台等在内的各方参与主体将利用自身优势，在供应链金融领域展开充分合作，供应链金融领域必将产生多样化的发展模式和创新服务类型，从而成为中国产业结构调整和国民经济发展转型的重要抓手。

供应链金融是银行金融服务业务的延伸，是银行将核心企业和上下游企业联系在一起提供灵活运用的金融产品和服务的一种融资模式，即把资金作为一个溶剂，提高其流动性。其从业人员包括银行服务人员和供应链管理与服务人员，前者下设银行综合柜员、银行信贷员、银行客户业务员、银行信用卡业务员 4 个职业，后者包括供应链工程技术人员和供应链管理师，具体内容见表 7-10。

表 7-10　　　　　　　　银行服务人员职业分类发展

| 编码 | 职业名称 | 职业定义 | 工种数量 |
| --- | --- | --- | --- |
| 银行服务人员（4-05-01） | | | |
| 4-05-01-01 | 银行综合柜员 | 受理银行存取款、汇兑等综合业务的人员 | 邮政储汇业务员 1 工种 |
| 4-05-01-02 | 银行信贷员 | 从事银行贷款项目宣传咨询、业务办理的人员 | 小微信贷员 1 个工种 |
| 4-05-01-03 | 银行客户业务员 | 从事银行客户理财、转账、兑现及相关服务工作的人员 | |
| 4-05-01-04 | 银行信用卡业务员 | 以信用卡为中介，从事资产负债并提供中间服务工作的人员 | |

续表

| 编码 | 职业名称 | 职业定义 | 工种数量 |
|---|---|---|---|
| 供应链管理与服务人员 | | | |
| 2-02-30-11 | 供应链工程技术人员 | 从事供应链系统、平台研究与构建及其风险防控，设计、开发供应链相关模型、技术、工具与方法的工程技术人员 | |
| 4-02-06-05 | 供应链管理师 | 运用供应链技术、管理方法和工具，从事产品设计、采购、生产、销售、服务等全过程协同，控制供应链系统成本的人员 | |

## （二）信息数据类职业发展

信息服务业是利用计算机和通信网络等现代科学技术，对信息进行生产、收集、处理、加工、存储、传输、检索和利用，并以信息产品为社会提供服务的专门行业。发展信息服务业是开发利用信息资源，实现商品化、市场化、社会化和专业化的关键。根据《生产性服务业统计分类（2019）》，信息服务主要分为信息传输服务、信息技术服务和电子商务支持服务，具体内容详见表7-11。

表 7-11　　　　　　　　　　信息服务行业划分

| 代码 | | | 名称 |
|---|---|---|---|
| 大类 | 中类 | 小类 | |
| 03 | | | 信息服务 |
| | 031 | | 信息传输服务 |
| | | 0311 | 生产性固定电信服务 |
| | | 0312 | 生产性移动电信服务 |
| | | 0313 | 其他生产活动电信服务 |
| | 032 | | 信息技术服务 |
| | | 0321 | 生产性互联网接入及相关服务 |
| | | 0322 | 生产性互联网信息服务 |
| | | 0323 | 其他互联网服务 |
| | | 0324 | 软件开发 |
| | | 0325 | 信息技术咨询服务 |
| | | 0326 | 信息系统集成和物联网技术、运行维护服务 |
| | | 0327 | 集成电路设计 |
| | | 0328 | 生产性数字内容服务 |

续表

| 代码 | | | 名称 |
|---|---|---|---|
| 大类 | 中类 | 小类 | |
| | | 0329 | 其他信息技术服务业 |
| | 033 | | 电子商务支持服务 |
| | | 0331 | 互联网生产服务平台 |
| | | 0332 | 互联网科技创新平台 |
| | | 0333 | 互联网安全服务 |
| | | 0334 | 互联网数据及云计算服务 |
| | | 0335 | 信息处理和存储支持服务 |
| | | 0336 | 其他互联网平台 |
| | | 0337 | 生产性互联网销售 |
| | | 0338 | 生产性非金融机构支付服务 |

早在 2010 年 10 月，《国务院关于加快培育和发展战略性新兴产业的决定》将新一代信息技术列入七大国家战略性新兴产业体系。2016 年 7 月，《国家信息化发展战略纲要》要求将信息化贯穿我国现代化进程始终，加快释放信息化发展的巨大潜能，以信息化驱动现代化，加快建设网络强国。"十四五"时期，是信息化创新引领高质量发展的重要机遇期，要加快建设数字中国，大力发展数字经济，推动产业基础高级化、产业链现代化，推动新型工业化、信息化、城镇化、农业现代化同步发展。《远景目标纲要》《"十四五"软件和信息技术服务业发展规划》《"十四五"国家信息化规划》《"十四五"信息化和工业化深度融合发展规划》《"十四五"数字经济发展规划》均从不同角度提出了我国信息技术和信息化发展的总体目标与战略部署，可以概括为：产业基础持续提升，信息化发展水平大幅跃升，信息化和工业化在更广范围、更深程度、更高水平上实现融合发展；新一代信息技术向制造业各领域加速渗透，制造业数字化转型步伐明显加快；数字经济迈向全面扩展期，数字化创新引领发展能力大幅提升，数字技术与实体经济融合取得显著成效。

根据 2022 年版《大典》，信息服务业包含的职业分布于专业技术人员以及信息传输、软件和信息技术服务人员，其中前者包括信息和通信工程技术人员、数字技术工程技术人员 2 个小类共 21 个职业，后者包括信息通信业务人员、信息通信网络维护人员、广播电视传输服务人员、信息通信网络运行管理人员、软件和信息技术服务人员以及其他信息传输、软件和信息技术服务人员 6 个小类共 27 个职业、37 个工种。

随着新一代信息技术、信息服务业和数字经济飞速发展，各种新技术、新设备、新网络在各产业部门得到充分应用，新的经济业态不断涌现，其服务部门的职业也在不断发生变化，一些职业在慢慢消失，一些已经演变为另一种职业或改变工作内容，一些新职业不断涌现。与 2015 年版《大典》相比，2022 年版《大典》中信息数据类职业增加了数字技术工程技术人员小类，将原有的人工智能工程技术人员、物联网工程技术人员、大数据工程技术人员、云计算工程技术人员、智能制造工程技术人员、工业互联网工程技术人员、虚拟现实工程技术人员、区块链工程技术人员、集成电路工程技术人员归入其中，并新增了机器人工程技术人员、增材制造工程技术人员、数据安全工程技术人员 3 个新职业。信息传输、软件和信息技术服务人员共新增了数字化解决方案设计师、密码技术应用员、数据库运行管理员、信息系统适配验证师、数字孪生应用技术员、虚拟现实产品设计师 6 个新职业和数据中心运行维护管理员、网络安全咨询员、关键信息基础设施安全监测防护技术员、个人信息保护合规管理员 4 个新工种，具体内容见表 7-12。

表 7-12　　　　　　　　　　　信息数据类职业分类发展

| 编码 | 名称 | 备注 | 工种/新增职业定义 |
| --- | --- | --- | --- |
| 信息和通信工程技术人员（2-02-10） | | | |
| 2-02-10-01 | 通信工程技术人员 | | |
| 2-02-10-02 | 计算机硬件工程技术人员 | | |
| 2-02-10-03 | 计算机软件工程技术人员 | | |
| 2-02-10-04 | 计算机网络工程技术人员 | | |
| 2-02-10-05 | 信息系统分析工程技术人员 | | |
| 2-02-10-06 | 嵌入式系统设计工程技术人员 | | |
| 2-02-10-07 | 信息安全工程技术人员 | | |
| 2-02-10-08 | 信息系统运行维护工程技术人员 | | |
| 数字技术工程技术人员（2-02-38） | | | |
| 2-02-38-01 | 人工智能工程技术人员 | | |
| 2-02-38-02 | 物联网工程技术人员 | | |
| 2-02-38-03 | 大数据工程技术人员 | | |
| 2-02-38-04 | 云计算工程技术人员 | | |
| 2-02-38-05 | 智能制造工程技术人员 | | |
| 2-02-38-06 | 工业互联网工程技术人员 | | |
| 2-02-38-07 | 虚拟现实工程技术人员 | | |
| 2-02-38-08 | 区块链工程技术人员 | | |
| 2-02-38-09 | 集成电路工程技术人员 | | |
| 2-02-38-10 | 机器人工程技术人员 | 新增 | 从事机器人结构、控制、感知技术和集成机器人系统及产品研究、设计的工程技术人员 |

续表

| 编码 | 名称 | 备注 | 工种/新增职业定义 |
|---|---|---|---|
| 2-02-38-11 | 增材制造工程技术人员 | 新增 | 从事增材制造技术、装备、产品研发、设计并指导应用的工程技术人员 |
| 2-02-38-12 | 数据安全工程技术人员 | 新增 | 从事数据安全需求分析挖掘、技术方案设计、项目实施、运营管理等工作的工程技术人员 |
| 4-04-01 信息通信业务人员 ||||
| 4-04-01-01 | 信息通信营业员 | | |
| 4-04-01-02 | 信息通信业务员 | | |
| 4-04-02 信息通信网络维护人员 ||||
| 4-04-02-01 | 信息通信网络机务员 | | 微波通信机务员、卫星通信机务员、数据通信机务员、移动通信机务员、短波通信机务员、传输机务员、交换机务员、电力通信运维员、数据中心运行维护管理员（新增）9个工种 |
| 4-04-02-02 | 信息通信网络线务员 | | 通信网络电缆线务员、天线线务员、宽带接入装维员、综合布线装维员、光缆线务员、信息通信网络施工员6个工种 |
| 4-04-02-03 | 信息通信网络动力机务员 | | |
| 4-04-02-04 | 信息通信网络测量员 | | |
| 4-04-02-05 | 无线电监测与设备运维员 | | 无线电监测员、无线电监测设备测试员、无线电设备运维员3个工种 |
| 4-04-03 广播电视传输服务人员 ||||
| 4-04-03-01 | 广播电视天线工 | | 中、短波广播天线工，电视调频天线工2个工种 |
| 4-04-03-02 | 广播电视机线员 | 修改 | 修改广播电视机务员、广播电视数据机务员、广播电视线务员3个工种 |
| 4-04-04 信息通信网络运行管理人员 ||||
| 4-04-04-01 | 信息通信网络运行管理员 | | 通信网络管理员、互联网网络管理员、应急通信管理员3个工种 |
| 4-04-04-02 | 网络与信息安全管理员 | | 网络安全管理员、信息安全管理员、网络信息审核员（新增）、数据安全管理员（新增）、网络安全咨询员（新增）、关键信息基础设施安全监测防护技术员（新增）6个工种 |
| 4-04-04-03 | 信息通信信息化系统管理员 | | |

续表

| 编码 | 名称 | 备注 | 工种/新增职业定义 |
|---|---|---|---|
| 4-04-04-04 | 信息安全测试员 | | 渗透测试员、合规测试员、个人信息保护合规管理员（新增）3个工种 |
| 4-04-04-05 | 数字化解决方案设计师 | 新增 | 从事产业数字化需求分析与挖掘、数字化解决方案制订、项目实施与运营技术支撑等工作的人员 |
| 4-04-04-06 | 密码技术应用员 | 新增 | 从事信息系统安全密码保障的架构设计、系统集成、检测评估、运维管理、密码咨询等相关应用技术服务的人员 |
| 4-04-05 软件和信息技术服务人员 | | | |
| 4-04-05-01 | 计算机程序设计员 | | |
| 4-04-05-02 | 计算机软件测试员 | | |
| 4-04-05-03 | 呼叫中心服务员 | | |
| 4-04-05-04 | 数据库运行管理员 | 新增 | 对系统所使用的数据库进行维护及管理等工作的人员 |
| 4-04-05-05 | 人工智能训练师 | | 数据标注员、人工智能算法测试员2个工种 |
| 4-04-05-06 | 区块链应用操作员 | | |
| 4-04-05-07 | 服务机器人应用技术员 | | |
| 4-04-05-08 | 电子数据取证分析师 | | |
| 4-04-05-09 | 信息系统适配验证师 | 新增 | 从事信息系统基础环境、终端、安全体系、业务系统的适配、测试、调优、数据迁移、维护等工作的人员 |
| 4-04-05-10 | 数字孪生应用技术员 | 新增 | 使用仿真技术工具和数字孪生平台，构建、运行维护数字孪生体，监控、预测并优化实体系统运行状态的人员 |
| 4-04-05-11 | 虚拟现实产品设计师 | 新增 | 使用虚拟现实编辑工具，从事虚拟现实产品内容设计、编制工作的人员 |

### （三）人力资源服务类职业发展

人力资源服务行业是国民经济的重要组成部分，是为劳动者就业和职业发展，以及用人单位人力资源管理和开发提供相关服务的所有单位集合，其主要经济活动包括人力资源招聘、职业指导、人力资源和社会保障事务代理、人力资源外包、人力资源管理咨询、人力资源信息软件服务等。

按照《国民经济行业分类》（GB/T 4754—2017），人力资源服务行业（中类）属于租赁和商务服务业（门类）和商务服务业（大类），下设公共就业服务、职业中介服务、劳务派遣服务、创业指导服务和其他人力资源服务其5个行业小类，详见表7-13。

表7-13　　　　　　《国民经济行业分类》中的人力资源服务业

| 代码 | | | | 类别名称 | 说明 |
|---|---|---|---|---|---|
| 门类 | 大类 | 中类 | 小类 | | |
| L | | | | 租赁和商务服务业 | 本门类包括71和72大类 |
| | 72 | | | 商务服务业 | |
| | | 726 | | 人力资源服务 | 指为劳动者就业和职业发展，为用人单位管理和开发人力资源提供的相关服务，主要包括人力资源招聘、职业指导、人力资源和社会保障事务代理、人力资源外包、人力资源管理咨询、人力资源信息软件服务等 |
| | | | 7261 | 公共就业服务 | 指向劳动者提供公益性的就业服务 |
| | | | 7262 | 职业中介服务 | 指为求职者寻找、选择、介绍工作，为用人单位提供劳动力的服务 |
| | | | 7263 | 劳务派遣服务 | 指劳务派遣单位招用劳动力后，将其派到用工单位从事劳动的行为 |
| | | | 7264 | 创业指导服务 | 指除众创空间、孵化器等创业服务载体外的其他机构为初创企业或创业者提供的创业辅导、创业培训、技术转移、人才引进、金融投资、市场开拓、国际合作等一系列服务 |
| | | | 7269 | 其他人力资源服务 | 指其他未列明的人力资源服务 |

从我国人力资源服务行业发展情况看，近几年以高于同期国内生产总值（GDP）的增速快速发展，行业规模保持扩大态势，结构不断优化，人力资源服务机构和从业人员也不断增加。2020年人力资源服务行业营业总收入达到2.03万亿元，2016—2020年年均增速高达14.5%，远高于同期GDP的增长率。全国县级以上公共就业和人才服务机构以及各类人力资源服务企业总量约4.58万家，各类人力资源服务机构共设立固定招聘（交流）场所4.24万个，公共性人力资源服务机构5904个，经营性人力资源服务机构3.99万个。从近几年的发展看，人力资源服务行业主要业态呈现如下特点：现场招聘经历先慢后快的增长，而网络招聘均保持高速发展；劳务派遣业务量与人力资源外包服务保持稳步增长；高级人才寻访服务、人力资源管理咨询服务和人力资源培训业务等持续较快增长，特别是高级人才寻访服务持续保持高增长率。

《"十四五"就业促进规划》提出，要加快人力资源服务业高质量发展；推动人力资源服务与实体经济融合发展，引导人力资源服务机构围绕产业基础高级化、产业链现代化提供精准专业服务；鼓励人力资源服务业管理创新、技术创新、服务创新和产品创新，大力发展人力资源管理咨询、高级人才寻访、人才测评等高技术、高附加值业态；实施人力资源服务业领军人才培养计划；开展"互联网+人力资源服务"行动；深化人力资源服务领域对外开放，探索建设国家人力资源服务出口基地。围绕上述重要战略部署，各地区、各部门制定了实施人力资源服务业高质量发展行动，包括人力资源服务业骨干企业培育计划、人力资源服务产业园建设计划、"一带一路"人力资源服务行动、人力资源服务行业促就业行动等。

按照2022年版《大典》，人力资源服务相关职业分布在专业技术人员和社会生产服务和生活服务人员，分别为人力资源专业人员和人力资源服务人员。

人力资源专业人员是经济和金融专业人员的小类，是指在单位内或人力资源服务机构中，从事人力资源规划设计、招聘配置、培训开发、绩效考核、薪酬福利、劳动关系等工作或咨询服务的专业人员，下设4个职业，分别为人力资源管理专业人员、人力资源服务专业人员、职业信息分析专业人员和职业技术实训指导专业人员，具体内容详见表7-14。

**表7-14　　2020年版《大典》人力资源服务专业人员职业分类**

| 代码 | 名称 | 职业定义 |
| --- | --- | --- |
| 2-06-08-01 | 人力资源管理专业人员 | 从事企事业单位人力资源规划设计、招聘配置、培训开发、绩效考核、薪酬福利、劳动关系管理的专业人员 |
| 2-06-08-02 | 人力资源服务专业人员 | 在人力资源服务机构中，从事人力资源招聘、职业指导、人力资源和社会保障事务代理、人力资源培训、人才测评、劳务派遣、高级人才寻访、人力资源外包、人力资源管理咨询、人力资源信息软件服务等多种服务的专业人员 |
| 2-06-08-03 | 职业信息分析专业人员 | 从事职业、就业、创业、社会保障等信息采集、传递、整理、分析以及发布、应用的专业人员 |
| 2-06-08-04 | 职业技术实训指导专业人员 | 在职业教育机构、企业及相关培训机构中，从事职业技术培训需求分析、方案策划、训练实施、效果评估、改进指导等工作的专业人员 |

人力资源服务人员是租赁和商务服务人员的小类，是指从事职业指导、劳动关系协调、创业指导、职业培训、人才测评、劳务外包、招聘等人力资源服务的人员和企业人力资源管理的人员，下设8个职业，分别为职业指导师、劳动关系协调师、创业指导师、企业人力资源管理师、职业培训师、劳务派遣管理员、劳务经纪人和招聘师，并设有8个工种，具体内容详见表7-15。

表 7-15　　　　　　　　　人力资源服务人员职业分类发展

| 编码 | 名称 | 备注 | 工种数量 |
|---|---|---|---|
| 4-07-03-01 | 职业指导师 | 修改 | 残疾人就业辅导员、残疾人职业能力评估师、职业生涯规划师（新增）3个工种 |
| 4-07-03-02 | 劳动关系协调师 | | |
| 4-07-03-03 | 创业指导师 | | |
| 4-07-03-04 | 企业人力资源管理师 | | 薪税师、企业培训师、劳动定员定额师（新增）、人才测评师（新增）4个工种 |
| 4-07-03-05 | 职业培训师 | | 职业技能训练师（新增）1个工种 |
| 4-07-03-06 | 劳务外包管理员 | 新增 | 在劳务派遣单位中，从事劳务派遣管理工作，满足用工单位劳务派遣用工的人员 |
| 4-07-03-07 | 劳务经纪人 | 新增 | 在劳务经济活动中，分析劳务双方供求信息，居间、代理促成求职者入职等职业中介引导服务工作的人员 |
| 4-07-03-08 | 招聘师 | 新增 | 在人力资源服务机构中，从事信息发布、简历筛选、胜任性评价、背景调查等工作，为企事业单位和社会组织提供招聘服务的人员 |

随着我国人力资源服务业飞速发展，人力资源服务业分类愈加细致，各服务业态专业化程度不断提高，人力资源服务从业人员的新职业不断涌现。2022年版《大典》人力资源服务类职业新增劳务派遣管理员、劳务经纪人和招聘师3个新职业，同时新增4个新工种，包括职业生涯管理师、劳动定员定额师、人才测评师、职业技能训练师。

## 三、增强全产业链优势与职业发展的特征趋势

目前，我国拥有41个工业大类、207个工业中类和666个工业小类，是全世界唯一拥有联合国产业分类中所列全部工业门类的国家。我国产业门类齐全，基础设施完善，各个行业的上、中、下游产业形成聚合优势，加上拥有世界上最大规模的科技和专业技能人才队伍优势，将我国打造成了全球的制造基地，成就了"中国制造"。我国产业链和需求市场已经深度融入全球经济体系，目前是120多个国家和地区的最大贸易伙伴。从我国发展阶段看，加快建设现代化经济体系，加快构建以国内大循环为主体、国内国际双循环相互促进的新发展格局，需要确保产业链、供应链的安全稳定，聚焦关系我国产业链现代化和制造强国建设全局的核心领域、关键问题、重点任务，聚焦增强全产业链优势，提高现代物流、采购分销、生产控制、运营管理、售后服务

等发展水平。

在社会再生产过程中，流通效率和生产效率同等重要，是提高国民经济总体运行效率的重要方面。流通体系在国民经济中发挥着基础性作用，国内循环和国际循环都离不开高效的现代流通体系。商贸物流是指与批发、零售、住宿、餐饮、居民服务等商贸服务业及进出口贸易相关的物流服务活动，是现代流通体系的重要组成部分，是扩大内需和促进消费的重要载体，是连接国内、国际市场的重要纽带。推进商贸物流高质量发展，有利于更大范围地把生产和消费联系起来，提高国民经济总体运行效率。为健全现代流通体系，促进商贸物流提质降本增效，服务构建新发展格局，2021年8月，商务部等九部门联合印发《商贸物流高质量发展专项行动计划（2021—2025年)》，针对我国商贸物流领域的短板和不足，提出了优化商贸物流网络布局、建设城乡高效配送体系、促进区域商贸物流一体化、提升商贸物流标准化水平、推广应用现代信息技术、发展商贸物流新业态新模式、提升供应链物流管理水平、加快推进冷链物流发展、健全绿色物流体系、保障国际物流申通、推进跨境通关便利化、培育商贸物流骨干企业等12项重点任务和构建良好营商环境、加大政策支持力度、完善重点企业联系制度、发挥行业组织作用、加强商贸物流行业统计等5个方面的保障措施，为发展现代商贸物流业保驾护航。

《生产性服务业统计分类（2019）》中与商贸物流服务对应的是货物运输、通用航空生产仓储和邮政快递服务，分为货物运输服务，货物运输辅助服务，通用航空生产服务，仓储服务，搬运、包装和代理服务，国家邮政和快递服务6个中类，详见表7-16。

表7-16　　　　　　　　　　商贸物流服务行业分类

| 代码 | | | 名称 |
| --- | --- | --- | --- |
| 大类 | 中类 | 小类 | |
| 02 | | | 货物运输、通用航空生产、仓储和邮政快递服务 |
| | 021 | | 货物运输服务 |
| | | 0211 | 铁路货物运输 |
| | | 0212 | 道路货物运输 |
| | | 0213 | 水上货物运输 |
| | | 0214 | 航空货物运输 |
| | | 0215 | 管道运输业 |
| | 022 | | 货物运输辅助服务 |
| | | 0221 | 铁路货物运输辅助活动 |
| | | 0222 | 道路货物运输辅助活动 |
| | | 0223 | 水上货物运输辅助活动 |

续表

| 代码 | | | 名称 |
|---|---|---|---|
| 大类 | 中类 | 小类 | |
| | | 0224 | 航空货物运输辅助活动 |
| | 023 | | 通用航空生产服务 |
| | | 0230 | 通用航空生产服务 |
| | 024 | | 仓储服务 |
| | | 0241 | 谷物、棉花等农产品仓储 |
| | | 0242 | 通用仓储 |
| | | 0243 | 低温仓储 |
| | | 0244 | 危险品仓储 |
| | | 0245 | 中药材仓储 |
| | | 0246 | 其他仓储业 |
| | 025 | | 搬运、包装和代理服务 |
| | | 0251 | 生产性装卸搬运 |
| | | 0252 | 生产性包装服务 |
| | | 0253 | 货物运输代理服务 |
| | 026 | | 国家邮政和快递服务 |
| | | 0261 | 生产性邮政服务 |
| | | 0262 | 生产性快递服务 |
| | | 0263 | 其他生产活动寄递服务 |

与上述行业相对应，商贸物流服务类职业主要是属于与交通运输、仓储和邮政服务人员中与物流有关的职业类别，包括轨道交通运输服务人员，道路运输服务人员，水上运输服务人员，航空运输服务人员，装卸搬运和运输代理服务人员，仓储物流服务人员，邮政和快递服务人员，其他交通运输、仓储和邮政业服务人员共8个小类36个职业，详见表7-17。

表7-17　　　交通运输、仓储和邮政服务人员职业分类

| 编码 | 小类名称 | 职业 | 工种数量 |
|---|---|---|---|
| 4-02-01 | 轨道交通运输服务人员：从事铁路和城市轨道旅客运送，以及铁路货物运输等工作的人员 | 4-02-01-01 轨道交通列车司机<br>4-02-01-02 铁路列车乘务员<br>4-02-01-03 铁路车站客运服务员<br>4-02-01-04 铁路行包运输服务员<br>4-02-01-05 铁路车站货运服务员<br>4-02-01-06 轨道交通调度员<br>4-02-01-07 城市轨道交通服务员 | 35 |

续表

| 编码 | 小类名称 | 职业 | 工种数量 |
|---|---|---|---|
| 4-02-02 | 道路运输服务人员：从事客、货运汽车运输服务，以及调度、路况监控、驾驶培训、应急救援等工作的人员 | 4-02-02-01 客运车辆驾驶员<br>4-02-02-02 道路货运汽车驾驶员<br>4-02-02-03 道路客运服务员<br>4-02-02-04 道路货运业务员<br>4-02-02-05 道路运输调度员<br>4-02-02-06 路况信息监控员<br>4-02-02-07 机动车驾驶教练员<br>4-02-02-08 油气电站操作员<br>4-02-02-09 汽车救援员 | 18 |
| 4-02-03 | 水上运输服务人员：从事水上、港口客货船舶运输服务工作的人员 | 4-02-03-01 客运船舶驾驶员<br>4-02-03-02 船舶业务员<br>4-02-03-03 港口客运员<br>4-02-03-04 水上救生员<br>4-02-03-05 航标工 | 9 |
| 4-02-04 | 航空运输服务人员：从事民用航空客运、货运的空中和地面服务工作的人员 | 4-02-04-01 民航乘务员<br>4-02-04-02 航空运输地面服务员<br>4-02-04-03 机场运行指挥员<br>4-02-04-04 航空安全员<br>4-02-04-05 机场场务员<br>4-02-04-06 无人机驾驶员 | 9 |
| 4-02-05 | 装卸搬运和运输代理服务人员：从事货物装卸搬运作业和运输代理服务工作的人员 | 4-02-05-01 装卸搬运工<br>4-02-05-02 客运售票员<br>4-02-05-03 货运代理服务员<br>4-02-05-04 危险货物运输作业员 | 7 |
| 4-02-06 | 仓储物流服务人员：从事货物的储存、保管、物流服务工作的人员 | 4-02-06-01 仓储管理员<br>4-02-06-02 理货员<br>4-02-06-03 物流服务师<br>4-02-06-04 冷藏工<br>4-02-06-05 供应链管理师 | 15 |
| 4-02-07 | 邮政和快递服务人员：从事邮件、报刊处理，集邮、邮政信息业务服务工作的人员 | 4-02-07-01 邮政营业员<br>4-02-07-02 邮件分拣员<br>4-02-07-03 邮件转运员<br>4-02-07-04 邮政投递员<br>4-02-07-05 报刊业务员<br>4-02-07-06 集邮业务员<br>4-02-07-07 邮政市场业务员<br>4-02-07-08 快递员<br>4-02-07-09 快件处理员<br>4-02-07-10 国际快递业务师<br>4-02-07-11 快递站点管理师 | 11 |

续表

| 编码 | 小类名称 | 职业 | 工种数量 |
|---|---|---|---|
| 4-02-99 | 其他交通运输、仓储和邮政业服务人员 | 指未列入4-02-01至4-02-07的交通运输、仓储和邮政业服务人员 | |

　　流通一头连着生产，一头连着消费，在国民经济循环中起着重要的基础性作用。高效的现代流通体系能够更大范围把生产和消费联系起来，扩大交易范围，推动分工深化，通过价值链、产业链参与全球经济治理，实现国内国际两个市场、两种资源的有效配置，进而协同推进强大国内市场与贸易强国建设。目前，我国流通体系现代化程度仍然不高，仍有许多薄弱环节。一方面，商品和要素自由流动仍面临隐性壁垒，规则和标准体系建设相对滞后，国内统一大市场尚不健全；另一方面，传统商贸亟待转型，农产品流通有待升级，外贸发展新动能还需加快培育，同时，交通物流基础设施还不完善，网络互联互通不够、分布不均衡，应急物流、冷链物流等还有薄弱环节，流通领域融资难、融资贵问题尚待解决，信用信息应用水平仍有待提升。2022年1月，国家发展改革委会同交通运输部、商务部等部门联合印发《"十四五"现代流通体系建设规划》，明确了"十四五"时期流通体系建设的重点，将从流通环境营造、流通空间优化、市场主体培育、现代化水平提升4个方向发力，即：发展有序高效的现代流通市场，营造良好流通环境；构建内畅外联的现代流通网络，优化空间布局；培育优质创新现代流通企业，打造具有国际竞争力的市场主体；加快创新绿色发展，提升流通现代化水平。

　　在专业物流领域，冷链物流是利用温控、保鲜等技术工艺和冷库、冷藏车、冷藏箱等设施设备，确保冷链产品在初加工、储存、运输、流通加工、销售、配送等全过程始终处于规定温度环境下的专业物流。冷链物流对减少农产品产后损失、扩大消费品优质供给、保障食品药品消费安全具有十分重要的作用。2021年11月，国务院办公厅印发的《"十四五"冷链物流发展规划》中提出，到2025年，初步形成衔接产地销地、覆盖城市乡村、联通国内国际的冷链物流网络，基本建成符合我国国情和产业结构特点、适应经济社会发展需要的冷链物流体系，调节农产品跨季节供需、支撑冷链产品跨区域流通的能力和效率显著提高，对国民经济和社会发展的支撑保障作用显著增强。2022年2月，中华全国供销合作总社发布《全国供销合作社"十四五"公共型农产品冷链物流发展专项规划》，明确"十四五"期间，全国供销合作社系统将建成600个县域产地农产品冷链物流中心、100个农产品冷链物流枢纽基地、200个城市销地农产品冷链物流中心。

　　正是基于我国现代商贸物流行业发展和"十四五"时期重要战略部署和重点任务，商贸物流类职业新增了机场场务员、快递站点管理师2个新职业，同时新增了物流无人机驾驶员、网络货运员、冷链物流储运员等 13 个新工种，满足行业发展对专业人才的需要，具体内容详见表 7-18。

表 7-18　　　　　　　　　　　商贸物流类新增职业情况

| 编码/序号 | 职业/工种名称 | 定义 |
|---|---|---|
| 4-02-04-05 | 机场场务员 | 从事民用机场跑道道面状况评估和报告、飞行区道面及场巡视和维护、鸟击防范及机场净空巡查等工作的人员 |
| 4-02-07-11 | 快递站点管理师 | 从事快递末端站点生产作业、质量管控、业务开发等工作的人员 |
| 1 | 城市轨道交通工程车司机 | |
| 2 | 铁路货运装卸司机 | |
| 3 | 铁路货运电动起重机司机 | |
| 4 | 城市轨道交通行车调度员 | |
| 5 | 城市轨道交通设备调度员 | |
| 6 | 城市轨道交通车场调度员 | |
| 7 | 网络货运员 | |
| 8 | 机场生态与鸟防员 | |
| 9 | 物流无人机驾驶员 | |
| 10 | 棉花保管员 | |
| 11 | 冷链物流员 | |
| 12 | 危化品物流员 | |
| 13 | 烟草物流员 | |

## 第二节　生活服务与新消费方式类职业发展

### 一、公共服务发展与职业发展的特征与趋势

#### （一）公共服务行业发展背景与兴起

公共服务行业具有非营利性、非排他性和非竞争性等特点。公共服务业最早出现在欧洲中世纪的意大利，当时鼠疫暴发，政府为控制灾情，向公众免费派发疫苗，提

供一系列免费治疗服务。从此，公共服务行业开始萌芽，并向全世界扩张。

公共服务可以根据其内容和形式分为基础公共服务、经济公共服务、公共安全服务和社会公共服务共4类。基础公共服务是指通过国家权力介入或公共资源投入，为公民及其组织提供从事生产、生活、发展和娱乐等活动所需要的基础性服务，如提供水电、燃气、交通通信、邮电、气象服务等；经济公共服务是指政府为促进经济发展而提供的公共服务，受益者一般是企业；公共安全服务是指国家行政机关为了维护社会的公共安全和秩序，保障公民的合法权益以及社会各项活动的正常进行而提供的安全服务，如军队、警察和消防等方面的服务；社会公共服务是指为满足公民生存、生活、发展等直接需求所提供的服务，如公办教育、卫生医疗、社会福利事业等。

### （二）职业分类现状和演变情况

2022年版《大典》中，明确属于公共服务行业的职业分布在第三大类办事人员和有关人员以及第七大类军人，具体详见表7-19。

表7-19　2022年版《大典》中公共服务行业的职业分类情况

| 编码 | 名称 |
| --- | --- |
| 3-01-01-01 | 行政办事员 |
| 3-01-01-02 | 政务服务办事员 |
| 3-01-01-03 | 统计调查员 |
| 3-01-01-04 | 社团会员管理员 |
| 3-01-01-05 | 劝募员 |
| 3-01-02-01 | 机要员 |
| 3-01-02-02 | 秘书 |
| 3-01-02-03 | 公关员 |
| 3-01-02-04 | 收发员 |
| 3-01-02-05 | 打字员 |
| 3-01-02-06 | 速录师 |
| 3-01-02-07 | 制图员 |
| 3-01-02-08 | 后勤管理员 |
| 3-01-03-01 | 行政执法员 |
| 3-01-03-02 | 劳动人事争议仲裁员 |
| 3-02-01-00 | 人民警察 |
| 3-02-02-00 | 保卫管理员 |
| 3-02-03-01 | 消防员 |
| 3-02-03-02 | 消防指挥员 |

续表

| 编码 | 名称 |
|---|---|
| 3-02-03-03 | 消防装备管理员 |
| 3-02-03-04 | 消防安全管理员 |
| 3-02-03-05 | 消防监督检查员 |
| 3-02-03-06 | 森林消防员 |
| 3-02-03-07 | 森林火情瞭望观察员 |
| 3-02-03-08 | 应急救援员 |

2022年版《大典》新增的职业中，有3个属于公共服务行业，更新的53个职业中，有7个属于公共服务行业，具体内容详见表7-20、表7-21。

表7-20　　　　　　　　　　　新增公共服务职业

| 编码 | 名称 |
|---|---|
| 3-01-04-04 | 退役军人事务员 |
| 3-01-04-06 | 医疗保障专理员 |
| 3-02-02-02 | 辅警 |

表7-21　　　　　　　　　　　更新公共服务职业

| 编码 | 名称 |
|---|---|
| 3-01-01-02 | 政务服务办事员 |
| 3-01-03-02 | 劳动人事争议仲裁员 |
| 3-01-03-03 | 农村土地承包仲裁员 |
| 3-01-04-03 | 劳动保障协理员 |
| 3-01-04-05 | 基层法律服务工作者 |
| 3-03-01-02 | 仲裁秘书 |
| 3-03-01-03 | 调解员 |

## （三）行业典型职业案例

### 1. 城市管理网格员

伴随城市化进程的不断加快，我国城市人口飞速增长。土地资源与人口规模之间的矛盾越发凸显了城市的重要地位，城市管理和服务工作的需求也越来越细致。然而中大型城市人口结构复杂程度、人口规模庞大程度以及城市管理模式等方面都对当前城市管理和服务需求提出不同程度的挑战。打造多元化、密集化、智能化的新型城市有利于缓解部分矛盾与冲突。此外，将高科技产品引入城市治理中，不仅能提高管理效率，也能提高服务覆盖度。所以，以先进科技为内核的网格化管理理念应运而生。

城市网格化管理，依托城市建设规划的基础，以现实情况划分网格，并落实到具体责任人、实际业务及服务中。其中，现实情况包含人口数量、城市规划等。城市网格化管理并非简单的管控，而是要通过综合化的管理理念进行动态实时的精准对接，借助不断发展的技术手段，达到城市资源高效应用和有效配置的目的。此外，还能够从事后发现调整到事先预警，在很大程度上可以化被动为主动，从初期把握问题，有利于提高管理速度与效率，把基层社会管理贯穿全程，实现"管理全面化"。

随着新冠肺炎疫情的反复，奔走在社区里的城市管理风格员随之进入大众视野，他们的身影穿梭在大街小巷，叩开每道门，送服务上门。在第三批公布的新职业中，城市管理网格员位列其中，默默耕耘在城市中的他们终于"转正"了。城市管理网格员是基层的"百事通"，同时也是基层的"大管家"。他们想群众之所想、急群众之所急、解群众之所难，努力做到小事不出网格，大事不出社区，将问题解决在基层。提升城市品质，离不开精细化管理，他们是城市的"绣娘"，巡查城市管理中存在的问题，打通城市管理的"神经末梢"，推动城市精细化管理。

### 2. 辅警

警察是维护国家安全，维护社会治安秩序，保护公民的人身安全和财产安全，保护公共财产，预防、制止和惩治违法犯罪活动的重要力量，在社会管理中扮演着极为重要的角色。近年来，随着中国经济社会的快速发展，社会主义市场经济体制不断完善，各类生产经营单位不断涌现，人口大幅增长，社会利益冲突明显，社会环境状况更加复杂，治安形势日趋严峻，警力不足的问题显得尤为突出，这为辅警机制的出现和发展提供了契机。辅警是在公安机关人民警察带领或指挥下，以非人民警察身份为人民警察开展警务活动直接提供服务、支持和保持的人员。我国部分地区公安机关率先尝试招录具有公益性质的辅警，如交通指挥辅助岗位，作为警察队伍的补充力量，让他们承担支持警务、参与和保障社会管理的任务。因这一机制行之有效，各地纷纷效仿掀起招录辅警的热潮，辅警队伍随之逐渐发展壮大，成为帮助公安机关打击违法犯罪、维护社会治安的重要辅助力量，在国家治理和社会管理中发挥着日益重要的作用。

但是，就现实情况来看，由于辅警仅仅作为正规警察队伍的补充力量，缺乏法律规定的警察身份，没有明确、规范、统一的执法权，因此在执法过程中出现了无权执法、越权执法以及缺位执法等一系列问题，辅警机制的存废也引起了社会各界和政府主管部门的重视。为此，公安部于2004年9月3日向全国公安机关发出通知，要求各地公安机关对聘用的辅警队伍进行专项清理。然而，2006年特别是2008年北京奥运会之后，中国经济社会发展进入了新增长时代，城市人口继续呈现爆发式增长，"新型城镇化"加速推动农村人口流动，"高铁时代"又进一步加快了人口和生产要素的大范围、跨区域流动，违法犯罪行为呈现出多元化、多样化、组织化、信息化的特征，社会治安管理形势日趋复杂严峻。在这一形势下，一些地区公安机关再次启动辅警招录。与早期粗放管理、自然发展的辅警管理机制不同，这一时期的辅警队伍管理更趋规范化，并且在辅警的招录培训、监督管理、装备保障等方面进行了完善。与此同时，公安机关自身的执法模式和理念也发生了调整，公安管理模式也随之由管制型向服务型逐步转变，因此呈现出公安队伍"警务改革"和"辅警变革"双重叠加的新局面，为辅警机制的完善和升级注入了新动力开启了新篇章。

当前，我国已经进入中国特色社会主义新时代，社会治安管理迈入"高质量发展"时代，呈现出速度变革、动力变革、效率变革的划时代特征。在这一背景下，特别是在"警务改革""辅警变革"的双重使命下，将辅警列入新增职业名单的重要意义不言而喻。

### 3. 退役军人事务员

退役军人事务员是指专门在各级退役军人服务中心（站）从事退役军人政策咨询、信访接待、权益保障、安置服务、就业创业扶持等事务办理的人员。从业要求主要有：职业操守与职业道德方面要求信念过硬、政治过硬、能力过硬、作风过硬，善于做思想工作，对退役军人有责任、有感情，遵纪守法，品行端正，无不良记录；文化程度方面要求高中以上，具备专门的职业知识和技能；人际协作方面要求有较强的服务意识，良好的组织管理、沟通协调、调查研究、语言表达和公文处理能力。

退役军人事务员新职业的发布对推动服务保障体系建设提质增效、促进事业长远健康发展意义重大。一是有利于"稳定军心"。新职业的发布将提高从业人员的社会知晓度、认可度和公信力，帮助各级退役军人服务中心（站）工作人员增强从业信心，起到"稳定军心"的作用。二是有利于加强规范化管理。新职业发布后，将随即开发"退役军人事务员"国家职业标准、制订职业技能等级评价证书体系建设规范、编写职业培训教材，将编外人员纳入国家职业资格体系进行规范管理。三是有利于打通职业发展渠道。有关部门拟推动实现对退役军人事务员职业技能等级的五级（初级工）、四级（中级工）、三级（高级工）进行评价，探索建立二级（技师）和一级（高级技师）与专业技术人员中的中级职称和副高级职称之间的对应关系。这将切实打通各级退役军人服务中心（站）编外人员的职业发展通道。四是有利于提高待遇保障。新职业发布及相应的职业资格体系建立后，各地可依据人力资源社会保障部公布的职业薪酬水平建立科学规范的待遇保障制度。五是有利于建强人才队伍。新职业相关制度机制的不断健全，将吸纳更多优秀人才加入退役军人工作中，推动建立一支职业技能精、业务知识熟、实战能力强的专业化工作队伍。

为把退役军人事务员新职业相关工作做好，满足退役军人事务员队伍建设与管理的目的，要逐步建立退役军人事务员培训与评价工作体系。以职业素养提升、技术更新、技能等级晋升为培养目标，为退役军人事务员提供多渠道、多层级、多频次的教育培训，拓展职业上升空间，促进提高退役军人事务员待遇水平和社会地位。完善退役军人事务员评价标准，创新评价方式，规范证书发放管理。建立政府引导、多方参与的资源共建共享机制，提升培训与评价效能。加强退役军人事务员教育培训经费保障，制定经费管理办法，提高资金使用效率。

### （四）未来发展趋势

改革开放以来，我国经济持续高速发展，创造了举世瞩目的增长奇迹。然而，在经济建设取得显著成就的同时，社会建设的步伐却有一定程度的滞后，突出表现在政府对公共服务尤其是基本公共服务供给不足和供给不均。近年来，随着国家相关政策的制定实施以及各级财政资源的大量投入，我国基本公共服务制度体系已经建立，基本公共服务供给总量和均等化程度显著提升，然而人民日益增长的基本公共服务需求和不平衡不充分的基本公共服务供给之间的矛盾依然没有解决。如何使基本公共服务能够直通群众"最后一公里"并真正发挥价值功能，是当前和未来面临的一个重大而紧迫的问题。

## 二、居民生活服务发展与职业发展的特征与趋势

### （一）居民生活服务业职业分布情况

按照最新修订的《国民经济行业分类》（GB/T 4754—2017）规定，居民服务业、修理和其他服务业主要包括：一是居居服务业，如家庭服务、托儿所服务、洗染服务、理发及美容服务、洗浴和保健养生服务、摄影扩印服务以及婚姻服务、殡葬服务和其他居民服务；二是机动车、电子产品和日用产品修理业，如汽车、摩托车等修理与维护，计算机和办公设备维修，家用电器修理，其他日用产品修理业；三是其他服务业，如清洁服务、宠物服务等。居民生活服务业与相关职业的具体对应情况详见表7-22。

表 7-22　　居民生活服务业与 2022 年版《大典》对应情况

| 行业分类 | 相关职业 |
| --- | --- |
| 家庭服务 | 4-10-01-01 婴幼儿发展引导员<br>4-10-01-03 育婴师<br>4-10-01-04 孤残儿童护理员<br>4-10-01-05 养老护理员<br>4-10-01-06 家政服务员 |
| 洗染服务 | 4-10-02-02 洗衣师<br>4-10-02-03 染色师 |
| 理发及美容服务 | 4-10-03-01 美容师<br>4-10-03-02 美发师<br>4-10-03-03 美甲师 |
| 洗浴和保健养生服务 | 4-10-03-04 浴池服务员<br>4-10-03-05 修脚师<br>4-10-04-01 保健调理师<br>4-10-04-02 保健按摩师<br>4-10-04-03 芳香保健师 |
| 摄影扩印服务 | 4-08-09-01 商业摄影师<br>4-08-09-02 冲印师 |
| 婚姻服务 | 4-10-05-01 婚介师<br>4-10-05-02 婚礼策划师<br>4-10-05-03 婚姻家庭咨询师 |
| 殡葬服务 | 4-10-06-01 殡仪服务员<br>4-10-06-02 遗体防腐整容师<br>4-10-06-03 遗体火化师<br>4-10-06-04 公墓管理员 |
| 其他居民服务业 | 4-10-02-01 裁缝<br>4-10-02-05 织补师 |
| 汽车、摩托车等修理与维护 | 4-12-01-01 汽车维修工<br>4-12-01-02 摩托车修理工 |
| 计算机和办公设备维修 | 4-12-02-01 计算机维修工<br>4-12-02-02 办公设备维修工<br>4-12-02-03 信息通信网络终端维修员 |
| 家用电器修理 | 4-12-03-01 家用电器产品维修工<br>4-12-03-02 家用电子产品维修工 |

续表

| 行业分类 | 相关职业 |
|---|---|
| 其他日用产品修理业 | 4-10-02-04 皮革护理员<br>4-12-04-02 修鞋工<br>4-12-04-03 钟表维修工<br>4-12-04-04 锁具修理工<br>4-12-04-05 燃气具安装维修工<br>4-12-04-06 照相器材维修工 |
| 宠物服务 | 4-10-07-01 宠物健康护理员<br>4-10-07-02 宠物驯导师<br>4-10-07-03 宠物美容师 |

从当下的社会发展情况来看,居民生活服务又可细分为社区生活服务、家庭生活服务和乡村服务三大类。

## (二) 社区生活服务类职业发展

### 1. 社区生活服务行业发展背景与兴起

"社区生活服务"(即社区服务)的概念起源于西方国家,最初是作为资本主义早期社会福利形式存在的。如今在拥有较强福利传统的西方发达国家,政府向居民提供的社区服务已经成为资本主义市场经济体制下一整套公共福利制度的基础环节。我国的社区服务正式兴起于20世纪80年代。1992年6月,中共中央国务院《关于加快发展第三产业的决定》印发,其中首次提出"社区服务业"的概念,明确了其第三产业的属性。1993年,民政部等十四部委发布《关于加快发展社区服务业的意见》,将社区服务业界定为:在政府倡导下,为满足社区成员多种需求,以街道和镇、居委会的社区组织为依托,具有社会福利性的居民服务业。此后为顺应社区服务产业化发展趋势,以社区服务企业为代表的营利主体开始进入社区服务领域,向居民提供多样化、市场化的社区服务。到20世纪末,我国已基本建成以公共服务为重点,以社会救济为基础,集家政、物业、保健、娱乐等为一体,广泛涵盖全体居民各类物质文化生活需求的综合性社区服务体系,社区服务市场初见规模。

一般来讲,社区服务并非单一性质的,而是兼具公益与福利双重属性。社区服务业是在社区范围内为居民提供生活性服务的行业,主要包括《国民经济行业分类》(GB/T 4754—2017)中的居民服务业,以及未列入居民服务业门类的老年人、残疾人、五保户照看服务、社区医疗护理服务和便民服务(修理、理发、洗浴等)。改革开放以来,中国经济的高速增长极大地改善了居民的生活条件和水平,社区服务作为一种新兴的民生产业，发展空间迅速扩大，为社会投资与资源整合创造了新的发展机遇，特别在创造新增就业方面效果显著，承担着维护基层和谐稳定的重任，对促进经济社会发展也发挥着巨大作用。

### 2. 职业分类现状和演变情况

2022年版《大典》中，与社区生活服务相关的职业应包含在上述居民生活服务业相关职业中。人力资源社会保障部发布新增的职业中，属于社区生活服务的职业主要有以下2个，具体内容详见表7-23。

表7-23　　　　　　　　　　　新增社区生活服务职业

| 职业 | 定义 |
| --- | --- |
| 4-10-08-01<br>网约配送员 | 通过移动互联网平台等，从事接收、验视客户订单，根据订单需求，将订单物品递送至指定地点的服务人员 |
| 4-14-01-03<br>健康照护师 | 运用基本医学护理知识与技能，从事家庭、医院、社区及长期护理服务机构等场所照护对象的健康照护及生活照料服务的人员 |

2022年版《大典》新增职业中属于社区生活服务职业主要有以下两个。具体内容详见表7-24。

表7-24　　　　　　　2022年版《大典》新增社区生活服务职业

| 职业 | 定义 |
| --- | --- |
| 4-02-07-11<br>快递站点管理师 | 从事快递末端站点生产作业、质量管控、业务开发等工作的人员 |
| 4-10-08-02<br>汽车代驾员 | 为客户临时驾驶非营运机动车，运送乘客及代办其他车务服务的人员 |

### 3. 行业典型职业案例——网约配送员

网约配送员最早来自餐厅自配送人员，一般由餐厅服务员为订餐客户提供送餐服务。近年来，随着互联网技术与本地居民服务业的深度融合，形成了平台经济新业态。大型生活服务电子商务平台出现并迅猛发展，消费者网购类型多样化，外卖、生鲜、药品等即时配送需求大量涌现。

国家信息中心发布的《中国共享经济发展年度报告（2019）》显示，2018年我国共享经济参与提供服务者人数高达7 500万人，较2015年扩大2 500万人。2020年全国两会期间，习近平总书记指出，疫情突如其来，"新就业形态"也是突如其来。对此，我们要顺势而为，让其顺其自然、脱颖而出。此前，在2015年版《大典》中未收录网约配送的相关职业，同时社会大众经常认为外卖骑手和快递员是从事一样的工作。网约配送员在职业技能标准和技能培训上，一直处于空白状态，这与行业发展和人们生活实际需求不匹配，有很多网约配送员在职业领域内作出优秀业绩，成长为"金牌骑手"，甚至是"五星站长"，但在之前缺乏职业规范管理，不利于这一新业态发展和众多劳动者就业。

2020年2月，数百万被人们亲切称作"外卖小哥"的新生代劳动者"网约配送员"正式成为人力资源社会保障部认定为新职业。网约配送员新职业的确立是"互联网+服务业"和"智能+物流"产业融合发展的重要体现。该职业的发布可以驱动即时配送行业发展，为数字经济、平台经济等新业态发展提供基础劳动力保障，带动现代服务业提质增效，并助力经济结构优化和新旧动能转换。网约配送员以独立、全新的职业形态出现，为几百万劳动者尤其是大量贫困劳动力提供了就业机会。

### （三）家庭生活服务类职业发展

#### 1. 家庭生活服务行业发展背景与兴起

家庭生活服务业历史悠久，同时也极具现代社会发展潜力。2010年9月，《国务院办公厅关于发展家庭服务业的指导意见》印发，其中提到"家庭服务业是以家庭为服务对象，向家庭提供各类劳务，满足家庭生活需求的服务行业"。2012年12月，商务部公布的《家庭服务业管理暂行办法》作出进一步定义，"家庭服务业，是指以家庭为服务对象，由家庭服务机构指派或介绍家庭服务员进入家庭成员住所提供烹饪、保洁、搬家、家庭教育、儿童看护以及孕妇产妇、婴幼儿、老人和病人的护理等有偿服务，满足家庭生活需求的服务行业。"家庭服务业作为新兴产业，对促就业、惠民生、稳经济具有重要作用。

#### 2. 职业分类现状和演变情况

2022年版《大典》家庭生活服务行业包含5个职业，详见表7-25。

表7-25　　2022版《大典》中家庭生活服务行业的职业分类情况

| 编码 | 名称 |
|---|---|
| 4-10-01-01 | 婴幼儿发展引导员 |
| 4-10-01-03 | 保育师 |
| 4-10-01-04 | 孤残儿童护理员 |
| 4-10-01-05 | 养老护理员 |

续表

| 编码 | 名称 |
|---|---|
| 4-10-01-06 | 家政服务员 |
| 4-13-04-03 | 家庭教育指导师 |

人力资源社会保障部发布的新增职业和 2022 年版《大典》新增职业中，家庭教育指导师是典型的家庭生活服务类职业。家庭教育指导师在欧美国家是一个比较成熟和普及的职业，我国部分培训机构在开展家庭教育培训时，存在虚假宣传、收费差别大、报考条件不统一、发证单位五花八门等问题，受到社会广泛关注。随着《家庭教育促进法》的出台实施和"双减"等政策的落地推行，确立从事家庭教育人员的职业属性、界定职业工作任务等显得尤为必要，家庭教育指导师职业应运而生。

### 3. 行业典型职业案例——家政服务员

人们习惯将家政服务员称为"保姆"，在我国由来已久。2000 年，劳动和社会保障部颁布了家政服务员国家职业标准，将从事家庭服务工作的人员称为"家政服务员"，并将其定义为："根据要求为所服务的家庭操持家务，照顾儿童、老人、病人，管理家庭有关事情的人员。"由此传统意义上的"保姆"成为一个国家正式职业。随着时代发展，家政服务员被赋予了更多含义，她们不再是旧社会所说的"佣人""下人"，端茶倒水、吃苦干好活就行，更不可能再凭借一张抹布走天下，产业化和数字化转型的时代列车将为家政服务员带来新的发展契机。

### 4. 未来发展趋势

"互联网＋家庭生活服务业"是依托互联网技术，充分利用大数据、云计算等信息技术实现与家庭生活服务业的跨界融合，是家庭生活服务业基于互联网平台的新模式、新业态。随着改革开放的深入，家庭生活服务市场更加活跃，充分发挥互联网在生产要素配置中信息高效、调度精确和精准衔接的优势，进行信息支撑及管理协同，实现互联网科技成果与家庭生活服务业的深度融合，提高家庭生活服务业的服务效率，提升家庭生活服务业的服务质量和服务水平。

人们普遍认为，随着我国经济高质量发展，城市居民生活水平也不断提高，家庭生活服务已经作为一种"朝阳产业"成为城市居民生活中不可或缺的一种需求，与城市居民生活的幸福感和获得感有着密切联系。我国人口众多，城市化发展迅速，家庭生活服务业在我国尚有巨大的市场空间和广阔的发展前景。以"互联网+"为契机，使"互联网+"和家庭生活服务业有效融合，将创造更多家庭生活服务业相关职业。

## 三、消费方式变革与职业发展的特征和趋势

"互联网+"是在创新2.0（信息时代、知识社会的创新形态）推动下由互联网发展的新业态，也是在创新2.0推动下由互联网形态演进、催生的经济社会发展新形态，是经济新常态背景下又一促改革、谋发展的利剑，它是利用互联网及信息通信技术，传统行业创新经营而形成的一种新的产业模式或经营方式，就像人们最熟悉的"传统集市+互联网"创建了淘宝。"互联网+"最先影响的是零售业，老百姓最先感知到的互联网发展带来的变化，是从每天发生的消费方式的根本性变革开始的。

在网络科技发展的带动下，网购、手机支付、共享单车等逐渐被普及应用。其中，网购不仅使我们的生活更加便利，也改变了传统的运作方式，提高了生产效率。随着网络科技的快速发展，我国一些偏远的农村地区也开始建起了通信基站，网络迅速在全国大面积覆盖，使得电商产业逐渐代替传统行业，消费方式也随之发生变革。

2022年版《大典》中，与消费方式相关的职业有以下12个，具体内容详见表7-26。

表7-26　　2022版《大典》中与消费方式相关职业分布情况

| 编码 | 职业 |
| --- | --- |
| 4-01-01-00 | 采购员 |
| 4-01-02-01 | 营销员 |
| 4-01-02-03 | 商品营业员 |
| 4-01-02-04 | 收银员 |
| 4-01-02-05 | 摊商 |
| 4-01-03-01 | 农产品经纪人 |
| 4-01-03-02 | 粮油竞价交易员 |
| 4-01-04-00 | 再生物资回收挑选工 |
| 4-01-05-01 | 农产品购销员 |
| 4-01-05-02 | 医药商品购销员 |
| 4-01-05-03 | 出版物发行员 |
| 4-01-05-04 | 烟草制品购销员 |
| 4-01-06-01 | 电子商务师 |
| 4-01-06-02 | 互联网营销师 |

2022年版《大典》中，以下6个与消费方式变革相关，具体内容见表7-27。

表 7-27　　　　　　　　　　　新增与消费方式相关职业

| 编码 | 职业 |
| --- | --- |
| 4-01-02-06 | 连锁经营管理师 |
| 4-01-03-03 | 易货师 |
| 4-01-03-04 | 二手车经纪人 |
| 4-01-06-02 | 互联网营销师 |
| 4-14-06-02 | 民宿管家 |
| 5-05-01-02 | 农业经理人 |

## （一）线上线下融合职业发展

2020 年以来，我国新消费场景、新业态、新职业不断涌现，线上线下融合不断加快，消费方式正经历着新变革，经济运行效率得到不断提升，经济潜力正在逐步释放，为构建新发展格局提供了有力支撑。

在人工智能、大数据、物联网等新一代信息技术的带动下，2020 年前三季度我国线上消费逆势增长。全国实物商品网上零售额占到社会消费品零售总额的近 1/4。与此同时，线上反哺线下，补齐了实体店市场反应慢、服务不及时等短板，促进消费回暖的同时也改变了传统商业。

当前，我国正处在消费方式变革的关键时期，消费领域出现了提质扩容、方式创新、市场重塑等崭新变化。而新变化也催生了一大批新职业，在浙江义乌，电商直播专项培训正在如火如荼地进行，传统的"店小二"纷纷变身"带货主播"，与线上线下融合相关的职业发展层出不穷，2022 年版《大典》将电子商务服务相关从业人员新增到电子商务服务人员这一小类中，具体内容见表 7-28。

表 7-28　　　　　　　　　　　与线上线下融合相关的职业

| 职业 | 定义 |
| --- | --- |
| 4-01-06-01<br>电子商务师 | 在互联网及现代信息技术平台上，从事商务活动的人员 |
| 4-01-06-02<br>互联网营销师 | 在数字化信息平台上，运用网络的交互性与传播公信力，对企业产品进行营销推广的人员 |

## （二）城市乡村融合职业发展

随着互联网技术的发展以及智能手机的普及，苏宁小店、盒马鲜生、京东小店等消费新业态、新模式横空出世，以人工智能、大数据技术为依托，重塑商品服务生产、流通及销售环节，形成"线上服务、线下体验及现代物流"深度融合渗透的消费新业态、新模式。顺应时代而生的消费新业态、新模式基于线上商城与线下门店的无缝结合，构建供应链全渠道网络，全场景、高时效、社交化及智能化连接"人""货""场"，极大提升了消费者的购物体验。尤其在 2020 年的新冠肺炎疫情影响下，人们线上消费习惯黏性增加，网上购物占比迅速提升。不少实体零售店加速线上转型升级，新零售等消费新业态、新模式逆势发展。因此，消费新业态、新模式是对传统线下实体零售的深层次转型变革，是传统垂直型电子商务的跨行业变革，更是逐渐改变了人们的生活方式和消费习惯。

随着"线上+线下"零售消费新业态、新模式在城市的大规模布局与激烈竞争发展，乡村经济飞速发展，互联网在农村地区不断发展，智能手机在农村居民群体中不断普及，农村居民收入来源增加，消费能力与消费意愿增强。与此同时，基于农村居民消费行为及消费习惯，消费新业态、新模式逐步布局农村地区消费市场。农村居民消费方式由"自给自足"的传统消费方式发展至开放化、市场化、现代化的消费方式，由传统的线下消费方式向"线上+线下"消费方式转变，消费频率由"赶集"集中消费向日常消费转变。与城市乡村融合发展的机关职业具体内容详见表 7-29。

表 7-29 与城市乡村融合相关的职业

| 职业 | 定义 |
| --- | --- |
| 4-14-06-02<br>民宿管家 | 提供客户住宿、餐饮以及当地自然环境、文化与生活方式体验等定制化服务的人员 |
| 5-05-01-02<br>农业经理人 | 在农民专业合作社等农业经济合作组织中，从事农业生产组织、设备作业、技术支持、产品加工与销售管理服务工作的人员 |

### （三）行业典型职业案例——互联网营销师

2020 年 7 月，9 个新职业横空出世，其中热议度最高的无疑是互联网营销师。在互联网营销师职业下，还增设了直播销售员工种。从此，平台直播带货有了职业名称，"网红主播"们也有了职业称呼，成为正式职业。据有关调研统计数据，当前我国电商直播用户规模已近 4 亿人，全国电商直播相关企业已超过 1.6 万家，仅 2021 年就新注册了 8 000 多家。

2021 年，互联网营销师国家职业技能标准（2021 年版）发布，其中将互联网营销师定义为：在数字化信息平台上，运用网络的交互性与传播公信力，对企业产品进行营销推广的人员。其职业技能共设 5 个等级，分别为：五级（初级工）、四级（中级工）、三级（高级工）、二级（技师）、一级（高级技师）。同时，还设有 4 个工种，分别为选品员、直播销售员、视频创推员、平台管理员。其中每个品种分为 5 个或 3 个等级。作为互联网营销师，必备的专业知识必不可少。想要成为直播销售员，既要懂得互联网运作规律、传播特点、营销策略，还需掌握摄影与录像拍摄技巧、图片及视频编辑制作知识、视听语言表达知识、新媒体应用知识等。

主播们在镜头前卖力宣传——"好吃，还不下单！""合适得很，还有 5 秒链接失效！""这衣服漂亮，很适合女朋友穿！""买它，买它，不买后悔一整年！"……流利的营销术语让网友们心痒难耐，买不停手。"万物皆可播，人人皆主播"，越来越多的人加入直播大军，既有明星，也有企业家，既有带货博主，也有地地道道的农民兄弟，不同职业的人纷纷走进直播间，为广大网友带来琳琅满目的商品，新行业迎来新气象，新职业带来新岗位。各级政府主管部门赋能直播带货，职能作用呈现新特点。农村电商助力乡村振兴新模式风生水起，各类电商培训如火如荼展开……当然，新职业兴起也会伴随着主播能力参差不齐、劣质产品层出不穷、虚假宣传屡见不鲜等问题。

2020 年，中国消费者协会发布的《直播电商购物消费者满意度在线调查报告》显示，部分主播带货时存在夸大宣传等现象，部分消费者消费时遭遇假冒伪劣商品等情况。对此，人力资源社会保障部制定互联网营销师职业技能标准，从理论、实操等方面进行等级评价，规范主播上岗职业能力水平；国家市场监督管理总局加强网络直播营销活动监管，明确直播带货各方主体责任；国家网信办设立直播带货 8 条红线，规范网络直播行为；国家税务总局明确网络主播自查整改，不得偷税漏税，如有该类行为，应自查补缴税款……各部门不断完善相关法律法规体系、制定强有力的监管制度，为网络直播带货的可持续发展保驾护航。

## 第三节　大健康产业职业发展

### 一、医疗卫生行业职业发展

#### （一）医疗卫生行业发展背景与兴起

健康是每个人生存发展的基础，与每个家庭的幸福有着千丝万缕的联系。医疗卫生行业与居民经济的生命健康息息相关，是我国国民经济的重要组成部分，是我国经济社会的重要支撑点。医疗卫生行业既包含社会科学也包含了生物科学，具有公共物品性和外部性等特征。我国医疗卫生行业呈现以下五个特点。

**1. 人口老龄化的到来将促进医疗卫生行业的快速发展**

目前我国已成为世界上老年人口最多的国家。据有关数据显示，截至 2020 年年底，中国 65 岁及以上老年人人口已达 1.91 亿，每年 65 岁及以上老年人口平均增长率为4%，其中60%~70%需要医疗卫生服务。2021—2050年是我国人口加速老龄化阶段，老年人口数量平均每年增加620万人，21世纪中叶老年人口数量将达到峰值。到2050年，老年人口总量将超过4亿人，人口老龄化水平达到30%以上。人口老龄化的不断加剧势必导致失能老人的增加和医疗需求增加，而医疗卫生行业的提升将改善老年人的身体状况。

### 2. 我国医疗卫生机构数量显著增长

医疗卫生作为人的基本需求，具有明显的刚性特征，医疗卫生支出往往伴随着居民收入的增长优先得到满足。同时，医疗卫生支出与人们的生活水平和健康意识密切相关。《2021中国统计年鉴》显示，截至2020年，中国医疗卫生机构达到1 022 922个，2020年中国综合医院数目20 133个。近几年国家加大了医疗卫生机构方面的投入，医疗卫生是关系到国计民生的重要问题，国家对医疗卫生方面的投入仍然会进一步加大。

### 3. 我国医疗支出仍有待增长

《"健康中国2020"战略研究报告》指出，2020年我国人均医疗卫生支出1 843元，平均增长率10.74%，总体呈现上涨趋势，医疗卫生总支出占GDP比重达到6.5%~7%，而美国医疗卫生总支出占GDP比重超过了17%，我国医疗卫生支出水平与发达国家相比仍存在着明显差距。

### 4. 医疗卫生资源总量相对不足，质量有待提高

与经济社会发展和人民群众日益增长的服务需求相比，我国医疗卫生资源总量相对不足，质量有待提高。根据《全国医疗卫生服务体系规划纲要（2015—2020年）》显示，每千人口执业（助理）医师数、护士数、床位数相对较低。执业（助理）医师中，大学本科及以上学历者占比仅为45%；注册护士中，大学本科及以上学历者占比仅为10%。

### 5. 医疗改革向纵深方向发展

当前，由于工业化、城镇化、人口老龄化及疾病谱、生态环境、生活方式不断发生变化，我国仍然面临多种疾病威胁并存、多种健康影响因素交织的复杂局面。这些问题若难以得到全面、及时、准确地解决，必然会严重影响人民身体健康，制约经济发展。

## （二）职业分类现状和演变情况

2020 年版《大典》中，明确属于医疗卫生行业的职业集中在卫生专业技术人员中类和医疗辅助服务人员、公共卫生辅助服务人员小类中，共涉及 86 个职业，具体详见表 7-30。

表 7-30　　2022 年版《大典》中医疗卫生行业的职业分类情况

| 小类编码 | 小类名称 | 职业数量/个 |
| --- | --- | --- |
| 2-05-01 | 临床和口腔医师 | 25 |
| 2-05-02 | 中医医师 | 16 |
| 2-05-03 | 中西医结合医师 | 7 |
| 2-05-04 | 少数民族医医师 | 1 |
| 2-05-05 | 公共卫生与健康医师 | 3 |
| 2-05-06 | 药学技术人员 | 3 |
| 2-05-07 | 医疗卫生技术人员 | 16 |
| 2-05-08 | 护理人员 | 9 |
| 2-05-09 | 乡村医生 | 1 |
| 4-14-01 | 医疗辅助服务人员 | 4 |
| 4-14-04 | 公共卫生辅助服务人员 | 4 |

人力资源社会保障部发布新增职业中，属于医疗卫生行业的职业主要有 3 个，具体内容详见表 7-31。

表 7-31　　人力资源社会保障部新增医疗卫生行业的职业

| 职业 | 定义 |
| --- | --- |
| 4-14-01-03<br>健康照护师 | 运用基本医学护理知识与技能，从事家庭、医院、社区及长期护理服务机构等场所照护对象的健康照护及生活照料服务的人员 |
| 4-14-01-04<br>呼吸治疗师 | 使用呼吸机、肺功能仪、多导睡眠图仪、雾化装置等呼吸治疗设备，从事心肺和相关脏器功能的评估、诊治与康复，以及健康教育、咨询指导等工作的人员 |
| 4-14-04-04<br>社群健康助理员 | 从事社群健康档案管理、宣教培训、就诊和保健咨询、代理、陪护及公共卫生事件事务处理的人员 |

## （三）行业典型职业案例

### 1. 呼吸治疗师

在新冠肺炎疫情肆虐期间，有一种职业被称为"前线特种兵""能打胜仗的尖兵"。

他们虽不是传统意义上的医生、护士，却是距离新冠肺炎患者最近的人。作为呼吸治疗师，他们协助医生为患者提供个性化的呼吸治疗方案。2020年2月，在国家公布的16个新职业中，呼吸治疗师占有一席之地。

呼吸治疗师的主要职责是为呼吸功能不全的患者提供以各类呼吸支持治疗和气道管理为主的临床治疗。作为救治的最重要生命支持手段，呼吸支持技术、气道管理在救治新冠肺炎危重患者的过程中发挥了重要作用。呼吸治疗师的主要工作包括呼吸治疗设备的管理及维护、呼吸支持治疗患者通气参数的调节、气道管理、参与危重症患者的转运、参与病房及院内感染防护措施的制定、进行呼吸治疗专业知识与操作技能培训等。

目前呼吸治疗师行业的整体需求大、总量少，他们不仅在重症治疗方面，也在慢性病管理、轻症患者的呼吸治疗，甚至社区医疗服务中起到重要作用。据不完全统计，呼吸治疗师月薪在10 000~20 000元左右。

### 2. 健康照护师

人口老龄化已成为我国中长期发展的基本国情，由于生育率的下降和平均预期寿命的延长，我国将进入中度老龄化社会，并呈现出"速度快、规模大、持续时间长、边富边老"等特征。随着城市化、工业化的快速推进，引发大规模人口流动，家庭规模趋于小型化，使得家庭照护功能逐渐弱化。很多家庭特别是上班族家庭对老年人、孕产妇、婴幼儿、残疾人、住院病人的照护既力不从心也不专业，照护压力普遍增大，严重影响生活质量。据不完全统计，我国失能失智老人大约有4 000万人，各类残疾人达8 500万人，2015年后我国每年出生1 400万~1 700万人，需要为他们解决慢性病诊疗、康养调理、生活照料、慰藉陪护以及孕产妇婴幼儿专业照护等问题。仅有单一照料技能的保姆和护工难以满足当今社会对健康照护的需求，从业人员专业化水平较低、安全管理薄弱等问题突出。护理员职业处于边缘化状态，社会认同感低，流动性大。"找不到、不好找"和"不标准、不规范"成为健康照护领域面临的主要痛点。巨大的市场需求与社会化健康照护供给的不足形成强烈对比，为了解决供需矛盾，满足现实需要，健康照护师这一新职业应运而生。

我国家庭平均规模逐渐小型化，传统家庭照护方式难以为继，大量老年人、孕产妇、婴幼儿、残疾人、住院病人等群体，迫切需要社会化、专业化的健康照护服务。我国"一老一少"健康照护人员缺口大，成为千万家庭痛点。养老、孕婴、住院病人照护等领域普遍存在从业人员短缺、专业化水平偏低、服务质量不稳定、服务缺乏监管等问题，尚不能满足人民群众日益增长的服务需求。从经济及收入支撑分析市场需求，根据国家统计局发布的数据显示，2021年我国人均GDP首次突破8万元大关，已经达到中等偏上收入国家水平,居民消费将从生存型向发展型转变,对健康的诉求更加凸显。健康照护师这一新职业主要是面向老年人、孕产妇、婴幼儿、残疾人和病人,提供生活照料、预防保健、营养改善、康复护理、心理慰藉等服务,在市场上非常具有竞争力。健康照护师职业为破解家政服务行业结构性矛盾,化解"有老有小"家庭健康照护难题带来希望,必将成为新兴热门职业,市场需求量和从业数量将呈现井喷式增长,发展前景广阔。据有关预测数据,未来5年我国健康照护师市场需求量在500万人以上。

### (四)未来发展趋势

近现代以来信息技术革命给人类的生活方式带来了翻天覆地的变化,人类对医疗健康的需求日益增加并逐步发生改变,这给医疗卫生行业带来了前所未有的挑战。信息技术作为改变人类生活方式的革命性技术,可实现对医疗卫生行为和医疗卫生模式的优化。从初步尝试到广泛应用,再到医疗流程的再设计,许多发达国家已将信息技术渗透至医疗卫生服务的各个层面,信息技术成为推动医疗卫生行业转型和发展的动力和源泉,智慧医疗的概念由此而来。智慧医疗可以有效应对医学知识及临床信息爆炸性增长的冲击,满足广大病患对高质量医疗卫生服务的需要,缓解社会压力,降低卫生支出。智慧医疗逐渐开始在各个方面影响着人们的日常生活,相关职业也将应运而生。

## 二、婴幼儿与养老产业职业发展

### (一)婴幼儿与养老产业发展背景与兴起

近年来,全面二孩政策的落地与三孩政策的开放,进一步加大了家庭对社会育幼服务的需求,使得公共育幼服务成为当下众多家庭的一项刚性民生需求。与此同时,根据2020年第七次全国人口普查主要数据公报显示,我国60岁及以上人口为2.64亿人,占18.7%,其中65岁及以上人口超过1.9亿人,占13.5%。与2010年第六次全国人口普查相比,60岁及以上人口的比重上升5.44个百分点,65岁及以上人口的比重上升4.63个百分点。可以说,我国正进入中度老龄化社会,社会面临养老压力巨大。养老与育幼,作为两大基本民生工程,其服务成效对于家庭幸福、社会和谐和国家稳步发展有着重要意义。

### (二)职业分类现状和演变情况

在2022版《大典》中,与婴幼儿和养老产业相关的职业主要分布在居民服务人员和健康、体育和休闲服务人员之中,具体详见表 7-32。

表 7-32　　　　2022 年版《大典》中婴幼儿与养老产业相关的职业

| 编码 | 职业 |
|---|---|
| 4-10-01-01 | 婴幼儿发展引导员 |
| 4-10-01-03 | 保育师 |
| 4-10-01-04 | 孤残儿童护理员 |
| 4-10-01-05 | 养老护理员 |
| 4-10-01-06 | 家政服务员 |
| 4-14-01-00 | 医疗临床辅助服务员 |
| 4-14-02-01 | 营养师 |
| 4-14-02-02 | 健康管理师 |
| 4-14-02-03 | 生殖健康咨询师 |

人力资源社会保障部新增的职业中,与婴幼儿与养老产业相关的有 5 个,具体内容详见表 7-33。

表 7-33　　　　　　　新增婴幼儿与养老产业职业

| 职业 | 定义 |
|---|---|
| 4-10-01-01<br>婴幼儿发展引导员 | 在家庭及相关机构、活动场所,从事 3 岁以下婴幼儿早期发展引导、家庭日常生活照护等,并对婴幼儿照护者提供养育指导或咨询服务的人员 |
| 4-14-01-03<br>健康照护师 | 运用基本医学护理知识与技能,从事家庭、医院、社区及长期护理服务机构等场所照护对象的健康照护及生活照料服务的人员 |
| 4-14-01-04<br>呼吸治疗师 | 使用呼吸机、肺功能仪、多导睡眠图仪、雾化装置等呼吸治疗设备,从事心肺和相关脏器功能的评估、诊治与康复,以及健康教育、咨询指导等工作的人员 |
| 4-14-02-04<br>出生缺陷防控咨询师 | 从事出生缺陷防控宣传、教育、咨询、指导,提供出生缺陷发生风险的循证信息、遗传咨询、防控管理服务及康复咨询工作的人员 |
| 4-14-02-05<br>老年人能力评估师 | 为有需求的老年人提供自理能力、基础运动能力、精神状态、感知觉与社会参与能力测量与评估的人员 |
| 4-14-04-04<br>社群健康助理员 | 从事社群健康档案管理、宣教培训、就诊和保健咨询、代理、陪护及公共卫生事件事务处理的人员 |

## (三)行业典型职业案例——养老护理员

养老护理员是从事老年人生活照料、护理服务工作的人员,是养老服务的主要提供者、老年人生活的护卫者,国家惠老政策的具体执行者,是解决家庭难题、缓解社会问题、促进社会和谐的重要力量。然而长期以来,养老护理岗位面临着专业化程度不高、劳动强度大、薪酬低、缺少认同感的"低配"的困境。2019年人力资源社会保障部、民政部联合颁布《养老护理员国家职业技能标准(2019年版)》,较2011年版在放宽养老护理员入职条件、拓宽养老护理员职业发展空间、缩短职业技能等级晋升时间等方面做了重大修改,开展养老服务人才培训提升行动,确保到2022年年底前培养培训200万名养老护理员。2019年4月,国务院办公厅发布的《关于推进养老服务发展的意见》提出,建立养老服务褒扬机制,开展养老护理员关爱活动,加强对养老护理员先进事迹与奉献精神的社会宣传,让养老护理员的劳动创造和社会价值在全社会得到尊重。

### (四)未来发展趋势

为回应家长对于公共托育服务的强烈需求,2019年5月颁布的《国务院办公厅关于促进3岁以下婴幼儿照护服务发展的指导意见》中强调,要加大对社区婴幼儿照护服务的支持力度,到2025年,基本形成多元化、多样化、覆盖城乡的婴幼儿照护服务体系,满足人民群众对于婴幼儿照护服务的需求。"以居家为基础,以社区为依托"的社区居家养老服务是当前我国满足老年人需求的主要模式。2019年6月颁布的《国务院关于实施健康中国行动的意见》明确提出,要开展"完善居家和社区养老政策"与"推动健康服务供给侧结构性改革"两项工作,社区与养老服务的关系日益紧密。而我国目前托育服务仍以家庭照护为主。2020年12月颁布的《国务院办公厅关于促进养老托育服务健康发展的意见》明确表示,要优化居家社区服务,发展集中管理运营的社区养老和托育服务网络。可见,无论是现实需求,还是政策文本,都引发了如何进一步处理社区、养老与育幼服务间关系的思考。"一老一小"民生问题的有效解决,是推进当前国家治理体系与治理能力建设的有力保障。因此未来养老和育幼需要社区的更多参与,与其相关的职业将涌现。

## 三、休闲健康行业职业发展

### (一)休闲健康行业兴起和发展

健康是实现人的全面发展的必然要求,也是我国人民日益增长的美好生活需要的集中体现。党的十八大明确提出,健康是促进人民群众全面发展的必然条件,并坚持为人民健康服务的方向,坚持预防疾病为主,完善国民健康的政策。随着健康中国逐步升级至国家战略、民心工程,各地相继出台多项举措助力休闲健康产业发展,并将发展休闲健康产业作为促进当地经济结构转型升级、推进供给侧结构性改革的着力点，以及新的经济增长点。2016年10月25日，中共中央、国务院印发《"健康中国2030"规划纲要》。这是新中国成立以来首次在国家层面提出的健康领域中长期战略规划。据规划，到2020年，"健康中国"带来的休闲健康产业市场规模有望达到10万亿元。2030年将超过16万亿元，目前来看，我国休闲健康产业呈现蓬勃发展之势。

与此同时，我国居民收入水平不断提高，消费结构升级不断加快，人们对生活质量的要求日益提高，健康消费及相关消费需求迅猛增加，居民健康素养也飞速提升。据统计，2020年我国居民健康素养水平达到23.15%，比2019年提升了3.98个百分点，增幅为历年最大，休闲健康产业迎来了前所未有的机遇和广阔的发展前景。未来休闲健康行业将在健康旅游、人工智能、环保、体育、养老、保险、康复服务等多种细分领域有更多的商业模式或产品兴起，不断为人民的健康需求服务。

### （二）休闲健康行业职业分类现状和演变发展

由于20世纪末，群众对健康问题关注尚未普及，休闲健康行业从业人员数量较少，尚未形成一定规模的职业人群，故1999年版《大典》中关于休闲健康行业的职业亦不丰富，主要集中在第二大类专业技术人员中，如公共卫生医师、公共卫生医师等小类，具体职业名称包括公共营养师、健康管理师等，此外小类健身和娱乐场所服务人员中也有涉及，主要是康乐服务员、保健按摩师、保健刮痧师、芳香保健师等。

2015年版《大典》中，休闲健康行业职业进一步归合，将原属于第二大类专业技术人员的职业归并于第四大类社会生产服务和生活服务人员中，并主要分布于保健服务人员、健身和娱乐场所服务人员和健康咨询服务人员等小类中。其具体包括保健调理师、保健按摩师、芳香保健师、康乐服务员、公共营养师、健康管理师。此外，2021年公布的第四批新职业中，在保健调理师职业下增设藏药调理师工种；在芳香保健师职业下增设植物精油调理师工种；在公共营养师职业下增设营养指导员工种。

为进一步体现近年来休闲健康行业与旅游行业的深度融合，更加契合康养旅游等细分领域对从业人员的能力素质要求，2022年版《大典》中，将中类健康服务人员修改为健康、体育和休闲服务人员，对小类体育健身和娱乐场所服务人员予以修改，并新设小类康养、休闲服务人员，另在该小类下新设森林园林康养师和民宿管家两个新职业。

### （三）休闲健康行业典型职业案例——芳香保健师

芳香保健师作为休闲健康行业的典型职业之一，近年来受到许多高端酒店的青睐。芳香保健师是指使用天然芳香精油和其他芳香植物材料，运用香薰、水疗、按摩和精油调理等方法，进行宾客身心保健的人员。其工作内容主要包括：情景布置；配制保健茶、保健餐；进行保健护理，包括水疗操作、石疗、蜡疗、刮痧、拔罐操作、疗效音乐、精油按摩等。2021年，芳香保健师职业下增设植物精油调理师工种，昭示着该职业的从业人员规模进一步扩大，相关细分领域也有了进一步发展。

## 案例

### 芳香保健师的职业概况

随着社会文明的进步和人们生活水平的提高，现代人在生活、工作的双重压力下，更加重视自己的身心健康，同时也对各类保健服务提出了迫切需求。

芳香保健作为一种自然保健方法，能够缓解、消除人们的压力。它满足了现代人的"五感"要求，即：视觉（自然景观）、听觉（疗效音乐）、嗅觉（天然植物精油）、味觉（健康餐饮）、触觉（按摩呵护），从而达到身心放松与保健的目的。

2003年，世界卫生组织的一项调查报告显示，每100人中亚健康者就有70人。造成亚健康状况的主要原因是来自生活和工作的压力。这些压力如不能及时得到缓解和消除，会引发各种生理和心理方面的疾病。芳香保健作为专业护理服务，不仅能缓解人们的各种压力，而且对改善健康状况也有一定作用。社会对芳香保健的需求量很大。为此，芳香保健师作为一个新兴职业应运而生。

社会需求给芳香保健行业发展带来机遇，但由于芳香保健行业目前存在技术不规范、保健用品用具规格与质量要求不统一等问题，致使芳香保健服务的内容、形式和效果等都存在较大差异。国家将芳香保健师确立为职业，对规范从业人员的从业行为，提高从业人员职业能力，促进芳香保健行业向着有序、健康的方向发展有着重要意义。与此同时，芳香保健师职业的确立，将提供大量就业岗位，这对于缓解我国的就业压力具有积极意义。

目前，国内已有部分院校在开展芳香保健师的培训，培训的主要内容有：芳香保健的基本知识，天然植物精油的种类和疗效，精油按摩、SPA（水疗）和各种物理疗法的操作程序等。但与国外相比还有一定的差距。在国外，芳香保健已经发展得很成熟，拥有众多专业的芳香保健培训机构和相当规模的从业人员。

随着我国居民生活水平的不断提高和社会交往的不断扩大，预计今后三五年内，芳香保健将在我国形成一个广阔的市场，大量芳香保健师走上工作岗位，对于提升我国国民身心健康水平，全面建设和谐社会有一定的意义。

### （四）休闲健康行业职业未来发展趋势

从行业发展趋势看，未来休闲健康行业将进一步呈现"健康+"的休闲健康理念。具体而言，数字化将进一步赋能休闲健康行业的整体发展，"互联网+健康"将成为新时代休闲健康的主导产业，互联网医生、互联网相关人才需求亦将进一步扩张。此外，旅游、体育、保健等领域与休闲健康的交融将更加凸显，新职业或在该细分领域出现。

## 第四节　文化教育服务产业职业发展

### 一、文化创意行业职业发展

#### （一）文化创意行业兴起和发展

文化创意行业是一种在经济全球化背景下产生的以创造力为核心的新兴产业。国际社会普遍认为，文化创意行业是经济、文化、科技等相互融合的产物，具有高知识性、强融合性、高社会效益等特征。联合国贸易和发展会议指出，文化创意行业是以思维创意和知识资本的不断投入为基础，以一系列与知识相关的经济活动为核心，进行产品与服务的创作、生产和销售的循环过程。联合国教科文组织也认为文化创意行业包含文化产品、文化服务与智能产权三项内容。

从文化创意行业的核心生产要素看，它是依靠个人或团队的智慧、创意、技能和天赋，以知识产权的开发和运用为核心，借助高科技手段对文化资源进行产业化开发，并最终创造出高附加值产品的知识密集型产业。随着我国整体经济水平的持续提升，群众对于文化服务的需求也愈发旺盛。近年来，我国文化艺术市场蓬勃发展，公共展演场地等文化设施建设投入逐年提高，产业发展上除挖掘既有文化资源优势外，也开始重视文化创意产业的发展。文化创意行业作为一种新兴产业，不仅具有带动相关产业和区域发展的经济功能，还具备辐射社会进步、全面提升人民群众文化素质的社会文化功能。目前，文化创意行业细分领域分布十分广泛，主要涉及广播影视、动漫、音像、传媒、视觉艺术、表演艺术、工艺设计、雕塑、环境艺术、广告装潢、服装设计、软件和计算机服务等细分领域。未来，在数字化时代背景的驱动下，包括文化艺术、创意设计、广告传媒、软件服务在内的文化创意行业将会迎来更加广阔的发展空间，其中数字创意将成为最主要的创新爆发点和产业增长点。

## （二）文化创意行业职业分类现状和演变发展

文化创业行业就业方向主要有四大类：一是文化艺术，包括表演艺术、视觉艺术、音乐创作等；二是创意设计，包括服装设计、广告设计、建筑设计等；三是传媒产业，包括出版、电影及录像带、电视与广播等；四是软件及计算机服务。从职业分类角度看，在1992年版《工种目录》中，与上述从业人员相关的工种主要有舞台灯光照明工、化妆工、剧装工、雕塑翻制工、壁画制作工、油画外框配制工、字画装裱工、版画制作工、装饰美工、缩微摄影工、缩微胶片处理工、缩微品检验工等。其多以技能见长，对知识、科技和创意运用的尚不充分。

随着行业规模的不断扩展，文化创意行业从业人员数量也有了相对快速提升，相对稳定、成熟的职业类型逐渐浮现。1999年版《大典》中，文学艺术工作人员分列于第二大类专业技术人员中，成为我国职业分类中的重要组成部分。具体而言，与文化行业相关的职业主要包括文艺创作和理论人员、编导和音乐指挥人员、演员、乐器演奏员、电影电视制作及舞台专业人员、美术专业人员、工艺美术专业人员、其他文学艺术工作人员等小类；相应地，具体职业主要涵盖了文学作家、曲艺作家、文艺评论员、电影电视制片、戏剧制作人、雕塑家、书法家、陶艺家、特种工艺设计人员、陈列展览设计人员等。这一时期，文化创意产业从业人员的专业性大幅提升。

2015年版《大典》中文化创意行业职业分布较为广泛，主要囊括在文学、艺术学研究人员，文艺创作与编导人员，音乐指挥与演员，电影电视制作专业人员，舞台专业人员，美术专业人员，工艺美术与创意设计专业人员，记者，编辑，校对员，播音员以及节目主持人，翻译人员，图书资料与微缩摄影专业人员，群众文化活动服务人员，广播、电视、电影和影视录音制作人员等小类中。由于涉及职业过多在此不一一列举，但总体上包括五类：一是科学研究人员；二是文学艺术、体育专业人员；三是新闻出版、文化专业人员；四是信息传输、软件和信息技术服务人员；五是文化、体育和娱乐服务人员。

2022年版《大典》中又对文化创意行业进行了增补。如在信息传输、软件和信息技术服务人员中新设数字化解决方案设计师、密码技术应用员、数据库运行管理员、信息系统适配验证师、数字孪生应用技术员、虚拟现实产品设计师等，文化创意行业职业的数字化程度进一步显现。

## （三）文化创意行业典型职业案例

人工智能、大数据、虚拟现实等技术服务是文化创意行业的重要细分领域，也是近年来最热门的从业方向。以人工智能训练师为例，它是指使用智能训练软件，从事人工智能产品使用数据库管理、算法参数设置、人机交互设计、性能测试跟踪等工作的人员。其主要工作任务包括：标注和加工图片、文字、语音等业务的原始数据；分析提炼专业领域特征，训练和评测人工智能产品相关算法、功能和性能；设计人工智能产品的交互流程和应用解决方案；监控、分析、管理人工智能产品应用数据；调整、优化人工智能产品参数和配置。

此外，全媒体运营师也是2020年第二批新职业中与文化创意行业密切相关的职业之一，是指综合利用各种媒介技术和渠道，采用数据分析、创意策划等方式，从事对信息进行加工、匹配、分发、传播、反馈等工作的人员。其主要工作任务包括：运用网络信息技术和相关工具，对媒介和受众进行数据化分析，指导媒体运营和信息传播的匹配性与精准性；负责对文字、声音、影像、动画、网页等信息内容进行策划和加工；将信息载体向目标受众进行精准分发、传播和营销；采集相关数据，根据实时数据分析、监控情况，精准调整媒体分发的渠道、策略和动作；建立全媒体传播矩阵，构建多维度立体化的信息出入口，对各端口进行协同运营。

## 案例

### 什么人才可以成为人工智能训练师？

人工智能训练师是近几年来伴随着人工智能的发展所兴起的一个新职业。简而言之，人工智能训练师的职责范围可概括为通过数据端的整理归纳和分析优化，训练机器模型，使人工智能越变越"聪明"。具体说来，人工智能训练师需要解读业务知识和需求，明确AI的落地场景，根据不同的技术实现逻辑提供相应的结构化数据。

对应这些工作职责所需要的能力有哪些呢？

一是人工智能训练师需要很强的逻辑分析能力。分析原始文档的时候，人工智能训练师需要根据不同数据类型、数据质量采用不同的数据处理流程，而且在每个流程中，都需要通过实时情况来及时调整下一步的策略。在AI机器人正式上线启用后，也会需要应用逻辑分析能力去查看上线后的数据情况，并作出判断，提供数据端的解决方案。

二是需要有很强的归纳总结能力。由于人工智能训练师的岗位诞生时间不久，并不像其他职业那样有一套非常完整的培训体系或方法论，各个公司基本都是处于一边摸索一边总结的状态。因而，归纳总结能力可以很好地帮助人工智能训练师们形成书面的方法论，复用数据并提高效率，达到事半功倍的效果。在方法论的基础上，也可以在新员工培训和客户培训等方面有所积淀。

三是表达和沟通能力也是一个很重要的考察项。这主要是因为在人工智能商业场景落地过程中，人工智能训练师时常需要扮演一个"布道者"的角色，为人工智能的使用者提供培训和使用指南。在这个过程中，如何清晰地让对方了解人工智能，真正使用好人工智能，是需要很强的表达和沟通能力的。

四是如果能够对某一垂直领域的业务有比较深入的了解，可作为一个加分项。这会使人工智能训练师在数据处理或与客户沟通过程中，熟知客户的真实痛点。在处理业务数据的时候也能更为得心应手。

### （四）文化创意行业职业未来发展趋势

从文化创意行业发展趋势看，未来行业将呈现高科技性、高融合性、高原创性的特征。因此，相关细分行业也将对符合上述特性的人才群体产生较强的需求。具体来看，数字出版、创意设计、网络增值服务、动漫网游、数字演艺、科技文化会展、高科技文化软件等领域的人才需求和供给均会增强，相应职业群体规模亦将进一步扩大。

## 二、旅游行业职业发展

### （一）旅游行业兴起和发展

我国幅员辽阔、地大物博，历史悠久、文化绵长。丰富的自然环境、人文景观和文化底蕴，为旅游行业发展奠定了坚实的资源基础。随着社会不断的发展和人民生活水平的高幅提升，人民群众在满足了基本的生活需要之后，开始把更多的时间和金钱成本投入精神层面的消费。20世纪末，旅游业成为我国重点扶持发展的新兴产业之一，相关产业规划对其发展目标和发展阶段有了较为清晰的设计。如《旅游事业的发展规划（1986—2000）七五计划》明确提出，到2000年我国要成为世界上旅游业比较发达的国家之一；1996年《中国旅游业发展"九五"计划和2010远景目标纲要》提出，到2000年我国旅游业应占GDP的5%，到2010年达到8%，成为我国新兴的支柱产业。在此背景下，旅游业的崛起势不可挡。

在规划引导和政策激励下，旅游业迎来全面发展的战略机遇期。21世纪以来，我国旅游业飞速发展，基本保持高增长态势。2019年，国内旅游人数60.06亿人次，收入57251亿元人民币，相较2011年分别增长127.41%和196.56%。2020年年初，新冠肺炎疫情的暴发无疑给我国旅游市场带来了巨大的冲击。为防止疫情扩散，线下业务基本切断，各大景区暂停开放，酒店机票退订激增，旅游业呈现断崖式下跌。《中华人民共和国文化和旅游部2020年文化和旅游发展统计公报》显示，2020年，全年国内旅游人数28.79亿人次，比上年同期下降52.1%。国内旅游收入22286万亿元，同比下降61.1%（如图7-1所示）。面对突发事件，各级行业主管部门积极应对，出台了一系列扶持政策帮助缓解旅游机构及企业的短期压力，促进旅游业恢复发展甚至是转型升级。旅游机构及企业也开始探索新的产业类型和服务模式，如"云旅游""无接触服务"等。目前，全国旅游行业总体运行较为平稳，文化地理与智慧旅游等"互联网+旅游"模式成为未来旅游行业发展的热点。

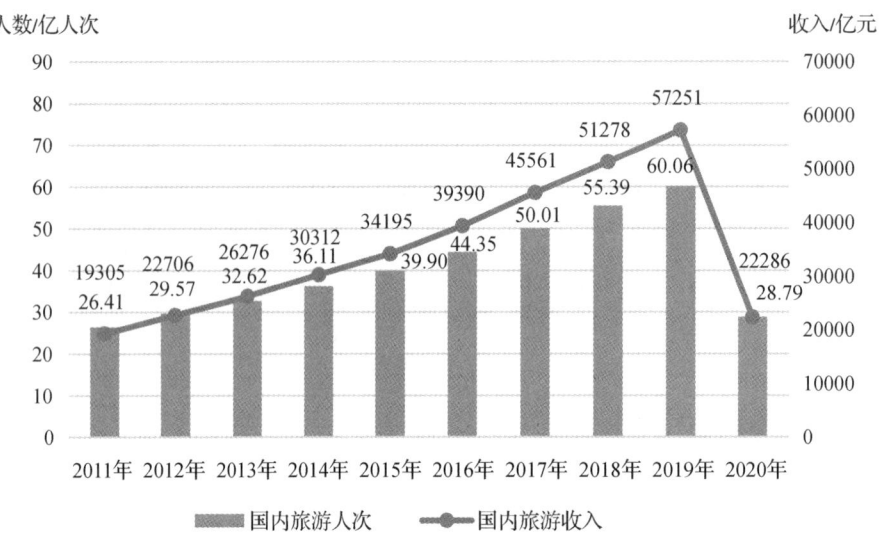

图7-1 2011—2020年国内旅游业发展情况

资料来源：《中华人民共和国文化和旅游部2020年文化和旅游发展统计公报》。

## （二）旅游行业职业分类现状和演变发展

目前，我国旅游行业业已全面融入国家战略体系，成为国家经济社会发展的战略性支柱产业。根据《"十三五"旅游人才发展规划纲要》提出的目标，到2020年，旅游行业业直接从业人数由"十二五"末的2798万人达到3300万人，旅游人才数量由"十二五"末的670万人达到825万人。相应地，旅游行业职业类型也从单一向复合转变。

根据1992版《工种目录》，与旅游行业相关的工种主要收录在旅游类别中，具体包括调酒师、收银审核员、客房服务员、前厅服务员、康乐服务员、订票员、宾客行李员、餐具清洗工、公共区域保洁员、外币兑换员、导游员等，都与旅游行业直接或间接相关。而在1999年版《大典》中，与旅游行业相关的职业主要分布于旅游及公共游览场所服务人员小类中，具体包括导游、公共游览场所服务员、展览讲解员、插花员、盆景工、假山工、园林植物保护工、观赏动物饲养工、其他旅游及公共游览场所服务人员等。与《工种目录》相比较，1999年版《大典》排除了上下游行业（如餐饮、酒店行业）工种类型。

伴随旅游服务行业的精细化发展，各细分行业从业人员规模不断扩大，因此相关职业分类也更加细化。2015年版《大典》中，与旅游行业服务相关的职业主要集中于旅游及公共游览场所服务人员小类中，包括导游、旅游团队领队、旅行社计调、旅游咨询员、公共游览场所服务员和休闲农业服务员等。这一小类的职业分类较1999年版《大典》比，更贴近旅游业务核心，将展览讲解员、插花员、盆景工、假山工、园林植物保护工、观赏动物饲养工等排除，旅游行业职业类型进一步精细化、专业化。

近年来，在"互联网+旅游""+旅游""旅游+"等创新、融合发展理念指导下，定制旅游、研学旅游等新型旅游产品热销，旅游行业职业分类也呈现了新特征。如在2022年版《大典》中，职业旅行社计调下设旅游定制服务师工种，新设职业研学旅行指导师。

## （三）旅游行业典型职业案例

### 1. 研学旅行指导师

研学旅行指导师是指策划、制定、实施研学旅行方案，组织、指导开展研学体验活动的人员，在2022年版《大典》中定位于教育服务人员小类，主要工作任务包括：收集研学受众需求和研学资源等信息；开发研学活动项目；编制研学活动方案和实施计划；解读研学活动方案，检查参与者准备情况；组织、协调、指导研学活动项目的开展，保障安全；收集、记录、分析、反馈相关信息。该职业是教育服务与旅游服务融合发展的产物，体现了人民群众日益丰富的精神文化需要以及对高质量旅游教育服务的需求。

### 2. 旅游定制服务师

旅游定制服务师是旅行社计调职业下设工种，是指在旅行社中，从事旅游服务的采购、计价，旅游产品设计与实施，旅游业务协调、服务监控、费用结算等工作的人员，主要工作任务包括：实地考察旅游线路，根据游客特点和市场需求，设计、完善旅游产品；对交通、住宿、餐饮等相关旅游服务进行询价、预订，及支付定金；核算旅游成本，确定旅游产品价格；制订旅游产品市场营销推广方案，采集旅游产品市场信息；安排跟团导游或领队，并按照旅游线路产品要求分解落实行程安排；协调处理出团过程中的突发事件；清查、落实、结清团款和临时发生账目等费用。从目前发展情况看，旅游定制师队伍发展呈现高学历、年轻化、高收入的态势。

## 案例

### 旅游定制师开启3.0时代

随着国内经济的高速发展，传统旅行社提供的跟团游产品已经无法满足消费者出行自由和玩法多样等需求，消费升级催生出人们个性化、多元化旅行需求增长。为此，越来越多的年轻人倾向于选择旅游定制师。

据一位旅游定制师表示："对客户来说，我们为其制作的路书和制定的行程，就像是让他们遇见一场期待中的惊喜，这个惊喜是定制师或者各种攻略提前告诉你的，但是真正遇见是需要客户自己亲自去体验的，如果没有实际到达目的地，无法切身感受这种惊喜。"

在旅游定制师人才队伍方面，已初显高学历的态势。据携程定制旅行平台对平台6 000多名旅游定制师的调研发现，大专学历的旅游定制师比例最高，占比达48%；本科学历占比为38%；高中及以下学历的旅游定制师占比10%左右；硕士以上学历的旅游定制师占比达3%。携程旅游学院首批结业学员中有20%的学员具有硕士以上或海外留学背景。2018年，携程定制旅行平台推出了"旅游定制师岗前认证制度"和"社会化旅游定制师培养计划"，只有取得上岗证才能服务用户。旅游定制师还走进高校成为一门新专业。最近，携程旅游学院、上海旅游高等专科学校合作开发旅行定制服务微专业，共同研发课程体系，组建教学团队，联合颁发旅游定制师证书。

在年龄方面，旅游定制师备受年轻人尤其"95后"的追捧。旅游定制师职业中，"95后"占比最高，达34.8%。年轻、会玩、思维活跃成为这一群体的标签。同时，旅游定制师新颖的工作内容与工作方式也是吸引"95后"的重要原因。"90后"旅游定制师占比达31.9%，"80后"在旅游定制师中已经成为老大哥。年轻人追求个性化的创新意识，在玩法上也更为大胆，与定制用户追求个性化、好玩儿的需求也十分契合。

从收入来看，一对一创造性的工作内容也决定了旅游定制师可观的收入。数据显示，旅游定制师平均月收入在9 000元，超过全国白领平均工资。一些转化率高、服务好的头部旅游定制师，平均月薪可达到3万~4万元，可以说是一种多劳多得的职业。据携程定制平台统计显示，做得最好的旅游定制师凭一己之力一年可以创造出数千万的交易额。

### (四) 旅游行业职业未来发展趋势

在国民经济和社会发展规划中,旅游行业等第三产业的发展越来越重要。在"十四五"规划中共有28处提及"旅游",体现出旅游行业高质量发展与经济社会整体发展的强关联性。《"十四五"旅游业发展规划》作为第八个旅游业发展五年规划,为我国旅游业高质量发展明确了基本路径,提出六个方面的发展要求,即"优质发展、创新发展、融合发展、统筹发展、绿色发展、共享发展"。为此,旅游行业对从业人员的能力素质结构需求亦将有所调整,以匹配高质量发展的路径要求。从职业发展角度看,旅游行业职业未来大体呈现以下三方面态势:

一是创新驱动,数据赋能,"互联网+旅游"等智慧旅游深化发展。伴随新冠肺炎疫情防控常态化影响和数字化技术应用场景更加广阔,线上旅游将成为又一产业增长点。相应地,虚拟旅游工程师、数字旅游工程师等人员需求增长旺盛。

二是产业融合,供给丰富,"旅游+"和"+旅游"等多产业融合发展新局面形成。未来,旅游业与农业、健康和教育等相关行业的交汇融合程度也进一步加深,"乡村旅游""康养旅游""研学旅游"等新型旅游产品和运营模式逐渐成为该行业的增长热点。而与此相关的新工种、新职业也将逐步孕育产生。

三是大众旅游,产品多样,人民群众多层次、多样化旅游消费需求得到更好满足。如以更加符合消费者个性需求的"定制化旅游"进一步发展。这一趋势已在2022年版《大典》中中有了明显体现,如在职业旅行社计调职业下设工种旅游定制服务师等。

## 三、教育行业职业发展

### (一) 教育行业兴起和发展

教育是解决贫困问题的治本之策,是关系国家经济发展、社会长治久安和未来民族振兴的基础工程。改革开放以来,我国经济增长主要依靠资源、资金和廉价劳动力推动。而在科学技术日新月异的时代背景下,作为科技创新主体的人力资本逐渐成为经济社会发展的关键驱动力。

教育作为培养人力资本的事业,关系着一个国家和地区人才培养、科技创新、社会服务等诸多领域的发展。党中央始终高度重视教育发展,1995年5月,江泽民同志在全国科技大会讲话中提出实施"科教兴国"战略,确立"科技和教育是兴国的手段和基础"的方针。作出"优先发展教育,建设人力资源强国"的战略部署,并制定了《国家中长期教育改革和发展规划纲要(2010—2020年)》。该中央文件不仅提高了各级领导干部对科技和教育重要性的认识,也为教育行业提供了前所未有的发展机遇。

经过长期努力，我国建成了世界上最大规模的教育体系，2020 年全国一般公共预算支出中，教育支出占比达到 14.8%，亿万人民受教育权利得到保障。

伴随人民素质水平的整体提升，群众对获得更高质量教育服务的需求更加迫切。基于此，《国家中长期教育改革和发展规划纲要（2010—2020 年）》明确指出，除政府财政投入外，社会投入也是教育投入的重要组成部分，要充分调动全社会办教育的积极性，扩大社会资源进入教育途径，健全以政府投入为主、多渠道筹集教育经费的体制，大幅度增加教育投入。在上述时代背景和社会需求下，教育服务行业异军突起，发展迅猛，形成了包括幼儿教育、中小学教育、职业教育、语言学习、才艺培训、企业培训等细分市场。

2021 年 7 月 24 日，中共中央办公厅、国务院办公厅印发了《关于进一步减轻义务教育阶段学生作业负担和校外培训负担的意见》（以下简称"双减"），要求校外培训机构不得占用国家法定节假日、休息日及寒暑假组织学科类培训；学科类培训机构一律不得上市融资，严禁资本化运作等。随着"双减"全面落地，校外培训机构野蛮生长的乱象得到有效治理，学科教培市场重新转型，素质教育市场迎来史无前例的发展机遇。与此同时，职业教育和幼儿教育也或将成为新时代教育服务的发展重点。

### （二）教育行业职业分类现状和演变发展

教育行业从业人员始终是我国专业技术人员队伍的主力军，其职业内容相对固定，各类型职业的内涵边界也较为清晰。因此，教育行业职业分类在设立和演变发展过程中的路径相对明确。

从职业分类角度看，1999 年版《大典》中，与教育行业相关的职业主要包括高等教育教师、中等职业教育理论教师、其他中等职业教育教师、中学教师、小学教师、幼儿教师、特殊教育教师等。

随着 2006 年《中华人民共和国义务教育法》正式通过，中小学教育多被共同提及。因此，2015 年版《大典》中，中学教育教师与小学教育教师被合并在中小学教育教师这一小类中。具体来看，2015 年版《大典》中，与教育行业密切相关职业主要包括高等教育教师、中等职业教育教师、中学教育教师、小学教育教师、幼儿教育教师、特殊教育教师等。此后，2020 年第三批新职业中明确新设在线学习服务师职业。2021 年第四批新职业又将职业培训师列为新职业之一。同时，将创业指导师职业下设的企业培训师工种调整为职业培训师职业下设的工种。

2022 年版《大典》中，特别关注到教育行业职业的归合和统一，如修改教育服务人员这一小类，并将在线学习服务师这一职业划归到小类教育服务人员。此外，教育服务人员小类中新增职业另有 3 个，分别为国防教育辅导员、家庭教育指导师、研学旅行指导师。

### (三) 教育服务行业典型职业案例——在线学习服务师

作为 2015 年后公布的第三批新职业，在线学习服务师成为社会关注的热点。在线学习服务师是指运用数字化学习平台（工具），为学习者提供个性、精准、及时、有效的学习规划、学习指导、支持服务和评价反馈的人员。其主要工作任务包括：对学习者进行学情分析，提出针对性的学习规划和学习建议；提供全方位、全周期的个性化指导支持和课程管理服务，解决学习者学习过程中的技术、内容、方法等问题；管理在线学习班级，为学习者建立和维护在线交互社群，激发学习者的学习动机，提高学习兴趣；运用分析和评价工具对学习者的学习活动和学习成果进行综合评价并及时反馈；根据学习者体验，对学习平台、学习工具、学习资源等提出优化建议。

### 案例

**行业首份调研报告发布 "在线学习服务师" 促进教育普惠化**

根据北京师范大学统计学院联合作业帮共同发布的《2020 年在线学习服务师（辅导老师）新职业群体调研报告》（以下简称《报告》），从职业群体特征看，在线学习服务师的主力军是 "95 后"，且九成以上为大学本科及以上学历。

直播大班课上，"主讲老师+辅导老师"（在线学习服务师）的 "双师制" 已成主流，主讲老师通过大屏幕在线直播授课，同时听课人数可达数千人，形成规模效应，使得跨区域的优质教育资源共享成为可能。但这种 "一对多" 模式也存在诸多问题，如课程完课率不高、学习效果难以评估、缺乏反馈渠道、无法实现个性化学习等。为了缓解这些矛盾，辅导老师应运而生，他们主要负责督促学习行为、课后一对一沟通答疑、协助制定学习规划等。2020 年受到新冠肺炎疫情的影响，全国大中小学开学推迟，2.65 亿在校学生普遍转向线上课程，在线教育尤其是中小学在线教育行业迎来爆发式增长。据测算，目前，仅 K12 头部十余家在线教育机构辅导老师的人数已接近 10 万。

《报告》指出，在辅导老师从业人员中，"95 后" 是主力军，占比 75.39%，其中，1996 年出生的从业人员人数最多，占总人数的 24.16%；1990—1994 年出生的从业人员占总人数的 23.81%；"85 后" 的从业人员占总人数的 0.8%。根据调研问卷，辅导老师从业人员的男女比例为 1∶2.4，女性居多。

在学历分布上，目前行业中 99.21% 的从业人员拥有大学本科及以上学历，其中硕士学历占总人数的 1.65%。高中辅导老师本科学历为一本的占比最高，为 66%，小学辅导老师中师范类院校毕业占比22%。此外，有25.31%的从业人员已经考取了教师资格证。

## （四）教育行业职业未来发展趋势

### 1. 素质教育领域或将有更多人才需求

随着社会经济的大力发展和国民教育水平的整体提高，人们更重视实现孩子的全面发展，因此，素质教育将会成为今后教育行业的蓝海。艾瑞咨询发布的《2021年中国素质教育行业趋势洞察报告》显示，2021年中国素质教育行业市场规模为5 050亿元人民币，市场规模增速将达到55.8%。因此，科学、编程、益智、故事、口才、美育、书法、棋道等素质教育相关领域的教育人才需求将会迅速增长，待从业人员规模相对稳定后或将酝酿新职业出现。

### 2. 职业教育服务职业类型或将进一步丰富

职业教育包括学历职业教育和非学历职业教育两个方面。随着教育增强普惠导向以及在线职业教育模式的推广，无论是以中等、高等职业教育为主的学历职业，还是以企业管理、职业技能和职业考试为主的非学历教育，其下沉市场潜力均较大。因此，包括职业技术实训指导专业人员在内的职业教育服务职业或工种类型也将进一步充实丰富。

### 3. 在线教育模式或将涌现更多新职业

从教育服务供给形式上，在线教育或成为新时期主流教育模式。2020年新冠肺炎疫情暴发以来，无论是高等教育，还是中小学教育，抑或是其他成人继续教育，都拓展了线上授课的模式。从授课效果看，目前，授课对象对信息化手段教学的可接受度较高，学习效果也与线下授课区别不大，加之其具备降低时间、空间影响的明显优势，有利于推进教育服务均等化。因此，线上授课或可成为未来教育服务供给手段的重要一类。目前，在线学习服务师已成为新职业之一。未来，在线教育领域或将涌现更多需要兼具技术水平与教育能力的新职业或新工种。

# 第八章 信息技术与数字职业发展

## 第一节 信息技术与职业发展

### 一、信息通信产业发展与职业更新

#### (一) 信息通信产业概况

"十三五"时期，我国信息通信产业发展较快，在经济社会中的战略性、基础性、先导性地位更加凸显，具体表现为：该时期规划的主要目标按时完成，网络服务能力迅速提高，业务应用蓬勃发展，信息通信技术与经济社会加速融合，行业治理能力显著提升，安全保障能力持续增强，数字红利持续释放，稳投资、扩内需和增就业等作用越来越明显。

**1. 信息产业综合实力再上新台阶**

（1）通信产业方面

2021年，我国通信产业总体收入呈上升趋势，累计收入达1.47万亿元，同比增长8.0%。其中，基于云计算、大数据、数据中心等技术的新型数字化产业发展迅速，收入同比增长27.8%，其对通信产业的收入增长贡献率高达44.5%。另外，固定电话、移动通信、数据通信和互联网产业占通信业务总收入的61.5%。同时，我国通信产业用户规模不断扩大。到2021年年底，国内移动电话用户达16.43亿户，普及率为116.3部/百人，4G、5G用户数合计占移动电话用户数的86.7%；高带宽用户比例持续提高，固定宽带用户达4.98亿户，网络接入速度达到100 Mbit/s以上用户占宽带用户总数的93%，为经济社会数字化转型奠定了良好基础。

（2）软件和信息安全产业方面

2021年，我国软件和信息安全产业发展迅速，经济收入明显提高。其中，软件技术产品收入24 433亿元，占比25.7%，同比增长25.7%；信息技术服务收入60 312亿元，占比63.5%，同比增长20.0%；信息安全技术服务收入1 825亿元，占比1.9%，同比增长13.0%。

（3）互联网产业方面

2021年，互联网产业创新发展，互联网平台服务行业收入达5 767亿元，互联网接入技术及服务行业收入444.4亿元，互联网数据应用及服务行业收入达258.3亿元，移动互联网接入流量2 216亿吉字节（GB），其用户月均接入流量为13.36吉字节/（户·月），且12月平均每户的上网流量达到14.72吉字节，创历史新高。

### 2. 基础网络供给和服务能力显著提高

为了推进国家大数据中心的发展，构建云网融合的新型基础设施，提升社会数字化转型的供给能力，信息通信业加快"双千兆"建设。截至2021年年末，我国已建成了全球最大5G网络，覆盖了全国所有地级市城区、超过98%的县城城区，以及80%的乡镇镇区。

我国拥有全球规模最大、数量最多的光纤宽带网络，5G基站数量占全球基站总量的60%以上，光纤及4G网络覆盖全国行政村占比超过99%，丰富的网络资源为全面打赢脱贫攻坚战提供了网络保障。我国现有国家级互联网骨干直联点14个，新型互联网交换中心试点3个。国家通信网络服务水平不断提升，数据中心规模持续扩大，能效水平显著提高。我国固定网络和移动网络资费下降的同时，平均下载速率大幅度提高，推动了互联网生活服务的规模化推广，促进互联网向新模式、新应用、新业态方向创新发展。信息通信技术和大数据资源的创造性运用，有效保障了新冠肺炎疫情防控形势下的复工复产。

### 3. 信息技术赋能传统行业，数字化转型步伐加快

"十三五"时期，我国5G行业应用处处开花，覆盖交通运输业、制造业等20多个国民经济行业，应用环节从生产辅助逐步向核心渗透，"5G+工业互联网"的典型应用场景逐渐规模化，物联网终端广泛应用于智慧交通、智能制造、智慧城市、智慧医疗等领域。

"十四五"时期，我国数字经济发展转向新阶段。以互联网、移动通信网、物联网等现代信息网络为重要载体的数字经济成为国家和地区发展的焦点，以数字驱动的创新企业正成为构建新发展格局的重要内容。

### 4. 机遇与挑战并存

"十四五"时期，伴随数字经济发展，新一代信息通信产业将成为我国在新发展阶段所形成的新发展格局中的核心力量，在现代产业经济体系建设中的支撑和引导作用越来越强，中央与地方各级政府均在加强部署，持续推进数字经济创新发展。在多方

合力作用下，新一代信息技术产业持续释放动能，这是历史新机遇。

我国信息通信产业已取得显著成就，但与人们对美好数字生活的需要仍存在一定差距，也面临新挑战，具体体现在：一是我国信息基础设施区域发展不平衡，国际海缆、卫星通信网络和云计算设施布局待完善；二是我国信息通信技术与生产环节的融合应用程度不足，产业创新生态不够完善，技术和数据等要素价值未充分开发；三是行业法律法规制度不够完善，行业管理能力和数字经济创新发展的适应性尚待提高，与国家治理体系和治理能力现代化要求存在差距；四是网络安全保障体系尚有不足之处，要持续强化提高网络安全能力，提高网络安全产业的供给水平。

### （二）信息通信产业未来发展

未来一个时期内，我国信息通信产业要实现发展水平显著提升的目标，体现在互联、绿色、智能、安全的新型数字基础设施基本建成，信息通信行业整体规模进一步扩大，成为建设制造强国、网络强国、数字中国的重要基础。具体规划目标包括以下六个方面。

#### 1. 进一步提高优化基础设施系统水平

提高骨干网络智能化资源调度水平、优化互联互通架构，形成低、中、高速协同发展的移动物联网综合生态体系，稳定通信网络基础设施保持国际先进水平。

#### 2. 布局数据中心协调发展

实施"东数西算"工程，不断提高算力水平，推动数据中心合理布局、优化供需、绿色集约和互联互通，使数据中心布局实现协调发展。增强人工智能、区块链等服务能力，使数据和算力协同发展，逐渐形成智能化的算力设施体系。

#### 3. 建成一批有影响力的工业互联网平台和公共服务平台

实现重点高速公路和城市道路蜂窝车联网的规模覆盖，基本建成覆盖各地区、各行业的高质量工业互联网网络，融合基础设施建设实现重点突破，服务水平得到提高，工业互联网标识解析体系更健全，逐步建成一批有影响力的工业互联网平台和公共服务平台。

#### 4. 提升数字化应用水平

促进信息通信技术与经济社会各领域深度融合，提升数据利用率。扩展工业网络创新应用领域，持续增加"上云""上平台"企业数量，提升社会治理和公共服务数字化、智能化水平。

### 5. 行业治理和用户权益保障能力实现跃升

搭建网络协同管理平台，提高网络运行能力和应急保障能力，提升行业服务水平，增强基础管理能力、市场监管能力，完善监管政策标准制度，提高使用者权利保护能力，畅通网民诉求表达及权益保障渠道，用户个人信息保护力度不断加大。

### 6. 提高网络保障能力和数据安全保障能力

显著提升新型数字基础设施集成安全保障能力和网络数据安全治理能力，健全行业关键信息基础设施安全保障体系。提高网络安全通信保障水平，使防范化解网络安全风险机制更加有效，网络安全产业更具实力。

## （三）信息通信产业职业特点及新职业特征与发展趋势

### 1. 信息通信产业职业特点

科技进步推动经济发展，随着数字经济纵深发展，信息通信技术与各行各业创新融合，对信息软件传输及信息技术服务等相关人员的需求越来越高。

信息通信产业职业主要包括数字化产业相关职业和产业数字化相关职业。

数字化产业相关职业主要面向数字经济重点产业，如现代通信、云计算、大数据、人工智能、物联网、区块链等，要求从业人员具备相关领域数字产品设计研发、服务及解决方案的专业知识、技能和经验，同时因为产业技术更新迭代较快，对于学习能力、创新能力等有更高要求。

产业数字化相关职业主要面向传统产业数字化转型升级领域，如智能交通、智慧能源、智能制造、智慧城市、智慧教育、智慧医疗、智慧文旅等。这类职业主要以复合型、创新型为主要特点，对从业人员能力要求主要包括预防性维护，数字孪生，数字化互联、流程可视化、自动化，大数据驱动的流程、质量、资源优化，综合规划管理等方面。因产业数字化具有基础性较强、覆盖面较广、发展速度较快、影响程度较深的特点，这给领域内人才培养带来极大挑战。

### 2. 新职业特征

信息通信产业快速发展催生新职业，如数字化解决方案设计师、数字孪生应用技术员、机器人工程技术人员、数据安全工程技术人员等。这些新职业的特征如下：

（1）面向新技术、新业态、新经济等领域

数字社会建设对新职业提出新需求，体现了经济社会的转型升级，信息通信产业在居民日常生活中重要性越来越大，其飞速发展也为推动数字经济社会建设带来了新动能。

（2）对从业人员的职业素养有新要求

2022年6月，人力资源社会保障部发布的新职业对从业人员的数字素养和技能有明确要求，掌握一定的信息通信技术已成为从业人员的基本能力，信息通信技术人才的培养也成为社会发展的必然要求。

（3）信息通信产业从业人员的薪资待遇较高，就业压力较小

数字社会的建设为信息通信产业带来良好的就业前景。信息通信产业作为数字社会建设的重要支撑产业，人才缺口大，就业前景广，从事相关职业已成为更多人的选择。

### 3. 新职业发展趋势

数字经济的发展引领产业变革。科技驱动产业发展，数字产业化、产业数字化已成为现阶段我国产业发展的重要特点。新型信息技术作为数字经济发展的基本工具，产生的应用价值越来越高，这些技术不断重塑产业链、价值链，推动企业转型升级，对就业市场也带来了深刻影响。

人们原有的劳动方式、潜在的职业需求都因为数字经济时代下的数字化和智能化特点得到更大程度的释放。在对传统劳动方式与空间进行不断挤压的状态下，新的职业增长及职业结构都发生着裂变和重组。这为人才培养工作带来新挑战，同时也指明了新方向。

在我国数字经济环境不断发展成熟的过程中，约有1亿个劳动力需更换职业，充分融入以数字经济环境为背景的新职业中。机器换人和就业向服务业领域转移是新职业的发展趋势。

信息通信产业的发展为中西部地区带来了更多的就业机会，随着"东数西算"工程的快速推动，新职业对地域、交通等因素的依赖性显著降低，中小城市的优势逐渐凸显，新职业从业人员可以利用弹性化时间完成碎片化工作任务。

新职业将提高对劳动者素质和人才培养体系的要求，未来的劳动者必须具备更高的数字素养和技能。未来大多数工作都要求劳动者具有比具体工种技能更高的认知技能，具体表现在工程、数学等方面的综合素质。而人才培养又具有一定的周期性与滞后性，不太容易实现与社会发展所需的实时匹配。今后许多职业都是目前没有且无法预测的，所以要加强综合素质教育，不断提高人才培养和社会需求之间的匹配程度，使劳动者具有足够的知识储备和良好的综合素质，更好地应对未来社会的发展要求。

## 二、信息技术与电子通信职业发展

电子信息产业是我国战略性发展产业，5G、工业互联网、物联网、人工智能和数字新型基础设施建设成为了"促消费"与"新基建"的代表性产业。同时，随着新一代电子信息技术的飞速发展，软硬件行业体系也随之变化，电子信息产业也迎来了新一轮变革。

### （一）电子信息制造业职业发展

电子信息制造业是指为了实现制作、加工、处理、传播或接收信息等功能或目的，利用电子技术和信息技术所从事的，与电子信息产品相关的设备生产、硬件制造、系统集成、软件开发以及应用服务等作业过程的集合。

我国电子信息制造业以需求为导向，坚持软硬件协同，重点围绕先进计算、先进存储、超高清视频等应用，打造以新一代电子信息技术为基础的新型产业结构，驱动行业向技术升级的方向发展，促进电子信息制造业向高级化、现代化转型。在各省份的"十四五"发展规划中，广东省计划打造新一代电子信息等十大战略性支柱产业集群，加快培育半导体与集成电路、高端装备制造等十大战略性新兴产业集群；河北省计划实施产业基础再造工程，聚焦钢铁、石化、电子信息、高端制造等18个重点产业链，打好产业基础高级化和产业链现代化攻坚战；河南省计划提升郑州航空港区开放发展水平，推进电子信息等产业提质发展，构建具有国际竞争力的航空经济产业集群；吉林省加大对电子信息等重点领域的研发投入，进一步壮大电子信息、装备制造等千亿级规模优势产业，打造电子信息及数字产业高地，推进集成电路和遥感卫星等产业向上下游拓展延伸；宁夏回族自治区聚焦电子信息等重点产业，制定相应的发展规划，推动新兴产业规模化崛起，打造西部具有一定影响力的电子信息产业集聚高地和新型材料生产研发基地。

5G和人工智能的器件、网络、终端、设备制造及其技术应用于垂直产业，对传统设备进行升级改造，会使其网络化、智能化。工业互联网、车联网、移动物联网产业的发展，将会成为职业发展演进主要方向，其中面向专用芯片、半导体材料、新型显示设备、5G通信传输设备、智能视听设备、数据资源要素产业、安全可靠和数字孪生等是电子信息制造业的热点领域。5G、物联网、智能制造的发展催生了大量的信息工程设计建设、系统运维、网络优化、工程管理与监理管理的专业人才需求。同时，企业业务模式的变化，也大量增加了对行业分析、系统化解决方案设计、项目管理等方面的人才需求。

## （二）软件业职业发展

软件业是指通过生产、收集、加工、处理和应用资讯等技术为计算机和通信网络提供技术支持的业务活动。我国大力支持软件和信息通信服务业的发展，制定软件业发展规划，并从税收、研究经费、人才培养、知识产权保护、市场开发和投融资等多个方面给予政策支持。

软件业是世界各国争夺科技制高发展的一个重要领域，其产品在经济、社会等各方面得到了广泛的应用。当前，我国的计算机基础、计算机技术、数字市场前景都给软件业带来了巨大的发展空间。优化信息技术产业结构，以信息化推动工业化发展，走新型工业化道路，则对软件业的发展提出了更高的要求。

为贯彻落实国家软件发展战略和《关于深化新一代信息技术与制造业融合发展的指导意见》等部署，各省份纷纷制定了发展规划。安徽省加大对首版次软件应用的扶持力度，争创国家数字经济创新发展试验区、中国软件名城；湖北省计划集中资源解决基础工业软件等方面的问题；广东省补齐工业软件等领域的短板，打造软件与信息服务等十大战略性支柱产业集群；河南省拓展"数字+""智能+"应用领域，着力培养软件开发等重点领域人才，培育产业，争创国家新一代人工智能创新发展试验区；湖南省推进产业基础再造工程的建设，持续提高基础产业和基础工业软件的供给能力，做强做优软件服务业，拓展新一代信息技术应用场景；吉林省以长春市、吉林市、延边市为重点，建设信息技术和软件产业园区，打造数字产业集中区和数字经济示范新高地。

数字产业化发展和产业数字化转型都需要大量的软件业从业人员，软件业从业人员的主要职业为计算机程序设计员和计算机软件产品检验员。计算机程序设计员是从事计算机软件设计和实现的编程人员，主要工作内容是对应用软件进行分析、设计、编写、检验、调测和指导等，主要从事岗位是技术岗位。随着从业人员工作经验的增长，软件业从业人员也可以从事项目管理、技术指导等工作。

软件业的人才需求量一直很大，统计数据显示，2021年我国软件业从业人员达809万人，从业人员数量居全球第二，但是软件业人才仍旧处于供不应求的状态，尤其是软件开发人才。未来软件业职业发展将围绕高端软件和新兴信息服务产业，包括信创产业的国产软件发展等国家重点领域，完成优质软件人才培养的跨越式发展。

## （三）互联网职业发展

互联网行业是指以现代新兴互联网技术为基础，专门从事网络资源搜集和互联网信息技术的研究、开发、利用、生产、储存、传递和营销信息商品，为经济发展提供有效服务的综合性生产活动的产业集合体，是现阶段国民经济结构的基本组成部分。

在国家网络强国战略的指引下，互联网行业牢牢把握信息化发展的历史机遇，将各产业与大数据、人工智能等新一代信息技术深度融合，利用平台服务优势，坚持创新赋能，激发数字经济新活力。各省份积极构建服务新生态，稳步推进网络基础设施建设及数字生态建设，推动经济社会高质量发展，为建设网络强国和数字中国奠定了重要基础。广东省发展服务型制造和工业互联网，创建"互联网+"，使各类要素在生产、分配、流通、消费各环节有机衔接，促进平台经济和共享经济健康有序发展，使传统产业高端化、智能化、绿色化。江苏省实施"互联网+""智能+""区块链+"行动，提升共享经济、生物经济、平台经济等发展能级；提高农产品的加工能力，实施"互联网+农业"农产品出村进城工程，推动农产品加工行业创新发展；创建"互联网+健康医疗"的示范省份；提高公共文化数字化建设水平，不断创新"互联网+文化"服务；建立工业互联网发展计划，积极推动企业数字化转型建设，建设全国"5G+工业互联网"融合应用先行区，规划建设国家布局的工业互联网数据和新型互联网交换中心。山西省大力发展"互联网+"新模式，实现产业链、供应链、价值链优化升级和融会贯通的"生态圈"。

互联网产业的发展活力主要表现在两个方面：一是移动网络与宽带网络在基础设施建设、普及等方面的发展。手机用户数量的迅速提升和宽带普及提速项目的正式启动，为网络应用的繁荣打下了坚实基础；二是互联网产业引领信息消费的发展。互联网产业作为中国拓展内需的新引擎，在商业模式探索和应用上，电子商务、在线支付、即时通信、社交网络等各方面都有了长足发展。

互联网产业的蓬勃发展对人才需求旺盛，近年来国家发布的与互联网产业相关的新职业有云计算工程技术人员、大数据工程技术人员、区块链工程技术人员和互联网营销师等，这些与互联网产业相关的职业为互联网产业在大数据、云计算、区块链等技术领域提供人才支撑。

此外，数字经济时代对新媒体人才的需求量增多。对新媒体人才的需求主要表现在网络编辑、数字媒体艺术等领域，网络编辑从业人员主要以从事经济发展过程中与互联网相关的网络媒体内容策划、稿件组织加工管理等相关工作。而数字媒体艺术从业人员主要是从事数字动画设计、视频简介、图像交互设计等相关工作。新媒体的诞生来源于信息技术的广泛应用，而新媒体自身所具有的渗透性又与我国经济发展中的各行各业密切相关，在充分融入我国各行业发展的过程中，新媒体的社会化程度不断增强，为新媒体运营型人才的发展奠定了市场基础。

### （四）通信运营职业发展

通信运营作为通信产业链的中下游产业，以运营商为首，包括运营商、代理商

（分包商或供应商）、设备商以及相关企业。对应的工作领域涉及信息通信营业、信息通信市场营销、呼叫中心服务、信息通信运营管理等工作领域。

我国通信运营行业从业人员总人数约 2 000 万，每年人才缺口约 100 万。2021 年 10 月，人力资源社会保障部发布的 2021 年第三季度全国"最缺工"的 100 个职业排行中，缺口最大的是营销员，排第一位，市场营销专业人员、客户服务管理员、呼叫中心服务员的人才缺口均排在前 15 位。

多元化、一体化的行业趋势对从业人员提出了"懂技术、会运营、能营销"的更高职业技能要求，特别是营销方面，除了传统的营业厅中的产品销售、面向大客户的业务推广、呼叫中心的电话营销，还需要进行入户营销、社区营销，以及利用直播带货等方式完成互联网营销。

企业管理者在招聘通信运营从业人员时更加注重专业知识与技能、工作或实践经验以及个人综合素质。通信运营从业人员应拥有电信营销系统操作、电信业务办理、在线应答办理及故障投诉处理；运用在线销售技能进行销售；正确分析和处理数据以改进工作方式；使用标准普通话、本地方言为客户提供多种或最佳解决方案，使用英语进行基本服务交流；缓解工作中的压力并进行适当的情绪调节；维护良好的客户关系等方面的能力素养。

## 三、网络信息管理与网络安全职业发展

### （一）网络信息管理与网络安全产业发展概况

"十三五"时期，网络信息安全技术不断创新，网络安全保障能力持续增强，网络信息管理与网络安全产业体系不断完善，网络信息管理与网络安全产业在数字经济核心产业中的占比不断提高，产业综合实力明显提升。在建设数字社会的同时，逐渐形成了较为完善的网络安全保障政策体系，在网络安全标准统一、方向发展、人才培养等方面都有了突破性进展。

我国网络安全产业的飞速发展为数字社会建设提供了强力保障。目前，随着我国数字经济社会建设的不断发展，新一代信息技术与实体经济加速融合，网络信息风险也随之而来，这对网络安全产业发展提出了更高要求，也为网络安全产业发展带来了新机遇。

"十四五"时期，网络安全产业的主要任务是为网络强国建设提供强力支撑，网络信息管理和网络安全产业要坚持总体国家安全观，树立正确的网络安全观。一是要促进网络安全技术中关键技术的创新。要支持院校、企业、科研机构等进行核心技术突破，建立多领域、多层次网络安全核心技术体系。二是拓展网络安全服务应用市场。

要以需求为导向,加快网络安全技术成果转化,在通信、能源、金融、交通等重大行业和领域,积极培育和壮大网络安全产品服务市场,引导对关键信息基础设施网络安全的投入和普及,促进产品服务创新迭代。三是优化网络安全产业生态。要为指导社会资本投资网络安全产业提供资金,促进网络安全产业向高端集聚发展。四是加快步伐建设网络安全人才队伍。多渠道、多形式发挥网络安全领域不同类型人才的作用,增强行业发展后劲。

### (二) 网络信息管理职业发展

网络信息管理是以政府监管为核心,通过数据库建设等网络信息资源管理技术手段,维护网络畅通,优化系统运行,管理网络数据,保障网络安全。网络信息管理具有影响力大、综合性强等特点。

随着互联网的普及和发展,网络逐渐改变了人们的生活和工作方式,网络信息管理的重要性日益凸显,社会对于网络信息管理人才的需求日益增加,网络信息管理从业人员已成为各企事业单位不可或缺的重要岗位。网络信息管理从业人员主要工作是计算机维护、日常办公软硬件维修、局域网建设和管理、计算机数据整理和维护等,利用网络信息管理技术手段可以提高单位管理水平和效率。

网络信息管理人才通常分为管理类、技术类和数据分析类。管理类人才的技术能力要求主要有熟练掌握各种办公软件的使用技巧,熟练掌握网络数据的管理和维护,深度了解各种数据库的应用技术。技术类人才技术能力要求主要包括对数据库的运用要求、计算机操作系统的要求、程序设计语言的要求、网络技术的要求等,另外,还需要其他技术能力的需求,如信息安全、电脑硬件、服务器管理、邮件系统、办公软件等。数据分析类人才要熟练掌握数据库的应用,深刻理解并掌握数据分析算法,具有良好的沟通协作能力,能够熟练应用数据库软件等。目前,国内企事业单位工作人员普遍缺乏信息管理、数据分析、网络维护、计算机系统调试等方面的培训,使企事业单位的发展受到一定限制。因此,专业基础牢、应用能力强、综合素质高的网络信息管理成为炙手可热的职业。

### (三) 网络安全职业发展

网络安全是建设数字社会、发展数字经济的重要保障。近年来,越来越多的人重视网络安全,网络安全产业的发展速度也随之提升,企事业单位对于网络安全技术人员的需求也越来越多,人才缺口主要集中在经济发达的一线城市。网络安全从业人员主要集中在技术岗位,薪资待遇较高,工作相对稳定。

网络安全职业主要包括网络安全管理从业人员和信息安全管理从业人员,是从事网络安全及信息安全管理、防护、监控工作的人员。网络安全管理从业人员的主要工作内容有网络、系统和应用的安全防护、安全管理、安全事件监控和处置等。随着工作年限的增加，工作内容也会扩展和深入到网络安全等级保护，风险评估和风险管理，应用安全评估，新技术和新应用的安全防护，关键信息基础设施保护，网络安全事件分析、应急响应、预警和证据保存，培训实施和技术指导等。信息安全管理从业人员的主要工作内容有网络、系统和应用的安全防护、安全管理、安全事件监控和处置等。随着工作年限的增加，工作内容扩展和深入到信息资产、数据和互联网信息安全防护，数据和互联网信息的安全管理，信息安全事件的监测、分析和响应，信息安全风险评估和管理，新技术和新应用的安全防护，关键信息基础设施保护，信息安全事件分析、应急响应、预警和证据保存，培训实施和技术指导等。

目前，网络安全人才队伍呈现年轻化特征，本科及以上学历占比较高。在技术发展方面，网络攻击追踪溯源技术、面向人工智能应用的网络安全技术、大数据威胁情报分析技术、云环境下数据存储安全技术、信息内容理解和研判技术、网络安全主动防御技术、网络虚拟身份管理技术、车联网网络安全防护技术、可信计算技术、工业控制系统的安全防护技术等将是未来职业发展和能力培养的主要方向。

## 第二节 数字经济与数字职业发展

### 一、数字经济概述

2022年6月，《国务院关于加强数字政府建设的指导意见》发布，其中，强调加强数字政府建设是适应新一代科技革命和产业变革趋势、引领驱动数字经济发展和数字社会建设等的必然要求，是建设网络强国、数字中国的基础性和先导性工程。早在2022年1月15日，《求是》杂志发表习近平总书记重要文章《不断做强做优做大我国数字经济》，这是自2021年10月18日习近平总书记在十九届中央政治局第三十四次集体学习讲话后，时隔不到3个月再次专题发表文章，可见数字经济分量之重。

习近平总书记一直十分重视数字技术、数字经济和数字政府建设，2000年提出建设"数字福建"，2003年提出建设"数字浙江"，2016年在十八届中央政治局第三十六次集体学习时强调做优做强数字经济，同年在二十国集团领导人杭州峰会上首次倡议发展数字经济，之后多次指出要激发数字经济活力，强调数字经济事关国家发展大局。党的十八大以来，数字经济发展上升为国家战略，2021年年底，国务院印发《"十四五"数字经济发展规划》等系列政策文件，数字经济在我国得到前所未有的支持与发展。

### （一）数字经济概念及特征

#### 1. 数字经济及其发展

数字经济在美国学者唐·泰普斯科特在1996年出版的《数字经济：网络智能时代的前景与风险》书中首先提出，阐述了互联网如何改变现有世界经济社会活动的运行模式及引发新的经济活动。随着信息技术的迅猛发展与广泛应用，社会经济各领域的数字化程度日益增强，特别是数字技术的快速迭代更新，使数字经济得以全面推进，其发展速度之快、辐射范围之广、影响程度之深前所未有，正全面推动社会生产、生活及治理方式的深刻变革。

数字经济是以数据资源为关键生产要素、以现代信息网络为主要载体、以信息通信技术有效应用作为数字化转型和经济结构优化的重要推动力，促进公平和效率更加统一的新经济形态，目前已成为重组全球生产要素资源、重塑全球经济结构、改变全球竞争格局的关键力量。数字经济可分为数字产业化、产业数字化、数字化治理、数据价值化四个层面，其政策依据与技术应用已相对完善（如图8-1所示）。数字产业化是指数据作为生产要素形成市场化的产业规模；产业数字化是指利用数字技术对传统产业进行全产业链的改造，实现数字技术与实体经济的深度融合发展；数字化治理是指使用数字化手段对国家和社会进行治理，提供数字化公共服务；数据价值化是对数据的采集、标准、确权、标注、定价、交易、流转和保护等实现有价值化的活动。

#### 2. 数字经济主要特征

数字经济表现出如下四个主要特征：

（1）高创新性

随着大数据、人工智能、区块链、云计算、5G等新一代信息技术的加速创新和与经济社会发展领域高度融合，形成了数字经济发展浪潮。技术与组织创新继而引发系列连锁反应，某项技术改进会引出几个甚至几百个迭代升级的创新成果，从而高度激发现代化经济体系的生机和活力。

（2）强渗透性

数字技术广泛渗透到生产、流通、交易、分配及消费的各个环节，形成大量数据资源，在网络平台上实现聚集，通过数据萃取、挖掘、组合和应用，将数字技术与实体经济深度融合，持续赋能并扩展数字经济的增长空间。

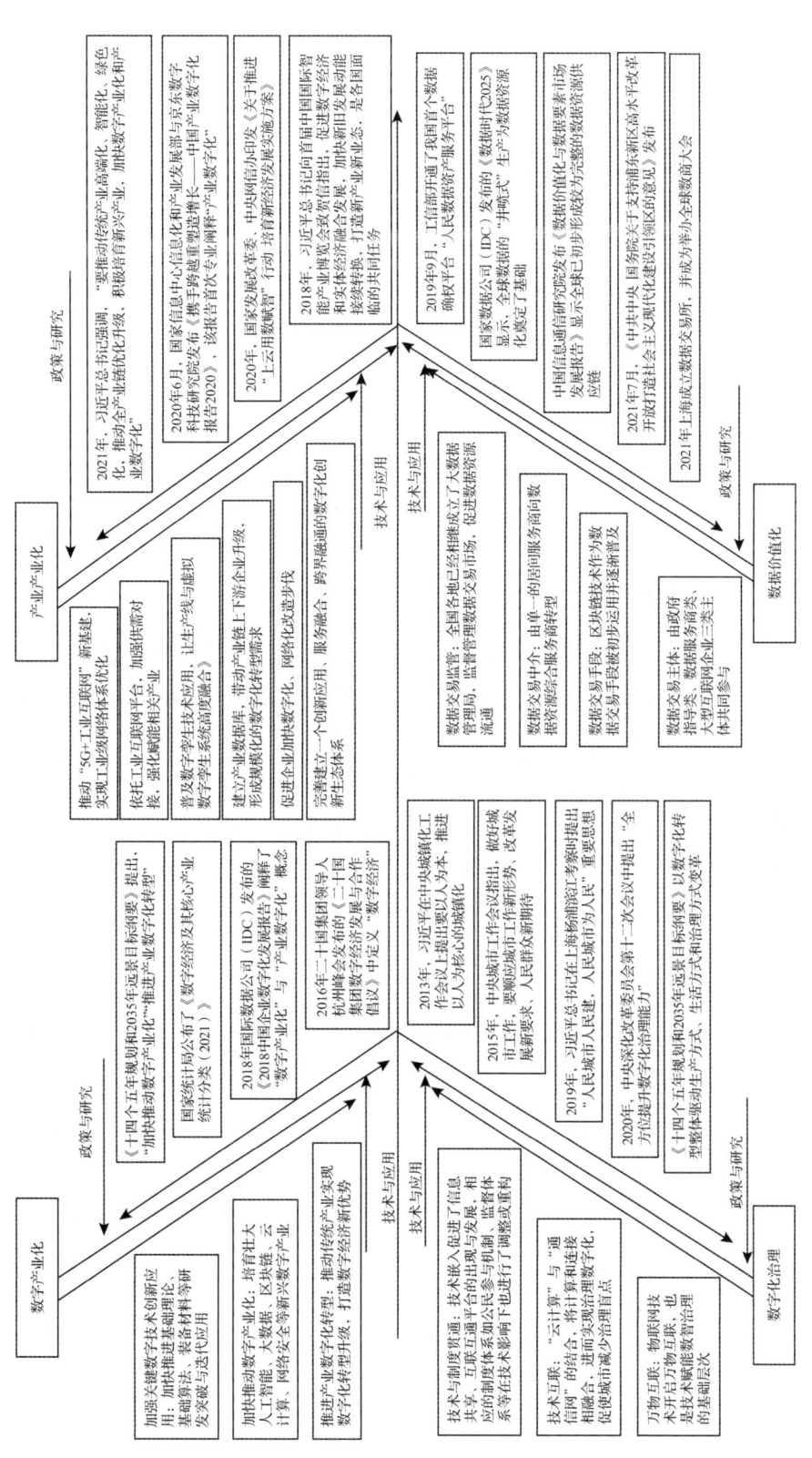

图8-1 数字经济四个层面的政策研究与技术应用

(3)广覆盖性

在数字经济时代,网络化是人类社会关系普遍存在的一种现象,我们每一个人都好比"小世界"网络上的一个节点,数量巨大的不同节点在网络上持续交互作用。通过遍布各处的信息基础设施、个性化服务的云模式和各种服务平台将人们纳入经济活动,使得数字经济全面覆盖社会各个领域,构成由政府、社团、企业和个人等多方主体共同参与的数字生态。

(4)宽包容性

数字经济中的网络协同结构是动态开放的,可以无限扩展、变化并集成新节点,高水平的网络协同是为更有效生产、更广阔市场及更快流动性提供基础支撑。数据的开放、流动与共享,使得企业内各部门间、供应链上各单位间及跨行业、跨价值链的不同合作者之间能够开展大规模协作和跨界融合,实现产业链和价值链上各合作要素的优化与重组。

### (二)数字经济发展态势

自 2020 年新冠肺炎疫情暴发以来,全球各国经济受到不同程度的冲击,数字经济在此过程中表现出高度灵活性和强大抗压性,同时因防止疫情扩散而采取的隔离措施也加速和分化了全球数字经济的发展。

从整体状况看,数字经济已成为应对全球经济下行压力的压舱石。新冠肺炎疫情防控期间,人们的生活习惯、消费行为、办公模式等从线下转为线上和线下相结合,在线办公、网络教育、线上沟通等数字化新业态新模式蓬勃涌现,大量企业利用数字技术来加强供需精准对接和工作统筹调配,实现高效精准的生产和生活服务。数字经济在减少人员流动、降低新冠肺炎疫情传播风险、满足生产生活所需、稳定经济增长等方面做出了重要贡献。

从发展阶段看,发达国家数字经济发展韧性更强,表现在发达国家,特别是高收入国家在全球数字经济发展份额中明显居于优势地位。经济发展水平较高的国家数字经济发展水平相对较高,抵御经济下行压力的能力较强。发达国家和中高收入国家的数字经济增长速度要更快一些。

从地理区域看,纵观全球数字经济发展现状,呈现出"北快南缓"的发展态势。北半球数字经济实现了更快速平稳发展,表现在位于北半球的欧洲、美洲、亚洲的数字经济发展水平显著高于主要位于南半球的大洋洲和非洲。

从具体国别看,美国、中国、德国、日本、英国等国家的数字经济呈稳定发展趋势,数字经济仍然是世界主要经济体推动经济发展的引擎。特别是在新冠肺炎疫情冲击下,数字技术成为世界大部分国家推动经济稳定复苏的关键动力,这些国家的经济领域中，相比其他经济形态，数字经济持续表现出良好的业绩及较好的发展前景。

### (三) 数字经济发展模式

数字经济的发展受政策环境、产业基础、人才队伍、资源禀赋等诸多要素影响，全球各主要经济体无不顺应时代发展趋势，积极布局并推进数字经济发展，在各自国情的基础上，逐渐形成了各具特色的发展路径和模式。

#### 1. 中国模式

在我国，党和国家高度重视数字经济的发展，从国家战略层面为发展数字经济创造良好的政策环境。高达10亿的网民数量所构成的巨大国内市场为我国数字经济发展提供了坚实的市场基础。数量庞大、复杂多样且在新冠肺炎疫情防控期间集中爆发的需求反过来促进企业不断创新以提供新产品和新服务。全球唯一完备的工业体系也成为满足人民美好生活需要、发展数字经济的有力支撑。

#### 2. 美国模式

基于全球领先的科技创新优势，美国率先布局数字经济、数字技术关键领域。注重前瞻性技术领域，通过庞大资金投入，在项目规划、人才培养、国际合作、实践应用等各环节加大数字技术研发。美国以制造业回流为国家战略，发展先进制造、扩大数字产品和服务种类，推动实体经济数字化转型。

#### 3. 欧盟模式

依靠一体化模式和多边机制，欧盟制定了数字发展战略，强化数字治理规则，构建数字整体市场，打造统一数字生态；加强网络信息产业顶层设计，注重企业间的公平竞争，全面推进企业的数字化转型。欧盟目前已取得数字规划不断完善、数字文化水平逐渐提高、数字生活能力持续提升、数字信任水平不断增进、数字购物环境迅速优化、数字网络逐步普及等诸多成效。

#### 4. 德国模式

依托制造业强国的传统优势，德国强化政策布局、实施"工业4.0"战略，夯实高端制造雄厚知识沉淀和坚实技术基础，在机械制造、电子技术工业和化工等领域重点发力，强化研发投入以提升高端制造技术创新水平，推动作为重要支柱的中小企业进行数字化转型，发挥全球制造业优势，树立企业数字化转型的标杆。

## （四）数字经济面临形势与挑战

全球科技革命和产业变革的发展，使社会数字化转型成为时代发展的潮流。对于社会经济各行各业，特别是制造业发展而言，数字化转型已不是选择题，而是关乎生存和长远发展的必修课。面对百年未有之大变局和错综复杂的形势，我国数字经济发展面临前所未有的新形势与新挑战。

### 1. 发展数字经济是顺应新一轮科技革命和产业变革的战略选择

数字经济是当今时代国家综合国力的重要指标，是现代化经济体系构建的主要动力，全球大部分国家或经济体高度重视并积极发展数字经济，出台长远战略规划，推出各种举措打造国际竞争新优势，参与国际新格局的重构。面对新形势，研究如何突破数字理论和技术、用好数据要素、推进数字化转型，使数字经济更好地服务人民群众生活成为我国当前要务之一。

### 2. 数据要素是数字经济持续深化发展的核心引擎

数据是当今最具时代特征的生产要素，对提高生产效率的乘数效应最明显。要真正发挥核心引擎作用则面临着很多挑战，如数据资产地位确立、数据确权难题破解，以及数据共享流通障碍解除、数据安全和隐私保护体系健全等。只有协同推动技术、模式、业态和制度创新，才能真正用好数据要素，促进经济社会数字化强劲发展。

### 3. 信息技术作为数字经济的核心动能有待突破

当前信息技术底层逻辑是摩尔定律，其基础理论没有本质变化，计算系统的渐进式线性提升数据处理能力已远远落后于数据的指数级增长。在大数据技术取得很大进展的前提下，计算能力仍然严重不足，目前已获取数据的平均留存率仅为2%。现有通用技术体系需要在因负载类型不同、冷热数据各异而难以优化调度不同硬件资源等很多方面予以研究破解。信息技术体系也应由"计算为中心"向"数据为中心"转型，上述基础理论和核心技术更有待创新突破。

### 4. 数字化转型挑战现行社会治理体系

数字化转型是将数字技术运用到国家、社会、机构、个人等多元主体，形成开放多元的新型社会治理结构、模式、机制和规则，必将与现行的社会治理体系发生诸多冲突。如数字平台的快速发展所形成"一家独大""赢者通吃"所带来的市场垄断、数据安全、税收侵蚀等问题；因新兴数字技术使得影响社会稳定的因素从虚拟网络空间向现实物理世界蔓延扩散，管理失控的网络舆情、无序扩张的金融数字业务，以及大数据和人工智能技术的广泛应用所导致的社会伦理道德问题等。

**5. 数字化服务成为满足人民实现美好生活需要的重要途径**

数字技术的应用打破时空阻隔，便捷了人们的生活，满足了社会多样化、个性化需求。传统的发展方式必须因此而改变，以解决目前发展不平衡、不充分、不规范难题。为此，需着力加强数字经济治理水平，尽快补齐弱项短板，使我国数字经济迈向规范发展、广泛应用、普惠共享的新阶段，探索出中国特色高质量、高标准可持续发展之路。

## 二、数字经济产业催生数字职业

2021年5月27日，国家统计局颁布了《数字经济及其核心产业统计分类（2021）》，其中将我国数字经济产业范围确定为五大类：一是数字产品制造业，二是数字产品服务业，三是数字技术应用业，四是数字要素驱动业，五是数字化效率提升业。数字经济核心产业是指完全依赖于数字技术、数据要素，为产业数字化发展提供数字技术、产品、服务、基础设施和解决方案的各类经济活动。其中第一至第四大类为数字经济核心产业即数字产业化部分，是数字经济发展的基础；第五大类为产业数字化部分，是运用数字技术和数据资源为现有传统产业带来产出增加和效率提升，是数字技术与实体经济的融合。

数字经济产业在数字经济活动中通过数字劳动催生出数字职业，是数字职业产生的前提和存在的基础。随着新需求催生新职业，新职业助推新业态，新业态带来的新职业已经成为就业市场的重要增量，也是驱动我国数字经济产业发展的新生力量。

以下按照《数字经济及其核心产业统计分类（2021）》的分类情况，分析研究各个产业所包含和催生的数字职业。

### （一）数字产品制造业职业发展

数字产品制造业（大类代码01）作为数字经济及其核心产业的第一大类，包括计算机制造、通讯及雷达设备制造、数字媒体设备制造、智能设备制造、电子元器件及设备制造、其他数字产品制造共6个中类产业，中类产业所属共计有51个小类产业。该大类的数字职业有计算机程序设计员、通信工程技术人员、广播视听设备工程技术人员等9个，现就该大类的部分数字职业分析如下。

计算机程序设计员

是从事计算机和移动终端应用程序设计、编制工作的人员。该数字职业属于数字产品制造业（大类代码01）中的计算机制造业（中类代码0101）。计算机制造业包括计算机整机制造、计算机零部件制造、计算机外围设备制造、工业控制计算机及系统制造、信息安全设备制造、其他计算机制造6个小类产业。

通信工程技术人员

是从事通信网络规划、设计，网络设备研发，网络工程建设，通信业务产品开发以及网络运行技术管理和网络技术应用管理的工程技术人员。该数字职业属于数字产品制造业（大类代码01）中的通讯及雷达设备制造业（中类代码0102）。通讯及雷达设备制造业包括通信系统设备制造、通信终端设备制造、雷达及配套设备制造3个小类产业。

广播视听设备工程技术人员

是从事广播、视频、音频设备与系统研究、设计，并指导生产、使用、维护的工程技术人员。该数字职业属于数字产品制造业（大类代码01）中的数字媒体设备制造业（中类代码0103）。数字媒体设备制造业包括广播电视节目制作及发射设备制造、广播电视接收设备制造、广播电视专用配件制造、专业音响设备制造、应用电视设备及其他广播电视设备制造、电视机制造、音响设备制造、影视录放设备制造8个小类产业。

机器人工程技术人员

是从事机器人结构、控制、感知技术和集成机器人系统及产品研究、设计的工程技术人员。该数字职业属于数字产品制造业（大类代码01）中的智能设备制造业（中类代码0104）。智能设备制造业包括工业机器人制造、特殊作业机器人制造、智能照明器具制造、可穿戴智能设备制造、智能车载设备制造、智能无人飞行器制造、服务消费机器人制造、其他智能消费设备制造8个小类产业。

集成电路工程技术人员

是从事集成电路设计、工艺开发、封装、测试、电子设计自动化工具开发的工程技术人员。该数字职业属于数字产品制造业（大类代码01）中的电子元器件及设备制造业（中类代码0105）。电子元器件及设备制造业包括半导体器件专用设备制造、电子元器件与机电组件设备制造、电力电子元器件制造、光伏设备及元器件制造、电气信号设备装置制造、电子真空器件制造、半导体分立器件制造、集成电路制造、显示器件制造、半导体照明器件制造、光电子器件制造、电阻电容电感元件制造、电子电路制造、敏感元件及传感器制造、电声器件及零件制造、电子专用材料制造、其他元器件及设备制造17个小类产业。

增材制造工程技术人员

是从事增材制造技术、装备、产品研发、设计并指导应用的工程技术人员。该数字职业属于数字产品制造业（大类代码01）中的其他数字产品制造业（中类代码0106）。其他数字产品制造业包括记录媒介复制，电子游戏游艺设备制造，信息化学品制造，计算器及货币专用设备制造，增材制造装备制造，专用电线、电缆制造，光纤制造，光缆制造，工业自动控制系统装置制造9个小类产业。

### （二）数字产品服务业职业发展

数字产品服务业（大类代码02）作为数字经济及其核心产业的第二大类，包括数字产品批发、数字产品零售、数字产品租赁、数字产品维修、其他数字产品服务业5个中类产业，中类产业所属共计有10个小类产业。该大类的数字职业有信息通信网络终端维修员、信息通信网络机务员、信息通信网络动力机务员等7个，现就该类代表性数字职业分析如下。

信息通信网络终端维修员

是从事信息通信网络终端设备安装、配置、检测和维修等工作的人员。该数字职业属于数字产品服务业（大类代码02）中的其他数字产品服务业（中类代码0205）。其他数字产品服务业是指其他未列明数字产品服务业。与该职业相关联的产业是数字产品维修业（中类代码0204），该中类包括计算机和辅助设备维修、通讯设备修理、广播影视设备批发3个小类产业。

### （三）数字技术应用业职业发展

数字技术应用业（大类代码03）作为数字经济及其核心产业的第三大类，包括软件开发，电信、广播电视和卫星传输服务，互联网相关服务，信息技术服务及其他数字技术应用业5个中类产业，中类产业所属共计有27个小类产业。该大类的数字职业有嵌入式系统设计工程技术人员、广播电视传输覆盖工程技术人员、信息管理工程技术人员等45个，因该类数字职业数量较多，现仅就每个中类里选择一个代表性数字职业分析如下。

嵌入式系统设计工程技术人员是从事嵌入式应用系统和自动化控制系统的分析、编程、设计、集成、维护、评价、改进的工程技术人员。该数字职业属于数字技术应用业（大类代码03）中软件开发业（中类代码0301）。软件开发业包括基础软件开发、支撑软件开发、应用软件开发、其他软件开发4个小类产业。

广播电视传输覆盖工程技术人员是从事广播电视信号传输覆盖系统管理和设备运行、维护的工程技术人员。该数字职业属于数字技术应用业（大类代码03）中的电信、广播电视和卫星传输服务（中类代码0302）。电信、广播电视和卫星传输服务包括电信、广播电视传输服务、卫星传输服务3个小类产业。

网络与信息安全管理员是从事网络及信息安全管理、防护、监控工作的人员。该数字职业属于数字技术应用业（大类代码03）中的互联网相关服务（中类代码0303）。互联网相关服务业包括互联网接入及相关服务、互联网搜索服务、互联网游戏服务、互联网资讯服务、互联网安全服务、互联网数据服务、其他互联网相关服务7个小类产业。

信息管理工程技术人员是从事单位信息化建设，信息技术和资源开发、应用，信息系统运作、管理的工程技术人员。该数字职业属于数字技术应用业（大类代码03）中信息技术服务业（中类代码0304）。信息技术服务业包括集成电路设计，信息系统集成服务，物联网技术服务，运行维护服务，信息处理和存储支持服务，信息技术咨询服务，地理遥感信息及测绘地理信息服务，动漫、游戏及其他数字内容服务，其他信息技术服务业9个小类产业。

服务机器人应用技术员是在家用服务、医疗服务和公共服务等领域，从事服务机器人的集成、实施、优化、维护和管理的人员。该数字职业属于数字技术应用业（大类代码03）中其他数字技术应用业（中类代码0305）。其他数字技术应用业包括三维（3D）打印技术推广服务和其他未列明数字技术应用产业。

### （四）数字要素驱动业职业发展

数字要素驱动业（大类代码04）作为数字经济及其核心产业的第四大类，包括互联网平台、互联网批发零售、互联网金融、数字内容与媒体、信息基础设施建设、数据资源与产权教育、其他数字要素驱动业共7个中类产业，中类产业所属共计有23个小类产业。该大类的数字职业有工业互联网工程技术人员、电子商务师、金融科技师等17个，因该类数字职业数量较多，现仅就每个中类里选择一个代表性数字职业分析如下。

工业互联网工程技术人员是指从事工业互联网规划设计、技术研发、测试验证、工程实施、运营管理和运维服务等工作的工程技术人员。该数字职业属于数字要素驱动业（大类代码04）中的互联网平台（中类代码0401）。互联网平台包括互联网生产服务平台、互联网生活服务平台、互联网科技创新平台、互联网公共服务平台、其他互联网平台5个小类产业。

电子商务师是在互联网及现代信息技术平台上，从事商务活动的人员。该数字职业属于数字要素驱动业（大类代码04）中的互联网批发零售（中类代码0402）。互联网批发零售包括互联网批发、互联网零售2个小类产业。

数字出版编辑是从事数字化出版产品的策划、编辑、加工、转换的专业人员。该数字职业属于数字要素驱动业（大类代码04）中的数字内容与媒体（中类代码0404）。数字内容与媒体业包括广播节目制作、电视节目制作、影视节目制作、广播电视集成播控、电影和广播电视节目发行、电影放映、录音制作、数字内容出版、数字广告9个小类产业。

人工智能训练师是使用智能训练软件，从事在人工智能产品数据库管理、算法参数设置、人机交互设计、性能测试跟踪等工作的人员。该数字职业属于数字要素驱动业（大类代码04）中的信息基础设施建设（中类代码0405）。信息基础设施建设包括网络基础设施建设、新技术基础设施建设、算力基础设施建设、其他信息基础设施建设4个小类产业。

供应链管理师是运用供应链技术、管理方法和工具，从事产品设计、采购、生产、销售、服务等全过程协同，控制整个供应链系统成本的人员。该数字职业属于数字要素驱动业（大类代码04）中的其他数字要素驱动业（中类代码0407）。其他数字要素驱动业包括供应链管理服务、安全系统监控服务、数字技术研究和试验发展3个小类产业。

### （五）数字化效率提升业职业发展

数字化效率提升业（大类代码05）作为数字经济及其核心产业的第五大类，包括智慧农业、智能制造、智能交通、智慧物流、数字金融、数字商贸、数字社会、数字政府、其他数字化效率提升业共9个中类产业，中类产业所属共计42个小类产业。该大类的数字职业有农业数字化技术员、智能制造工程技术人员、智能楼宇管理员等19个，现就该大类的部分数字职业分析如下。

农业数字化技术员是从事农业生产、农村生活数字化技术应用、推广和服务工作的人员。该数字职业属于数字化效率提升业（大类代码05）中智慧农业（中类代码0501），智慧农业包括数字化设施种植、数字林业、自动化养殖、新技术育种、其他智慧农业5个小类产业。

智能制造工程技术人员是指从事智能制造相关技术的研究、开发，对智能制造装备、生产线进行设计、安装、调试、管控和应用的工程技术人员。该数字职业属于数字化效率提升业（大类代码05）中的智能制造业（中类代码0502）。智能制造业包括数字化通用、专用设备制造，数字化运输设备制造，数字化电气机械、器材和仪器仪表制造、其他智能制造4个小类产业。

建筑信息模型技术员是使用计算机软件进行工程实践过程中的模拟建造，改进其全过程中工程工序的人员。该数字职业属于数字化效率提升业（大类代码05）中的其他数字化效率提升业（中类代码0509）。其他数字化效率提升业包括数字采矿，智能化电力、热力、燃气及水生产和供应，数字化建筑业，互联网房地产业，专业技术服务业数字化，数字化水利、环境和市政设施管理，互联网居民生活服务，互联网文体娱乐业 8 个小类产业。

## 三、数字职业服务数字经济产业

### （一）数字职业的概念及特征

#### 1. 数字职业的概念

数字职业是伴随着数字技术、数字经济、数字劳动而出现的新职业类群。数字技术驱动数字经济发展，数字经济活动通过数字劳动来实现，从事某项数字劳动的从业人员达到一定的数量和规模后，该项数字劳动会经过特定的评审程序被确定为数字职业。因此，把握数字技术、数字经济和数字劳动的概念内涵是准确界定数字职业的前提。

数字技术是指借助计算机等设备将各种信息，包括图、文、声、像等，通过编码、压缩、解码等转化为计算机能识别的二进制数字"0"和"1"后，再进行运算、加工、存储、传送、传播、还原的技术。当前推动数字经济发展的主要数字技术包括人工智能、大数据、云计算、区块链、物联网和 5G 技术等信息通信技术。数字经济是继农业经济、工业经济之后的社会主要经济形态，在数字经济活动中将有很多的数字劳动从业人员。数字劳动是指将数字技术作为生产资料的脑力劳动和体力劳动的统称。数字劳动广泛渗透于数字职业之中，数字职业从业人员通过数字劳动体现在数字经济活动的各个环节，并推动数字经济的发展。

结合上述理解，数字职业是以数字技术为基础，进行数字化及其语言表达（二进制）和信息传输，以及数字化产品（服务）研究、设计、赋能、管控、应用、运维、操作的人员。数字职业不是某个具体职业称谓，是以数字技术及其应用为表征，通过数字劳动体现在数字经济活动中的职业范畴。

#### 2. 数字职业的特征

数字职业具有以下四个特征：

（1）层次性

数字职业是在数字经济发展中产生的职业范畴，需要与数字经济活动发展相一致。数字职业从业人员从事的数字经济活动包括数字技术产业化和产业技术数字化两个层次。其中，从事数字化及其语言表达（二进制）和信息传输的人员为核心层，从事数字化产品（服务）研究、设计、赋能、管控、应用、运维、操作的人员为关联层。

（2）跨界性

数字职业是职业簇、职业群的概念，分布在经济社会各个领域。2022年版《大典》里所标识的数字职业集中分布在专业技术人员和社会生产服务和生活服务人员，整体占数字职业的94%，剩余6%的数字职业分布在农、林、牧、渔业生产及辅助人员和生产制造及有关人员。

（3）专业性

数字经济时代下的数字技能和素养将大众化、全民化。数字技能包括应用数字技能和专业数字技能，普通大众只需要掌握应用数字技能即可，只有掌握了专业数字技能才能成为数字职业从业人员。广义的数字技能包括数字技术、数字能力和数字素养，数字技术专业是数字技能的核心内容，因此数字职业从业人员是需要经过系统教育或专门培训、掌握专业数字技能后才能胜任工作的人员。

（4）规定性

为适应数字经济发展，"数字素养"将逐步取代"信息素养"。数字素养是指数字社会公民学习工作生活应具备的数字获取、制作、使用、评价、交互、分享、创新、安全保障、伦理道德等系列素养的集合。信息素养是指辨别信息适用性与使用性的素质与能力。以数字素养取代信息素养能够更加凸显数字技术区别于计算机出现之前广泛使用的电话、广播、电视等模拟通信技术。数字素养作为数字职业存在的充分条件具有一定的规定性。

## （二）数字职业与数字经济及其核心产业的对应关系

数字经济催生出数字职业，数字职业反过来服务并推动数字经济的产业发展。为了解数字职业与数字经济各个产业间的关系，将数字职业按照在《大典》中的大类、中类、小类的分类规则，分别与国家统计局发布的《数字经济及其核心产业统计分类（2021）》的大类、中类、小类进行对应比较，可找出两者间的对应关系，为有针对性地研究数字职业与数字经济产业间的关系、数字职业在数字经济产业间的分布及对数字经济产业所起的作用提供产业支撑和研究依据。数字职业与数字经济及其核心产业类别对应关系表详见附录7。

从数字职业与数字经济及其核心产业的对应关系研究可得出以下两个方面的结论。

一是在数字经济产业领域，大部分数字职业集中在数字技术应用业，数量占比46.4%；数字化效率提升业和数字要素驱动业的数字职业占比分别为19.6%及17.5%；数字产品制造业和数字产品服务业的数字职业占比分别为9.3%和7.2%。制造业是社会经济发展的基础产业，服务业是社会经济发达的增量产业，从长远趋势看，随着制造业、服务业数字化转型和高质量发展，这些领域的数字职业将进一步增加，值得关注。

二是在职业类别领域，大部分数字职业集中在产业统计分类中的第二大类和第四大类，第五大类和第六大类涉及的数字职业较少，第一、第三、第七、第八大类更是没有。这表明在专业技术技能人员及社会生产服务和生活服务人员领域的数字化进程较快，数字职业从业者较多。而在社会治理，农、林、牧、渔、水利业及生产制造及有关人员的数字化程度较低，数字职业从业者较少。数学职业在教育经济核心产业中的具体分布情况如图 8-2 所示。

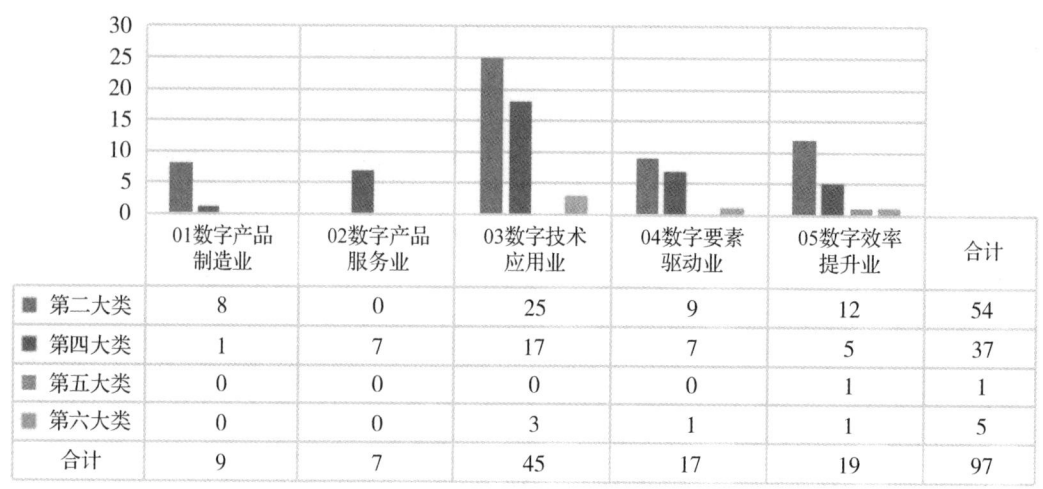

| | 01数字产品制造业 | 02数字产品服务业 | 03数字技术应用业 | 04数字要素驱动业 | 05数字效率提升业 | 合计 |
|---|---|---|---|---|---|---|
| 第二大类 | 8 | 0 | 25 | 9 | 12 | 54 |
| 第四大类 | 1 | 7 | 17 | 7 | 5 | 37 |
| 第五大类 | 0 | 0 | 0 | 0 | 1 | 1 |
| 第六大类 | 0 | 0 | 3 | 1 | 1 | 5 |
| 合计 | 9 | 7 | 45 | 17 | 19 | 97 |

图 8-2　数字职业在数字经济及其核心产业中的分布情况

## （三）数字职业与数字经济产业关系特征

从上述分析可知，数字职业是运用数字技术，在数字经济活动中通过数字劳动而产生的职业，与数字经济产业存在着密切联系。

一是先后关系，即先有数字经济才有数字职业，表现在从业人员在数字经济活动中通过运用数字技术技能开展数字劳动，逐渐形成一定数量的固定的从业人员队伍，通过国家职业分类的新职业评审研究认证，并经过规范的标识流程及认证环节，才会形成数字职业。

二是依托关系，即数字职业从业人员必须依托于数字经济领域的生产、生活服务活动才能存在，数字经济是数字职业生存的土壤和基础，没有数字经济就不会有数字职业从业人员，更不会有数字职业。

三是共生关系，数字职业从业人员必须依赖数字经济活动才能存在，而如果没有数字职业从业人员，数字经济活动将受到很大影响，难以持续健康运行与发展，两者相互依存，共生互存。

四是互动关系，数字经济活动为数字职业从业人员提供了发挥的舞台，同时数字职业从业人员也通过不断研发创新数字技术技能、提高数字素养，反过来加速推动数字经济的迭代升级，两者相互促进，互动发展。

## 第三节　数字职业标识、发展与应用

### 一、数字职业标识

数字化时代发展趋势已成为全球各国的共识，涉及经济、社会、治理等方方面面，数字职业是数字经济时代发展的必然产物，数字职业从业人员已成为建设数字经济社会的主要力量。2022年版《大典》修订工作委员会对此高度重视，将数字职业标识列为修订工作的重要组成部分，专门成立数字职业标识组，具体负责开展数字职业标识的研究工作。

#### （一）数字职业标识原则

标识数字职业是我国职业分类工作的一次创新。为做到全面、准确、科学、客观地反映现阶段我国数字经济及数字技术在职业领域的发展现状，提高我国在调查统计、人力资源管理、职业教育培训及人才培养等方面水平，2022年版《大典》修订工作委员会数字职业标识组在进行数字职业标识工作时制定并落实了以下四个原则。

**1. 战略引领原则**

站在贯彻落实习近平总书记关于《不断做强做优做大我国数字经济》及系列指示精神的高度，深刻认识和理解数字职业标识工作的重大意义。通过标识数字职业，发挥职业分类在引领产业转型升级、促进就业创业以及实施《国务院关于"十四五"数字经济发展规划》《中央网信办关于提升全民数字素质与技能行动纲要》《"十四五"职业技能培训规划》等重要文件的基础性、规范性、引领性作用。

**2. 统筹兼顾原则**

以2022年版《大典》内所有职业为基础，重点研究职业定义和主要工作任务，从中分析每个职业的工作性质和技能水平要求，运用科学的分析工具和判定方法，结合国家统计局颁布的《数字经济及其核心产业分类（2021）》，确保标识工作的程序依法合规、内容准确全面，统筹社会共识，标识出符合我国国情的数字职业。

### 3. 科学规范原则

遵照我国职业分类的基本理论和方法要求，坚持以工作性质相似性和技能水平相似性并重的原则，按照职业发展规律，参考《国际职业分类标准》，全面、客观、准确反映当前社会数字职业发展实际状况；充分利用《大典》修订契机及新颁布的国家职业技能标准内容，保证标识工作的科学性和时效性。

### 4. 国际对标原则

借鉴联合国教科文组织《数字素养全球框架》及欧盟委员会《欧洲公民数字能力框架》的经验做法，重点厘清信息域、内容创建域、交流域、安全意识域等数字职业能力维度所需的知识、技能和素养。结合我国数字经济、数字技术及数字职业的发展现状，使数字职业的标识工作做到慎重判定，动态调整，有序扩展，国际对标。

## （二）数字职业标识工具和方法

### 1. 数字职业标识工具

标识数字职业，除了规范数字职业的概念，明确标识的原则，还需要运用标准化标识工具，采取科学的方法，履行严谨的程序，才能使数字职业标识结果科学客观、准确可信、符合实际。为此，数字职业标识设置了"三个维度"及"六个指标"作为判定工具。

（1）"三个维度"及其基本含义

三个维度即数字语言表达维度、数字信息传输维度、数字内容生产维度。数字语言表达维度是指该职业在工作过程中所表达的内容是否为数字化表达方式；数字信息传输维度是指该职业的主要工作任务中进行的信息传输是否使用了数字语言；数字内容生产维度是指从事该职业所生产的产品或服务是否为数字化内容。

（2）"六个指标"及其基本含义

六个指标即工作工具、工作环境、工作目标、工作内容、工作过程、工作产出。工作工具是指数字从业人员在生产或服务过程中用来直接对劳动对象进行加工物件、生产生活服务时所运用的操作设备、使用的工具、生产仪器等；工作环境是指数字从业人员的工作地点、工作条件和工作场景，包括物理环境和虚拟空间；工作目标是指数字劳动从业人员所从事的工作内容、工作过程、工作产出是以数字化产品生产或服务生产为目的的;工作内容是指数字从业人员在工作过程中所从事的具体实践活动,包括但不限于工作业务、工作任务、服务项目、研究领域等;工作过程是指数字从业人员按照一定规则或生产周期,采用一定的工艺技术、操作方法将原材料(种子)经过加工转化成初级产品或高级产品的工作流程;工作产出是指数字从业人员在经过一定的劳动活动或工作过程后而生产出的产品或服务成果。

### 2. 数字职业标识方法

数字职业标识是一项创造性的工作,没有现成的方法可以借鉴,考虑到采用单一的判定方法难免使标识结果不够准确,因此在数字职业标识过程中的不同判定阶段运用不同标识方法。2022 年版《大典》的数字职业标识共开展了九轮标识判定工作,在前期五轮标识阶段,主要采取主观评判法。即在 2015 年版《大典》之后所发布的 56 个新职业范围内,从三个维度出发,运用六个指标,在符合至少 1~4 个指标的情况下,标识为数字职业。方法示例见表 8-1。

表 8-1　　　　　　主观评判法采用的数字职业描述评定表(示例)

| 职业名称:智能楼宇管理员(职业编码 4-06-01-04) | | | | | | |
|---|---|---|---|---|---|---|
| | 工作目标 | 工作内容 | 工作环境 | 工作工具 | 工作过程 | 工作产出 |
| 数字语言表达 | √ | √ | | √ | √ | |
| 数字信息传输 | √ | | √ | √ | √ | |
| 数字内容生产 | | | | √ | | |

注:从上表可知,智能楼宇管理员这一职业在 3 个维度都有涉及,6 个指标有 5 个符合,在 18 个选项中有 9 个选项符合数字职业的评价指标,因此本职业可标识为数字职业。

从第六轮数字标识工作开始,为使标识结果更精确,数字职业标识采用五分量表法进行评判,即针对标识范围内的所有职业,参照六个评价指标,每个评价指标在每个评价维度的分值设定为 5 分,对该职业与数字职业特征的吻合度进行打分,所得分值达到 70%(含)以上者,则标识为数字职业。方法示例见表 8-2。

表 8-2　　　　　　五分量表法采用的数字职业描述评定表(示例)

| 职业名称:计算机软件工程技术人员(职业编码 2-02-10-03) | | | | | | | | |
|---|---|---|---|---|---|---|---|---|
| | 工作目标(5分) | 工作内容(5分) | 工作环境(5分) | 工作工具(5分) | 工作过程(5分) | 工作产出(5分) | 小计(30分) | 权重/% |
| 数字语言表达 | 5 | 5 | 5 | 5 | 5 | 4 | 29 | 96 |
| 数字信息传输 | 5 | 5 | 4 | 5 | 5 | 4 | 28 | 93 |
| 数字内容生产 | 5 | 4 | 4 | 5 | 4 | 4 | 26 | 86 |
| 合计 | 15 | 14 | 13 | 15 | 14 | 12 | 83 | 92 |

注:从上表可知,计算机软件工程技术人员在 3 个维度、6 个指标总得分值为 83 分(总分 90 分),平均加权比例为 92%,因此本职业可标识为数字职业。

## (三) 数字职业标识类型

数字职业标识以 2022 年版《大典》中每个职业的定义和主要工作任务作为主要判定依据，在此基础上按照以下四个方面进行判定：一是符合数字经济、数字技术及数字劳动等特征；二是属于国家统计局发布的《数字经济及其核心产业统计分类 (2021)》中数字经济及其核心产业范畴；三是符合数字语言表达、数字信息传输、数字内容生产三个维度中任意一项（含）以上内容；四是符合数字化职业活动的工作性质相似性原则，即工作工具、工作环境、工作目标、工作内容、工作过程、工作产出等六个描述性指标中须有四项（含）以上指标符合数字化特征。

根据数字职业的判定规则标准逐个对所有职业进行识别，并对判定为数字职业的职业予以标识。我国的数字职业标识采用的是字母标识法，即在职业名称后面标注"S"字母。2022 年版《大典》标识的数字职业有 97 个，按照这些职业所对应的数字技术特性，以及数字经济、数字技术及数字劳动等对这些职业的关联影响程度，数字职业可分为技术创新型、技术融合型、技能改进型三类职业类型（详见表 8-3）。

表 8-3　　　　　　　　　　数字职业类型分布汇总表

| | | |
|---|---|---|
| 技术创新型<br>（35 个） | 第二大类<br>（21 个） | 智能制造工程技术人员、增材制造工程技术人员、机器人工程技术人员、计算机软件工程技术人员、计算机网络工程技术人员、信息系统分析工程技术人员、嵌入式系统设计工程技术人员、信息系统运行维护工程技术人员、人工智能工程技术人员、物联网工程技术人员、大数据工程技术人员、云计算工程技术人员、工业互联网工程技术人员、虚拟现实工程技术人员、区块链工程技术人员、数据分析处理工程技术人员、数字化管理师、数据安全工程技术人员、数字媒体艺术专业人员、数字出版编辑、网络编辑 |
| | 第四大类<br>（10 个） | 数字化解决方案架构师、计算机程序设计员、计算机软件测试员、数据库运行管理员、人工智能训练师、区块链应用操作员、服务机器人应用技术员、数字孪生应用技术员、虚拟现实产品设计师、碳汇计量评估师 |
| | 第六大类<br>（4 个） | 增材制造设备操作员、工业机器人系统运维员、工业视觉系统运维员、工业机器人系统操作员 |
| 技术融合型<br>（34 个） | 第二大类<br>（30 个） | 地球物理地球化学与遥感勘查工程技术人员、大地测量工程技术人员、工程测量工程技术人员、摄影测量与遥感工程技术人员、地图制图工程技术人员、海洋测绘工程技术人员、地理国情监测工程技术人员、地理信息系统工程技术人员、导航与位置服务工程技术人员、地质测绘工程技术人员、自动控制工程技术人员、雷达导航工程技术人员、广播视听设备工程技术人员、集成电路工程技术人员、通信工程技术人员、信息安全工程技术人员、广播电视传输覆盖工程技术人员、工程勘察与岩石工程技术人员、海洋调查与监测工程技术人员、海洋环境预报工程技术人员、海洋工程勘察设计工程技术人员、气象观测工程技术人员、天气预报工程技术人员、气候监测预测工程技术人员、气象服务工程技术人员、人工影响天气工程技术人员、地震监测预测工程技术人员、物流工程技术人员、信息管理工程技术人员、工业设计工程技术人员 |

续表

| | | |
|---|---|---|
| 技术融合型<br>(34个) | 第四大类<br>(3个) | 信息安全测试员、电子数据取证分析师、信息系统适配验证师 |
| | 第六大类<br>(1个) | 化工总控工 |
| 技能改进型<br>(28个) | 第二大类<br>(3个) | 密码工程技术人员、供应链工程技术人员、金融科技师 |
| | 第四大类<br>(24个) | 电子商务师、互联网营销师、供应链管理师、信息通信网络机务员、信息通信网络动力机务员、无线电监测与设备运维员、信息通信网络运行管理员、网络与信息安全管理员、信息通信信息化系统管理员、桌面游戏设计师、智能楼宇管理员、商务数据分析师、密码技术应用员、航空气象员、大地测量员、摄影测量员、工程测量员、海洋测绘员、建筑信息模型技术员、工业设计工艺师、信息通信网络终端维修员、全媒体运营师、档案数字化管理师、电子竞技员 |
| | 第五大类<br>(1个) | 农业数字化技术员 |

技术创新型是指在数字技术运用到产业实践过程中出现的职业，比如工业云计算工程技术人员、互联网工程技术人员等。其职业活动所涉及的经济领域、知识领域以及所提供的产品和服务种类具有系统性、专业性、复杂性和不可替代性。目前该类数字职业数为 35 个。

技术融合型是指在产业技术与数字技术融合发展中出现的职业，比如气象观测工程技术人员。其职业活动所涉及经济领域、知识领域以及所提供的产品和服务种类没有改变，但原有的知识和技术嵌入或融合了数字技术。目前该类数字职业数为 34 个。

技能改进型是指随着数字技术产业化、产业技术数字化，在数字技术产品或服务的应用、运维、操作中出现的职业，比如建筑信息模型技术员。其职业活动所涉及的经济领域、知识领域以及所提供的产品和服务种类没有改变，但工艺技术、使用的工具设备和数字技能水平已发生很大变化。目前该类数字职业数为 28 个。

### (四) 数字职业标识结果分析

#### 1. 数字职业在数字经济产业中的分布分析

按照数字职业在国家统计局发布的《数字经济及其核心产业统计分类（2021）》中的类别划分，数字产品制造业有 9 个，数字产品服务业有 7 个，数字技术应用业有 45 个，数字要素驱动业有 17 个，数字化效率提升业有 19 个，分布情况如图 8-3 所示。

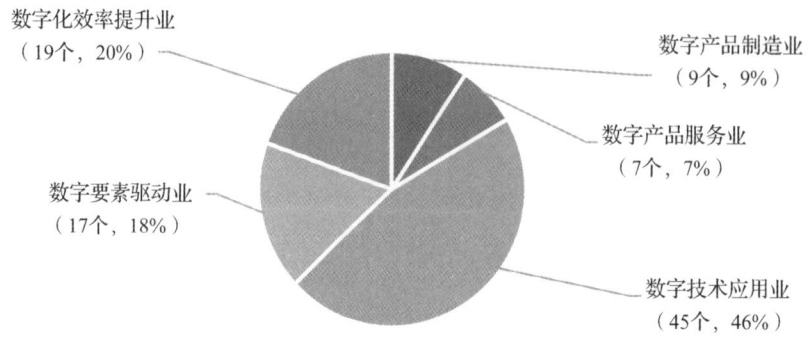

图 8-3 数字职业产业类别分布

### 2. 数字职业类别分析

按照数字职业在 2022 年版《大典》中的类别划分，第二大类有 53 个，第四大类有 38 个，第五大类有 1 个，第六大类有 5 个，分布情况如图 8-4 所示。

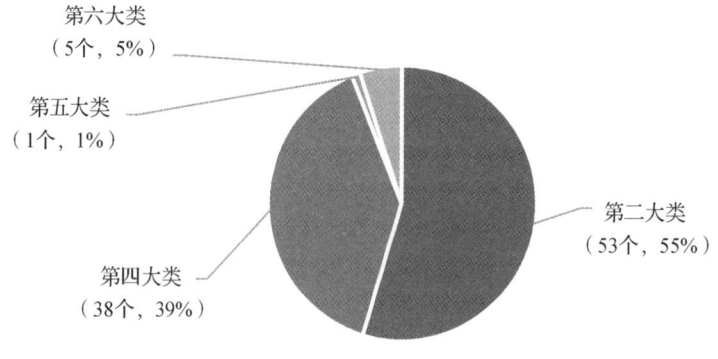

图 8-4 数字职业类别分布

### 3. 数字职业类型分布

按照数字职业的属性来分，技术创新型数字职业是 35 个，技术融合型数字职业是 34 个，技能改进型数字职业是 28 个，分布情况如图 8-5 所示。

## 二、数字技能与数字职业

### （一）数字技能的内涵外延

数字技能是指运用数字技术或使用数字设备，生产、获取、分析、传输信息，处理相关问题、确保数据安全等的数字能力和素养。根据数字技能的使用和需求差异，

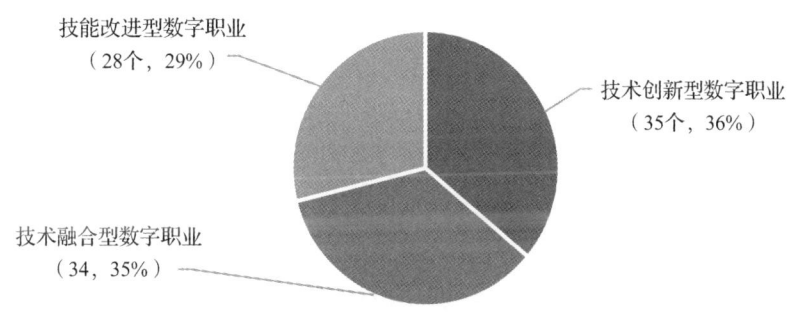

图 8-5 数字职业类型分布

数字技能分为数字专业技能和数字应用技能。数字专业技能主要是针对专业数字职业从业人员而言，指运用数字技术，从事开发、分析、整合等数字劳动的能力，具有复杂性和创新性。数字应用技能主要是针对非专业的普通人而言，指非专业的人民群众在学习、生活和工作中，使用电子设备接收、鉴别、传输数字信息的能力，是一种基础性、运用性及普适性的能力。总之，数字专业技能是数字职业从业人员必须具备的专业技术，数字应用技能是数字经济时代人们在日常生活中所运用的普适性技能。

### （二）数字技能与数字职业

数字技能是数字技术、数字素养与数字能力的融合统一。理解数字技能与数字职业的关系，还需要进一步分析数字技术、数字素养和数字能力与数字职业间的关系。

如前所述，数字技术作为新一代信息通信技术，已广泛适用于经济社会各个领域。掌握数字技术是从事数字职业的基本前提，是成为数字职业从业人员的必要条件。不掌握数字技术就只能是数字应用技能的使用人员，而不能成为数字职业从业人员，反过来数字职业从业人员会推动数字技术的创新与发展。

数字素养是指数字经济时代，人们在学习、生活和工作中应具备的数字获取、制作、使用、评价、交互、分享、创新、安全保障、伦理道德等系列素养的集合。数字素养是成为数字职业从业人员的充分条件，数字素养的高低决定了数字职业从业人员的文化素质、职业能力水准。

数字能力是强调以分析、合作及创造性的方法使用数字技术的能力，能力域包括软硬件基本知识、信息和数据素养、数字内容创建能力、沟通与合作能力、安全与保障能力、分析与解决问题能力、从事数字职业的胜任力等。数字能力是成为数字职业从业人员的必要条件，没有数字能力就难以成为数字职业从业人员。

### （三）提升全民数字素养与技能

提升全民数字素养与技能既是数字经济时代生产与生活服务、社会治理的需要，也是数字职业人才队伍培养的基础性工程。

2021年4月,为贯彻全国职业教育大会精神,落实党的十九届五中全会提出的提升全民数字技能要求,人力资源社会保障部颁布《提升全民数字技能工作方案》,部署推动提升全民数字技能与素养工作。该方案聚焦加强全民数字技能教育和培训,普及提升公民数字素养,主要表现在六个方面:一是完善提升全民数字技能政策措施;二是加强技工院校数字技能类人才培养;三是加强数字技能职业技能培训;四是推进数字技能类人才评价工作;五是积极开展数字技能类职业技能竞赛;六是提升数字技能人才培养基础能力建设。

2021年11月,中央网络安全和信息化委员会印发《提升全民数字素养与技能行动纲要》,强调提升全民数字素养与技能是顺应数字时代要求,提升国民素质、促进人的全面发展的战略任务,是实现从网络大国迈向网络强国的必由之路,也是弥合数字鸿沟、促进共同富裕的关键举措。

《提升全民数字素养与技能行动纲要》从丰富优质数字资源供给、提升高品质数字生活水平、提升高效率数字工作能力、构建终身数字学习体系、激发数字创新活力、提高数字安全保护能力、强化数字社会法治道德规范等7个方面确定了23项主要任务,明确了公民数字参与提升、数字社会无障碍和适老化改造提升、数字技能产教融合、领导干部和公务员数字素养提升、退役军人数字素养与技能提升、高端数字人才培育六大工程,为整体提升全我国公民数字素质与技能水平指明了正确方向,明确了奋斗目标,规划了发展路径,制定了实施策略。

## 三、数字职业发展及应用案例

当历史的车轮从农业经济、工业经济进入到当前数字经济时代,数字职业必然通过数字劳动广泛存在于数字经济活动中。数字职业对数字经济发展起着越来越重要的推动作用的同时,也得到了全方位的应用和发展。

### (一)技术创新型数字职业发展及应用案例

数字技术的广泛运用为出版业融合发展提供了无限可能,成为产业变革的重要驱动力量,传统出版业转型发展为数字出版成为趋势。经过数字编辑策划、编辑加工后的产品,突破了传统纸书的局限,充分利用各种技术手段,使产品内容更加丰富,更加符合大众的阅读习惯。数字出版编辑这一职业就是上述职业变化的生动体现。

"数字出版编辑"职业是由"音像电子出版物编辑"变化而来,具体在职业定义及主要工作任务方面的对比详见表8-4。

表 8-4　　数字出版编辑职业定义及主要工作任务对比

| 版本 | 2015 年版《大典》 | 2022 年版《大典》 |
|---|---|---|
| 职业名称 | 音像电子出版物编辑 | 数字出版编辑 |
| 职业编码 | 2-10-02-04 | 2-10-02-04 |
| 职业定义 | 从事音像电子出版物及数字出版产品的策划、编辑、加工、数字化转换的专业人员 | 从事数字化出版产品的策划、编辑、加工、转换的专业人员 |
| 主要工作任务 | 1. 策划音像电子出版物及数字出版产品；<br>2. 物色脚本创作者和制作者，收集素材、资料；<br>3. 组织产品内容并主持制作；<br>4. 进行产品内容数字化转换、修改、标注并建立索引；<br>5. 编辑、加工产品内容，主持制作、合成音像电子出版物及数字出版产品；<br>6. 检查、监督产品内容和质量 | 1. 策划数字化出版物及相关产品；<br>2. 物色脚本创作者和制作者，收集素材、资料；<br>3. 组织产品内容并主持制作；<br>4. 进行产品内容数字化转换、修改、标注并建立索引；<br>5. 编辑、加工产品内容，主持制作、合成数字化出版物及产品；<br>6. 检查、监督产品内容和质量 |

对表 8-4 描述的内容进行分析，我们可以得出如下结论。

### 1. 职业名称分析

国家职业分类新体系中的对"音像电子出版物编辑"并非简单地更名为"数字出版编辑"，该变化在职业分类上反映了我国数字化能力和水平的提高及广泛运用，在名称上更加体现数字化产品的属性，明确了职业所包含的关键内容，同时内容上也比之前的职业名称更为宽泛和准确，这些都将体现在对从业人员职业技术技能要求的变化。

### 2. 主要工作任务分析

基本内容没有变化，从工作产出结果的角度，将"音像电子出版物及数字出版产品"统一合称为"数字化出版物及相关产品"，使得该表述与职业名称及职业定义更加一致。

### 3. 职业类型分析

该职业名称改变后，其职业活动所涉及经济领域、知识领域没有变化，职业活动所提供的产品和服务种类有了改变和创新，同时在原有的知识和技术中嵌入或融合了数字技术，使该职业兼具技术创新型、技术融合型数字职业的属性。按照技术创新型、技术融合型及技能改进型先后顺序的判定原则，将该职业归类为数字经济活动中出现的技术创新型职业。

## (二)技术融合型数字职业发展及应用案例

"电子数据取证分析师"是 2021 年国家发布的新职业,该职业的服务主体是电子数据,核心功能是取证分析。取证分析功能在很多职业中均有体现,如仲裁员的第 3 条工作任务是"在仲裁案件中组织调查取证、鉴定、评估、勘验等工作";劳动人事争议仲裁员的第 2 条工作任务是"调查取证";还有农村土地承包仲裁员的第 2 条工作任务是"组织调查取证,查阅土地承包档案资料与管理台账,勘测地界,询问证人,核查证据"等。

数字经济的发展,产生了规模庞大的数据量,传统的取证分析方法已经无法保证取证分析内容的全面及结果的正确,因此利用数字技术对海量的电子数据进行取证分析成为必然,从而催生出一批从事电子数据取证分析的从业人员并形成电子数据取证分析师职业。这是在数字经济活动中,融合先进数字技术的发展,新技术给从业人员提供了新的工作工具或设备,在改造原有生产或服务方式的同时,也扩大了从业人员的生产和服务范围,并对从业人员的职业技能和水平提出了新的要求而形成的新职业群体(具体内容见表 8-5),这类职业属于技术融合型数字职业。

表 8-5　电子数据取证分析师职业定义及主要工作任务对比

| 版本 | 2015 年版《大典》颁布后新增 | 2022 年版《大典》 |
| --- | --- | --- |
| 职业名称 | 电子数据取证分析师 | 电子数据取证分析师 |
| 职业编码 | 4-04-05-08 | 4-04-05-08 |
| 职业定义 | 从事电子数据的收集提取、数据恢复及取证分析的人员 | 从事电子数据提取、固定、恢复、分析等工作的人员 |
| 主要工作任务 | 1. 针对各类电子数据的现场及在线提取固定;<br>2. 分析基于物理修复或数据特征等的电子数据恢复技术;<br>3. 提取分析不同介质和智能终端电子数据;<br>4. 提取分析服务器、数据库及公有云电子数据;<br>5. 提取分析物联网、工程控制系统电子数据;<br>6. 设计建立电子数据取证可视化分析模型;<br>7. 分析计算机及其他智能终端应用程序功能 | 1. 提取、固定电子数据;<br>2. 恢复基于物理修复或数据特征等的电子数据;<br>3. 分析不同介质和智能终端的电子数据;<br>4. 分析服务器、数据库及公有云的电子数据;<br>5. 分析物联网、工程控制系统的电子数据;<br>6. 分析计算机及其他智能终端应用程序功能。 |

"电子数据取证分析师"在 2022 年版《大典》中得到进一步修订和完善。根据表 8-5 所描述内容,经分析可得出如下结论:

### 1. 定义变化的分析

新的职业定义将"收集提取"改为"提取",是因为"提取"是建立在"收集"

基础上的工作,"收集"不一定是数字职业从业人员的工作内容,其他文职人员也可以完成该工作,而"提取"是技术性工作,必须由该职业从业人员来完成,因此删掉了"收集"内容。同时新增加了"数据固定"这一新的内容,使得修订后的定义更加完整、精炼、准确。

### 2. 主要工作任务的分析

工作任务里主要删掉了该职业原有的第 6 条"设计建立电子数据取证可视化分析模型"内容。该工作内容从性质上属于专业技术人员中工程技术人员的工作范畴,因此属于大数据工程技术人员的第 4 条"进行大数据采集、清洗、建模与分析"的工作内容。此处修订避免了重复表述,更是职业分类的精准表达。还有比如删掉或修改"针对""提取"等词语及表达方式,也是职业内容规范发展的体现。

### 3. 职业发布时间分析

"电子数据取证分析师"是 2021 年 3 月 9 日由人力资源社会保障部等三部委办公厅(人社厅发〔2021〕17 号)发布的新职业,属于 2015 年版《大典》的补充内容。在 2022 年 4 月启动 2015 年版《大典》修订工作后,包括各部委在内的全社会提出了近千条修订意见,其中就包括对"电子数据取证分析师"的修订意见,经过多轮研究讨论,确定了 2022 年版《大典》中的新定义及主要工作任务,这是数字职业在实践应用中不断发展的典型例证。

## (三)技能改进型数字职业发展及应用案例

"互联网营销师(4-01-06-02)"是 2020 年国家发布的新职业,该职业的服务主体是企业产品,核心功能是营销,这一功能在 2015 年版《大典》"营销员"职业内有完整体现。然而,在数字经济时代,很多职业从业人员难以满足日益增长的客户需求,比如营销员是以线下工作任务为基础而产生的职业,原有技能水平很难满足线上客户的需求。与此同时,先进技术及网络通信的迅猛发展为满足日益增长的线上需求提供了实现条件,因此一部分从业人员学习新技术、利用新平台来满足人们的新需求,从而在互联网营销领域产生了一批从事互联网营销业务的从业人员,并催生了"互联网营销师"这一新职业。

"互联网营销师"是因市场需求的变化以及数字技术的发展,改变了原有生产或服务方式,也改变了"营销员"职业的工作方式和服务范围,更重要的是对该领域从业人员的职业技能提出了更适应社会需要的更高标准,这些变化将通过主要工作任务的内容更新得以体现(具体内容见表 8-6 所示)。这类因市场需求和数字技术的发展变化导致职业从业人员技能改进而形成的数字职业属于技能改进型数字职业。

表 8-6　　　　　　　互联网营销师职业定义及主要工作任务对比

| 版本 | 2015 年版《大典》 | 2022 年版《大典》 |
|---|---|---|
| 职业名称 | 营销员 | 互联网营销师 |
| 职业编码 | 4-01-02-01 | 4-01-06-02 |
| 职业定义 | 从事市场调查、商品与服务推销工作的人员 | 在数字化信息平台上，运用网络的交互性与传播公信力，对企业产品进行营销推广的人员 |
| 主要工作任务 | 1. 调查了解市场信息，分析、预测、开发市场，寻找潜在客户；<br>2. 进行客户洽谈、产品介绍；<br>3. 提供售前、售中、售后服务；<br>4. 办理商品的交付、发运；<br>5. 处理商品销售过程中的纠纷；<br>6. 签订销售合同；<br>7. 结算货款；<br>8. 维护客户关系 | 1. 研究数字化信息平台的用户定位和运营方式；<br>2. 接受企业委托，对企业资质和产品质量等信息进行审核；<br>3. 选定相关产品，设计策划营销方案，制定佣金结算方式；<br>4. 搭建数字化营销场景，通过直播或短视频等形式对产品进行多平台营销推广；<br>5. 签订销售订单，结算销售货款；<br>6. 协调销售产品的售后服务；<br>7. 采集分析销售数据，对企业或产品提出优化性建议 |

根据表 8-6 所描述的内容对比，经分析可得出如下结论：

### 1. 定义变化的分析

两个职业服务的主体均是企业产品，核心功能都是营销。营销员是广义上的所有产品的营销推广工作，而互联网营销师是利用数字化信息平台这一现代化营销工具，充分发挥数字经济时代虚拟空间的网络交互性与传播公信力，从而达到对企业产品进行营销的目的。比较而言，营销员注重于线下营销，而互联网营销师是运用网络手段开展线上营销推广。

### 2. 主要工作任务的分析

与营销员相比，互联网营销师的工作任务增加了研究数字化信息平台、设计策划营销方案、搭建数字化营销场景、对企业或产品提出优化性建议等内容，其服务的方式从"寻找客户"变成"接受客户委托"，工作工具是运用"直播或短视频等"新型营销设备或手段。上述主要工作任务的变化从工作内容、工作方式、工作工具、工作场景、工作产出或成果等多方面都有着很多区别。

# 第九章 绿色经济与绿色职业发展

## 第一节 绿色经济产业与绿色职业发展

### 一、绿色经济产业与职业绿化

#### （一）绿色经济概念解析

绿色经济的概念首次出现在英国环境经济学家大卫·皮尔斯教授在 1989 年出版的著作《绿色经济蓝图》中。他在书中提出，绿色经济是以传统产业经济为基础、市场为导向、经济与环境和谐发展为目的的新经济形态，是产业经济为适应人类环境保护与健康需要而产生并表现出来的一种经济社会发展形式。绿色经济从此进入大众视野，之后不断有研究者在内容和形式上补充完善绿色经济的内容。

几十年来，绿色经济已成为许多国家政府和社会关注的战略重点，其内涵越来越丰富，外延也更为广泛。例如，联合国环境规划署将绿色经济定义为可带来人类福利和社会公平的改善，同时显著降低环境风险与生态短缺的经济；美国劳工部界定的绿色经济是，与减少化石燃料的使用，减少污染和温室气体排放，提高能源使用效率，循环利用材料资源，开发和利用可再生能源等相关经济活动的总和；欧盟将绿色经济定义为，二氧化碳排放与环境可持续一致的经济。

我国学者张丽宾认为，绿色经济是指符合自然生态规律，能够同时产生经济效益和社会环境效益的人类活动。该活动主要表现在两个方面：一是对原有经济体系进行生态化改造或绿化的活动，包括开发新的生产技术、设备和工艺，减少或替代有毒有害物质的使用，提高原材料的使用率或循环利用，降低污染物的产生并对污染物进行净化处理等；二是鼓励对环境影响小或有利于环境改善的产业发展，包括生态农业、有机食品、生态旅游、清洁能源、可再生资源、植树造林等运用科技和服务驱动的绿色产业。

绿色经济具有增强能源和资源利用效率、降低碳排放及污染、保护生态环境系统良性循环等特征，体现出自然环境与资源价值利用的最大化，强调经济、社会和环境的协调性，引导产业结构在遵循生态规律的前提下优胜劣汰，动态发展。绿色经济外延包含环境友好型经济、资源节约型经济、循环利用型经济的价值取向和基本特征，是兼具资源高效利用、低碳环保和社会包容的符合自然发展规律的经济形态。

## （二）绿色经济发展动因

我国的绿色经济发展曾经历"以环境换发展"向"绿色可持续发展"转变的过程，付出了生态环境遭到较为严重破坏的代价。当前绿色经济发展进入全新时期，在发展理念、社会环保意识、科学技术创新及市场供需规范等方面已成为发展中国家践行绿色经济发展的典范，形成了中国特色绿色发展道路。

### 1. 发展理念的引导

改革开放以来，我国极大地解放了生产力，开阔了人们的视野，提升了人口、资源和环境及其协调问题的认识水平。20 世纪 80 年代初，国家提出"计划生育、男女平等、对外开放、环境保护、水土保持、节约资源、合理利用土地和保护耕地"七大基本国策，其中有五项反映绿色环保发展的基本理念。1997 年 9 月，江泽民同志指出：必须实施可持续发展战略，坚持保护环境的基本国策，正确处理经济发展同人口、资源、环境的关系。2003 年 10 月，党中央提出"坚持以人为本，树立全面、协调、可持续的发展观，促进经济社会和人的全面发展"战略。习近平总书记一直以来非常重视绿色发展，提出"绿水青山就是金山银山"的重要理念，深刻阐述改善生态环境就是发展生产力的真理。可持续发展战略已纳入党的基本纲领，绿色发展作为基本国策，在认识层面统一了全社会走绿色发展道路的思想，操作层面通过制定法律法规、产业政策，提供资金支持、财政补贴等行政干预，为我国的绿色发展营造出长期稳定的发展环境。

### 2. 环保意识的觉醒

环保意识是人们认识和保护环境所达到的水平和程度，是我国实现绿色发展的民意基础。有很长一般时间，公众对环保行为、环境认知、环境污染严重性评价较低，面对环境污染，多是从受害者角度去认识环境保护问题。生态环境部负责人表示：2019 年全国环保产业营业收入大约是 1.78 万亿元，同比增长 11.3%，远高于同期的国民经济增长速度。其中，环境服务业营业收入大约是 1.12 万亿元，同比增长 23.2%。2019 年列入统计的 11 229 家企业，环保产业营业收入总额达到了 9 864 亿元，同比增长 13.5%。环保产业的快速增长离不开社会公众环保意识的觉醒和提高，长期以来政府及社会各组织通过公益活动、书籍出版、发放宣传品、举办讲座、组织培训和媒体报道等方式，面向公众尤其是中小学生开展环境宣传教育，与此同时，还致力于公众环境保护维权，披露和抵制破坏生态环境的行为等工作，对影响环境的监督与决策产生影响，身体力行地推进着中国社会的绿色发展。

### 3. 科技创新的驱动

科技创新驱动绿色经济的发展，两者良性互动、共生并进。高效、低碳、环保的绿色发展理念是引领科技创新的"方向盘"，科技创新把发展理念变成现实，是落实和推动绿色发展理念的"永动机"。在认识层面，各种绿色生产技术的研发与应用，验证了绿色发展技术路线的可行性和有效性，使人们对绿色发展的未来充满信心，从而自觉营造人类与自然的和谐关系，坚定走绿色发展道路的决心。在实践层面，通过科技创新提高生产效率、节约物料和能源、减少或降低对周边环境的影响，开发和提供"褐色"产品或服务的替代品，绿色经济活动能够使人们深切感受到科技创新的强大动力，直接享受绿色发展的实际效果和利益。

### 4. 市场需求的刺激

绿色发展是事关当前与长远、局部与整体战略利益的重大抉择。经济上，产业资本天然具有逐利性，政府的引导支持也至关重要。2008年11月，我国提出4万亿元经济刺激方案，承诺将投资总额的15%作为"绿色投资"，相当于为产业资本提供了6 000亿元的市场投资份额。绿色发展道路的选择，尤其是产业政策的调整，引发了全社会对绿色产品和服务的热捧，开辟了既符合社会发展长远利益，又能使资本获利的投资空间和发展之路。据不完全统计测算，自我国2020年承诺将在2060年达到碳中和目标后，在绿色经济领域的投资将累计达到139万亿元，成为今后中长期内推动经济发展的巨大市场需求。

总之，在绿色发展理念的影响下，消费者的环保意识日益增强，追求安全、节约、无害成为选用衣食住行用品的主要标准。在绿色消费需求对产业的投射作用下，绿色原材料、绿色装备成为提供产品和服务的主要选择。绿色环保的生产要素和消费品市场日渐成熟、需求强劲，反过来进一步刺激产业资本的投入，为绿色发展提供经济基础和发展动力。

## （三）绿色经济范围界定

自20世纪中期以来，人们重新认识并总结人类与自然的关系，有关生态、资源、保护环境与经济的综合性理论与应用研究证实，生态、资源与环境保护活动具有重要经济和人文价值，先后诞生并发展出生态经济、循环经济、低碳经济和绿色经济等理论体系和实践内容（见图9-1）。生态经济是对生态系统，如草原、森林、湿地、沙漠、海洋等的恢复、利用与发展;循环经济是指通过减少材料消费、以低消费、低排放、高效率资源回收利用等为特点的遵循生态经济机制的经济模式和系统整合,主要解决环境污染问题;低碳经济是改变能源结构、减少温室气体排放的经济模式;绿色经济应包含循环经济、低碳经济、生态经济等内容,是上述经济形态的综合表现,更表现为一种可持续发展理念。

2009年3月,联合国环境规划署发布《全球绿色新政政策概要》,提出三个界定绿色经济行业范围的标准:一是对 GDP 和就业影响尤为重要;二是在降低碳依赖程度或缓解生态稀缺性方面的环境效益比较显著;三是材料使用效率和废物管理这类收益慢,但长远来看利于绿色发展的重要领域。据此,联合国环境规划署将绿色经济划分为节能建筑、可再生能源、可持续交通、淡水、生态基础设施、可持续农业和其他绿色经济(如能源效率等)7个产业。

我国绿色经济产业在参照国际分类标准的基础上,结合自身的发展实际,由国家发展改革委联合工业和信息化部等七部委在2019年联合制定并印发《绿色产业指导目录(2019版)》,主要内容包括节能环保产业、清洁生产产业、清洁能源产业、生态环境产业、基础设施绿色升级、绿色服务产业6个方面,清晰界定了我国绿色经济产业的边界,对于指导、规范绿色经济产业发展意义重大。

### (四)绿色经济与职业绿化

现代社会的科学技术、文化风俗、生产资料等因素对职业发展的影响无处不在。绿色经济正不断改变着生产要素的配置与发展,职业作为劳动力结合生产要素的具体体现,必将受到影响并随之发生变化。

#### 1. 绿化职业分类体系

绿色经济推动着新能源、节能建筑、绿色交通、生态农业等领域资本投入与技术创新规模的不断扩大,通过对劳动分工的影响,进一步促进职业总量与结构变化并使其趋向绿色。根据统计资料可以看出,资本投向与技术创新对职业发展起着主导作用,正在从职业的总量到结构、个体到群体上绿化整个职业体系。一是绿化传统老职业、催生绿色新职业,影响整个职业分类体系的绿化。通过分析美国职业信息系统可以看到,标识为绿色职业的有204种,占职业分类体系中职业总数量的18%,基本形成了绿色职业类别体系。二是绿色经济活动领域生产、生活服务与社会治理规模的扩大,创造出新的绿色就业机会。美国职业信息系统在职业分类体系所定义的1 110种职业中,绿色经济活动中产生的新职业就有78种。

国际劳工组织预测,在未来20年内,全球绿色职业岗位有可能达到1亿个,约占

# 第九章 绿色经济与绿色职业发展

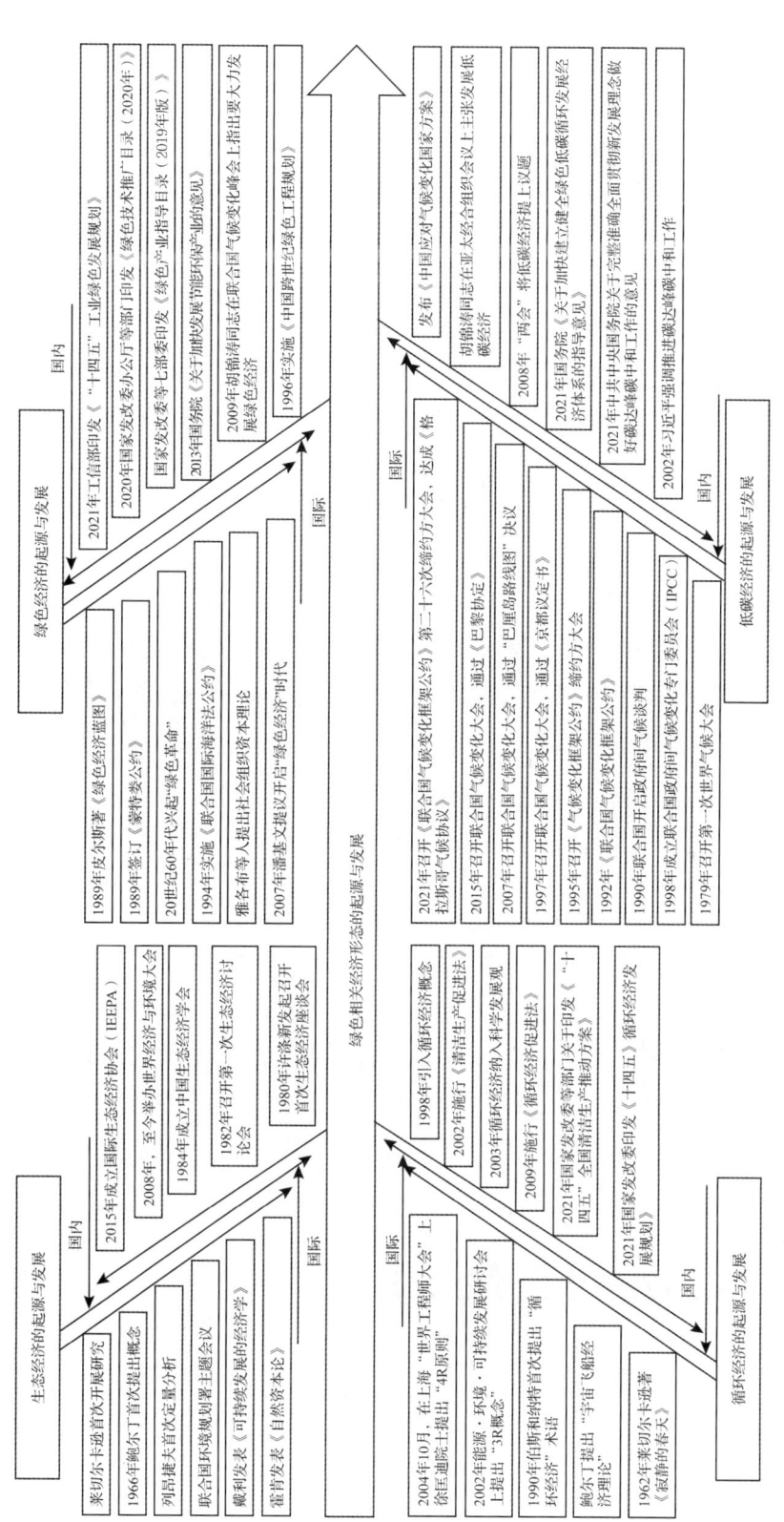

图9-1 绿色相关经济形态的起源与发展

2030年全球50亿劳动人口的2%。毋庸置疑，在全球积极推进发展绿色经济的背景下，绿色职业将成为职业发展的重要趋势。

### 2. 绿化职业能力要求

绿色经济倡导经济、科技与生态之间的良性互动。通过绿色生产、生活服务等技术进步，对从业人员提出绿化职业能力的新要求。生产与服务技术正沿着可持续路径深入推进，促使职业活动范围与要求同向进步。

在开拓绿色生产与服务领域方面，为了减缓"温室效应"对生存环境的影响，出现了碳捕获技术。该技术在实践应用时需要碳捕获从业人员，即碳捕获和封存系统安装人员。类似提供绿色产品和服务的职业还有太阳能光伏安装工等新的绿色职业。在改造传统生产与服务技术方面，建筑节能技术正用于新建筑和原有建筑物的改造，促使部分建筑工人提升能力满足市场需求，使建筑在能耗、环境性能、室内空气质量及居住舒适度等方面实现绿色建筑的设计要求。事实上，在绿色经济活动领域，从研发设计到生产制造及销售服务，凡涉及提供绿色产品与服务的，都会因技术的创新与改变使相应职业活动范围沿可持续方向扩大化，对从业人员职业能力的专业化或综合度提出了适应绿色经济的更高新要求。

### 3. 促进体面劳动实现

从职业与人的全面发展来看，个体的职业活动以维持生存为初级目标，以实现自身价值为最终目标。在当今世界，尤其在一些欠发达国家或地区，仍有数亿人口在贫困中挣扎，从事着环境恶劣且收入不高的工作。"全球绿色新政"提出，世界各国为应对发展危机所采取的措施，应以实现经济社会、生态环境和人类自身和谐发展为目标和准则。为此，国际劳工组织、联合国环境规划署、国际雇主组织和国际工会联盟联合发起的"绿色工作倡议"指出：绿色工作的理念已经成为具有可持续发展特性的经济和社会的重要标志，主旨是为当代人和子孙后代保护环境，并使所有人、所有国家在发展中平等受益。

## 二、绿色经济产业催生绿色职业

《国家"十四五"规划和2035年远景目标纲要》（以下简称《纲要》）强调，要大力发展绿色经济，壮大节能环保、清洁生产、清洁能源、生态环境、基础设施绿色升级、绿色服务等产业，与之前发布的《绿色产业指导目录（2019年版）》中国绿色产业的六大类内容完全一致。

绿色经济产业在绿色经济活动中通过绿色劳动催生出绿色职业，是绿色职业存在的基础。按照《绿色产业指导目录（2019年版）》中的分类情况，分析研究各个产业所创造和催生的绿色职业，对于理解绿色经济产业与绿色职业的关系，使绿色职业能更好地服务于绿色经济产业有着重大意义及显著推动作用。

## （一）节能环保产业催生绿色职业

节能环保产业作为绿色产业的第一大类，包括高效节能装备制造、先进环保装备制造、资源循环利用装备制造、新能源汽车和绿色船舶制造、节能制造、污染治理、资源循环利用7个部分，这7个部分所属子类产业共计63个。该大类绿色职业有余热余压利用系统操作工、再生资源工程技术人员、建筑信息模型技术员等17个，现就该类部分典型绿色职业分析如下。

余热余压利用系统操作工是指操作余热锅炉、余压发电机等潜能回收与利用设备，回收利用余压、余热的人员。该绿色职业属于节能环保产业中的高效节能装备制造。高效节能装备制造包括节能锅炉制造，节能窑炉制造，节能型泵及真空设备制造，节能型气体压缩设备制造，节能型液压气压元件制造，节能风机风扇制造，高效发电机及发电机组制造，节能电机制造，节能型变压器、整流器、电感器和电焊机制造，余热余压余气利用设备制造，高效节能家用电器制造，高效节能商用设备制造，高效照明产品及系统制造，绿色建筑材料制造，能源计量、监测、控制设备制造共15个小类产业。

汽车零部件再制造工是指使用设备或专用工装、手工工具，进行回收汽车零部件拆解、清洗、修复、加工、装调、检验的人员。该绿色职业属于节能环保产业中的资源循环利用装备制造。资源循环利用装备制造包括矿产资源综合利用装备制造，工业固体废物综合利用装备制造，建筑废弃物、道路废弃物资源化无害化利用装备制造，餐厨废弃物资源化无害化利用装备制造，汽车零部件及机电产品再制造装备制造，资源再生利用装备制造，非常规水源利用装备制造，农林废物资源化无害化利用装备制造，城镇污水处理厂污泥处置综合利用装备制造共9个小类产业。

拆船工是指使用拆除设备和工具，将报废的船舶解体成船板、可轧材、废钢铁、有色金属材料，以及可利用的船用设备、仪器仪表等的人员。该绿色职业属于节能环保产业中的新能源汽车和绿色船舶制造。新能源汽车和绿色船舶制造包括新能源汽车关键零部件制造和产业化，充电、换电及加氢设施制造，绿色船舶制造共3个小类产业。

冶金热能工程技术人员是指从事冶金生产中热能利用工艺技术研究、设计及生产技术应用的工程技术人员。该绿色职业属于节能环保产业中的节能改造。节能改造包括锅炉（窑炉）节能改造和能效提升、电机系统能效提升、余热余压利用、能量系统优化、绿色照明改造、汽轮发电机组系统能效提升共6个小类产业。

环境污染防治工程技术人员是指从事环境污染防治工程设计、咨询，环境工程施工指导、监督，环境保护设施维护的工程技术人员。该绿色职业属于节能环保产业中的污染治理。污染治理包括良好水体保护及地下水环境防治、重点流域海域水环境治理、城市黑臭水体整治、船舶港口污染防治、交通车辆污染治理、城市扬尘综合整治、餐饮油烟污染治理、建设用地污染治理、农林草业面源污染防治、沙漠污染治理、农用地污染治理、噪声污染治理、恶臭污染治理、农村人居环境整治共14个小类产业。

再生资源工程技术人员是指从事可再生资源回收、加工、提取等综合利用技术研发、产品设计、生产监督检测的工程技术人员。该绿色职业属于节能环保产业中的资源循环利用。资源循环利用包括矿产资源综合利用，废旧资源再生利用，城乡生活垃圾综合利用，汽车零部件及机电产品再制造，海水、苦咸水淡化处理，雨水的收集、处理、利用，农业废弃物资源化利用，城镇污水处理厂污泥综合利用共8个小类产业。

## （二）清洁生产产业催生绿色职业

清洁生产产业作为绿色产业的第二大类，包括产业园区绿色升级、无毒无害原料替代食用使用与危险废物治理、生产过程废气处理处置及资源化综合利用、生产过程节水和废水处理处置及资源化综合利用、生产过程废渣处理处置及资源化综合利用共5个部分，这5个部分所属子类产业共计20个。该大类绿色职业有危险废物处理工、工业废气处理工、节水工程技术人员等6个，现就该类部分典型绿色职业分析如下。

危险废物处理工是指从事危险废物或放射性废物收集、运输、储存和处理处置工作的人员。该绿色职业属于清洁生产产业中的无毒无害原料替代使用与危险废物治理。无毒无害原料替代使用与危险废物治理包括无毒无害原料生产与替代使用、危险废物处理处置、危险废物运输、高效低毒低残留农药生产与替代共4个小类产业。

工业废气治理工是指操作废气治理设备、设施，除去废气中有害污染物和颗粒物的人员。该绿色职业属于清洁生产产业中的生产过程废气处理处置及资源化综合利用。生产过程废气处理处置及资源化综合利用包括工业脱硫脱硝除尘改造、燃煤电厂超低排放改造、挥发性有机物综合整治、钢铁企业超低排放改造共4个小类产业。

工业废水处理工是指操作隔栅除污机、筛滤机和离子交换、电渗析、电解氧化处理等设备，进行工业废水净化和回用作业人员。该绿色职业属于清洁生产产业中的生产过程节水和废水处理处置及资源化综合利用。生产过程节水和废水处理处置及资源化综合利用包括生产过程节水和水资源高效利用、重点行业水污染治理、工业集聚区水污染集中治理、畜禽养殖废弃物污染治理共4个小类产业。

工业固体废物处理处置工是指从事工业固体废物收集、储存、处理、利用和处置工作的人员。该绿色职业属于清洁生产产业中的生产过程废渣处理处置及资源化综合利用。生产过程废渣处理处置及资源化综合利用包括工业固体废弃物无害化处理处置及综合利用、历史遗留尾矿库整治、包装废弃物回收处理、废弃农膜回收利用共4个小类产业。

### （三）清洁能源产业催生绿色职业

清洁能源产业作为绿色产业的第三大类，包括新能源与清洁能源装备制造、清洁能源设施建设和运营、传统能源清洁高效利用、能源系统高效运行共4个部分，这4个部分所属子类产业共计有32个。该大类绿色职业有光伏组件制造工、微水电利用工、太阳能利用工等12个，现就该类部分典型绿色职业分析如下。

光伏组件制造工是指使用光伏晶硅组件、光伏薄膜组件生产线等，制造光伏晶硅组件、光伏薄膜组件、光伏聚光组件、光伏砷化镓组件的人员。该绿色职业属于清洁能源产业中的新能源与清洁能源装备制造。新能源与清洁能源装备制造包括风力发电装备制造、太阳能发电装备制造、生物质能利用装备制造、水力发电和抽水蓄能装备制造、核电装备制造、非常规油气勘查开采装备制造、海洋油气开采装备制造、智能电网产品和装备制造、燃气轮机装备制造、燃料电池装备制造、地热能开发利用装备制造、海洋能开发利用装备制造共12个小类产业。

风力发电运维值班员是指操作风力发电、升压站设备，巡视、监控其运行工况的人员。该绿色职业属于清洁能源产业中的清洁能源设施建设和运营。清洁能源设施建设和运营包括风力发电设施建设和运营、太阳能利用设施建设和运营、生物质能源利用设施建设和运营、大型水力发电设施建设和运营、核电站建设和运营、煤层气（煤矿瓦斯）抽采利用设施建设和运营、地热能利用设施建设和运营、海洋能利用设施建设和运营、氢能利用设施建设和运营、热泵设施建设和运营共10个小类产业。

煤提质工是指以煤为原料，操作干燥窑、热解窑、提质煤冷却器、急冷塔等设备，提高煤品质的生产人员。该绿色职业属于清洁能源产业中的传统能源清洁高效利用。传统能源清洁高效利用包括清洁燃油生产、煤炭清洁利用、煤炭清洁生产共3个小类产业。

电池及电池系统维修保养师是指使用工、夹、量具和仪器仪表、检修和均衡等设备，评估、维护、拆装、修理、故障修复、报废、拆解，重新匹配组装和调试电池及电池系统的人员。该绿色职业属于清洁能源产业中的能源系统高效运行。能源系统高效运行包括多能互补工程建设和运营、高效储能设施建设和运营、智能电网建设和运营、燃煤发电机组调峰灵活性改造工程和运营、天然气输送储运调峰设施建设和运营、分布式能源工程建设和运营、抽水蓄能电站建设和运营共 7 个小类产业。

## （四）生态环境产业催生绿色职业

生态环境产业作为绿色产业的第四大类，包括生态农业、生态保护、生态修复 3 个部分，这 3 个部分所属子类产业共计有 29 个。该大类绿色职业有森林培育工程技术人员、园林植物保护工程技术人员、防沙治沙工程技术人员等 29 个，现就该类部分典型绿色职业分析如下。

森林培育工程技术人员是指从事用材林、经济林、防护林、薪炭林、特用林等林木育种、苗木培育、树种栽培作业指导与技术管理的工程技术人员。该绿色职业属于生态环境产业中的生态农业。生态农业包括现代农业种业及动植物种质资源保护，绿色有机农业，农作物种植保护地、保护区建设和运营，森林资源培育产业，林下种植和林下养殖产业，碳汇林、植树种草及林木种苗花卉，林业基因资源保护，绿色畜牧业，绿色渔业，森林游憩和康养产业，农作物病虫害绿色防控共 11 个小类产业。

野生植物保护员是指从事野生植物及其生长环境的保护工作，管护、监测、救护、培植利用野生植物的作业人员。该绿色职业属于生态环境产业中的生态保护。生态保护包括天然林资源保护，动植物资源保护，自然保护区建设和运营，生态功能区建设维护和运营，以及国家公园、世界遗产、国家级风景名胜区、国家森林公园、国家地质公园、国家湿地公园等保护性运营共 5 个小类产业。

矿山环保复垦工程技术人员是指从事矿山环境保护、矿区生态恢复工程设计、施工组织、管理的工程技术人员。该绿色职业属于生态环境产业中的生态修复。生态修复包括退耕还林还草和退牧还草工程建设，河湖与湿地保护恢复，增殖放流与海洋牧场建设和运营，国家生态安全屏障保护修复，重点生态区域综合治理，矿山生态环境恢复，荒漠化、石漠化和水土流失综合治理，有害生物灾害防治，水生态系统旱涝灾害防控及应对，地下水超采区治理与修复，采煤沉陷区综合治理，农村土地综合整治，海域、海岸带和海岛综合整治共 13 个小类产业。

## （五）基础设施绿色升级催生绿色职业

基础设施绿色升级作为绿色产业的第五大类，包括建筑节能与绿色建筑、绿色交通、环境基础设施、城镇能源基础设施、海绵城市、园林绿化共 6 个部分，这 6 个部分所属子类产业共计有 36 个。该大类绿色职业有物流工程技术人员、生活垃圾处理工、水生产处理工等 25 个，现就该类部分典型绿色职业分析如下。

物流服务师是指从事物品采购、仓储运输、货品分拣、配送包装、装卸搬运、流通加工、信息服务等物流作业组织、计划、实施、控制与协调工作的人员。该绿色职业属于基础设施绿色升级中的建筑节能与绿色建筑。建筑节能与绿色建筑包括超低能耗建筑建设、绿色建筑、建筑可再生能源应用、装配式建筑、既有建筑节能及绿色化改造、物流绿色仓储共 6 个小类产业。

道路货运汽车驾驶员是指驾驶货运机动车，运输货物并提供服务的人员。该绿色职业属于基础设施绿色升级中的绿色交通。绿色交通包括不停车收费系统建设和运营，港口、码头岸电设施及机场廊桥供电设施建设，集装箱多式联运系统建设和运营，智能交通体系建设和运营，充电、换电、加氢和加气设施建设和运营，城市慢行系统建设和运营，城乡公共交通系统建设和运营，共享交通设施建设和运营，公路甩挂运输系统建设和运营，货物运输铁路建设运营和铁路节能环保改造共 10 个小类产业。

水供应输排工是指从事生活用水、工业用水、再生水供应以及城镇污水、雨水输排的人员。该绿色职业属于基础设施绿色升级中的环境基础设施。环境基础设施包括污水处理、再生利用及污泥处理处置设施建设运营，生活垃圾处理设施建设和运营，环境监测系统建设和运营，城镇污水收集系统排查改造建设修复，城镇供水管网分区计量漏损控制建设和运营，入河排污口排查整治及规范化建设和运营共 6 个小类产业。

电力工程安装工程技术人员是指从事电力工程安装施工方案编制、技术管理、安装指导的工程技术人员。该绿色职业属于基础设施绿色升级中的城镇能源基础设施。城镇能源基础设施包括城镇集中供热系统清洁化建设运营和改造、城镇电力设施智能化建设运营和改造、城镇一体化集成供能设施建设和运营共 3 个小类产业。

园林绿化工是指从事园林绿化施工、养护，园林植物的繁殖、栽培和出圃，树木修剪，园林有害生物防治等工作的人员。该绿色职业属于基础设施绿色升级中的园林绿化。园林绿化包括公园绿地建设、养护和运营，绿道系统建设、养护管理和运营，附属绿地建设、养护管理和运营，道路绿化建设、养护管理，区域绿地建设、养护管理和运营，立体绿化建设、养护管理共 6 个小类产业。

### （六）绿色服务催生绿色职业

服务业包括生产性服务和生活性服务两大类别，绿色服务以生产性服务为主，为绿色经济活动的开展提供全方位服务。绿色服务领域内代表性的绿色经济活动，主要是以绿色经济活动为对象的科学研究、技术研发、设计规划、金融保险、咨询认证、政策监管、市场营销、宣传教育等服务活动。作为绿色产业的第六大类，包括咨询服务、项目运营管理、项目评估审计核查、监测检测、技术产品认证和推广 5 个部分，这 5 个部分所属子类产业共计有 31 个。该大类绿色职业有建筑和市政设计工程技术人员、农村节能员、综合能源服务员、碳排放管理员等 44 个，该类绿色职业较多，现就该类部分典型绿色职业分析如下。

建筑和市政设计工程技术人员是指从事建筑物、构筑物和市政工程设计，工程项目管理、咨询及技术服务的工程技术人员。该绿色职业属于绿色服务中的咨询服务。咨询服务包括绿色产业项目勘察服务、绿色产业项目方案设计服务、绿色产业项目技术咨询服务、清洁生产审核服务共4个小类产业。

能源管理工程技术人员是指从事企业生产能源研发、消耗审计与评估、设计评价与管理的工程技术人员。该绿色职业属于绿色服务中的项目运营管理。项目运营管理包括能源管理体系建设、合同能源管理服务、用能权交易服务、水权交易服务、排污许可及交易服务、碳排放权交易服务、电力需求侧管理服务、可再生能源绿证交易服务共8个小类产业。

森林资源评估专业人员是指从事森林资源及生态效益评估的专业人员。该绿色职业属于绿色服务中的项目评估审计核查。项目评估审计核查包括节能评估和能源审计、环境影响评价、碳排放核查、地质灾害危险性评估、水土保持评估共5个小类产业。

林业资源调查与监测工程技术人员是指从事林业资源调查、规划设计及生态状况动态监测与分析的工程技术人员。该绿色职业属于绿色服务中的监测检测。监测检测包括能源在线监测系统建设、污染源监测、环境损害评估监测、环境影响评价监测、企业环境监测、生态环境监测共6个小类产业。

## 三、绿色职业服务绿色经济产业

### （一）绿色职业概念解析

绿色职业始见于联合国环境规划署和国际劳工组织联合发布的《绿色职业：在低碳、可持续发展的世界实现体面劳动》报告，该报告将绿色职业界定为在农业、工业、服务业和管理领域有助于保护或者恢复环境质量的工作，强调在自由、平等、安全和基本人性尊严受到保障的前提下，从业人员将获得体面的工作机会。联合国环境规划署定义的绿色职业为：在农业、制造业、科学研发、公务部门及服务业等领域以减缓人类面临的环境危害为目的的职业。

狭义的绿色职业以职业活动的产出物为研究角度，以是否在特定领域并直接提供绿色产品或服务项目为判断标准，强调实际效果和直接贡献。美国劳工统计局以是否有绿色产品或服务的输出和使用为衡量标准，从绿色产品或服务输出将绿色职业归纳为直接产生绿色产品或服务、间接产生绿色产品或服务、为绿色产品生产而投入的产品或服务、为绿色产品流通而产生的产品或服务共4种类型。

广义的绿色职业是以职业活动的绿色属性为研究角度。例如，美国劳动力信息委员会将绿色职业归纳为在经济活动中有利于保护环境或节约自然资源的职业，持类似看法的还有新西兰、加拿大等国家。美国职业信息系统也倾向于广义的绿色职业，认为绿色经济和技术主要以工作内容为着力点，对职业活动产生广泛影响，从而呈现出增加就业需求、改变工作内容和能力要求、形成新职业等三种职业绿化的表现形式。

无论狭义或广义的绿色职业，都从不同角度赋予绿色职业不同特点或功能，抓住绿色这一关键词，强调绿色职业保护和恢复环境的功能。比较而言，广义的绿色职业更看重对绿色经济活动的参与与支持，对职业体系的覆盖面更广，更能较好地发挥引领作用。中国职业技术教育学会陈李翔副会长在《绿色职业在中国》的专题报告中也倾向于此观点。

从绿色职业基本属性和我国绿色经济活动实际状况出发，本书中将绿色职业界定为，绿色经济活动中以提供绿色产品或服务为主要工作任务的职业种类。该表述在绿色职业分类的操作层面具有两层含义：一是绿色经济是绿色职业形成和发展的充分必要条件，而提供绿色产品和服务是绿色职业的必要不充分条件；二是将职业活动的主要工作任务作为判定某职业能否提供绿色产品或服务的主要依据。一方面职业活动的产出是否为绿色产品或服务是区别绿色职业与其他职业的分界线；另一方面提供绿色产品或服务的方式包括直接和间接两种；直接方式是指职业活动的产出物为绿色产品或服务，间接方式是指为产出绿色产品或服务的主体提供产品或服务。此两者的区别，表现在绿色经济活动中的不同作用和与绿色经济交互作用的方式不同，也是狭义和广义绿色职业的基本区别。

### （二）绿色职业与绿色产业的对应关系

绿色经济催生出绿色职业，绿色职业反过来服务并推动绿色经济产业的发展。基于绿色职业与绿色经济各个产业间的关系，2022年版《大典》修订工作委员会绿色职业研究课题组将绿色职业按照《大典》中的大类、中类、小类的分类规则，分别与《绿色产业指导目录（2019版）》的大类、中类、小类进行对应比较，找出两者之间的对应关系，为有针对性地研究绿色职业与绿色经济产业间的关系、绿色职业在绿色经济产业间的分布及对绿色经济产业所起的作用提供产业支撑和研究依据。绿色职业与绿色产业类别对应关系表详见附录8。

从绿色经济及其核心产业与绿色职业的对应关系可以得出如下两个方面的结论：

一是在绿色经济产业领域，大部分绿色职业集中在绿色服务、生态环境产业和基础设施绿色升级领域，其次是在节能环保产业，清洁生产产业、清洁能源产业领域相对较少。可以预见，在碳达峰、碳中和国家战略的背景下，清洁能源将被更多利用，清洁生产在各行各业的比重将会越来越大，这些领域的绿色职业也会越来越多。

二是在职业类别领域，绝大部分绿色职业集中在专业技术人员和社会生产服务和生活服务人员，农、林、牧、渔业生产及辅助人员和生产制造及有关人员涉及的绿色职业相对较少，办事人员和有关人员涉及极少，党的机关、国家机关、群众团体和社会组织、企事业单位负责、军队人员、不便分类的其他从业人员大类没有涉及。这表明在专业技术人员及社会生产服务和生活服务人员领域的职业绿化的进程较快，绿色职业从业人员较多。而在社会治理，农、林、牧、渔、水利业和生产制造及有关人员的绿化程度较低，绿色职业从业人员较少甚至没有。绿色产业与绿色职业的关系统计如图9-2所示。

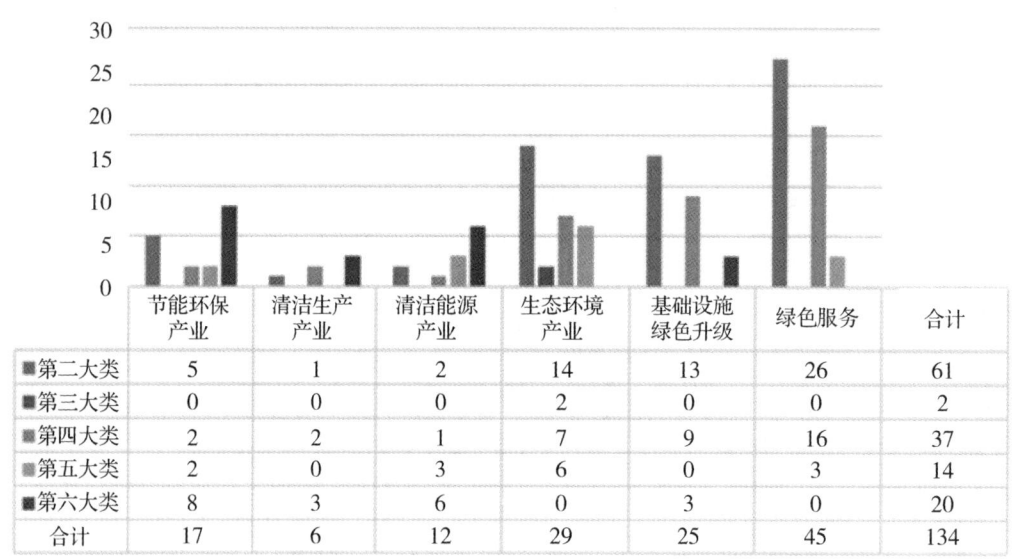

图9-2 绿色产业与绿色职业的关系统计

### （三）绿色职业与绿色产业关系特征

绿色职业是在绿色经济活动中产生的职业，绿色职业与绿色产业存在着密切联系，两者之间体现为以下四种关系。

#### 1. 先后关系

先有绿色经济产业才有绿色职业，表现为从业人员在绿色经济活动中通过开展绿色生产劳动或生活服务活动，逐渐形成一定数量且固定的从业人员队伍，经过规范的标识流程及认证环节，新职业还需要经过新职业评审研究认证程序，才会形成绿色职业。

### 2. 依赖关系

绿色职业从业人员必须依赖于绿色经济领域的生产劳动或生活服务活动才能存在，绿色经济是绿色职业生存的土壤和基础，没有绿色经济就不会有绿色职业从业人员，更不会有绿色职业。

### 3. 协同关系

绿色职业从业人员必须依赖绿色经济活动才能存在，而如果没有绿色职业从业人员，绿色经济活动将受到很大影响，难以持续健康运行与发展，两者相互依存促进，协同共生互存。

### 4. 共进关系

绿色经济活动为绿色职业从业人员的自我价值实现提供了发挥的空间和舞台，绿色职业从业人员也在绿色经济活动中通过工作实践不断研发创新绿色技术技能、提高绿色职业素养，反过来加速推动绿色经济的丰富多彩，促进其迭代升级，两者相互促进，互动发展。

## 第二节　绿色职业标识、应用与发展

### 一、绿色职业标识

#### （一）绿色职业的判定规则

绿色发展已成为全球各国的共识，涉及经济、社会、治理等方方面面，绿色职业是绿色经济活动发展的必然产物，绿色职业从业人员已成为建设绿色经济社会的主要力量。绿色经济活动对职业的影响是多方面的，绿色职业的判定规则还因评判者对绿色职业的定义与观察角度不同而有所区别，有的侧重于绿色经济需求或绿色经济供给，有的侧重于绿色产品和服务的供给，有的侧重于生产服务流程的绿化，还有的重点分析职业的变化，上述因素都可能造成绿色职业判定结果的差异。

在我国绿色职业分类判定过程中，《大典》修订工作委员会对此高度重视，早在2015年版《大典》修订时就开始了绿色职业的标识判定工作，当时共标识出绿色职业127个。2022年版《大典》修订时又将绿色职业标识作为重点工作之一，重新审核原有绿色职业，取消原有绿色职业8个，补充新增了15个绿色职业，目前共计标识绿职业 134 个。

### 1. 美国劳工统计局对绿色职业的判定规则

作为绿色职业分类的先行者，美国劳工统计局的做法值得借鉴。该部门在分析研究了众多绿色职业的定义后，认为绿色职业的定义必须解决两个方面的问题：一是作为职业的基本意义是什么？二是绿色经济对职业的影响有哪些？他们将绿色职业视为跨越多个组织、有着共同目的和要求的工作角色，以此形成绿色职业分类的基本思路：一是绿色职业概念应该定位在职业层级，而不是工作或行业层级；二是绿色职业概念应反映职业对工作及工作人员条件需求的变化。

在判定绿色职业的操作层面上，美国劳工统计局从绿色产品或服务的输出与产生角度分析了职业的绿化，并将是否有绿色产品或服务的输出和使用作为判定标准，按照狭义绿色职业的理解，将绿色职业归纳为直接产生、间接产生、为绿色产品的生产而专门投入、为绿色产品流通而产生的绿色产品或服务等四类，涉及交通和仓储、批发和零售、租赁及餐饮服务等领域。同时，针对绿色经济活动中出现的新职业提出了以下判定规则：

（1）已提供并保证大量的就业岗位，即至少已有 5 000 名的在职从业人员；

（2）新兴职业对未来 5 年时间的就业增长有积极的推动作用；

（3）社会已有为新兴职业提供相关证书的教育培训方案、机构；

（4）具有国家颁发的为促使新兴职业而实施的执照、注册或认证；

（5）具有服务于新兴职业从业人员的国家级协会，且至少有一个协会编制了职业标准；

（6）具有专门针对新兴职业从业人员的专业刊物。

### 2. 我国对绿色职业的判定规则

参考美国的绿色职业判定规则，我国绿色职业的判定首先研究绿色职业应具备的职业共性、个性和绿色属性，之后才较为完整地概括绿色职业的全部内涵。基于此，我国将绿色职业界定为绿色经济活动中以提供绿色产品或服务为主要工作任务的职业种类。绿色职业应具备 3 个方面的特征：一是价值性，包括目的性、社会性、规范性；二是延续性，包括稳定性和群体性；三是专门的绿色属性特征。职业共性与个性是将某类职业活动判定为独立职业并区别于其他职业的基本前提，进而以绿色属性作为区别绿色职业与非绿色职业的典型特征。

同时，每个职业的定义是对某种事物的本质特征或某种概念的内涵与外延所作的说明，是判断此事物非彼事物的逻辑起点，故职业的定义是作为判定绿色职业依据的必要条件之一。另外，职业的主要工作任务诠释了职业所从事的工作内容和范围，是界定此职业与其他职业相互关系即联系和区别的主要标准，因此也应该成为判定绿色职业的重要依据。

基于上述考虑，《大典》在修订过程中对绿色职业的判定规则确定为以下几点：

（1）职业活动范围隶属于绿色经济产业活动的领域；

（2）以职业定义为核心，职业活动的主要工作任务为判定鉴别内容；

（3）完成全部或部分工作任务后能够提供绿色产品或服务；

（4）以直接或间接形式提供产品或服务，直接形式是指职业活动产出物为绿色产品或服务，间接形式是指可以但不全部为产出绿色产品或服务而提供的产品或服务。

当然，对于尚未纳入国家职业分类体系内的绿色职业活动，是否能判定为绿色新职业，需先行或同时完成作为职业独立存在的基本判定。除新增的绿色职业之外，以上判定规则完整地体现绿色职业的广义界定。

### （二）绿色职业判定方法

绿色职业的判定及其类别划分需要大量数据信息、实证资料和观察实例为支撑，同样需要经过设计与验证有效的操作流程和方法，保障判定结果的有效性。目前常见的标识方法有两种，即聚类标识法和逐一标识法。聚类标识法是汇总所有与绿色有关的职业，在上述职业已经确定的情况下对照我国标准职业分类体系进行分类与标识；逐一标识法是在绿色职业的范畴内收集所有职业，归并到我国标准职业分类体系之中后再进行识别与标识。

聚类标识法更依赖于比较成熟的理论研究，理论研究成果的欠缺将直接导致后续工作难以进行。比如，调查统计绿色职业需要对绿色职业有很清楚的认识等。此外，该方法将绿色职业的识别工作放到调查过程中，也就是让职业从业人员来判定哪些是绿色职业，哪些不是绿色职业。由于从业人员水平参差不齐，涉及范围广，标准也难以统一，导致结果不一定准确。

逐一标识法相对聚类标识法来说，一方面对理论研究成果的依赖性不大，只要满足标识工作即可；另一方面，逐一标识法的调查统计工作是对所有职业的搜集，不需要辨别绿色与非绿色职业，按照传统职业的调查统计流程与方法进行，可以和《大典》修订工作一并推进，流程简化，操作方便。同时，逐一标识法是将绿色职业的识别工作交给标识专家组统一负责，这样既有利于标识标准的统一，也使绿色职业的标识工作更具有权威性。

基于我国现有职业分类体系没有进行过绿色职业标识的实际情况，考虑到现阶段相关理论研究尚不成熟，结合《大典》修订工作的实施流程，故采用标识方法简易、操作性强的逐一标识法作为我国绿色职业标识、判定的操作方法。该方法主要是根据绿色职业定义、主要工作任务、职业标准等对所有职业进行识别，并对判定为绿色职业的职业进行绿色标识，再分类形成绿色职业体系表。

### 1. 绿色职业的分析研究

绿色职业的研究内容主要包括职业定义、主要工作任务、职业标准、分类原则和范畴。分析研究中应注意 4 个方面的事项：一是应针对候选职业的定义和主要工作任务，分析该职业是否有绿色功能，同时要体现与绿色经济的关系；二是要具有可度量性和可操作性，便于绿色职业的统计、分类、识别等；三是绿色职业的研究对象应是职业而非绿色行业或绿色经济活动，绿色职业的分类主要服务于绿色就业指导和劳动者对绿色职业的进一步认识，所以分类标准是基于绿色职业的来源或职业的绿色程度来进行的；四是绿色职业范畴的确定，应该以我国国民经济行业分类体系为基础做进一步的细分。

### 2. 绿色职业的信息范畴

对绿色经济产业范畴内的所有职业（包括绿色职业和非绿色职业）进行调查统计，职业全部来源于 2022 年版《大典》，调查范围以绿色经济活动领域为主，例如，节能环保、清洁能源、清洁生产、生态环境等，并严格遵循《绿色产业指导目录（2019版）》里面所规定的范畴。

### 3. 标识绿色职业

根据绿色职业的判定规则标准逐个对上述职业进行识别，并对判定为绿色职业的职业予以标识。用图的形式标识可以直观突出标识绿色职业，如美国以绿叶来标识绿色职业。我国的绿色职业标识采用的是字母标识法，即在职业名称后面标注字母"L"（见表 9-1）。

表 9-1　　　　　　　　　　绿色职业的识别与标识

| | 职业名称 | 编码 | 判定结果 | 绿色标志 | 行业部门 |
| --- | --- | --- | --- | --- | --- |
| 中国标识方式 | 园林绿化工 L | 4-09-10-01 | √ | L | 林草 |
| 美国标识方式 | 园林绿化工🍃 | 4-09-10-01 | √ | 🍃 | 林草 |

## （三）绿色职业类型

分类是认识客观事物最基本的方法，客观存在的具体事物有相互共性，也有自身特性。分类的基本依据如同著名分类学家陈世骧所说：共性是归合事物的根据，特性是区分事物的根据，一切分类都是共性与特性的对立比对而进行的。分类的实质在于从对比中发现事物的固有特征，通过对比分析结果区别与取舍事物特征的显著性，用以描述分类的层次性和系统性，构建事物的分类体系。

同一类型是指事物具有共同性质。绿色职业的类型反映了绿色经济对职业影响的不同结果，也是按受绿色经济活动影响的共同点所进行的种类归合。根据划分绿色职业类型的初衷和国际通用规则，绿色职业按照产生新的职业种类、对就业具有促进作用以及改变职业能力需求的判定规则，划分为绿色新兴型、需求增长型和技能改变型三种绿色职业类型。

### 1. 绿色新兴型

绿色新兴型是指在绿色经济活动的影响下，催生出某个从业群体，该群体从事的主要工作任务与相同职业分类体系中的其他职业内容有明显区别，且满足成为独立职业的必备条件。

### 2. 需求增长型

需求增长型是在绿色经济活动领域，某个现有职业的主要工作任务无本质改变，但因需求增长导致从业人数呈明显增加的趋势。一般来说，绿色经济活动规模的扩大与就业人数增长呈正相关关系，只是增长幅度大小有区别。

### 3. 技能改变型

技能改变型是指在绿色经济活动的影响下，某个现有职业因生产服务技术和劳动组织方式的变化，引起职业主要工作任务发生改变，并对该职业从业人员的知识与技能提出了新的要求。

值得注意的是，上述三种绿色职业类型明显存在逻辑上的包含关系，如绿色新兴型必然同时隐含着需求增长型和技能改变型的共同特征，难以避免类型划分的人为因素造成分类结果重复交叉的问题。为此，在我国绿色职业分类实践中，从引导劳动力有序流动的目的出发，规定了绿色职业类型逻辑冲突的处理规则，即按绿色新兴型、需求增长型或技能改变型的优先顺序，依次确定绿色职业的类型。各类型的绿色职业具体分布详见表9-2。

表 9-2　　　　　　　　　　绿色职业类型及类别分布统计表

| 职业类型 | 所属类别 | 具体职业 |
|---|---|---|
| 绿色新兴型<br>（45个） | 第二大类<br>（20个） | 矿山环保复垦工程技术人员、环境卫生工程技术人员、防沙治沙工程技术人员、野生动植物保护利用工程技术人员、园林植物保护工程技术人员、湿地保护修复工程技术人员、水生态和河湖治理管护工程技术人员、防汛抗旱减灾工程技术人员、节水工程技术人员、环境污染防治工程技术人员、环境影响评价工程技术人员、核与辐射安全工程技术人员、核与辐射监测工程技术人员、碳管理工程技术人员、健康安全环境工程技术人员、再生资源工程技术人员、能源管理工程技术人员、土地整治与生态修复工程技术人员、增材制造工程技术人员、森林资源评估专业人员 |
| | 第三大类<br>（1个） | 森林火情瞭望观察员 |
| | 第四大类<br>（11个） | 再生物资回收挑选工、无人机测绘操控员、农产品食品检验员、电子电气产品检验员、环境监测员、建筑信息模型技术员、水土保持员、碳排放管理员、碳汇计量评估师、综合能源服务员、电池及电池系统维修保养师 |
| | 第五大类<br>（4个） | 森林抚育工、农业经理人、农业数字化技术员、农村环境保护工 |
| | 第六大类<br>（9个） | 增材制造设备操作员、风电机组制造工、光伏组件制造工、再生物资加工处理工、余热余压利用系统操作工、水力发电运行值班员、光伏发电运维值班员、风力发电运维值班员、管廊运维员 |
| 需求增长型<br>（56个） | 第二大类<br>（41个） | 地球物理地球化学与遥感勘查工程技术人员、水工环地质工程技术人员、大地测量工程技术人员、摄影测量与遥感工程技术人员、海洋测绘工程技术人员、地理国情监测工程技术人员、地理信息系统工程技术人员、导航与位置服务工程技术人员、地质测绘工程技术人员、冶金热能工程技术人员、汽车工程技术人员、发电工程技术人员、供用电工程技术人员、变电工程技术人员、输电工程技术人员、电力工程安装工程技术人员、铁道运输工程技术人员、城乡规划工程技术人员、建筑和市政设计工程技术人员、风景园林工程技术人员、供水排水工程技术人员、城镇燃气与供热工程技术人员、森林培育工程技术人员、园林绿化工程技术人员、自然保护区工程技术人员、森林保护工程技术人员、林业资源调查与监测工程技术人员、水文水资源工程技术人员、海洋调查与监测工程技术人员、海洋环境预报工程技术人员、海洋资源开发利用和保护工程技术人员、气象观测工程技术人员、天气预报工程技术人员、气候监测预测工程技术人员、气象服务工程技术人员、环境监测工程技术人员、物流工程技术人员、进出境动物和植物检验检疫人员、植物保护技术人员、园艺技术人员、草业技术人员 |
| | 第三大类<br>（1个） | 森林消防员 |

续表

| 职业类型 | 所属类别 | 具体职业 |
|---|---|---|
| 需求增长型<br>（56个） | 第四大类<br>（7个） | 轨道交通列车司机、物流服务师、自然保护区巡护监测员、草地监护员、野生动物保护员、野生植物保护员、园林绿化工 |
| | 第五大类<br>（7个） | 林草种苗工、造林更新工、护林员、农作物植保员、林业有害生物防治员、沼气工、农村节能员 |
| 技能改变型<br>（33个） | 第四大类<br>（19个） | 客运车辆驾驶员、道路货运汽车驾驶员、海洋水文气象观测员、海洋水文调查员、海洋生物调查员、大地测量员、摄影测量员、海洋测绘员、地理信息采集员、地理信息处理员、地理信息应用作业员、地质调查员、污水处理工、工业固体废物处理处置工、危险废物处理工、保洁员、生活垃圾清运工、生活垃圾处理工、有害生物防制员 |
| | 第五大类<br>（3个） | 太阳能利用工、微水电利用工、小风电利用工 |
| | 第六大类<br>（11个） | 制浆废液回收利用工、油母页岩提炼工、煤提质工、轮胎翻修工、汽车零部件再制造工、汽车回收拆解工、拆船工、工业废气治理工、水生产处理工、水供应输排工、工业废水处理工 |

## （四）绿色职业标识结果分析

### 1. 绿色职业在绿色经济产业中的分布分析

按照绿色职业在《绿色产业指导目录（2019年版）》中的类别划分，134个绿色职业中，节能环保产业有17个，清洁生产产业有6个，清洁能源产业有12个，生态环境产业有29个，基础设施绿色升级有25个，绿色服务有45个，分布情况如图9-3所示。

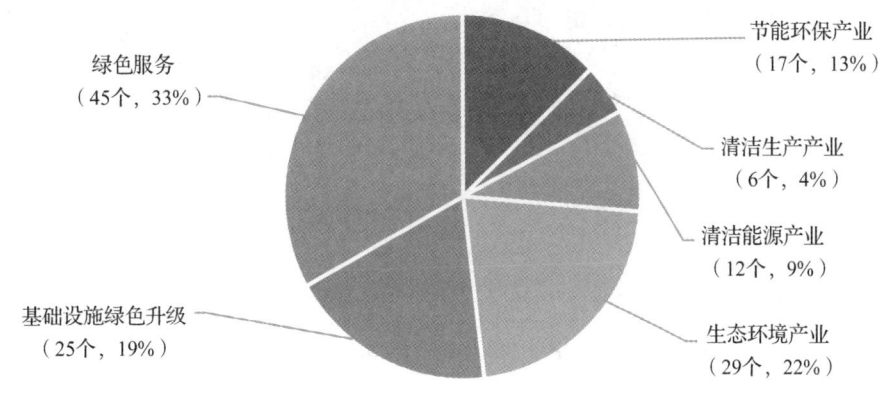

图9-3 绿色职业产业类别分布

## 2. 绿色职业类别分析

按照绿色职业在 2022 年版《大典》中的类别划分，134 个绿色职业中第二大类有 61 个，第三大类有 2 个，第四大类有 37 个，第五大类有 14 个，第六大类有 20 个，分布情况如图 9-4 所示。

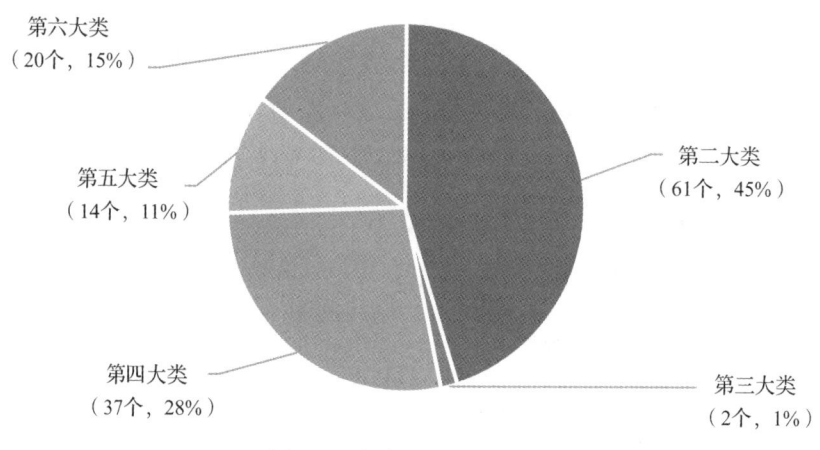

图 9-4  绿色职业类别分布

## 3. 绿色职业类型分布

按照绿色职业的属性来划分，134 个绿色职业中，绿色新兴型是 45 个，需求增长型是 56 个，技能改变型是 33 个，分布情况如图 9-5 所示。

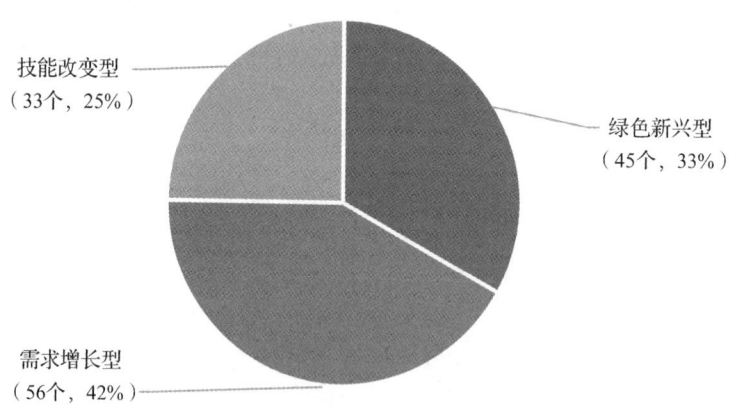

图 9-5  绿色职业类型分布

## 二、绿色职业特征与应用发展

### (一) 绿色职业特征

绿色职业最基本的特征是绿色经济活动赋予的职业绿色属性。在现阶段应对全球经济和环境双重危机的时代背景下，站在促进生态保护、社会发展和人本主义的角度，绿色职业应具有利于自然环境保护与恢复、进入便利、成果共享及可持续发展的特征，具体表现为以下四个方面特征。

**1. 环境功利性**

站在环境功利性的角度，绿色职业只能是有利于人与自然和谐发展的职业，而保护环境是绿色职业活动为人类提供的最大利益。虽然保护环境并非传统职业劳动的基本属性，但绿色职业劳动者所从事的职业活动必须有助于保护或恢复环境质量。从绿色经济活动的实践来看，绿色职业的活动具有降低能耗与原材料消耗的"非物质化经济"特征，避免温室气体排放的"去碳化经济"特征，将废物与污染物降至最低的"环境经济"特征，以及保护和恢复生态系统与环境服务的"生态经济"特征。当然，有些绿色职业的工作环境、劳动条件不一定是绿色的，这也是获得环境功利难以省略的机会成本。同时，绿色职业活动并非绝对对环境没有负面影响，只是能将对环境的负面影响程度降低到社会可以容忍的较低水平，直至最终改善整体环境质量。

**2. 社会包容性**

绿色职业镶嵌于劳动分工体系的各个环节，具有较强的社会包容性。

一是绿色职业横跨国民经济多个领域和行业，具有普遍性，对于就业人员的包容性较强。无论是产业工人、市场营销人员还是技术工程师，只要秉承绿色发展理念，都可为本职工作抹上一缕绿色，直至完成职业绿化。由于现阶段大部分绿色职业和传统职业关系紧密，很多职业建立在现有职业基础之上，在实现新旧职业转化的过程中，不会造成大量的旧有职业者的失去工作机会。比如，太阳能或风能利用等新能源行业，目前还不能摆脱钢铁、机械等传统行业。

二是包容性的绿色社会发展，应能使全球化、地区经济一体化的绿色经济活动所产生的利益和好处惠及所有国家以至全人类，不仅满足城市发展所需，还可普惠乡村，特别是要惠及落后国家和贫困地区，促进分享与包容式的和谐增长，减缓生态退化。

### 3. 动态发展性

对绿色经济活动认识与发展的相对水平，决定了绿色职业的发展形式及结果。

一是绿色职业评判标准与特定背景下的环境标准相关，具有相对性。例如，发达国家的非绿色职业在发展中国家可能就是绿色的；现阶段的绿色职业也可能会随着经济发展成为非绿色职业。

二是绿色职业并非都是新职业，有的是由绿色经济发展直接创造，有的是间接带动产生，还有一些是诱导性衍生。现阶段的大部分绿色职业是建立在原有传统职业基础上的，当这些职业在工作内容和能力要求上有所变化时，可能会转化成新职业。另外，经济发展程度不同，职业绿化程度也不同，经济程度越发达，职业绿化程度越高。例如，以工业、建筑业为主的第二产业，经济增长方式比较粗放，则职业绿化的程度就较低。因此，绿色职业的发展具有客观性和历史阶段性，可以促进其发展速度但不可能跨越客观发展阶段。

### 4. 安全体面性

绿色就业对劳动报酬的更快提高和收入分配中劳动份额的增长有利，能够直接推动劳动生产率和企业效益的提高。在推进环保措施及整合绿色产业链条的同时，将蕴藏大量绿色就业机会，这些新创造的就业机会更具安全性、经济性和稳定性。节能环保措施在生产过程中的不断深入和广泛应用，必将抵消传统产业中工作岗位的整合与减少，同时大大改善从业人员的作业环境，从而提高劳动者的收入报酬和安全保障，促进劳动者身心健康。实施节能环保推动技术进步和产业升级，能够促进劳动技术含量的提高，有利于推动改善劳动者的技能素质水平。因此，绿色职业比非绿色职业更具职业安全性，就业更体面，可持续发展性更强。

## （二）绿色职业应用及发展案例

我国以固体废物回收、处理为主的循环经济活动中，包括废钢铁、废有色金属、废塑料、废轮胎、废纸、废弃电器电子产品和废电池、废玻璃、报废汽车、报废船舶等再生资源的回收与处理。其中，废弃电器电子产品和废电池的回收处理为新兴行业，其绿色经济产业链中多为绿色新兴型职业，且同时具有需求增长型和技能改变型的特征，因此对该类职业应用及发展的分析具有典型意义。

### 1. 行业发展背景

2009 年，为拉动内需、应对金融危机，财政部等七部委印发了《家电以旧换新实施办法》，由国家安排 20 亿元专项资金，开展电视机、冰箱、洗衣机、空调、电脑 5 类家电产品（统称"四机一脑"）以旧换新试点。从此，"四机一脑"等电子产品进入报废高峰，回收模式发生根本性变革。2012 年，国家颁布实施了《废弃电器电子产品回收处理管理条例》，相关部门相继制定发布了《废弃电器电子产品处理目录（第一批)》《制订和调整废弃电器电子产品处理目录的若干规定》《废弃电器电子产品处理资格许可管理办法》《废弃电器电子产品处理基金征收使用管理办法》《废弃电器电子产品处理基金征收管理规定》等配套政策。一个以挖掘"城市矿山"为特色的新行业——废弃电器电子产品处理业迎来行业发展拐点，在中国绿色经济活动中异军突起。

### 2. 典型企业生产状况

国内某废弃电器电子产品处理企业，自 2003 年成立以来，致力于循环技术产业的研究与产业化，通过采用二次资源循环技术生产高技术材料，形成超细钴粉、超细镍粉、锂离子电池正极材料、无铅焊料和塑木型材等多种产品系列。该企业从废旧电池回收与循环利用起步，发展成包括废旧"四机一脑"、报废汽车处理等产业的上市公司。

该企业自主研发，创建了中国电子废弃物"城市矿山"资源循环利用技术体系和标准体系，拥有近 80 项核心专利（包括多项国际专利）、50 余项国家标准，居国际先进水平，成为中国电子废弃物循环利用的技术先导企业，是国家电子废弃物与废旧电池循环利用试点项目承担单位。

该企业废旧"四机一脑"处理的生产过程，以及综合利用电子废弃物的简要工艺流程（如图 9-6 所示）主要分为拆解、分选两段。从生产技术来看，位于前段的拆解流水线自动化程度较低，主要用人工和电动工具完成将电子废弃物分解为外壳、可利用件（如电机、压缩机等）和非利用件；位于后段按"选矿法"工艺组成的流水线，主要是以传送带或管道将粉碎、过滤、磁选、涡电流分选的设备连接而成的，自动化程度较高，设备、设施处于正常运转状态时，基本上不需要人工干预。

### 3. 绿色职业发展分析

21 世纪初，我国再生资源利用水平较低，以废旧钢铁、报废机械设备和运输工具的回收、处理为主。现已发展为包括废旧钢铁、机械设备等在内的 10 个门类的废旧物资循环利用行业。

上述企业电子废弃物拆解线上各岗位的工作任务均属于国家职业分类体系中的职业再生资源加工处理工所属电子废弃物处理工的工种活动范畴，上述职业（工种）具有绿色新兴型、需求增长型及技能改变型绿色职业的特征。

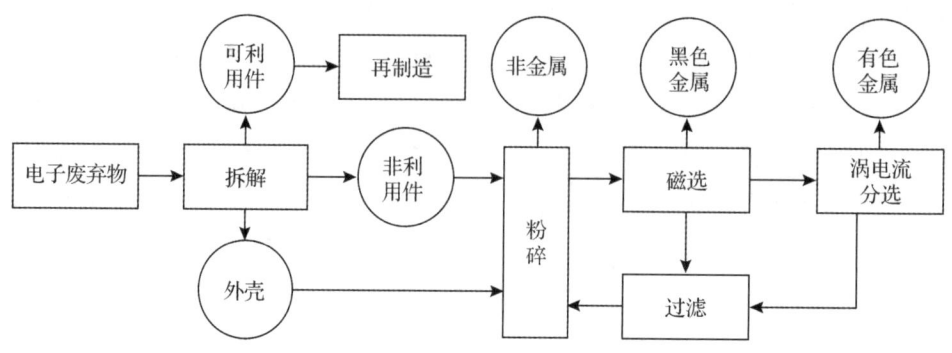

图 9-6 电子废弃物综合利用工艺流程

以下以再生资源综合利用人员职业类别演变过程（如图 9-7 所示）进行分析。

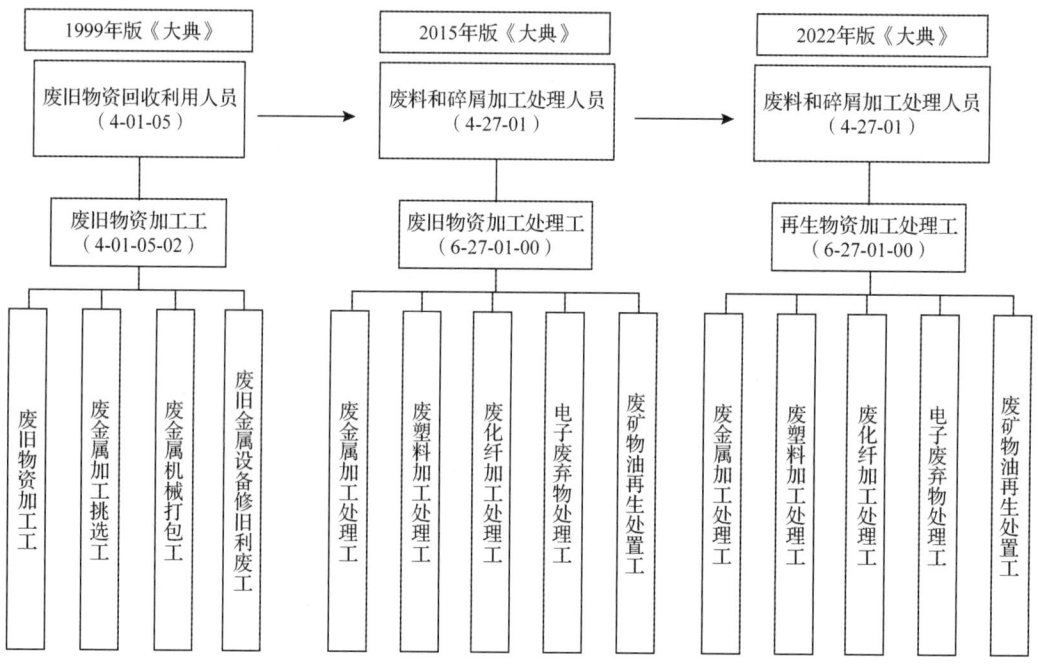

图 9-7 再生资源综合利用人员职业类别演变

1999 年版《大典》是反映当时社会背景下该领域的社会分工与协作关系，废旧物资加工工职业属于废旧物资回收利用人员小类，该职业包括废金属加工挑选工等 4 个工种。

2015 年版《大典》根据我国再生资源利用行业的发展状况和职业分类修订规则，进行了较大程度的调整和修订，主要内容包括：一是将"废旧物资加工工"改名为"废旧物资加工处理工"，并对其职业定义及主要工作任务进行了较大调整；二是所属大类从第四大类社会生产服务和生活服务人员调整到第六大类生产制造及有关人员，小类为"废料和碎屑加工处理人员";三是所属工种包括"电子废弃物处理工"等5个工种,并标识为绿色职业(工种)。

2022年版《大典》根据我国绿色低碳经济的发展要求,将"废旧物资加工处理工"改名为"再生物资加工处理工",主要工作任务的第6项修改为处理、回收加工过程中的废水、废油、废酸等物料。

由此看来,国家职业分类新体系中的"再生物资加工处理工"并非简单的更名。由"加工"到"加工处理"以及由"废旧物质"到"再生物资"的变化,在职业分类上反映了我国再生资源利用能力和水平的提高,以及对从业人员职业能力要求的变化。经分析该职业主要工作任务,再生物资加工处理工(电子废弃物处理工)应为绿色经济活动中出现的绿色新兴型职业(工种)。

以下是从职业的技能改变情况进行分析。

一般而言,绿色新兴型职业(工种)多产生于新的绿色经济活动中。生产服务技术的发展在改造落后生产工艺、推动绿色经济的同时,改变着相关职业的活动方式和范围,对从业人员的职业能力提出新的要求,这种变化情况可通过工作任务要求的对比分析来完成,详见表9-3。

表9-3　　　　　再生物资加工处理工职业定义及主要工作任务对比

| 类别 | 1999年版《大典》 | 2015年版《大典》 | 2022年版《大典》 |
| --- | --- | --- | --- |
| 职业名称 | 废旧物资加工工 | 废旧物资加工处理工 | 再生物资加工处理工 |
| 职业编码 | 4-01-05-02 | 6-27-01-00 | 6-27-01-00 |
| 职业定义 | 操作打包机、剪切机等设备,对废旧物资进行加工的人员 | 使用拆解、筛选等工具设备,处理回收废旧物资,加工成再生资源的人员 | 与2015年版《大典》内容相同 |
| 主要工作任务 | 1. 对废旧物资进行分类、选配原料;<br>2. 剔除危险品和非金属杂物;<br>3. 操作打包机、剪切机等机械设备对废旧物资进行打包、压块、剪切;<br>4. 处理故障,维护保养设备 | 1. 使用工具,检查、剔除待处理物料中的杂质和危险品;<br>2. 登记、标识规定的待处理产品;<br>3. 使用工具和设备,拆解回收的产品,挑选、回收可再制造的零部件;<br>4. 操作专用设备,破碎、筛选、提取不同材质的原料;<br>5. 操作专用设备,进行物料压块、切片、造粒等成型加工;<br>6. 处理、回收加工过程中的废水、废油、废酸等物料,避免二次污染环境;<br>7. 处理设备使用故障,维护保养加工设备 | 主要工作任务第6项修改为:处理、回收加工过程中的废水、废油、废酸等物料 |

通过以上《大典》历次版本对"废旧物资加工工""废旧物资加工处理工"及"再生物资加工处理工"的主要工作任务的分析，可以就这类绿色经济活动提出如下职业技能新要求：

（1）环保意识与处理能力，如有关清洁生产的意识、职业的认同感和责任感，相关设备、设施的操作能力；

（2）操作、维护新设备的能力，包括操作、保养维护资源化生产加工所采用筛选、提取、切片、造粒等设备的知识和技能；

（3）团队协作能力，如了解、保持工作节奏，适应流水线作业方式；

（4）数据信息处理能力，如操作计算机、应用软件以及条码或射频扫描设备，完成数据记录、统计与报告等。

在企业调研中了解到，受国家有关家电以旧换新的政策变化，回收成本增加，零部件再制造业的兴起，人力资源成本增加，以及工业机器人成本降低、应用推广速度加快等诸多因素影响，电子废弃物循环利用行业可能出现两个方面的变化：一是可利用部件的拆解将会转移到劳动力密集型回收环节；二是拆解工艺的转移将会改变原料利用价值与方式，同时为工业机器人的应用创造条件。

站在职业观察的角度，企业为适应这些变化，一方面将对职业链上相邻职业如"再生物资回收挑选工"提出新的能力要求以及人力配置需求；另一方面，"电子废弃物处理工"大部分主要工作任务将由工业机器人替代，造成人力配置需求的急剧减少。

## 三、绿色职业分类国际比较

国际社会有关绿色职业分类的研究成果并不多见，目前建立起绿色职业分类体系的仅有中美两国，作为全球排名前两位的超级经济体，很多领域的经济活动以及职业分类都具有代表性，相互间有着很多联系和共同点。但两国国情尤其是产业结构的差异也使得两国的职业分类呈现出不同状态和特征，因此有必要通过比较两种绿色职业分类体系获得某些启发，从而促进我国绿色职业分类进一步规范和发展。

### （一）中国绿色职业分类

标识绿色职业是我国职业分类工作的创新和亮点。建立、充实和完善国家绿色职业分类体系，既有战略意义也有实用价值。在发展理念上，体现了我国经济社会和谐、科学发展的成果，顺应了人民群众对良好生态环境的期待，彰显了推动环保、低碳、循环等新常态发展方式的决心；在实际应用中，有利于改善人力资源的开发与利用，引导劳动者的培训与绿色就业，促进社会劳动力的有序转移和流动。在国际社会，绿色职业分类体系的建立将成为促进国家人力资源战略面向环保、低碳、循环经济时代的重要标志。

为更好地研究绿色职业，在标识过程中，经过多层次、多维度反复研究认证，最后将社会认知度较高的 134 个绿色职业予以标识确认，这些职业较为明显地反映了中国当前社会对绿色经济的认识及与职业活动交互作用的结果，本书称为正式确定方案。事实上，基于绿色经济活动的全部内容，在研究各职业主要工作任务的基础上，按同样的判定规则还可以选择出更多涉及绿色经济活动且正在或已经绿化的职业，数量为 477 个，从而形成另一种标识结果，本书称为参考选择方案。两种分类结果按绿色经济领域、绿色职业类别两个维度的统计数据详见表 9-4。

表 9-4　　　　　　　　　我国的绿色职业分类方案比较

| 《绿色产业指导目录（2019年版）》分类 | 正式确定方案 | | | | | 参考选择方案 | | | | |
|---|---|---|---|---|---|---|---|---|---|---|
| | 绿色新兴/个 | 需求增长/个 | 技能改变/个 | 小计/个 | 所占比例/% | 绿色新兴/个 | 需求增长/个 | 技能改变/个 | 小计/个 | 所占比例/% |
| 节能环保产业 | 9 | 3 | 5 | 17 | 13 | 14 | 20 | 18 | 52 | 11 |
| 清洁生产产业 | 1 | 0 | 5 | 6 | 4 | 9 | 21 | 64 | 94 | 20 |
| 清洁能源产业 | 8 | 0 | 4 | 12 | 9 | 5 | 22 | 17 | 44 | 9 |
| 生态环境产业 | 12 | 16 | 1 | 29 | 22 | 17 | 31 | 2 | 50 | 10 |
| 基础设施绿色升级 | 2 | 15 | 8 | 25 | 19 | 10 | 33 | 4 | 47 | 10 |
| 绿色服务 | 13 | 22 | 10 | 45 | 33 | 61 | 46 | 83 | 190 | 40 |
| 合计 | 45 | 56 | 33 | 134 | 100 | 116 | 173 | 188 | 477 | 100 |

在判定绿色职业分类的实际操作中，不能排除理解和掌握判定规则的差异对分类结果的影响。比较两种方案的统计结果，不难看出两者之间的共性与差别。

从共性来看，首先，绿色职业较为集中在绿色服务领域。正式确定方案中绿色服务领域的绿色职业占总量的 33%；参考选择方案中绿色服务领域的绿色职业占总量的 40%，均远高于其他绿色经济领域所占的比重。其次，绿色职业较为集中在心智技能层级。尤其正式确定方案，以科研、设计和咨询为主的绿色职业占总量的半数以上，参考选择方案则占总量的 1/3。综合两方面情况，可推断出我国绿色经济正处于技术驱动阶段，绿色实体经济及职业发展仍有较大空间。

从差别来看，首先，绿色职业总量不同。正式确定方案的绿色职业主要集中在低碳经济、环境保护等社会认知度较高的绿色经济活动领域，标识确定的 134 个绿色职业约占《大典》职业总量的 8.2%（总数 1 639 个）。而参考选择方案将工业生产中大量涉及循环利用的职业，以及为绿色产品或服务提供间接支持的职业纳入绿色职业分类，划分出 477 个绿色职业，占职业总量的 29.1%。其次，覆盖领域不同。参考选择方案的绿色职业覆盖绿色经济全部领域，更能反映我国绿色经济活动对职业发展的影响。

### （二）美国职业信息系统绿色职业分类

基于美国职业信息系统的数据，在分析、研究、总结大量权威文献报告的基础上，通过多种渠道对收集的职业进行筛选和聚类分析，美国劳工部 2009 年正式颁布绿色职业 204 个，并公布了这些绿色职业在经济活动的分类体系。绿色职业广泛分布于政府规定的 12 个绿色经济行业领域，包括农业和林业、制造业、可再生能源发电、能源效率、能源交易、能源和碳捕捉、绿色建筑、运输业、回收和减少废物、环境保护、研究设计和咨询服务、政府及监管的行政服务等行业领域。

按照绿色职业的属性，将绿色职业划分为绿色新兴型、需求增长型、技能改变型 3 类。经过分析比对研究，最终确定绿色新兴型绿色职业有 78 个，需求增长型绿色职业有 64 个，技能改变型绿色职业有 62 个。这 204 个绿色职业按照美国职业信息系统的标准职业分类体系赋予职业编码并补充、完善纳入其中。

### （三）中美绿色职业分类比较分析

当前国际社会已发布绿色职业分类的国家和机构很少。起步较早、更新较快的以美国职业信息系统的绿色职业分类为代表，纳入的职业种类总数共计 1 110 个，标识的绿色职业共 204 个，涉及 12 个绿色经济产业活动领域，占职业种类总数的 18.4%。在我国，2022 年版《大典》已纳入的职业种类总数共计 1 639 个，标识出的绿色职业共 134 个，涉及 6 个绿色经济产业活动领域，占职业种类总数的 8.2%，如果以职业绿化数 477 个计算，则占职业总数比为 29.1%。

鉴于两国的产业结构、职业分类技术与方法上存在的差异。为便于分析比较，现将中美两国的绿色经济产业和绿色职业进行归一化处理。所谓归一化处理，一是合并绿色经济产业，如将与能源相关的各产业合并为清洁能源，将"研究、设计和咨询服务"和"政府及监管机构的行政服务"合并为绿色服务等；二是对绿色职业进行唯一性归属划分。中美两国职业分类对应情况见表 9-5 及表 9-6。

分析表 9-4~表 9-6 的统计数据，可以得出以下三点结论。

表 9-5　　　　　　　　中美两国绿色职业在绿色经济产业的比较

| 中国绿色职业分类 | | | 美国职业信息系统绿色职业分类 | | |
|---|---|---|---|---|---|
| 绿色经济产业 | 比例/% | 绿色职业/个 | 绿色经济产业 | 比例/% | 绿色职业/个 |
| 节能环保 | 13 | 17 | 制造业 | 13 | 27 |
| 清洁生产 | 4 | 6 | 回收和减少废物 | 2 | 4 |
| 清洁能源 | 9 | 12 | 可再生能源发电、能源效率、能源交易、能源和碳捕捉 | 15 | 31 |
| 生态环境 | 22 | 29 | 农业和林业环境保护 | 7 | 15 |
| 基础设施绿色升级 | 19 | 25 | 绿色建筑、运输业 | 15 | 30 |
| 绿色服务 | 33 | 45 | 研究设计和咨询服务、政府及监管的行政服务 | 48 | 97 |
| 合计 | 100 | 134 | 合计 | 100 | 204 |

表 9-6　　　　　　　　中美两国绿色经济产业中职业类型的比较

| 类别 | 对比 | 节能环保/个 | 清洁生产/个 | 清洁能源/个 | 生态环境/个 | 基础设施绿色升级/个 | 绿色服务/个 | 小计/个 |
|---|---|---|---|---|---|---|---|---|
| 绿色新兴 | 中国 | 9 | 1 | 8 | 12 | 2 | 13 | 45 |
| | 美国 | 3 | 2 | 20 | 2 | 3 | 48 | 78 |
| 需求增长 | 中国 | 3 | 0 | 0 | 16 | 15 | 22 | 56 |
| | 美国 | 19 | 0 | 3 | 9 | 17 | 16 | 64 |
| 技能改变 | 中国 | 5 | 5 | 4 | 1 | 8 | 10 | 33 |
| | 美国 | 5 | 2 | 8 | 4 | 10 | 33 | 62 |

## 1. 我国职业绿化的种类数量和占职业分类体系的比重高于美国

我国作为经济体量已跃居世界第二的全球最大发展中国家，在短短几十年间就走过了发达国家几百年才经历的过程，"朝阳""夕阳"行业共存、先进落后技术并用不可避免。同时在行业和地域差别的影响下，形成了具有多层次经济技术梯度且完整齐备的产业门类，是国际社会唯一拥有联合国产业分类全部工业门类的国家。美国同样拥有完整的工业体系，虽然"空心化"的产业不至于影响到工业体系的根本，但本土产业以至职业结构却比我国要精简得多。

绿色经济领域也是基于产业分类的划分：一方面，产业门类越全，绿色经济活动范围越大，涉及绿色经济活动的职业就越多；另一方面，因生产技术相对落后使得劳动生产的组织规模较大，导致职业种类也更多，可能涉及绿色经济活动的职业也更多。因此，从产业结构与职业结构的相互关系出发，我国绿色职业的种类数量应大于美国，这在表9-4中"参考选择方案"的数据和结构可以得到印证。

### 2. 绿色职业按绿色经济领域的分布情况大致相同

由于绿色职业总量的差别，分布在各绿色经济领域的绿色职业数量也有所不同。但从绿色职业所占比重来看，一是绿色职业都相对集中于服务领域，我国服务领域的绿色职业占总量的33%，美国服务领域的绿色职业占总量的48%。二是制造业、交通运输和建筑业中，绿色职业所占比重基本接近。差别较大的主要有绿色能源、循环利用和生态环境保护治理领域。绿色能源领域的差别既有产业结构的原因，也有分类方法的原因；循环利用领域主要包括了我国工业生产中大量隐性绿色职业，若用相同口径并提出生产过程中的循环利用活动，所占比重也大致相同；在生态环境保护治理领域主要是不同的生态环境中保护治理活动的内容不同所致。

### 3. 绿色经济活动对职业发展的影响结果基本相近

从不同类别的绿色职业占总量的分布情况来看，我国绿色职业分类中，绿色新兴型占33%、需求增长型占42%、技能改变型占25%；美国职业信息系统绿色职业分类中，绿色新兴型占38.2%、需求增长型占31.4%、技能改变型占30.4%。两国在各类分布上基本上同为各占1/3左右。绿色经济活动对职业发展的影响，可同样归结为对就业的促进和对传统职业的改造。

## 第三节 碳中和与绿色职业发展

### 一、认识碳达峰碳中和

#### （一）历史变局中的碳达峰碳中和

工业革命以来，工业化和城市化迅猛发展使得全球温室气体大量排放，大气中的二氧化碳、甲烷等温室气体浓度大幅度增加，致使地表气温明显上升，全球变暖趋势明显，从而导致冰川融化、海平面上升、气候严重失衡等现象发生。冰川消融、海平面上升使海岛国家（如马尔代夫）及沿海地区的居民受到居住地被淹没的威胁，成为气候灾民；气候严重失衡使气候异常变化加剧，暴雨洪涝、少雨干旱、台风海啸、咸潮入侵等更多的极端天气接踵而来，温度高的地区温度越来越高，干旱的地区越来越干旱，个别地区的降水量骤然剧增（如我国2021年夏季河南郑州等地的特大暴雨），洪涝灾害更加频繁。极端天气不仅短期内造成巨大经济和社会损失，也显著加剧粮食危机和生态危机。全球气候变化已严重威胁人类的生存和发展，气候问题从环境问题已延伸到经济、政治、文化和社会领域，影响着人类兴衰和全球发展前景。

为此，全球各国积极行动，共同应对全球气候变化。尽管对全球变暖的科学认知还存在争论，各国在气候变化问题上仍有利益分歧，但频发的气候灾害已给人类敲响了警钟，如果不能尽快改变这种状况，等待人类的将是无法挽回的局面。幸运的是，人类已经觉醒并开启合作之路。1979年的第一次世界气候大会为全球气候问题治理指明了方向；1988年，联合国政府间气候变化专门委员会（IPCC）成立；1990年，联合国开启政府间气候谈判；1992年的《联合国气候变化框架公约》将稳定大气中温室气体浓度作为最终目标；1997年的《京都议定书》为发达国家和经济转轨中的国家首次制定了定量减排义务；2015年的《巴黎协定》对2020年后全球应对气候变化行动进行了统一安排。经过全世界有识之士坚持不懈的努力，从《联合国气候变化框架公约》到《京都议定书》再到《巴黎协定》直至哥本哈根大会，世界大多数国家纷纷做出或正在考虑做出碳中和的庄严承诺，国际社会应对气候变化的历程饱经坎坷，当前已形成较为协调一致的良好局面。为了人类及子孙后代的福祉，必须携手共建人与自然和谐共生的世界氛围。

全球气候治理共经历了4个里程碑式的会议及协定。《联合国气候变化框架公约》（以下简称《公约》）由联合国大会于1992年5月通过。《公约》的终极目标是将大气温室气体浓度维持在相对稳定的水平。根据"共同但有区别的责任"原则，《公约》区分了发达国家和发展中国家应履行的义务以及相应程序，建立了向发展中国家提供资金和技术，确保能够履行《公约》义务的机制。《京都议定书》全称《联合国气候变化框架公约的京都议定书》，是《公约》的补充条款，1997年12月在日本京都由《公约》参加国制定，目标是"将大气中的温室气体含量稳定在一个适当的水平，进而防止剧烈的气候改变对人类造成伤害"。2007年12月，来自《公约》的192个缔约方及《京都议定书》176个缔约方的1.1万名代表齐聚印度尼西亚巴厘岛，通过了"巴厘路线图"，目的在于针对气候变化、全球变暖而寻求国际共同解决之道。《巴黎协定》是2015年12月通过的，由全世界178个缔约方共同签署的气候变化协定，是对2020年后全球应对气候变化的行动纲领，力争使全球平均气温较前工业化时期上升幅度控制在2℃以内，并努力将温度上升幅度限制在1.5℃以内。

### （二）解析碳达峰碳中和

碳排放是指以二氧化碳为主的温室气体在大气中的排放。碳排放会破坏地球的生态环境,严重影响人类的生活质量。2020年12月,我国生态环境部审议通过了《碳排放权交易管理办法(试行)》,拟定了温室气体的概念和范围。温室气体包括二氧化碳、甲烷、氧化亚氮、氢氟碳化物、全氟化碳、六氟化硫和三氟化氮,是大气中吸收和重新放出红外辐射的自然和人为的气态成分。

英国标准协会(BSI)的碳中和标准定义是:某一特定经济实体的特定标的物相关的温室气体排放,导致大气中全球温室气体排放量净增长为零的一种状态。我国学者对碳中和的定义是:人为活动排放的二氧化碳对自然界环境的影响,目前可以通过技术创新以减低碳排放到可以忽略的程度,即产生的二氧化碳在自然界可以保持基本平衡。

在第七十五届联合国大会一般性辩论会上,国家主席习近平主席提出的碳中和概念是指企业、团体或者个人测算在一定时间内,直接或间接产生的温室气体排放总量,通过植树造林、节能减排等手段,抵消二氧化碳排放量,实现二氧化碳"零排放"。而在此之前的碳达峰是指在某一个时点,二氧化碳的排放不再增长,达到峰值后逐步回落。需要说明的是,碳达峰并不单指在某一年达到最大排放量,而是一个相对稳定的过程,即碳排放先进入平台期并可能在一定排放值内波动,再慢慢进入平稳下降阶段。同时碳中和的概念也并非意味着二氧化碳的排放量为零,因为任何时候都不可能完全不排放温室气体,只是经过减排措施降低碳排放量,最终通过碳交易机制,购买碳信用抵消无法减少的碳排放量,以达到温室气体的零排放。

### (三)碳达峰碳中和理论和绿色技术基础

为实现碳达峰碳中和(简称"双碳")的目标,除了强有力的政策推动,还必须有坚实的理论和技术研究予以支撑。

2005年8月,习近平总书记在浙江省安吉县考察时提出"绿水青山就是金山银山"的理念,这个理念完整地表述了在生态文明建设中,我们要正确处理环境与发展、生存与发展、生态与财富的辩证关系。之后习近平总书记在多次会议和多种场合系统阐述"双碳"的重要性。这些重要理念和重要讲话是我国做好"双碳"工作、达到"双碳"目标的思想基础。

2016年5月,联合国环境规划署发布了《绿水青山就是金山银山:中国生态文明战略与行动》报告。生态文明是指以人类自我为中心转向以人类社会与自然界相互作用为中心来建立生态化生产关系,以人类与生物圈的共存为价值取向来发展生产力,达到人与自然和谐共生。这从根本上确保人类当前发展及其后代持续发展的权利,是我国做好"双碳"工作、达到"双碳"目标的伦理基础。

2019年4月,国家发展改革委、科技部印发《关于构建市场导向的绿色技术创新体系的指导意见》,强调加快绿色技术推广应用;2020年12月,国家发展改革委办公厅等四部门印发《绿色技术推广目录(2020年)》,再次强调加大绿色技术推广应用力度,为推动社会经济发展全面绿色转型,实现"双碳"目标提供技术支撑,为做好"双碳"工作、达到"双碳"目标打下坚实的技术基础。

## 二、我国碳达峰碳中和行动历程

### (一) 碳达峰碳中和的承诺

2015年12月,国家主席习近平在联合国气候变化巴黎大会上指出,中国将把生态文明建设作为"十三五"规划重要内容,落实创新、协调、绿色、开放、共享的新发展理念,通过科技创新和体制机制创新,实施优化产业结构、构建低碳能源体系、发展绿色建筑和低碳交通、建立全国碳排放交易市场等系列政策措施,形成人和自然和谐发展的现代化建设新格局。2020年9月,在第七十五届联合国大会上,国家主席习近平向世界宣布中国的碳达峰目标与碳中和愿景,二氧化碳排放力争于2030年前达到峰值,努力争取2060年前实现碳中和。2022年1月,习近平总书记在中央政治局就努力实现"双碳"目标进行第36次集体学习时再次强调,必须深入分析推进"双碳"工作面临的形势和任务,充分认识实现"双碳"目标的紧迫性和艰巨性,研究需要做好的重点工作,统一思想和认识,扎扎实实把党中央决策部署落到实处。

我国政府已向全世界作出碳排放强度(单位GDP的二氧化碳排放量)下降目标的承诺,即2030年比2005年下降65%以上,碳排放力争2030年前到达峰值,努力争取2060年前实现碳中和。预计我国2030年碳排放总量峰值水平在99亿~108亿吨,按照这个水平,我国碳排放总量峰值远高于欧盟和美国,欧盟是1979年达到峰值41亿吨,美国是2005年达到峰值61亿吨。从人均碳排放量来看,美国碳排放总量达峰值时人均碳排放量是19.6吨,欧盟是9.9吨,而我国在2030年达到峰值时人均碳排放量约为7.4吨。目前我国距离碳达峰的时间不到10年,距离碳中和的时间不到40年,欧盟和美国均承诺2050年达到碳中和目标,也就是说,欧盟从碳达峰达到碳中和的时间是71年,美国是45年,而我国将是30年。这说明我国到达峰值后调整的压力更大,任务更加艰巨。

"双碳"目标必须实现,而且应主动作为。正如习近平总书记所指出的:应对气候变化是中国可持续发展的内在要求,这不是别人要我们做,而是我们自己要做。目前实现碳中和的方式有两种:一种是需求侧改革,节能减排甚至直接限制需求;另一种是供给侧改革,进行技术研发、改进生产工艺、推广清洁能源、研发新能源新技术并推广运用。限制需求会极大抑制我国的经济增长速度,作为全球最大的发展中国家,经济增长仍然是我国第一要务，否则会引发更大的社会问题。更何况推动类似于拉闸限电式的直接限制需求方法只能实现碳排放的暂时下降，很难实现碳中和的最终目标。要从根本上解决问题，关键应该在第二种供给侧改革方式上下功夫，比如，实施绿色制造、使用绿色清洁能源、研发运用碳中和技术、建设绿色城市、倡导绿色生活等。

### （二）碳达峰碳中和政策回顾

我国一直十分重视应对气候变化问题，早在2007年6月就发布了第一部应对气候变化的政策性文件《中国应对气候变化国家方案》，其中要求要调整能源结构，尽可能少用化石燃料，多使用可再生能源并力争到2020年将可再生能源使用的比重提高到16%。2007年9月，时任国家主席胡锦涛在亚太经合组织第十五次领导人会议上，本着对人类、对未来高度负责的态度，明确主张发展低碳经济、研发和推广低碳能源技术、增加碳汇、促进碳吸收技术发展，指出中国将全力推动建设可持续发展的亚太地区。

近些年，我国进一步加强对"双碳"工作的重视力度。2021年2月，国务院印发《关于加快建立健全绿色低碳循环发展经济体系的指导意见》，明确全方位全过程推行绿色规划、绿色设计、绿色投资、绿色建设、绿色生产、绿色流通、绿色生活、绿色消费，建立健全绿色低碳循环发展的经济体系，确保实现"双碳"目标。2021年9月，《中共中央 国务院关于完整准确全面贯彻新发展理念做好碳达峰碳中和工作的意见》强调，把"双碳"作为国家重大战略纳入经济社会发展全局，坚定不移走生态优先、绿色低碳的高质量发展道路。2022年1月，习近平总书记在中共中央政治局第三十六次集体学习时强调，要深入分析推进"双碳"工作所面临的形势和任务，充分认识实现"双碳"目标的紧迫性和艰巨性，扎扎实实把党中央的"双碳"决策部署落到实处。

### （三）碳达峰碳中和目标任务

2021年9月22日，《中共中央 国务院关于完整准确全面贯彻新发展理念做好碳达峰碳中和工作的意见》（以下简称《"双碳"意见》）印发，其中明确提出：

1. 到2025年，绿色低碳循环发展的经济体系初步形成，重点行业能源利用效率大幅提升。单位国内生产总值能耗比2020年下降13.5%；单位国内生产总值二氧化碳排放比2020年下降18%；非化石能源消费比重达到20%左右；森林覆盖率达到24.1%，森林蓄积量达到180亿立方米，为实现"双碳"奠定坚实基础。

2. 到2030年，经济社会发展全面绿色转型取得显著成效，重点耗能行业能源利用效率达到国际先进水平。单位国内生产总值能耗大幅下降；单位国内生产总值二氧化碳排放比2005年下降65%以上；非化石能源消费比重达到25%左右，风电、太阳能发电总装机容量达到 12 亿千瓦以上；森林覆盖率达到 25% 左右，森林蓄积量达到 190 亿立方米，二氧化碳排放量达到峰值并实现稳中有降。

3. 到 2060 年，绿色低碳循环发展的经济体系和清洁低碳安全高效的能源体系全面建立，能源利用效率达到国际先进水平，非化石能源消费比重达到 80% 以上，碳中和目标顺利实现，生态文明建设取得丰硕成果，开创人与自然和谐共生新境界。

## 三、碳达峰碳中和促进绿色职业发展

《"双碳"意见》就如何做好"双碳"工作进行了全面战略部署，作为我国一项符合人类进步及自身发展的长远战略工程，必将成为绿色经济活动中越来越重要的组成部分，也必将有越来越多的绿色职业从业人员奉献其中，成为建设"双碳"工作的重要力量，这一伟大工程也必将催生更多的新兴绿色职业。

### （一）绿色低碳制造与绿色职业

制造业是经济社会发展的工业基础。我国虽是制造业大国，但大而不强、小而不精、重复建设、水平参差不齐等问题依然普遍存在。《"双碳"意见》明确要求推动产业结构优化升级，坚决遏制高耗能高排放项目盲目发展，大力发展绿色低碳行业。因此，实现碳达峰的十年或许是我国制造业减排面临挑战最大的十年，在碳达峰的前期阶段，需要通过公共政策工具支持企业完成技术改造，克服转型升级中遇到的困难，探索出一条符合企业实际发展的节能减排之路。

在制造业绿化过程中，出现了一些绿色职业。生产环节的职业绿化主要是通过技术改造来实现，这些绿色职业在碳中和技术部分有描述；能耗环节的职业绿化主要通过节能减排、能源替代等来实现，这些绿色职业在清洁能源部分中描述。以下内容重点阐述绿色制造的后期回收处理环节中出现的绿色职业。

在污水废物处理环节，有污水处理工、工业固体废物处理处置工、危险废物处理工；在废旧物资回收环节，有制浆废液回收利用工、轮胎翻修工、汽车回收拆解工、拆船工、再生物资加工处理工；在工业废气废水处理环节，有工业废气治理工、工业废水处理工等。

### （二）清洁低碳能源与绿色职业

当前我国是以煤炭为主，石油、天然气和非化石能源为辅的能源供应体系，有近 90% 的碳排放来自能源领域，发展绿色能源体系是我国完成碳中和目标的关键。为此，《"双碳"意见》强调，要加快构建清洁低碳安全高效能源体系。表现在强化能源消费强度和总量双控，大幅提升能源利用效率，严格控制化石能源消费，积极发展非化石能源，全面推进电力市场化改革，扩大市场化交易规模等。上述领域已有很多绿色职业，并将催生新的绿色职业。

在新能源管理方面，有核与辐射安全工程技术人员、核与辐射监测工程技术人员、能源管理工程技术人员、碳排放管理员、碳管理工程技术人员、农村节能员；在能源利用效率方面，有节水工程技术人员、再生物资回收挑选工；在化石能源消费方面，有油母页岩提炼工、煤提质工；在非化石能源方面，有沼气工、农村节能员、太阳能利用工、微水电利用工、小风电利用工、光伏组件制造工等。

实现碳中和，需要在能源供给端推动以非化石能源为主的电能成为能源主体，提高电气化率，推进电力市场化改革，因此电力利用研发、电力交易等方面会出现一些新职业。在非电能源领域加速氢能燃料使用方面，2020年9月，财政部等五部门联合印发《关于开展燃料电池汽车示范应用的通知》，氢燃料电池车的应用进入试点推广期。据媒体报道，目前氢燃料车已经进入农业领域服务，国家农机装备中心制造的智能耕田机，就是无人驾驶的以氢能为燃料的农用机器。为此将催生类似于氢能工程技术人员、氢能车维修工、氢能车操作员等新的绿色职业工种。

### （三）低碳交通运输与绿色职业

交通运输是经济社会发展的纽带，是仅次于电力的第二大碳排放行业，交通的绿化是必然选择。2018年我国交通运输碳排放占总碳排放量的9.7%。随着经济发展水平的提高，预测2060年交通运输周转量会翻倍，未来交通运输的碳排放压力很大。因此，《"双碳"意见》要求加快推进低碳交通运输体系建设，优化交通运输结构，推广节能低碳型交通工具，积极引导低碳出行，全面推进绿色交通建设。

绿色交通主要靠更清洁的能源和更高效的能耗来实现。清洁能源是治本之策，节能减排是辅助之法，两者相互依赖、协同实施，共同推进绿色交通的发展。在目前的交通行业中，乘用车实现碳中和的路径较为清晰，主要是电池领域的相对优势有望带领该行业实现绿色交通的弯道超车；公路货运则将更加依赖氢能燃料的发展；航空和航运实现碳中和难度较大，更加依赖技术的进步；铁路能够比较确定是通过实现电气化以实现碳中和。另外自动驾驶、超级高铁、超音速飞机、个人飞行器等的发展有可能带来人们出行和生活方式的改变。这些领域也出现了一些绿色职业，并将催生新兴的绿色职业。

目前，在交通运输领域的绿色职业主要包括：关于交通货运组织方面，有物流工程技术人员、物流服务师；在交通地理信息方面，有地理信息采集员、地理信息处理员；在货运方面，由于将来交通运输结构调整、清洁能源的使用及自动驾驶的出现，有些职业可能会减少但会更加绿化,如轨道交通列车司机、客运车辆驾驶员、道路货运汽车驾驶员等。

关于未来发展趋势,目前该领域在节能减排技术方面,已出现轻量化材料技术、混动技术、锂电池技术、超级充电桩技术等需求,未来可能会出现上述方面的新职业。还有超级高铁所使用的"真空管道运输"设备、超音速飞机及个人飞行器的设计制造与维修等方面都可能会产生新的绿色职业。

### (四)绿色低碳建设与绿色职业

《"双碳"意见》在绿色低碳建造方面强调,要提升城乡建设绿色低碳发展质量,推进城乡建设和管理模式低碳转型,大力发展节能低碳建筑,加快优化建筑用能结构,深化可再生能源建筑应用,加快推动建筑用能电气化和低碳化,因地制宜推进热泵、燃气、生物质能、地热能等清洁低碳供暖等。其覆盖范围不限于建造的环境健康度(含碳排放、空气质量、污染防治等)、城乡建设开放空间体系设计(含住房、教育、医疗等配备供给)、社会资源的公平性、能源利用的效率及可持续性等多个方面。

目前,建造领域的建材生产、施工建设、后期营运的各个环节急需新材料、新工艺来降低能耗,水、气、电等供应设施老化导致损耗率居高不下,资源回收利用尚处于起步阶段,建造过程过度依赖人力,各环节的营运效率有待提升等问题急需解决。在推行绿色低碳建造的过程中,也出现了一些绿色职业,绿色低碳建造的实施推广必将催生一批新的绿色建造职业。

在绿色城乡建设方面,有城乡规划工程技术人员、建筑和市政设计工程技术人员、风景园林工程技术人员、供水排水工程技术人员、城镇燃气与供热工程技术人员、建筑信息模型技术员;在建材利用方面,有再生物资回收挑选工、再生物资加工处理工;在城乡管理方面,有管廊运维员等。

在绿色建造方面,将来的绿色环保建筑可能会集中化、模块化,建筑部件在工厂生产加工后,直接运输到现场进行装配搭建,形成丰富多样的建筑形态,为此将催生建筑模块装配工等新职业(工种)。同时为满足绿色低碳建筑标准,需要研发新的建筑材料、建筑技术等,也会催生相关新职业新工种。

### (五)碳中和技术与绿色职业

《"双碳"意见》明确指出,要深度调整产业结构,加强绿色低碳重大科技攻关和推广应用,其中,加快新兴技术与绿色低碳产业深度融合以及先进适用技术的研发和推广都强调研发应用新技术。产业结构调整一般是通过政策引导,遏制高耗能高排放项目,降低这类项目在经济中的比重。但这类项目不会消失,而是转移到其他成本更低的国家,从全球角度,本质上这不是碳中和,而是碳转移,没有从根本上解决碳排放问题。解决问题的根本办法还是要靠技术进步与创新,这不仅能够解决碳排放问题,还是经济增长的核心动力。

在碳中和过程中,技术进步与创新因其具有双重的外部性而发展较为缓慢,表现为两个方面:一是环境问题的外部性,即污染排放的收益由企业获得,而成本由全社会承担;二是创新问题的外部性,即企业研发出的新技术和新产品很容易被竞争对手所模仿,使后者轻易获得收益,而成本却由前者承担。在市场机制的调节下,技术创新的双重外部性导致社会对创新投入的不足,进而发展缓慢。同时以目前的技术水平,实现碳中和的难度较大,成本过高,因此降低成本将是相当长时间内碳中和技术发展的主线,也是碳中和技术的主要目标。

据中金公司研究部发布的报告,实现能源碳中和的技术类别有节能技术、减排技术、电力能源碳中和技术、零碳技术、负碳技术等五类,如图9-8所示。上述技术的应用催生了一些绿色职业。

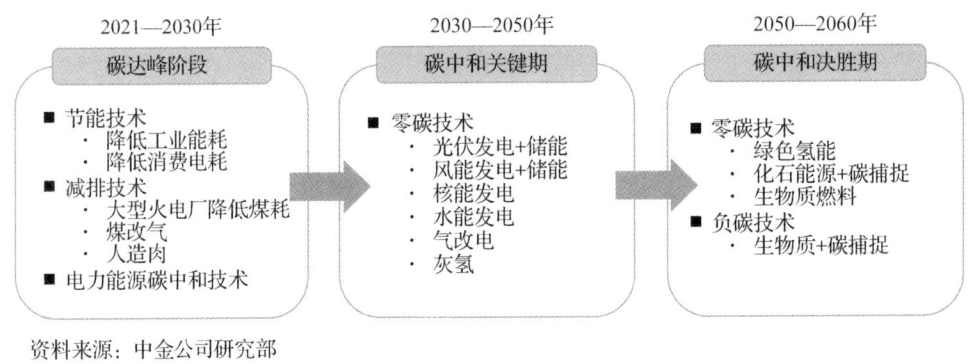

资料来源:中金公司研究部

图9-8 实现能源碳中和的技术路径

在节能减排技术领域里,有发电工程技术人员、供用电工程技术人员、变电工程技术人员、输电工程技术人员、电力工程安装工程技术人员、再生资源工程技术人员、工业固体废物处理处置工、危险废物处理工、余热余压利用系统操作工;在零碳技术领域,有光伏组件制造工、水力发电运行值班员、光伏发电运维值班员、风力发电运维值班员等。

碳捕捉是被科技界看好的碳中和技术,该技术是捕捉释放到大气中的二氧化碳,经过压缩后压回到枯竭的油田和天然气矿床或者其他安全的地下场所。目前该技术因成本太高而难以推广,但随着技术进步与创新升级、研发力量的扩大,碳捕捉领域的从业人员将会越来越多,从而催生类似于碳捕捉工程技术人员等新绿色职业工种。

### (六) 生态碳汇与绿色职业

碳汇是指通过植树造林、山水林田湖草沙管理等使植被恢复的措施，利用光合作用吸收大气中的二氧化碳，将其固定在植被和土壤中，从而减少温室气体在大气中浓度的过程、活动或机制。《"双碳"意见》专门提到，要巩固生态系统碳汇能力，强化国土空间规划和用途管控，严守生态保护红线，提升生态系统碳汇增量，实施生态保护修复等重大工程，开展山水林田湖草沙一体化保护和修复。在持续巩固提升碳汇能力的过程中，产生了很多的绿色职业。

在生态农业领域，有森林培育工程技术人员、森林保护工程技术人员、野生植物保护员、林草种苗工、造林更新工、护林员、森林抚育工、农作物植保员等；在生态保护方面，有水生态和河湖治理管护工程技术人员、水土保持员等；在生态修复方面，有土地整治与生态修复工程技术人员、矿山环保复垦工程技术人员、湿地保护修复工程技术人员等；在碳管理领域，有碳管理工程技术人员、碳排放管理员、碳汇计量评估师等。

将来的建筑物倡导绿色建筑，建筑物屋顶、墙面及内部结构中都会有很多绿色植物配套其中，有利于建筑物中二氧化碳的吸收。因此会催生服务于建筑物进行碳汇能力提升的技术人员或服务人员，从而形成该领域的绿色职业工种。

### (七) 绿色低碳开放与绿色职业

《"双碳"意见》要求提高对外开放绿色低碳发展水平，加快建立绿色贸易体系，推进绿色"一带一路"建设；深化与各国在绿色技术、绿色装备、绿色服务、绿色基础设施建设等方面的交流与合作，积极推动我国新能源等绿色低碳技术和产品走出去，加强国际交流与合作；积极参与国际规则和标准制定，主动参与全球气候和环境治理。提高开放水平，意味着加大走出去的步伐，加快引进来的速度，在绿色低碳领域加深国际间的合作。在此期间，我们已经有了一些绿色职业，如进出境动物和植物检验检疫人员、植物保护技术人员、有害生物防制员、电子气产品检验员等。随着我国开放领域越来越广，力度越来越大，将在更多领域开展国际间的合作，而绿色经济将是今后重点合作领域，相信在绿色交通、绿色贸易、绿色技术等方面会出现更多新的绿色职业。

### (八) 碳中和法规、标准、政策与绿色职业

《"双碳"意见》强调，要健全法律法规标准和统计监测体系，包括研究制定碳中和专项法律，抓紧修订《节约能源法》《电力法》《煤炭法》《可再生能源法》《循环经

济促进法》等;完善标准计量体系,包括能源核算、检测认证、评估、审计等配套标准;提升统计监测能力,建立统一规范的碳核算体系,依托和拓展自然资源调查监测体系,建立生态系统碳汇监测核算体系;完善投资、财税价格政策,推进市场化机制建设,积极发展绿色金融等。该领域的绿色职业数量较多。在森林方面,有林业资源调查与监测工程技术人员、森林资源评估专业人员、自然保护区巡护监测员等;在环境方面,有环境监测工程技术人员、环境影响评价工程技术人员、环境监测员等;在其他方面,有地理国情监测工程技术人员、海洋调查与监测工程技术人员、气候监测预测工程技术人员、草地监护员等。

## (九) 绿色低碳生活与绿色职业

居民生活的碳排放包括两个方面,一是生活中的能源消耗带来的直接碳排放,二是因生活消费与购买服务所带来的间接碳排放,也包括消费品生产过程中所产生的碳排放。如果按照该口径来统计,我国居民生活碳排放量约占总排放量的40%,而发达国家居民生活碳排放量约占总排放量的60%~80%。这表明随着生活水平逐步提高,生活碳排放量越来越大,所占比重越来越高。因此,倡导全民绿色低碳生活方式既是未雨绸缪,亦是势在必行。中金公司研究部有关报告发布的绿色生活实现路径如图9-9所示。

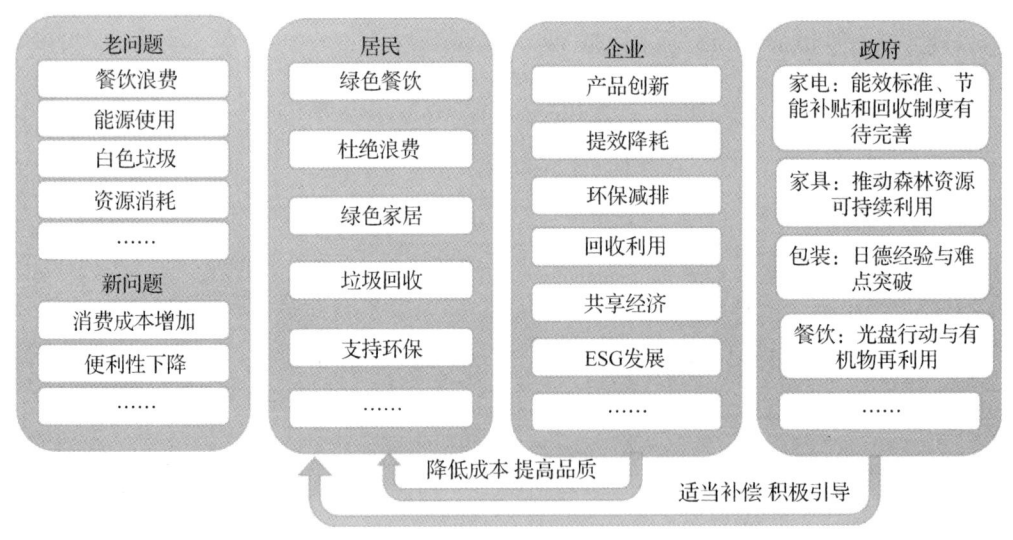

资料来源:中金公司研究部

图9-9 绿色生活实现路径

《"双碳"意见》强调,要全面推进经济社会发展绿色转型,加快形成绿色生产生活方式,扩大绿色低碳产品供给和消费,倡导绿色低碳生活方式;把绿色低碳发展纳入国民教育体系；开展绿色低碳社会行动示范创建，凝聚全社会共识，加快形成全民参与的良好格局。实践中也出现了很多相关的绿色职业。在绿色饮食、家居、出行方面，有农产品食品检验员、保洁员、导航与位置服务工程技术人员；在回收利用方面，有生活垃圾清运工，生活垃圾处理工；在生活服务方面，有风景园林工程技术人员，供水排水工程技术人员、城镇燃气与供热工程技术人员，环境卫生工程技术人员等。

杜绝浪费是倡导绿色生活的关键环节，目前我国在倡导执行餐饮节约的"光盘行动"中，可能会催生出专门从事宣传、引导、执行、评估、监测大众消费行为以避免浪费所需要的新职业（工种）。另外，素食所产生的碳排放量在同等条件下远远低于肉食，倡导多吃蔬菜将减少碳排放量，同时还能减少疾病发生且利于身体健康。但为了满足人们口味变化而进行的食品加工创新，可能会催生专门从事素食的产品研发、生产加工、营养搭配等工作的素食师新职业（工种）。

# 第十章 国际职业分类

职业分类作为社会人力资源管理与服务的重要基础工具，自工业时代以来，始终得到世界各国和地区以及国际劳工组织的重视。进入21世纪，无论是英国、德国、法国、瑞士、荷兰、丹麦、俄罗斯、波兰、奥地利、挪威、匈牙利、美国、加拿大等欧美国家，还是日本、韩国、新加坡、菲律宾、澳大利亚、新西兰等亚太国家都已制定了本国的职业分类标准。

## 第一节 国际劳工组织职业分类

国际劳工组织制定的《国际标准职业分类》（International Standard Classification of Occupations，简称ISCO）是国际上使用最广泛的职业分类系统，许多国家的职业分类均直接运用或参照国际标准职业分类原则、方法及体系结构。

### 一、《国际标准职业分类》概述

《国际标准职业分类》是由作为联合国从事国际劳工立法、制定公约和建议书提供援助和技术合作的国际劳工组织发起并负责制定和修订的。

#### （一）《国际标准职业分类》编制

国际标准职业分类的制定可追溯到20世纪初期。国际劳工组织早在1921年就提出建立国际标准职业分类，国际标准职业分类一直与国际劳工组织主持召开的国际劳工统计学家会议的工作密切相关。1921年，第一届国际劳工大会开启了职业分类研究工作，重点明确了国际标准职业分类的必要性，其作用是建立一个标准统计框架，促进国际职业数据可比性以及国际职业信息交流。1947年，第六届国际劳工大会启动了国际标准职业分类的制定工作。1949年，第七届国际劳工大会通过了9个主要群体的临时分类。1952年，《移民和就业安置职业国际分类》出版，根据8个工业化国家的职业分类，详细描述了1 727个职业。1954年，第八届国际劳工大会批准了一份少数职业群体的临时名单。1957年，第九届国际劳工大会完成了国际标准职业分类的大类、小类及细类的统计工作，增加了组别的定义及每一小组中职业类别的描述。1958年，第一版《国际标准职业分类》出版。

### (二)《国际标准职业分类》修订

为应对世界经济发展对劳动力市场变化的影响，国际劳工组织制定了《国际标准职业分类》修订原则，并组织专家开展了多次修订工作。1969 年，第十一届国际劳工大会审议并通过了《国际标准职业分类（1968）》（以下简称 ISCO-68），其特点是更侧重于生产的商品和服务领域的职业分类，在分类结构上与经济活动中的工业分类高度相似。1987 年，第十四届国际劳工大会通过了《国际标准职业分类（1988）》（以下简称 ISCO-88），该版本相对以前版本有重大突破，引入了技能水平和技能专业化的概念作为标准，扩大了类似职业群体的边界。2007 年，国际劳工组织召开的国际标准职业分类修订大会通过了《国际标准职业分类（2008）》（以下简称 ISCO-08），该版本在维持 ISCO-88 的基本原则和主要框架的基础之上，根据各国在参照 ISCO-88 进行分类并投入实际应用时所获取的一些经验，以及基于世界范围内工作的最新发展进行了一系列修订。

## 二、国际劳工组织职业分类用途与原则

### (一)《国际标准职业分类》的主要目的与用途

首先，《国际标准职业分类》作为国际劳工组织职业分类工作的标志性成果，在为各国制定、修订职业分类提供了一个国际标准职业分类体系的同时，为各国制定职业分类提供了标准参照。通过给不同国家职业数据统计提供系列化的基础性工具，促进了职业信息的国际比较和交流，提高了相关统计资料的可比性。《国际标准职业分类》为职业和职业类别的国际交流奠定了基础，可用于比较两个或两个以上国家的就业人口分布和广义或狭义的"个人职业"数据以及其他影响职业类别的变量，还可用于合并不同国家的同类数据等。使用标准化的职业信息描述结构所形成的国际职业数据，为各个国家和地区间劳动力市场的技能需求和差距分析、职位与性别均衡分析，女性在管理职业中所占比例分析等研究工作，以及有关国家移民和工作安全等方面事务决策和措施制定提供了帮助，同时也为各国人口普查提供了标准参照。

其次，《国际标准职业分类》为公共管理、人力资源管理、心理学、医学、社会学及经济学等领域提供了数据信息服务。立法者和公共部门管理者可以通过职业统计数据制定包括人力资源策划、教育规划及职业训练等方面的政策并监察其进度；行业和企业管理者可运用职业统计数据决定工作条件，并在行业和企业层面决定人力资源管理政策；心理学工作者可通过职业分类研究职业与工人的性格、兴趣之间的关系；流

行病学研究者可通过职业数据研究发病率和死亡率的差异；社会学工作者将职业作为一个重要变量，研究人们生活方式和生活习惯的社会差异性；经济学工作者将职业视为主要变量或者经验分析中的环境变量如社会地位等，通过职业信息分析收益和收入分配因时间和组别不同而出现的差异性等。

此外，《国际标准职业分类》为各国职业分类提供了可参考的职业信息描述结构，包括职业代码、职业名称、职业定义、工作内容及相关职业等信息描述项。

### （二）《国际标准职业分类》依据和基本原则

《国际标准职业分类》对职业进行分类中所定义的职业分类概念是指根据一定的标准、原则、方法、目的、需求以及人和工作的关系，通过构建分类框架结构，将人们所从事的各种工作进行全面系统划分，并分别归为不同的类别。

《国际标准职业分类》的主要依据是工作性质的同一性或相似性，其对"工作"和"职业"的定义界定了职业分类的基础概念。工作是指从业人员为雇主或自己工作需要承担的任务或义务的总和，即从业人员所要完成的任务及承担的基本职责，是职业分类的一个统计单元。职业的概念是建立在工作基础之上的，具有高度相似性的工作总和。换言之，职业是由若干工作构成的社会分工活动，职业的构成主要建立在所使用的材料、工作地点、环境、专业设备及其相互关系，以及特定知识、技能和劳动者能力等的基础之上。

《国际标准职业分类》所采用的职业分类基本原则是按照从业人员所从事工作的类型和技能等级进行分类。区分职业的大、中、小、细类的主要原则是完成某项工作所需知识、技能水平和技能专业化程度。《国际标准职业分类》的分类结构是建立在工作与技能的概念基础之上，其对技能的定义是指完成给定工作所涉及的任务和职责的能力，包含技能水平和技能规范两方面内容。技能水平是指与任务和职责的复杂程序及范围有关的执行能力，技能规范是职业活动所涉及的知识领域、使用的工具和设备、加工和使用的材料，以及提供的产品和服务的种类等方面的规定。

工作任务和职责较广泛的职业分类则遵循的原则包括：一是假设工作任务和职责与生产、分配产品和服务的不同阶段相关联，则生产阶段的任务和职责应优于其他的任务和职责；二是假设执行工作任务和职责的同时，通常需要通过更高水平的训练和经验才能获得技术，则此类职业应该归属于相应更高技术水平的职业。

## 三、《国际标准职业分类》框架体系构建

### (一)《国际标准职业分类》概念框架

《国际标准职业分类》设计和构建的框架基于两个主要概念,即工作和技能。工作被定义为由一个人完成或计划履行的一组任务和职责,包括雇主或自营职业者。技能被定义为执行特定工作的任务和职责的能力。基于分类目的,使用了技能的两个维度划分与归合职业,即技能水平和技能专业化。技能水平被定义为在一个职业中要执行的任务和职责的复杂性和范围的函数,可以通过以下一个或多个方面来衡量:与技能水平定义的特征任务和职责相关的职业工作的性质;根据国际教育标准分类(ISCED-97)规定的胜任相关任务和职责所需要的正规教育水平;胜任执行任务和职责所需的非正式在职培训或相关职业的经验。技能水平的概念主要应用于分类的最高(大类)水平,更重视所执行工作的性质。技能专业化可以从四个方面考虑:所需要的知识领域,所使用的工具和设备,已处理或使用的材料,所生产的商品和服务的种类。

### (二)《国际标准职业分类》体系结构

《国际标准职业分类》提供了标准化的描述结构和系统化的分类结构。标准化的描述结构包括类别编码和名称、定义及其内容描述等;系统化的分类结构包括4个层次,逐层划分出由粗到细的职业类别。ISCO-68 的层次包括大类、小类、细类和职业项目。ISCO-88 的层次被修订为大类、中类、小类和细类 10 个大类、28 个中类、116 个小类和 390 个细类。ISCO-08 保持大类数量不变,中类增加了 15 个,小类增加了 14 个,细类增加 46 个。表 10-1 为 ISGO-08 和 ISGO-88 职业分类体系对照。

表 10-1　　ISCO-08 与 ISCO-88 职业分类体系对照表

| ISCO-08 | ISCO-88 | ISCO-08(ISCO-88)变化数量/个 | | |
|---|---|---|---|---|
| 大类 | | 中类 | 小类 | 细类 |
| 1. 管理者 | 1. 立法者、高级官员和管理者 | 4(3) | 11(8) | 31(33) |
| 2. 专业人员 | 2. 专业人员 | 6(4) | 27(18) | 92(55) |
| 3. 技术人员和辅助专业人员 | 3. 技术人员和辅助专业人员 | 5(4) | 20(21) | 84(73) |
| 4. 办事员 | 4. 办事员 | 4(2) | 8(7) | 29(23) |
| 5. 服务人员和销售人员 | 5. 服务人员和销售人员 | 4(2) | 13(9) | 40(23) |
| 6. 农林和渔业技术人员 | 6. 农业和渔业技术人员 | 3(2) | 9(6) | 18(17) |
| 7. 工艺及相关人员 | 7. 工艺及相关人员 | 5(4) | 14(16) | 66(70) |
| 8. 工厂机器操作员和装配工 | 8. 机械机床操作员和装配工 | 3(3) | 14(20) | 40(70) |

续表

| ISCO-08 | ISCO-88 | ISCO-08（ISCO-88）变化数量/个 | | |
|---|---|---|---|---|
| 大类 | | 中类 | 小类 | 细类 |
| 9. 简单劳动者 | 9. 简单劳动者 | 6（3） | 11（10） | 33（25） |
| 10. 武装部队军人 | 10. 武装部队军人 | 3（1） | 3（1） | 3（1） |
| | 总计 | 43（28） | 130（116） | 436（390） |

### （三）《国际标准职业分类》技能水平界定

根据分类的国际特征，《国际标准职业分类》只定义了四个级别广泛的技能水平。

技能 1 级的职业通常包括执行简单和日常的体力任务，包括使用手持式工具，如铲子、简单的电气设备、真空吸尘器等执行任务，工作任务包括清洁、挖掘、手工搬运材料、手工分拣、储存或组装货物（有时在机械化作业的情况下）、操作非机动车辆以及采摘水果和蔬菜。许多技能为 1 级的职业都需要体力或耐力，有些工作还需要具备读写和计算方面的基本技能但这些技能不会作为工作的主要组成部分。某些技能 1 级职业可能还需要完成初等教育或基础教育第一阶段或进行短期的在职培训。技能 1 级的职业包括办公室清洁工、货运搬运工、花园工人和厨房助理等。

技能 2 级的职业通常包括执行机械和电子设备的操作等任务，如驾驶车辆、维护和维修电气和机械设备以及操作、订购和存储信息等。对于大部分技能 2 级的职业，阅读安全说明，完成工作的书面记录，以及准确地执行简单的算术计算能力是至关重要的。许多达到这个技能水平的职业都需要相对较高的读写和算术能力以及良好的人际沟通能力。在某些职业中，这些技能是开展工作所必需的。在技能 2 级的职业中，获得胜任工作所需的知识和技能通常需要完成中学教育第一阶段；有些职业需要完成中等教育第二阶段，包括专业职业教育和在职培训；有些职业要求在完成中学教育后，要完成针对特定职业的教育。在某些情况下，具有相关工作经验和在职培训可以代替正规教育。技能 2 级的职业包括公共汽车司机、秘书（普通）、会计员、裁缝、商店销售助理、警察、理发师等。

技能 3 级的职业通常涉及执行复杂的技术和实际任务，需要在一个专业领域掌握广泛的事实、技术和程序知识。执行的具体任务包括确保遵守相关法规，编制具体项目所需材料、劳动力和成本的详细估计数，协调、监督、控制和安排其他劳动者的活动，执行技术职能并对专业人员提供支持。技能 3 级的职业通常需要高水平的读写能力和计算能力、良好的人际沟通能力，以及理解复杂的书面材料并准备事实报告和在困难的情况下进行口头交流的能力。技能 3 级职业胜任工作所需要的知识和技能通常是在完成中等教育后 1~3 年学习的结果。在某些情况下，广泛的相关工作经验和长时间的在职培训可以代替正规教育。技能 3 级的职业包括车间经理、医疗实验室技术人员、法律秘书、商业销售代表、医疗诊断技师、计算机技术人员以及广播和记录技术人员等。

技能 4 级的职业通常涉及复杂问题的解决、决策及具有创造力的任务，需要基于一个专业领域的广泛的理论和事实知识。所执行的任务一般包括分析和研究、疾病的诊断和治疗、向他人传授知识、结构或机械的设计以及进行建筑和生产等。技能 4 级的职业通常需要更高水平的读写能力和计算能力，以及优秀的人际沟通能力，一般包括能够理解复杂的书面材料，并通过书籍、图像、表演、报告和口头陈述等形式在媒体上传达想法。在技能 4 级职业中胜任工作所需的知识和技能通常是在接受高等教育 3~6 年学习的结果，获得了第一学位或更高资格。在某些情况下，广泛的经验和在职培训可以替代正规教育，或者可能在正规教育之外还需要接受培训。大多数情况下，取得执业资格是进入技能 4 级的职业的基本要求。技能 4 级的职业包括销售和市场营销经理、土木工程师、中等职业教师、医生、音乐家、护理专业人员和计算机系统分析师等。表 10-2 为 ISCO-08 主要职业群体的技能水平。

表 10-2　　　　　　　　ISCO-08 主要职业群体的技能水平

| ISCO-08 大类 | ISCO-08 中类 | 技能水平/级 |
| --- | --- | --- |
| 1. 管理者 | 主管、高级官员和立法者 | 3+4 |
| | 行政和商业管理人员 | |
| | 生产和专业化服务经理 | |
| | 接待、零售和其他服务业经理 | |
| 2. 专业人员 | 科学和工程学专业人员 | 4 |
| | 卫生专业人员 | |
| | 教学专业人员 | |
| | 商务和行政管理专业人员 | |
| | 信息和通信技术专业人员 | |
| | 法律、社会和文化专业人员 | |
| 3. 技术人员和辅助专业人员 | 科学和工程学辅助专业人员 | 3 |
| | 卫生辅助专业人员 | |
| | 商业和管理辅助专业人员 | |
| | 法律、社会、文化及相关辅助专业人员 | |
| | 信息和通信技术人员 | |
| 4. 办事员 | 普通和键盘操作办事员 | 2 |
| | 客户服务人员 | |
| | 数字和材料记录员 | |
| | 其他文书工作者 | |

续表

| ISCO-08 大类 | ISCO-08 中类 | 技能水平/级 |
|---|---|---|
| 5. 服务人员和销售人员 | 个人服务人员 | 2 |
| | 销售人员 | |
| | 个人护理人员 | |
| | 保安人员 | |
| 6. 农、林和渔业技术工人 | 农业技术工人 | |
| | 林业、水产业和狩猎业技术工人 | |
| | 农民、渔民、猎人和采集者 | |
| 7. 工艺及相关人员 | 建筑工和有关行业的工人 | |
| | 金属、机械和有关行业的工人 | |
| | 手艺（工艺）人和印刷工 | |
| | 印刷行业工人 | |
| | 食品加工、木工、服装、其他工艺和有关行业的工人 | |
| 8. 工厂机器操作和装配工 | 固定式设备与机械的操作工 | |
| | 装配工 | |
| | 司机和移动式设备操作工 | |
| 9. 简单劳动者 | 清洁工和帮工 | 1 |
| | 农业、林业和水产业劳工 | |
| | 采矿、建筑、制造和运输业劳工 | |
| | 食品制作助手 | |
| | 街道和销售与服务有关人员 | |
| | 垃圾清理工和其他简单劳动者 | |
| 10. 武装部队军人 | 雇佣军队军官 | 1+2+4 |
| | 义务军队军官 | |
| | 职业军人、其他军衔 | |

正规教育和培训要求可用来衡量职业技能水平。技能水平和教育水平之间的映射关系见表10-3。

表10-3 《国际标准职业分类》技能水平所映射的教育水平

| 技能水平/级 | 教育水平 |
|---|---|
| 4 | 高等教育第二阶段（获得高级研究资格）<br>高等教育第一阶段，一级学历（中等学历） |
| 3 | 高等教育第一阶段（短期或中期） |
| 2 | 高等教育、非高等教育<br>中等高等教育水平<br>具有较低的中等教育水平 |
| 1 | 小学教育水平 |

4个级别的技能水平并不意味着执行特定工作任务和职责所需的技能只能通过正规教育获得，一些技能可能且通常是通过非正式的培训或相关工作经验获得的。此外，应该强调的是，ISCO-08重点是指示执行某一职业的任务和职责所需的技能，而非某一特定职业的从业人员技能熟练程度的比较。因此，正规教育和培训要求只是衡量技能水平的一个组成部分，应被视为指示性因素。技能水平的决定因素是特定职业执行任务的性质与为每个技能水平定义的特征任务的关系。特别需要指出的是，由于工作性质因素影响，一般技能的水平可能有显著差异。例如，技能3级的保险人员可能比技能4级的软件开发人员需要更高层次的人际沟通技能，这主要取决于其工作性质的差异性。

此外，技能水平的概念是考虑到在特定职业群体中胜任初级工作任务所需的技能水平。因此，一些从事特定技能水平职业的从业人员可能拥有更高或更低的技能。在某一特定职业中从事较高级的工作所需的技能水平也可能高于整个职业所需的技能水平。职业所涉及的任务和职责的复杂性和范围与每个技能水平的定义有关，特别是与每个技能水平相关的特征任务和职责有关。

## 四、《国际标准职业分类》更新组织与管理

### （一）《国际标准职业分类》专家组织

国际劳工组织更新ISCO-88时，首先建立了一个国际标准职业分类技术专家小组（TEG/ISCO），向国际劳工组织提供关于更新工作的咨询意见和协助。该小组由来自世界各个国家和地区的职业分类专家和一些相关国际机构的专家组成，在更新工作期间举行了6次会议。该专家小组针对一些概念性问题以及特定职业群体，开展了关于职业分类更新的探索性问卷调查，通过问卷调查获得的一般性准则以及设立新职业类别的具体建议，同时设立一个讨论特定问题的网上论坛，集中讨论问卷中的一些问题以及任何可能出现的其他问题。在此基础上，咨询一系列的专业机构、劳动者和雇主组织，以及对最需要更新的职业领域感兴趣的利益相关方，采用多方协商机制，尽可能广泛地就职业信息更新与有关各方进行协商。

专家小组在更新工作中处理的主要问题包括但不限于以下几方面：信息和通信技术对劳动力市场职业结构的影响；改善保健职业的覆盖面；提供农业、林业和渔业职业的更多细节；改善管理职业分类的需要；对某些技术和制造业职业划分过细；执行相似或相同任务的职业是否存在不同技能水平的平行群体；改善在非正规部门中占主导地位的要求较低的职业和技能覆盖面；制定分类的主题或替代观点；刷新和更新所有类别的定义等。

在专家小组工作的基础上，国际劳工组织制定了更新后的分类结构草案，并通过分发的第二份问卷调查表征求各国对该草案和一系列悬而未决问题的意见。根据调查答复意见和专家小组提供的建议，编制了职业分类更新结构草案，并通过国际劳工组织网站征求意见，经联合国国际经济和社会分类专家组会议审查，明确了需要进行重大修改的若干领域，形成了最终更新方案，通过国际劳工统计专家会议审议后正式实施。

### （二）ISCO-88 更新的主要原则

第十七次国际劳工组织有关会议明确了 ISCO-88 的更新目标是提供一个更有效的分类，例如该分类可以被用于以后的人口普查工作，可以在就业服务和其他面向客户的应用中提供比上一版更全面的解释和方法说明等。同时，还具体规定了有关修订的性质和范围限制等方面的原则。

更新主要考虑的原则包括：保持职业分类基本原则和主要结构不变，只进行必要领域的修改；更新分类应从不同层次群体的相对规模和多样性的角度进行审查，由于各国情况的较大差异性，不可能对群体的规模制定严格的指导方针；在不同国家和地区，工作内容相同但正规教育要求不同的职业将被划分为一个职业；大类只有在特殊情况下才能被归合、删除或以其他方式更改，在分类实践中，10 个大类没有移动，名称也没有从根本上改变，但一些职业从一个大类转移到了另外一个大类；只有中类的就业人数有显著增长或减少，以及较低层次的群体被分裂或归合时，方进行职业分类；中、小、细类应逐层包含足够大的数字，以便能够产生有意义的汇总统计数据；职业可以分裂或归合，可以创建新的小类，以反映职业变化和新要求；不得为从业人数非常少或只存在于少数国家的职业设立职业，此类职业作为相似职业小类中的一部分，或属于适当的"不在其他分类"类别。此外，该次更新还需要开发分类新产生的或被修改的类别定义，更新职业定义和名称索引，并提供显示 1988 年与 2008 年两个版本之间关系的对应表。

针对具有广泛任务和职责的职业，在某些工作的任务和职责的范围不完全符合分类中规定的范围时，按照如下优先顺序规则：

一是如果所执行的任务和职责通常需要通过不同水平的培训和经验获得，则应根据需要最高水平技能的任务和职责对工作进行分类。如驾驶货车、装卸货车和手工运送货物的工作应归入汽车、出租车和货车司机职业。

二是如果任务和职责接续不同阶段的生产和分销过程，则生产阶段相关的任务和职责优先。如烘焙面包和糕点并销售这些产品的面包师不应该被归类为销售人员，而应该被归类为面包师。

三是如果所完成的任务和职责在同一技能水平和同一生产阶段，则应根据所完成的主要任务进行工作分类。如防火门安装人员可以组装和安装门、门框及配件，也可以安装和连接电力系统，以便门在发生火灾警报时自动关闭，在这种情况下，这项工作同时需要木工和电工的技能，但最耗时的部分与木工有关。因此，它应该被归类为木工，而不是电工。

## 第二节  欧美部分国家职业分类

### 一、英国职业分类

英国职业分类是围绕英国国家统计局负责制定、维护和更新的《英国标准职业分类》进行的。《英国标准职业分类》于 1990 年首次推出，2000 年进行了重大修订，2010 年进行了小幅修订，2020 年又进行了扩展修订。

现行的《英国标准职业分类》共分三卷出版，根据职业活动的技能水平和技能内容进行分类。其主要目的是向进入劳动力市场的劳动者提供职业信息，并为职业介绍所的工作匹配以及政府劳动力市场政策制定等方面提供服务。

#### （一）英国职业分类主要依据

英国职业分类的基本概念和结构均以《国际标准职业分类》为准，划分职业所涉及的技能是指反映一个人从事某项工作的能力或一个人完成某项工作需具备的才能。《英国标准职业分类》的类别划分并没有照搬《国际标准职业分类》，其中最明显的区别是《国际标准职业分类》把农业划分为一个大类，而由于英国农业人口仅占全国人口的 2%，所以英国职业分类体系没有把农业划分为大类，而是将其归入其他大类之中。

《英国标准职业分类》已出版了电子版，其软件系统参考了澳大利亚职业分类标准和苏格兰职业分类体系。经过 1991 年英国人口普查的试用，又对职业分类目录进行了修改，使该软件系统不断完善。目前，英国已建立了计算机辅助职业分类软件系统和计算机辅助职业编码系统，其开发的《英国标准职业分类》软件系统具有信息量大、便于使用查询和修改等优点。

#### （二）《英国标准职业分类（2010）》

根据技能水平和技能专业化概念，《英国标准职业分类（2010）》将职业分为大类、中类、小类和细类四个层级。其中，技能水平是指为胜任和有效执行工作任务和职责进行的有关活动，通常需要培训和（或）工作经验，技能专业化是指胜任和有效执行任务和职责所需的知识领域。大类和中类主要参考以下四个技能等级：

第一等级等同于普通教育相关的能力，通常一个人完成其义务教育时便可获得。胜任该级别的工作还将涉及适当的健康和安全法规知识，并可能需要短期的、与工作有关的培训。在《英国标准职业分类（2010）》中，该级别的职业包括邮政工人、酒店搬运工、清洁工和餐饮助理等。

第二等级涵盖了大量的职业，这些职业都需要经过良好的普通教育，也可在完成义务教育后，接受较长时间的与工作相关的培训或具有相应的工作经验。该级别职业包括机器操作人员、驾驶人员、护理人员、零售人员、文员和秘书等。

第三等级的职业通常需要与义务教育阶段相关的知识体系而不需要高等学位水平，部分技术职业、贸易职业和小企业主属于此类。对于贸易类职业和小企业主来说，副学位的教育资格或长时间的职业培训可能不是胜任工作的必要先决条件，但必须具有相当长的工作经验。

第四等级的职业包括国家或地方政府、企业中的专业职业和高级管理职位。该级别的职业通常需要相应的学位或相应时间的相关工作经验。

《英国标准职业分类（2010）》中确定的职业分类体系包括9个大类、25个中类、90个小类和369个细类。其中大类、中类及对应技能水平见表10-4。

表10-4 《英国职业分类体系（2010）》的大类、中类及对应技能水平

| 大类 | 中类 | 技能水平/级 |
| --- | --- | --- |
| 经理、董事和高级官员 | 公司经理和董事 | 4 |
| | 其他经理和经营者 | 3 |
| 专业人员 | 科学、研究、工程和技术专业人员 | 4 |
| | 卫生专业人员 | 4 |
| | 教学和教育专业人员 | 4 |
| | 商业、媒体和公共服务专业人员 | 4 |
| 技术和辅助专业人员 | 科学、工程和技术助理专业人员 | 3 |
| | 保健和社会护理助理专业人员 | 3 |
| | 保护性服务职业 | 3 |
| | 文化、媒体和体育职业 | 3 |
| | 商业和公共服务助理专业人员 | 3 |
| 行政和秘书工作者 | 行政职业 | 2 |
| | 秘书及有关职业 | 2 |

续表

| 大类 | 中类 | 技能水平/级 |
|---|---|---|
| 技术工人 | 农业及相关行业技术工人 | 3 |
| | 金属、电气和电子行业技术工人 | 3 |
| | 建筑和建筑行业技术工人 | 3 |
| | 纺织、印刷和其他熟练行业技术工人 | 3 |
| 护理、休闲和其他服务人员 | 关怀个人服务人员 | 2 |
| | 休闲、旅游及相关个人服务人员 | 2 |
| 销售和客户服务人员 | 销售人员 | 1 |
| | 客户服务人员 | 1 |
| 工艺、设备和机器操作人员 | 工艺、设备和机器操作人员 | 1 |
| | 运输和移动机器驾驶员和操作人员 | 1 |
| 初级职业者 | 基本行业及相关人员 | 1 |
| | 初级行政和服务人员 | 1 |

## (三)《英国标准职业分类(2020)》

### 1. 修订基本情况

《英国标准职业分类》由英国国家统计局分类处进行维护。该部门通过收集和整理有关新职业领域的信息，开发职业信息数据库并修订分类来履行维护职能，同时还长期负责准备和发布对分类结构及其相关索引的修订。

英国国家统计局对《英国标准职业分类》的修订采用 10 年一个周期的原则，其概念基础自 1990 年以来一直保持不变，2020 年已经是第三次修订。作为一项长期工作，英国国家统计局委托华威大学国家社会研究中心和就业研究所帮助完成了《英国标准职业分类(2020)》。

为了给《英国标准职业分类(2010)》结构修订提供证据基础，英国国家统计局分类处建立并维护了一个由各种用户产生的职业查询数据库。通过与利益相关方磋商，该部门认为《英国标准职业分类(2010)》中的许多职业类别可以分解为更小、更精确的单位。此外，该部门还依据标准，对原分类的每个部分均进行了仔细审查，审查的内容主要包括职业统计编制者查明职务名称并将其分类到适当职业类别的准确度，每个职业的规模及其未来 10 年的预计变化，与分类到每个职业的职位相关的技能异质性，用户对分类中新职业领域识别的需求等。

《英国标准职业分类(2020)》是在 2010 年版基础上的最新修订版，修订版的第 1 卷包含 4 个层级标准职业分类的框架结构，以及 9 个大类、26 个中类、91 个小类和

412个细类单元的描述。根据标准职业分类用户提出现行的四层级结构不够精细、无法满足用户需求等意见，《英国标准职业分类（2020）》在分类体系中增加第五层，创建了标准职业分类扩展项，即子细类单元，由六位数字组成。扩展框架的初始版本于2021年4月发布，经过不断开发和完善，共包括了1 463个子细类单元。

《英国标准职业分类与（2020）》与2010年版相比，各大类划分的变化主要体现在以下11个方面：

第一，针对第一大类经理、董事和高级官员进行了一些改组，将其几个细类分解为非异质性较小的单元。如"慈善组织经理和董事"从"未在其他地方分类的职能经理和董事"中分列，并且一系列新的细类从"其他服务中的经理和所有者"中分列；基于工作任务相似性，将"金融机构经理和董事"与"财务经理和董事"合并；因数字技术和社交媒体的发展现状，将"广告总监"归入"营销和销售总监"之中等。通过对《英国标准职业分类（2010）》的2010年版和2008年版进行比较，发现小企业主的分类方式存在差异，2010年版将此职业归类为第一大类"经理"，而2008年版将其归类为"服务和销售人员"。经进一步调查确定，"住宿餐饮招待所业主和业主"和"店主和业主——批发和零售"职业因未表现出战略管理角色，需移除第一大类。

第二，"平面设计师"和"营销和商业经理"等职业被重新归合为第二大类职业；设立了一个新中类"其他卫生专业人员"，其中包括已重新分类为第二大类的职业，以及原第三大类的"护理人员"和"其他卫生专业人员"等；新增了"财务专业人员"，并将原第三大类中移出的"金融与投资分析员和顾问""税务专家"归入其中。

第三，对信息技术专业进行了修正和补充，以反映信息技术职业结构的变化。针对不断增长的职业领域，如"网络安全专业人员""IT质量和测试专业人员"以及"IT网络专业人员"，在"信息技术专业"小类中创建了新的细类。

第四，针对第二大类的"其他各种职业"进行了调整，以将其确定为单独的细类。在保健专业人员分专业类别中，"专科医生""全科医生"和"护理专业人员"被分列为单独的细类，以反映护理角色的职业结构。"托儿所教育教学专业人员""英语作为外语的教师""教育管理人员""早期教育和儿童保育服务管理人员"和"其他教育专业人员"等"教学专业人员"被重新划分与归合；针对"工程专业人员"，增加了"航空航天工程师"和"工程项目经理和项目工程师"的新细类；"特许建筑技术专家"与"城市规划官员"合并，因为该群体人口占比太小，不符合统计可行性的门槛标准。

第五，针对第三大类"助理职业"所做的改变主要源于对专业和协理职业的审查结果，大类名称中删除了"技术"一词，以反映许多技术角色已移至第二大类；"补充医学助理专业人员""项目干事"和"数据分析员"被确定为新的细类，"人力资源、培训和其他职业助理指导专业人员"和"监管助理专业人员"设立为新的细类；因从业人数过少,"空中交通管制员"与"飞机飞行员和飞行工程师"合并。

第六,在第四大类"行政和秘书职业"中增加了一个新细类"客户服务经理",以将此管理角色与第七大类中其他更初级的客户服务角色区分开来;"数据输入管理员"从"打字员和相关键盘职业"中分离出来,创建为新的细类。

第七,在第五大类"技术行业职业"中设立了子细类单元,以便在可能的情况下按职业分列其活动,包括"安全系统安装人员和维修人员""电气服务和维护机械师和维修人员"以及"砌砖工"等;因从业人数少,"金属板工人""铁匠和模具工"被合并为一个细类,"织布工和针织工"被移到"纺织,服装和相关行业"。

第八,对第六大类"护理、休闲等服务职业"中的"早期教育"和"儿童保育职业"进行了调整,基于术语变化,"托儿所护士及助理"更名为"早期教育和儿童照顾助理";设立了一个新中类"社区和民事执法职业",并将原第三大类中的"警察社区支助人员"和原第九大类中的"民事执法职业"归入其中。

第九,对第七大类"销售和客户服务职业"进行了部分调整,"店主和业主——零售和批发"从第一大类移至第七大类;"客户服务经理和主管"移到第四大类并更名为"客户服务主管",并且在"陈列员和橱窗装饰工"中创建了一个新细类"视觉陈列员和相关职业"。

第十,在第八大类"工艺、设备和机器操作人员"中引入了新的小类"金属加工机械操作人员"和"生产、工厂和装配主管",以及新的细类"道路运输驾驶员";因人数少,合并了"玻璃和陶瓷工艺操作人员""橡胶加工操作人员""电镀工""煤矿操作人员"和"农业机械驾驶员"等。

第十一,在第九大类中的"初级职业"中划分了新的细类,分别是"基础工作者""考试监考员""初级仓储主管""仓库操作人员""送货人员""酒吧和餐饮主管"和"咖啡店工人"等。

### 2.《英国标准职业分类(2020)》的特点

职业类别的细化是《英国标准职业分类(2020)》的突出特点。用户反馈表明,更详细的标准职业分类能更好地了解劳动力市场趋势,规划劳动力市场未来,改善个人的职业咨询服务,提供通用产品和服务,实现职业分类的标准化。虽然此项工作仍是实验性的,但长期目标是将扩展框架纳入问卷设计和统计项目制作。目前,英国已经着手开发了支持材料以帮助实现此目标:一是开发与《英国标准职业分类(2020)》相匹配的职位索引版本,使得近 30 000 个英国职业岗位能够查找到其相应的标识符,并成为在扩展级别启用数据自动匹配的第一步;二是开发一套子细类单元描述,增加特定子细类单元中包含的职业类型清晰度,有助于数据的自动和手动匹配。

扩展项目分类有明确的原则，每个子细类单元应由一组独特且可识别的工作组成；在定义子细类单元内每项工作任务的技能水平和技能专业化方面必须具有相当大的相似性；对于那些不适合细类内任何其他子细类单元，同时尚未充分建立自身子细类单元的，用短语"未在其他地方分类"表示；对于那些没有明确定义可分配给细类内的子细类单元，用短语"没有以其他方式指定"表示。子细类单元名称不能模棱两可，应可通过其名称识别，子细类单元命名应反映细类名称。在所有领域的分类中，需求之间应该有一个良好平衡，而不仅仅是从特定的用户方确定需求的领域。

《英国标准职业分类（2020）》另一个特点是在职业分类工作组织上注重了主要利益相关方的需求，扩大了用户参与度。2019年，《英国标准职业分类》工作推广团队与华威大学就业研究所合作，与主要利益相关方进行了广泛接触。与被确定对标准职业分类和扩展项目有重要了解和兴趣的组织共举行了19次会议，通过利益相关方在线调查等方式，开发了一个由1 000多个利益相关方组成的数据库，代表了整个分类中的中类群体。利益相关方的反应确定了其认识程度和兴趣程度，从而能够在整个数据库中有针对性地参与扩展项目开发。调查询问的内容主要包括：受访者是否使用标准职业分类以及使用的频率，当前版本的标准职业分类是否足够详细以满足他们的需求，是否认为自己的职业领域在标准职业分类中有足够的代表性，哪些领域将从更多细节中受益，有关所需其他详细信息的示例，有关受访者职业领域的职位名称和描述示例等。电子调查共收到183份答复，涵盖了所有9个大类、92%的中类和79%的小类。受访者大力支持为标准职业分类添加更多细节，约2/3的利益相关方表示，他们希望在一些领域看到更多细节，并要求在分类中提高可见性和细节的具体示例，包括网络安全、活动策划、绿色经济、工程、手工业等。

英国的标准职业分类工作还十分注重研究美国职业信息系统以及欧洲技能和资格框架，用于职业类别的相互参照。英国标准职业分类工作的组织与人员主要涉及英国国家统计局、内政部、国家审计署、教育部门、工作和养恤金部门、健康与安全执行部门、高等教育统计及高等教育职业服务部门、北爱尔兰统计和研究机构以及苏格兰政府和威尔士政府等。目前，英国标准职业分类工作正致力于建立职业信息自动匹配数据系统，通过调整一系列变量来最大限度地提高测试数据的匹配率，该系统建成后将能够与实时数据一起使用。英国国家统计局在内部开发了一个匹配工具，此工具已成功用于将2021年人口普查数据分配给四位数标准职业分类体系中。

《英国标准职业分类（2020）》注重新职业领域的社会分工归类，突出体现在信息技术领域的IT职业。基于持续的技术变革以及许多职能领域IT职业的组织和整合方式的变化，创建了"网络和多媒体设计专业人员"新中类，"IT业务分析师""架构师""系统设计师""网络安全专业人员""IT质量和测试专业人员"以及"IT网络专业人员"确定归入该中类。具体更改内容见表10-5。

表10-5 《英国标准职业分类（2020）》中按中类和小类重新定义的IT职业

| 大类 | 2010年版 | 2020年版 |
|---|---|---|
| 大类1 | 1136 信息技术和电信总监 | 1137 信息技术总监 |
| 大类2 | 213 信息技术和电信专业人员 | 213 信息技术专业人员 |
| | 2134 IT项目群经理 | 2131 IT项目经理 |
| | 2133 IT专家经理 | 2132 IT经理 |
| | 2139 信息技术和电信专业人员 | 2135 网络安全专业人员 |
| | | 2136 IT质量和测试专业人员 |
| | | 2137 IT网络专业人员 |
| | | 2139 信息技术专业人员 |
| | 2137 网站设计和开发专业人员 | 214 网络和多媒体设计专业人员 |
| 大类3 | 3131 IT运营技术人员 | 3131 IT运营技术人员 |
| | | 3133 数据库管理员和Web内容技术人员 |
| | 3421 平面设计师 | 2142 平面和多媒体设计师 |
| | 3563 职业和工业培训师和讲师 | 3573 信息技术培训师 |

此外，《英国标准职业分类（2020）》还注重对职业的细分，见表10-6。

表10-6 《英国标准职业分类（2010）》与《英国标准职业分类（2020）》中的职业细分

| 《英国标准职业分类（2010）》 | 《英国标准职业分类（2020）》 |
|---|---|
| 大类1 ||
| 1139 职能经理和董事 | 1135 慈善组织经理和董事 |
| | 1139 职能经理和董事 |
| 116 运输和物流经理和董事 | 114 物流、仓储和运输总监 |
| | 124 物流、仓储和运输经理 |
| 1161 运输和分销经理和董事 | 1140 物流、仓储和运输总监 |
| | 1241 运输和分销经理 |
| 1162 仓储和仓储经理和董事 | 1242 仓储和仓储经理 |
| | 1243 物流经理 |
| 1259 其他服务 | 1233 早期教育和儿童保育服务业主 |
| | 1255 创意产业的经理和董事 |
| | 1256 博彩商店和博彩机构经理 |
| | 1257 雇用服务经理和业主 |
| | 1258 顾问服务董事 |
| | 1259 其他服务 |

续表

| 《英国标准职业分类（2010）》 | 《英国标准职业分类（2020）》 |
|---|---|
| 1221 酒店和住宿经理和业主 | 1221 酒店和住宿经理和业主 |
| | 6250 住宿加早餐旅馆和招待所业主和业主 |
| 大类 2 | |
| 2112 生物科学家和生物化学家 | 2112 生物科学家 |
| | 2113 生物化学家和生物医学科学家 |
| 2122 机械工程师 | 2122 机械工程师 |
| | 2126 航空航天工程师 |
| 2129 工程专业人员 | 2127 工程项目经理和项目工程师 |
| | 2129 工程专业人员 |
| 2119 自然和社会科学专业人员 | 2119 自然和社会科学专业人员 |
| | 2162 其他研究人员，未指明学科 |
| 2211 医生 | 2211 全科医生 |
| | 2212 专科医生 |
| 2229 治疗专业人员 | 2224 心理治疗师和认知行为治疗师 |
| 2212 心理学家 | 2225 临床心理学家 |
| | 2226 其他心理学家 |
| 2231 护士 | 2232 社区护士 |
| | 2233 专科护士 |
| | 2234 执业护士 |
| | 2235 心理健康护士 |
| | 2236 儿童护士 |
| | 2237 其他护理专业人员 |
| 2315 小学和幼儿园教育教学专业人员 | 2314 小学教育教学专业人员 |
| | 2315 幼儿园教育教学专业人员 |
| 2317 教育机构的高级专业人员 | 2321 班主任和校长 |
| | 2322 教育经理 |
| | 2329 其他教育专业人员 |
| 2319 教学和其他教育专业人员 | 2317 英语作为外语的教师 |
| | 2319 教学专业人员 |
| | 2329 其他教育专业人员 |
| 2429 商业、研究和行政专业人员 | 2435 专业/特许公司秘书 |
| | 2439 商业、研究和行政专业人员 |
| 2449 福利专业人员 | 2464 青年工作专业人士 |
| | 2469 福利专业人员 |

续表

| 《英国标准职业分类（2010）》 | 《英国标准职业分类（2020）》 |
|---|---|
| 2471 记者、报纸和期刊编辑 | 2491 报纸和期刊编辑 |
| | 2492 报纸和期刊记者和记者 |
| 大类 3 | |
| 3131 IT 运营技术人员 | 3133 数据库管理员和 Web 内容技术人员 |
| | 3131 IT 运营技术人员 |
| 3219 卫生助理专业人员 | 3214 补充健康助理专业人员 |
| | 3219 卫生助理专业人员 |
| 3422 产品、服装及相关设计师 | 3421 室内设计师 |
| | 3422 服装、时装和配饰设计师 |
| | 3429 设计职业 |
| 3539 未另归类的商业和相关助理专业人员 | 3543 项目支助干事 |
| | 3544 数据分析师 |
| | 3549 未另归类的商业助理专业人员 |
| 3545 销售客户和业务开发经理 | 2432 营销和商业经理 |
| | 3556 销售客户和业务开发经理 |
| 大类 4 | |
| 4159 其他行政职业 | 4159 其他行政职业 |
| | 9233 考试监考员 |
| 4217 打字员及相关键盘职业 | 4152 数据输入管理员 |
| | 4217 打字员及相关键盘职业 |
| 大类 5 | |
| 5249 电气和电子行业 | 5245 安全系统安装和修复程序 |
| | 5246 电气服务和维护机械师和修理工 |
| | 5249 电气和电子行业 |
| 5312 瓦工和泥瓦匠制造 | 5312 石匠及相关行业 |
| | 5313 瓦工制造 |
| 大类 6 | |
| 6121 托儿所护士和助理 | 3232 早期教育和儿童保育从业人员 |
| | 6111 早期教育和儿童保育助理 |
| 6122 保姆及相关职业 | 6114 保姆 |
| | 6116 保姆和护理人员 |
| 大类 7 | |
| 7125 跟单员和橱窗装饰工 | 3553 商人 |
| | 7125 视觉陈列师及相关职业 |

续表

| 《英国标准职业分类（2010）》 | 《英国标准职业分类（2020）》 |
|---|---|
| 7220 客户服务经理和主管 | 4143 客户服务经理 |
|  | 7220 客户服务主管 |
| 大类 8 | |
| 8212 厢型车司机 | 8214 送货司机和快递员 |
|  | 8219 道路运输司机 |
| 大类 8 中的主管 | 8160 生产、工厂和装配主管 |
| 大类 9 | |
| 9120 初级建筑职业 | 9121 地基工人 |
|  | 9120 初级建筑职业 |
| 9260 初级仓储职业 | 9251 初级存储主管 |
|  | 9252 仓库工作人员 |
|  | 9253 送货员 |
|  | 9259 初级存储职业 |
| 9272 厨房和餐饮助理（部分） | 9261 酒吧和餐饮主管 |
| 9274 酒吧员工（部分） | 9266 咖啡店工人 |

## 二、德国职业分类

### （一）德国职业分类简述

德国职业分类系统主要由德国联邦劳动局负责制定。最初的职业分类可追溯到 1949 年的《职业分类》，其包含了一系列当时的职业名称，但并未对职业名称的使用频率进行说明。1956 年，德国联邦劳动和社会福利部、联邦统计局和联邦劳动局的代表组成职业分类工作组，通过专家审核，拟定了《德国职业分类》的新版本，并于 1961 年对其进行修订，修订后的版本由两个部分组成：第一部分包括系统的划分单位、以字母顺序排列的职业名称及其代码的字母索引；第二部分包括对系统单位和相关职业的描述，以及相同的职业名称字母索引。伴随着科技发展，尤其是计算机领域的不断发展，出现了许多新的职业名称。为此，德国联邦劳动局对职业分类系统进行不断更新，相继出台了《德国职业分类》1970 年版、1975 年版、1980 年版、1988 年版、1992 年版。1980 年版的职业分类体系中大约有 23 000 个具体职业，到 1988 版具体职业数量已增加到 24 000 个左右。

## (二)《德国职业分类(2010)》

2010年颁布的《德国职业分类》是由德国劳工局、劳动力市场与职业研究所共同主导,在德国联邦统计局、相关联邦部门以及职业和社会研究专家的共同参与下完成。该版本是建立在1988年版和1992年版《德国职业分类》基础之上,反映了当时德国的职业发展现状,并体现了与《国际标准职业分类(2008)》的高度兼容性。通过理论与实际论证,《德国职业分类(2010)》以分层化构建方式形成了职业分类体系,共分为五个层次,即领域、大类、中类、小类和细类,细类下列出职业名称。具体内容见表10-7、表10-8。

表10-7 《德国职业分类(2010)》层级总量

| 项目 | 职业分类各层级总量 | | | | | |
|---|---|---|---|---|---|---|
| 层级 | 领域 | 大类 | 中类 | 小类 | 细类 | 职业名称 |
| 数量/个 | 10 | 37 | 144 | 700 | 1 286 | 24 000 |

表10-8 《德国职业分类(2010)》各层级数量

| 序号 | 领域 | 数量/个 | | | |
|---|---|---|---|---|---|
| | | 大类 | 中类 | 小类 | 细类 |
| 1 | 农、林、牧、渔业和园艺建造 | 2 | 9 | 41 | 84 |
| 2 | 原材料开采、生产和制造 | 9 | 30 | 150 | 317 |
| 3 | 土木、建筑、测量和楼宇技术 | 4 | 10 | 59 | 118 |
| 4 | 自然科学、地理和信息技术 | 3 | 11 | 61 | 108 |
| 5 | 交通、物流、保护和安全 | 4 | 15 | 70 | 122 |
| 6 | 商务服务、物品交易、销售、酒店和旅游 | 3 | 12 | 50 | 84 |
| 7 | 企业组织、会计、法律和管理 | 3 | 11 | 54 | 110 |
| 8 | 健康、社会事务、教育和教学 | 4 | 21 | 112 | 184 |
| 9 | 语言科学、文学、人文科学、社会科学、经济科学、媒体、艺术、文化和设计 | 4 | 21 | 99 | 155 |
| 10 | 军队 | 1 | 4 | 4 | 4 |
| | 总计 | 37 | 144 | 700 | 1 286 |

## (三)德国职业分类等级

《德国职业分类标准》以职业专门性和等级为原则进行职业分类。职业专门性以一组与职业活动相关的专业能力组合为标志,专业能力是完成某一职业活动典型工作任务和职责所需的特殊知识和技能体现。等级要求是指从业人员达到某一等级需要的特定知识和技能以及所完成工作活动的复杂程度。

德国职业分类等级要求分为四级：等级1针对初级职业活动，即简单、常规的活动，一般不需要特殊专业知识和正式的职业教育毕业证书，或仅需要经历1年制职业教育；等级2针对具有专业指向较为复杂的职业活动，一般要求经历过2~3年职业教育；等级3针对中度复杂的专业性职业活动，需具有特殊知识与技能，经历过相关职业教育，一般需获得专科学校或高校毕业证书；等级4针对高度复杂性的职业活动，需具有与该等级要求相匹配的高级、复杂、综合性的知识和技能，一般需获得至少4年的本硕层次高校教育及相应的职业经验。

### （四）德国职业信息描述结构

德国职业分类对各类职业信息描述项内容进行了格式化界定，并且不同分类层次间均遵循固定的描述格式。德国职业分类信息描述项除编码外，主要包括四个方面内容：一是领域内容的简述；二是各层级职业核心任务、工作活动、知识和技能列表描述；三是下属层级的职业列表；四是相似但不属于该类别的职业列表。

德国职业分类针对各个层次职业类别的概括性描述，充分体现出其分类结果为国家职业分类与管理、职业分类更新与发展、职业教育与培训所提供的指导作用。

## 三、俄罗斯职业分类

### （一）俄罗斯职业分类种类

俄罗斯职业分类有两种，一种是全俄罗斯劳动职业·职员职务·工资表分类（Obshcherossiiskii Klsagqilfikator Professii Rabochikh Dolzhnostei Sluzhshchikhi Tarifnykh Razriadov，以下简称OKPDTR），另一种是全俄罗斯雇用分类（Obshcherossiiskii Klassifikator Zaniatii，以下简称OKZ）。

OKPDTR主要应用在工资核定体系、劳动补贴等的劳务管理、公共雇佣安定政策等领域。1989年，苏联在第九次国情调查中，使用了该职业分类。OKZ主要服务于雇主的人力资源管理，相对于第一种职业分类而言，其应用历史较短。

苏联解体后，俄罗斯实行了市场经济，为便于职业数据的国际通用统计与比较，根据国际劳工组织的建议，俄罗斯政府参照《国际标准职业分类（1988年）》，制定了《俄罗斯标准职业分类（1994年）》。该标准职业分类于1996年应用于俄罗斯劳动力调查及国情调查。

### （二）俄罗斯职业分类特点

俄罗斯职业分类基于不同目的，采用不同的职业分类原则，形成了不同的职业分类体系，制定出的如前所述的两种国家职业分类分属不同的经济体制，应用于不同的对象，因此，两种职业分类并存。一方面，俄罗斯职业分类受计划经济体制影响，强调劳动管理；另一方面，受国际标准职业分类原则等因素的影响，其职业分类体系与欧美国家具有相似性特征，具体内容见表10-9。

表10-9 《俄罗斯标准职业分类（1994年）》与《国际标准职业分类（1988年）》比较

单位：个

| 类别<br>大类 | 《俄罗斯标准职业分类（1994年）》 | | | 《国际标准职业分类（1988年）》 | | |
|---|---|---|---|---|---|---|
| | 中类 | 小类 | 细类 | 中类 | 小类 | 细类 |
| 第1类 立法议员、高级行政官、管理者 | 3 | 8 | 33 | 3 | 8 | 33 |
| 第2类 专业人员 | 4 | 18（16） | 55 | 4 | 18 | 55 |
| 第3类 技术人员、辅助专业人员 | 4 | 21 | 74 | 4 | 21 | 73 |
| 第4类 行政人员 | 2 | 7 | 24（22） | 2 | 7 | 23 |
| 第5类 服务和销售人员 | 5 | 16 | 34（33） | 2 | 9 | 23 |
| 第6类 农、林、牧、渔业从业人员 | 2 | 6 | 17 | 2 | 6 | 17 |
| 第7类 技术工及相关工人 | 6 | 22（21） | 91（78） | 4 | 16 | 70 |
| 第8类 机械设备操作工、安装工 | 3 | 20 | 83（79） | 3 | 20 | 70 |
| 第9类 初级职业 | 4 | 13（12） | 33（28） | 3 | 10 | 25 |
| 第10类 军人 | | | | 1 | 1 | 1 |
| 合计 | 33 | 131（127） | 444（419） | 28 | 116 | 390 |

## 四、美国职业分类

### （一）美国标准职业分类系统构建与更新

美国国家职业分类系统最早是基于人口普查的需要，始建于19世纪中期。当时美国参照国家标准行业分类（Standard Industrial Classification，简称SIC）系统，构建了包含322个职业的标准职业分类（Standard Occupational Classification，简称SOC）系统。20世纪中期，随着经济社会发展变化，原有职业分类系统已不适应服务类职业和高科技类职业的发展需求，于是美国成立了一个专门性组织"标准职业分类修订政策委员会"（Standard Occupational Classification Revision Policy Committee，简称SOCRPC），该组织由美国劳工部、劳工统计局、劳工就业和培训管理部、商务部、人口普查局、国防部、国防人力数据中心、教育部、国家教育统计中心、交通部、交通统计局、平等就业机会委员会、卫生与公共服务部、卫生资源与服务部管理国家科学基金会、国家科学和工程统计中心等机构代表组成,负责对以前版本的标准职业分类进行修订。其中,2000年标准职业分类(SOC 2000)是具有创新性的更新版本。其创新性体现在该版本及其之后版本均与美国职业信息网络等职业数据库建立了数据关联,拓展了应用功能,满足了时代发展背景下更广泛的社会需求。该系统是目前普及应用最广的职业分类系统,几乎被所有英语国家及亚洲多个非英语国家的政府机构直接引用。

《美国标准职业分类手册》于1980年首次出版,但因缺少可比数据而很少被使用。之后,SOCRPC开始着手修订2000年的标准职业分类,目的是建立一个包含所有政府机构和私营企业生产的可比数据。2000年标准职业分类于1998年完成,工作组由SOCRPC和15个以上政府机构成员组成,使用SOCRPC、劳工统计局和职业就业统计局职业分类系统作为新的标准职业分类框架起点。从2006年开始,美国行政管理和预算局在《联邦公报》上发布公告,征求公众对标准职业分类的问题和建议。基于公众意见,SOCRPC向美国行政管理和预算局提出了建议,并就2010年标准职业分类(SOC 2010)作出了终审。

2013年,美国行政管理和预算局与SOCRPC会面,启动了2018年标准职业分类(SOC 2018)修订流程,并按要求公开了2014年5月22日的《联邦公报》中关于拟议修订SOC 2010原则,保留SOC 2010编码指南的意图,保留SOC 2010主要类别结构的意图,纠正、改变或合并职业的建议以及详细的新职业等内容。

SOC 2018系统职业数据的用户包括政府项目经理、劳资关系人员、职业培训学生、求职者、职业和就业咨询师、教育机构及雇主等。在SOC 2010所提供的可比性数据的基础上,SOC 2018继续围绕此目标修订,确立以改进数据收集并反映美国标准职业分类对所有以报酬或利润为目的的职业进行分类,涵盖国民经济中的所有工作,包括公共、私营和军事领域的职业。所有出于统计目的发布职业数据的联邦机构,都必须使用标准职业分类系统,以提高联邦项目之间的数据可比性,并积极鼓励州和地方政府利用全国系统,使用共同语言对职业进行分类和分析。

## (二)美国标准职业分类系统结构

为了便于数据分类和标识,美国将标准职业分类设计为一个从主类到职业的四层次分级系统。SOC 2000包含23个大类职业群、96个中类职业群、449个小类职业群和821个详细职业。SOC 2010包含23个大类职业群、97个中类职业群、461个小类职业群和836个详细职业(见表10-10)。

表 10-10　　　　　　　　SOC 2000 和 SOC 2010 职业分类体系　　　　　　单位：个

| 类别 大类 | SOC 2000 | | | SOC 2010 | | |
| --- | --- | --- | --- | --- | --- | --- |
| | 中类 | 小类 | 细类 | 中类 | 小类 | 细类 |
| 1. 管理类职业 | 4 | 27 | 34 | 4 | 30 | 34 |
| 2. 商业与金融运作职业 | 2 | 20 | 30 | 2 | 23 | 32 |
| 3. 计算机与数学类职业 | 2 | 14 | 16 | 2 | 11 | 19 |
| 4. 建筑和工程类行业 | 3 | 21 | 35 | 3 | 21 | 35 |
| 5. 生命、自然、社会科学职业 | 4 | 23 | 44 | 4 | 23 | 43 |
| 6. 社区和社会服务行业 | 2 | 6 | 17 | 2 | 6 | 18 |
| 7. 法律行业 | 2 | 4 | 9 | 2 | 4 | 9 |
| 8. 教育、培训、图书馆相关职业 | 5 | 26 | 61 | 5 | 26 | 63 |
| 9. 艺术、设计、娱乐、体育和传媒行业 | 4 | 16 | 41 | 4 | 16 | 41 |
| 10. 保健专业技术类职业 | 3 | 23 | 53 | 3 | 27 | 61 |
| 11. 保健支持类职业 | 3 | 5 | 15 | 3 | 5 | 17 |
| 12. 社会保护服务类职业 | 4 | 14 | 21 | 4 | 11 | 18 |
| 13. 食品加工和餐饮相关职业 | 4 | 11 | 18 | 4 | 11 | 18 |
| 14. 建筑物和地面清理与维护类职业 | 3 | 4 | 10 | 3 | 4 | 10 |
| 15. 个人护理和服务行业 | 7 | 20 | 34 | 8 | 20 | 33 |
| 16. 销售及相关职业 | 5 | 15 | 22 | 5 | 15 | 22 |
| 17. 办公及行政支持类职业 | 7 | 48 | 55 | 7 | 49 | 56 |
| 18. 农业、渔业和林业职业 | 4 | 9 | 16 | 4 | 9 | 15 |
| 19. 营建及钻探类职业 | 5 | 37 | 59 | 5 | 38 | 60 |
| 20. 安装、维护和维修职业 | 4 | 17 | 51 | 4 | 19 | 52 |
| 21. 生产类职业 | 9 | 51 | 110 | 9 | 50 | 108 |
| 22. 运输及物流类职业 | 7 | 35 | 50 | 7 | 37 | 52 |
| 23. 军事类特定职业 | 3 | 3 | 20 | 3 | 3 | 20 |
| 合计 | 96 | 449 | 821 | 97 | 458 | 836 |

SOC 2018 包含 23 个大类职业群、97 个中类职业群、461 个小类职业群和 867 个详细职业（见表 10-11）。

表 10-11　　　　　　　　　　SOC 2018 大类与中类

| 大类 | 中类 |
| --- | --- |
| 1. 管理人员 | 高层管理人员 |
| | 广告、市场、促销、公共关系和销售经理 |
| | 专业运营经理 |
| | 其他管理职业 |

续表

| 大类 | 中类 |
|---|---|
| 2. 商业和金融运营人员 | 商业业务运营专业人员 |
| | 金融专业人员 |
| 3. 计算机、数学分析相关职业 | 计算机相关职业 |
| | 数学分析相关职业 |
| 4. 建筑和工程相关职业 | 建筑师、勘测师和制图师 |
| | 工程师 |
| | 制图员、工程技术员和绘图技术员 |
| 5. 生命、物理和社会科学相关职业 | 生命科学研究人员 |
| | 物理学研究人员 |
| | 社会研究人员及相关工作者 |
| | 生命、物理和社会科学技术人员 |
| 6. 社区和社会服务职业 | 顾问、社会工作者和其他社区、社会专业服务人员 |
| | 宗教工作者 |
| | 法律职业 |
| | 法律辅助工作者 |
| 7. 教育、培训和图书馆职业 | 高等教育教师 |
| | 学前班、小学、中学和特殊教育学校老师 |
| | 其他教师和指导员 |
| | 图书管理员、策展人和档案管理员 |
| | 其他教育、培训和图书馆职业 |
| 8. 艺术、设计、娱乐、体育和传媒职业 | 艺术设计工作者 |
| | 艺人和演员、体育和相关工作者 |
| | 媒体和传播工作者 |
| | 媒体和通信设备工作者 |
| 9. 医疗保健执业医师和技师 | 健康诊疗从业人员 |
| | 卫生技师和技术人员 |
| | 其他所有保健医师和技师 |
| 10. 医疗保健辅助职业 | 护理、精神病学和家庭健康助理 |
| | 职业治疗和物理治疗师助理和助手 |
| | 其他医疗保健辅助职业 |
| 11. 安全保卫职业 | 安保服务工作者的监督员 |
| | 消防和预防工作者 |
| | 执法人员 |
| | 其他保护性服务工作者 |

续表

| 大类 | 中类 |
|---|---|
| 12. 食品准备、服务相关职业 | 食品准备、服务人员的主管 |
| | 厨师和食品准备人员 |
| | 食品和饮料服务人员 |
| | 其他食品准备和服务相关人员 |
| 13. 建筑物和地面清洁和维护职业 | 建筑物和地面清洁主管、维修人员 |
| | 建筑清洁和虫害防治人员 |
| | 地面维护人员 |
| 14. 个人护理和服务职业 | 个人护理和服务工作者的直线主管 |
| | 动物护理和服务工作者 |
| | 娱乐服务人员及相关工作者 |
| | 殡仪服务人员 |
| | 个人形象服务人员 |
| | 行李搬运工、服务员和礼宾员 |
| | 导游和领队 |
| | 其他个人护理和服务工作者 |
| 15. 销售及相关职业 | 销售人员主管 |
| | 零售销售人员 |
| | 销售服务代表 |
| | 批发、制造业的销售代表 |
| | 其他销售及相关人员 |
| 16. 办公室和行政支持职业 | 办公室和行政支持人员的主管 |
| | 通信设备操作员 |
| | 财务相关人员 |
| | 信息和记录文员 |
| | 物料记录、调度、调度和分发工人 |
| | 秘书和行政助理 |
| | 其他办公室和行政支持人员 |
| 17. 农业、渔业和林业职业 | 农业、渔业、林业职工的监事 |
| | 农业工人 |
| | 渔业工人 |
| | 森林养护和伐木工人 |
| 18. 施工和开采职业 | 施工和开采工的监督员 |
| | 施工行业工人 |
| | 施工行业助手 |

续表

| 大类 | 中类 |
|---|---|
| 18. 施工和开采职业 | 其他施工行业相关工作人员 |
| | 开采工 |
| 19. 安装、维护和维修职业 | 安装、维护和维修工人的主管 |
| | 电气和电子设备机械师、安装工和修理工 |
| | 车辆和移动设备机械师、安装工和修理工 |
| | 其他安装、维护和修理职业 |
| 20. 生产类职业 | 生产工人监事 |
| | 组装人员和制造人员 |
| | 食品加工人员 |
| | 金属和塑料相关工人 |
| | 印刷工人 |
| | 纺织、服装和家具工人 |
| | 木工 |
| | 工厂和系统操作员 |
| | 其他生产类职业 |
| 21. 交通运输与物流职业 | 交通运输工人的主管 |
| | 航空运输人员 |
| | 机动车运营人员 |
| | 轨道交通工人 |
| | 水运工人 |
| | 其他运输工人 |
| | 搬运工人 |
| 22. 军事特定类职业 | 特种部队军官和战术行动领导人 |
| | 第一线服役的军事监督员 |
| | 空军武器专家和机组人员 |

与 SOC 2010 相比，SOC 2018 净增了 31 个详细职业和 3 个小类职业群，修订后的职业分类体系中 382 个职业未变化，356 个职业定义变更，131 个定义变更及名称变更，115 个职业编码变更。大多数定义更新是未改变职业内容的修订或澄清，对照 SOC 2010，其中约 88% 的详细职业未发生实质性变化。

从美国标准职业分类的发展看，SOCRPC 作为一个常设机构，其主要工作包括持续推进标准职业分类发展并执行其更新等维护功能，在现有结构内设置新职业，更新并直接匹配出所有相关职位详细的标准职业分类的职业名称。

## (三) 职业信息网络

职业信息网络(Occupational Information Network,简称 O*NET)是在美国劳工部劳工就业和培训管理部的赞助下,通过北卡罗来纳州商务部提供的赠款开发的一种职位分析系统,职业信息网络吸收了多种职位分析问卷的优点,目前已经取代了职业名称词典(Dictionary Of Occupational Titles,简称 DOT),成为美国广泛应用的职位分析工具。

职业信息网络已成为获取美国职业信息的主要来源,为美国 1 100 多个职业提供标准化结构描述信息。通过有效数据,对于了解快速变化的职业工作性质及其对劳动力和美国经济的影响至关重要。职业信息数据库的主干是职业信息网络标准职业分类(O*NET-SOC),是基于美国行政管理和预算局发布的职业分类系统建立的。职业信息网络标准职业分类目前有 923 个职业,数据是通过在职人员或职业专家采集获得的。同时,职业信息网络标准职业分类采用了定期修订分类法,最近一次修订是在 2019 年。

### 1. 职业信息网络内容模型

职业信息网络的核心是其数据库,其中包含数百个标准化及职业特定的描述符,涵盖美国近 1 000 个职业。职业信息网络设置了标准信息描述项,包括劳动者特征、劳动者要求、经验要求、职业要求、劳动力特征和特定职业信息(如图 10-1 所示)。

内容模型是职业信息网络的概念基础,提供能够一个可识别有关工作类型的信息框架,并将其集成到理论和经验的合理系统中。内容模型是利用对工作和组织分析与研究开发,反映了劳动者导向和工作导向两方面的特征。内容模型还允许跨工作、跨部门或行业和跨职业应用职业信息。此模型分为六个主要领域,使用户专注于指定劳动者和职业关键属性、特征的信息领域,具体如下:

(1) 劳动者特征

劳动者特征通过影响绩效和有效工作绩效所需的知识和技能的获得能力加以体现,包括劳动者处理工作任务的方式以及获得与工作相关的知识和技能等个人的持久品质。能力分析是比较劳动者特征的最常用技术,兴趣、价值观和工作方式也是构成劳动者特征的主要因素,兴趣和价值观反映劳动者对工作环境和结果的偏好,工作风格变量表示工作方式的典型差异。

(2) 劳动者要求

劳动者要求表示个人发展或职业获得的属性,该属性与工作相关的知识和技能等相关。知识代表了对信息领域的事实和原则的获取,经验为建立使用给定知识的程序奠定了基础,此过程通常被称为技能。技能可进一步分为基本技能和跨职能技能,阅

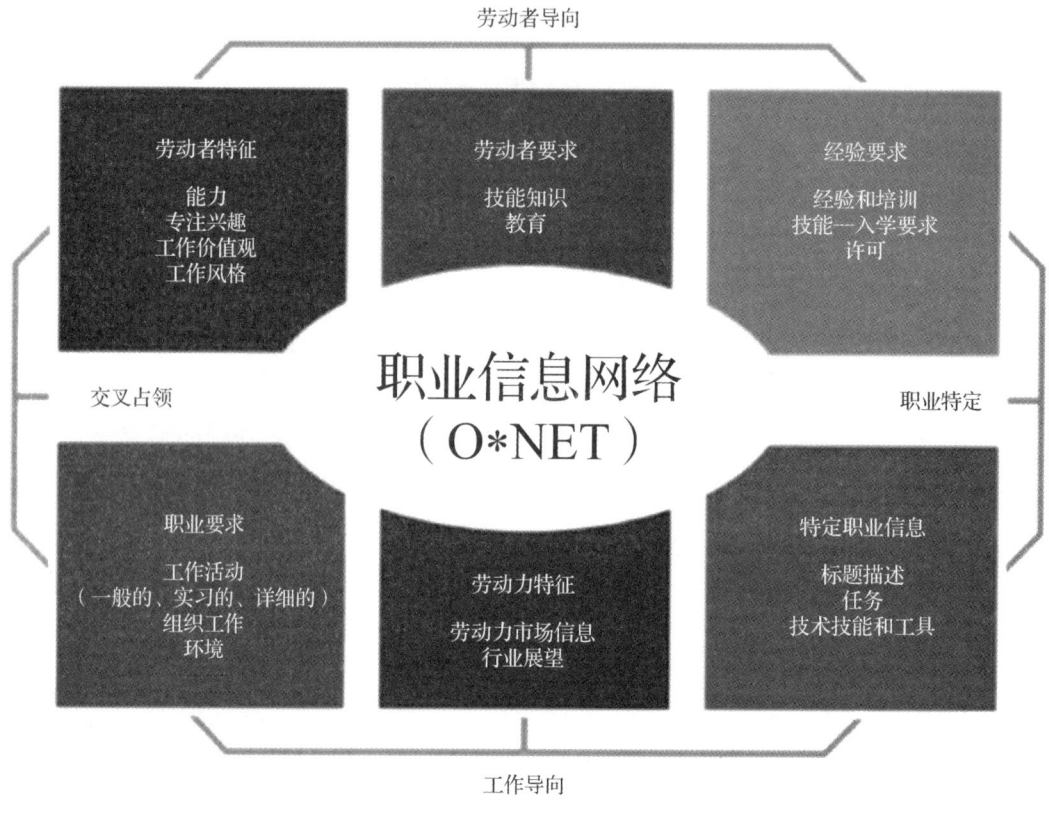

图 10-1 职业信息网络内容模型

读等基本技能有助于获得新知识，解决问题等跨职能技能可延伸到多个活动领域。

（3）经验要求

经验要求是指与以前的工作活动相关且与某些类型的工作活动明确关联的要求，有关某一职业或一组职业中劳动者的典型经验背景信息，包括认证、许可和培训数据。

（4）职业要求

职业要求是指一组用于描述各种职业需求变量或详细元素的信息，包括有关跨职业所需的典型活动等。职业信息网络用以确定通用工作活动和详细工作活动，汇总多个职业中可执行的广泛且更具体的工作行为和任务类型。一般情况下可通过使用一组描述符来描述职业。

（5）劳动力市场特征

劳动力市场特征是通过定义和描述影响职业一般特征的变量之一，是将描述性职业信息与薪酬和工资数据、就业前景和行业规模等劳动力市场统计信息相联系，其中大部分信息采集于职业信息网络范围之外。

（6）特定职业信息

特定职业信息是指所选或特定职业的变量或其他内容模型元素,是详细介绍适用于单个职业或狭义定义的工作系列的一组全面元素。它除了包括工作人员可能在其工作场所使用的机器、设备、工具、软件和信息技术之外,还包括与工作相关的知识、技能和任务等要求,同时还提供了由行业或职业定义的劳动力市场信息。在开发职业信息网络信息的特定应用程序时,特定职业信息尤其重要。

### 2. 职业信息网络的信息描述指标体系

为形成标准化的职业信息描述结构,职业信息网络构建了信息描述两级指标体系。一级指标包括能力指标、知识指标、技能指标、工作活动指标、工作情景指标、工作风格指标、教育培训指标和工作背景指标。每个一级指标下设若干二级指标,以保证职业信息收集的全面性和有效性。

能力指标共有 52 个二级指标,分别为:口语理解能力、文字理解能力、口语表达能力、书面表达能力、思维流畅能力、创新能力、对问题的敏感能力、演绎推理能力、归纳推理能力、信息条理化能力、适应能力、数学推理能力、算术能力、记忆力、加工能力、注意力、认知能力、空间感能力、可视化能力、选择性注意力能力、时间分配能力、手臂稳定能力、手工灵巧能力、手指灵巧能力、控制准确能力、肢体不同部分协调能力、反应目标感能力、控制速度能力、反应时间能力、手腕手指速度能力、肢体运动速度能力、静止时力量、爆发能力、动力、躯干力量、耐力、身体弯曲灵活能力、动态中身体灵活能力、身体整体协调能力、身体平衡能力、近距离视力、远距离视力、颜色辨别能力、夜晚视力、余光观察力、距离感知能力、强烈光线敏感能力、听力敏感能力、听觉注意力、声音定位能力、口音辨别能力、表达清晰能力。

知识指标共有 25 个二级指标,分别为:交通、公共安全、机械、英语、教育和培训、数学、计算机和电子、顾客服务、法律政治、行政管理、电信、文秘、人事和人力资源、传媒、地理、生物学、生产和加工、化学、心理咨询、物理学、经济学和会计学、医学和牙科学、社会学和人类学、哲学和神学、销售和营销各相关知识。

技能指标共有 35 个二级指标,分别为:运转和控制、运转和监督、指导、主动倾听、阅读理解、言语、协作、学习策略、主动学习、判断和决策、关键思考、服务定向、问题解决、设备选择、监督、书写、复杂问题解决、社会知觉、时间管理、质量控制分析、系统分析、设备维护、数学、系统统计、人力资源管理、劝导、物质资源管理、修理、技术和设计、谈判、运转分析、安装、科学、财务结果管理、计划各相关技能。

工作活动指标共有 41 个二级指标,分别为:获取信息,识别物体、行动和事件,监视进程、原料或环境,检查设备、结构或原料,估计产品、事件或信息的数量特征,判断物体、服务或人的性质，评价信息后决定服从规则，信息处理，分析数据或信息，做决定和解决问题，创造性思考，更新或使用相关信息，树立目标或制定策略，为工作或活动设定时刻表，组织计划工作并按重要性排序，一般的体力活动，处理和移动物体，控制机器和进程，使用电脑，驾驶车辆、操作机械设备，起草、设计和具体说明机器设备零件的使用，修理和维修机器设备，维修和修理电子设备，记录信息，向他人介绍信息含义，与管理者、同辈或下属的交流，与组织外的人交流，建立和维护个人关系，帮助关心他人，销售和影响他人，解决冲突和他人协商，与大众直接打交道，和他人的工作和活动协调合作，发展建立团队，培训和教育他人，指引、激励下属，训练发展他人，为他人提供咨询和建议，行政事务处理，人事管理，监视和控制资源。

工作情景指标共有 57 个二级指标，分别为：团队中个体当面讨论的周期，公众演讲的周期，电话交谈的频率，电子邮件使用的频率，写信和写备忘录的频率，和他人接触的次数，同团队一起工作的重要性，处理公众或顾客的重要性，协调领导他人完成工作的重要性，为他人健康安全承担责任的大小，为他人的工作成果和结果承担责任的大小，解决冲突的频率，与不开心、生气和不礼貌的人斡旋的周期，应付暴力或激进人士的频率，有空调室内工作的频率，没有空调室内工作的频率，室外、暴露在各种天气条件中的周期，在室外有棚环境下工作的频率，在开放的空间里操纵设备的频率，在封闭的空间内操纵设备的频率，工作时与他人身体的距离，在噪声环境工作的频率，在高温或低温环境里工作的频率，在非常刺眼或极其昏暗环境下工作的频率，在污染环境下工作的频率，为进入尴尬位置而限制工作空间的频率，工作中全身振动的频率，辐射中工作的频率，暴露在疾病或传染病人群中工作的频率，高处工作的频率，暴露在危险的条件下工作的频率，在危险的设备下工作的频率，在轻微灼伤、切割、蚊虫叮咬环境下工作的频率，工作中坐的时间比例，工作中站立的时间比例，爬楼梯、脚手架、电杆等占工作时间的比例，走或跑占工作时间的比例，跪、蹲、弯腰或爬行占工作时间的比例，保持平衡占工作时间的比例，用手去操作、控制或感觉控制物体、工具占工作时间的比例，弯曲身体占工作时间的比例，做重复动作占工作时间的比例，穿戴普通防护用品或使用安全设备的时间，穿戴专业性的保护用品和使用安全设备的时间，一个错误在工作中的严重程度，自己做决定通常的结果，自己的决定影响他人的频率，做决定的自由度，工作自动化程度，准确性在工作中的重要程度，持续重复的身体活动或精神活动在工作中重要程度，决定任务、优先程度或目标的自由程度，竞争程度，遭遇严格的最后期限限制的频率，根据机器或设备保持同样步伐在工作中的重要程度，时间表设计规律的程度，工作时间。

工作风格指标共有 16 项二级指标，分别为：努力的重要程度、坚持的重要程度、主动性的重要程度、领导能力的重要程度、合作的重要程度、关心他人的重要程度、社会交流的重要程度、自我控制的重要程度、承受压力的重要程度、适应力的重要程度、独立性的重要程度、关注细节的重要程度、诚实的重要程度、依赖性的重要程度、创新的重要程度、分析思考的重要程度。

教育培训指标包括 5 项二级指标，分别为该职业：所需要的教育层次、所需要的相关工作经历时间、所需定点培训（On-Site Training）时间（该培训是就业单位所提供的有组织的教室内学习）、所需的工作现场培训（On-The-Job Training）、学徒时间。

工作背景指标共有 9 个二级指标，分别为：职业名称、工作时间、工作单位或者是否为自我雇佣者、家族生意的性质、出生年份、性别、是否为西班牙或拉丁语系、是否残疾、身体缺陷影响做什么工作。

根据以上的指标体系调查，可以获得 205 个特征信息，所选择的特征数量越多，越有助于分类结果的客观性。

为提高职业分类效率，新建议简化为能力、知识、提能、工作活动 4 个一级指标，161 个二级指标。4 个一级指标在 O*NET 中的问卷设计形式是统一的，利于统一处理。

### 3. 职业信息网络应用与更新

职业信息网络的信息数据库免费向公众开放，并不断根据每个职业的变化进行更新。美国每年有数百万人使用职业信息网络，包括职业信息网络在线（O*NET On-line）以及其他公共和私人开发的应用程序。这样的使用结果证明，职业信息网络对于帮助人们找到其需要的培训和工作至关重要，并能够帮助雇主获得在市场上具有竞争力所必需的技术人员。

职业信息网络最初的数据库源自于 1998 年版的职业信息网络（O*NET 1998），是基于就业和工资统计分类开发和发布的。职业信息网络标准职业分类经过 2010 年和 2018 年更新后，2019 年再次根据汇总、拆分、新增等变更，重新确定了每个职业工作任务、替代名称和排除名称以及职业描述的更新，形成了 2019 年职业信息网络标准职业分类结构，包括 1 016 个职业名称。其中，含名称与数据的有 923 个，仅有名称的有 93 个。

美国国家职业信息网络研发中心修订职业信息网络标准职业分类的目的概括而言，主要体现在四个方面：一是在迅速变化的需求产业集群中，职业信息网络标准职业分类和信息数据库可以满足劳动力投资行为对于职业信息更广泛的需求；二是在快速变化的经济发展中，修订后的分类由于加入了新增职业，可更准确地反映出存在于当今工作世界许多职业的演化；三是职业信息网络基于标准职业分类的职业样本持续保持有效和准确；四是职业信息网络数据持续与职业探索中所使用的就业预测和其他劳动力市场信息保护密切联系。因此，职业信息网络总体上旨在反映不断变化的劳动力需求，该系统注重科学技术、社会体制、商务活动和政府法律等相关因素对职业发展的影响，注重满足公共部门和私人用户的需求，致力于通过新增职业鉴定将新增职业纳入职业信息网络系统，以满足公共部门和私人部门用户的需要。

新增职业鉴定标准主要体现在"与其他职业在职人员的工作有很大程度不同的职业"和"现存职业信息网络标准职业分类中没有包含的职业"两个方面，如果备选职业的工作与其他职业在职人员的工作没有很大程度不同，则认定为非新增职业。此外，每一职业的发展历史、就业情况、教育、资格认证、所在专业组织等附加信息均需列为考虑因素。研究分析职业从业人员，职业呈正增长的趋势，职业因科技、社会、法律或者商业活动的变化而发展，职业需要的资格认证，职业为员工提供的教育和证书、职业有相关专业组织，职业有关的刊物或专业出版物，对职业有支持性的职业信息网络标准职业分类结构或有支持性的已存在的职业信息网络标准职业分类职业等附加信息，对于新增职业的鉴定工作至关重要。

美国国家职业信息网络研发中心为新增职业鉴定制定了七个步骤的程序：第一步是研究在需求产业集群中的潜在新增职业列表；第二步是收集美国劳工部等部门检查和通过候选的新增职业；第三步是为通过的新增职业研发任务列表；第四步是定稿职业资料；第五步是撰写职业简介并提交美国劳工部等部门审定；第六步是着手数据收集汇总；第七步是持续完善标准和方法。国家职业信息网络研发中心应对工作领域的变化要求，通过监控和评估新情况，不断更新和完善职业信息网络标准职业分类，并对职业信息网络收集的数据进行修改、添加和删除。

2019年职业信息网络标准职业分类增添了渗透测试仪工程师、信息安全工程师、数字取证分析师和区块链工程师等新职业。截至2022年3月，职业信息网络数据库（26.2版本）提供了经职业分析师审查后增加或更新的与509个职业相关的1 147项技术技能，基于专业协会、客户意见和其他来源添加了与222个职业相关的671个备用名称。同时，为满足人们对改变技术、社会和环境因素对未来工作可能产生影响的关注与兴趣，职业信息网络还提供了《人工智能与国家安全》等64篇相关研究成果，不仅体现出其完备的职业信息资源，而且其针对每一个职业的研究成果使得使用者可以非常方便地掌握该职业对从业人员的素质要求。

### 4. 职业信息网络分类方法

职业信息网络的职业分类采用定量族群分析和定性分类技术相结合的方法。其中，定性分类是许多职业分类系统最常用的方法之一,但因其有效性需要实验进行测试,所以存在一定的缺陷。为此职业信息网络的职业分类通过一系列定量族群分析研究,建立了包括 622 个工作活动描述的职业分析目录,尝试尽可能获得更多具体信息,以促进整个职业分类系统更具实用性。该研究力图发展一种综合数字化分类系统,以达到描述对比和分组的目的。

为适应职业分类数字化发展,聚类分析方法作为量化技术已经成为职业分类的有效手段。该方法始于人类学和生物学等自然科学,经过科学家们的努力,这种具有更强科学性和客观性的分类方法开始应用到非自然科学领域。目前,聚类分析方法已实现计算机化,聚类速度大幅度提升。职业分类中的聚类分析方法分为两种,一是离差平方和方法,其原则是聚类过程中使小类内离差平方和增加最小的两小类应首先归合为一类。离差平方和聚类的基本步骤是首先将个体自成一类,然后随着小类的不断凝聚,类内离差平方和必然不断增大,应选择使类内离差平方和增加最小的两类凝聚,直到所有个体归合为止。二是混合方法,是"Q"型因素分析法和离差平方和方法结合在一起的方法,"Q"型因素分析方法与离差平方和方法有很大的不同,因为其允许群构成之间的重叠。之所以被认为是分组技术,是因为"Q"型因素分析不同于典型的"R"型因素分析,"Q"型和"R"型是系统聚类的两种类型。"Q"型是对样本进行聚类,它使具有相似特征的样本聚集在一起,使差异性大的样本分离开来,而"R"型是对变量进行聚类,它是使具有相似性的变量而非样本聚集在一起,将差异大的变量分类开来,从而达到变量降维的目的。

此外,主成分分析法也是分类的一种方法。主成分分析法是从研究原始变量相关矩阵或协方差矩阵内部的结构关系出发,利用原始变量的线性组合形成几个综合指标,并对综合指标即主成分重新命名,在保留了原始变量主要信息的前提下,起到降维与简化问题的作用,以实现对大量的职业统计数据进行定量分析,揭示变量间关系。主成分分析法在性质上属于一项探索性的多变量分析方法,需要结合聚类分析等方法同时使用,利用主成分分析结果,再进行聚类分析。

## 五、加拿大职业分类

### (一) 加拿大职业分类体系的形成与发展

加拿大职业分类体系创建于 1981 年,以加拿大人力资源及技能发展部出版的《加拿大职业分类词典》为标志。《加拿大职业分类词典》主要参考了美国劳工部颁发的《职业分类词典》,虽然注重行业划分,但忽视了同一行业中由于技能水平的差异而造成的职业差异。1988 年开始,加拿大移民就业局组织专家对《加拿大职业分类词典

(1981)》进行了修订,形成了国家职业分类(National Occupational Classification,简称 NOC)系统,经过多次修订,现行版本为《加拿大职业分类词典(2021)》(NOC-2021)。

### (二)《加拿大职业分类词典》

#### 1. 《加拿大职业分类词典》编制目的

《加拿大职业分类词典》的编制目的主要有四个方面:一是为开展职业培训工作及就业服务提供基本依据;二是为政府执行移民政策提供服务;三是为社会经济活动提供服务;四是为国家进行人口普查提供服务。

#### 2. 《加拿大职业分类词典》分类原则

《加拿大职业分类词典》的分类原则有三项:一是按照对知识、技能和能力的不同要求分类;二是按照职业特点平行划分行业,根据不同的工作岗位从高到低划分层次,依据技能水平确定职业级别;三是每种职业的从业人数要在 1 000 以上。

#### 3. 《加拿大职业分类词典》分类依据及结构

《加拿大职业分类词典》主要依据每个职业的任务、主要职责和从事的工作进行分类,其结构分为主类、子类、细类及职业(工种)四个层次:主类有 23 个,由两位数编码、名称和概述该主类职业活动的定义组成;子类有 81 个,每个子类均具有可识别的特征,由一个三位数编码、名称和概括性定义组成;细类有 499 个,每个细类包含若干关系比较密切的职业群体,由四位数编码、名称和定义组成,定义的内容主要是对职业活动的说明;细类又分成若干不同的职业(工种),并且每个职业(工种)都有准确的定义和详细的描述。《加拿大职业分类词典》对职业(工种)的定义是若干工作内容基本相同的工种,共计 7 500 个,每个职业(工种)由七位数编码和较为详细的说明组成。

《加拿大职业分类词典》职业说明主要有以下 14 个方面的内容:

(1)职业代码

职业代码由完整的七位数编码指出职业在分类结构中的准确位置。

(2)职业(基本)名称

职业(基本)名称是指该职业在加拿大最常用的名称,或最能够说明该职业特点的名称。

(3)行业名称

行业名称是指某一职业所属行业的名称。

（4）导语

导语是对职业的性质和任务的简要说明。

（5）职责说明

职责说明是该职业所涉及的工作性质和范围的概括说明。

（6）有时需要履行的职责

这是对职责的补充说明。

（7）普通教育程度

用数字 1~6 表示所需的培养年限。

（8）具体职业培训

具体职业培训是指从事某一职业达到合格技术、技能水平所需的学习时间。

（9）体力活动

体力活动表示某一职业对从业人员体力上的主要要求。

（10）环境条件

环境条件是表示从业人员主要的客观工作环境条件。

（11）从业人员职能

提供用于简要说明从业人员在岗位上的工作的标记术语。

（12）能向因素

用 11 种 5 个等级的能向表示职业岗位所需技能的具体能力。

（13）兴趣因素

用 5 对因素衡量某一职业对从业人员的兴趣要求。

（14）性格因素

以因素组合方式表示某一职业对从业人员的性格、品格、品质要求。

《加拿大职业分类词典》中主类、子类、细类划分的依据主要是所从事工作性质的同一性，对有些职业，根据不同情况，有时也采用一些补充的分类原则。从业人员所提供产品或服务的类似性也常常用来作为对职业分类的补充依据，有些职业也可能是按社会科学、自然科学学科划分的。大多数职业按照工作复杂度或所承担的责任大小来层层细分。此外，生产过程所用的工艺、材料、生产工具和设备都可作为确定分类结构的依据或准则。

《加拿大职业分类词典》与国际劳工组织制定的《国际标准职业分类（1988）》相比，分类结构差距较大，特别在细类和个别职业（工种）两个层次上，《加拿大职业分类词典》划分得过于细致。此外，《加拿大职业分类词典》所采用的职业编码采用七位数字，编码烦琐，不便于职业的查找，也不便于计算机管理和检索。

## （三）加拿大职业分类体系开发与更新

加拿大职业分类体系由加拿大就业和社会发展部与统计局联合开发。在2011年之前，加拿大就业和社会发展部与统计局的职业分类在主要结构以及编码系统方面存在差异，2011年修订的国家职业分类体系消除了两个系统之间的差异。随着加拿大经济和社会变化，新行业、产品、职业和教育计划被不断引入，催生了职业分类更新和修订。加拿大国家职业分类计划每10年进行一次结构修订，每5年更新一次内容，以应对劳动力市场的变化。从2017年开始，加拿大国家职业分类大约每年都会进行内容更新，以确保用户拥有最新信息。加拿大就业和社会发展部与统计局通过合作，不断更新国家职业分类，以确保国家职业分类信息的准确性和时效性。2021年9月21日，加拿大就业和社会发展部与统计局联合发布了2021年国家职业分类。随着基于新分类的调查和普查数据的出现，加拿大就业和社会发展部计划在2022年底开始实施新版国家职业分类。

加拿大2021年第1版国家职业分类（2021 1.0版）是由加拿大就业和社会发展部与统计局通过双方持续讨论以及与利益相关方磋商后开发的。在磋商过程中，根据用户建议在2016年国家职业分类技能水平分类中增加一个新的"级别"，以澄清细类之间在正式培训或教育要求方面的区别，特别是"技能水平B"，具有广泛的正式培训或教育要求。随着时间的推移，以及就业形态的不断变化，2016年国家职业分类在"技能水平B"层次上形成了一个不成比例的职业群，增加了职业间能力水平的差异分析难度。

修订过程中，使用"技能水平"分类存在误导性，因为培训和教育是国家职业分类"技能水平"分类的主要组成部分，在劳动力市场中不被视为技能。关于技能，许多国家和组织目前正在制定各自包括算术和识字等概念在内的技能分类法。因此，加拿大2021年第1版国家职业分类对"技能水平"引入了一个新的分类标志，代表职业所需的培训、教育、经验和责任的程度。

加拿大2021年第1版国家职业分类的分类结构包括门类、主类、次类、子类和细类职业，以5位编码的前两位数字标识。加拿大2021年第一版国家职业分类从以前版本的四个"技能水平"类别转向创新的六组"责任"分类。这样设计的原因有两点：其一，"技能水平"术语经常误导许多利益相关方，但国家职业分类的重点是职业而非技能，为减少混淆而作出相应更改；其二，为避免一些职业分类用户人为地创建或推断低技能与高技能的分类，重新设计了无高技能或低技能之分的分类方式，以体现通过责任描述更准确地把握职业要求之间的差异，同时更有助于科学的职业分析。

加拿大国家职业分类中用1~9表示九大行业：1. 金融、行政事务；2. 自然科学、应用科学;3. 医疗保健;4. 社会科学、教育、政府部门、宗教;5. 艺术、文化、体育;6. 产品销售与服务;7. 手工艺、交通设备操作及相关行业;8. 基础工业;9. 生产加工业与公用事业。同时,用 O 和 A、B、C、D 表示技能水平:O 表示管理层,不分技能水平的高低;A、B、C、D 表示技术层的技能水平。在金融行业和医疗保健行业,技术层的技能水平包括 A、B、C 三级;在自然科学、应用科学行业和社会科学、教育、政府部门、宗教行业以及艺术、文化、体育行业等,技术层的技能水平包括 B、C、D 三级。

加拿大国家职业分类的基本原则是按从业人员所执行的工作类型进行职业分类,其分类应用对象包括经济学家和统计学家、研究员、生涯规划师、辅导员、学生、移民和求职者等,分类的统计单位或对象是"工作",包括特定人员为履行职责而完成的所有任务,职业被定义为在工作或任务中足够相似或相同的工作集合。

加拿大国家职业分类为描述加拿大人所做的工作提供了标准化语言,并形成描述性语言结构,如定义和收集统计信息、管理信息数据库、分析劳动力市场趋势、提取实用的职业规划信息等,同时还使用了支持各种职业信息资源的标准描述方式,如职业前景等。

加拿大国家职业分类是通过应用"十大职业类别"和"六个责任类别"两个主要属性作为分类标准。"十大职业类别"所定义的工作类型是根据就业行业和进入职业所从事的研究领域确定的。在众多的职业类别中,在职业与职业类别划分时,还考虑了如加工或使用的材料、工作过程、使用的设备以及提供的服务等因素。"六个责任类别"代表职业所需的培训、教育、经验和责任,责任类别是由履行职业职责所需的培训和教育的数量和类型决定的,同时还考虑了所需的经验和工作中涉及的责任复杂性。

## 第三节 亚太地区部分国家职业分类

自 20 世纪 60 年代以来,亚太地区部分国家和地区不断发展外向型经济,取得了瞩目的成绩,经济快速发展促使各个国家和地区对信息统计的要求不断提高,职业分类体系不断被更新。

### 一、日本职业分类

日本职业分类总体上是参照国际劳工组织的原则和标准制定的,基于服务对象及使用目的的差异性,现存两种职业分类体系:一种是由日本厚生劳动省组织编撰,主要用于公共职业安定部门的职业介绍、指导等实际工作领域的职业分类(Classification of Occupations for Employment Services）；另一种是由日本统计部门组织制定，用于统计目的的日本标准职业分类（Japan Standard Classification of Occupations）。日本两种职业分类之间并无太大差别，均参照了国际劳工组织的《国际标准职业分类（1968）》。

### （一）日本厚生劳动省编职业分类

日本全国公共职业安定所使用的职业分类，始于 1953 年日本厚生劳动省组织编撰的职业分类，并于 1965 年、1986 年、1999 年、2008 年、2011 年进行了 5 次修订。厚生劳动省编职业分类表由大类、中类、小类、细四层级和职业名称索引构成。经过 4 次修订的《职业分类表》包含了劳动力市场和各种职场使用的约 17 200 种职业名称，此类名称均考虑到在实际业务中的利用，并根据职业名称的多样性，制定了职业名称索引，同时反复进行修改以回应工作实际要求。从现实职业来看，即使是同样名称的职业，产业、企业工作内容有时会完全不同，相反也会有相同工作内容的职业用不同的名称称谓。同时，在职业介绍、雇用及职业相关的业务中，为了顺利实现人职匹配，需要将个别职业准确地定位在职业分类体系的项目上。

日本的职业名称索引原本是指公共职业安定所职业介绍业务中使用的《职业分类表》的辅助资料，但根据提倡官民共通职业分类的 1999 年《日本职业安定法》第 15 条的宗旨，该索引不仅被职业安定机关使用，也被很多相关人员所使用。职业名称索引是为了适应职业介绍业务的要求和职业名称的多样性，根据职业分类作为类表的辅助资料制作而成。职业名称索引是 1953 年由日本厚生劳动省首创职业分类时，作为职业解读的一部分制作而成，之后根据职业分类修订进行重新调整。

日本厚生劳动省职业分类第一次修订始于 1965 年，修订后的职业分类和 1953 年版一样，以职业辞典的形式公布。第一部分的职业分类表包括大分类、中分类、小分类以及代表职业名称四个层次构成。其中大、中、小分类是依据 1960 年设定的日本标准职业分类体系设定的。第二部分职业名称解读中，按代表职业名称标注了与工作内容记述相符的普通职业名称，例示的普通职业名称共 29 674 种。

职业分类第二次修订始于 1986 年。职业分类表第二次修订后的职业名称索引，以修订增补版《职业辞典（1969）》中的普通职业名称为主，结合《职业手册（1986）》、公共职业安定所招聘职业名称、人口普查职业分类索引（1985 年）等，共 3 万多个职业名称，其中普通职业名称达 25 436 种。

职业分类第三次修订始于 1999 年，修订对象包括 1986 年职业分类和职业名称索引。该次修订以普通职业名称为中心，结合职业名称索引补充修订版（1992 年）、人口普查职业分类索引（1990 年）、《职业工作手册（1997）》等，共 34 161 个职业名称。

职业分类第四次修订始于 2008 年。在多次职业分类修订过程中，人口普查资料中的职业名称被追加到分类目录中，此外在劳动力市场广泛使用并固定下来的新职业名称也被收录其中。2008 年职业名称索引共收录了 18 578 个职业名称，此次修订充分考虑方便使用，每一个细类项目都列出了主要工作内容，包括在该项目中有代表性的职业名称示例。示例性职业名称主要来源：一是 1999 年版职业分类表的细类项目；二是 2008 年新职业名称索引中发布的职业名称；三是日本标准职业分类中小类的示例性职业名称；四是新收集的职业名称。

职业名称索引于 2011 年再次进行了修订，新修订的职业分类分为大类、中类、小类、细类 4 个等级，细类均注明类目名称、主要工作、示例职业名称等。在细类中提出示例职业名称，旨在考虑在实际业务中的应用。职业命名一方面与职业分类的特征有关。细类分类并不是个别职业和类目一一对应，而是将几个职业归拢在一起，形成一个类目，即各细类项目包括一定范围内的所有职务。因此，项目所包含的职业无共性，职业命名也不同。职业命名另一方面与职业名称的特征有关。职业名称因地区、产业、事业的不同而有所不同。即使是同名职业，根据产业、企业的不同，工作内容也会有差异。相反，相同工作内容的职业亦可采用不同的职业名称。

## （二）日本标准职业分类及其一般原则

日本标准职业分类首先界定了分类用语的含义。在职业分类中，工作是指个人完成的一套任务，报酬是指工资、利润（个人业主）以及其他名义的报酬，即作为对劳动的补偿而被供给的工资、实物（不包括自家产品），但不包括利息、股票分红、房租、租费、佃租、权利金等财产性收入（经营、借贷等劳动的等价所得的除外），养老金法、国民年金法、雇佣保险法等社会保障制度的基金或其他年金收入，赠予的零花钱、生活费等，赛马、自行车、赛艇、弹子球等的红利或奖品，预提取存款、领取保险金、借款、出售不动产等产生的收入，因个人持有的股票等买卖差额产生的收入，学生接受奖学金等的学费，在职业训练中职业训练生接受的训练津贴和奖赏金等。职业是指个人进行的工作，伴随报酬或者以报酬为目的活动。但为了自己家庭所进行的家务或家庭菜园的作业，参加家长会活动、儿童会活动、社会福利活动、志愿者活动等无薪工作，涉及盗窃、恐吓、赌博、卖淫、走私等违法行为和公序良俗行为的活动，以及服刑者所做的工作，均不被视为职业。职业分类是指在对工作进行分类的同时，通过对人的工作进行划分，分类使用了表示从业人员等职业主体的表达方式。职业分类原则是根据工作内容的相似性、工作人员的人数等，综合考虑在多大限度内确立一个职业。工作内容的相似性包括完成工作所需的知识或技能，在工作场所或其他组织中发挥的作用，生产产品和服务的种类，使用工具、机械器具或设备的种类，工作场所及环境，工作所需的资格证或许可证种类等六个方面。

日本职业分类体系分为 12 个大类、74 个中类以及 329 个小类，一个中类设置小类的数量最多为 9 个，具体见表 10-12。

表 10-12　　　　　　　　　　日本职业分类体系

| 序号 | 大类 | 中类/个 | 小类/个 |
| --- | --- | --- | --- |
| 1 | 管理职业工作者 | 4 | 10 |
| 2 | 专门和技术职业工作者 | 20 | 91 |
| 3 | 事务工作者 | 7 | 26 |
| 4 | 营销工作者 | 3 | 19 |
| 5 | 服务业工作者 | 8 | 32 |
| 6 | 保安工作者 | 3 | 11 |
| 7 | 农、林、渔业工作者 | 3 | 12 |
| 8 | 生产工程工作者 | 11 | 69 |
| 9 | 运输和机械驾驶人员 | 5 | 22 |
| 10 | 建设和开采人员 | 5 | 22 |
| 11 | 搬运、清扫、包装等工作者 | 4 | 14 |
| 12 | 无法分类的职业 | 1 | 1 |
| | 合计 | 74 | 329 |

## 二、韩国职业分类

### （一）韩国职业分类修订

#### 1. 韩国职业分类历史

韩国标准职业分类（Korean Standard Classification of Occupations，简称 KSCO）是对通过经济活动人口调查、人口住宅总调查、各地区雇用调查等雇用相关统计调查或各种行政资料获得的职业信息进行分类和统计的结果，所有编制职业统计的机关应统一使用，以确保统计资料的一贯性和可比性。另外，为了能够在国际上比较和利用韩国国内各种职业信息的统计，以《国际标准职业分类（1958）》为依据，韩国职业分类于 1963 年 10 月 1 日首次颁布，共经历七次修订或修正（见表 10-13），以反映国内劳动力市场工作结构和技能水平的变化。目前，韩国使用的是自 2015 年 5 月启动，2017 年 7 月 3 日修订完成和发布，2018 年 1 月 1 日生效的职业分类。

表 10-13　　　　　　　　　　　　韩国职业分类修订历史

| 历次修订 | 公示日 | 生效日期 |
|---|---|---|
| 第一次修订 | 1966 年 1 月 30 日 | 1966 年 2 月 1 日 |
| 第二次修订 | 1970 年 9 月 1 日 | 1970 年 9 月 1 日 |
| 第三次修订 | 1974 年 11 月 11 日 | 1975 年 1 月 1 日 |
| 第四修正案 | 1992 年 12 月 10 日 | 1993 年 1 月 1 日 |
| 第五修正案 | 2000 年 1 月 7 日 | 2000 年 3 月 1 日 |
| 第六修正案 | 2007 年 7 月 2 日 | 2007 年 10 月 1 日 |
| 第七修正案 | 2017 年 7 月 3 日 | 2018 年 1 月 1 日 |

## 2. 韩国职业分类第七次修正方向与特征

（1）修正方向

1）为全面推进修正工作，以中类以下单位分类体系为中心进行。

2）以《国际标准职业分类》的分类标准、适用原则、结构及编码体系等职业分类基本框架为依据，特别是继 2007 年 7 月的修正工作之后，又追加反映了《国际标准职业分类（2008）》的修订内容。

3）反映韩国劳动力市场职业结构变化特点，反映专业技术岗位的业务领域扩张等信息化社会变化情况，细分和新设社会服务岗位工种。与雇用规模相比，分类项目数量较少的业务及销售、服务行业分类细分，随着自动化、机械化的发展，技能行业及机械操作行业分类进行了归合。

4）为了保持职业分类体系的一贯性，将 2016 年 9 月制定并公布的韩国标准教育分类（领域）和 2017 年 1 月修订的韩国标准产业分类内容反映在名称变更、分类新设等方面。此外，为了能够建立一对一联系，在职业分类和特殊分类细分了多个联系项目。

（2）修正特征

1）以专业技术岗位的业务领域扩张等方式反映信息化社会的变化。将第四次产业革命等以信息与通信为基础的技术融合、复合及新增长行业融入分类体系，新设"数据分析家""移动应用程序员""产业化软件程序员"等职业。随着文化、媒体内容和频道的生产及流通结构的多边化，新设或细分了"媒体内容创作人""用户经验及界面设计师""演出、电影及唱片企划者"等新成长职业。随着科技发展，新设了"机器人技术人员及研究员"。考虑到重大灾难应对及预防的重要性，新设了"防灾技术人员及研究员"。

2）社会服务工作岗位细分及新设。为反映低生育和老龄化带来的照顾和福利工作岗位的需求增加，新设了"老人和残疾人照顾服务从业人员""游戏和行动治疗师"，并上调了"临床心理师""咨询专家"等相关职业。为反映对休闲及生活服务工作岗位的需求增加，新设了"文化观光及森林、自然环境解说员""宠物训练师""个人生活服务从业人员"等职业。

3）雇用规模对比分类项目，细分业务及销售、服务行业。新"设证券公司公务员""其他金融公务员""行政人员""中介公务员"，新设"销售，服务行业的小型商店经营和一线管理从业人员"，新设或细分了"租赁产品访问检查员"等职业。

4）随着自动化机械化的发展，对技能型与机械操作职业的整合。随着多功能机器的发展，整合细分了"制造相关技能型从业人员""水果及蔬菜加工相关机械操作员""纤维制造机械操作员"等职业。

### （二）韩国职业分类核心概念

#### 1. 职业

韩国职业分类充分借鉴《国际标准职业分类（2008）》的相关概念，将工作定义为"由个体劳动者为特定雇主执行或将执行的一系列任务和职责，包括自营职业"；将职业定义为"一组类似的工作"；类似工作定义为"具有非常高的相似性的给定工作和任务"。

职业必须具有连续性工作特征，即每天、每周、每月等周期性工作，季节性工作，无明确时限但需持续进行的工作以及有意愿继续做的工作中的任何一项活动；同时要体现经济性特征，即符合建立经济交易关系的活动。

韩国职业分类界定了非职业活动的范畴。首先，职业需按比较严格的经济标准判定，无薪志愿服务等活动或专业学生的学习行为不被视为职业，完全依赖于受贿或与受贿发生具有经济因果关系的活动，更不视为职业。其次，职业活动一般还要满足伦理性和社会性，即不符合伦理道德或通过反社会活动追求经济利益的行为不能被认定为职业活动。此外，无论经济可行性或连续性如何，所有处于限制状态的活动都不被视为职业。

按照上述原则，下列活动在韩国不被视为职业：

（1）有利息、股息、租金（租金，月租）等隐性收入的；

（2）有国民基础生活保障、国民年金及雇用保险等社会保障或民间保险收入的；

（3）赛马、赛车、赛艇、彩票等有股息或股票投资差价的；

(4) 储蓄、提取、领取保险金，借用或者出售土地，金融资产有收入的；
(5) 专心做自己家事的；
(6) 就读于教育机构，专心学习的；
(7) 从事市民服务活动等无偿服务的；
(8) 社会福利机构内进行经济活动的；
(9) 依照法律强制劳动的；
(10) 从事赌博、抢劫、盗窃、诈骗、卖淫、走私等非法活动的。

### 2. 职业分类

职业分类是为了经济活动，将个人所做的事情根据事情形态系统地予以类型化。韩国标准职业分类是以从事既定职业的业务和任务的能力为依据编制的，并考虑技能水平和技能类型。技能水平是指从事职业能力的高低，由正规教育、职业训练、职业经验以及先天能力和社会文化环境等决定；技能类型与从事职业所需要的知识领域、使用的工具和装备、投入的原材料、生产的产品和服务的种类有关。

职业是一组具有类似性的多个职务的组合，将某一职务的集合与其他职务区别开来，并将其分类为同一职业，从职务的角度规定不同的职业的排他性。但是，由于在现实中的职务执行条件的复杂性和企业规模的差异性等导致职务范围的差距，因此判别各职务的相似性和排他性是非常困难的工作。

职业相似性的标准包括从事该职业的人所必需的知识、经验、技能和从业人员入职所必须具备的条件等，有时还包括单位的特性。不相似的职业是排他性的充分条件，不同的职业根据职务和劳动力市场形态的不同情况，具有明显的排他性。

韩国标准职业分类中职业数量以不少于 1 000 名从业人员为标准，据统计，现行职业的从业群体标准一般为 5 000~10 000 名从业人员。

## （三）韩国职业分类原则

### 1. 职业分类一般原则

（1）概括性原则
韩国职业分类涵盖现存所有职业，若遗漏特定职业则视为违反了概括性原则。
（2）排他性原则
若在同一水平上，一个职业存在两个或两个以上的社会分工，则视为违反了排他性原则。

### 2. 综合工作分类原则

韩国职业分类是根据韩国国内及国际上最普遍的业务集成状态划分职业及职业群，即使是同一职业，根据单位规模的不同，职务范围也会有所差异。某一职业分类若超出职务范围所规定的内容，则适用以下分类原则：

（1）主要职务优先原则

从事两个以上职务的，对所承担的职务内容和相关分类项目中明示的职务内容进行比较、评价，以职务内容相关性最多的职务为主进行分类。

（2）最高技能水平优先原则

若从事某种职业需要通过技能水平训练和经验获得工作能力，则应该将其分类为需要最高技能水平职业能力的职业。

（3）生产业务优先原则

对于货物生产和供应活动排序，优先考虑与生产阶段相关的业务分类。

### 3. 多职业从事者分类原则

个体从事两种以上无关的职业，划分与归合该职业的一般原则包括就业时间优先、收入优先、近期工作优先等。

### 4. 顺序排列原则

在相同分类水平上，参照以下顺序进行排列：

（1）韩国标准产业分类

在同一职业单位，跨产业各个领域的，按照韩国标准产业分类的顺序排列。对于在不同大类反复出现的职业（工种），将按照韩国标准产业分类进行重新分类。

（2）特殊领域一般分类

对于特殊分类和包括其特殊领域的一般分类，特殊分类排列在先，一般分类排列在后。

（3）雇用人数、技能水平和技能类型分类

优先分类技能水平较高或者雇用人数较多的职业，以相似功能类型组合分类，增加分类的易用性和可用性。

## （四）韩国职业分类体系

韩国最新版职业分类包括 10 个大类、52 个中类、156 个小类、450 个细类以及 1 231 个职业，具体见表 10-14。

表 10-14　　　　　　　　　　韩国职业分类体系　　　　　　　　　　单位：个

| 大类 | 中类 | 小类 | 细类 | 职业 |
| --- | --- | --- | --- | --- |
| 1. 管理者 | 5 | 16 | 24 | 82 |
| 2. 专家及相关工作人员 | 8 | 44 | 165 | 463 |
| 3. 办公室工作人员 | 4 | 9 | 29 | 63 |
| 4. 服务人员 | 4 | 10 | 36 | 80 |
| 5. 销售人员 | 3 | 5 | 15 | 43 |
| 6. 农、林、渔业技术工人 | 3 | 5 | 12 | 29 |
| 7. 技术人员及相关技术工人 | 9 | 21 | 76 | 198 |
| 8. 从事设备、机器操作和组装人员 | 9 | 31 | 65 | 220 |
| 9. 简单劳动者 | 6 | 12 | 24 | 49 |
| 10. 军人 | 1 | 3 | 4 | 4 |
| 合计 | 52 | 156 | 450 | 1 231 |

### 1. 管理者

负责策划、指挥和协调政府、企业、团体或者其内部部门的政策和活动。从事相关职务的，将职务时间的 80% 以上用于分析、评价、决定工作的，不属于管理者职群；调整他人职务的，才属于管理者职群。

### 2. 专家及相关工作人员

以特定领域的专业知识和经验为基础，利用概念和理论，提供对该领域的研究、开发、咨询、指导等专门服务的人员。主要是与资料分析相关的活动，包括在物理、生命科学及社会科学领域，以高水平的专业知识和经验为基础，应用科学概念和理论，研究、开发、改善和执行相关工作；利用专业知识进行医疗诊疗活动和指导各级学校学生；进行艺术创作活动或体育活动；在专家指导下进行调查、研究及经营相关的技术性工作。

### 3. 办公室工作人员

协助管理人员、专家和相关工作人员根据管理方针制定经营计划，按计划开展工作，完成与工作相关数据的记录、存储、计算、检索等工作；从事与经济处理活动、法律和审计、咨询、指导和接待有关的文书工作。

### 4. 服务人员

主要负责公共安全或人身安全保护、照顾、保健和医疗领域的辅助服务；美容、婚礼及葬礼、运输、休闲、烹饪相关的公共社会服务及个人生活服务工作。

### 5. 销售人员

使用互联网等通信方式销售商品或服务；在商店、街道和公共场所销售或出租商品；为产品做广告，宣传产品质量和功能，并执行在商店付款或设置费用等活动。

### 6. 农、林、渔业技术工人

以生产农产品、林产品和水产品所必需的知识和经验为基础，种植和收获作物，繁殖和饲养动物，耕作、保存和开发山林，繁殖和养殖鱼类和其他水生动物。

### 7. 技术人员及相关技术工人

应用采矿、制造和建筑领域的相关知识和技术，安装和维护各种机器，加工纺织品、手工艺品和木材、金属等产品的人员。此类工作主要使用手和工具，即使使用机器，人的功能作用也应比机器的性能更重要。随着自动化机器体系的应用，该工作领域正在缩小，从业人员需要了解生产过程中的所有工序以及所使用的材料和最终产品。

### 8. 从事设备、机器操作和组装人员

操作机器制造产品、操作大型或高度自动化的工业机械和设备以及用零件组装产品。此类工作需要具备机器设备使用经验和能力，包括适应自动化控制与创新能力。

### 9. 简单劳动者

使用简单的手动工具执行简单和常规的任务，在某些情况下需要相当重的体力劳动，并且需要很少或不需要创造力和判断力。大部分此类工作只需几小时或几十分钟的在职培训即可。

### 10. 军人

不论是否义务服役，目前仍保持军人身份的军队人员。因该领域属特殊领域，故不以职务为标准进行分类。需指出的是，国防相关事业单位雇用的文职人员、应国家要求临时征召进行短期军事训练或者再训练的人员和预备役部队人员除外。

## （五）韩国职业分类体系技能水平

参照《国际标准职业分类》技能水平界定，韩国职业分类体系与技能水平的关系见表10-15，该技能水平并不等同于从业人员的学历水平，而是表示该职业所需要的最

低技能水平。

表 10-15　　　　　　　　韩国职业分类体系技能水平划分

| 大类 | 技能水平/级 |
| --- | --- |
| 1. 管理者 | 3 或 4 |
| 2. 专家及相关工作人员 | 3 或 4 |
| 3. 办公室工作人员 | 2 |
| 4. 服务人员 | 2 |
| 5. 销售人员 | 2 |
| 6. 农、林、渔业技术工人 | 2 |
| 7. 技术人员及相关技术工人 | 2 |
| 8. 从事设备、机器操作和组装人员 | 2 |
| 9. 简单劳动者 | 1 |
| 10. 军人 | ≥2 |

## 三、新加坡职业分类

### （一）新加坡标准职业分类制定与更新

新加坡标准职业分类（Singapore Standard Occupational Classification，简称 SSOC），是由新加坡统计局推出的国家职业分类体系，至今已是第六版。新加坡职业分类是新加坡职业分类的国家标准，用于人口普查、家庭调查和制定行政数据库。新加坡统计局负责制定国家统计数据标准，并促进其在新加坡的采用和使用。采用和使用统一的统计数据收集、分析和传播标准，可以确保数据的一致性和可比性，促进相关分析以及数据共享。

新加坡标准职业分类采用《国际标准职业分类》的基本框架和原则，通过定期审查和更新，反映劳动力市场的发展，特别是新职业的出现，并与国际标准的变化保持一致。新加坡标准职业分类设计的目的是用于收集采集社会职业分类，同时也用于汇编、介绍和分析包括人口、社会和劳工统计在内的统计数据。为确保标准职业分类的持续相关性，新加坡统计局考虑到劳动力的最新发展，实施了分类修订和更新工作，组建了一个多机构工作组来修订新加坡标准职业分类，咨询公共机构对分类的意见，审议和协商新加坡标准职业分类将继续满足用户和生产商的职业分类需求数据。与新加坡标准职业分类的早期版本类似，新加坡标准职业分类采用《国际标准职业分类

（2008）》基本框架，以实现国际可比性，并根据新加坡就业形势和用户需求等更新要求，进行了适当修改。与 2015 年版《新加坡标准职业分类》相比，2020 年版《新加坡标准职业分类》有重大更新，删除了 200 多个过时的代码，并给出了详细定义，包括所有 1 002 个职业级别的标准职业分类编码，以及增加了 1 800 多个字母索引中的独特示例。

2010 年版是《新加坡标准职业分类》的第六个版本，内容包括职业规范、工作范围和结构原则的分类和描述。为了更好促进了解并适当使用分类，该版本提供了 2005 年版《新加坡标准职业分类》和 2010 年版《新加坡标准职业分类》的对比表以及详细的总结。《新加坡标准职业分类》的审查由一个工作组进行，该工作组包括新加坡教育部在内的许多机构代表、中央公积金委员会、经济发展委员会、信息通信新加坡发展局、技术教育学院、金融新加坡当局、卫生部、人力部和新加坡劳动力发展局，以及其他部委和法定委员会等。

### （二）新加坡标准职业分类核心概念

新加坡标准职业分类基于工作和技能两个主要概念。工作被定义为由一人执行的"一系列已完成或即将完成的任务和职责"，包括为雇主或自营职业。职业是指在工作中完成的工作类型，其概念被定义为"一组主要任务和职责具有高度专业性的工作"。技能指的是一个人完成任务和职责的能力，新加坡标准职业分类将技能定义为两个维度，即技能水平和技能的专业程度。技能的两个维度用于将职业分组：一是技能专业化，即职业活动所需的知识领域使用的工具和机械，使用或使用的材料，以及生产的商品和服务种类；二是技能水平，即任务的复杂性和范围函数以及涉及的职责。技能水平规定了每个主要群体的工作性质，技能专业化规定了在每个主要群体中如何安排职业。

### （三）新加坡标准职业分类基本原则与技能水平划分

2010 年版《新加坡标准职业分类》中使用的基本原则是任务执行的主要工作类型。执行相同主要任务的人被视为从事相同类型的工作，并被归合为同一职业类别，不考虑工作经验、技能和资格。技能水平根据受教育层次的不同划分为四个等级：第一级技能水平被定义为接受初等教育或未接受教育；第二级技能水平被定义为接受中等教育；第三级技能水平被定义为接受过比前面更高等级的教育但不等同于大学教育；第四级技能水平被定义为接受过比前面更高等级的教育，等同于本科或研究生教育。依据四级技能水平，新加坡标准职业分类体系中的大类划分见表 10-16。

表 10-16　　新加坡标准职业分类体系中大类的技能水平划分

| 序号 | 大类 | 技能水平/级 |
|---|---|---|
| 1 | 立法者、高级官员和管理人员 | |
| 2 | 专业人员 | 4 |
| 3 | 辅助专业人员和技术人员 | 3 |
| 4 | 职员 | |
| 5 | 服务人员和商店与市场销售人员 | |
| 6 | 农业和水产业工人 | 2 |
| 7 | 手艺（工艺）人和相关行业的工人 | |
| 8 | 设备与机械操作和装配工 | |
| 9 | 清洁工、劳工和相关行业的工人 | 1 |
| X | 未分类职业的从业者 | |

## 四、澳大利亚和新西兰职业分类

澳大利亚和新西兰标准职业分类由澳大利亚国家统计局、新西兰国家统计局和澳大利亚政府教育、就业和工作场所关系部共同开发，为澳大利亚和新西兰职业数据的标准化收集、分析和传播提供了基础。首个标准职业分类开发于 2006 年，并于 2009 年、2013 年和 2019 年由澳大利亚国家统计局和新西兰国家统计局联合进行修订。澳大利亚统计局还于 2021 年对澳大利亚劳动力市场的选定领域进行了修订。澳大利亚和新西兰标准职业分类旨在为统计和分析、组织和报告与职业相关的信息提供一个综合框架，例如，将求职者与职位空缺相匹配以及提供职业信息等。

澳大利亚和新西兰标准职业分类自 2006 年以来，一直用于国家人口普查和调查，收集职业数据，以及衡量和了解劳动力市场，包括制定劳动力战略以满足农业等行业职业需求，以及建立相关机制确保劳动力通过教育途径获得职业。2009 年，澳大利亚和新西兰标准职业分类第一次修订对某些职业的分类结构和定义进行了细微更改；2013 年第二次修订确定了新兴职业，汇总了夕阳职业，更改了部分职业名称，修改选定职业的替代称谓等；2019 年第三次修订更新了技能水平、注册和许可证要求，以及选定的非其他地方分类职业的职业称谓示例等；2021 年版澳大利亚和新西兰标准职业分类对被确定为新兴或与农业、林业和渔业有关的选定职业进行了审查修订，增加了网络安全等新领域职业。

### （一）澳大利亚和新西兰标准职业分类概念模型

澳大利亚和新西兰标准职业分类是一种基于技能的分类，用于对澳大利亚和新西兰劳动力市场的所有工作进行分类，根据其属性定义职业，并根据相似性将其划分到连续更广泛的类别中，以进行统计和其他类型的分析。根据职业在技能水平和技能专业方面的相似性，逐渐组织成更大群体。

澳大利亚和新西兰标准职业分类的概念模型是以技能水平和技能专业化的组合作为标准，八大类是根据技能水平和技能专业化的各个方面将中类组合在一起而形成的。在设计大类时，充分考虑了职业分类在统计和行政应用中的直观性和有用性。技能水平标准严格地应用在中类划分过程中，同时技能专业化在中类中的应用也比在大类中更精细。每个中类由若干小类组成，小类之间的主要区别在于技能专业化在中类的应用程度。在小类中，根据技能水平和技能专业化相互区分。在细类内，职业之间的区别与在职业中执行的任务之间的差异有关，在大多数细类中，所有职业都处于一个技能水平。

### （二）澳大利亚和新西兰标准职业分类核心概念

澳大利亚和新西兰标准职业分类采用的框架基于工作和职业的概念，职业的概念则基于技能水平和技能专业化的概念。

#### 1. 工作

工作被定义为一组任务，旨在由个人为雇主（包括自雇）执行，以换取工资或利润，个人根据与过去、现在或未来工作的关系按职业进行分类。任何特定的工作通常都涉及为特定雇主工作并承担一系列特定任务的个人，为自己工作的人被视为有工作，属于劳动力。

#### 2. 职业

澳大利亚和新西兰标准职业分类结构最详细的类别称为职业，被定义为一组需要执行相似或相同任务集的作业。由于两个实际工作具有相同的任务集是罕见的，因此，职业实际上是一组主要任务具有高度相似性的工作。在澳大利亚和新西兰标准职业分类中，任务的相似性被定义为执行这些任务所需的技能水平和专业化的函数。技能被定义为胜任与职业相关的任务的能力。因此，需根据技能水平和技能专业化两个标准对职业进行分类。

#### 3. 技能水平

技能水平被定义为在特定职业中执行的一组任务的范围和复杂性的函数。任务的范围和复杂性越大，职业的技能水平就越高。技能水平的衡量方式为：正规教育和培训的水平、既往在相关职业中的经验，以及在职培训的水平。一般而言，所涉任务的范围和复杂性越大，胜任该职业的一系列任务所需的正规教育和培训的水平、既往在相关职业中的经验和在职培训的水平就越高。

正规教育和培训是指胜任职业任务所需的教育和培训的水平，是根据澳大利亚资格框架（AQF）和新西兰资格框架（NZQF）中规定的教育资格来衡量的。既往在相关职业中的经验是指在相关职业或活动中工作的时间，以月或年为单位进行测量。在职培训是指在某一职业开始工作后，为胜任该职业任务而需要接受的培训，以月或年为单位进行测量，并且可以与正式培训同时进行。

澳大利亚和新西兰标准职业分类不衡量个人的技能水平，而是考量胜任特定职业任务通常需要的技能水平。技能水平是职业的属性，而不是劳动力或特定工作中的个人属性。在特定职业中工作的个人是否接受过一定程度的培训或具有特定水平的能力是无关紧要的。例如，一个以散布砂浆和铺砖为生的人，无论是具有多年经验和正式资格的非常称职的砖瓦匠，还是能力水平低的、没有正式资格和经验的砖瓦匠，都从事砖工职业。技能水平是根据合格表现通常所需的技能水平确定的。

澳大利亚和新西兰标准职业分类将职业分为五个技能水平，在确定每个职业的技能水平时，向雇主、行业培训机构、专业组织和其他方面寻求建议，以确保信息尽可能准确和有意义。

技能水平之间界限的确定基于以下五个定义：

（1）技能等级 1

技能等级为 1 的职业应具有与学士学位或相应更高资格的技能水平。五年及五年以上的相关经验可以替代正式资格。在某些情况下，除了正式资格外，可能还需要相关的经验或在职培训。

（2）技能等级 2

技能等级为 2 的职业应具有：NZQF 文凭或 AQF 副学士学位的技能水平。三年及三年以上的相关经验可以替代上述正式资格。在某些情况下，除了正式资格外，可能还需要相关的经验或在职培训。

（3）技能等级 3

技能等级为 3 的职业应具有：NZQF 四级资格证书四或 AQF 三级资格证书的技能水平，包括及两年以上两年的在职培训。三年及三年以上的相关经验可以替代上述正式资格。在某些情况下，除了正式资格外，可能还需要相关的经验或在职培训。

（4）技能等级 4

技能等级为 4 的职业应具有：NZQF 二级或三级资格证书或 AQF 二级或三级资格

证书的技能水平。一年及一年以上的相关经验可以替代上述正式资格。在某些情况下，除了正式资格外，可能还需要相关经验。

（5）技能等级5

技能等级为5的职业应具有：NZQF一级资格证书或AQF一级资格证书或义务中等教育的技能水平。对于某些职业，除正式资格之外，可能需要短期的在职培训。在某些情况下，可能不需要正式的资格或在职培训。

**4. 技能专业化**

技能专业化被定义为所需知识领域、使用的工具和设备、处理的材料，以及生产或提供的商品或服务。所需知识领域是指对胜任职业任务至关重要的主题知识，使用的工具和设备包括所有形式的工厂、机械、基于计算机的设备或用于执行任务的手动工具，以及智能工具。"工厂"用于描述执行多种相关功能的大型移动或固定设备，并且通常由内部操作员控制；"机械"用于描述固定设备，这些设备没有工厂那么大，只执行一种处理功能，通常由外部操作员控制；"手动工具"用于描述足够小，可以由一个人移动的设备；"智能工具"，如个人互动、艺术或设计技术等。"处理的材料"是指具有有形和抽象性质的材料，这些材料作为所执行任务的重要组成部分被提取、加工、转换、精炼或制造，包括木材、金属、牲畜、会计数据、文本、人员和组织。生产或提供的商品或服务是指执行某项职业任务的最终产品，包括实物商品、个人或其他服务，软件应用程序或统计信息等其他产品。

**（三）澳大利亚和新西兰标准职业分类层级**

澳大利亚和新西兰标准职业分类结构包括大类、中类、小类、细类和职业。大类表示澳大利亚和新西兰标准职业分类最广泛的水平标识，使用技能水平和技能专业化的组合形成，以创建对大多数基于统计和管理目的的、有意义和有用的子类。中类是大类的细分，根据技能水平和技能专业化的广泛应用，与同类中的其他子类相区分。小类是中类的细分，与同类中的其他类别不同，主要是基于技能专业化应用。细类划分基于更精细地技能专业化应用，并在必要时提高技能水平。职业是澳大利亚和新西兰标准职业分类最详细的水平标识，根据详细的技能专业化和偶尔的技能水平，与同类中的其他职业相区分，其涉及执行一组常见任务的作业集。2021年版澳大利亚和新西兰标准职业分类体系包括8个大类、43个中类、99个小类、364个细类和1 070个职业（见表10-17）。

表 10-17　2021 年版澳大利亚和新西兰标准职业分类体系表　　　单位：个

| 序号 | 大类 | 中类 | 小类 | 细类 | 职业 |
|---|---|---|---|---|---|
| 1 | 经理 | 4 | 11 | 39 | 102 |
| 2 | 专业人员 | 7 | 23 | 99 | 331 |
| 3 | 技术人员和行业工人 | 7 | 22 | 70 | 203 |
| 4 | 社区和个人服务工作者 | 5 | 9 | 36 | 105 |
| 5 | 文职和行政人员 | 7 | 12 | 33 | 80 |
| 6 | 销售人员 | 3 | 5 | 19 | 37 |
| 7 | 机械操作员和驾驶员 | 4 | 7 | 22 | 77 |
| 8 | 一般劳动者 | 6 | 10 | 46 | 135 |
| | 合计 | 43 | 99 | 364 | 1 070 |

除上述国家外，法国、瑞士、荷兰、丹麦、波兰等欧洲国家以及菲律宾、泰国等亚洲国家均在经济社会不同历史发展时期，主要参照《国际标准职业分类》，制定了符合本国国情的国家标准职业分类。

# 参考文献

[1] 彭漪涟, 马钦荣. 逻辑学大辞典 [M]. 上海：上海辞书出版社, 2004.

[2] 国家职业分类大典修订工作委员会. 中华人民共和国职业分类大典（1999年版）[M]. 北京：中国劳动社会保障出版社, 1999.

[3] 国家职业分类大典修订工作委员会. 中华人民共和国职业分类大典（2015年版）[M]. 北京：中国劳动社会保障出版社, 2015.

[4] 国家统计局. 中小微企业成为推动经济发展的重要力量——第四次全国经济普查系列报告之十二 [EB/OL]. （2019-12-18）. http：//www.stats.gov.cn/tjsj/zxfb/201912/t20191218_1718313.html.

[5] 中国大百科全书 [EB/OL]. （2022-01-20）. https://www.zgbk.com/ecph/words？SiteI-D=1&ID=32825&Type=bkzyb&SubID=49209.

[6] 国家统计局. 2009年农民工监测调查报告 [EB/OL]. （2010-03-19）. https://www.stats.gov.cn/ztjc/ztfx/fxbg/201003/t20100319_16135.html.

[7] 国家林业和草原局. 中国退耕还林还草二十年（1999—2019）[EB/OL]. （2020-06-30）. https://www.forestry.gov.cn/html/tghl/tghl_934/20200630113833 0407-95001/file/20200630114248886864236.pdf.

[8] 张莹, 潘家华, 等. 我国林业部门中绿色就业潜力实证分析 [J]. 林业经济, 2011（07）：41-46.

[9] 国家林业和草原局. 中国森林资源报告（2014—2018）[M]. 北京：中国林业出版社, 2019.

[10] 中国农业科学院农业资源与农业区划研究所, 中国农业绿色发展研究会. 中国农业绿色发展报告2020 [M]. 北京：中国农业出版社, 2020.

[11] 加拿大联邦政府的预测与策划组织（PHC）. 元扫描3：新兴技术与相关信息图 [EB/OL]. （2013-04-03）. https://publications.gc.ca/collections/collection_2014/hpc-phc/PH4-147-2014-eng.pdf.

[12] 农业农村部信息中心, 中国国际电子商务中心. 2021全国县域数字农业农村电子商务发展报告 [EB/OL]. （2021-09-10）. https://www.moa.gov.cn/xw/zwdt/202109/P020210910801016247234.pdf.

[13] 王女子. 95后飞手年入15万背后：马太效应下的植保无人机行业期待变局

[EB/OL]．（2021-07-29）．https：//baijiahao．baidu．com/s？id=17066009205183494 45&wfr=spider&for=pc．

［14］邵瑞．子午岭：一片有"智慧"的森林［EB/OL］．（2018-08-24）．https：//baijiahao．baidu．com/s？id=1609662991972865451&wfr=spider&for=pc．

［15］王昊昊．探访湖南首个无人农场：农人一键抛秧无人机精准施肥［EB/OL］．（2021-04-11）．https：//baijiahao．baidu．com/s？id=1696659120392326433&wfr=spider&for=pc．

［16］中国制造2025［EB/OL］．（2015-05-19）．http：//www．gov．cn/zhengce/content/2015-05/19/content_9784．htm．

［17］中华人民共和国国民经济和社会发展第十四个五年规划和2035年远景目标纲要［R/OL］．（2021-03-13）．http：//www．gov．cn/xinwen/2021-03/13/content_5592-681．htm．

［18］国务院办公厅．关于大力发展装配式建筑的指导意见［EB/OL］．（2016-09-30）．http：//www．gov．cn/zhengce/content/2016-09/30/content_5114118．htm．

［19］2030年前碳达峰行动方案［EB/OL］．（2021-10-26）．http：//www．gov．cn/zhengce/content/2021-10/26/content_5644984．htm．

［20］华经产业研究院．2021年中国动力电池回收市场规模、企业注册量及重点企业经营情况［EB/OL］．（2022-06-08）．https：//www．sohu．com/a/561392330_120113054．

［21］陈继军，张建军．低阶煤技术有利于减碳——访陕煤集团神木天元化工有限公司总经理李秀辉［EB/OL］．（2021-06-24）．https：//www．ccin．com．cn/detail/ac819d7b565f056eff14a767ecd3ebb7/news．

［22］2006年中国汽车产量为728万辆 跃居世界第三位［EB/OL］．（2007-02-11）．http：//auto．sina．com．cn/news/2007-02-11/1009251278．shtml．

［22］工程科技进步对经济发展的作用［EB/OL］．（2003-05-15）．https：//www．cas．cn/xw/zjsd/200906/t20090608_642467．shtml．

［23］中国海水淡化与水再利用学会．中国海水淡化简史与现状［EB/OL］．（2020-08-28）．https：//www．sohu．com/a/415420719_754234．

［24］国家发展改革委，自然资源部．海水淡化利用发展行动计划（2021—2025年）［EB/OL］．（2021-05-24）．https：//www．ndrc．gov．cn/xwdt/tzgg/202106/t202106-02_1282454．html？code=&state=123．

［25］2021年残疾人事业发展统计公报［EB/OL］．（2022-04-06）．https：//www．cdpf．org．cn//zwgk/zccx/tjgb/0047d5911ba3455396faefcf268c4369．htm．

[26] 新职业 新未来：这群"咨询师"让康复来得更美好［EB/OL］.（2020-09-24）. https：//www.163.com/dy/article/FNA9F8J405149N9E.html.

[27] 改革开放催生我国建设监理制度［EB/OL］.（2019-11-30）. https：//www.lawtime.cn/info/gongcheng/jsgcjl/2011092841457.html.

[28] 工程项目管理经典案例：鲁布革工程管理经验 中国工程界的第一扇大门［EB/OL］.（2017-09-30）. https：//www.sohu.com/a/195628025_714011.

[29] 中国稀土没有卖出"稀"的价格 卖出了"土"的价格［EB/OL］.（2021-03-01）. https：//finance.eastmoney.com/a2/202103011824892328.html.

[30] 铸造行业"十四五"发展规划［EB/OL］.（2021-11-16）. http：//www.chinacaj.net/ueditor/php/upload/file/20211116/1637044695817838.pdf.

[31] 工业和信息化部，财政部. 智能制造发展规划（2016—2020 年）［EB/OL］.（2016-12-08）. http：//www.gov.cn/xinwen/2016-12/09/content_5145438.htm.

[32] 习近平. 在中国科学院第十九次院士大会、中国工程院第十四次院士大会上的讲话［EB/OL］.（2018-05-28）. http：//www.xinhuanet.com/politics/2018-05/28/c_1122901308.htm.

[33] 安琳. 发挥信息技术作用支撑智能制造发展［N］. 中国电子报，2015-07-24.

[34] 工业和信息化部等八部门."十四五"智能制造发展规划［EB/OL］.（2021-12-21）. www.gov.cn/zhengce/zhengceku/2021-12/28/content_5664996.htm.

[35] 头豹研究院（前身为沙利文研究院）. 2021 年中国智能制造行业产业链研究报告［R］. 2021.

[36] 中国信通院. 工业互联网产业经济发展报告（2020 年）［R/OL］.（2020-03）. http：//www.caict.a-c.cn/kxyj/qwfb/bps/202003/P020200324455621419748.pdf

[37] 核心工业软件：智能制造的中国"无人区"［EB/OL］.（2018-05-17）. http：//scitech.people.com.cn/n1/2018/0517/c1057-29996143.html.

[38] 新职业新技术带来新机遇［R］. 重庆日报，2021-11-21.

[39] 习近平：自主创新推进网络强国建设［EB/OL］.（2018-04-21）. www.cac.gov.cn/2018-08/03/c_1123216819.htm.

[40] "十四五"信息化和工业化深度融合发展规划［EB/OL］.（2021-12-01）. http：//www.gov.cn/zhengce/zhengceku/2021-12/01/5655208/files/c09d992d37384268a-73a201ef284909e.pdf.

[41] 2021 年度全国检验检测服务业统计简报［EB/OL］.（2022-07-08）. http：//qts.cnca.cn/qts/.

[42] "十四五"市场监管现代化规划[EB/OL].（2022-01-27）. http://www.gov.cn/zhengce/content/2022-01/27/conten-t_5670717.htm.

[43] 董加兴. 社区社会工作服务城市社区网格化管理的实践研究[D]. 青岛：青岛大学，2021.

[44] 杨捷. 从边缘到正规：我国辅警机制优化问题研究[D]. 南京：南京大学，2018.

[45] 王芮，郭昊，徐丹丹. 我国社区居民服务业发展的融资问题研究[J]. 管理现代化，2012（01）：30-32+52.

[46] 赵明晓. 互联网+下消费方式变革动因分析[J]. 现代商业，2016（03）：9-10.

[47] 陈永晴. 基于"熟人经济+数字化"的农村消费新业态新模式研究[J]. 商业经济研究，2020（21）：146-149.

[48] 崔玮，沈海滨. 直播带货：新职业新风口[J]. 中国人力资源社会保障，2022（02）：62-63.

[49] 乔晓榕. 新360行 呼吸治疗师[J]. 成才与就业，2021（06）：72.

[50] 解读新职业：健康照护师[J]. 职业，2021（14）：14-15.

[51] 秦洪卫，董菁. 推动我国智慧养老产业高质量发展[J]. 中国信息界，2022（01）：71-74.

[52] 胥兴春，李欢. 社区"养老+育幼"照料模式：现实逻辑、融合机制与实现路径[J]. 陕西学前师范学院学报，2021，37（09）：7-12.

[53] 潘悦达，韩德民，等. 我国育婴师从业及教育培训现状分析[J]. 医学教育管理，2017（02）：92-96+107.

[54] 芳香保健师[EB/OL].（2005-10-27）. www.gov.cn/banshi/2005-10/27/content_85110.htm.

[55] 人工智能训练师知多少[EB/OL].（2019-07-29）. https://zhuanlan.zhihu.com/p/75343324.

[56] 中华人民共和国文化和旅游部. 中华人民共和国文化和旅游部2020年文化和旅游发展统计公报[EB/OL].（2021-07-05）. http://zwgk.mct.gov.cn/zfxxgkml/tjxx/202107/t20210705_926206.html.

[57] "旅游定制师"爆红背后，定制游3.0时代要来了？[EB/OL].（2019-07-18）. https://www.traveldaily.cn/article/130565.

[58] 教育培训行业持续火爆，2020年市场规模或超3万亿[EB/OL].（2017-08-31）. https://www.qianzhan.com/analyst/detail/220/1708319f641e62.html.

［59］行业首份调研报告发布"在线学习服务师"促进教育普惠化［EB/OL］. (2020-09-12). https://www.360kuai.com/pc/932f51c9535414260?cota=3&kuai_so=1&sign=360_57c3bbd1&refer_scene=so_1.

［60］工业和信息化部. "十四五"信息通信行业发展规划［R/OL］. (2021-11-01). http://www.gov.cn/zhengce/zhengceku/2021-11/16/5651262/files/96989dadf83a-4302895cd17cbeec6600.pdf.

［61］工业和信息化部. 2021年通信业统计公报解读［R/OL］. (2022-01-25). https://wap.miit.gov.cn/gxsj/tjfx/txy/art/2022/art_e2c784268cc74ba0bb19d9d7eeb398bc.html.

［62］工业和信息化部. 2021年软件和信息技术服务业统计公报［R/OL］. (2022-01-21). https://wap.miit.gov.cn/gxsj/tjfx/rjy/art/2022/art_7953d1abafe14f00-a1b24e693ef73baa.html.

［63］工业和信息化部. 2021年互联网和相关服务业运行情况［R/OL］. (2022-01-27). https://wap.miit.gov.cn/gxsj/tjfx/hlw/art/2022/art_b0299e5b207946f9b7206-e752e727e66.html.

［64］彭寿. 发挥新一代信息技术引领作用 助力构建"双循环"新发展格局［J］. 网信军民融合，2021（01）：8-10.

［65］吴红艳. 新职业与新就业：特点、影响及对策［J］. 宁波经济：三江论坛，2019（09）：4.

［66］吴晓光. 软件与信息技术服务行业研究报告［J］. 中国电子商务，2014，(3)：69.

［67］详解13个新职业［J］. 中国大学生就业（综合版），2019（5）：4-7.

［68］中华人民共和国人力资源和社会保障部，中华人民共和国公安部. 网络与信息安全管理员国家职业技能标准［S］. 2020.

［69］电子信息产业统计工作管理办法［J］. 中华人民共和国国务院公报，2008（02）：43-48.

［70］范一鸣，秦本涛，韩双霞. 谈岗位群导向的高职计算机专业核心能力培养［J］. 辽宁高职学报，2009，11（11）：25-27+97.

［71］甘凤婷. 网络经济中相关市场界定问题研究［D］. 郑州：郑州大学，2012.

［72］中央网络安全和信息化委员会. "十四五"国家信息化规划［R/OL］. (2021-12-27). http://www.cac.gov.cn/2021-12/27/c_1642205314518676.htm.

附录 1  新职业信息建议书

# 新职业信息建议书

**建议人（盖章或签字）：**

填写时间： 年 月 日

| 一、新职业类别① | | | | |
|---|---|---|---|---|
| （　）全新职业　　　　　　（　）更新职业 | | | | |
| 二、新职业描述信息 | | | | |
| 新职业名称② | | 备选名称 | 1. | |
| | | | 2. | |
| 新职业定义③ | | | | |
| 与相关职业的关系④ | | | | |
| 所属行业⑤ | | | | |
| 主要工作任务 | 序号 | 内容 | 特有工具/设备 | 专门技术 |
| | 1 | | | |
| | 2 | | | |
| | 3 | | | |
| | 4 | | | |
| | 5 | | | |
| | 6 | | | |
| | 7 | | | |
| | … | | | |
| 三、从业要求 | | | | |
| 职业操守与职业道德 | | | | |
| 基本文化程度 | | | | |
| 特殊能力 | | | | |

---

① 请在选项前的括号内画"√"。全新职业是指在《中华人民共和国职业分类大典（2022年版）》（以下简称《大典》）中未收录的职业；更新职业是指《大典》中虽已收录但职业活动的内涵已发生明显变化的职业。

② 由最能说明该职业类别特性的组合名词构成，如：＊＊＊工，＊＊员，＊＊＊＊师等。

③ 用简练的语句表述职业的本质属性。

④ 列出《大典》中与所填新职业相关或相近的职业名称及编码，并说明其区别。

⑤ 参照《中华人民共和国国民经济行业分类》（GB/T 4754—2017）中的行业名称填写。

续表

|  |  |  |  |
|---|---|---|---|
| 身体素质与体能 | | | |
| 人际协作 | | | |
| 职业安全 | | | |
| 四、从业人员情况 | | | |
| 全国从业人数 | | | |
| 地区分布情况 | | | |
| 最近一年劳动力市场供需情况 | | | |
| 薪酬情况 | | | |
| 数据来源 | | | |
| 吸纳从业人员较多的用人单位① | 单位名称 | 单位地址 | 联系电话 |
| | | | |
| | | | |
| | | | |
| | | | |
| | | | |
| 五、职业分析 | | | |
| 新职业产生背景（400字以内） | | | |
| | | | |

---

① 相关用人单位人力资源部门提供的从业情况说明另附。

续表

| 新职业在经济社会发展中的作用（300字以内） |
|:---:|
|  |
| 与新职业直接相关的技术和从业方式的发展变化情况（400字以内） |
|  |
| 新职业的发展前景（200字以内） |
|  |

续表

| 六、职业教育与培训情况 | | | | |
|---|---|---|---|---|
| 学校教育情况 | 院校名称 | | | |
| | 专业名称 | | | |
| | 主干课程 | | | |
| 培训机构情况 | 名称 | 地址 | | 联系电话 |
| | | | | |
| | | | | |
| | | | | |

**七、有关法律法规情况**①

---

① 列出对新职业有特殊约束的相关法律法规名称及具体条款内容。

续表

| 八、国外相关情况 | | | | |
|---|---|---|---|---|
| 国家或地区 | 1.<br>2.<br>... | | 同类职业名称 | 1.<br>2.<br>... |
| 主要工作内容 | 1.<br>2.<br>3.<br>4.<br>5.<br>6.<br>7.<br>8.<br>... | | | |
| 对从业人员要求 | | | | |
| 相关职业标准要求 | | | | |
| 专业教育与职业培训情况 | | | | |

| 九、建议人情况 | | | |
|---|---|---|---|
| 通信地址 | | | |
| 联系人 | | 联系电话 | |
| 电子信箱 | | | |

续表

| 十、其他需要说明的情况 |
| --- |
|  |

# 附录 2  智能制造工程技术人员能力要求一览表

此表对智能制造工程技术人员的对应岗位、典型工作任务、能力要求、相关知识要求做系统梳理，方便读者参考。

**智能制造工程技术人员能力要求一览表**

| 职业 | 对应岗位 | 典型工作任务 | 能力要求 | 相关知识要求 |
|---|---|---|---|---|
| 智能制造工程技术人员 | 智能制造系统架构工程师 | 1. 智能制造系统的整体架构；<br>2. 智能制造项目的组织管理与系统建设；<br>3. 智能制造系统架构的创新与优化 | 1. 能针对指定行业或领域，进行智能制造系统需求的可行性分析；<br>2. 能针对指定行业或领域，进行职能制造系统的整体架构设计；<br>3. 能根据智能制造系统架构进行网络化协同、项目管理和风险管控；<br>4. 能结合智能赋能技术持续优化智能制造系统；<br>5. 能应用 PDCA 方法持续优化智能制造架构 | 1. 企业运营模式及战略规划方法；<br>2. 需求工程及在特定行业或领域的应用；<br>3. 系统工程、多学科集成设计及组织方法、技术架构机制与模式；<br>4. 子系统集成、验证测试设计方法；<br>5. 网络化协同管理方法；<br>6. 项目管理方法；<br>7. 风险管控方法 |
| | 智能制造系统开发工程师 | 1. 智能制造装备和产线整体方案的规划设计；<br>2. 智能制造装备和产线的工艺设计与仿真；<br>3. 智能制造装备和产线运行程序的编写与调试；<br>4. 智能制造装备和产线测试结果的分析与优化 | 1. 能运用数据挖掘和分析等技术，组织开展智能装备和产线的个性化需求分析，以及进行智能装备和产线的概念设计、协同设计；<br>2. 能组织开展具备自感知、自学习、自决策、自执行、自适应特征的智能装备和产线的总体方案研究设计；<br>3. 能运用网络安全技术为智能装备和产线构建安全稳定的运行环境；<br>4. 能研究、设计智能装备和产线的生产工艺和系统集成；<br>5. 能使用仿真软件创建系统作业场景并编制系统运行程序进行仿真验证；<br>6. 能对智能制造装备和产线系统进行程序编写并调试；<br>7. 能根据智能制造装备和产线运行数据测试结果对分析和优化 | 1. 需求工程与需求分析知识；<br>2. 面向特定领域装备的多学科综合设计与优化方法；<br>3. 面向产品研发的 CPS 与数字孪生技术；<br>4. 网络协同设计方法；<br>5. 面向特定生产场景的产线规划与仿真方法；<br>6. 网络通信设置方法；<br>7. 机器人搬运、码垛、分拣、焊接、喷涂、装配、打磨等典型应用的编程与调试方法；<br>8. 机器视觉系统的编程方法；<br>9. 面向特定领域装备的工艺设计与仿真技术、传感与交互、智能控制方法；<br>10. 智能产线系统集成架构设计方法；<br>11. 虚拟现实、增强现实、混合现实应用方法；<br>12. 面向特定领域的数据处理分析模型，以及装备综合优化方法 |

## 附录2 智能制造工程技术人员能力要求一览表

续表

| 职业 | 对应岗位 | 典型工作任务 | 能力要求 | 相关知识要求 |
|---|---|---|---|---|
| 智能制造工程技术人员 | 智能制造系统安装调试工程师 | 1. 智能制造装备和产线安装调试方案的制定；<br>2. 智能制造装备和产线的安装；<br>3. 智能制造装备和产线程序的备份与恢复；<br>4. 智能制造装备和产线的运行调试 | 1. 能进行智能装备和产线安装、调试的工艺设计与规划；<br>2. 能进行智能装备和产线的安装、调试、部署和管控；<br>3. 能进行智能装备和产线机构及控制系统、传感与识别系统等的虚拟联动调试；<br>4. 能进行智能装备和产线程序等备份与恢复操作；<br>5. 能进行智能装备和产线的现场安装、调试、网络与系统部署 | 1. 工艺设计与规划原理基础；<br>2. 人机交互技术基础；<br>3. 智能装备与生产系统建模仿真技术基础；<br>4. 智能装备和产线现场安装与调试技术基础；<br>5. PLC、HMI、伺服、机器人、网络、CAD/CAM等基本知识；<br>6. 智能装备与生产系统的虚拟调试技术；<br>7. 智能装备和产线现场安装、调试与部署技术，包括通信、数据采集、数据标定、标识解析等 |
| | 智能管控工程师 | 1. 智能生产管控总体方案的设计与实施；<br>2. 智能制造生产系统数据的分析与优化 | 1. 能运用生产系统工程、价值工程、精益生产管理等方法及相关工业软件，进行数字化流程与总体方案设计和工业软件系统选型；<br>2. 能进行业务流程优化、操作与控制优化、设计与制造协同优化、生产管控协同优化；<br>3. 能组织开展智能生产管控系统的研究与设计；<br>4. 能组织开展智能检测系统的研究、设计与优化；<br>5. 能根据企业生产需求进行智能管控系统的配置；<br>6. 能进行智能管控系统与控制系统、智能检测系统及其他工业系统的集成；<br>7. 能进行智能装备和产线生产过程中的安全管控；<br>8. 能完成计划调度、可视化监测、生产绩效分析等智能生产管控；<br>9. 能进行在线质量监测和预警、质量追溯、分析与改进；<br>10. 能应用工业大数据、工业人工智能等技术完成流程、组织、生产工艺、质量、物料、装备等生产运营要素的综合分析与优化 | 1. 生产系统工程（PSE）知识；<br>2. 精益生产管理方法；<br>3. 综合化生产系统的价值分析、业务流程设计与优化等；<br>4. 价值工程（VE），包括产品功能分析、寿命周期成本分析等；<br>5. 数据处理与智能化技术；<br>6. 智能生产管控系统架构；<br>7. 智能检测系统架构；<br>8. 生产数据综合分析技术；<br>9. 数据统计与深度学习方法；<br>10. 智能生产运营管控技术，包括PLM、ERP、MOM/MES、SCADA系统、生产系统建模与仿真等技术；<br>11. 系统集成技术，包括分布式软件架构、分布式数据库、接口技术、微服务、web服务、网络安全等；<br>12. 生产调度与高级排产计划；<br>13. 机器视觉与图像处理技术；<br>14. 生产系统设备运行数据分析与优化知识；<br>15. 生产系统质量数据分析与优化知识；<br>16. 生产运营与流程管理知识 |

续表

| 职业 | 对应岗位 | 典型工作任务 | 能力要求 | 相关知识要求 |
| --- | --- | --- | --- | --- |
| 智能制造工程技术人员 | 智能产线运维工程师 | 1. 智能制造装备和产线运维方案的制定；<br>2. 根据产线状态和方案进行维护作业；<br>3. 智能制造装备和产线的保养作业 | 1. 能运用智能运维体系架构及相关技术，进行智能运维系统的总体方案设计；<br>2. 能组织开展故障告警安全操作系统的研究、设计与优化；<br>3. 能进行装备和产线的工作环境预警和实时运行态监测，对装备智能分析、健康状态评估并制定最优预防性维护策略；<br>4. 能进行装备和产线的远程维护作业；<br>5. 能进行装备和产线等日、月、季度保养；<br>6. 能对智能制造装备和产线系统进行故障检修并排除故障 | 1. 工业互联集成架构技术；<br>2. 工业控制与网络安全技术；<br>3. 健康管理与故障告警系统建构；<br>4. 算法模型在装备监控管理与故障诊断中的应用；<br>5. 装备建模与维修作业仿真技术；<br>6. AR、VR 在运维作业中的应用；<br>7. 故障的机理模型；<br>8. 告警指标与阈值体系；<br>9. 设备或产线维护保养手册 |
| | 智能制造服务工程师 | 1. 智能制造相关技术咨询与服务；<br>2. 智能制造相关管理咨询与服务；<br>3. 智能制造装备和产线的运行培训 | 1. 能进行智能制造系统的需求调研与技术评估；<br>2. 能进行智能制造系统的技术集成实施服务；<br>3. 能进行智能制造子系统的需求调研与技术评估；<br>4. 能进行智能制造子系统的技术测试与实施服务；<br>5. 能进行智能制造系统的战略方案制定、实施路线规划和（项目）监理；<br>6. 能进行智能制造子系统的管理现状调研与分析；<br>7. 能进行智能制造子系统的可行性方案制定和实施路线规划；<br>8. 能进行智能制造技术培训与技术指导；<br>9. 能进行智能制造单元模块、子系统级的技术培训 | 1. 需求分析方法；<br>2. 系统测试技术；<br>3. 工程实施方法；<br>4. 智能制造前沿技术；<br>5. 需求分析与需求管理；<br>6. 技术集成与实施方法；<br>7. 企业战略分析方法 SWOT 等；<br>8. 工程工期、质量与安全控制知识；<br>9. 信息管理与关系协调知识；<br>10. 调查研究方法；<br>11. 可行性研究方法；<br>12. 问题反馈与分析方法；<br>13. 制订培训方案的技术与方法；<br>14. 培训质量管理知识 |

# 附录 3  工业互联网工程技术人员能力要求一览表

此表对工业互联网工程技术人员的对应岗位、典型工作任务、能力要求、相关知识要求做系统梳理,方便读者参考。

**工业互联网工程技术人员能力要求一览表**

| 职业 | 对应岗位 | 典型工作任务 | 能力要求 | 相关知识要求 |
|---|---|---|---|---|
| 工业互联网工程技术人员 | 工业互联网系统架构工程师 | 1. 网络互联规划设计;<br>2. 数据互通规划设计;<br>3. 安全防护规划设计;<br>4. 企业数字化转型规划设计 | 1. 能进行企业网络建设调研,编写企业网络现状评估报告;<br>2. 能对企业整体网络架构进行规划设计,包括工厂内部不同层级网络架构,以及工厂与外部设计、制造、供应链、用户等产业链各环节之间的互联架构;<br>3. 能开展新型网络技术的应用研究,并制订现有网络架构的升级规划;<br>4. 能根据企业信息共享需求,编写企业信息系统间数据互通方案;<br>5. 能进行工业互联网平台与标识解析系统数据交互方案规划设计;<br>6. 能编写异构标识互操作方案;<br>7. 能规划设计工业互联网安全防护风险评估体系;<br>8. 能规划设计工厂内网、外网、数据中心等典型网络安全架构;<br>9. 能基于人工智能技术、区块链技术、可信计算技术、零信任架构技术,规划设计工业互联网数据安全防护体系;<br>10. 能规划设计工业互联网数据运营安全防护体系;<br>11. 能完成常用数据库安全防护设计;<br>12. 能完成工业 APP 安全防护设计;<br>13. 能规划设计安全防护与保障技术体系、安全管理体系、应急响应体系;<br>14. 能针对工业安全的主流攻击方式制订安全事件应急管理体系框架、流程和应急预案;<br>15. 能开展企业数字化水平调研;<br>16. 能评估企业数字化水平,编写企业数字化水平评估报告;<br>17. 能围绕企业提质、增效、降本、减存、安全生产等诉求,编写企业数字化转型方案 | 1. 大型网络基础设施架构设计规范;<br>2. 时间敏感网络、软件定义网络等新型网络技术知识;<br>3. 企业信息系统知识;<br>4. 异构标识互操作知识;<br>5. 标识解析安全风险模型建模知识;<br>6. 工业互联网安全风险评估方案、工具、流程知识;<br>7. 数据安全管理知识;<br>8. 区块链、可信计算等基础知识;<br>9. 工业互联网资产安全风险等级分析与评估知识;<br>10. 工业互联网安全防护管理体系知识;<br>11. 安全事件应急管理体系框架和流程知识;<br>12. 数字化转型知识;<br>13. 数字化转型典型案例 |

续表

| 职业 | 对应岗位 | 典型工作任务 | 能力要求 | 相关知识要求 |
|---|---|---|---|---|
| 工业互联网工程技术人员 | 工业互联网平台开发工程师 | 1. 工业互联网平台架构设计；<br>2. 工业互联网平台开发；<br>3. 工业设备数据采集规划设计 | 1. 能根据行业、企业特色进行工业互联网平台建设需求分析；<br>2. 能根据平台建设需求进行工业互联网平台架构设计；<br>3. 能根据业务需求，对工业大数据系统、工业数据建模框架等进行选型；<br>4. 能编写工业互联网平台部署方案；<br>5. 能运用平台开发环境进行功能模块开发；<br>6. 能将模型、算法等封装成组件；<br>7. 能进行工业互联网平台系统测试；<br>8. 能结合业务场景，对满足工业传感器、工业控制器等通信接口、协议要求的网关进行选型；<br>9. 能完成工业设备上云的需求分析，并对采集的数据类型、变量等进行规划设计；<br>10. 能明确工业互联网平台的工业设备数据接入能力、业务数据接入能力及数据采集、存储能力等 | 1. 行业特点知识；<br>2. 工业互联网平台构建知识；<br>3. 开发环境知识；<br>4. 工业 PaaS 知识；<br>5. 工业设备类型知识；<br>6. 变量物理含义相关知识；<br>7. 关系型数据库、非关系型数据库知识；<br>8. 主流工业互联网平台 |
| | 工业互联网应用开发工程师 | 1. 工业 APP 规划设计；<br>2. 工业 APP 功能开发 | 1. 能对工业 APP 的应用场景进行需求分析；<br>2. 能根据需求分析，进行工业 APP 界面、功能模块、数据库等设计；<br>3. 能制订工业 APP 开发规划；<br>4. 能根据工业 APP 的设计方案，基于微服务架构进行工业 APP 开发；<br>5. 能对工业 APP 进行功能、性能等测试验证；<br>6. 能完成工业 APP 的部署、调试、发布 | 1. 软件原型设计工具；<br>2. 实体关系图、统一建模语言知识；<br>3. 工业 APP 开发流程知识；<br>4. 开发语言基础知识；<br>5. 软件生命周期知识；<br>6. 微服务架构知识；<br>7. 容器知识；<br>8. 前端开发技术知识；<br>9. 工业 APP 测试流程知识 |
| | 工业互联网标识解析研发工程师 | 1. 标识解析系统架构设计；<br>2. 标识解析系统开发；<br>3. 工业标识数据采集规划设计 | 1. 能完成行业级、企业级标识解析系统建设需求分析；<br>2. 能基于工业互联网标识解析体系架构，编写行业级、企业级标识解析系统设计方案；<br>3. 能根据标识解析系统设计方案，编写标识解析系统部署方案；<br>4. 能进行标识分码、赋码、注册、解析等核心功能开发；<br>5. 能进行标识解析系统功能测试；<br>6. 能实现与工业企业信息系统的集成开发；<br>7. 能结合工业产业链、供应链等应用场景，围绕产品、设备等物理资源和工艺、流程等虚拟资源特征进行标识数据采集规划；<br>8. 能根据工业互联网平台和标识解析系统配置要求，确定标识数据采集接口；<br>9. 能结合标识数据采集规范方案，进行标识数据采集的软硬件系统选型、集成方案设计 | 1. 标识解析系统架构知识；<br>2. 标识解析系统构建知识；<br>3. 标识赋码知识；<br>4. 标识解析系统测试规范；<br>5. 标识各级节点功能架构及接口要求；<br>6. 标识典型应用场景知识 |

## 附录3 工业互联网工程技术人员能力要求一览表

续表

| 职业 | 对应岗位 | 典型工作任务 | 能力要求 | 相关知识要求 |
|---|---|---|---|---|
| 工业互联网工程技术人员 | 工业互联网网络及数据采集实施工程师 | 1. 工业互联网网络互联集成；<br>2. 工业设备数据采集；<br>3. 工业标识数据采集 | 1. 能根据网络集成设计方案，安装工业交换机、无线模块、工业传感器、工业控制器等设备，并完成网络参数配置；<br>2. 能根据网络集成设计方案，实现工业生产数据采集网络互联集成；<br>3. 能使用通信调试工具、网络指令等调试、测试工业设备数据采集网络的连通性；<br>4. 能通过工业网关等网络设备将不同协议网络进行互联互通；<br>5. 能根据工厂内网改造方案，将网络进行升级，并与已有网络进行集成；<br>6. 能根据工厂内网设计方案，将生产控制网络与生产管理网络进行集成；<br>7. 能结合业务场景，对工业网络管理软件进行设置；<br>8. 能对网络进行互联测试，并编写测试报告；<br>9. 能根据工业设备数据采集设计方案，配置工业控制器中变量，并在工业互联网平台上进行设备、数据等信息配置；<br>10. 能根据工业设备数据采集设计方案，配置智能工业网关功能，实现工业传感器和工业控制器的数据采集；<br>11. 能使用通信调试工具、网络指令，测试从工业智能网关到工业互联网平台网络连通性；<br>12. 能对采集的工业设备数据进行准确性验证；<br>13. 能根据设计方案，安装、调试针对条码、二维码、RFID标签等标识载体的数据采集系统，并进行信息读取；<br>14. 能对工业互联网平台、标识解析系统进行标识数据采集接口配置，并实现标识数据采集；<br>15. 能对采集的标识数据进行准确性验证 | 1. 网络拓扑结构类型；<br>2. 工业交换机知识；<br>3. 工业传感器、工业控制器知识；<br>4. 串口、网络接口等通信接口知识；<br>5. 工业以太网、现场总线等工业通信协议知识；<br>6. 有线与无线通信方式知识；<br>7. 常用网络测试指令；<br>8. 工厂内网典型网络架构知识；<br>9. 局域网、虚拟局域网知识；<br>10. 路由原理、路由协议知识；<br>11. 工业数据类型知识；<br>12. MQT知识；<br>13. OPC UA知识；<br>14. 工业网关知识；<br>15. 主流标识载体技术；<br>16. 标识识读设备使用知识；<br>17. 标识存储知识 |

续表

| 职业 | 对应岗位 | 典型工作任务 | 能力要求 | 相关知识要求 |
|---|---|---|---|---|
| 工业互联网工程技术人员 | 工业互联网平台及安全实施工程师 | 1. 工业互联网网络互联集成；<br>2. 工业设备数据采集；<br>3. 工业标识数据采集；<br>4. 工业互联网安全防护实施；<br>5. 工业互联网平台部署 | 1. 能根据网络安全设计方案，安装配置安全设备，实现采集的数据到云平台的安全传输；<br>2. 能完成工厂内网安全防护策略及采集的数据到云平台安全传输的测试验证；<br>3. 能完成安全防护集成调试，实现工厂内网与工厂外网的边界安全；<br>4. 能对工业互联网平台运行的各类物理及虚拟资源进行安全防护配置；<br>5. 能进行数据库的安全防护实施；<br>6. 能对工业APP进行安全防护实施；<br>7. 能部署工业大数据系统，如数据存储系统、数据处理框架等；<br>8. 能部署工业数据建模框架；<br>9. 能部署应用开发环境 | 1. 标识存储知识；<br>2. 防火墙、网闸等常规安全设备知识；<br>3. 访问控制列表等常规安全策略知识；<br>4. 虚拟专用网络知识；<br>5. 边界安全知识；<br>6. 安全域知识；<br>7. 安全审计知识；<br>8. 数据安全基础知识；<br>9. 工业APP安全；<br>10. Linux操作系统基础知识；<br>11. 虚拟化技术基础知识；<br>12. 容器化部署知识；<br>13. 负载均衡知识 |
| | 工业大数据管理师 | 1. 工业数据处理；<br>2. 工业大数据分析；<br>3. 数据运营管理；<br>4. 标识数据共享服务 | 1. 能根据业务需求，进行数据资产梳理，制订数据汇集方案；<br>2. 能根据应用场景，进行数据质量评估，制订数据预处理方案；<br>3. 能使用工业互联网平台中大数据工具，实现数据的抽取、转换、预处理和汇集；<br>4. 能针对工业生产、运营等实际问题，定义大数据分析问题，制订工业大数据分析方案；<br>5. 能制订分析模型与机理模型的集成技术方案；<br>6. 能制订分析模型的技术测试方案、业务验证方案；<br>7. 能设计分析模型的开发与运维一体化机制，实现分析模型的全生命周期管理；<br>8. 能根据业务需求，规划、运营产业链和供应链资产数据，形成数据资产的业务模式；<br>9. 能制订数据资产管理方案；<br>10. 能制订数据资产使用风险预案；<br>11. 能根据标识节点建设规范，结合标识节点建设情况，编写标识节点间数据共享的建设方案；<br>12. 能结合标识节点建设情况和业务需求，制订行业级标识数据规范；<br>13. 能开展标识数据互操作的业务模式规划 | 1. 数据接入知识；<br>2. 数据质量审查技术；<br>3. 数据处理流水线知识；<br>4. 数据集成知识；<br>5. 批处理技术基础知识；<br>6. 流处理技术基础知识；<br>7. 数据抽取、转换、清洗等数据预处理技术；<br>8. 工业大数据典型应用场景知识；<br>9. 数据分析方法论；<br>10. 分类、回归、聚类等大数据分析算法基础知识；<br>11. 数学建模知识；<br>12. 分析模型的开发与运维一体化知识；<br>13. 分析模型测试知识；<br>14. 数据运营知识；<br>15. 数据资产管理知识；<br>16. 标识节点建设规范；<br>17. 标识数据规范 |

## 附录3 工业互联网工程技术人员能力要求一览表

续表

| 职业 | 对应岗位 | 典型工作任务 | 能力要求 | 相关知识要求 |
|---|---|---|---|---|
| 工业互联网工程技术人员 | 工业互联网网络及数据运维工程师 | 1. 网络互联运维；<br>2. 工业数据采集系统运维；<br>3. 标识解析系统运维 | 1. 能利用网络测试工具、网络指令测试工业网络的通信质量；<br>2. 能完成工业网络设备硬件维护，如固件升级；<br>3. 能判断工业网络设备及链路常见故障并进行恢复；<br>4. 能应用网络管理软件监控工业网络及工业现场与工业互联网平台之间的网络状态，监控、分析工厂内网网络情况，并对网络链路进行维护；<br>5. 能对工厂内网问题进行汇总，并制订网络优化方案；<br>6. 能监控标识数据采集系统运行状态；<br>7. 能监控工业控制系统运行状态；<br>8. 能对工业网关进行维护；<br>9. 能对工业设备数据采集系统和工业标识数据采集系统进行定期检查，并记录运行状态；<br>10. 能识读、运行运维程序脚本；<br>11. 能使用状态监测工具监测标识解析系统运行状态；<br>12. 能使用主流的数据分析工具对标识解析系统的各类型日志数据进行统计和分析；<br>13. 能完成标识解析系统升级和安全补丁修复等任务；<br>14. 能根据故障告警，排查常见故障；<br>15. 能根据部署方案，安装、部署和调试标识解析系统；<br>16. 能编写标识解析系统运维方案；<br>17. 能根据标识解析系统具体业务，编写相应的实时监测脚本，监控系统运行状态；<br>18. 能制订容灾计划，定期备份和迁移关键数据 | 1. 常见工业网络故障类型知识；<br>2. 常见网络故障处理方法；<br>3. 常用网络监控软件知识；<br>4. 网络通信故障分析技术；<br>5. 网络升级与优化知识；<br>6. 常见工业传感器故障知识；<br>7. 工业控制器常见故障知识；<br>8. 标识数据采集设备常见故障知识；<br>9. 工业网关常见故障知识；<br>10. 脚本编程语言知识；<br>11. 标识解析系统异常状况处理方法；<br>12. 标识解析系统软硬件故障定位和排查知识；<br>13. 数据存储和迁移技术；<br>14. 标识解析系统灾备恢复原理和机制 |

续表

| 职业 | 对应岗位 | 典型工作任务 | 能力要求 | 相关知识要求 |
|---|---|---|---|---|
| 工业互联网工程技术人员 | 工业互联网平台及安全运维工程师 | 1. 工业互联网安全防护运维；<br>2. 工业互联网平台运维 | 1. 能使用安全漏洞扫描工具，对工业控制系统、工控机、网络设备等进行漏洞扫描；<br>2. 能针对工业控制系统安全漏洞，跟踪补丁发布，并及时开展补丁升级和系统加固；<br>3. 能利用安全工具实现上云数据分析，及时发现数据可用性、完整性等问题；<br>4. 能对工业防火墙等常规安全设备进行日常监控和维护；<br>5. 能编写安全防护运维操作记录、系统加固报告、评估报告；<br>6. 能使用工业安全监测系统进行风险监测，发现工业控制网络威胁；<br>7. 能对工业控制网络、工控网络通信协议安全等进行安全性分析；<br>8. 能对安全事件、网络安全日志及数据包进行分析；<br>9. 能利用工业安全审计系统确认网络安全满足合规要求，当网络异常出现时进行网络取证分析；<br>10. 能对攻击路径和攻击方式进行分析；<br>11. 能实施工业安全应急响应处置方案；<br>12. 能对入侵检测、入侵防御等系统进行安全策略维护；<br>13. 能对工业控制系统漏洞、网络设备漏洞、工业协议漏洞等进行分析；<br>14. 能对应用程序、开源第三方应用组件等进行安全防护配置，并进行漏洞修复；<br>15. 能对工业互联网平台服务器、网络等基础设备进行日常运维；<br>16. 能对工业互联网平台中微服务等进行状态监控、告警分析、日志分析；<br>17. 能编写工业互联网平台运维方案；<br>18. 能对工业互联网平台组件、中间件等进行日常运维；<br>19. 能诊断工业互联网平台常规故障并恢复 | 1. 安全漏洞相关知识；<br>2. 安全加固技术；<br>3. 数据可用性和完整性知识；<br>4. 工业控制系统、工厂内网等常见安全威胁知识；<br>5. 工业控制系统和软件的主流攻击方式知识；<br>6. 数据包分析知识；<br>7. 工控网络安全事件及分类知识；<br>8. 安全配置变更管理流程；<br>9. 网络安全漏洞分类分级知识；<br>10. 服务器知识；<br>11. 工业互联网平台管理员常规运维操作知识；<br>12. 工业互联网平台常见故障处理知识；<br>13. 组件、中间件技术 |

附录 3 工业互联网工程技术人员能力要求一览表

续表

| 职业 | 对应岗位 | 典型工作任务 | 能力要求 | 相关知识要求 |
|---|---|---|---|---|
| 工业互联网工程技术人员 | 工业互联网服务应用工程师 | 1. 工业APP应用；<br>2. 工业互联网标识解析服务应用；<br>3. 工业SaaS服务推广；<br>4. 工业互联网平台推广；<br>5. 工业互联网咨询服务 | 1. 能使用设备管理类工业APP，完成设备健康管理工作；<br>2. 能使用生产管理类工业APP，完成生产监控分析、质量管理等工作；<br>3. 能使用运营管理类工业APP，完成订单管理、供应链管理等工作；<br>4. 能根据标识编码，通过标识解析系统获取解析信息；<br>5. 能使用与标识解析系统对接的标识终端设备对标识进行解析查询；<br>6. 能根据标识编码规则、分配规则、管理规则等对产品、设备等物理资源和工艺、流程等虚拟资源进行标识编码；<br>7. 能对物理资源和虚拟资源进行元数据描述、标识注册和标识解析；<br>8. 能完成用户企业工业SaaS服务需求调研；<br>9. 能编写满足用户企业需求的工业SaaS服务解决方案；<br>10. 能面向企业进行设备管理、生产过程管控、资源配置协同、企业运营管理等工业互联网平台应用需求分析；<br>11. 能结合企业需求与应用场景特点，编写工业互联网平台应用解决方案；<br>12. 能进行工业互联网术语解释；<br>13. 能完成工业互联网项目需求调研；<br>14. 能使用需求调研信息，完成工业互联网咨询服务项目方案的编制 | 1. 工业APP定义；<br>2. 工业APP类型；<br>3. 设备管理基础知识；<br>4. 生产管理基础知识；<br>5. 运营管理基础知识；<br>6. 标识编码知识；<br>7. 标识注册知识；<br>8. 标识解析知识；<br>9. 标识解析公共服务平台使用知识；<br>10. 标识数据管理知识；<br>11. 标识解析应用体系知识；<br>12. 信息化、数字化概念；<br>13. 需求分析方法；<br>14. 工业互联网平台应用场景；<br>15. 工业互联网平台商业模式类型；<br>16. 工业互联网概念、内涵；<br>17. 工业互联网应用模式；<br>18. 工业互联网项目调研方法 |

# 附录4  工业机器人系统操作员和工业机器人系统运维员能力要求一览表

此表对工业机器人系统操作员和工业机器人系统运维员的对应岗位、典型工作任务、能力要求、相关知识要求做系统梳理，方便读者参考。

**工业机器人系统操作员和工业机器人系统运维员能力要求一览表**

| 职业 | 对应岗位 | 典型工作任务 | 能力要求 | 相关知识要求 |
|---|---|---|---|---|
| 工业机器人系统操作员 | 工业机器人安装工 | 工业机器人工作站或系统的客户现场的装配、测试、安装、调试、维修工作 | 1. 能识读机器人工作站或系统的总装配图和装配工艺文件；<br>2. 能根据机器人工作站或系统的装配要求选用装配工具、工装夹具；<br>3. 能装配搬运、码垛、焊接、喷涂、装配、打磨等机器人工作站或系统的周边配套设备；<br>4. 能安装相机、镜头、光源等机器视觉装置功能部件；<br>5. 能调整机器人末端执行器与周边配套设备之间位置，达到机器人与其他设备动作配合的要求 | 1. 机器人工作站或系统的总装配图识读方法；<br>2. 机器人工作站或系统的组成和装配方法；<br>3. 搬运、码垛、焊接、喷涂、装配、打磨等工艺原理及周边配套设备装配方法；<br>4. 机器视觉装置功能部件选择与装配方法；<br>5. 液压和气动回路的调试方法；<br>6. 传感器安装和使用方法 |
| | 工业机器人调试工 | 1. 机器人的编程、调试工作，根据用户要求调试设备程序达到运行要求；<br>2. 工业机器人工作站或系统的编程与调试；<br>3. 工业机器人虚拟仿真编程及调试；<br>4. 对客户进行现场操作培训指导 | 1. 能创建工具、工件坐标系，完成坐标系标定；<br>2. 能设定机器人系统网络通信参数；<br>3. 能创建搬运、码垛、分拣、焊接、喷涂、装配、打磨等机器人工作站或系统的运行程序，进行系统工艺程序编制与调试；<br>4. 能使用视觉图像软件进行器视觉系统的编程；<br>5. 能使用离线编程软件创建机器人系统作业场景并编制机器人运动轨迹，生成机器人运行程序 | 1. 工具、工件坐标系标定与修改方法；<br>2. 网络通信设置方法；<br>3. 机器人搬运、码垛、分拣、焊接、喷涂、装配、打磨等典型应用的编程与调试方法；<br>4. 机器视觉系统的编程方法；<br>5. 三维建模软件的模型文件导入方法；<br>6. 机器人工作站或系统的动作和路径仿真方法 |

## 附录4 工业机器人系统操作员和工业机器人系统运维员能力要求一览表

续表

| 职业 | 对应岗位 | 典型工作任务 | 能力要求 | 相关知识要求 |
|---|---|---|---|---|
| 工业机器人系统操作员 | 工业机器人集成应用工程师 | 1. 工业机器人系统整体方案设计规划；<br>2. 机器人及周边设备的选型工作；<br>3. 工业机器人工作站或系统评估、优化工作；<br>4. 对客户进行现场安装与使用指导 | 1. 能制定搬运、码垛、分拣、焊接、喷涂、装配、打磨等机器人工作站或系统的控制方案；<br>2. 能进行标准设备及工艺模块选型；<br>3. 能诊断机器人工作站或系统的故障，根据生产需求给出解决方案；<br>4. 能编制机械、电气系统装调工艺规程和生产工艺流程指导文件 | 1. 机器人工作站或系统的控制方案及其组态方法；<br>2. 机器人工作站或系统各组成部分技术参数及其功能；<br>3. 机器人工作站或系统故障诊断方法；<br>4. 机器人工作站或系统的机械、电气系统装调工艺规程编制方法；<br>5. 机器人工作站或系统的生产加工工艺及其流程指导文件编制方法 |
| 工业机器人系统运维员 | 工业机器人机械维修工 | 1. 工业机器人末端执行器的安装与紧固；<br>2. 工业机器人末端执行器气动、液压系统的连接；<br>3. 工业机器人周边设备的布局；<br>4. 工业机器人周边设备机械系统运行状态的检查 | 1. 能根据工业机器人末端执行器装配图正确安装与紧固；<br>2. 能根据工业机器人末端执行器气动、液压原理图正确连接；<br>3. 能根据工业机器人周边设备布局图正确布置设备；<br>4. 能根据工业机器人周边机械系统运行指示表检查系统运行状态 | 1. 机械系统装配图的识读方法；<br>2. 气动、液压原理图的识读方法；<br>3. 设备布局图的识读方法；<br>4. 机械故障的分析排除方法；<br>5. 运行数据的统计与分析方法；<br>6. 常用机械工具的使用规范 |
| | 工业机器人电气维修工 | 1. 工业机器人控制系统故障定位和原因判定；<br>2. 工业机器人末端执行器电气回路的故障定位、分析和原因判定；<br>3. 工业机器人周边设备电气系统线路故障的检查与排除 | 1. 能根据工业机器人控制系统说明书正确定位故障并排除；<br>2. 能根据工业机器人末端执行器电气原理图正确定位故障并排除；<br>3. 能根据工业机器人周边设备电气原理图正确检查与排除故障 | 1. 工业机器人控制系统内部状态信息的识读方法；<br>2. 传感器故障的检测方法；<br>3. 电气系统线路故障的检测方法；<br>4. 常用电工仪表的使用方法；<br>5. 设备异常处理规范流程 |

续表

| 职业 | 对应岗位 | 典型工作任务 | 能力要求 | 相关知识要求 |
|---|---|---|---|---|
| 工业机器人系统运维员 | 工业机器人调试与售后服务工程师 | 1. 工业机器人本体外观的检查；<br>2. 工业机器人应用程序的编写；<br>3. 工业机器人故障的诊断与排除；<br>4. 工业机器人的相关培训 | 1. 能根据工业机器人说明书正确检查外观；<br>2. 能根据工业机器人说明书正确编写应用程序；<br>3. 能根据工业机器人测试情况正确识别故障并排除；<br>4. 能进行工业机器人系统相关讲义的编制与讲解 | 1. 电气原理图、机械原理图的识读方法；<br>2. 工具、工件坐标系标定与修改方法；<br>3. 常用电工工具的使用方法；<br>4. 工业机器人系统硬件（伺服电机、减速机）的故障检查与排除方法；<br>5. 讲义编制的方法 |

# 附录 5   增材制造设备操作员能力要求一览表

此表对增材制造设备操作员的对应岗位、典型工作任务、能力要求、相关知识要求做系统梳理,方便读者参考。

**增材制造设备操作员能力要求一览表**

| 职业 | 对应岗位 | 典型工作任务 | 能力要求 | 相关知识要求 |
|---|---|---|---|---|
| 增材制造设备操作员 | 增材制造模型数据处理员 | 1. 模型基础优化;<br>2. 模型适用性评估;<br>3. 切片参数设置 | 1. 能使用增材制造设备配套软件实现缩放、旋转、摆放三维模型操作;<br>2. 能使用三维建模软件对格式不符的三维模型格式进行转换;<br>3. 能使用三维建模软件导出三维数据模型并保存为符合增材制造设备要求的格式;<br>4. 能修复三维模型数据存在的缺陷;<br>5. 能根据要求,完成三维模型的创建;<br>6. 能根据不同增材制造的工艺特点、形状特点、受力要求等对三维模型进行优化;<br>7. 能评估三维模型对增材制造设备对成型空间的要求;<br>8. 能使用增材制造设备配套软件生成支撑结构;<br>9. 能选用适当的增材制造设备;<br>10. 能根据工程图纸的要求判断三维模型是否符合制造要求;<br>11. 能评估三维模型数据的完整性;<br>12. 能评估三维模型数据适用的增材制造设备类型;<br>13. 能使用增材制造设备切片软件;<br>14. 能保存、导出切片程序文件并导入存储设备;<br>15. 能在切片软件中导入模型并根据要求进行选择机器型号、增材制造耗材、打印温度、打印速度、支撑等参数设置;<br>16. 能根据需求对切片参数进行调整与设置;<br>17. 能根据需求设置支撑结构、打印速度等参数;<br>18. 能识读并编辑切片程序代码;<br>19. 能通过辅助软件完成修补重构、摆放布置、添加支撑等数据前处理工作 | 1. 增材制造设备配套软件进行缩放、旋转、摆放的方法;<br>2. 增材制造设备对三维模型格式的要求;<br>3. 主流三维建模软件的文件导入与导出方法;<br>4. 主流三维建模软件对三维模型常见缺陷的修复方法;<br>5. 三维模型的创建方法;<br>6. 三维模型的结构优化方法;<br>7. 不同类型增材制造设备对制件成型尺寸的要求;<br>8. 不同类型增材制造设备对模型支撑结构的要求;<br>9. 不同类型增材制造设备的成型原理;<br>10. 三维建模软件的基础操作方法;<br>11. 三维模型数据的浏览与检查方法;<br>12. 不同类型增材制造设备能达到的尺寸精度和表面质量要领;<br>13. 增材制造设备常见切片软件的操作要领;<br>14. 切片参数设置的注意事项;<br>15. 增材制造设备的参数设置路径与方法;<br>16. 根据不同需求设置切片参数的方法;<br>17. 支撑结构的优化;<br>18. 切片结果的预览和仿真方法;<br>19. 增材制造设备程序代码的结构;<br>20. 使用配套软件的模型支撑优化方法 |

续表

| 职业 | 对应岗位 | 典型工作任务 | 能力要求 | 相关知识要求 |
|---|---|---|---|---|
| 增材制造设备操作员 | 增材制造设备操控调试员 | 1. 设备检查；<br>2. 材料装载与更换；<br>3. 打印测试；<br>4. 扫描设备操作 | 1. 能检查增材制造设备的完整性；<br>2. 能检查增材制造设备是否存在报错等情况；<br>3. 能检查增材制造设备复位、材料质量、数量等方面的状态；<br>4. 能检查确认打印前的工作面准备情况；<br>5. 能维护打印完成后的工作面；<br>6. 能对增材制造设备材料容器等进行预处理；<br>7. 能将符合打印要求的材料装入增材制造设备中；<br>8. 能对增材制造设备进行预备性操作；<br>9. 能查看并预估打印时间；<br>10. 能基于测试文件运用增材制造设备打印出测试样件；<br>11. 能准确设定三维扫描参数；<br>12. 能对扫描数据进行除杂、降噪、平滑、填补等操作；<br>13. 能完成各种曲面、实体模型的重构；<br>14. 能运用软件完成扫描数据及原始数据的比对 | 1. 增材制造设备的结构；<br>2. 增材制造设备运行和检测方法；<br>3. 增材制造设备初始化和材料数量等方面要求；<br>4. 增材制造设备准备要求；<br>5. 增材制造工作面维护要求；<br>6. 增材制造耗材的预处理要求；<br>7. 不同类型增材制造设备材料的装载与更换方法；<br>8. 不同类型增材制造设备使用前的要求；<br>9. 不同类型增材制造设备打印预览方法；<br>10. 增材制造设备操作方法；<br>11. 三维扫描仪扫描策略；<br>12. 使用软件对扫描数据进行除杂、降噪、平滑、填补等操作的方法；<br>13. 各种曲面、实体模型的逆向建模方法；<br>14. 使用软件对扫描数据及原始数据比对的方法 |

## 附录5 增材制造设备操作员能力要求一览表

续表

| 职业 | 对应岗位 | 典型工作任务 | 能力要求 | 相关知识要求 |
|---|---|---|---|---|
| 增材制造设备操作员 | 增材制造产品成型员 | 1. 打印准备；<br>2. 设备操控与参数设定；<br>3. 数字模型输出 | 1. 能识读增材制造设备使用说明书；<br>2. 能对增材制造设备制件依附平台进行调平；<br>3. 能根据制造情况对打印材料进行补充或更换；<br>4. 能根据产品特点，结合成型工艺进行模型拆分；<br>5. 能根据模型外部尺寸的大小选择增材制造设备的型号；<br>6. 能制订打印单个零件的增材制造成型工艺；<br>7. 能操作增材制造设备打印具有摆动功能类产品；<br>8. 能进行增材制造设备开机后的预热、打印温度、打印速度等参数设定；<br>9. 能制订同时打印多个产品的增材制造成型工艺；<br>10. 能操作增材制造设备，打印手动控制具有直线和旋转运动功能类产品；<br>11. 能完成增材制造设备配套切片软件的高级参数设置；<br>12. 能将切片后的模型导入到增材制造设备中；<br>13. 能对导入到增材制造设备中的数字模型进行打印操作；<br>14. 能观察并记录增材制造设备温度、湿度环境因素等对成型情况的影响；<br>15. 能观察并记录增材制造设备成型情况；<br>16. 能观察并记录增材制造设备打印件附着情况；<br>17. 根据设计要求能用量具测量打印件，判断打印件尺寸合格性 | 1. 增材制造设备使用要求和注意事项；<br>2. 制件依附平台调平原理；<br>3. 打印材料补充与更换方法；<br>4. 三维数字化模型拆分的方法；<br>5. 增材制造设备型号选择的方法；<br>6. 相关增材制造打印件的加工工艺要领；<br>7. 相关增材制造设备操作方法；<br>8. 相关增材制造设备开机后打印参数设定方法；<br>9. 相关增材制造设备操作手册；<br>10. 增材制造参数设定方法；<br>11. 零件连接的类型及方法；<br>12. 相关增材制造设备切片软件模型导入方法；<br>13. 相关增材制造设备切片软件模型输出方法；<br>14. 不同类型增材制造设备成型要求；<br>15. 相关量具的使用方法 |

续表

| 职业 | 对应岗位 | 典型工作任务 | 能力要求 | 相关知识要求 |
|---|---|---|---|---|
| 增材制造设备操作员 | 增材制造产品后期处理员 | 1. 清除支撑和残留物；<br>2. 打磨和组装；<br>3. 制件后期制作 | 1. 能使用工具把打印件从其依附平台上取离；<br>2. 能使用工具对打印件去除支撑；<br>3. 能使用工具清理附着在打印件上的残留物；<br>4. 能将打印件依附平台装回增材制造设备；<br>5. 能按要求处理打印残留物；<br>6. 能准备和挑选打磨工具；<br>7. 能使用打磨工具对打印件进行手工打磨；<br>8. 能对各打印件进行组装；<br>9. 能选择增材制造打印件的后处理环境；<br>10. 能根据需求进行机械打磨、机械抛光、喷砂、钻孔等物理方法后处理；<br>11. 能根据需求进行电镀、喷漆、蒸发等化学方法后处理；<br>12. 能根据需求进行切削加工后处理；<br>13. 能对增材制造打印件出现的缺陷进行修复；<br>14. 能对打印过程进行跟踪分析总结，完善设计及成型工艺；<br>15. 能按照图纸要求组装产品，并保证装配精度要求；<br>16. 能对打印件后处理过程中产生的有害物进行处理 | 1. 打印件取离注意事项；<br>2. 打印件取离工具的使用方法；<br>3. 支撑和残留物去除工具的使用方法；<br>4. 打印残留物清理注意事项；<br>5. 打印件依附平台恢复注意事项；<br>6. 打磨工具选用方法；<br>7. 打磨工具使用方法；<br>8. 打印件组装方法；<br>9. 增材制造打印件后处理环境要求；<br>10. 打印件出现缺陷的修复方法；<br>11. 打印件后处理的物理方法；<br>12. 打印件后处理的化学方法；<br>13. 打印件后处理常用设备的使用方法；<br>14. 机械加工的常用方法；<br>15. 产品装配的精度要求；<br>16. 打印件后处理过程中产生有害物的处理方法 |

# 附录5 增材制造设备操作员能力要求一览表

续表

| 职业 | 对应岗位 | 典型工作任务 | 能力要求 | 相关知识要求 |
|---|---|---|---|---|
| 增材制造设备操作员 | 增材制造设备保养维护员 | 1. 设备日常保养；<br>2. 设备故障记录；<br>3. 设备异常原因分析；<br>4. 打印件异常原因分析；<br>5. 设备维护 | 1. 能识别增材制造设备需要日常保养的重要零部件；<br>2. 能根据增材制造设备说明书进行日常保养；<br>3. 能清楚增材制造设备日常保养的内容并记录存档；<br>4. 能停止出现故障的增材制造设备；<br>5. 能准确记录增材制造设备产生故障的状态；<br>6. 能完成增材制造设备的电器日常维护保养；<br>7. 能分析判断增材制造材料因温度、湿度等因素出现异常的原因；<br>8. 能分析判断增材制造设备成型情况出现异常的原因；<br>9. 能分析判断增材制造设备打印件附着情况出现异常的原因；<br>10. 能分析判断影响打印件力学性能的原因；<br>11. 能分析判断打印件尺寸误差的原因；<br>12. 能根据故障状态联系增材制造设备维修人员；<br>13. 能准确描述增材制造设备的故障状态；<br>14. 能根据维修人员的指示预处理增材制造设备 | 1. 增材制造设备日常保养注意事项；<br>2. 增材制造设备保养方法；<br>3. 文件整理归档方法；<br>4. 增材制造设备出现故障时的停止方法；<br>5. 增材制造设备常见故障的产生原因；<br>6. 增材制造设备电器日常维护保养要求；<br>7. 增材制造材料对温度、湿度等因素的要求；<br>8. 增材制造设备成型情况出现异常的常见原因；<br>9. 增材制造设备打印件附着情况出现异常的常见原因；<br>10. 增材制造设备打印件力学性能判断与分析方法；<br>11. 增材制造设备打印件出现异常的注意事项；<br>12. 增材制造设备出现故障时的预处理方法；<br>13. 增材制造设备故障排查方法；<br>14. 增材制造设备故障处理方法 |

续表

| 职业 | 对应岗位 | 典型工作任务 | 能力要求 | 相关知识要求 |
|---|---|---|---|---|
| 增材制造设备操作员 | 增材制造专业化成型方案制定员 | 1. 产品材料分析与选择；<br>2. 材料成型方案制订；<br>3. 特种案例解决方案；<br>4. 鉴定与评估；<br>5. 质量评价 | 1. 能判断各种打印耗材特性与优缺点；<br>2. 能根据产品结构要求，选用打印耗材；<br>3. 能分析新材料打印不良的原因，并提出相应解决问题的办法；<br>4. 能根据成型材料的特性制定打印件成型方案；<br>5. 能制定异形件支撑设置方案；<br>6. 能根据新材料特性，制定打印参数优化工艺方案；<br>7. 能根据打印批量或数量要求，选择打印模型摆放方向及阵列数量；<br>8. 能用手持扫描仪等仪器完成大型、复杂结构覆盖件（如汽车车体）数据采集，对产品逆向造型二次开发设计提出实施方案；<br>9. 能操作增材制造设备，完成某领域所需特种案例工艺加工；<br>10. 能用添加支撑技术等增材制造方法，完成由3个以上运动件构成打印件一体化方案制订；<br>11. 能协助相关技术人员，完成智能制造生产系统的增材制造设备单元操作与调试；<br>12. 能对STL文件数据的错误提出修正建议；<br>13. 能根据增材制造技术验收标准，完成对增材制造产品的质量评价；<br>14. 能完成增材制造产品的成本评估；<br>15. 能根据质量管理体系要求提出完善质量的方案；<br>16. 能按质量管理体系要求分析增材制造打印件存在的差距；<br>17. 能综合评价打印件的质量；<br>18. 能分析打印件出现缺陷的原因，并提出改进措施；<br>19. 能根据质量管理体系指导他人对增材制造打印件进行质量分析 | 1. 打印耗材的成分组成及材料特性知识；<br>2. 各种打印材料物品的力学性能知识；<br>3. 各种打印材料出现打印缺陷的表现形式及对策；<br>4. 成型方案制定的技术要求；<br>5. 异形件支撑设置方法；<br>6. 材料特性对打印参数影响的因素与分析方法；<br>7. 模型摆放打印工艺知识；<br>8. 数据采集技术与逆向建模的要求；<br>9. 增材制造技术成形工艺方法；<br>10. 一体化打印件增材制造工艺知识；<br>11. 智能制造生产系统的增材制造设备单元操作与调试方法；<br>12. 增材制造数据处理方法；<br>13. 机械加工零件质量分析方法；<br>14. 产品成本评估方法；<br>15. 质量方案的制定方法；<br>16. 质量管理体系的相关内容和质量保证措施；<br>17. 增材制造设备打印件的常见质量缺陷及改进措施；<br>18. 打印件质量评价方法；<br>19. 增材制造设备打印件质量分析方法 |

## 附录5 增材制造设备操作员能力要求一览表

续表

| 职业 | 对应岗位 | 典型工作任务 | 能力要求 | 相关知识要求 |
|---|---|---|---|---|
| 增材制造设备操作员 | 互联网+增材制造定制服务员 | 1. 远程操作；<br>2. 远程定制；<br>3. 跨界定制和云技术服务 | 1. 能利用多终端设备，实施对增材制造全过程的远程监控；<br>2. 能利用互联网+技术，实施对增材制造设备的远程控制与操作；<br>3. 能利用互联网+技术，规划并指导用户对本地增材制造设备实施远程控制与操作；<br>4. 能利用互联网+技术，实现用户远程制作三维数据模型的需求；<br>5. 能利用互联网+技术，实现用户远程定制打印件的需求；<br>6. 能应用网络技术接受新的客户或产品要求，实现增材制造工艺跨界结合、远程定制需求；<br>7. 能指导技术人员协同网络人员实施增材制造云端设计、打印、后处理、检测等服务制造；<br>8. 能提供云端增材制造技术材料成型工艺、工艺设备操作咨询服务 | 1. 多终端设备操作基本知识；<br>2. 远程监控基本知识；<br>3. 网络终端控制操作方法；<br>4. 互联网文件传输的方法；<br>5. 互联网收发方法；<br>6. 互联网操作方法；<br>7. 增材制造资源案例；<br>8. 增材制造云存储技术要求 |

# 附录6 工业视觉系统运维员能力要求一览表

此表对工业视觉系统运维员的对应岗位、典型工作任务、能力要求、相关知识要求做系统梳理，方便读者参考。

**工业视觉系统运维员能力要求一览表**

| 职业 | 对应岗位 | 典型工作任务 | 能力要求 | 相关知识要求 |
| --- | --- | --- | --- | --- |
| 工业视觉系统运维员 | 工业视觉装配维保测试工 | 1. 工业视觉相机、镜头、光源、软件的安装；<br>2. 工业视觉（2D/3D）系统测试；<br>3. 工业视觉（2D/3D）系统的维护与保养 | 1. 能根据工业视觉相机安装指导书和作业规范要求，正确安装相机；<br>2. 能根据相机镜头安装说明书和作业规范要求，正确安装镜头；<br>3. 能够根据系统电气原理图，按照工艺卡和作业规范，正确安装光源和光源控制器；<br>4. 能够根据工艺卡和作业规范，正确安装采集卡或工控机；<br>5. 能够根据软件安装说明书，正确安装软件，并完成软件的基本参数配置；<br>6. 能根据电气原理图，检查线路连接情况，并进行软硬件联调；<br>7. 能使用量具对视觉相机、镜头、光源的架设高度、角度等进行测量；<br>8. 能按照工业视觉（2D/3D）系统的点检、保养要求，进行规范点检和保养；<br>9. 能够根据设备异常处理规范流程，进行异常问题的处理 | 1. 电气原理图、机械装配图、工艺卡及作业规范的识读方法；<br>2. 常用电工工具的使用方法；<br>3. 视觉系统软件的安装与参数设置方法；<br>4. 工业视觉系统的点检流程；<br>5. 工业视觉系统的日常保养、月度保养、季度保养流程；<br>6. 设备异常处理规范流程 |

## 附录6 工业视觉系统运维员能力要求一览表

续表

| 职业 | 对应岗位 | 典型工作任务 | 能力要求 | 相关知识要求 |
|---|---|---|---|---|
| 工业视觉系统运维员 | 工业视觉调试与售后服务工程师 | 1. 工业视觉（2D/3D）系统的故障诊断与排除；<br>2. 工业视觉（2D/3D）系统项目程序的备份与恢复；<br>3. 工业视觉（2D/3D）系统项目的调试与运行；<br>4. 工业视觉相关培训 | 1. 能够分析硬件通电测试情况，识别工业视觉（2D/3D）系统的硬件故障并排除；<br>2. 能够分析软件运行情况，识别工业视觉（2D/3D）系统软件故障并排除；<br>3. 能够完成工业视觉（2D/3D）系统项目程序的备份与恢复；<br>4. 能进行产品有无检测、尺寸测量、产品外观检查、目标定位、图像识别、OCR识别、条码识别、视觉标定、缺陷检测等系统的调试；<br>5. 能使用照度计对光源照度进行测量，根据光源光衰及环境光变化，对相机增益、快门时间、镜头光圈等参数进行调整，保证采图效果；<br>6. 能进行工业视觉（2D/3D）系统相关讲义的编制和讲解 | 1. 电气原理图、机械装配图、工艺卡及作业规范的识读方法；<br>2. 常用电工工具的使用方法；<br>3. 视觉系统软件的安装与参数设置方法；<br>4. 工业视觉系统硬件（相机、镜头、光源）的故障检查与排除方法；<br>5. 工业视觉系统项目程序备份与恢复的方法；<br>6. 工业视觉系统调试的方法；<br>7. 讲义编制的方法；<br>8. 课堂组织与培训的方法 |
| | 工业视觉集成应用工程师 | 1. 工业视觉相机、镜头、光源的选型；<br>2. 工业视觉（2D/3D）系统编程与调试 | 1. 能根据不同场景进行工业视觉（2D/3D）系统设计，完成相机、镜头和光源的选型；<br>2. 能完成产品有无检测、尺寸测量、产品外观检查、目标定位、图像识别、OCR识别、条码识别、视觉标定、缺陷检测等系统的编程与调试；<br>3. 能根据分析应用要求，完成工业视觉（2D/3D）系统设计和应用脚本程序的编写 | 1. 电气原理图设计的基本知识；<br>2. 相机内参（快门时间、增益、白平衡、RGB值等）的选择方法；<br>3. 镜头参数（靶面、焦距、光圈）的选择方法；<br>4. 光源种类及颜色叠加的基本知识；<br>5. 常用工业视觉系统编程软件及 OpenCV、Halcon 等的基本应用知识；<br>6. 常用编程语言，如 C++、C#、Python 等的基本应用知识 |

# 附录 7 数字职业与数字经济及其核心产业类别对应关系表

附表 7

数字职业与数字经济及其核心产业类别对应关系表

| 职业大类 | 职业中类 | 职业小类 | 职业 | | | 产业大类 | 产业中类 | 产业小类 |
|---|---|---|---|---|---|---|---|---|
| | | | 序号 | 职业编码 | 职业名称 | | | |
| 第二大类专业技术人员 | 2-02 工程技术人员 | 2-02-01 地质勘探工程技术人员 | 1 | 2-02-01-02 | 地球物理地球化学与遥感勘查工程技术人员 L/S | 03 数字技术应用业 | 0304 信息技术服务 | 030407 地理遥感信息及测绘地理信息服务 |
| | | 2-02-02 测绘和地理信息工程技术人员 | 2 | 2-02-02-01 | 大地测量工程技术人员 L/S | | | |
| | | | 3 | 2-02-02-02 | 工程测量工程技术人员 S | | | |
| | | | 4 | 2-02-02-03 | 摄影测量与遥感工程技术人员 L/S | | | |
| | | | 5 | 2-02-02-04 | 地图制图工程技术人员 S | | | |
| | | | 6 | 2-02-02-05 | 海洋测绘工程技术人员 L/S | | | |
| | | | 7 | 2-02-02-06 | 地理国情监测工程技术人员 L/S | | | |
| | | | 8 | 2-02-02-07 | 地理信息系统工程技术人员 L/S | | | |
| | | | 9 | 2-02-02-08 | 导航与位置服务工程技术人员 L/S | | | |
| | | | 10 | 2-02-02-09 | 地质测绘工程技术人员 L/S | | | |

附录 7 数字职业与数字经济及其核心产业类别对应关系表

续表

| 职业大类 | 职业中类 | 职业小类 | 序号 | 职业编码 | 职业名称 | 产业大类 | 产业中类 | 产业小类 |
|---|---|---|---|---|---|---|---|---|
| 第二大类专业技术人员 | 2-02 工程技术人员 | 2-02-07 机械工程技术人员 | 11 | 2-02-07-07 | 自动控制工程技术人员 S | 01 数字产品制造业 | 0106 其他数字产品制造业 | 010609 工业自动控制系统装置制造 |
| | | 2-02-09 电子工程技术人员 | 12 | 2-02-09-03 | 雷达导航工程技术人员 S | | 0102 通讯及雷达设备制造 | 010203 雷达及配套设备制造 |
| | | | 13 | 2-02-09-05 | 广播视听设备工程技术人员 S | | 0103 数字媒体设备制造 | 010301 广播电视节目制作及发射设备制造 |
| | | 2-02-10 信息和通信工程技术人员 | 14 | 2-02-10-01 | 通信工程技术人员 S | 03 数字技术应用业 | 0102 通讯及雷达设备制造 | 010201 通信系统设备制造 |
| | | | 15 | 2-02-10-03 | 计算机软件工程技术人员 S | | 0304 信息技术服务 | 030402 信息系统集成服务 |
| | | | 16 | 2-02-10-04 | 计算机网络工程技术人员 S | | 0301 软件开发 | 030103 应用软件开发 |
| | | | 17 | 2-02-10-05 | 信息系统分析工程技术人员 S | | 0303 互联网相关服务 | 030305 互联网安全服务 |
| | | | 18 | 2-02-10-06 | 嵌入式系统设计工程技术人员 S | | 0304 信息技术服务 | 030402 信息系统集成服务 |
| | | | 19 | 2-02-10-07 | 信息安全工程技术人员 S | | | 040703 数字技术研究和试验发展 |
| | | | 20 | 2-02-10-08 | 信息系统运行维护工程技术人员 S | | 0304 信息技术服务 | 030403 物联网技术服务 |
| | | 2-02-14 广播电影电视及演艺设备工程技术人员 | 21 | 2-02-14-02 | 广播电视传输覆盖工程技术人员 S | | 0302 电信、广播电视和卫星传输服务 | 030305 互联网安全服务 |

续表

| 职业大类 | 职业中类 | 职业小类 | 职业 | | | 产业大类 | 产业中类 | 产业小类 |
|---|---|---|---|---|---|---|---|---|
| | | | 序号 | 职业编码 | 职业名称 | | | |
| 第二大类 专业技术人员 | 2-02 工程技术人员 | 2-02-18 建筑工程技术人员 | 22 | 2-02-18-05 | 工程勘察与岩土工程技术人员 S | | | |
| | | 2-02-22 海洋工程技术人员 | 23 | 2-02-22-01 | 海洋调查与监测工程技术人员 L/S | | | |
| | | | 24 | 2-02-22-02 | 海洋环境预报工程技术人员 L/S | | | |
| | | | 25 | 2-02-22-04 | 海洋工程勘察设计工程技术人员 S | | | |
| | | 2-02-25 气象工程技术人员 | 26 | 2-02-25-01 | 气象观测工程技术人员 L/S | | | |
| | | | 27 | 2-02-25-02 | 天气预报工程技术人员 L/S | | | |
| | | | 28 | 2-02-25-03 | 气候监测预测工程技术人员 L/S | | | |
| | | | 29 | 2-02-25-04 | 气象服务工程技术人员 L/S | | | |
| | | | 30 | 2-02-25-05 | 人工影响天气工程技术人员 S | 05 数字化效率提升业 | 0509 其他数字化效率提升业 | 050905 专业技术服务业数字化 |
| | | 2-02-26 地震工程技术人员 | 31 | 2-02-26-01 | 地震监测预测工程技术人员 S | | | |
| | | 2-02-30 管理（工业）工程技术人员 | 32 | 2-02-30-02 | 物流工程技术人员 L/S | 04 数字要素驱动业 | 0407 其他数字要素驱动业 | 040701 供应链管理服务 |
| | | | 33 | 2-02-30-08 | 信息管理工程技术人员 S | 03 数字技术应用业 | 0304 信息技术服务 | 030402 信息系统集成服务 |
| | | | 34 | 2-02-30-09 | 数据分析处理工程技术人员 S | | 0401 互联网平台 | 030405 信息处理和存储支持服务 |

## 附录7 数字职业与数字经济及其核心产业类别对应关系表

续表

| 职业大类 | 职业中类 | 职业小类 | 职业 | | | 产业大类 | 产业中类 | 产业小类 |
|---|---|---|---|---|---|---|---|---|
| | | | 序号 | 职业编码 | 职业名称 | | | |
| | | 2-02-30 管理（工业）工程技术人员 | 35 | 2-02-30-11 | 供应链工程技术人员S | 04 数字要素驱动业 | 0407 其他数字要素驱动业 | 040701 供应链管理服务 |
| | | 2-02-34 工业（产品）设计工程技术人员 | 36 | 2-02-34-02 | 工业设计工程技术人员S | 05 数字化效率提升业 | 0509 其他数字化效率提升业 | 050905 专业技术服务业数字化 |
| 第二大类 专业技术人员 | 2-02 工程技术人员 | 2-02-38 数字技术工程技术人员 | 37 | 2-02-38-01 | 人工智能工程技术人员S | 04 数字要素驱动业 | 0407 其他数字要素驱动业 | 030306 互联网数据服务 |
| | | | 38 | 2-02-38-02 | 物联网工程技术人员S | 03 数字技术应用业 | 0304 信息技术服务 | 040101 互联网生产服务平台 |
| | | | 39 | 2-02-38-03 | 大数据工程技术人员S | | 0303 互联网相关服务 | 040703 数字技术研究和试验发展 |
| | | | 40 | 2-02-38-04 | 云计算工程技术人员S | | | 030306 互联网数据服务 |
| | | | 41 | 2-02-38-05 | 智能制造工程技术人员S | 05 数字化效率提升业 | 0502 智能制造 | 030202 广播电视传输服务 |
| | | | 42 | 2-02-38-06 | 工业互联网工程技术人员S | | 0401 互联网平台 | 040101 互联网生产服务平台 |
| | | | 43 | 2-02-38-07 | 虚拟现实工程技术人员S | 04 数字要素驱动业 | 0407 其他数字要素驱动业 | 030402 信息系统集成服务 |
| | | | 44 | 2-02-38-08 | 区块链工程技术人员S | 03 数字技术应用业 | 0303 互联网相关服务 | 030103 应用软件开发 |

续表

| 职业大类 | 职业中类 | 职业小类 | 序号 | 职业编码 | 职业名称 | 产业大类 | 产业中类 | 产业小类 |
|---|---|---|---|---|---|---|---|---|
| 第二大类 专业技术人员 | 2-02 工程技术人员 | 2-02-38 数字技术工程技术人员 | 45 | 2-02-38-09 | 集成电路工程技术人员 S | 01 数字产品制造业 | 0105 电子元器件及设备制造 | 010508 集成电路制造 |
| | | | 46 | 2-02-38-10 | 机器人工程技术人员 S | | 0106 其他数字产品制造业 | 010605 增材制造装备制造 |
| | | | 47 | 2-02-38-11 | 增材制造工程技术人员 L/S | | 0104 智能设备制造 | |
| | | | 48 | 2-02-38-12 | 数据安全工程技术人员 S | 03 数字技术应用业 | 0303 互联网相关服务 | 030305 互联网安全服务 |
| | | | 49 | 2-02-38-13 | 密码工程技术人员 S | 04 数字要素驱动业 | 0401 互联网平台 | 040104 互联网公共服务平台 |
| | 2-06 经济和金融专业人员 | 2-06-07 商务专业人员 | 50 | 2-06-07-13 | 数字化管理师 S | | | |
| | | 2-06-14 金融科技专业人员 | 51 | 2-06-14-00 | 金融科技师 S | | 0403 互联网金融 | 040303 金融信息服务 |
| | 2-09 文学艺术、体育专业人员 | 2-09-06 工艺美术与创意设计专业人员 | 52 | 2-09-06-07 | 数字媒体艺术专业人员 S | 01 数字产品制造业 | 0103 数字媒体设备制造 | |
| | 2-10 新闻出版、文化专业人员 | 2-10-02 编辑 | 53 | 2-10-02-04 | 数字化出版物编辑 S | 04 数字要素驱动业 | 0404 数字内容与媒体 | 040408 数字内容出版 |
| | | | 54 | 2-10-02-05 | 网络编辑 S | | | |

## 附录7 数字职业与数字经济及其核心产业类别对应关系表

续表

| 职业大类 | 职业中类 | 职业小类 | 序号 | 职业编码 | 职业名称 | 产业大类 | 产业中类 | 产业小类 |
|---|---|---|---|---|---|---|---|---|
| 第四大类 社会生产服务和生活服务人员 | 4-01 批发与零售服务人员 | 4-01-06 电子商务服务人员 | 55 | 4-01-06-01 | 电子商务师 S | 04 数字要素驱动业 | 0402 互联网批发零售 | |
| | | | 56 | 4-01-06-02 | 互联网营销师 S | | | |
| | 4-02 交通运输、仓储物流和邮政业服务人员 | 4-02-06 仓储物流服务人员 | 57 | 4-02-06-05 | 供应链管理师 S | 04 数字要素驱动业 | 0407 其他数字要素驱动业 | 040701 供应链管理服务 |
| | 4-04 信息传输、软件和信息技术服务人员 | 4-04-02 信息通信网络维护人员 | 58 | 4-04-02-01 | 信息通信网络机务员 S | | | |
| | | | 59 | 4-04-02-03 | 信息通信网络动力机务员 S | 02 数字产品服务业 | 0205 其他数字产品服务业 | |
| | | | 60 | 4-04-02-05 | 无线电监测与设备运维员 S | | | |
| | | | 61 | 4-04-04-01 | 信息通信网络运行管理员 S | 03 数字技术应用业 | 0303 互联网相关服务 | |
| | | 4-04-04 信息通信网络运行管理人员 | 62 | 4-04-04-02 | 网络与信息安全管理员 S | 03 数字技术应用业 | 0303 互联网相关服务 | 040701 供应链管理服务 |
| | | | 63 | 4-04-04-03 | 信息通信化系统管理员 S | 02 数字产品服务业 | 0205 其他数字产品服务业 | 040701 供应链管理服务 |
| | | | 64 | 4-04-04-04 | 信息安全测试员 S | 03 数字技术应用业 | 0303 互联网相关服务 | 040701 供应链管理服务 |
| | | | 65 | 4-04-04-05 | 数字化解决方案架构师 S | 04 数字要素驱动业 | 0407 其他数字要素驱动业 | 040701 供应链管理服务 |

续表

| 职业大类 | 职业中类 | 职业小类 | 序号 | 职业编码 | 职业名称 | 产业大类 | 产业中类 | 产业小类 |
|---|---|---|---|---|---|---|---|---|
| 第四大类 社会生产服务和生活服务人员 | 4-04 信息传输、软件和信息技术服务人员 | 4-04-05 软件和信息技术服务人员 | 66 | 4-04-04-06 | 密码技术应用员S | 03 数字技术应用业 | 0303 互联网相关服务 | 030305 互联网安全服务 |
| | | | 67 | 4-04-05-01 | 计算机程序设计员S | 01 数字产品制造业 | 0101 计算机制造 | 040701 供应链管理服务 |
| | | | 68 | 4-04-05-02 | 计算机软件测试员S | 02 数字产品服务业 | 0205 其他数字产品服务业 | 040701 供应链管理服务 |
| | | | 69 | 4-04-05-04 | 数据库管理运行员S | 03 数字技术应用业 | 0301 软件开发 | 040701 供应链管理服务 |
| | | | 70 | 4-04-05-05 | 人工智能训练师S | 04 数字要素驱动业 | 0405 信息基础设施建设 | 040502 新技术基础设施建设 |
| | | | 71 | 4-04-05-06 | 区块链应用操作员S | | 0305 其他数字技术应用业 | 030502 其他未列明数字技术应用业 |
| | | | 72 | 4-04-05-07 | 服务机器人应用技术员S | 03 数字技术应用业 | 0304 信息技术服务 | 030405 信息处理和存储支持服务 |
| | | | 73 | 4-04-05-08 | 电子数据取证分析师S | | 0301 软件开发 | 030103 应用软件开发 |
| | | | 74 | 4-04-05-09 | 信息系统适配验证师S | | 0304 信息技术服务 | 030402 信息系统集成服务 |
| | | | 75 | 4-04-05-10 | 数字孪生应用技术员S | | 0305 其他数字技术应用业 | 030502 其他未列明数字技术应用业 |
| | | | 76 | 4-04-05-11 | 虚拟现实产品设计师S | 04 数字要素驱动业 | 0407 其他数字要素驱动业 | 040703 数字技术研究和试验发展 |

附录7 数字职业与数字经济及其核心产业类别对应关系表

续表

| 职业大类 | 职业中类 | 职业小类 | 序号 | 职业编码 | 职业名称 | 产业大类 | 产业中类 | 产业小类 |
|---|---|---|---|---|---|---|---|---|
| | 4-06 房地产服务人员 | 4-06-01 物业管理服务人员 | 77 | 4-06-01-04 | 智能楼宇管理员 S | 05 数字化效率提升业 | 0509 其他数字化效率提升业 | 050906 数字化水利、环境和市政设施管理 |
| | 4-07 租赁和商务服务人员 | 4-07-02 商务咨询服务人员 | 78 | 4-07-02-05 | 商务数据分析师 S | 03 数字技术应用业 | 0304 信息技术服务 | 030405 信息处理和存储支持服务 |
| 第四大类 社会生产服务和生活服务人员 | | 4-08-01 气象服务人员 | 79 | 4-08-01-01 | 航空气象员 S | 05 数字化效率提升业 | 0509 其他数字化效率提升业 | 050905 专业技术服务业数字化 |
| | | 4-08-03 测绘服务人员 | 80 | 4-08-03-01 | 大地测量员 L/S | 03 数字技术应用业 | 0304 信息技术服务 | 030407 地理遥感信息服务 |
| | | | 81 | 4-08-03-02 | 摄影测量员 L/S | | | |
| | | | 82 | 4-08-03-04 | 工程测量员 S | | | |
| | | | 83 | 4-08-03-06 | 海洋测绘员 L/S | | | |
| | 4-08 技术辅助服务人员 | 4-08-08 专业化设计服务人员 | 84 | 4-08-08-23 | 建筑信息模型技术员 L/S | 05 数字化效率提升业 | 0509 其他数字化效率提升业 | 050903 数字化建筑业 |
| | | | 85 | 4-08-08-26 | 工业设计工艺师 S | 05 数字化效率提升业 | 0509 其他数字化效率提升业 | 050905 专业技术服务业数字化 |
| | | | 86 | 4-08-08-29 | 桌面游戏设计师 S | 03 数字技术应用业 | 0304 信息技术服务 | 030408 动漫、游戏及其他数字内容服务 |

513

续表

| 职业大类 | 职业中类 | 职业小类 | 序号 | 职业编码 | 职业名称 | 产业大类 | 产业中类 | 产业小类 |
|---|---|---|---|---|---|---|---|---|
| 第四大类 社会生产和生活服务人员 | 4-09 水利、环境和公共设施管理服务人员 | 4-09-07 环境治理服务人员 | 87 | 4-09-07-05 | 碳汇计量评估师 L/S | 05 数字化效率提升业 | 0509 其他数字化效率提升业 | 050906 数字化水利、环境和市政设施管理 |
| | 4-12 修理及制作服务人员 | 4-12-02 计算机和办公设备维修人员 | 88 | 4-12-02-03 | 信息通信网络终端维修员 S | 02 数字产品服务业 | 0205 其他数字产品服务业 | 020500 其他数字产品服务业 |
| | 4-13 文化和教育服务人员 | 4-13-01 社会文化活动服务人员 | 89 | 4-13-01-05 | 全媒体运营师 S | 03 数字技术应用业 | 0303 互联网相关服务 | 030307 其他互联网相关服务 |
| | | | 90 | 4-13-01-06 | 档案数字化管理师 S | | 0304 信息技术服务 | 030405 信息处理和存储支持服务 |
| | 4-14 健康、体育和休闲服务人员 | 4-14-05 体育健身和娱乐场所服务人员 | 91 | 4-14-05-07 | 电子竞技员 S | | 0303 互联网相关服务 | 030303 互联网游戏服务 |
| 第五大类 农、林、牧、渔业生产及辅助人员 | 5-05 农、林、牧、渔生产辅助人员 | 5-05-01 农业生产辅助人员 | 92 | 5-05-01-03 | 农业数字化技术员 L/S | 05 数字化效率提升业 | 0501 智慧农业 | |

附录 7　数字职业与数字经济及其核心产业类别对应关系表

续表

| 职业大类 | 职业中类 | 职业小类 | 职业 | | | 产业大类 | 产业中类 | 产业小类 |
|---|---|---|---|---|---|---|---|---|
| | | | 序号 | 职业编码 | 职业名称 | | | |
| 第六大类 生产制造及有关人员 | 6-11 化学原料和化学制品制造人员 | 6-11-01 化工产品生产通用工艺人员 | 93 | 6-11-01-03 | 化工总控工 S | 05 数字化效率提升业 | 0509 其他数字化效率提升业 | 050902 智能化电力、热力、燃气及水生产和供应 |
| | 6-18 机械制造基础加工人员 | 6-18-01 机械冷加工人员 | 94 | 6-18-01-13 | 增材制造设备操作员 L/S | 03 数字技术应用业 | 0305 其他数字技术应用业 | 030502 其他未列明数字技术应用业 |
| | 6-31 生产辅助人员 | 6-31-07 工业机器人操作运维人员 | 95 | 6-31-07-01 | 工业机器人系统运维员 S | | | |
| | | | 96 | 6-31-07-02 | 工业视觉系统运维员 S | 04 数字要素驱动业 | 0407 其他数字要素驱动业 | 040703 数字技术研究和试验发展 |
| | | | 97 | 6-31-07-03 | 工业机器人系统操作员 S | 03 数字技术应用业 | 0305 其他数字技术应用业 | 030502 其他未列明数字技术应用业 |

515

# 附录8 绿色职业与绿色产业类别对应关系表

附表8

绿色职业与绿色产业类别对应关系表

| 职业大类 | 职业中类 | 职业小类 | 职业 | | 产业大类 | 产业中类 | 产业小类 |
|---|---|---|---|---|---|---|---|
| | | | 序号 | 职业编码 | 职业名称 | | |
| 第二大类专业技术人员 | 2-02 工程技术人员 | 2-02-01 地质勘探工程技术人员 | 1 | 2-02-01-02 | 地球物理地球化学与遥感勘查工程技术人员L/S | 6 绿色服务 | 6.1 咨询服务 | 6.1.1 绿色产业项目勘察服务 |
| | | | 2 | 2-02-01-03 | 水工环地质工程技术人员L | | | |
| | | 2-02-02 测绘和地理信息工程技术人员 | 3 | 2-02-02-01 | 大地测量工程技术人员L/S | | | |
| | | | 4 | 2-02-02-03 | 摄影测量与遥感工程技术人员L/S | | | |
| | | | 5 | 2-02-02-05 | 海洋测绘工程技术人员L/S | 6 绿色服务 | 6.4 监测检测 | 6.4.6 生态环境监测 |
| | | | 6 | 2-02-02-06 | 地理国情监测工程技术人员L/S | | | |
| | | | 7 | 2-02-02-07 | 地理信息系统工程技术人员L/S | | | |
| | | | 8 | 2-02-02-08 | 导航与位置服务工程技术人员L/S | | | |
| | | | 9 | 2-02-02-09 | 地质测绘工程技术人员L/S | | | |
| | | 2-02-03 矿山工程技术人员 | 10 | 2-02-03-05 | 矿山环保复垦工程技术人员L | 4 生态环境产业 | 4.3 生态修复 | 4.3.6 矿山生态环境恢复 |

附录8 绿色职业与绿色产业类别对应关系表

续表

| 职业大类 | 职业中类 | 职业小类 | 序号 | 职业编码 | 职业名称 | 产业大类 | 产业中类 | 产业小类 |
|---|---|---|---|---|---|---|---|---|
| 第二大类专业技术人员 | 2-02 工程技术人员 | 2-02-05 冶金工程技术人员 | 11 | 2-02-05-07 | 冶金热能工程技术人员 | 1 节能环保产业 | 1.5 节能改造 | 1.5.4 能量系统优化 |
| | | 2-02-07 机械工程技术人员 | 12 | 2-02-07-11 | 汽车工程技术人员 | | 1.3 资源循环利用装备制造 | 1.3.5 汽车零部件及机电产品再制造 |
| | | 2-02-12 电力工程技术人员 | 13 | 2-02-12-01 | 发电工程技术人员 | 5 基础设施绿色升级 | 5.4 城镇能源基础设施 | 5.4.2 城镇电力设施智能化建设运营和改造 |
| | | | 14 | 2-02-12-02 | 供用电工程技术人员 | | | |
| | | | 15 | 2-02-12-03 | 变电工程技术人员 | | | |
| | | | 16 | 2-02-12-04 | 输电工程技术人员 | | | |
| | | | 17 | 2-02-12-05 | 电力工程安装工程技术人员 | | | |
| | | 2-02-17 铁道运输工程技术人员 | 18 | 2-02-17-01 | 铁道运输工程技术人员 | | 5.2 绿色交通 | 5.2.10 货物运输铁路建设运营和铁路节能环保改造 |
| | | 2-02-18 建筑工程技术人员 | 19 | 2-02-18-01 | 建筑和市政设计工程技术人员 | 6 绿色服务 | 6.1 咨询服务 | 6.1.2 绿色产业项目方案设计服务 |
| | | | 20 | 2-02-18-03 | 风景园林工程技术人员 | | 5.6 园林绿化 | |
| | | | 21 | 2-02-18-04 | 供水排水工程技术人员 | 5 基础设施绿色升级 | 5.3 环境基础设施 | 5.3.5 城镇供水管网分区计量漏损控制建设和运营 |
| | | | 22 | 2-02-18-06 | 城镇燃气与供热工程技术人员 | | 5.4 城镇能源基础设施 | 5.4.1 城镇集中供热系统清洁化建设运营和改造 |
| | | | 23 | 2-02-18-07 | 环境卫生工程技术人员 | | 5.3 环境基础设施 | 5.3.3 环境监测系统建设和运营 |

517

续表

| 职业大类 | 职业中类 | 职业小类 | 序号 | 职业编码 | 职业名称 | 产业大类 | 产业中类 | 产业小类 |
|---|---|---|---|---|---|---|---|---|
| 第二大类专业技术人员 | 2-02 工程技术人员 | 2-02-20 林草工程技术人员 | 24 | 2-02-20-01 | 防沙治沙工程技术人员 L | 4 生态环境产业 | 4.3 生态修复 | 4.3.7 荒漠化、石漠化和水土流失综合治理 |
| | | | 25 | 2-02-20-02 | 森林培育工程技术人员 L | | 4.1 生态农业 | 4.1.4 森林资源培育产业 |
| | | | 26 | 2-02-20-03 | 园林绿化工程技术人员 L | 5 基础设施绿色升级 | 5.6 园林绿化 | |
| | | | 27 | 2-02-20-04 | 野生动植物保护利用工程技术人员 L | | | 4.2.2 动植物资源保护 |
| | | | 28 | 2-02-20-05 | 自然保护区工程技术人员 L | | 4.2 生态保护 | 4.2.3 自然保护区建设和运营 |
| | | | 29 | 2-02-20-06 | 森林保护工程技术人员 L | | | 4.2.1 天然林资源保护 |
| | | | 30 | 2-02-20-10 | 林业资源调查与监测工程技术人员 L | 6 绿色服务 | 6.4 监测检测 | 6.4.6 生态环境监测 |
| | | | 31 | 2-02-20-11 | 园林植物保护工程技术人员 L | 4 生态环境产业 | 4.2 生态保护 | 4.2.2 动植物资源保护 |
| | | | 32 | 2-02-20-12 | 湿地保护修复工程技术人员 L | | 4.3 生态修复 | 4.3.2 河湖与湿地保护恢复 |
| | 2-02-21 水利工程技术人员 | | 33 | 2-02-21-01 | 水文水资源工程技术人员 L | 6 绿色服务 | 6.4 监测检测 | 6.4.6 生态环境监测 |
| | | | 34 | 2-02-21-02 | 水生态水和河湖治理管护工程技术人员 L | 4 生态环境产业 | 4.3 生态修复 | 4.3.2 河湖与湿地保护恢复 |
| | | | 35 | 2-02-21-04 | 防汛抗旱减灾工程技术人员 L | | | 4.3.9 生态系统旱涝灾害防控及应对 |
| | | | 36 | 2-02-21-05 | 节水工程技术人员 L | 2 清洁生产产业 | 2.4 生产过程节水和废水处置及资源化综合利用 | 2.4.1 生产过程节水和水资源高效利用 |

518

附录8 绿色职业与绿色产业类别对应关系表

续表

| 职业大类 | 职业中类 | 职业小类 | 序号 | 职业编码 | 职业名称 | 产业大类 | 产业中类 | 产业小类 |
|---|---|---|---|---|---|---|---|---|
| 第二大类专业技术人员 | 2-02 工程技术人员 | 2-02-22 海洋工程技术人员 | 37 | 2-02-22-01 | 海洋调查与监测工程技术人员 L/S | 6 绿色服务 | 6.4 监测检测 | 6.4.6 生态环境监测 |
| | | | 38 | 2-02-22-02 | 海洋环境预报工程技术人员 L/S | 4 生态环境产业 | 4.3 生态修复 | 4.3.13 海域、海岸带和海岛综合整治 |
| | | | 39 | 2-02-22-03 | 海洋资源开发利用和保护工程技术人员 L | | | |
| | | 2-02-25 气象工程技术人员 | 40 | 2-02-25-01 | 气象观测工程技术人员 L/S | 6 绿色服务 | 6.4 监测检测 | 6.4.6 生态环境监测 |
| | | | 41 | 2-02-25-02 | 天气预报工程技术人员 L/S | | | |
| | | | 42 | 2-02-25-03 | 气象监测预测工程技术人员 L/S | | | |
| | | | 43 | 2-02-25-04 | 气象服务工程技术人员 L/S | | | |
| | | 2-02-27 环境保护工程技术人员 | 44 | 2-02-27-01 | 环境监测工程技术人员 L | 1 节能环保产业 | 1.6 污染治理 | |
| | | | 45 | 2-02-27-02 | 环境污染防治工程技术人员 L | 6 绿色服务 | 6.3 项目评估审计核查 | 6.3.2 环境影响评价 |
| | | | 46 | 2-02-27-03 | 环境影响评价工程技术人员 L | 3 清洁能源产业 | 3.2 清洁能源设施建设和运营 | 3.2.5 核电站建设和运营 |
| | | | 47 | 2-02-27-04 | 核与辐射安全工程技术人员 L | | | |
| | | | 48 | 2-02-27-05 | 核与辐射监测工程技术人员 L | 6 绿色服务 | 6.4 监测检测 | 6.4.5 企业环境监测 |
| | | | 49 | 2-02-27-06 | 健康安全环境管理工程技术人员 L | 6 绿色服务 | 6.3 项目评估审计核查 | 6.3.3 碳排放核查 |
| | | | 50 | 2-02-27-07 | 碳管理工程技术人员 L/S | 5 基础设施绿色升级 | 5.1 建筑节能与绿色建筑 | 5.1.6 物流绿色仓储 |
| | | 2-02-30 管理（工程）工程技术人员 | 51 | 2-02-30-02 | 物流工程技术人员 L | 1 节能环保产业 | 1.7 资源循环利用 | |
| | | | 52 | 2-02-30-05 | 再生资源工程技术人员 L | 6 绿色服务 | 6.2 项目运营管理 | 6.2.1 能源管理体系建设 |
| | | | 53 | 2-02-30-06 | 能源管理工程技术人员 L | 6 绿色服务 | 6.3 项目评估审计核查 | 6.3.3 碳排放核查 |

续表

| 职业大类 | 职业中类 | 职业小类 | 序号 | 职业编码 | 职业名称 | 产业大类 | 产业中类 | 产业小类 |
|---|---|---|---|---|---|---|---|---|
| 第二大类专业技术人员 | 2-02 工程技术人员 | 2-02-31 检验检疫工程技术人员 | 54 | 2-02-31-03 | 进出境动物和植物检验检疫人员L | 6 绿色服务 | 6.4 监测检测 | |
| | | 2-02-37 国土空间规划与生态修复工程技术人员 | 55 | 2-02-37-01 | 土地整治工程技术人员L | 4 生态环境产业 | 4.3 生态修复 | 4.3.12 农村土地综合整治 |
| | | | 56 | 2-02-37-02 | 城乡规划工程技术人员L | 6 绿色服务 | 6.1 咨询服务 | 6.1.2 绿色产业项目方案设计服务 |
| | | 2-02-38 数字技术工程技术人员 | 57 | 2-02-38-10 | 增材制造工程技术人员L/S | 1 节能环保产业 | 1.1 高效节能装备制造 | 1.1.14 绿色建筑材料制造 |
| | 2-03 农业技术人员 | 2-03-03 植物保护技术人员 | 58 | 2-03-03-00 | 植物保护技术人员L | 4 生态环境产业 | 4.2 生态保护 | 4.2.2 动植物资源保护 |
| | | 2-03-04 园艺技术人员 | 59 | 2-03-04-00 | 园艺技术人员L | 5 基础设施绿色升级 | 5.6 园林绿化 | |
| | | 2-03-07 畜牧与草业技术人员 | 60 | 2-03-07-02 | 草业技术人员L | 4 生态环境产业 | 4.1 生态农业 | 4.1.6 碳汇林，植树种草及林木种苗花卉 |
| | 2-06 经济和金融专业人员 | 2-06-06 资产和资源评估专业人员 | 61 | 2-06-06-03 | 森林资源评估专业人员L | 6 绿色服务 | 6.3 项目评估审计核查 | |

附录8 绿色职业与绿色产业类别对应关系表

续表

| 职业大类 | 职业中类 | 职业小类 | 职业 | | | 产业大类 | 产业中类 | 产业小类 |
|---|---|---|---|---|---|---|---|---|
| | | | 序号 | 职业编码 | 职业名称 | | | |
| 第三大类 办事人员和有关人员 | 3-02 安全和消防及应急救援人员 | 3-02-03 消防和应急救援辅助人员 | 62 | 3-02-03-06 | 森林消防员L | 4 生态环境产业 | 4.2 生态保护 | |
| | | | 63 | 3-02-03-07 | 森林火情瞭望观察员L | | | |
| 第四大类 社会生产服务和生活服务人员 | 4-01 批发与零售服务人员 | 4-01-04 再生物资回收人员 | 64 | 4-01-04-00 | 再生物资回收挑选工L | 1 节能环保产业 | 1.7 资源循环利用 | 1.7.2 废旧资源再生利用 |
| | 4-02 交通运输、仓储物流和邮政业服务人员 | 4-02-01 轨道交通运输服务人员 | 65 | 4-02-01-01 | 轨道交通列车司机L | 5 基础设施绿色升级 | 5.2 绿色交通 | 5.2.7 城乡公共交通系统建设和运营 |
| | | 4-02-02 道路运输服务人员 | 66 | 4-02-02-01 | 客运车辆驾驶员L | | | |
| | | | 67 | 4-02-02-02 | 道路货运汽车驾驶员L | | | |
| | | 4-02-06 仓储物流服务人员 | 68 | 4-02-06-03 | 物流服务师L | | 5.1 建筑节能与绿色建筑 | 5.1.6 物流绿色仓储 |
| | 4-08 技术辅助服务人员 | 4-08-02 海洋服务人员 | 69 | 4-08-02-01 | 海洋水文气象观测员L | 6 绿色服务 | 6.4 监测检测 | 6.4.4 环境影响评价监测 |
| | | | 70 | 4-08-02-03 | 海洋水文调查员L | | 6.1 咨询服务 | 6.1.3 绿色产业项目技术咨询服务 |
| | | | 71 | 4-08-02-04 | 海洋生物调查员L | | | |

续表

| 职业大类 | 职业中类 | 职业小类 | 职业 | | 产业大类 | 产业中类 | 产业小类 |
|---|---|---|---|---|---|---|---|
| | | | 序号 | 职业编码 | 职业名称 | | |

| 职业大类 | 职业中类 | 职业小类 | 序号 | 职业编码 | 职业名称 | 产业大类 | 产业中类 | 产业小类 |
|---|---|---|---|---|---|---|---|---|
| 第四大类 社会生产服务和生活服务人员 | 4-08 技术辅助服务人员 | 4-08-03 测绘服务人员 | 72 | 4-08-03-01 | 大地测量员 L/S | | | |
| | | | 73 | 4-08-03-02 | 摄影测量员 L/S | | | |
| | | | 74 | 4-08-03-06 | 海洋测绘员 L/S | | | |
| | | | 75 | 4-08-03-07 | 无人机测绘操控员 L | | | |
| | | 4-08-04 地理信息服务人员 | 76 | 4-08-04-01 | 地理信息采集员 L | | | |
| | | | 77 | 4-08-04-02 | 地理信息处理员 L | | | |
| | | | 78 | 4-08-04-03 | 地理信息应用作业员 L | | | |
| | | 4-08-05 检验、检测和计量服务人员 | 79 | 4-08-05-01 | 农产品食品检验员 L | | | |
| | | | 80 | 4-08-05-07 | 电气电子产品环保检测员 L | 6 绿色服务 | 6.4 监测检测 | 6.4.6 生态环境监测 |
| | | 4-08-06 环境监测服务人员 | 81 | 4-08-06-00 | 环境监测员 L | 6 绿色服务 | 6.1 咨询服务 | 6.1.1 绿色产业项目勘察服务 |
| | | 4-08-07 地质勘查人员 | 82 | 4-08-07-04 | 地质调查员 L | 4 生态环境产业 | 4.1 生态农业 | 4.1.2 绿色有机农业 |
| | | | | | | 6 绿色服务 | 6.4 监测检测 | |
| | | 4-08-08 专业化设计服务人员 | 83 | 4-08-08-23 | 建筑信息模型技术员 L/S | 6 绿色服务 | 6.1 咨询服务 | 6.1.3 绿色产业项目技术咨询服务 |
| | | | | | | 1 节能环保产业 | 1.1 高效节能装备制造 | 1.1.14 绿色建筑材料制造 |

附录8 绿色职业与绿色产业类别对应关系表

续表

| 职业大类 | 职业中类 | 职业小类 | 职业 | | | 产业大类 | 产业中类 | 产业小类 |
|---|---|---|---|---|---|---|---|---|
| | | | 序号 | 职业编码 | 职业名称 | | | |
| 第四大类社会生产服务和生活服务人员 | 4-09 水利、环境和公共设施管理服务人员 | 4-09-03 水土保持人员 | 84 | 4-09-03-00 | 水土保持员 L | 4 生态环境产业 | 4.3 生态修复 | 4.3.7 荒漠化、石漠化和水土流失综合治理 |
| | | 4-09-05 自然保护和草地监护人员 | 85 | 4-09-05-01 | 自然保护区巡护监测员 L | | 4.2 生态保护 | 4.2.3 自然保护区建设和运营 |
| | | | 86 | 4-09-05-02 | 草地监护员 L | | 4.1 生态农业 | |
| | | 4-09-06 野生动植物保护人员 | 87 | 4-09-06-01 | 野生动物保护员 L | 4 生态环境产业 | 4.2 生态保护 | 4.2.2 动植物资源保护 |
| | | | 88 | 4-09-06-02 | 野生植物保护员 L | | | |
| | | 4-09-07 环境治理服务人员 | 89 | 4-09-07-01 | 污水处理工 L | 5 基础设施绿色升级 | 5.3 环境基础设施 | 5.3.1 污水处理、再生利用及污泥处理处置设施建设运营 |
| | | | 90 | 4-09-07-02 | 工业固体废物处理处置工 L | | 2.5 生产过程废渣处理处置及资源化综合利用 | 2.5.1 工业固体废弃物无害化处理处置及综合利用 |
| | | | 91 | 4-09-07-03 | 危险废物处理工 L | 2 清洁生产业 | 2.2 无毒无害原料替代使用与危险废物治理 | 2.2 危险废物处理处置 |
| | | | 92 | 4-09-07-04 | 碳排放管理员 L | 6 绿色服务 | 6.3 项目评估审计核查 | 6.3.3 碳排放核查 |
| | | | 93 | 4-09-07-05 | 碳汇计量评估师 L/S | | | |

续表

| 职业大类 | 职业中类 | 职业小类 | 序号 | 职业编码 | 职业名称 | 产业大类 | 产业中类 | 产业小类 |
|---|---|---|---|---|---|---|---|---|
| 第四大类 社会生产服务和生活服务人员 | 4-09 水利、环境和公共设施管理服务人员 | 4-09-08 环境卫生服务人员 | 94 | 4-09-08-01 | 保洁员 L | 5 基础设施绿色升级 | 5.3 环境基础设施 | 5.3.2 生活垃圾处理设施建设和运营 |
| | | | 95 | 4-09-08-02 | 生活垃圾清运工 L | | | |
| | | | 96 | 4-09-08-03 | 生活垃圾处理工 L | | | |
| | | 4-09-09 有害生物防制人员 | 97 | 4-09-09-00 | 有害生物防制员 L | 4 生态环境产业 | 4.3 生态修复 | 4.3.8 有害生物灾害防治 |
| | | 4-09-10 | 98 | 4-09-10-01 | 园林绿化工 L | 5 基础设施绿色升级 | 5.6 园林绿化 | |
| | 4-11 电力、燃气及水供应服务人员 | 4-11-01 电力供应服务人员 | 99 | 4-11-01-03 | 综合能源服务员 L | 6 绿色服务 | 6.2 项目运营管理 | 6.2.1 能源管理体系建设 |
| | 4-12 修理及制作服务人员 | 4-12-01 汽车摩托车修理服务人员 | 100 | 4-12-01-03 | 电池及电池系统维修保养师 L | 3 清洁能源产业 | 3.4 能源系统高效运行 | 3.4.2 高效储能设施建设和运营 |
| 第五大类 农、林、牧、渔业生产及辅助人员 | 5-02 林业生产人员 | 5-02-01 林木种苗繁育人员 | 101 | 5-02-01-00 | 林草种苗工 L | 4 生态环境产业 | 4.1 生态农业 | 4.1.6 碳汇林、植树种草及林木种苗花卉 |
| | | 5-02-02 营造林人员 | 102 | 5-02-02-00 | 造林更新工 L | | | |
| | | 5-02-03 森林经营和管护人员 | 103 | 5-02-03-01 | 护林员 L | | | 4.1.4 森林资源培育产业 |
| | | | 104 | 5-02-03-02 | 森林抚育工 L | | | |

524

附录8 绿色职业与绿色产业类别对应关系表

续表

| 职业大类 | 职业中类 | 职业小类 | 职业 | | | 产业大类 | 产业中类 | 产业小类 |
|---|---|---|---|---|---|---|---|---|
| | | | 序号 | 职业编码 | 职业名称 | | | |
| 第五大类 农、林、牧、渔业生产及辅助人员 | 5-05 农、林、牧、渔业生产辅助人员 | 5-05-01 农业生产服务人员 | 105 | 5-05-01-02 | 农业经理人 L | 6 绿色服务 | 6.1 咨询服务 | 6.1.3 绿色产业项目技术咨询服务 |
| | | | 106 | 5-05-01-03 | 农业数字化技术员 L/S | | | |
| | | 5-05-02 动植物疫病防治人员 | 107 | 5-05-02-01 | 农作物植保员 L | 4 生态环境产业 | 4.1 生态农业 | 4.1.3 农作物种植保护地、保护区建设和运营 |
| | | | 108 | 5-05-02-02 | 林业有害生物防治员 L | | 4.3 生态修复 | 4.3.8 有害生物灾害防治 |
| | | 5-05-03 农村能源利用人员 | 109 | 5-05-03-01 | 沼气工 L | 1 节能环保产业 | 1.7 资源循环利用 | 1.7.2 废旧资源再生利用 |
| | | | 110 | 5-05-03-02 | 农村节能员 L | 6 绿色服务 | 6.1 咨询服务 | 6.1.3 绿色产业项目技术咨询服务 |
| | | | 111 | 5-05-03-03 | 太阳能利用工 L | 3 清洁能源产业 | 3.2 清洁能源设施建设和运营 | 3.2.2 太阳能利用设施建设和运营 |
| | | | 112 | 5-05-03-04 | 微水电利用工 L | | 3.1 新能源装备制造 | 3.1.4 水力发电和抽水蓄能装备制造 |
| | | | 113 | 5-05-03-05 | 小风电利用工 L | | 3.2 清洁能源设施建设和运营 | 3.2.1 风力发电设施建设和运营 |
| | | 5-05-04 农村环境保护人员 | 114 | 5-05-04-00 | 农村环境保护工 L | 1 节能环保产业 | 1.6 污染治理 | 1.6.14 农村人居环境整治 |

续表

| 职业大类 | 职业中类 | 职业小类 | 序号 | 职业编码 | 职业名称 | 产业大类 | 产业中类 | 产业小类 |
|---|---|---|---|---|---|---|---|---|
| 第六大类 生产制造及有关人员 | 6-07 纸及纸制品生产加工人员 | 6-07-01 制浆造纸人员 | 115 | 6-07-01-02 | 制浆废液回收利用工 L | 2 清洁生产产业 | 2.4 生产过程节水和废水处理及资源化综合利用 | 2.4.2 重点行业水污染治理 |
| | 6-10 石油加工和炼焦、煤化工生产人员 | 6-10-01 石油炼制生产人员 | 116 | 6-10-01-11 | 油母页岩提炼工 L | 1 节能环保产业 | 1.7 资源循环利用 | 1.7.1 矿产资源综合利用 |
| | | 6-10-03 煤化工生产人员 | 117 | 6-10-03-06 | 煤提质工 L | 3 清洁能源产业 | 3.3 传统能源清洁高效利用 | 3.3 煤炭清洁生产 |
| | 6-14 橡胶和塑料制品制造人员 | 6-14-01 橡胶制品生产人员 | 118 | 6-14-01-02 | 轮胎翻修工 L | 1 节能环保产业 | 1.3 资源循环利用 | 1.3.6 资源再生利用装备制造 |
| | 6-18 机械制造基础加工人员 | 6-18-01 机械冷加工人员 | 119 | 6-18-01-13 | 增材制造设备操作员 L/S | 1 节能环保产业 | 1.1 高效节能装备制造 | 1.1.14 绿色建筑材料制造 |
| | 6-20 通用设备制造人员 | 6-20-02 锅炉及原动设备制造人员 | 120 | 6-20-02-04 | 风电机组制造工 L | 3 清洁能源产业 | 3.1 新能源与清洁能源装备制造 | 3.1.1 风力发电装备制造 |
| | 6-22 汽车制造人员 | 6-22-01 汽车零部件、饰件生产制造人员 | 121 | 6-22-01-03 | 汽车零部件再制造工 L | 1 节能环保产业 | 1.3 资源循环利用装备制造 | 1.3.5 汽车零部件及机电产品再制造装备制造 |

526

附录8 绿色职业与绿色产业类别对应关系表

续表

| 职业大类 | 职业中类 | 职业小类 | 序号 | 职业编码 | 职业名称 | 产业大类 | 产业中类 | 产业小类 |
|---|---|---|---|---|---|---|---|---|
| 第六大类 生产制造及有关人员 | 6-22 汽车制造人员 | 6-22-02 汽车整车制造人员 | 122 | 6-22-02-02 | 汽车回收拆解工 L | 1 节能环保产业 | 1.3 资源循环利用装备制造 | 1.3.5 汽车零部件及机电产品再制造装备制造 |
| | 6-23 铁路、船舶、航空设备制造人员 | 6-23-02 船舶制造人员 | 123 | 6-23-02-06 | 拆船工 L | | 1.4 新能源汽车和绿色船舶制造 | 1.4.3 绿色船舶制造 |
| | 6-24 电气机械和器材制造人员 | 6-24-02 输配电及控制设备制造人员 | 124 | 6-24-02-04 | 光伏组件制造工 L | 3 清洁能源产业 | 3.1 新能源与清洁能源装备制造 | 3.1.2 太阳能发电装备制造 |
| | 6-27 再生资源综合利用人员 | 6-27-01 废料和碎屑加工处理人员 | 125 | 6-27-01-00 | 再生物资加工处理工 L | 1 节能环保产业 | 1.7 资源循环利用 | 1.7.2 废旧资源再生利用 |
| | 6-28 电力、热力、气体、水生产和输配人员 | 6-28-01 电力、热力生产和供应人员 | 126 | 6-28-01-08 | 余热余压利用系统操作工 L | 1 节能环保产业 | 1.1 高效节能装备制造 | 1.1.10 余热余压利用设备制造 |
| | | | 127 | 6-28-01-09 | 水力发电运行值班员 L | 3 清洁能源产业 | 3.2 清洁能源设施建设和运营 | 3.2.4 大型水力发电设施建设和运营 |
| | | | 128 | 6-28-01-10 | 光伏发电运维值班员 L | | | 3.2.2 太阳能利用设施建设和运营 |
| | | | 129 | 6-28-01-12 | 风力发电运维值班员 L | | | 3.2.1 风力发电设施建设和运营 |

527

续表

| 职业大类 | 职业中类 | 职业小类 | 职业 | | 产业大类 | 产业中类 | 产业小类 |
|---|---|---|---|---|---|---|---|
| | | | 序号 | 职业编码 | 职业名称 | | |
| 第六大类 生产制造及有关人员 | 6-28 电力、热力、气体、水生产和输配人员 | 6-28-02 气体生产、处理和输送人员 | 130 | 6-28-02-05 | 工业废气治理工L | 2 清洁生产产业 | 2.3 生产过程废气处理处置及资源化综合利用 | |
| | | 6-28-03 水生产、输排和水处理人员 | 131 | 6-28-03-01 | 水生产处理工L | 5 基础设施绿色升级 | 5.3 环境基础设施 | |
| | | | 132 | 6-28-03-02 | 水供应输排工L | | | 5.3.5 城镇供水管网分区计量漏损控制建设和运营 |
| | | | 133 | 6-28-03-03 | 工业废水处理工L | 2 清洁生产产业 | 2.4 生产过程节水和废水处理处置及资源化综合利用 | |
| | | | 134 | 6-28-03-05 | 管廊运维员L | 5 基础设施绿色升级 | 5.4 城镇能源基础设施 | 5.4.3 城镇一体化集成供能设施建设和运营 |

# 后　记

　　本书是根据我国职业分类 40 余年的工作实践，在系统分析总结《中华人民共和国职业分类大典》（以下简称《大典》）编制和修订工作经验的基础上，由人力资源和社会保障部中国就业培训技术指导中心组织《大典》修订专家并组建编委会编写而成。本书编写过程中，部领导和中心领导对内容的组织和定位等作出了指示，有关单位及专家也为书稿编写提供了很多帮助。

　　本书概要阐述了职业分类基本理论和方法，介绍了国际典型职业分类的历史与现状，系统归纳了我国职业分类历史，总结了《大典》编制及两次修订的工作情况及职业分类结果；根据我国经济社会发展历史，结合国家职业分类工作实际，采用定性与定量分析相结合的方式，以现代农业产业、生产制造产业、服务业、信息技术与数字及绿色经济为主线，介绍了各类产业领域职业发展背景和职业划分与归类的历史变迁，解读了不同时期《大典》所展示的社会职业体系结构形成过程及特征；聚焦新职业，着重分析了我国新时代数字经济与绿色经济发展背景下数字职业和绿色职业的特点及发展趋势。

　　本书共分为 10 章，各章执笔人分别为：第一章张元，第二章张元、杨苗，第三章张元、杨苗、田大洲，第四章陈敏、陈孟锋、张瑜、王楠，第五章彭瑜、尹林敏、梅晓东，第六章彭瑜、吴金玉、何兵存、牛静、赵烈、李想、刘洋、王应海、李娜娜，第七章姚树楦、周明、陈晓明、王亮亮、黄英杰，第八章范巍、赵宁、田大洲、赵智磊、杜明鸣，第九章刘建军、滕伟，第十章刘建军、沈娟。全书由陈李翔统稿，王小兵组织审稿。此外，陈晓杰、程鑫也为本书的资料收集等撰写工作提供了帮助，人力资源和社会保障部刘康为本书作序。

　　本书是在领导和专家辛勤投入与通力合作下完成的，凝聚了国家职业分类工作委员会和专家委员会的集体智慧。书中观点旨在抛砖引玉，为《大典》应用于我国各行各业人力资源管理服务提供指导和帮助。鉴于我国经济社会发展的不平衡性、社会分工活动发展的动态性、职业分类工作的广泛性和复杂性，以及社会人力资源管理服务需求的多样性等，加之专家水平的差异，书中难免存在不足之处，恳请读者批评指正。

本书编委会<br>
2022 年 11 月